AF378823

LA CULTURE ARTISTIQUE AU QUÉBEC
AU SEUIL DE LA MODERNITÉ

Cahiers des Amériques 14

COLLECTION BEAUX-ARTS
Sous la direction de Laurier Lacroix

Olga Hazan

La culture artistique au Québec au seuil de la modernité

Jean-Baptiste Lagacé
Fondateur de l'histoire de l'art au Canada

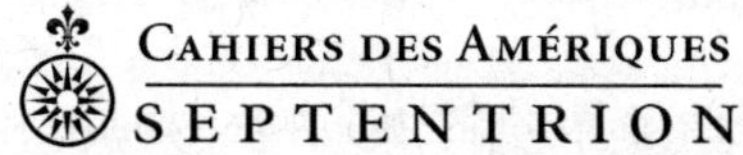

Cahiers des Amériques

SEPTENTRION

Pour effectuer une recherche libre par mot-clé à l'intérieur de cet ouvrage, rendez-vous sur notre site Internet au www.septentrion.qc.ca

Les éditions du Septentrion remercient le Conseil des Arts du Canada et la Société de développement des entreprises culturelles du Québec (SODEC) pour le soutien accordé à leur programme d'édition, ainsi que le gouvernement du Québec pour son Programme de crédit d'impôt pour l'édition de livres. Nous reconnaissons également l'aide financière du gouvernement du Canada par l'entremise du Programme d'aide au développement de l'industrie de l'édition (PADIÉ) pour nos activités d'édition.

Cet ouvrage a été publié grâce à une subvention de la Fédération canadienne des sciences humaines de concert avec le Programme d'aide à l'édition savante, dont les fonds proviennent du Conseil de recherche en sciences humaines du Canada.

Illustrations de la couverture : *Nouveau béret des étudiants de l'Université Laval de Montréal, Le Monde illustré*, 16 novembre 1901, p. 461. Photographie numérisée. Collection BNQ, n° 4943.

Illustration de la quatrième de couverture : Jean-Baptiste Lagacé, détail d'une photographie de 1924, École des beaux-arts de Montréal, Collections spéciales, Bibliothèque des arts, UQAM.

Révision : Solange Deschênes

Mise en pages et maquette de couverture : Pierre-Louis Cauchon

Si vous désirez être tenu au courant des publications
des ÉDITIONS DU SEPTENTRION
vous pouvez nous écrire par courrier,
par courriel à sept@septentrion.qc.ca,
par télécopieur au 418 527-4978
ou consulter notre catalogue sur Internet :
www.septentrion.qc.ca

© Les éditions du Septentrion
1300, av. Maguire
Québec (Québec)
G1T 1Z3

Dépôt légal :
Bibliothèque et Archives
nationales du Québec, 2010
ISBN papier : 978-2-89448-626-9
ISBN PDF : 978-2-89664-587-9

Diffusion au Canada :
Diffusion Dimedia
539, boul. Lebeau
Saint-Laurent (Québec)
H4N 1S2

Ventes en Europe :
Distribution du Nouveau Monde
30, rue Gay-Lussac
75005 Paris

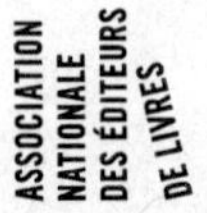

Membre de l'Association nationale des éditeurs de livres

Avant-propos

APRÈS AVOIR MENÉ UNE ENQUÊTE sur la manière dont le champ de l'histoire de l'art se constituait à l'époque de la Renaissance sous forme de discours, axé essentiellement sur l'idée de progrès artistique (*Le mythe du progrès artistique*, PUM, 1999), il m'a paru opportun, une fois examiné ce premier pan de l'historiographie sur l'art, d'étudier la conjoncture dans laquelle ce champ de savoir se voyait octroyer, quelques siècles plus tard, le statut de discipline universitaire. En m'intéressant au cas particulier de Montréal, dont la culture bilingue et le regard porté autant sur l'Europe que sur l'Amérique du Nord constituait à mes yeux un cas de figure inusité et prometteur, j'ai entamé cette recherche avec pour objectif de reconstituer l'historique des départements d'histoire de l'art des quatre universités montréalaises (l'Université de Montréal, McGill, l'UQAM et Concordia). J'ai pu ainsi constater qu'à Montréal ce champ s'était développé bien plus tôt que convenu, puisque les historiens de l'art montréalais, bien qu'étant encore au fait que le premier département d'histoire de l'art à Montréal avait été fondé dans les années 1960, par l'entremise de chercheurs européens venus prêter main-forte à leurs homologues de l'Amérique francophone, ignorent encore pour la plupart que l'Université Laval à Montréal avait prévu la création d'une chaire en Esthétique et histoire de l'art dès 1904, soit bien avant que ne soit créée, dans cette même institution, la première chaire en histoire attribuée à Lionel Groulx.

L'ouvrage que voici, dont l'édification a nécessité, sur de longues et nombreuses années, un travail immense mais toujours exaltant, vise à faire connaître les conditions dans lesquelles *une culture artistique*, c'est-à-dire un champ de savoir axé sur l'art et son histoire, s'est forgé une place, à Montréal, dans le domaine de l'éducation, dès la fin du XIXe siècle et pour la première fois au Canada, affectant autant les milieux universitaire et scolaire que le monde ouvrier. S'adressant donc à tous ceux qui s'intéressent à l'art, à l'histoire de l'art, à l'éducation, à l'histoire des disciplines, à l'histoire du Québec et à l'histoire culturelle de manière générale, *La culture artistique au Québec au seuil de la modernité* vise à éclairer, dans toute sa richesse, le rôle exceptionnel qu'un humaniste montréalais étonnamment prolifique et polyvalent aura joué dans ce processus d'institutionnalisation de l'histoire de l'art, la somme considérable d'objets qu'il nous lègue – monuments et documents – permettant d'observer, dans le détail, la manière dont se mettaient en place une nouvelle discipline humaniste et les divers types de discours qui la soutenaient.

La culture artistique au Québec au seuil de la modernité se divise en trois parties. La première, intitulée « L'historien de l'art et ses prédécesseurs », reconstitue en trois chapitres les conditions particulières de l'émergence de la discipline d'histoire de l'art à Montréal et l'apport de Jean-Baptiste Lagacé dans ce processus. La deuxième, intitulée « L'homme, l'artiste et l'inspecteur de dessin », comprend une visite rétrospective, sur support audiovisuel, de la vie de Lagacé et de ses multiples activités professionnelles, telle qu'elle a été présentée en 2004 dans une exposition intitulée *Sur les pas de Jean-Baptiste Lagacé dans le Montréal des années 1890 à 1944* ; cette deuxième partie de l'ouvrage comprend également un chapitre qui récapitule les activités de Lagacé en tant qu'inspecteur de dessin à la Commission des écoles catholiques de Montréal.

La troisième et dernière partie présente une édition critique de deux ouvrages que Lagacé comptait publier de son vivant, les *Lettres de voyage* et l'*Initiation à l'Histoire de l'Art*, lesquels nous éclairent, respectivement, sur le contexte culturel montréalais autour de 1900, et sur la manière dont les sources, les modèles, les principes et les idées de Lagacé l'auront inspiré tout au long de sa carrière professorale. Le titre de cette section, « La parole, la plume et le pinceau », expose d'emblée – il en sera plus précisément question dans l'introduction qui suit – une des particularités de la personnalité de Lagacé, à savoir une conjonction de multiples talents, qui non seulement se traduisent par une polyvalence dans ses activités professionnelles (puisqu'il était conférencier, illustrateur, professeur d'histoire de l'art, professeur de dessin, guide touristique, aquarelliste, concepteur des vitraux de la basilique Notre-Dame, inspecteur de l'enseignement du dessin et écrivain), mais donnent en outre un apport unique à l'ensemble de sa carrière. Son entreprise de toute une vie, menée *par la parole, la plume et le pinceau*, fait que le professeur et l'écrivain en lui s'expriment toujours en artiste, ses écrits réunis ici étant conçus et présentés, tout à la fois : comme une parole ouverte, un texte impeccablement construit et un tableau vivant et coloré, en somme, comme un œuvre de toute une vie, un œuvre qui, simultanément, se construit par divers modes d'expression.

En hommage au talent avec lequel Lagacé manie ces divers modes d'expression, cet ouvrage, qui se présente comme un objet aux formes complémentaires, invite à la lecture, à l'écoute et au regard, visant en cela à ressusciter, dans son esprit comme dans sa forme, l'entreprise monumentale de Lagacé.

Remerciements

*L*A CULTURE ARTISTIQUE *au Québec au seuil de la modernité* doit immensément à plusieurs organismes et nombreux individus. Le premier volet de mes recherches sur l'histoire institutionnelle de l'histoire de l'art, intitulé *Formation et développement de la discipline de l'histoire de l'art à Montréal*, a bénéficié du soutien du Programme de Perfectionnement de l'Université du Québec à Montréal, qui m'a octroyé une bourse pour l'année 1995-1996. Je remercie Laurier Lacroix, pour son soutien dans les premières étapes de cette recherche, et Denis Plante qui m'a guidée dans mes recherches préliminaires au Service des archives de l'Université de Montréal, où j'ai découvert l'existence de Jean-Baptiste Lagacé, ainsi que Nancy Marelli, Caroline Sigoin et Shirley McLeod, aux archives de l'Université Concordia. Je remercie également les chercheurs de l'Université de Montréal, de Concordia University et de l'UQAM qui m'ont accordé des entrevues durant cette première étape de ma recherche : Edwy Cooke, Patrick Plumet, Gilles Tassé, Geneviève Bazin, Nicole Dubreuil, Marcel Fournier, François-Marc Gagnon, Yves Gingras et Alain Laframboise. Merci enfin à Marie Carani qui, au terme de ce premier volet de mes recherches, a soutenu la publication d'un numéro thématique sur la construction de l'histoire de l'art aux XIXe et XXe siècles dans la revue *Visio*, publication qui faisait suite à la présentation d'un colloque que j'avais organisé en 1996 sur ce sujet (voir la section sur les « Travaux et publications » ci-dessous).

Une subvention du Conseil de recherche en sciences humaines du Canada pour 2001-2005 m'a permis de poursuivre le deuxième volet de cette recherche, intitulée alors : *La première chaire d'histoire de l'art au Canada : Jean-Baptiste Lagacé (1868-1946)*. Je remercie le Département d'histoire de l'Université Laval qui m'a accordé le statut de professeure associée pour orchestrer ce projet, en particulier mesdames Jacqueline Pilote et Danielle Dionne qui m'ont aidée à en consigner le budget. Dans le contexte de cette recherche, j'ai pu bénéficier de l'aide d'une équipe estudiantine interuniversitaire qui a donné un élan formidable à ce projet, abordé d'emblée sur plusieurs fronts. Je remercie chaleureusement Maxime Coulombe (MA Laval), Brigitte Nadeau

(MA Laval), Guillaume Savard (BA Laval) et Guillaume Sirois (MA UdeM), pour le temps et l'énergie qu'ils ont consacrés au dépouillement de journaux et à la constitution de corpus divers, et Isabelle Jameson (MA UQAM) pour le dépouillement de plusieurs fonds d'archives. Je suis particulièrement redevable, pour leur efficacité, leur promptitude, leur persévérance et leur amitié, à Brigitte Nadeau et à Guillaume Sirois, qui m'ont accompagnée dans cette aventure pendant plusieurs années. Guillaume Sirois a effectué une grande part de la recherche des sources et des citations dans les deux manuscrits de Lagacé, en plus d'avoir saisi le texte des *Lettres de voyage* ; nous avons aussi passé de longues heures ensemble, penchés sur les manuscrits de « JBL », ou sur les aquarelles de ses chars allégoriques. Brigitte Nadeau m'a offert une aide précieuse et constante et, en plus d'avoir fait plus que sa part de dépouillement de quotidiens sur microfilms, était toujours à l'affût des tentacules de cette recherche. Merci aussi à Sonia McMullen, qui s'est chargée, à une vitesse vertigineuse, de la saisie informatique du texte de l'*Initiation à l'Histoire de l'Art*.

Un grand merci à Suzanne Lemerise, professeure associée à l'École des arts visuels et médiatiques de l'UQAM, et Brigitte Nadeau, à présent doctorante à l'Université Laval, qui ont signé le chapitre 5 portant sur Lagacé inspecteur de dessin à la CECM. Je suis redevable à Germain Lacasse, qui a mis à ma disposition les archives du Grafics, où j'ai trouvé de nombreux articles de journaux consacrés aux conférences illustrées présentées à Montréal entre 1895 et 1915, ainsi qu'à Louis Pelletier qui m'a guidée dans la recherche de ces dossiers conservés à l'Université de Montréal et à la Cinémathèque québécoise. Merci à Laurier Lacroix, qui m'a donné accès à plusieurs articles datant des années 1915 à 1930, à Pierre Mayrand, qui m'a transmis des documents sur Louis Joseph Rivet et à Robert Derome qui m'a permis de consulter ses archives sur le Conseil des Arts et manufactures. Merci, pour leur collaboration, à Michel Champagne, Diane Baillargeon et Monique Voyer, du Service des archives de l'Université de Montréal, à Jean-Pierre Dumont, secrétaire de l'Ordre des architectes du Québec, à Lise Dubois, responsable des Collections spéciales de la Bibliothèque des arts de l'UQAM et à Tina Witham, préposée aux McGill University Archives.

Merci aussi à Gérard Monnier, Pierre Queneville, Guy Mercier, Soraya Bassil, Michel Allard, Jean Trudel, Stephan Bann, Luc Savard et François Trépanier, pour les informations diverses qu'ils m'ont fournies. Pour leur lecture généreuse et attentive de mon manuscrit à ses différents stades de gestation, je remercie chaleureusement François-Marc Gagnon, Laurier Lacroix, Fernande Roy, Jean-Jacques Lavoie et les deux évaluateurs anonymes du PAES.

Je suis très reconnaissante envers tous ceux qui ont collaboré à la préparation de l'exposition sur Lagacé au Centre d'exposition de l'Université de Montréal, du 18 août au 12 septembre 2004. Je remercie Andrée Lemieux, qui a accueilli ce projet en tant que directrice du Centre d'exposition, Jessica Dupont et Violaine Debailleul, qui ont participé à la mise en place de l'exposition, Sylvie Courchesne qui m'a aidée dans la recherche des objets et Hugh Massey Barrett, qui a été mon premier conseiller dans ce domaine. Nicole Dubreuil et Johanne Lamoureux ont permis en outre que l'événement soit associé au congrès du Comité international d'histoire de l'art de 2004 et à l'école d'été du CIHA. Plusieurs personnes ont participé à la préparation d'une part de l'exposition ; je remercie Maude Bonenfant, qui a effectué une bonne partie de la numérisation des œuvres de Lagacé, Monique Lanthier, qui s'est chargée de la section sur la basilique Notre-Dame, Germain Lacasse et Linda Bien, qui m'ont fourni des informations pour la section sur les projections lumineuses, et François Bastien qui a mis en images le parcours de l'exposition. Merci à Carl Rocray et Anik Laflamme, qui ont gracieusement offert leur aide, entre autres pour le classement des collections de diapositives de Lagacé à l'UQAM et à l'Université de Montréal, tâche à laquelle Jasmin Miville Allard a aussi collaboré. Merci à Donald Dunlavey, du Prêt entre bibliothèques de l'UQAM, pour sa collaboration efficace et généreuse, et à Alexandre Grégoire et Jasmin Miville Allard qui veillent en magiciens sur mon univers électronique. Merci à Gilles St-Pierre, qui a numérisé, sur un budget du Fonds de la recherche sur la société et la culture (FQRSC) accordé au Groupe de recherche sur les pouvoirs et les sociétés de l'Occident médiéval et moderne (GREPSOMM), toute la collection de diapositives de Lagacé conservée à l'UQAM. Merci enfin à Guillaume Sirois et à Jean-Jacques Lavoie, qui ont prêté leurs voix à Lagacé dans le cédérom du chapitre 4.

Merci aussi à tous ceux qui ont permis que des images ou des objets soient joints à l'exposition : Guylaine Labrecque, Sophie Brousseau et Guy Robert à l'École des arts visuels et médiatiques de l'UQAM, Monique Lanthier à la paroisse Notre-Dame de Montréal, Pierre Véronneau et Nicole Laurin à la Cinémathèque québécoise, Michel Champagne à la Division des archives de l'Université de Montréal, Isabelle Lafrance, Jean-François Palomino et Pierre Perrault à la Bibliothèque nationale du Québec, Marie-Noële Richer et Martine Tremblay aux Archives, nationales du Québec, Stéphanie Mondor au Centre d'histoire de Montréal, Danielle Aubin au Musée de la civilisation du Québec, Guy Sauvageau à la diathèque de l'UQAM, Lise Dubois aux Collections spéciales de la Bibliothèque des arts de l'UQAM, Rosaire Gagnon à la Ville de Montréal et Louise Thibaudeau à la diathèque du Département d'histoire de l'art et d'études cinématographiques de l'Université de Montréal. Merci à Germain Lacasse, qui m'a prêté sa lanterne magique, en plus de présenter un historique sur les bonimenteurs lors du vernissage de l'exposition. Pour la préparation de l'exposition, j'ai bénéficié de l'aide financière du Centre d'exposition de l'Université de Montréal, ainsi que d'une bourse du Programme de perfectionnement court de l'UQAM pour l'année 2003-2004. Mes parents, Huguette et Ibrahim Hazan, m'ont également offert un soutien financier qui m'a permis de me consacrer à ce projet à temps plein pendant plusieurs mois.

Je remercie enfin, tout particulièrement, les petits enfants de Jean-Baptiste Lagacé, Nicole Lagacé, qui avait accueilli mon projet avec enthousiasme pendant de longues années, et Yves Lagacé, qui a favorablement répondu à mes diverses demandes. Merci à Élisabeth Flahaut, la belle-fille de Jean-Baptiste, qui m'a aimablement parlé de son beau-père, ainsi qu'à Lucette Lagacé, qui m'a envoyé par la poste ses documents d'archives concernant la généalogie des Lagacé ; merci aussi à Yves Lagacé, membre de l'Association des familles Lagacé-Lagassé inc. Descendants d'André Migné dit « La Gachette » pour les informations qu'il m'a fournies.

La culture artistique au seuil de la modernité doit sa forme ultime au regard vigilent de Gilles Herman, Sophie Imbeault, Solange Deschênes et Pierre-Louis Cauchon, que je remercie chaleureusement pour leur travail professionnel.

Cet ouvrage est dédié à Nicole Lagacé, chez qui nous avons découvert ensemble le manuscrit du « Grand-père », et qui n'est hélas plus parmi nous pour célébrer sa parution, 64 ans après la disparition de Jean-Baptiste Lagacé.

Publications et travaux antérieurs sur le sujet

Olga Hazan (dir.), *Construire l'histoire de l'art aux XIXe et XXe siècles: entre l'université et le musée*, numéro thématique, *Visio, revue internationale de sémiotique visuelle*, vol. 4-3, automne 1999-hiver 2000. Participants: Olga Hazan (UQAM et Concordia), Hubert Locher (Staatliche Akademie der Bildenden Künste Stuttgart), Stéphane Laurent (Paris I), Donald Preziosi (UCLA). Cette publication comprend deux articles de l'auteure consacrés à l'histoire institutionnelle de l'histoire de l'art:

- «Présentation du numéro. Pourquoi une histoire institutionnelle de l'histoire de l'art?», 7-10,
- «L'émergence de l'histoire de l'art à Montréal au début du XXe siècle», 39-50. Cet article reprend une première version parue sous le titre de: «La première chaire d'histoire de l'art au Canada: mise en contexte des premiers cours donnés par Jean-Baptiste Lagacé à l'Université Laval de Montréal entre 1904 et 1915», *Association for Canadian Studies / Association d'études canadiennes*, 1996, 18-21.

Le numéro thématique de *Visio* a été constitué après la tenue d'un colloque international, *Témoignages: formation et développement d'une discipline universitaire. L'histoire de l'art au Québec, entre la France et les États-Unis*, que j'avais organisé dans le cadre du congrès annuel de l'Association d'art des universités du Canada (AAUC) à McGill University le 8 novembre 1996. Les conférenciers qui y ont participé sont Lyne Therrien (Paris I), Olga Hazan (Concordia et UQAM), Jean-Guy Violette (Université Laval), Nicole Dubreuil (Université de Montréal), François-Marc Gagnon (Université de Montréal), Raymond Montpetit (UQAM), Catherine Mackenzie (Concordia University), Donald Preziosi (UCLA), Laurier Lacroix (UQAM), Marie Carani (Université Laval).

Particularités éditoriales

L ES JUSTIFICATIFS DES PARTICULARITÉS éditoriales des éditions critiques des textes de Lagacé sont indiqués au début des chapitres 6 et 7. Pour l'ensemble du présent livre, les notes contiennent une identification complète de la source utilisée lorsqu'elle est mentionnée ou citée pour la première fois ; les références subséquentes indiquent le nom de l'auteur, le titre de l'ouvrage en abrégé et la page, ou les pages utilisées, ainsi que la note où figure la première référence complète. Pour chaque référence à un auteur ou un sujet, on trouvera de surcroît un renvoi à toutes les autres mentions de ce même auteur ou sujet (par exemple : chapitre 1/n6). À ces références croisées, s'ajoutent trois index en fin d'ouvrage et une bibliographie des auteurs cités dans l'introduction et les chapitres 1 à 3. Pour les chapitres 6 et 7, toutes les références sont dans les notes ; en outre, on trouvera au chapitre 3 une liste de toutes les conférences publiques présentées par Lagacé entre 1897 et 1915. Trois index ont été constitués, le premier comprenant tous les noms propres qui figurent dans l'introduction et les chapitres 1 à 6 (sauf le 4 comprenant le cédérom), tandis que l'index de l'*Initiation* de Lagacé ne répertorie que les noms d'auteurs. Les noms d'artistes, trop nombreux dans l'*Initiation*, peuvent être repérés dans la table des matières de Lagacé grâce à la présentation chronologique de son ouvrage.

De manière générale, l'usage des crochets répond à deux fonctions : ajouter ou modifier des signes de ponctuation dans des passages cités, ou bien donner une courte précision, insérée directement dans le corps du texte de manière à alléger l'appareil de notes et à éviter d'interrompre trop souvent la lecture. En ce qui concerne l'emplacement relatif des appels de notes, de la ponctuation et des guillemets, il répond au protocole le plus courant dans les textes en français.

Sigles et abréviations

°	source non identifiée
3/n13	(en guise d'exemple) notre chapitre 3, note 13
[/]	changement de ligne ou de paragraphe dans la citation
parag.	paragraphe
c1878	(à titre d'exemple) première édition de 1878
maj.	majuscules
ms	écrit à la main (souvent indiqué ici par l'usage des italiques)
nos ital.	nos italiques
spa	souligné par l'auteur
ss la dir.	sous la direction
trad.	traduction
AA	Art Association
AAPQ	Association des architectes de la province du Québec
ACFAS	Association canadienne-française pour l'avancement des sciences
AFA	*Annuaire de la faculté des arts*
AFES	*Annuaire de la Faculté des études supérieures*
AFL	*Annuaire de la faculté des lettres*
AG	*Annuaire général*
AIEM	*Annuaire de l'Institut d'études médiévales*
ANQM	Archives nationales du Québec à Montréal
AP	archives privées
BLSH	Bibliothèque des lettres et sciences humaines (UdeM)
BNQM	Bibliothèque nationale du Québec à Montréal
BSS	Bibliothèque Saint-Sulpice
CAM	Conseil des arts et manufactures
CFA	Comité France-Amérique
CND	Congrégation Notre-Dame
CVM	Cercle Ville-Marie
ÉBAM	École des beaux-arts de Montréal
ÉNJC	École normale Jacques-Cartier
FA	Faculté des arts

FAS	Faculté des arts et sciences
FES	Faculté des études supérieures
FFA	Faculty of Fine Arts
FL	Faculté des lettres
FPh	Faculté de philosophie
IEM	Institut d'études médiévales
IPF	Institut pédagogique pour les femmes
IPH	Institut pédagogique Saint-Georges pour les hommes
ISFC	Institut scientifique franco-canadien
IQRC	Institut québécois de recherche sur la culture
SASLAC	Société pour l'avancement des sciences, des lettres et des arts au Canada
SCBA	Société canadienne des beaux-arts
SGW	Sir George William
SSS	Séminaire de Saint-Sulpice
SSJB	Société Saint-Jean-Baptiste
ULàM	Université Laval à Montréal
UdeM	Université de Montréal
UQAM	Université du Québec à Montréal
WAA	Woman's Art Association
YMCA	Young Men's Christian Association
YWCA	Young Women's Christian Association

CAB	*The Canadian Architect and Builder*
DBC	*Dictionnaire biographique du Canada*
LD	*Le Devoir*
LMI	*Le Monde illustré*
LaPa	*La Patrie*
LP	*La Presse*
LV	*La Vérité*
MDS	*Montreal Daily Star*
RACAR	*Revue d'art canadienne / Canadian Art Review*
la *RC*	la *Revue Canadienne*
la *RDM*	la *Revue des Deux Mondes*

Introduction

Un pionnier polyvalent

Que reste-t-il de notre pionnier?

J EAN-BAPTISTE LAGACÉ? Ce nom me dit quelque chose! Peut-être Montréal en a-t-elle retenu l'écho, en quelque coin de la ville, à l'angle de la rue Saint-Hubert et du boulevard De Maisonneuve – rue de Montigny à l'époque –, ou quelques pas plus loin, rue Saint-Denis [fig. 13], où le professeur d'histoire de l'art, trentenaire tardif dans les premières années du xxᵉ siècle, édifiait avec fougue et passion ses étudiants de l'Université Laval à Montréal (ici l'ULàM), ou bien au pied de la montagne, où il avait élu domicile à la fin des années 1920, après que l'ULàM eut acquis ses titres de noblesse pour devenir l'Université de Montréal en 1920?

Est-ce le vent qui ramène le son des voix qui se sont tues, réminiscences lointaines du temps où Lagacé, avec son ami Édouard-Zotique Massicotte, faisait défiler, chaque année pendant vingt ans, de 1924 à 1944, des chars historiques et allégoriques en hommage à saint Jean-Baptiste, patron de la ville de Montréal? Réminiscences du temps où les ouvriers se pressaient nombreux à ses cours du dimanche au Monument national, rue Saint-Laurent, entre 1912 et 1944, ou bien du temps où il professait, pour les artistes, à l'École des beaux-arts de Montréal, entre 1924 (date de la photo en 4ᵉ de couverture) et 1936? Réminiscences de l'époque où ses aquarelles de l'*Histoire du Canada* ornaient les murs des salles de classe de la Commission des écoles catholiques de Montréal, possiblement dès 1914 ou 1919 (et sûrement dès 1921)? Peut-être vous souvenez-vous du *Martyre des pères Brébeuf et Lallemant*, attachés à leurs bûchers?

Entend-on encore l'écho de sa voix, ou celle des siens – parents, amis ou élèves –, rue Notre-Dame, où il est né et où la basilique arbore ses onze vitraux historiés, évoquant les étapes de fondation de sa ville? Car ce nom, que plusieurs journaux louangeaient chaque semaine pendant de longues années, dès 1897 et jusqu'en 1946, notamment pour annoncer et recenser ses cours donnés aux quatre coins de la ville, ce nom résonnait souvent, ici ou là, mais aujourd'hui il semble à peu près oublié, même de ses successeurs à l'Université de Montréal, son apport ayant sans doute été considéré comme dépassé au moment où, venus d'Europe à cet effet[1], Ludovic Randall puis Philippe Verdier avaient jeté les bases du premier département d'histoire de l'art à Montréal, le premier venu en 1948, deux ans après le décès de Lagacé et à peine quatre ans après qu'il eut pris sa retraite, et le second en 1966[2]. Si l'on ne sait plus aujourd'hui qui il était, est-ce parce qu'il ne reste rien de notre pionnier, qui avait cumulé pourtant un nombre impressionnant d'activités professionnelles, ayant été tout à la fois poète, illustrateur, animateur de cercles littéraires, conférencier, professeur d'histoire de l'art, professeur de dessin, aquarelliste, inspecteur du dessin dans les écoles et guide touristique[3] ?

De Jean-Baptiste Lagacé, en fait, il en reste tant qu'il est impossible d'en faire le tour en moins de vingt ans, sinon trente, les œuvres et documents d'archives qui le concernent étant si nombreux, si complets, et lui-même ayant conjugué tant de talents, accompli tant de tâches immenses, qu'il ne nous reste ici, pour seule option, que celle de le faire découvrir par petites parts, au fil du temps, en des promenades, dans sa vie et dans la ville, à travers différentes sources et par divers moyens, pour une esquisse du temps passé, toujours incomplète, mais avec le souci que cet hommage, à son passé

1. ... mais ça, c'est déjà une autre histoire ! Merci à Geneviève Bazin, François-Marc Gagnon, Nicole Dubreuil et Alain Laframboise, qui ont bien voulu me faire part de leurs connaissances sur ce sujet, lors d'entrevues menées entre septembre 1995 et février 1996. Merci à François-Marc Gagnon, pour les histoires qu'il m'a racontées en date du 21 septembre 1995.

2. À l'occasion du 25ᵉ anniversaire de la création du Département d'histoire de l'art de l'UdeM, Luis de Moura Sobral écrivait : « Ce fut [...] en 1903 [en fait 1904] que Monsieur Jean-Baptiste Lagacé assura les premiers cours dans cette matière. Messieurs Maurice Gagnon et Jules Bazin prirent la relève quarante ans plus tard, tandis que Monsieur L. V. Randall arriva en 1947 [1948?]. C'est M. Randall, dont les plus "vieux" de nos diplômés et même certains de nos professeurs actuels se rappellent encore, qui présenta en 1961 un projet de développement de l'enseignement de l'histoire de l'art, lequel aboutira enfin [...] à la création d'un département. » Luis de Moura Sobral, *Pratiques*, exposition d'œuvres d'artistes-enseignants du Département d'histoire de l'art de l'Université de Montréal, à la Maison de la culture de Côte-des-Neiges, Vivre Montréal, 1990, 4. Le premier département d'histoire de l'art montréalais fut donc fondé à l'UdeM en 1965 (notre chapitre 3/n9). Suivirent ceux de McGill (une section d'histoire de l'art est fondée en 1971), de l'UQAM (une section d'histoire de l'art est associée à un programme d'archéologie en 1969, puis intégrée – sans ménagement pour les spécialistes en archéologie – à un département d'histoire de l'art fondé en 1976) et de Concordia (entre 1931 et 1966, le collège Sir George William – ici SGW – est doté d'une School of Fine Arts où se donnent quelquefois des cours d'histoire de l'art ; en 1974, l'Université Concordia, qui fusionne alors les deux collèges de SGW et de Loyola, fonde la Faculty of Fine Arts avec une section d'histoire de l'art, puis un département d'histoire de l'art en 1981). Sur les antécédents de l'Université Concordia, à partir des années 1870, et les motivations pour fonder l'Université, voir Henry Foss Hall, *The Georgian Spirit : The Story of Sir George Williams University*, Montréal, George Mikan & Son, 1966.

3. Pour une liste de ses activités, voir la fin de la présente introduction.

comme à celui de sa ville, soit édifié à son image, c'est-à-dire en alliant, comme lui, rigueur et fantaisie.

L'émergence d'une discipline universitaire

En 1904, date à partir de laquelle se construit mon histoire, Jean-Baptiste Lagacé, à la suite de quelques sollicitations publiques plus ou moins voilées, est engagé à l'essai à l'Université Laval à Montréal, sans doute par Gustave Bourassa – le fils de Napoléon et le frère cadet d'Henri Bourassa – pour donner un cours d'*Esthétique et Histoire de l'Art*. Cet essai ayant été jugé concluant par ses employeurs, quoique notre pionnier dit avoir versé une bonne part de son salaire au médecin et à l'apothicaire pour le remettre d'aplomb au terme de cet exploit, Lagacé devient le premier professeur d'histoire de l'art au Canada, poste qu'il occupera pendant quatre décennies, soit jusqu'en 1944. Lorsque Lagacé, à 76 ans, prend sa retraite de l'Université de Montréal, il a formé de nombreux adeptes, dont pas moins de sept – Jules Bazin, Jean-Marie Gauvreau, Maurice Gagnon, Marcel Parizeau, Émile Venne, Marius Barbeau et Pierre Normandeau – sont en mesure de prendre sa relève, entre 1944 et 1946 seulement. Selon Mgr Olivier Maurault, alors recteur de l'UdeM (1934-1955), Lagacé aurait lui-même tenu à ce que sa succession fût assurée par plusieurs professeurs, quitte à y laisser ses émoluments[4].

Au Canada, plus particulièrement à Montréal, c'est dans une conjoncture bien particulière que la discipline de l'histoire de l'art s'est développée par la suite, la cohabitation des deux cultures francophone et anglo-saxonne ayant favorisé, au cours des années, le maintien d'une diversité des corpus, des approches et des modèles offerts aux étudiants, cette richesse et cette ouverture constituant un incitatif de plus, s'il en était besoin, pour que l'entreprise titanesque de Lagacé soit tirée de l'oubli. Lorsque j'ai entamé cette recherche, durant l'année académique 1995-1996, avec pour objectif, après en avoir étudié le discours[5], d'observer le développement de cette discipline dans ses structures institutionnelles et académiques, c'était avec la conviction que le premier jalon de mon histoire se situait quelque part au début des années 1960, au moment où le Département d'histoire de l'art

---

4. « Lorsque le professeur sentit ses forces décliner, il songea à perpétuer l'œuvre qu'il avait fondée. Notre faculté des Lettres se réorganisait alors. Sur sa proposition les cours d'art furent partagés entre plusieurs spécialistes. Et pour faciliter cette transformation, le professeur sacrifia ses propres émoluments. » Olivier Maurault, « M. Jean-Baptiste Lagacé », notice nécrologique parue dans *Le Devoir* du samedi 28 décembre 1946, 1 ; pour les dates du rectorat de Mgr Maurault, cf. le *Répertoire des cadres* de l'Université (1/n20), 4.

5. Olga Hazan, *Le mythe du progrès artistique : étude critique d'un concept fondateur du discours sur l'art depuis la Renaissance*, préface de Nicole Dubreuil, Montréal, Les Presses de l'Université de Montréal, 1999.

de l'UdeM avait été créé. Jean-Baptiste Lagacé, dont plusieurs avaient vu passer le nom, mais dont peu savaient qu'il avait été le premier professeur d'histoire de l'art au Canada, qu'il y avait fondé cette discipline et l'avait enseignée pendant quarante ans, m'obligeait à tenter de répondre à quelques questions, qui ont fini par constituer le fondement de ma réflexion sur l'émergence de la discipline de l'histoire de l'art à Montréal, ces questions se résumant comme suit :

1. Pourquoi l'Université Laval à Montréal décide-t-elle, en 1904, de fonder une chaire d'*Esthétique et Histoire de l'Art*, dans une faculté des arts qui n'offre alors que deux cours publics, en littérature et en droit, et où la première chaire en histoire ne sera fondée que onze ans plus tard, en 1915, pour Lionel Groulx?

2. Qu'est-ce qui a mené à la fondation de cette chaire? Pourquoi voit-on se constituer un discours sur l'art dès la fin du XIXe siècle? De quoi se constitue ce discours? À quoi sert-il et qui sert-il?

C'est donc à ces questions que répond cet ouvrage, dans son ensemble, avec pour prémisses l'idée que Lagacé a dû paraître à ses employeurs comme apte à combler des besoins que l'image pouvait assumer mieux que le texte, puisque la chaire en esthétique et histoire de l'art à l'ULàM fut fondée bien plus tôt que celle en histoire. Quels étaient donc ces besoins, et en quoi le maniement de l'image par Lagacé était-il propice à leur accomplissement? Outre ce repère, d'autres facteurs ont dicté à la fois le parcours de mes recherches et la structure de cet ouvrage; au questionnement à partir duquel s'édifiait mon argumentation s'ajoutaient deux éléments importants : l'originalité, la richesse et la qualité des entreprises de Lagacé, d'une part, et de l'autre la profusion du corpus à ma disposition.

En ce qui concerne le premier élément, il m'apparaît, après l'avoir longuement fréquenté, que c'est au point de jonction de ses multiples talents que réside la particularité de l'apport de Lagacé, alors qu'il agit, respire et réfléchit en artiste, ses lettres de 1900, ses conférences publiques, ses cours et son *Initiation à l'Histoire de l'Art*, dont il était prévu qu'elles feraient gémir les presses en 1946, témoignant de l'originalité des procédés qu'il utilise, tandis qu'il croise et entremêle dans sa prose toutes formes d'art, théâtre, peinture ou poésie (on le verra notamment au chapitre 6, dans ses lettres de 1900), et donne en outre à son métier, qu'il est le premier à pratiquer en son pays, une touche très particulière dans la mesure où le champ disciplinaire qu'il édifie puise à la fois dans la philosophie et dans l'histoire, et met à l'œuvre une intelligence riche d'un savoir autant pratique que théorique.

Pour ce qui est des documents consultés lors de cette recherche, deuxième élément susmentionné, comme ils étaient exceptionnellement touffus, une profusion de sources premières m'ayant permis de reconstituer, dans sa facture la plus précise, l'étoffe des événements évoqués, le livre restitue sous forme de fresques des trames narratives que le lecteur pourra suivre comme des promenades, cette conjoncture exceptionnelle permettant au bout du compte de donner à voir l'histoire d'un homme et les conditions dans lesquelles s'édifiaient dans sa ville les structures de tout un milieu culturel[6].

Pour rendre hommage à cet humaniste, que le destin aura doté de multiples talents et dont les propos éloquents sont souvent drôles et parfois irritants, il me paraissait essentiel, en vue de respecter, sinon de restituer sa richesse et sa polyvalence, de lui donner la parole en incluant deux de ses textes en fin d'ouvrage, dont le premier est composé de huit lettres de voyage que Lagacé adressait aux lecteurs de *La Vérité* lors d'un pèlerinage effectué en Europe en 1900, voyage auquel avait longtemps rêvé notre poète avant de pouvoir l'accomplir. Alors que ce premier texte permet de voir, au moment où Lagacé n'a pas encore été engagé comme professeur, comment se mettent en place des éléments de son discours d'artiste et d'historien de l'art, le récit qui suit, achevé peu avant son décès, donne à voir la parole mûrie de l'historien de l'art ayant pratiqué son métier pendant plus de quatre décennies.

Plus de quarante ans séparent donc ces deux récits que Lagacé prévoyait publier de son vivant, le premier en 1900, soit peu de temps avant d'embrasser la profession d'historien de l'art, et le second à la toute fin de sa carrière, après avoir pris sa retraite. Alors que l'auteur des *Lettres de voyage*, âgé de 32 ans, donne des conférences publiques sur le Beau qui contribueront à son engagement en 1904 à la Faculté des arts de l'ULàM, où il sera le premier professeur d'histoire de l'art au Canada, l'*Initiation à l'Histoire de l'Art* couronne la carrière universitaire d'un humaniste septuagénaire qui s'est consacré à l'enseignement de l'art et de l'histoire de l'art, en plus d'avoir largement contribué à forger l'imaginaire de ses contemporains et successeurs, écoliers, universitaires et ouvriers, par le biais de récits autant que d'images.

Publiés conjointement, ces deux textes nous donnent la mesure des multiples talents de ce grand érudit, à la fois grave et ludique, timide et intempestif, et qui conjugue étonnamment la foi du chrétien et la désillusion du philosophe. Placés à la suite d'études plus ponctuelles, qui visent quant à elles à exposer son parcours et à mettre en contexte ses diverses initiatives, ces récits révèlent, malgré ces contrastes colorés et sa polyvalence, la détermination d'un pionnier dont l'idéal humaniste était assez puissant pour nourrir la force et le courage qu'il lui fallait pour s'engager, de manière

---

6. On trouvera, en annexe, une liste des sources consultées, et, en fin d'ouvrage, une bibliographie des principaux auteurs consultés.

inéquivoque, dans un métier pour lequel il n'existait pas encore de modèle au Canada.

Entre ces deux dates, 1900 et 1946, j'ai tenté de retracer le développement de sa pensée d'historien de l'art, pour en mesurer les fondements et les évolutions au cours de la première moitié du xxe siècle, traversée de deux guerres mondiales, les carnets, notes de conférences, lettres officielles et personnelles de Lagacé, ainsi que les transcriptions de ses cours dans l'*Annuaire* de l'Université et dans la presse m'ayant permis de sonder le contenu de son enseignement à différents moments de sa carrière.

Ainsi, les chapitres 1 et 2, construits à partir d'un imposant corpus d'archives, reconstituent les premières étapes de la formation de Lagacé, puis la conjoncture dans laquelle s'inscrivent ses actions et ses discours, alors qu'il préside deux cercles littéraires, l'Union Catholique et le Cercle Ville-Marie, le second ayant jeté les bases de ce qui, aujourd'hui, est devenu la Grande Bibliothèque du Québec. Le chapitre 2, constitué essentiellement à partir d'articles de journaux, donne le ton des conférences publiques en archéologie, en architecture ou en art que la ville de Montréal, entre 1895 et 1904, offrait à ses citoyens durant les saisons hivernale et printanière (généralement entre octobre et avril), en français et en anglais, causeries par rapport auxquelles se démarquera Lagacé par la portée à la fois philosophique, historique et historiographique de son entreprise. Ainsi se révèle-t-il à nous comme un penseur hors pair, nonobstant quelques irritants dans son discours[7], sa pratique de l'histoire de l'art témoignant d'un talent exceptionnel dont on se demande comment il a pu se former si loin des modèles français qu'il admirait (et dont le parcours, en réponse partielle à cette question, a été retracé dans l'appareil de notes du chapitre 7).

Le chapitre 3 met en contexte une première série de cours donnés publiquement par Lagacé à partir de sa chaire à l'ULàM, et dont les résumés parus dans l'*Annuaire général* de l'Université, lorsqu'ils sont confrontés aux recensements de ces mêmes conférences, parus dans la presse, permettent de deviner que notre pionnier, qui, vraisemblablement, avait été engagé à l'Université pour y promouvoir un idéal chrétien et patriotique, a dû quelquefois réserver de belles surprises à ses employeurs, à la presse et à ses lecteurs. Ce chapitre permet aussi de voir dans quel contexte se déroulait la vie universitaire en milieu francophone, entre 1904 et 1920, date à laquelle l'ULàM se transforme en l'UdeM.

Pour ce qui est du chapitre 4, lequel porte, en l'honneur de mon protagoniste, la part de « fantaisie » de cet ouvrage, il balaie sa biographie complète sur un cédérom où, conformément à l'exposition qui lui a été consacrée en 2004 à l'occasion du centenaire de l'histoire de l'art à Montréal, quatorze

---

7. À ce sujet voir nos notes 26 et 27.

étapes de sa vie ont été reconstituées, en 433 objets ou images, œuvres d'art ou photographies d'archives, dont certains peuvent être vus dans le détail[8]; on pourra également écouter des discours de Lagacé, lesquels témoignent de sa verve, de sa vivacité et de son humour. Dans le chapitre 5, Suzanne Lemerise et Brigitte Nadeau étudient la dernière des multiples professions de Lagacé, au moment où il occupe le poste d'inspecteur des cours de dessin pour la Commission des écoles catholiques de Montréal, entre 1928 et 1942, et où il tente même, pour 1940, d'inaugurer un programme d'enseignement de l'histoire de l'art au cours du primaire supérieur.

Dans ce parcours en cinq chapitres, précédant les textes de Lagacé, ce ne sont finalement que ses activités théoriques qui sont évoquées, sa production d'artiste n'étant ni commentée ni documentée en dehors du cédérom et des légendes et discours qui en accompagnent les images, alors que sa production artistique couvre une importante part de sa vie professionnelle, puisqu'il était, aussi, professeur de dessin, illustrateur et aquarelliste, et qu'il laisse en outre un grand nombre de compositions encore inconnues. En définitive, cet ouvrage vise avant tout à répondre aux questions posées ci-dessus, en montrant que l'émergence précoce de l'histoire de l'art à Montréal était due, essentiellement, au pouvoir rhétorique de l'image et au rôle particulier, d'un point de vue pédagogique, que celle-ci était en mesure de jouer au moment de la mise en place de la première université francophone montréalaise. L'histoire de l'art permettant en outre un recours à une double rhétorique, associée à la fois à l'image et au récit historique, elle s'avérait ainsi plus apte que sa grande sœur, la discipline historique, à promouvoir efficacement les vertus de la foi ou de la patrie, concepts qui dominaient alors les idéaux de l'époque. Il aura donc fallu ces conditions doublement propices, qui auront donné toute son ampleur au pouvoir des images, photographiques ou artistiques – on le verra au premier chapitre, dans l'entreprise que mène Gustave Demazures à la fin de sa vie –, pour que Lagacé fût engagé à l'ULàM en 1904, dans une faculté dont les cours publics

---

8. L'exposition, *Sur les pas de Jean-Baptiste Lagacé dans le Montréal des années 1890 à 1944*, parrainée par le Congrès international d'histoire de l'art (CIHA) de 2004, grâce aux bons soins de Nicole Dubreuil et Johanne Lamoureux, avait été présentée au Centre d'exposition de l'Université de Montréal du 22 août au 12 septembre 2004. Lors du vernissage de l'exposition, le 22 août 2004, Germain Lacasse y offrait une présentation à la lanterne magique; le dimanche 22 août 2004, l'auteure y présentait une allocution lors d'un cocktail organisé pour l'École internationale d'histoire de l'art de Montréal à l'occasion du CIHA. L'exposition a donné lieu à une entrevue radiophonique avec Dominique Charbonneau, diffusée le jeudi 28 août 2004 à Radio-Canada, à l'émission *Portes ouvertes* animée par Robert Cloutier. Elle était aussi recensée par Bernard Lamarche dans *Le Devoir* des samedi et dimanche 28 et 29 août 2004, E25, ainsi que dans *Forum*, vol. 39, n° 1, 30 août 2004, 11. Elle était également annoncée, notamment dans le programme des *Belles Soirées* de l'Université de Montréal, automne 2004, 46 et dans le *Journal UQAM*, vol. XXXI, n° 1 du 7 septembre 2004, 11, ainsi que dans le journal *Voir* du 19 au 25 août 2004, 66 et le *Voir-Montréal* du 2 septembre 2004, 74.

ne comprenaient alors que deux matières et dont les professeurs étaient recrutés exclusivement en Europe, dans le corps ecclésiastique ou parmi des diplômés universitaires, aucun de ces profils ne correspondant au sien.

Enfin, la présence de l'édition critique du survol historique de Lagacé, en fin d'ouvrage, m'a absoute de la nécessité de commenter dans le chapitre 3 sa carrière de professeur à l'UdeM, donc après 1920, ses initiatives et sa philosophie étant évoquées à la fois dans le cédérom, dans l'*Initiation* et dans la dernière partie de cette introduction, où sont récapitulées les trois principales phases de la vie académique de Lagacé et où est exposée sa manière de reconstruire l'histoire. Son travail d'artiste n'est d'ailleurs pas étranger à cette entreprise, puisque, par la parole, la plume ou le pinceau, c'est toujours à la même tâche que s'attelle notre pionnier, alors qu'il s'évertue, sans relâche, à reconstituer l'histoire, la sienne propre, celle de sa ville ou de son pays, et l'histoire universelle. En cela, son entreprise s'avère absolument magistrale, et même si Lagacé se cache modestement derrière son manuscrit, lorsqu'il prétend que son histoire ne fait que cimenter ce qu'il a récolté ici et là, son *Initiation à l'Histoire de l'Art* n'en demeure pas moins une œuvre remarquable, d'un point de vue historique d'abord, par les informations qu'elle nous livre sur la manière dont s'édifiait l'histoire de l'art et la culture à Montréal dès le début du XXe siècle, et aussi par ce qu'elle révèle de la richesse et de l'importance des contacts entre Montréal et la France à cette époque. Ce survol historique est aussi une réelle œuvre, d'artiste autant que d'écrivain et d'historien, dans la mesure où Lagacé y révèle une pleine possession de ses moyens, la facture de son récit, sa plume concise et la force de ses images donnant à voir un historien de l'art, non pas improvisé, mais pleinement accompli, et dont la plume, l'érudition et l'intelligence ne cessent de surprendre.

Premier manuscrit de Lagacé :
les lettres de voyage du jeune reporter

Le voyage

La série de huit lettres (chapitre 6) composées par Jean-Baptiste Lagacé entre la fin de mai ou le début de juin 1900 et la mi-août de la même année[9] relate les péripéties d'un voyage en Europe auquel le jeune artiste avait été convié par *La Vérité*[10] avec pour mandat de tenir les lecteurs du journal au courant des diverses étapes de son parcours[11]. Deux événements

9. Les première et dernière dates qui figurent en entête des lettres de Lagacé sont le 3 juin et le 10 août, mais comme la lettre du 3 juin, rédigée partiellement alors qu'il est déjà à bord du paquebot, est précédée de quelques courtes sections non datées, on peut présumer que le voyage aura commencé autour du 1er juin. Initialement, l'agence des Voyages-Rivet avait prévu un pèlerinage de 37 jours, du 1er juin au 8 juillet (*Appel aux Canadiens dévoués au cœur de Jésus. Pèlerinage canadien à Paray-le-Monial*, Montréal, Bureaux du Messager canadien du Sacré-Cœur, [1900], 14), mais celui-ci aura duré au moins un mois de plus.

10. Jules-Paul Tardivel (1851-1905) est le fondateur de *La Vérité*, un hebdomadaire du samedi qui paraît à Québec de 1881 à 1923. Après quelques frictions avec Israël Tarte, directeur du journal *Le Canadien* où Tardivel est «sous-rédacteur» depuis 1877, suivant les conseils du père Zacharie Lacasse qui lui suggère de créer un journal «foncièrement catholique», en 1881 Tardivel fonde *La Vérité*, «qui connaît un grand rayonnement au Québec». Auteur de plusieurs livres et brochures, Tardivel, dont l'origine n'est pourtant ni francophone ni catholique, puisqu'il est né aux États-Unis de parents protestants, est considéré comme l'un des principaux interprètes de l'ultramontanisme sous le régime de la confédération, Archives numériques du Centre de recherche Lionel-Groulx, fonds P18. Sur Tardivel, voir Réal Bélanger, «Le projet indépendantiste de Jules-Paul Tardivel», *Cap-aux-Diamants*, 53, printemps 1998 ; Mathieu Girard, *Jules-Paul Tardivel, rédacteur en chef et propriétaire de la* Vérité, mémoire de maîtrise, Université de Montréal (dorénavant UdeM), 1960 ; Pierre Savard, *Jules-Paul Tardivel : la France et les États-Unis 1851-1905*, Québec, Les Presses de l'Université Laval, 1967. Parmi les écrits de Tardivel, figurent la *Vie du pape Pie IX. Ses œuvres et ses douleurs*, Québec, J. N. Duquet, 1878 ; *L'anglicisme, voilà l'ennemi. Causerie faite au Cercle catholique de Québec, le 17 décembre 1879*, Trois-Rivières, Compagnie d'imprimerie des Trois-Rivières, 1888, c1880 ; *Notes de voyage en France, Italie, Espagne, Irlande, Angleterre, Belgique et Hollande*, Montréal, Eusèbe Senécal & fils, imprimeurs-éditeurs, 1890 ; *Pour la patrie. Roman du xxe siècle*, Introduction de Gilles Dorion, Montréal, Bibliothèque québécoise, 1989, c1895.

11. Cette pratique est alors courante, aussi bien en Europe qu'au Canada français, Théophile Gautier (notre chapitre 6/n117), Victor Hugo (en 1842, 6/n43), Louis Veuillot (en 1861, 6/n66), Jules-Paul Tardivel (en 1890, 6/n7 et 6/n65) ou Napoléon Bourassa ayant, parmi bien d'autres, publié des récits de voyage. De Bourassa, voir «Le carnaval à Rome (souvenirs de voyage)», *Revue Canadienne : Religioni, Patriae, Artibus* (dorénavant *RC*), 1864, 47-54. Sur des récits antérieurs, voir Pierre Savard «L'italia nella cultura franco-canadese dell'Ottocento», dans *Canadiana : problemi di storia canadese*, a cura di Luca Codignola, Venezia, Marsilio, 1983, 91-106 et Yves Hersant, *Italies, anthologie des voyageurs français aux xviiie et xixe siècles*, Paris, Robert Laffont, 1988. Lagacé, lui, recevra en 1925 un diplôme *honoris causa* en tant que guide touristique pour Montréal et ses environs (AP) ; selon Maurice Lebel, il aura aussi joué le rôle de «mentor esthétique» en Italie et en Grèce, pour des croisières touristiques estivales

d'envergure justifient, en cette première année du xxᵉ siècle, l'organisation de ce pèlerinage auquel plus de cent Canadiens[12], compagnons de route de Lagacé, auront participé pendant quelque onze semaines. Ces événements, touchant tous deux des enjeux humanitaires d'ordre religieux, social ou politique, sont le renouvellement de l'acte de consécration du genre humain au Sacré-Cœur, qui eut lieu lors de la Journée des nations tenue à Paray-le-Monial le 22 juin 1900 et, dans une moindre mesure, l'Exposition universelle de la grande foire de la paix tenue à Paris à partir du 14 avril de la même année. L'itinéraire du voyage, qui comprenait trois lieux de pèlerinage importants, Paray-le-Monial, Rome et Lourdes, s'est déroulé de la manière suivante : départ de Montréal, arrêt à Québec et arrivée à Liverpool, suivie sans doute d'un arrêt à Paris, puis des visites de Paray-le-Monial, Genève, Nyon, Thonon, Évian, Lausanne, Lutry, Ferritet, Chillon, Berne, Interlaken, le mont Brünig, Lucerne, Milan, Venise, Bologne, Lorette, Rome, Florence, Pise, Gênes, Marseille, Lourdes et Bétharram, et enfin Paris.

Le voyage était organisé par l'agence de voyage de Louis Joseph Rivet[13], qui n'en était pas à sa première initiative, puisque ses pèlerinages à Rome et

---

organisées par l'agence de voyage Coo[k], Maurice Lebel, « Jean-Baptiste Lagacé », *L'école canadienne*, février 1947, 375-377. Cette information n'est pas confirmée, Lagacé lui-même ne faisant état que de deux voyages effectués en Europe, en 1900 et 1922.

12. Dans ses lettres, Lagacé identifie rarement ses compagnons de voyage. On sait qu'ils étaient plus d'une centaine (« nous sommes au-delà de cent[-]vingt pour représenter notre Patrie auprès du Sacré-Cœur », écrit-il à Paray-le-Monial le 22 juin), dont au moins 26 femmes, soit douze dames et quatorze demoiselles, au sujet desquelles Louis Joseph Rivet, l'organisateur du pèlerinage, note dans son fascicule publicitaire de l'année suivante : « On pourra voir, en parcourant les témoignages, que beaucoup de dames et de jeunes filles ont profité de ces voyages qu'elles n'auraient pu faire, seules, dans d'autres circonstances. » Les voyages s'adressent aussi aux Canadiens des États-Unis. *Voyages d'Europe Rivet*, [1901], 1 et 15, microfiche, BLSH.

13. Louis Joseph Rivet (1875 ?-1932) est le fils du Dʳ Alfred Napoléon Rivet, professeur de chimie à l'Université Laval (cf. *Album universel* de l'Université). Ayant été élevé dans une famille aisée, Rivet fils, qui exerce d'abord le métier de vendeur et accordeur de pianos, trouve souvent l'occasion de voyager. Après avoir étudié en Europe les méthodes de l'agence de voyage Cook, il donne quelques conférences sur le sujet. Le pèlerinage de 1900 a sans doute contribué au développement de son entreprise puisque, après cette date, l'agence Voyages-Rivet fait la promotion pour des voyages, non seulement en Europe pour les Canadiens, mais aussi au Canada pour les Européens. En 1907, Rivet s'occupe de la publication d'une revue intitulée *Le Touriste* (voir le fac-similé de 1907, dans Pierre Mayrand et Anne-Marie Faugère, *Un pionnier du voyage : Louis Joseph Rivet ou l'information et la publicité touristique au début du siècle, la Revue « Le Tourisme » 1907 »*, Documents, Patrimoine arts anciens du Québec, septembre 1978). En 1911, fort de son association avec Jules Hone, Rivet délaisse les pianos pour se consacrer entièrement à son agence de voyage. Cependant, la Première Guerre mondiale ayant eu des effets désastreux sur les activités touristiques, il abandonne sa carrière touristique pour s'installer à Rome, où il devient camérier du pape Pie XI, Pierre Mayrand, « L. J. Rivet : un pionnier de l'industrie touristique du Québec », *Téoros*, vol. 14, nᵒ 2, été 1995, 26-29. Au temps de la guerre, on retrouvera les traces du lieutenant Rivet s'adressant

à Lourdes remontent au moins à 1894[14], celui de 1900 devant son succès à l'inauguration de l'étape de Paray-le-Monial, où le Christ, lors de multiples apparitions miraculeuses advenues entre 1673 et 1675, avait montré son cœur à une nonne que Pie IX béatifia en 1864. En plus de permettre aux hommes d'Église d'inciter les chrétiens à songer au salut de leur âme, au salut de l'humanité entière et à celui « du monde moderne », sans pour autant se soucier du paradoxe qu'impliquait cet ambitieux programme[15], le

---

à ses soldats du 65e régiment à l'arsenal de l'avenue des Pins les 10 et 13 février 1915 (« La conférence du Lieutenant Rivet », *La Presse*, samedi 13 février 1915, 26). Un mois plus tard, le 26 mars 1915, L. J. Rivet, chevalier de l'Ordre militaire et pontifical du Saint-Sépulcre, parle de « La guerre » à l'école Lajoie, avec projections lumineuses, chant et musique, au profit de la Saint-Vincent-de-Paul de la paroisse Sainte-Madeleine d'Outremont (« Conférence vendredi soir », *La Presse*, mardi 23 mars 1915, 5).

14. Le premier remonte sans doute à 1891, ou 1892, Rivet signalant en 1901 que son agence aura bientôt dix ans. Dans ses fascicules de promotion, Rivet inclut souvent les commentaires de ses clients satisfaits, celui que nous présumons être de 1901 comprenant également un entrefilet de 1897 paru dans *La Presse* et signé Louis Fréchette, ainsi que le commentaire suivant, paru dans *La Croix* et qui remonte à 1894: « Dans quelques jours, nos pèlerins canadiens à Lourdes, même ceux qui sont allés jusqu'à Rome recevoir la bénédiction du Souverain Pontife, se retrouveront à Liverpool pour traverser à nouveau l'océan à bord du *Vancouver*… Que de récits émouvants ils auront à nous faire. Nous en avons un avant-goût dans les lettres qui nous parviennent d'Europe et qui sont pleines de détails des plus intéressants… », *Voyages d'Europe Rivet*, [1901], 1, 4 et 12. Ce commentaire semble indiquer qu'en cette fin du XIXe siècle les pèlerins expédiaient aux journaux le récit de leurs aventures, dont les journalistes se servaient sans doute pour rédiger leurs articles.

15. Ce paradoxe – qui aura pris sa forme la plus évidente avec les onze croisades menées entre le XIe et le XVe siècle en Asie mineure, en Palestine, en Syrie, à Chypres, en Prusse, en Grèce, en Lituanie, en France, en Égypte, en Espagne, en Afrique du Nord, dans les Balkans et en Bohême – émane du désir des souverains pontifes d'œuvrer pour la paix dans le monde, tout en occultant les droits des peuples non chrétiens. Tel que proclamé par Léon XIII le 11 juin 1899, l'acte de consécration du genre humain au Sacré-Cœur témoigne encore de ce paradoxe, Jésus y étant sollicité dans un désir de paix (« Seigneur, [...], accordez à toutes les nations la paix et l'ordre et faites que, d'une extrémité de la terre à l'autre, un même cri retentisse: Louange au divin Cœur qui nous a donné le salut; à lui soit honneur et gloire dans tous les siècles »), cette paix nécessitant cependant « qu'il n'y ait plus bientôt qu'un seul bercail et qu'un seul pasteur », ceux qui ne suivent pas Jésus étant accusés de l'avoir « renié » et « abandonné », ainsi que d'avoir « des opinions erronées ». Chez Léon XIII, premier pontife élu après que la papauté eut perdu son pouvoir temporel à Rome, ce glissement, du religieux au politique et du désir de paix à l'exclusion, se manifeste dans sa volonté, en cette année de jubilé, de légitimer le pouvoir royal et universel du Christ sur la terre; déjà justifiée méthodiquement dans sa *Lettre Encyclique Annum Sacrum* proclamée le 25 mai 1899, cette volonté revient à nouveau dans l'acte de consécration: « Soyez enfin le Roi de tous ceux qui sont plongés dans les antiques superstitions des gentils et ne refusez-pas de les arracher aux ténèbres pour les ramener à la lumière et au royaume de Dieu. » Dans la version de l'acte telle qu'elle a été modifiée par Pie XI le 17 octobre 1928, cette phrase devient: « Soyez le Roi de tous ceux qui sont encore égarés dans les ténèbres de l'idolâtrie ou de l'islamisme, et ne refusez pas de les attirer tous à la lumière de votre royaume. Regardez enfin avec miséricorde les enfants de ce peuple qui fut jadis votre préféré; que sur eux aussi descende, mais aujourd'hui en baptême de vie et de rédemption, le sang qu'autrefois ils appelaient sur

choix de cette destination, dont l'importance fut soulignée à deux reprises en ce tournant de siècle par l'acte de consécration du genre humain en 1899 et son renouvellement en 1900, donnait au pèlerinage un essor considérable, Paray devenant incontournable à partir du moment où la simple idée de son exclusion donnait à voir l'étape de Lourdes [fig. 1] comme vouée à la seule guérison du corps[16].

Les lettres et leur auteur

Dans ce contexte, où la foi chrétienne est considérée d'emblée comme la solution à l'ensemble des problèmes politiques dans le monde[17], les lettres de voyage de Lagacé offrent plusieurs apports, dont deux nous intéressent en particulier, en ce que, non seulement elles situent les événements de ce début de siècle dans la complexité de leurs ramifications – religieuses et politiques, sociologiques et historiques, culturelles et artistiques –, mais aussi,

---

leur têtes.» http:www3.sympatico.ca/i.k/pontifes.html. Pour la version canadienne de l'acte renouvelé en 1900, voir notre chapitre 6/n18.

16. C'est sur cet incitatif que se déploie l'argumentaire de l'*Appel aux Canadiens*, un texte de 17 pages visant à promouvoir les avantages autant personnels que politiques et universels du pèlerinage de 1900 pour inciter les voyageurs à s'y joindre en grand nombre. Au niveau personnel, ces avantages sont présentés comme des promesses tangibles et soulignés en vertu de la portée du sacrifice du Christ pour chacun: «[...] ici le Verbe fait chair a pris naissance pour me sauver. [...] Dans ce lieu il [JÉSUS] a souffert, il a été flagellé et couronné d'épines pour moi.» Le plaidoyer se termine par une liste de douze «Promesses faites par N. S. Jésus-Christ à la Bienheureuse Marguerite-Marie en faveur des personnes dévouées à son divin Cœur» dont la lecture évoque la pratique des indulgences, «Pourquoi un pèlerinage canadien à Paray-le-Monial?», dans *Appel aux Canadiens…*, 5-14. Des indulgences étaient d'ailleurs effectivement accordées aux adorateurs du Sacré-Cœur, voir le site Web indiqué en note 15; sur Paray, voir la deuxième lettre de Lagacé.

17. Selon l'auteur de l'*Appel aux Canadiens*, où l'on retrouve le paradoxe signalé à propos de l'encyclique et de l'acte de consécration du genre humain institués par Léon XIII: «[...] le salut du monde est désormais étroitement lié à la dévotion au Sacré-Cœur.» Dans cette perspective, la «guérison de l'âme» que l'on fait miroiter à Paray-le-Monial est universalisée comme suit: «Que ceux qui le peuvent s'enrôlent dans les pieuses caravanes qui s'organisent pour Paray-le-Monial. Qu'ils se portent en nombre vers cette terre sanctifiée par les fréquentes apparitions du Sauveur, terre bénie d'où a jailli, par un suprême effort de l'amour de JÉSUS, la source du salut pour les peuples modernes, et berceau de l'Admirable dévotion. Là JÉSUS-CHRIST trop oublié attend leurs hommages et ceux de toutes les nations. Là il se prépare à ouvrir les trésors de son Cœur pour ses fervents adorateurs de tout pays et de toute langue, pour eux-mêmes, pour leur patrie et pour l'humanité tout entière.» Quelques phrases plus tôt, l'*Appel aux Canadiens* mettait en relief les avantages, pour le Canada, du pèlerinage à Paray-le-Monial: «Quelque florissante, quelque populaire que soit la dévotion au Sacré-Cœur parmi nous, un mouvement national vers Paray-le-Monial ne viendrait-il pas à propos provoquer un accroissement ou plutôt un renouveau de l'admirable dévotion en Canada? Ne serait-ce pas un moyen puissant d'expier bien des crimes dont notre société canadienne est coupable, et de détourner de notre pays le fléau des vengeances divines, si terribles parfois?», *Appel aux Canadiens…*, 8 et 12-15.

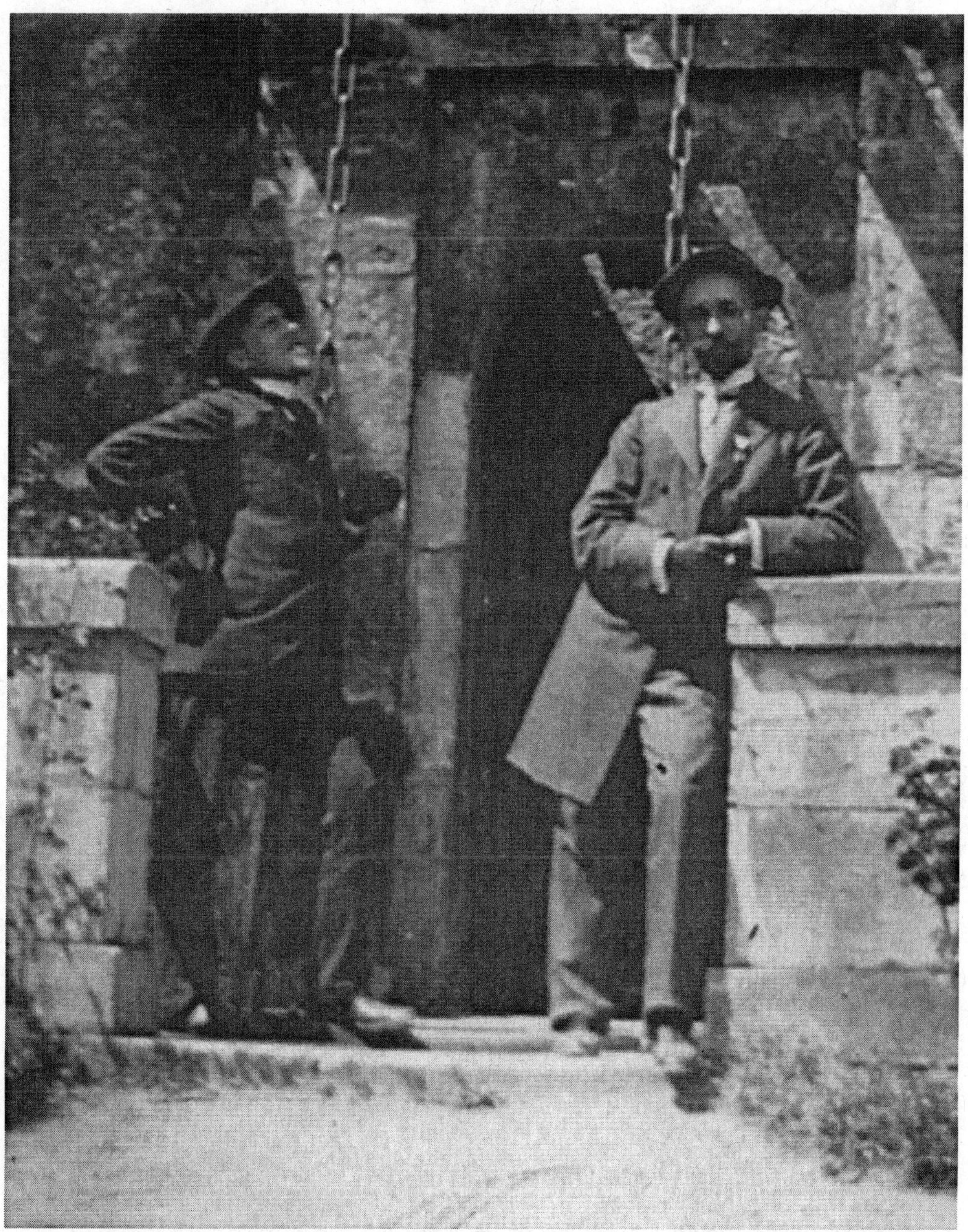

fig. 1 : *Vieux château, Lourdes*
Jean-Baptiste Lagacé et Louis Rivet à Lourdes en 1900.
Détail d'une photographie numérisée tirée d'un album, collection privée.

et de manière plus importante, elles exposent les situations, les croyances, les convictions et les idées à partir desquelles s'impose le regard de Lagacé, un regard neuf, d'historien de l'art, à une époque où cette fonction n'a pas encore sa place au Canada.

Le corpus de lettres rédigées par Lagacé en France, en Suisse et en Italie existe en deux versions, les Archives nationales du Québec à Montréal en possédant une, ici intitulée A[18], qui diffère légèrement de celle publiée par *La Vérité* en huit épisodes échelonnés entre le 7 juillet et le 3 novembre 1900. Comme cette version A est dactylographié en un texte continu, et qu'en outre elle est exempte de ce que nous présumons être des modifications apportées subséquemment par *La Vérité*, modifications de détail qui ne s'avèrent d'ailleurs pas toujours nécessaires ou appropriées[19], nous avons supposé que Lagacé – par sa propre initiative, encouragé par des membres de son entourage ou sollicité par un éditeur – l'aura constituée après son retour d'Europe[20], à partir de l'original de ses lettres expédiées au journal et avec l'intention, précisément, de la faire paraître sous forme de livre. C'est en vertu de cette hypothèse que la priorité a été accordée ici à cette version A[21], que le jeune Lagacé avait lui-même planifié de publier il y a un peu plus d'un siècle.

Ce projet de publication est d'ailleurs mentionné, d'abord par Lagacé lui-même, au début de sa quatrième lettre, et ensuite, à deux reprises, dans un compte rendu de sa correspondance paru dans la *Revue Canadienne* en

---

18. *Lettres de voyage de J.-B. Lagacé. 3 juin 1926-10 août 1926*, Fonds d'archives de Mary Jane Mount Duckett, P34. S1. D9 (ancienne cote 6-M. P34/1/8), ANQ. Merci à Guillaume Savard, pour avoir repéré ce manuscrit.

19. Une seule erreur évidente apparaît dans A mais pas dans B ; c'est une confusion entre le royaume de Serbie et celui de Sardaigne (voir 6/n85).

20. Au moment où Lagacé rentre au Canada, *La Vérité* en est à la publication de sa quatrième lettre, parue le 11 août 1900. On en déduit donc que les quatre premières lettres, sinon toutes les huit, avaient été expédiées alors qu'il était encore en Europe. On suppose aussi qu'elles étaient manuscrites, et non dactylographiées comme l'est la version A, à moins que le jeune reporter ne se fût encombré d'une machine à écrire durant tout son voyage, ce qui demeure assez improbable, ne serait-ce qu'à cause de leur prix élevé à l'époque, autour de 125 $, somme que même les entreprises commerciales avaient alors du mal à investir. Pour un bref historique de cet engin, voir l'histoire de Lottie Betts Tushingham sur le site Web du Musée canadien des civilisations, où l'on trouvera également une photographie d'une dactylo datant de 1910. C'est à un Américain, Christopher L. Sholes, que l'on doit d'avoir inventé les premiers modèles de machine à écrire, qu'il fit manufacturer en 1873 par les fabricants de fusils E. Remington and Sons.

21. Une inscription en page couverture du document que nous appelons A indique qu'il appartenait à Mary Jane Mount Duckett (1854-1932, mélomane et épouse de John Charles Duckett). Transféré aux Archives nationales du Québec à Montréal en 1972, l'ensemble du fonds portant ce nom avait été déposé à la BNQ du vivant de Lagacé, âgé alors de 48 ou de 58 ans, si l'on en croit la date du don de A qui se lit *26/1/16*, ou *26/1/26*.

1901[22]. Selon l'abbé Élie-Joseph Auclair qui, en plus de résumer les huit lettres, offre quelques informations sur leur auteur, à l'époque où *La Vérité* lui propose d'agir en tant que correspondant, Lagacé est déjà engagé et actif auprès « des jeunes à Montréal » ; en effet, il occupe alors les fonctions de président du cercle Ville-Marie et de vice-président de l'Union Catholique, responsabilités qui lui auront sans doute valu le privilège de participer à ce voyage, probablement à titre gracieux (Auclair, 92). À 32 ans, Lagacé apparaît donc comme un jeune homme à la fois sensible, intègre et déterminé, assumant ses goûts comme ses opinions, son tempérament, original mais sérieux, étant apparenté à un profil d'artiste[23], que l'abbé Auclair associe en outre à deux identités additionnelles : « Monsieur Lagacé écrit facilement, il pense juste et il ne craint pas de dire ce qu'il pense. Ses lettres sont d'un homme sérieux. Elles révèlent en lui, tout à la fois, un artiste délicat, un patriote éclairé et un chrétien convaincu. » (Auclair, 93)

Ainsi cernée par l'abbé Auclair, l'idée d'une identité tripartite – à laquelle il nous faut ajouter la voix du chroniqueur – gagne à être transposée à une plus vaste échelle, de manière à sonder les motifs qui animent, non seulement l'artiste et son critique, mais aussi, à titre représentatif du milieu intellectuel dans lequel gravite Lagacé, les organisateurs du voyage, le directeur de *La Vérité*, ou encore, les fondateurs de l'Université Laval à Montréal qui seront bientôt ses collègues[24]. À ce sujet, on peut dire que le double attachement au Christ et à la patrie, bien marqué à cette époque, émane d'un même sentiment d'appartenance, auquel s'oppose, en apparence seulement, la parole moins traditionnelle de l'artiste, libre, fantaisiste et impulsif. Dans les faits, l'artiste en Lagacé s'intègre sans heurt au patriote et au chrétien,

---

22. Dès le début de son recensement, Auclair annonce aimablement l'ouvrage à venir : « Le jeune et déjà distingué littérateur s'occupe sans doute à revoir actuellement ses notes et il nous donnera avant longtemps un volume qui fera honneur, nous avons droit de l'espérer, à la littérature nationale, et aura sa place marquée dans la bibliothèque de tous ceux de nos compatriotes qui lisent […] et qui pensent ! » En fin d'article, il réitère : « Artiste, patriote et chrétien, monsieur Lagacé nous a donc donné de bonnes et belles lettres et il me paraît qu'il est séant de l'en féliciter publiquement. [/] Quand il aura retouché et complété ses notes, il y a tout lieu de compter que monsieur Lagacé donnera au public lettré du Canada un volume d'impressions qui ne sera pas banal, mais intéressant, instructif et édifiant. », Élie-J. Auclair, « Impressions de voyage. Les lettres de Monsieur J.-B. Lagacé », *RC*, 1901, n° 1, 92-110 (92 et 109-110 pour les deux citations).

23. Pour l'abbé Auclair, l'artiste a pour « mission de nous élever vers l'idéal » (97). Selon lui : « Rien n'est plus difficile à définir qu'un artiste. Les plus fins lettrés ne s'entendent guères [*sic*] à ce sujet. L'artiste c'est sans doute l'ami des arts. C'est surtout, me semble-t-il, – dans le noble métier d'écrivain –, celui qui met quelque chose, beaucoup de son âme dans ce qu'il écrit. C'est encore celui que les beaux spectacles touchent profondément et qui justement pour cela parle avec une émotion communicative des choses qu'il voit, qu'il entend et qu'il sent. Le sentiment, la voix de l'âme, le cri du cœur, quand tout cela jaillit de source comme une eau pure du sein d'un rocher, c'est là, si je ne m'abuse, ce qui fait l'artiste » (Auclair, 94).

24. Sur Rivet et Tardivel, voir nos notes 10 et 13 supra.

du moins à cette époque, contribuant même à diversifier l'expression d'engagements somme toute bien analogues à ceux d'un grand nombre de ses contemporains.

Pour Lagacé, l'artiste, le chroniqueur, le patriote et le chrétien ne font qu'un, cette cohérence, notable en ce qu'elle donne à voir la configuration de son futur profil d'historien de l'art, apparaissant dès la section introductive de sa première lettre, où il opère d'emblée une mutation des genres; le chroniqueur y devient artiste, dessinateur, peintre et poète – vers la fin de la première lettre la nature elle-même devient objet d'art –, tandis que le patriote et le chrétien s'avèrent eux aussi, par la suite, pareillement sensibles à l'univers qui les entoure. Cette mutation des genres, qui doit son efficacité à la réceptivité, essentiellement morale, de ce témoin romantique que la vue du beau et du bien affecte pareillement[25], établit un parallèle entre les univers sacré, politique et artistique de Lagacé et, de manière plus générale, entre la création divine et la créativité humaine. Aux yeux de Lagacé, l'Europe les incarne toutes deux, les paysages et les œuvres d'art après lesquels il soupire depuis dix ans étant parés d'une même aura, que la distance géographique et temporelle avec le vieux continent aura contribué à préserver efficacement.

Tout comme l'artiste et le chroniqueur, le patriote et le chrétien sont eux aussi interchangeables, du fait qu'ils défendent les mêmes valeurs, l'Église, à laquelle Lagacé semble vouer un attachement privilégié, lui tenant même lieu de patrie, sentiment que justifie, par exemple, la participation des zouaves canadiens à la défense de Pie IX au moment où la nouvelle Italie dépossède le pape de son pouvoir temporel. En ce qui concerne son patriotisme strictement civique, c'est-à-dire sans lien avec l'Église, il se manifeste chez Lagacé par son intérêt pour les signes habituels – le drapeau, l'hymne national –, auxquels s'ajoutent les symboles plus particulièrement typiques de son époque – la race, la terre, le sang – qu'il invoque au sujet du Canada, mais aussi de la France, laquelle le ramène à nouveau à son amour pour l'Église, puisque, pour Lagacé, la vraie France n'est nulle autre que « la France chrétienne ». Notons toutefois que ce patriotisme étendu ne l'empêche pas de s'opposer aux mouvements de colonisation de l'époque, contrairement à un Gustave Desmazures dont nous parlerons plus loin (chapitre 1).

Lagacé s'oppose aussi, en vertu de son attachement à l'Église, à toute une panoplie d'individus, comprenant les barbares, les francs-maçons et les « sans-patrie », ce terme semblant désigner sans distinction les non-chrétiens, les partisans de la France révolutionnaire et sans doute aussi, tel que formulé par son recenseur, ceux que gagne « la plaie du cosmopolitisme »

---

25. Voir par exemple la visite de Lagacé à la Pinacothèque de Bologne, lettre 5, parag. 7, ainsi que l'avant-dernière section de sa 8ᵉ et dernière lettre (notre chapitre 6).

(Auclair, 104). Pareillement englobantes sont les apostrophes de l'auteur concernant « les Juifs », qu'il invoque en donnant à ce terme un sens générique qui désigne aussi bien le non-chrétien que tout ennemi malveillant de la chrétienté, quelle que soit sa religion ; ce vocabulaire doit paraître si naturel à son entourage[26] que l'abbé Auclair, après avoir déclaré dans la *Revue Canadienne* que « L'Église est indéfectible », cite Lagacé en qualifiant de « beau cri d'espérance tout à la fois patriotique et religieux » un grief qui débute par une expression indéniablement antisémite[27].

---

26. De Gérard Malchelosse (1896-1969), que l'on retrouvera dans le paysage de Lagacé dans les années 1930 (chapitre 1, fig. 6, p. 75), voir « Les Juifs dans l'histoire canadienne », *Les Cahiers des Dix*, vol. 4, 1939, 167-195, où l'auteur récapitule l'histoire de l'immigration juive au Québec depuis le XVIIIe siècle. Cette étude, qu'il veut « purement objective », demeure condescendante en ce qu'elle fait état d'un « problème juif » et s'achève par une mise en garde : « Nous ne connaissons peut-être pas encore le péril juif au point où l'Ouest des États-Unis et notre Colombie-Anglaise connaissent le péril jaune, mais il y a tout de même lieu de craindre un envahissement excessif. Écrasés en Europe centrale par la botte nazie, chassés, déportés, les Juifs attirent en ce moment la sympathie universelle. On parle de les établir dans les pays jeunes, au Canada en particulier. Que nos gouvernants prennent garde de verser dans une tolérance exagérée. Qu'ils ne renouvellent pas l'incompétence et l'imprévoyance de leurs devanciers de 1890, de 1900 et surtout de 1913, alors qu'il est entré chez nous 13,000 étrangers en cette seule année. Gardons-nous de l'intolérance, soit, mais n'oublions pas la prudence », 194. Pour un point de vue plus nuancé, voir Denis Vaugeois, *Les Juifs et la Nouvelle-France*, Trois-Rivières, les Éditions Boréal Express, 1968. Par exemple, à la question « Qu'est-ce qu'un Juif ? », l'auteur répond : « Aussi paradoxal que cela puisse paraître de la part de quelqu'un qui entreprend une monographie sur les Juifs, nous avons été incapable de dire exactement *ce qu'est* un Juif ! », italiques de l'auteur, Vaugeois, 36 ; pour une liste de ses sources d'archives, voir 15-26. Sur le judaïsme et l'antisémitisme au Québec à l'époque de Lagacé, voir David Rome, Judith Nefsky et Paule Obermeir, *Les Juifs du Québec : bibliographie annotée*, Québec, Institut québécois de recherche sur la culture, 1981 (109-121, sur l'antisémitisme au Québec entre 1914 et 1945) ; David Rome et Jacques Langlais, *Juifs et Québécois français : 200 ans de vie commune*, Montréal, Fides, 1986 ; Victor Teboul, *Mythe et images du Juif au Québec*, Ottawa, Éditions de Lagrave, 1977 (149 à 198, sur l'antisémitisme).

27. « La France Juive a arraché cette page de l'histoire ; mais quand on aura fini d'honorer des renégats, quand la rafale qui passe tôt ou tard sur les sociétés [...] aura balayé les statues élevées à la gloire de ceux qui ont déshonoré la patrie, la France Chrétienne aura son jour et partout alors l'on verra la Croix étendre ses bras bénissants sur les champs arrosés par le sang des héros, morts pour Dieu et pour la France. [/] Ce jour viendra, j'en ai la conviction profonde ! », Lagacé, 5e lettre, Lorette, 3 juillet ; Auclair, 106 (voir aussi 6/n33 et 6/n61 ; sur l'amalgame entre judaïsme et franc-maçonnerie, voir 6/n62). Pour un échantillon de la manière dont on évoque les Juifs dans la presse en 1900 et 1910, voir : « Invasion juive », *La Vérité*, samedi 25 août 1900, 2 (il s'agit d'une protestation contre l'établissement, au Lac-Saint-Jean, de deux cents familles juives de Roumanie : « [...] Pour l'amour de Dieu, n'allons pas *enjuiver* [italiques du journal] nos campagnes de la province de Québec ! [...] Les Juifs de la Roumanie et des autres pays de l'Europe orientale sont les plus fanatiques de tous. C'est parmi eux que l'on trouve encore des partisans du meurtre rituel ! [...] Gardons la province de Québec pour les chrétiens ! ») ; « La question juive », *La Vérité*, samedi 1er septembre 1900, 2 (long article qui étaie les arguments justifiant le refus de l'établissement de ces mêmes deux cents familles) ; « Mgr Gauvreau [curé de St-Roch] dénonce l'empiètement des Juifs », *La Patrie*, lundi 4

Enfin, Lagacé critique aussi les divers représentants de la culture anglo-saxonne, canadienne, britannique et américaine, auxquels s'ajoutent les Allemandes et les Italiens – ces derniers étant taxés pour leur « mauvais goût » –, son attitude partiale témoignant, dans tous ces cas, moins d'une animosité associée directement à chacun des groupes désignés que d'une intolérance, sur le plan politique, vis-à-vis de toute menace éventuelle au pouvoir de l'Église. L'antipathie de l'auteur s'étendant aussi bien à la France révolutionnaire, puis à celle des réformes de l'éducation sous Jules Ferry (qui aboutissent à la loi de 1905), qu'à l'Italie du *Risorgimento* (1861-1870), il semble s'opposer systématiquement à tout mouvement de séparation des sphères civique et religieuse[28], comme d'autres hommes de son entourage, notamment Mgr Bruchési, qui s'objectera à la création d'un ministère de l'Instruction publique au Québec ; Lagacé le retrouvera quelques années plus tard, à l'Université Laval à Montréal, en même temps que son recenseur, l'abbé Auclair[29].

L'ensemble des facettes qui constituent le personnage de Lagacé donne à voir une figure de poète, à la fois ludique et combatif, sensible et effronté, artiste et lettré, l'ardeur du chrétien engagé, la passion de l'enseignant humaniste, la fantaisie de l'artiste lyrique et le sérieux du chroniqueur érudit ayant pour source commune, étonnante à nos yeux désabusés de modernes, un immense espoir, sinon la foi, en la vérité, le beau, le bien, le Christ, l'Église, l'humanité, l'éducation, la paix, le progrès. En définitive, on peut dire que la polyvalence de Lagacé colore le regard qu'il porte conjointement sur l'art et sur l'histoire, et en cela nous permet de voir, dans toute sa complexité, la manière dont s'édifie et se compose son profil d'historien de l'art.

---

mars 1910, 1. Voir aussi la transcription des discours prononcés le 20 avril 1933 à la salle du Gésù par Pierre Dansereau, Gilbert Manseau, Pierre Dagenais, René Monette et André Laurendeau, dans *Politiciens et Juifs, Les Cahiers du Jeune-Canada*, 1933. Les discours visaient à affirmer la primauté de l'identité canadienne-française, en réaction à la participation, par trois représentants (fédéral, provincial et municipal) canadiens, à une protestation contre les persécutions antisémites d'Hitler.

28. Notons cependant que les idées ultramontaines de Lagacé divergent de celles prônées dans les années 1840 par un Mgr Bourget, qui considérait comme nuisible l'éducation des classes pauvres. Sur cette question, voir Nadia Fahmi Eid, *Le clergé et le pouvoir politique au Québec : une analyse de l'idéologie ultramontaine au milieu du XIXe siècle*, LaSalle, Québec, Hurtubise HMH, 1978. Pour une histoire culturelle et sociale détaillée, voir Yvan Lamonde, *Histoire sociale des idées au Québec*, 2 vol., Montréal, Fides, 2000 ; pour une brève histoire plurielle des idéologies au Québec, voir Fernande Roy, *Histoire des idéologies au Québec aux XIXe et XXe siècles*, Montréal, Boréal Express, 1993 (33-38 sur Ignace Bourget).

29. Après avoir obtenu l'appui de Léon XIII, Bruchési réussit à faire repousser par la majorité conservatrice du Conseil législatif le projet adopté par l'assemblée lors de son séjour à Rome, Andrée Dufour, *Histoire de l'éducation au Québec*, Montréal, Boréal Express, 1997, 54 ; sur Bruchési, voir aussi notre chapitre 6/n35. L'abbé Élie-Joseph Auclair (1866-1946), qui sera le directeur de la *RC* de 1908 à 1922, enseigne la philosophie à la Faculté des arts de l'ULàM à partir de 1905 ; né deux ans avant Lagacé, il décédera la même année que lui.

Dans les lettres de voyage de Jean-Baptiste Lagacé rédigées en 1900, le chroniqueur est plus qu'un simple conteur, sa sensibilité d'artiste l'incitant à croquer sur le vif paysages, œuvres d'art et fresques historiques, en regard desquels ses réactions, ses sentiments, ses opinions et ses réflexions tendent à prendre de l'importance, en tant que témoignage de ses propres engagements. Tel est d'ailleurs son mandat, comme il le rappelle sans fioritures dans sa 6ᵉ lettre (« Les lecteurs de la *Vérité* me feront grâce de la description des principaux monuments de Marseille : car, on la peut trouver dans tous les guides. Et puis, je veux rester fidèle au programme que je me suis tracé : de ne noter que mes *impressions* »). Dans cette lettre, précisément, on voit poindre des éléments propres à un discours d'historien de l'art, lorsque, face à la cathédrale de Marseille, Lagacé lit dans l'œuvre, plutôt que dans le texte, pour offrir, avant la lettre, une interprétation structurelle du style gothique en regard des aspirations de l'époque ; fondée sur une correspondance que l'on pourrait qualifier de baudelairienne entre le chant grégorien et l'élévation des cathédrales, cette interprétation est tout à fait digne d'un Panofsky qui, un demi-siècle plus tard, en établira une similaire, pour la même époque, entre l'architecture gothique et la pensée scolastique[30].

Deuxième manuscrit de Lagacé : *l'*Initiation à l'Histoire de l'Art

Le deuxième manuscrit de Lagacé, retranscrit ici à partir d'un exemplaire trouvé dans une boîte en carton bleue et composé de dix-huit feuillets fixés par autant de trombones rouillés, était sur le point d'être publié, entre 1945 et 1946, si l'on en croit trois lettres qui y font référence. La première, datée du 18 mai 1945, provient du Cabinet du Surintendant au Département de l'Instruction Publique et débute comme suit : « Mon cher Jean, [/] Je vous retourne sous ce pli deux copies de votre cours d'histoire de l'art qui ont été

---

30. « […] la cathédrale, pour celui qui l'étudie, autrement qu'avec le Baedeker en main, est le livre par excellence, celui où l'humanité entière peut lire, retrouvant dans chaque pierre les signes symboliques de chacune de ses pensées et de ses sentiments. [/] De même que le chant grégorien, de tous les chants, est le seul qui soit en parfaite harmonie avec l'idée austère du christianisme, avec les grandes et graves pensées de l'Au-delà ; de même le gothique est le style le mieux approprié aux aspirations des âmes qui sentent qu'ici-bas elles ne font que passer et que tôt ou tard elles entrouvriront leurs ailes pour s'envoler vers ces régions éthérées, où les souffrances, les misères, les faiblesses seront changées en joies, en paix et en force… », 6ᵉ lettre, Marseille, 14-15 juillet ; c'est aussi en tant qu'historien de l'art que Lagacé écrira dans sa 8ᵉ lettre : « Les impressions d'art ne sont pas[,] comme les impressions de nature, également à la portée de tous. La bonne volonté et l'abandon complet de nos facultés n'y suffisent plus, il faut que des études préalables aient établi, pour ainsi dire, un fil conducteur entre l'âme des siècles passés et notre propre âme. » D'Erwin Panofsky, voir *Gothic Architecture and Scholasticism*, New York, Meridian, 1951 (Wimmer Lecture, c1948).

corrigées conformément à celle dont vous avez fait vous-même la révision[31]. Je joins à cet envoi des notes de ma secrétaire ; elles pourront peut-être vous être utiles[32]. »

Ces deux phrases permettent d'imaginer que Lagacé avait adressé son manuscrit au Département de l'Instruction publique en vue de le faire publier, peut-être à la suite d'une demande du DIP, et que son texte aurait été dactylographié par la secrétaire du surintendant[33], puis renvoyé à Lagacé pour révision, à au moins deux reprises, sans que celui-ci ne puisse effectuer – du moins sur le « 3e exemplaire » que nous avons trouvé – toutes les étapes nécessaires pour mener à terme ce projet. Trois éléments semblent corroborer cette hypothèse. D'abord, on peut constater, grâce à l'existence d'une version manuscrite du dernier chapitre de Lagacé portant sur la peinture anglaise – en fait ses notes de cours à l'UdeM dont une page est datée de 1935 –, que sur le texte dactylographié, Lagacé a omis de rectifier de nombreuses coquilles, qui ne sont d'ailleurs pas siennes puisqu'on ne les retrouve pas dans la portion manuscrite de son texte[34].

Ensuite, la présence d'une deuxième lettre, signée « E. Z. M. [Édouard-Zotique Massicotte], Ministre plénipotentiaire par intérim, S. M. Minerve la Déesse du Bon Conseil » et datée du 18 octobre 1946, peut laisser supposer que Lagacé dit vrai, « sur le seuil » de son *Initiation à l'Histoire de l'Art* (p. 347) lorsqu'il prétend que c'est son entourage qui l'a persuadé de rendre

---

31. La version que nous avons trouvée est identifiée au début de chaque feuillet comme « 3e exemplaire », sans doute par la secrétaire du surintendant. Ce document ainsi que les lettres mentionnées plus loin proviennent d'archives privées.

32. La lettre en question contient quelques phrases supplémentaires, où le surintendant, Victor Doré, promet à Lagacé de lui « faire visite aussi fréquemment que possible ». Elle comprend aussi des interventions plus tardives de Lagacé lui-même, qui y a inclus, en différents endroits, vraisemblablement en 1946, une notice autobiographique, trouvée aussi ailleurs, sur d'autres feuilles de papier, dont une avec l'en-tête de l'*Initiation* au verso et qui est reproduite au début de notre chapitre 1, ainsi que des soustractions qui donnent, à partir de celle de 1946, les dates correspondant à l'âge de Lagacé aux principaux moments de sa carrière ; la lettre a aussi été coupée au niveau de la signature et les premières phrases sont barbouillées. Les notes de la secrétaire n'ont pas été retrouvées.

33. Voir aussi nos notes 75 et 77. Bien que Victor Doré voussoie Lagacé, on sait qu'ils se connaissent depuis au moins 1925. Victor Doré, surintendant au DIP entre 1939-1946, président de la CECM à partir du 1er juillet 1928 (Raphaël Ouimet, « Victor Doré : président-général de la Commission des Écoles Catholiques de Montréal », *Biographies canadiennes-françaises*, 8e année, Montréal, Société historique de Montréal, 1929, 118), a d'ailleurs peut-être contribué à l'engagement à la CECM de Lagacé en tant qu'inspecteur, à l'automne de la même année. Sur leurs rencontres dans le cadre de la Fourchette joyeuse et de La rosse qui détèle, voir la publication à venir de François Trépanier consacrée à ce sujet.

34. On peut supposer, de surcroît, qu'à cette date Lagacé a déjà retouché une version antérieure du texte dactylographié, les différences notables entre la version que nous avons trouvée et le manuscrit déjà annoté du cours de Lagacé impliquant l'existence d'au moins une version intermédiaire.

public le contenu de son enseignement, ce à quoi il dit avoir résisté, ce cours « plusieurs fois manié » contenant selon lui « trop de "tout le monde" et pas assez de "moi" pour mériter l'honneur de faire gémir les presses ». Mais le fait que l'on retrouve, sur un petit papier rose glissé entre les pages de son journal intime, des dédicaces pour ce qu'il appelle déjà son « livre » en 1946 confirme que notre protagoniste tenait à ce projet ; notons en aparté que Lagacé avait produit parallèlement un autre texte, plus volumineux et qui contient sans doute davantage "de lui-même", un journal de pensées et réflexions que depuis l'été 1942 il avait retranscrites, à partir de dix-huit calepins de poche noircis depuis 1928, le soir chez lui ou le matin dans le tramway, puis directement rédigées par la suite, jusqu'au moment où il fut terrassé par une crise en août 1946.

Enfin, troisième élément, l'ami Massicotte, après avoir conseillé à Lagacé – qu'il appelle « Cher jeune septuagénaire » (le jeune en question est alors âgé de 78 ans) – de renoncer à « processionner »[35], écrit : « Minerve te conseille maintenant de publier tes cours et de te limiter à cet effort. » Lagacé, qui était déjà malade depuis au moins l'été 1946, comme en témoigne une troisième lettre datée du 2 septembre 1946[36], est décédé quelques mois plus tard, et son manuscrit dactylographié par la secrétaire a dormi pendant cinquante ans dans la boîte en carton bleue. On peut supposer que Lagacé, dont le dernier journal intime révèle qu'une profonde mélancolie l'a envahi en ses vieux jours, avait dû, à bout de forces, abandonner malgré lui ce projet, à moins que la publication n'ait été suspendue par un jaloux après son décès, lequel aurait subtilisé les deux autres exemplaires que Lagacé aurait déjà renvoyés au DIP[37].

---

35. Massicotte fait référence aux aquarelles que Lagacé a produites pour la procession de la Saint-Jean-Baptiste depuis 1924, en collaboration avec Massicotte.

36. « Votre séjour sur la belle pointe du lac [Saint-François] touche à son terme. Vous nous reviendrez sous peu, remis, quant à cher monsieur Lagacé, de la forte crise qui l'a terrassé au cours des vacances », Lettre du 2 septembre 1946, adressée au couple Lagacé par Sœur Sainte Marie Immaculée, cnd, Collège Marguerite-Bourgeoys, AP.

37. À ce sujet, Olivier Maurault s'étonne, dans sa notice nécrologique de Lagacé parue dans *Le Devoir* du samedi 28 décembre 1946, que le recueil ne soit pas encore paru : « Les leçons de M. Lagacé, soigneusement préparées et rédigées, sont prêtes pour la publication ; je ne sais ce qui en a retardé la parution », Olivier Maurault, « M. Jean-Baptiste Lagacé », *Le Devoir*, samedi 28 décembre 1946, 1. Lagacé étant décédé dans la nuit du mercredi 18 décembre 1946, à l'âge de 78 ans, de nombreuses notices nécrologiques invitant parents et amis à se rendre à ses funérailles furent publiées dans les journaux, dont *Le Devoir* du jeudi 19 décembre, 3, et celui du vendredi 20 décembre, 2 et 3 ; *La Presse* du vendredi 20 décembre, 36 ; *La Patrie* du vendredi 20 décembre, 21 ; le *Montréal-matin* du vendredi 20 décembre, 4 et *Le Canada* du samedi 21 décembre 1946, 4.

L'histoire universelle de l'art et l'histoire de Lagacé

Pour ce qui est de l'histoire narrée par Lagacé dans son *Initiation*, elle constitue le point d'aboutissement d'un long processus de gestation, de développement et de mûrissement de sa pensée, au fil des quatre décennies de sa carrière d'enseignant, processus en trois phases qui, paradoxalement, s'achève dans son manuscrit en une réduction importante de son corpus d'enseignement, pour les besoins de la publication.

À partir du contenu de l'*Initiation*, confronté aux innombrables documents qui ponctuent l'ensemble de sa carrière, on peut tenter, à rebours du temps, de retracer les principaux changements que le professeur adopte au fil des ans et dont les plus récents, durant la décennie précédant le moment où il prend sa retraite en 1944, sont les plus intéressants, puisqu'il les effectue durant sa pleine maturité académique. Ce dernier parcours s'esquisse alors en des points de rencontre entre l'histoire universelle et celle de son auteur, divers indices, quelques dates parsemées çà et là dans son *Initiation*, signalant sa présence ponctuelle, en arrière-plan de son récit : 1935, date associée au cours sur la peinture anglaise ; peu avant 1937, moment auquel renvoie le texte de son cours sur l'art roman, le professeur y faisant référence à l'achèvement des travaux à l'oratoire Saint-Joseph ; entre 1939 et 1944, des allusions à la Deuxième Guerre transparaissant dans ses chapitres sur l'art gothique et la peinture allemande, puis 1940, date qui figure en marge de la liste de « transparents » dans le chapitre sur la sculpture grecque.

Enfin, dans son chapitre sur l'art byzantin et l'art arabe, Lagacé mentionne la parution récente d'un ouvrage de Jean Hubert, publié en 1938. C'est donc seulement à partir de 1935 que le cours de Lagacé porte des marques de sa temporalité, soit parce que des traces similaires plus anciennes auraient été gommées lors de la révision du manuscrit[38], soit parce que, dans les années 1930, son histoire universelle a atteint sa pleine maturité, Lagacé portant, à l'heure des bilans – il est âgé de 67 ans en 1935 et de 76 ans au moment de prendre sa retraite en 1944 –, un regard soucieux sur une histoire plus laide, plus sombre et plus présente, et manifestant aussi une déception qui tend à s'accroître avec le poids des ans en regard de ses ardents rêves de jeunesse.

---

38. Lagacé ayant pris sa retraite en 1944, on peut supposer que les modifications subséquentes qu'il apporte à un texte qu'il avait sans doute déjà refondu en 1920, le rythme de sa traversée de l'histoire s'étant alors accéléré (note 40 infra), consistent à effacer les références ponctuelles à son enseignement, par exemple lorsqu'il substitue *chapitre* à *leçon* ou lorsqu'il élimine des phrases telles que « Je dispose de trop peu de temps pour vous dire comment… » (dans le chapitre sur l'Égypte), ou « Il n'est pas facile de parler de l'œuvre de Raphaël, surtout […] lorsque le temps nous est si parcimonieusement mesuré », mais dont quelques-unes sont demeurées.

Outre ces quelques dates, ces trois phases de la vie professionnelle de Lagacé (1897-1919 ; 1920-1935 et 1935-1944) permettent de ponctuer le parcours temporel de son histoire de l'art, la première décennie de sa carrière à l'ULàM étant accompagnée de la transcription, dans l'*Annuaire général* de l'Université, de résumés du cycle complet de ses cours donnés entre 1904 et 1915, le professeur d'*Esthétique et Histoire de l'Art* ayant alors traversé l'histoire en douze ans, de l'Égypte pharaonique à l'Europe du xviiie ou xixe siècle[39]. Dans un deuxième temps, après la Grande Guerre et le changement de statut de son université d'attache, en 1920, son enseignement se modifie, ce dont témoigne la liste des cours qui constituent son programme en histoire de l'art en vigueur depuis au moins 1921-1922, et sans doute institué lors de la création de l'UdeM ; ce programme en deux ans, au lieu de douze, demeure le même au moins jusqu'en 1930[40].

De la parole à la plume

Entre le cours vivant[41] d'*Esthétique et Histoire de l'Art* et le texte de l'*Initiation*, Lagacé a certainement dû commettre maintes suppressions, la liste des illustrations qui clôt chaque chapitre dans la première partie trahissant çà et là un resserrement du cadre historique, géographique ou biographique du corpus initial. « Sur le seuil », l'auteur signale d'ailleurs, semble-t-il avec regret, que le texte de l'*Initiation* est « privé » des commentaires qui accompagnaient les projections des œuvres et complétaient son cours, vraisemblablement dans sa deuxième partie[42], lacune que l'on ne peut que regretter aussi, lorsque l'on

---

39. À ce sujet, voir Olga Hazan, « L'émergence de l'histoire de l'art à Montréal au début du xxe siècle », dans Olga Hazan (dir.), *Construire l'histoire de l'art aux xixe et xxe siècles : entre l'université et le musée*, numéro thématique, *Visio, revue internationale de sémiotique visuelle*, vol. 4-3, automne 1999-hiver 2000, 39-50, repris au chapitre 3. Pour les descriptifs des onze premiers cours de Lagacé, voir l'*AG* : 1904-1905, 152 ; 1905-1906, 172-175 ; 1906-1907, 176-178 ; 1907-1908, 195-199 ; 1908-1909, 228-233 ; 1909-1910, 255-259 ; 1910-1911, 299-302 ; 1911-1912, 200-204 ; 1912-1913, 201-205 ; 1913-1914, 213-218 ; 1914-1915, 220-229 et enfin 1916-1917, 231-232. Rappelons que l'*Annuaire général* paraît toujours l'année qui suit celle où les cours sont donnés.

40. *Annuaire de la faculté des lettres*, 1922-1923, 36-37 ; 1923-1924, 37-38 et 1929-1930, 47 (voir notre chapitre 3) ; la liste des cours ne figure plus dans l'*Annuaire* après cette date, mais le cours est encore annoncé tel quel dans *Le Devoir* du 15 octobre 1930, 2.

41. Nous avons tenté de retracer des enregistrements radiophoniques d'entrevues, pour retrouver sa voix et sa diction, sûrement fort agréables si l'on en croit ses premiers recenseurs, mais il semble hélas qu'il n'en subsiste plus. Pourtant, il a sûrement participé à l'une de ces émissions de « l'heure universitaire » à laquelle fait référence l'*AG* de l'UdeM, notamment celui de 1933-1934, 178. On sait en tous cas que son article, « Les deux tombeaux », paru dans *La Revue nationale*, vol. 14, février 1932, 32-36 avait été lu à la radio de CKAC le 28 novembre 1931.

42. « On connaît le procédé employé par M. Lagacé. La moitié de la conférence expose l'œuvre d'un artiste et les principes qui l'ont guidé dans l'exécution. Le professeur prépare ainsi

voit comment notre premier historien de l'art, autodidacte, savant, artiste et poète, esquisse en quelques traits, la plume vive, riche et déliée, des portraits de peintres tels ceux qu'il compose de Hogarth ou de Murillo. Auront donc été rognés, pour les besoins de l'*Initiation*, non seulement des artistes, des époques et des lieux (généralement signalés dans nos notes du chapitre 7), mais l'œuvre même de réflexion qu'opérait Lagacé sur les images, alors que l'on sait combien il y était sensible, et aussi, comme en témoignent des coupures importantes dans son chapitre sur la peinture anglaise, le seul encore conservé de nos jours dans sa version originale, des passages qui lui tenaient particulièrement à cœur[43]. On peut également regretter la disparition, dans son nouveau programme inauguré après la création de l'UdeM en 1920, du cours thématique qu'il avait donné à ses débuts à l'ULàM (en 1904 et 1904-1905, et sans doute à nouveau en 1915-1916), lequel portait sur les principes du beau et les lois générales de l'art, puis sur l'application des théories esthétiques[44]. Heureusement, les idées que Lagacé y déployait nous sont encore accessibles, dans les résumés de l'*Annuaire général* et dans les coupures de presse commentées dans nos chapitres 1 et 2 et compilées dans le chapitre 3.

Enfin, et cette lacune n'est pas négligeable : alors que Lagacé réduit la deuxième partie de son ouvrage à la peinture européenne du xve au xviiie siècle (les Flandres, xve-xvie ; la Hollande, xviie ; l'Allemagne, xve-xvie ; l'Espagne, xvie-xixe ; la France, xve-xviiie – seul pays gratifié de deux chapitres – et la Grande-Bretagne, xviiie-xixe), la dernière section de son cours consacrée à l'époque contemporaine a presque totalement disparu. Pourtant, son nouveau programme inauguré au début des années 1920 (« Cours public d'histoire de l'art », chapitre 3) comptait cinq séances sur le xixe et le xxe siècle. De cette portion, qui couvrait le quart de la totalité de son cours donné en deux années, il ne reste qu'une maigre trace dans l'*Initiation*, Lagacé y annonçant une présentation de David, qui ne se concrétise pas, et un cours sur « le mouvement artistique en Europe et en Amérique ». Le singulier utilisé pour ce titre rappelle en fait que notre pionnier ne place

---

l'esprit des auditeurs à mieux comprendre, leur sensibilité à mieux goûter, leur imagination à compléter plus facilement les tableaux que des projections lumineuses font défiler sous leurs yeux pendant la deuxième partie. L'enseignement du maître est complet ; l'instruction par les yeux achève le travail commencé par les développements oraux. » Discours de clôture adressé à Mgr Gaspar Dauth, vice-recteur et pro-doyen de la Faculté des arts, à propos du cours de 1915-1916, *Annuaire général*, 1916-1917, jumelé à cause de la guerre à celui de 1915-1916, 232.

43. Dans ce chapitre, Lagacé a éliminé à trois endroits différents une vingtaine de pages manuscrites, sur un total de près d'une cinquantaine, les Préraphaélites, qu'il affectionnait en particulier, faisant partie du lot sacrifié.

44. Après 1920, Lagacé présentait peut-être des éléments de ce cours au début de la première année de son nouveau programme.

pas l'art de ses contemporains bien haut dans son estime. Dans son cours de 1909-1910, par exemple, il commente « la perfection, la force, l'unité, l'incomparable style des œuvres… [du Moyen Âge]… où n'apparaissent aucun des mensonges que la machine a appris aux artisans modernes » (*Annuaire général*, 1910-1911, 300). Dans l'*Initiation*, Lagacé écrit aussi, au sujet de la peinture de Boucher, à laquelle Diderot trouvait un caractère "canaille" : « C'est assurément être bien sévère ; car si les "joliesses" de Boucher méritent ce terme énergique, de quels qualificatifs devrions-nous nous servir pour définir les plats épicés qui nous sont servis dans nos expositions modernes ? » Et puis, dans le dernier cahier de ses pensées et réflexions, Lagacé confie qu'il considère Picasso comme un « sacré farceur » et ses admirateurs comme « des absurdes gogos[45] ».

En ce qui concerne ses horizons politiques, tels qu'ils transparaissent ici – peut-être plus ouvertement à partir du milieu des années 1930 – en regard des idéaux qui animaient sa fougue dans *La Vérité* de 1900, certains demeurent inchangés, comme en témoigne son irritation vis-à-vis de la France révolutionnaire, par exemple lorsque Lagacé écrit, au sujet du xviiie siècle, qu'il va « tirer le rideau sur les horreurs qui marquèrent les dernières années de ce siècle qui avait fait naître tant d'espoirs à ses débuts », mais son patriotisme, autant politique que religieux, semble ici plus mesuré qu'en 1900, au moment où il rédigeait ses huit lettres pour *La Vérité* en échange de son premier voyage en Europe[46]. Rappelons d'ailleurs, à ce sujet, que même si son entourage s'est également considérablement modifié depuis 1900, ce n'est que bien plus tard, plus de vingt ans après la mort de Lagacé, que l'UdeM adoptera sa première charte laïque, la déconfessionnalisation de l'Université datant de 1967.

Cependant, même si elle contient encore quelques réflexions surprenantes sur les peuples ou sur « les races », la prose de Lagacé dans l'*Initiation* témoigne aussi de la préséance de son amour pour l'art et pour le beau, amour qui surpasse en fin de compte celui qu'il voue à la patrie ou à l'Église. C'est avec un souci toujours de la reconnaissance du beau qu'il aborde d'ailleurs chacune de ses histoires, et que revit sous sa plume l'art de chaque peuple et chaque artiste, dont il s'applique çà et là à faire émerger les qualités lorsque des préjugés le voilent. Par exemple, Le Brun « mérite mieux que le coup de chapeau cérémonieux que les critiques lui accordent

---

45. Été 1946, 99. Notons enfin les propos que rapporte l'auteur anonyme de sa notice nécrologique parue dans *Le Canada* du samedi 21 décembre 1946 : « M. Lagacé avait ses préférences en art et ne s'en cachait pas. "Moi, disait-il un jour à l'un de ses cours d'histoire de l'art, j'en suis resté au romantisme" », « Mort de l'artiste-peintre J.-B. Lagacé », 4.

46. Je remercie Pierre Quenneville, qui m'a apporté une perspective différente sur les idéaux de Lagacé à la lumière de ses travaux sur Guillaume Couture (mémoire de maîtrise et thèse de doctorat, musicologie, Université de Montréal, 1980 et 1988).

en passant. Pour porter un jugement équitable sur un art aussi spécial, il faut faire taire ses préférences et essayer par l'histoire de se faire une idée du monde exceptionnel dans lequel il s'est développé… » ; ailleurs, Lagacé dira qu'il ne trouve ni équitable ni généreux le « préjugé persistant [qui] nous fait dire souvent que les Anglais sont dénués de tout sens esthétique, que non seulement ils sont incapables de créer de la beauté, mais que leur engouement pour les arts n'est qu'un snobisme de bon aloi ».

Le voilà donc saisi toujours par son amour de l'art, à rebours de ses conceptions humorales des groupes humains, dont certains, en certains temps, lui paraissent tout de même plus souriants que d'autres, la France, l'Italie et les Préraphaélites, le Moyen Âge, la Renaissance et le XVIIIe siècle prérévolutionnaire le touchant à l'évidence bien plus que l'art islamique ou l'art allemand. Notons, cependant, que, même si Lagacé associe à l'art gothique toute la splendeur du christianisme, il ne l'aborde pas moins avec un idéal humaniste de la Renaissance, habité d'une mimésis toute vasarienne, puisque pour lui, comme il le précise dans sa leçon sur la peinture flamande, l'art véritable incarne la vie et consiste à « transposer le réel en vision de paradis ».

En sus de son amour pour l'art, ce qui donne corps et cohérence à son récit, dans le cadre de ses articulations chronologiques et géographiques, c'est le recours de Lagacé à une métaphore organique, les cultures y étant décrites comme des organismes autonomes et vivants, que l'on voit éclore, s'épanouir et mourir, chacune suivant son destin. À chaque chapitre, le narrateur entame à nouveau une histoire à ses débuts, au moment où éclot un nouveau style, égyptien, chaldéen ou anglais, dont on suivra l'essor puis le déclin, jusqu'à sa disparition, lorsqu'il se verra remplacé par un autre style, dont la préséance témoignera moins d'une conjoncture historique que de l'âme d'un peuple et de son tempérament. Pour ses quelques premiers chapitres consacrés à l'art ancien, Lagacé fait ainsi remonter l'histoire à ses débuts, pour avancer progressivement dans le temps, en passant d'une culture à l'autre, de manière assez typique d'ailleurs[47]. Dans la deuxième partie du récit, campé en Europe, Lagacé accoste l'art des Pays-Bas, dont il situe l'éveil à Bruges, le personnifiant donc aussi, pour aboutir finalement à l'art anglais, dont il ira cette fois chercher les racines au Moyen Âge, tous ces va-et-vient dans le temps lui permettant de donner corps à chaque culture, tout en évitant des poncifs tant galvaudés par ses successeurs dans le métier, tel celui de la passation du flambeau ou de l'influence d'une époque sur ses traditions artistiques. En cela, et ce n'est qu'un exemple, quoi

---

47. À ce sujet, voir Olga Hazan, *Le mythe du progrès artistique : étude critique d'un concept fondateur du discours sur l'art depuis la Renaissance*, préface de Nicole Dubreuil, Montréal, Les Presses de l'Université de Montréal, 1999.

qu'en dise Lagacé, on retrouve beaucoup « de lui » dans ce récit de facture indéniablement originale.

Dans son ensemble, le déploiement de l'*Initiation*, dont la structure suit d'abord un ordre chronologique et géographique, puis par médiums, la partie moderne étant réduite à la peinture, donne à voir une dynamique qui prend forme en Orient, dans les trois premiers chapitres, pour aboutir en Occident, où elle s'établira définitivement. Pour n'en signaler qu'une occurrence, voyons comment le recours à la métaphore organique s'estompe avec le temps, celle-ci prenant d'abord une place prépondérante dans son cours de 1905-1906, alors que Lagacé illustrait ce passage, de l'Orient à l'Occident, au moyen d'une citation :

> En ce sens, les nations qui pendant trois ou quatre mille ans se sont groupées autour de la Méditerranéenne appartiennent à un même groupement histo-rique : « Elles forment, dit un auteur°, comme les membres et les organes d'un même corps, dans lequel les centres nerveux, sources de vie, de mouvement et de pensée, se sont déplacés avec le temps, se sont transportés de l'Orient à l'Occident, de Memphis et de Babylone à Athènes et à Rome[»][48].

Dans le chapitre de l'*Initiation* consacré à l'art chaldéo-assyrien, la métaphore organique illustrant ce passage vers l'Occident se voit remplacée par une image poétique qui confère à l'art une liberté nouvelle, celui-ci se voyant ainsi hériter de la force jadis associée à l'inéluctable destin de l'humanité : « Et c'est ainsi que l'Idée de l'Art, victorieuse du temps, mira-culeusement sauvée de la tourmente qui balayait les trônes et ébranlait sur leurs bases les monuments d'orgueil ou de piété, s'est envolée, tel un oiseau mystique, des sables brûlants de l'Orient aux plaines radieuses de l'Occident, de Memphis et de Babylone à Athènes et à Rome. »

Le profil de l'historien de l'art

Pour ce qui est du discours qu'adopte Lagacé, par la parole et par la plume, et qu'il y a tout lieu de questionner, puisque, en tant que premier historien de l'art au pays, il agissait selon ses intuitions et sans mentor à qui se fier aux alentours, on constate, dans sa manière de dépeindre ses protagonistes, qu'en maintes occasions, à propos de Holbein, Murillo, Velázquez ou Chardin, mais aussi des artistes de l'Égypte ancienne ou de la Hollande du XVIIe siècle, Lagacé use des mêmes croisements des genres qu'en 1900, confondant sciemment ici l'artiste et l'historien, comme en témoignent ces quatre exemples :

---

48. ULàM, année académique 1905-1906, *Annuaire général*, 1906-1907, 177.

«Comment[,] avec ma pauvre palette de mots, oserais-je vous décrire l'imposante majesté de la façade du palais qui surgit toute blanche du massif des bosquets d'arbres et de fleurs encadrant des bassins en cascade [...]?» (au sujet de l'art français du XVIIe siècle).

«Aussi lorsqu'on compare une telle image aux indications de l'histoire, on peut être sûr que le peintre a eu la même impression que l'historien qui, omettant les intentions, ne retient que les faits. Holbein est le chroniqueur de la peinture, l'historiographe de son temps... »

«Tout cela, les architectes, les sculpteurs et les peintres [de l'Égypte ancienne] l'ont écrit à leur façon... »

«[Goya] était convaincu que l'intensité de l'illumination picturale réside dans l'étendue du clavier que parcourt l'artiste, des notes les plus hautes aux notes les plus basses... »

Ses modèles, ce sont donc ces historiens de l'art, généralement français, qu'il cite et parfois nomme dans son *Initiation*, et dont on trouvera une sorte de galerie de portraits, dans les notes, sous forme de capsules biographiques[49] qui permettront de situer Lagacé au croisement de courants d'idées associées aux domaines de l'esthétique, de l'archéologie et de la philosophie de l'art, lui-même définissant ainsi ses horizons académiques dans la dernière phrase de sa préface à l'*Initiation*.

Pour revenir à la question posée en ouverture – Que reste-t-il de notre pionnier? –, on peut supposer que Jean-Baptiste Lagacé aurait échappé à l'oubli si son *Initiation* avait franchi la toute dernière étape à laquelle elle était destinée, étape dont on ne peut exclure qu'elle a pu être sabotée en douce après le décès de son auteur. S'il avait été publié comme prévu, en 1946, son livre aurait sans doute servi à de nombreuses générations d'enseignants et d'étudiants, à l'Université de Montréal et ailleurs, puisque, non seulement il dépasse en qualité la plupart des ouvrages de ce genre, même publiés de nos jours, mais il constitue en outre un cas unique, à Montréal et au Canada, puisque aucun survol historique sur l'art de cette envergure n'y a été publié, ni avant ni depuis. Malgré plus d'un demi-siècle de retard dans sa publication, l'*Initiation* de Lagacé laisse entrevoir la marque qu'aura laissée, sur l'imaginaire de ses contemporains et successeurs, un homme qui, par tous les moyens à sa disposition, n'avait de cesse de recomposer l'histoire, autant universelle qu'européenne et canadienne, par la parole, la plume ou le pinceau.

L'*Initiation* de Lagacé, qui clôt sa vie et mon ouvrage, est plus qu'un survol historique; c'est un texte vivant, une présence et une voix, transmise par son manuscrit et qu'il faut lire en l'imaginant, dans sa salle de classe, transporté

---

49. Hormis «Geoffroy», dont nous n'avons pas réussi à retrouver le prénom, les deux seuls auteurs non identifiés dans l'*Initiation* sont Broussolles et Haymans.

par sa verve et son amour pour l'art, et par son désir intense d'éduquer son prochain. La fin de son allocution du 14 octobre 1928, prononcée à l'occasion de l'ouverture des cours à la Faculté des lettres de l'UdeM, donne une idée de la force, presque amoureuse, de son dévouement à son métier, alors qu'il rêve tout haut aux fruits de son labeur, en « louchant vers la montagne », où se construisent alors les nouveaux locaux de l'Université :

> Les rêves les plus fous sont parfois ceux que la Providence se complaît à réaliser. Aussi, lorsque sur les frondaisons multicolores du Mont-Royal surgira la blanche et rayonnante Apparition – rencontre d'une grande pensée et d'un grand paysage, – puissions-nous, nous qui avons peiné, lutté, souffert et donné le meilleur de nous-mêmes, être en droit d'entonner l'hymne muet que Michelet met sur les lèvres closes des statues des vainqueurs pythiques. Je te salue et je t'envie, enfant de l'avenir, qui, paré de tes illusions, graviras la colline sacrée pour y vivre tes vingt ans ! : [/] « Approche, pèlerin adolescent, approche et ne crains rien ! Vois ce que nous étions, d'ou nous partîmes et où nous sommes… Fais comme nous. Sois grand d'actes et de volonté. Sois beau, embellis-toi de formes héroïques et d'œuvres généreuses qui remplissent le monde de joie… Travaille, ose, entreprends ! Par la lutte ou la lyre, chantre, athlète ou guerrier, commence ! Des jeux aux combats[,] monte, enfant[50] ! »

En hommage à ce pionnier, j'espère avoir été cet enfant qui aujourd'hui tente de tirer de l'oubli son entreprise gigantesque et son personnage ludique.

---

50. Citation de Jules Michelet (tirée de *La Bible de l'humanité* de 1864, à laquelle Lagacé ajoute quelques mots au début – « […] pèlerin adolescent, approche, […] » – et un point d'exclamation après le mot *rien*), « Allocution du professeur J.-B. Lagacé, ouverture des cours (14 octobre 1928) », *Annuaire de la Faculté des lettres*, 1929-1930, 58-63 (62-63). Michelet, à cet égard, incarne bien l'idéal de Lagacé, étant à la fois artiste et historien et considérant, dans sa philosophie de l'histoire, l'évolution de l'humanité comme « un puissant travail de soi sur soi ». Sur la réception de Michelet dans le milieu politique actuel en France, voir Max Gallo, « La revanche de Michelet », *Le Figaro Magazine*, 25 janvier 2008.

Les principales activités professionnelles de Lagacé

Conférencier sur l'art

- Conférencier public d'Esthétique et histoire de l'art à partir des années 1890, notamment au Cercle Ville-Marie et à l'Union Catholique

Illustrateur

- Illustrateur de contes dans des journaux et des revues depuis au moins 1895

Professeur d'histoire de l'art

- Premier professeur d'histoire de l'art à l'Université Laval à Montréal, devenue l'Université de Montréal en 1920 (1904-1944)
- Premier professeur d'histoire de l'art au Monument national (1912-1944)
- Premier professeur d'histoire de l'art à l'École des beaux-arts de Montréal (1924-1936)

Professeur de dessin

- Professeur de dessin dans au moins cinq établissements éducatifs entre 1908 et 1928 (l'École Normale Jacques-Cartier ; l'école du Plateau ; l'Académie commerciale catholique, ainsi que l'École Polytechnique et l'École de chirurgie dentaire, toutes deux affiliées à l'UdeM)

Guide touristique

- Guide touristique dans Montréal

Aquarelliste

- Peintre de paysages au crayon, au pastel ou à l'aquarelle ; une exposition solo présentée à la Bibliothèque Saint-Sulpice en 1919
- Créateur de séries annuelles d'aquarelles pour les défilés de la Saint-Jean-Baptiste (1924-1946)
- Créateur de plusieurs séries de tableaux historiques en couleurs illustrant des manuels d'histoire, dont une imprimée en 1915 et une en 1921

Concepteurs de vitraux

- Créateur des vitraux historiés de la basilique Notre-Dame (1928-1929)

Inspecteur de l'enseignement du dessin

- Inspecteur de l'enseignement du dessin pour les classes du primaire et du secondaire de la CECM (1928-1942)

Écrivain

- Auteur de plus de quarante articles consacrés à l'art européen ou canadien, certains inédits et d'autres publiés dans des revues (1898-1943)
- Auteur de trois ouvrages non publiés de son vivant

Première partie

L'historien de l'art et ses prédécesseurs.
La genèse de l'histoire de l'art au Canada

Chapitre 1

Jean-Baptiste Lagacé et ses prédécesseurs.
L'émergence de l'histoire de l'art
à Montréal à partir de 1857

Les ancêtres de Jean-Baptiste Lagacé

MARIE JOSEPH VICTOR JEAN-BAPTISTE LAGACÉ – Jean pour les intimes –, né le 3 novembre 1868 à Montréal, marié le 8 septembre 1904 à Églantine Castonguay et décédé à Montréal le 18 décembre 1946, était le deuxième de quatre enfants (Alexis-Eustache, Jean-Baptiste, Joseph-Octave et Marie, ou Maria) issus du mariage d'Octave Lagacé, comptable de métier, avec Émilie Charpentier, à l'église Notre-Dame à Montréal en avril 1862.

Octave était lui-même l'aîné de cinq enfants (Octave, Louis, Charles, Philippe et Eulalie), issus du mariage, à Ste-Anne-de-la-Pocatière, le 14 février 1825, de François Mignier dit Lagacé avec Eulalie Bérubé.

François était lui-même le deuxième de trois enfants (Nazaire, François et Benjamin), issus du mariage de Benjamin Mignier dit Lagacé, laboureur de métier, avec Charlotte-Adèle Ouellet, épousée le 21 octobre 1805.

Benjamin Mignier dit Lagacé était lui-même l'aîné de cinq enfants (Benjamin Mignier dit Lagacé, Benjamin, Catherine, Charles et Dorothée), issus du mariage de Michel-Joseph Lagacé, baptisé le 11 septembre 1742, avec Marie-Catherine Bérubé en date du 21 octobre 1805 à Ste-Anne-de-la-Pocatière.

Michel-Joseph Lagacé était lui-même l'aîné de douze enfants (Michel Joseph, Basile, Michel, Jean-Marie, Jean-Charles, Marie-Marguerite, Marie-Joseph, Marie-Rosalie, Marie-Anne, Barthélémi, François et Jean-François) issus du mariage de Michel Mignier dit Lagacé, né et baptisé le 26 mars 1714 à Rivière-Ouelle, avec Marguerite Pelletier en date du 9 janvier 1769 à Rivière-Ouelle.

Michel Mignier dit Lagacé était lui-même le cinquième de dix enfants (Marie-Madeleine, Michel, Marie-Angélique, Geneviève, Michel Mignier, Joseph, Marie-Françoise, Jean-Bernard, Marie et Marie-Anne) issus du mariage de Michel Mignier dit Lagacé, né le 18 avril 1682 au village St-Joseph à Charlesbourg et enterré le 27 août 1759 à La Pocatière, avec Angélique Thibault, épousée en premières noces en date du 8 juillet 1705 à Cap St. Ignace.

Michel Mignier dit Lagacé était lui-même le sixième de sept enfants (André, Marie, Françoise, Marie-Anne, Marie-Madeleine, Michel et Joseph) issus du mariage d'André Mignier dit Lagacé, soldat fermier né en 1640 à l'île de Ré et décédé le 21 mai 1727 à La Pocatière, avec Jacquette Michel en date du 23 octobre 1668, à Québec.

André Mignier était lui-même issu du mariage de Michel Meignier dit Lagacé et de Catherine Masson à une date et en un lieu inconnus[1].

Notice autobiographique de Lagacé[2]

J. B. Lagacé,
de l'Université de Montréal

Jean-Baptiste Lagacé naquit à Montréal, le 3 novembre 1868. Il fit ses études primaires à l'École St-Laurent, puis commença le cours classique au Collège de Montréal, pour le poursuivre et le terminer au Collège Sainte-Marie d'où il sorti[t] bachelier ès-arts. Suivant ses inclinaisons, il entra à la « Art Association » où il étudia sous la direction de W. Bremner [*sic*]; il fut aussi l'élève de E. Dyonnet au cours de dessin du Monument National. Au sortir de l'école, il se consacra principalement à l'illustration; en 1914 [1919], il exposait à la Bibliothèque St-Sulpice quelque deux cents aquarelles et pastels qui furent, à l'époque, très favorablement appréciés par la critique. Depuis, il n'a rien exposé, mais nous savons qu'il laisse une intéressante collection [*de tableaux*, puis illisible, le tout barré] d'aquarelles, connues de ses seuls amis. En 19[08] nommé [ces quelques mots sont insérés entre

---

1. Merci, pour ces informations, à Yves Lagacé, membre de l'Association des familles Lagacé-Lagassé inc. Descendants d'André Migné dit « La Gachette », ainsi qu'à madame Lucette Lagacé, dont Jean-Baptiste était le neveu de son arrière-grand-père. Notre protagoniste semblait lui-même déjà bien au fait de son arbre généalogique, puisque le 2 juin 1936, lors du banquet organisé à l'occasion de la remise de son doctorat d'université, son ami Émile Vaillancourt lui rappelle que ses ancêtres venaient de La Rochelle, dans Victor Morin, *Trois docteurs: E. Z. Massicotte, Aegidius Fauteux, J.-B. Lagacé*, Montréal, édition intime, 1936, 55.

2. Cette notice autobiographique, rédigée sans doute vers 1946, alors que Lagacé mettait la dernière main à sa publication, visait à accompagner son *Initiation à l'Histoire de l'Art*, comme l'indique son titre (voir notre introduction/n32). Elle était glissée entre les pages de son dernier carnet intime.

deux lignes] Professeur de dessin au Plateau et à l'École Normale, il devenait en 19[28] directeur du dessin à la Commission des Écoles de Montréal, il réorganisa l'enseignement du dessin dans les écoles primaires avec un tel succès qui lui méritait en 19[45] le Mérite scolaire [du département de l'instruction publique] (3ᵉ degré). On sait que durant 22 ans, de 19[24] à 1945[,] c'est lui qui dessina et fit exécuter tous les tableaux allégoriques qui figurèrent dans la « procession » du 24 juin.

Conséquemment à ses travaux artistiques, il voulut poursuivre une œuvre d'éducation artistique par les conférences. Il débuta à l'Union Catholique, puis sa réputation s'étendant, il ne sut bientôt à qui répondre, tant il était sollicité de toute part. C'est ainsi qu'il porta la semence de sa parole à Ottawa, Québec, Trois Rivières, dans les collèges et les couvents, etc. En 19[04] l'Université Laval (Succursale de Montréal) lui confiait la chaire de l'hist[oire] de l'art qu'il occupa jusqu'en 1944 ; alors qu'il prit sa retraite. En reconnaissance de ses longs services la faculté des lettres lui décernait le titre de professeur émérite. Il fut égalem[ent] prof[esseur] d'h[istoire] de l'art à l'École des B[eaux] A[rts], à l'Université McGill (cours d'été), au Monument national, au collège de Rigaud et St-Laurent.

Son activité ne se borna pas à son seul enseignement universitaire ; il fut de tous les mouvements intellectuels ou sociaux. Il fut ainsi [trois mots illisibles insérés entre deux lignes] président du Cercle Ville-Marie, de l'Union Catholique, président du Comité du Monument à Dollard, vice-président de la S.S. JB. [Société Saint-Jean-Baptiste], membre fondateur du Cercle universitaire, membre de la S[ociété] historique, président des An[ciens] élèves du Collège Sainte-Marie, etc.

En 1900 et en 1922, il fit deux séjours en Europe, visitant [*les principaux musées d'Angleterre*, inséré entre deux lignes] la France, l'Italie, la Belgique, la Hollande, l'Allemagne et la Suisse.

On conçoit qu'une vie aussi bien remplie ne pouvait [pas] ne pas lui mériter des honneurs que du reste, il n'a pas recherché ni encore moins sollicités.

En 19[17] il obtint une M[aîtrise] ès A[rts] par l'Université Laval de Québec.

En 19[24] le gouvernement français lui décernait les palmes académiques (off[icier] d'Académie).

En 19[22] l'Université de Montréal lui accordait le titre de Lauréat ès-arts et en 194[1936] sa plus [haute] distinction, celle de Docteur d'Université.

En 19[45] le Conseil de l'Inst[ruction] publique lui accordait la décoration du M[érite] scol[aire] (3ᵉ degré).

Enfin, la faculté des lettres de l'Université lui décernait un titre de prof[esseur] émérite. Depuis sa retraite, 19[44], il vécut dans la plus complète retraite, mettant la dernière main à [remplace *et consacrera ses dernières années*] à une *Initiation à l'Hist*[oire] *de l'Art* qu'il rêvait de [remplace *qu'il songeait*] publier et qui le sera quelque jour, espérons-le.

Prologue

Ayant exposé, en introduction, les objectifs de cet ouvrage, à savoir : montrer comment se constitue le discours sur l'art à Montréal et au Canada au début du xxᵉ siècle, et montrer en quoi le personnage de Lagacé, étant habile à manier l'image de maintes façons, s'avérait apte à combler des besoins spécifiques liés au contexte patriotique et religieux de l'époque, ce chapitre vise à présenter ce pionnier, puis à exposer, avec deux cas de figure à l'appui, la façon dont se constitue le discours artistique avant que Lagacé n'inaugure le métier d'historien de l'art en ce pays. Cette démonstration permettra, au chapitre 2, de donner une bonne idée du contexte dans lequel notre pionnier présente ses premières conférences publiques sur l'esthétique, entre 1895 et 1904, dans une ville où se pratique déjà la coutume des causeries dans des domaines connexes : l'archéologie, l'architecture, l'art ou l'artisanat. Une fois cette genèse établie, le chapitre 3 portera plus précisément sur le corpus d'enseignement de Lagacé, tel qu'il nous est révélé par différentes sources, parfois contradictoires, à savoir l'*Annuaire général* de l'Université Laval à Montréal, les quotidiens montréalais et divers documents d'archives. Dans son ensemble, cette première partie de l'ouvrage vise à montrer le pouvoir important que détient l'image dans le Montréal du tournant du xxᵉ siècle, grâce à ses qualités persuasives, ce qui explique que la culture artistique constitue alors un domaine bien intéressant à exploiter dans les milieux éducatifs, et avec lequel la discipline historique n'est pas encore en mesure de rivaliser.

Ayant indiqué également la conjoncture particulière dans laquelle s'est édifiée ma recherche, à savoir l'originalité, la richesse et la qualité des entreprises de Lagacé, d'une part, et la profusion du corpus à ma disposition de l'autre, le lecteur ne s'étonnera pas de ce que mon argumentation se déploie à partir d'une somme considérable de documents inédits, qu'il m'a paru opportun d'exploiter profitablement.

Jean-Baptiste Lagacé

Jean-Baptiste Lagacé [fig. 2], né le 3 novembre 1868 « à l'ombre des tours de Notre-Dame » à Montréal[3], sur « le territoire de la *Paroisse*[4] », fit ses études

---

3. Lagacé dit être né « en novembre d'une vague année de la préhistoire, à l'ombre des tours de Notre-Dame… », « Réponse du lauréat », 29 mai 1936, *Trois docteurs*, 58.
4. Olivier Maurault, notice biographique de Lagacé, dans *Propos et portraits*, Montréal, Valiquette, 1941, 253-254, c1940.

primaires à l'École Saint-Laurent, située à l'angle des rues Lagauchetière et Cotté[5]. Ayant amorcé son cours classique comme interne au Collège de Montréal, probablement de 1882 à 1885, il le poursuivit au Collège Sainte-Marie, à l'angle Dorchester et De Bleury, d'où il sortit bachelier ès arts à 23 ans en 1891. Bien qu'il fût bon élève[6], ce sont de ternes souvenirs qu'évoque Lagacé de ses années de collège, dont il aura *récolté*, pour reprendre une métaphore botanique très prisée à l'époque, une solide formation classique et de grandes idées ultramontaines semées jadis avec force et persistance par Mgr Bourget. En tant que deuxième évêque de Montréal de 1840 à 1876, Ignace Bourget s'était en effet employé à ramener ou à implanter au Canada des représentants de nombreux ordres, congrégation et instituts religieux, dont l'Ordre des Jésuites en 1842 ; il avait aussi, en l'occurrence,

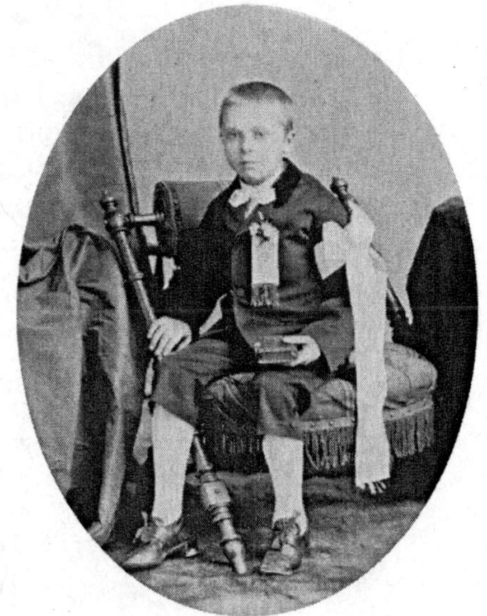

fig. 2 : Jean-Baptiste assis, vers douze ans

Photographie prise vers 1880-1881, archives privées.

personnellement exercé des pressions auprès du R. P. Félix Martin, recteur et fondateur de Sainte-Marie, un collège jésuite pour garçons, pour que l'école ouvrît ses portes dès septembre 1848[7]. En regard de cette conjoncture,

---

5. Lagacé (1936), 59.

6. Entre 1885 et 1891, étant inscrit pour un an à chacun des cours de méthode, versification, belles-lettres et rhétorique, et pour deux ans au cours de philosophie (*Annuaire des élèves, 1885-1969*, Fonds du Collège Sainte-Marie, 6P6b, archives de l'UQAM), en 1887-1888, Jean-Baptiste gagne le 1er prix d'amplification française et bénéficie d'un *Accessit* (après le 2e prix) en analyse littéraire, tandis que son aîné Alexis récolte des *Accessit* en vers latins, thème grec, histoire moderne et géométrie (*Annuaire du Collège Sainte-Marie, 1887-1888*, Montréal, Imprimerie de l'Étendard, 1888 et *Distribution des prix, 1859-1965*, 30-31, 6P6a).

7. Guy Pinard, « De l'ancien Collège Sainte-Marie, seuls survivent l'église et le théâtre du Gésù », *La Presse*, 31 janvier 1977. Le Collège Sainte-Marie, auquel l'église et le théâtre du Gésù seront intégrés en 1865, fut fondé par les Jésuites en septembre 1848, en vue de donner une éducation chrétienne à l'élite laïque canadienne (tiré du résumé des archives de l'UQAM sur le Fonds du Collège Sainte-Marie, 6P). Pour un historique, voir Paul Desjardins, *Le Collège Sainte-Marie de Montréal*, tome 1, *La Fondation. Le Fondateur* (chap. 1 sur « Le retour des Jésuites à Montréal en réponse à l'appel de Mgr Bourget »), et tome 2, *Les Recteurs Européens. Les Projets et les Œuvres*, Montréal, Collège Sainte-Marie, 1940 ; voir aussi Jean Cinq-Mars, *Histoire du collège Sainte-Marie de Montréal, 1848-1969*, Montréal, Hurtubise HMH, 1998. Sur l'idéologie ultramontaine, voir Nadia F. Eid, *Le clergé et le pouvoir politique au Québec : une analyse de l'idéologie ultramontaine au milieu du XIXe siècle*, LaSalle, Québec, Hurtubise HMH, 1978. Pour une histoire plurielle des idéologies au Québec, voir Fernande Roy (notre note 64).

les idées ultramontaines de Lagacé, après avoir atteint leur expression la plus flamboyante dans ses *Lettres de voyage* rédigées pour les lecteurs de *La Vérité* en 1900[8], soit neuf ans après sa sortie du Collège, tendront ensuite à se nuancer, alors qu'il poursuivra, dans le sillage des Sulpiciens, un grand œuvre d'éducation par la pratique de l'art et par l'étude de son histoire. Pour ce qui est de ses souvenirs de jeunesse, voici comment Lagacé les évoque en 1936, à l'âge de soixante ans :

> Ce fut à l'école Saint-Laurent que je commençais à apprendre à mal parler et à mal écrire : c'est ce, du reste, que j'ai le moins oublié. Imbus de préjugés que les oiseaux chanteurs sont promis aux cages dorées, mes parents me coffrèrent au collège de Montréal où je compris tout ce qu'il peut y avoir de tristesse et d'ennui dans les corridors qui n'en finissent plus de l'être. Le régime cellulaire me menaçant de me faire perdre mes dernières plumes, je fus remisé au collège Sainte-Marie pour y faire les plus inhumaines des humanités. [/] J'avais vingt ans lorsque sur un « ticket of leave » je recouvrai enfin ma liberté. Il était temps ; car, comme il advint au père de Jules Vallès, mon cœur achevait d'être écrasé entre les pages des auteurs macabres et des philosophes sinistres. – On conçoit, après cela, à quel point je sortais BA de cette dure épreuve. [/] Armé de ce certificat d'idiotie, je pouvais prétendre en conquérir de plus authentiques à l'École de droit ou de médecine ; mais je préférai ne pas « aliéner » au moins ma liberté et je pris la clef des champs, errant à l'aventure par des chemins qui ne menaient nulle part. [/] Comme le diable de l'art ne cessait de m'induire en tentation, je poussai la porte de la Art Association où je m'entraînais consciencieusement à faire des croûtes… [fig. 3][9].

Tandis que son aîné Alexis opte pour la médecine, Jean-Baptiste, lui, s'engage donc sur une voie encore peu défrichée et surtout peu rentable, et dont le choix aura sans doute déconcerté sa famille [fig. 4]. Pendant deux ans, de 1893-1894 à 1894-1895, Lagacé fréquente le cours de dessin d'Edmond Dyonnet à l'école de Montréal du Conseil des arts et manufactures[10], au

---

8. Pour l'Association des anciens du collège Sainte-Marie, Lagacé signe (entre 1937 et 1943 ?) un article non daté, « Rien que 800 mots », dans lequel il semble prendre ses distances par rapport à *La Vérité* : « L'ennui ne pénétra effectivement au collège qu'avec la lecture autorisée de "l'Univers" de Paris, "la Vérité" de Québec et "l'Étendard" de Montréal », 14-19 (17 pour la citation), archives privées (dorénavant AP).

9. Lagacé (1936), 59.

10. Prenant la relève de la Chambre des arts et manufactures, créée en 1857 pour promouvoir la formation spécialisée et veiller à son développement, le Conseil des arts et manufactures (ici CAM) est créé par le gouvernement du Québec en 1872 pour répondre à une forte demande en formation spécialisée et assurer une meilleure uniformité et coordination dans l'enseignement. Le CAM a pour mandat de créer des écoles, d'en surveiller la gestion, de procéder à l'embauche de professeurs et de déterminer les matières à enseigner ; son objectif est de former une main-d'œuvre d'élite par des cours directement liés aux métiers pratiqués par les travailleurs qui fréquentent ces écoles. En 1926, une loi visant à la réorganisation

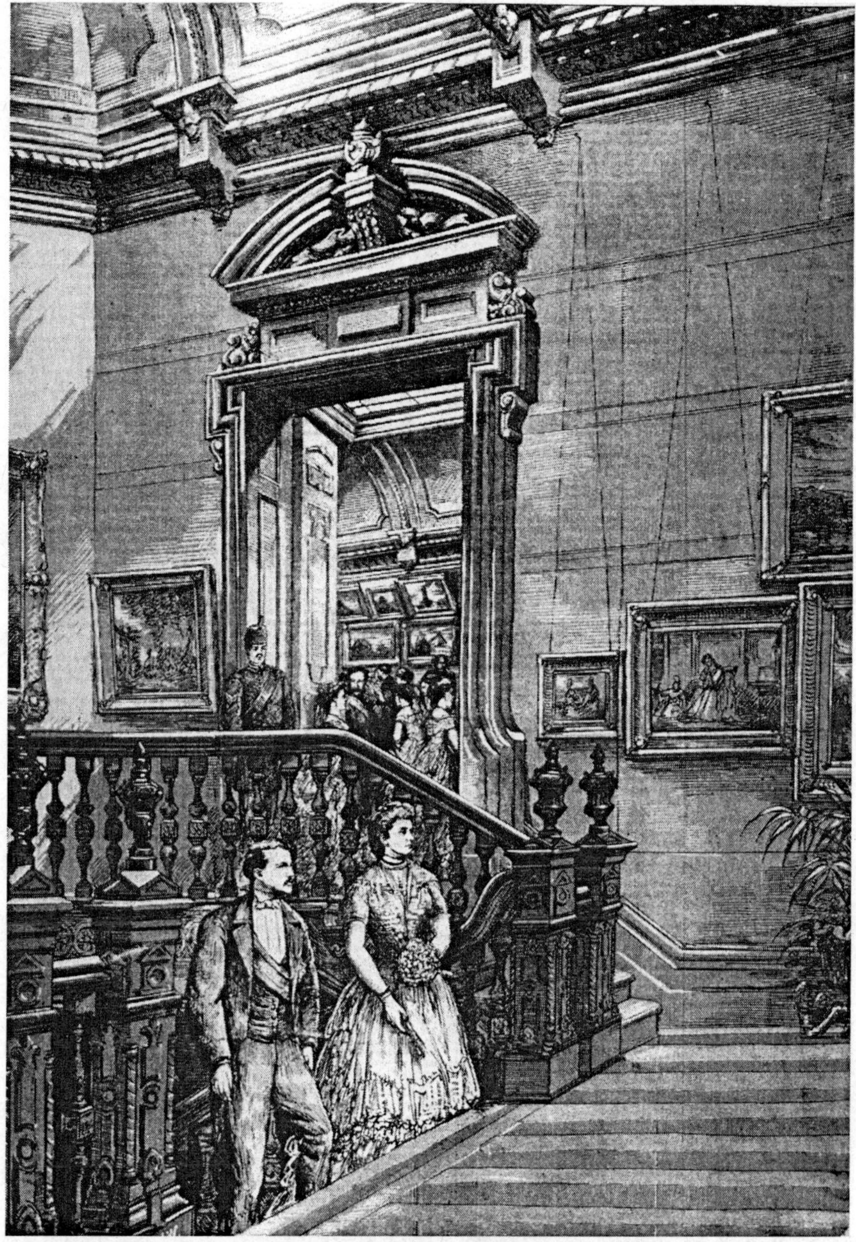

fig. 3 : L'Art Association
Inauguration de la galerie des arts, Montréal,
par S.E. le gouverneur-général, et S.A.R. la princesse Louise.
L'Opinion publique, 12 juin 1879, p. 283 (texte en p. 282).
Gravure numérisée. Collection BNQ, n° 3727.

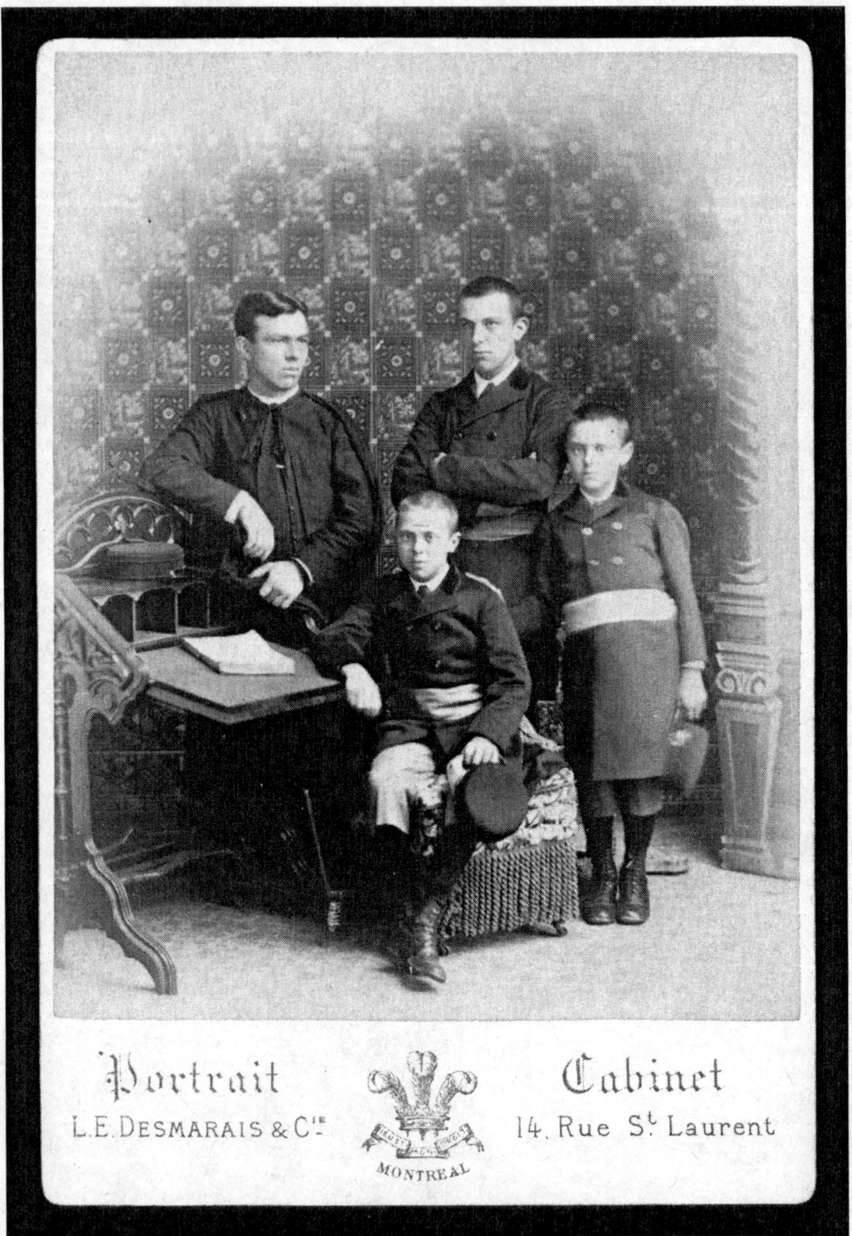

fig. 4 : La famille Lagacé

Abbé Charpentier, Alexis, Octave Lagacé, Jean-Baptiste.
Septembre 1882, identifiés suivant le sens horaire.
Jean-Baptiste a presque 14 ans, archives privées.

terme desquels il récolte, en avril 1895, un deuxième prix de dessin à main levée accompagné de la modique somme de six dollars[11] ; l'année précédente, il s'était vu attribuer un prix et une mention honorable lors de la première exposition de la Société des arts du Canada de 1894[12]. Au printemps 1895, Lagacé participe à l'exposition du salon de l'Art Association of Montreal[13], où il se consacrera pendant quatre ans à l'étude du dessin et de la peinture avec pour professeur William Brymner[14]. Écoutons-le, en 1924, récapituler quatre étapes de cette époque de sa vie, lors d'un banquet organisé par l'Université de Montréal pour célébrer les palmes académiques que lui remet le gouvernement français, qui s'était pourtant « abstenu de toute distribution de rubans » durant les sept années précédentes. Lors de cette cérémonie, tenue le jeudi 8 mai 1924, le doyen de l'Université présente Lagacé comme le seul professeur occupant alors une chaire en histoire de l'art dans une université canadienne, et comme celui qui aura permis « l'éclosion » récente [en 1922-1923] de l'École des beaux-arts de Montréal, en plus d'avoir éveillé des talents qui s'ignoraient, stimulé des initiatives hésitantes, excité le goût public, provoqué la pression de la presse et déclenché l'attention des autorités ; d'ailleurs, le ton ludique de Lagacé semble faire honneur à sa réputation :

> Lorsque je sortis du collège, j'étais B. A… je le suis resté. Marqué de ce sceau indélébile, je pouvais prétendre aux plus hautes destinées. Je pouvais prétendre à devenir lieutenant-gouverneur ou seulement premier ministre et ce soir vous me trouveriez de l'excellence ou de l'honorabilité ; ou bien encore archevêque, et qui sait, en me poussant, peut-être cardinal, et vous vous inclineriez sous ma main bénissante ; à moins que je n'eusse préféré être magnat de la finance ou de l'industrie et vous verriez en moi un homme digne de siéger au sénat universitaire ; bref, je pouvais aspirer aux sommets les plus élevés et cependant,

---

de l'enseignement professionnel et spécialisé mène, en 1928, à l'abolition du CAM. Voir l'historique des archives de l'UQAM, Fonds du CAM, 32P et Hélène Sabourin, *La Chambre des arts et manufactures. Les quinze premières années, 1857-1872*, mémoire de maîtrise en histoire, UQAM, 1989.

11. « Annual Report of the Secretary and Director of Schools for the Year 1894-95 », section sur l'École de Montréal, 7ᵉ page, Fonds du CAM, ANQM. Notons que Lagacé étudie au CAM au moment de l'inauguration du Monument national, en juin 1894 ; voir Jean-Marc Larrue, *Le monument inattendu. Le Monument-National 1893-1993*, Cahiers du Québec, LaSalle (Québec), Éditions Hurtubise, HMH, 1993.

12. *La Minerve*, 30 avril 1894, 1-7, ANQM.

13. David Karel, « Lagacé, Jean-Baptiste », *Dictionnaire des artistes de langue française en Amérique du Nord : peintres, sculpteurs, dessinateurs, graveurs, photographes et orfèvres*, Québec, Musée du Québec et les Presses de l'Université Laval, 1992, 450.

14. Dans ses notices autobiographiques (AP), Lagacé écrit *W. Bremner*, pour William Brymner (1855-1925) ; il ne mentionne pas les noms de Napoléon Bourassa et Louis-Philippe Hébert, qui auraient aussi été ses professeurs.

renonçant aux vanités humaines et adoptant l'hôpital comme terme final, je désirai seulement devenir artiste. À vingt ans, on est si bête… On croit moins à la vertu de l'argent qu'à celle de l'idéal.

Quoi qu'il en soit, je m'inscrivis à la Art Association et je me mis à trimer. Au bout de quatre ans de travail acharné, dans un atelier où régnait une atmosphère britannique qui me donnait le spleen et le rhume de cerveau, je m'aperçus qu'il ne me restait plus grand chose à y apprendre, et je fis le rêve de m'évader de Londres pour m'envoler à Paris. Malheureusement, la destinée a voulu que je naquisse trop vieux dans un siècle trop jeune. J'eus beau courir les salons des soi-disant Mécènes et les antichambres des ministres, dispensateurs de la manne – Athanase David[15] était à l'époque en robe courte et en fait de bourses, il n'avait que celle qui renfermait ses billes que du reste il n'eût voulu céder à personne – j'eus beau, dis-je, me morfondre en démarches, je ne fus pas lent à comprendre que je ne verrais jamais, en rapin, « les bords fleuris qu'arrose la Seine ». Alors, je pris une résolution héroïque : j'empoignai pinceaux, palette et boîte de couleurs, je fourrai le tout dans une malle que je portai au grenier. Ils s'y reposèrent dix années, dans le silence et les fils d'araignées, sans réussir à vaincre ma résolution de rester un honnête homme[16].

Renonçant à la peinture, Lagacé s'essaie à la poésie, qu'il abandonne aussitôt en un dernier quatrain qui, signifie-t-il à son auditoire de 1924, « ne manquera pas de vous donner une haute idée de ma métrique » :

Puisque, mal équipé,
je ne puis grimper
Jusqu'à l'ut…
Eh ! bien, flûte…

« Et je brisai toutes les cordes de ma lyre. »

La troisième voie qu'il choisira est celle du critique d'art :

Ma troisième équipée ne fut pas moins brillante. Me souvenant que j'avais décroché, en Belles-lettres, le premier prix de composition française, je me tournai vers la mare aux grenouilles, c'est-à-dire vers la littérature. J'obtins

---

15. Nommé secrétaire provincial le 26 août 1919 dans le ministère Taschereau, Athanase David s'est occupé de l'instruction publique et des beaux-arts et a, notamment, fondé des bourses pour permettre aux jeunes gens les plus doués d'aller étudier en Europe ; il a également fondé l'École des beaux-arts en 1922, Raphaël Ouimet, « L'honorable L.-Athanase David », dans *Biographies canadiennes-françaises* (1920-1970), 6ᵉ année, Montréal, s. n., 1926, 233 ; voir aussi Fernand Harvey, « La politique culturelle d'Athanase David, 1919-1936 », *Les Cahiers des Dix*, vol. 57, 2003, 31-83.

16. « Banquet Lagacé » (jeudi, 8 mai 1924), « Réponse de M. Lagacé », *Annuaire de la Faculté des lettres*, 1925-1926, 61-66 (62-63 pour la citation de Lagacé, et 60 pour la citation précédente du doyen), déjà paru en une version légèrement différente dans *Le Devoir* : « En marge de l'histoire de l'art, chez nous », samedi 10 mai 1924. Voir aussi notre chapitre 3, note 34.

sans peine du directeur d'une revue, canadienne naturellement, de publier de ma prose. On la lut, je dois le reconnaître, avec un certain plaisir ; la preuve m'en fut fournie par le directeur qui m'avoua que la liste de ses abonnés s'était miraculeusement allongée d'une dizaine de noms, ce qui le jetait dans le ravissement. Au bout de l'année, je m'avisai de me demander ce que mes articles m'avaient rapporté et j'eus l'amère déception de constater qu'à raison de $5 par article, cela faisait exactement soixante piastres…[17]

Et enfin : « La quatrième et dernière grande aventure avortée décida de mon avenir. Ce fut pour moi ce que fut, pour Michel-Ange, la "tragédie du tombeau"[18]. »

Dans la première de ces deux courtes phrases, la promptitude de Lagacé à se fondre dans une modestie exacerbée au point de le porter à assassiner en trois mots (*quatrième, aventure* et *avortée*) l'ensemble de sa carrière peut paraître étonnant à nos yeux, la teneur ludique de ce procédé n'étant plus de mise de nos jours. Rappelons toutefois qu'à cette date, en 1924, l'artiste a déjà publié de nombreuses illustrations et exposé, en 1919, quelque 200 pastels et aquarelles qui furent louangés par la critique ; en outre, il vient de produire 25 « maquettes » qui serviront de modèles pour la confection des chars historiques et allégoriques de la procession pour la Saint-Jean-Baptiste (voir le cédérom du chapitre 4). D'ailleurs, dans la phrase qui suit, le philosophe en lui révèle, de manière cette fois plus édifiante et qui dément aussitôt la modestie des propos précédents, qu'il se voit porter son destin comme une fatalité, à la manière des grands maîtres de la Renaissance ; il pense alors à Michel-Ange.

Ce n'est d'ailleurs pas la première fois que Lagacé s'inscrit dans le sillage de Buonarotti, puisque déjà, en 1895, il le représentait dans une gravure donnant à voir au lecteur de la *Revue Canadienne* une représentation d'un Michel-Ange s'appliquant à mettre la dernière touche à son *Moïse* [fig. 5], pièce centrale, précisément, d'un monument funéraire dédié à Jules II et sur lequel Michel-Ange avait travaillé pendant 42 ans, pour en fin de compte le laisser inachevé. Quatre personnages – Moïse, Michel-Ange, Lagacé et le lecteur de la *Revue Canadienne* – se trouvent ainsi imbriqués dans un

---

17. Il s'agit d'Alphonse Leclaire, alors directeur de la *Revue Canadienne* (ici *RC*, nos notes 92 et 93), où Lagacé a publié, non pas douze articles, conformément à ses calculs et à ses souvenirs, mais bien seize (qui lui auraient donc rapporté vingt piastres de plus, à moins que les textes très courts n'aient été évalués sur d'autres bases), tous parus entre 1901 et 1915 et dont les plus substantiels portent sur Louis-Philippe Hébert, sur « un vieux péché » et sur Henri Julien (notre annexe 1), ainsi que de nombreuses illustrations entre 1895 et 1904.

18. « Banquet Lagacé », 63 et 64. Lagacé fait sans doute allusion au monument funéraire de Jules II, que Michel-Ange aura mis 42 ans à produire (1505-1547) et pour lequel il avait signé cinq contrats consécutifs (en 1505, 1513, 1516, 1532 et 1542), Howard Hibbard, *Michelangelo*, Cambridge, Harper & Row, 1974.

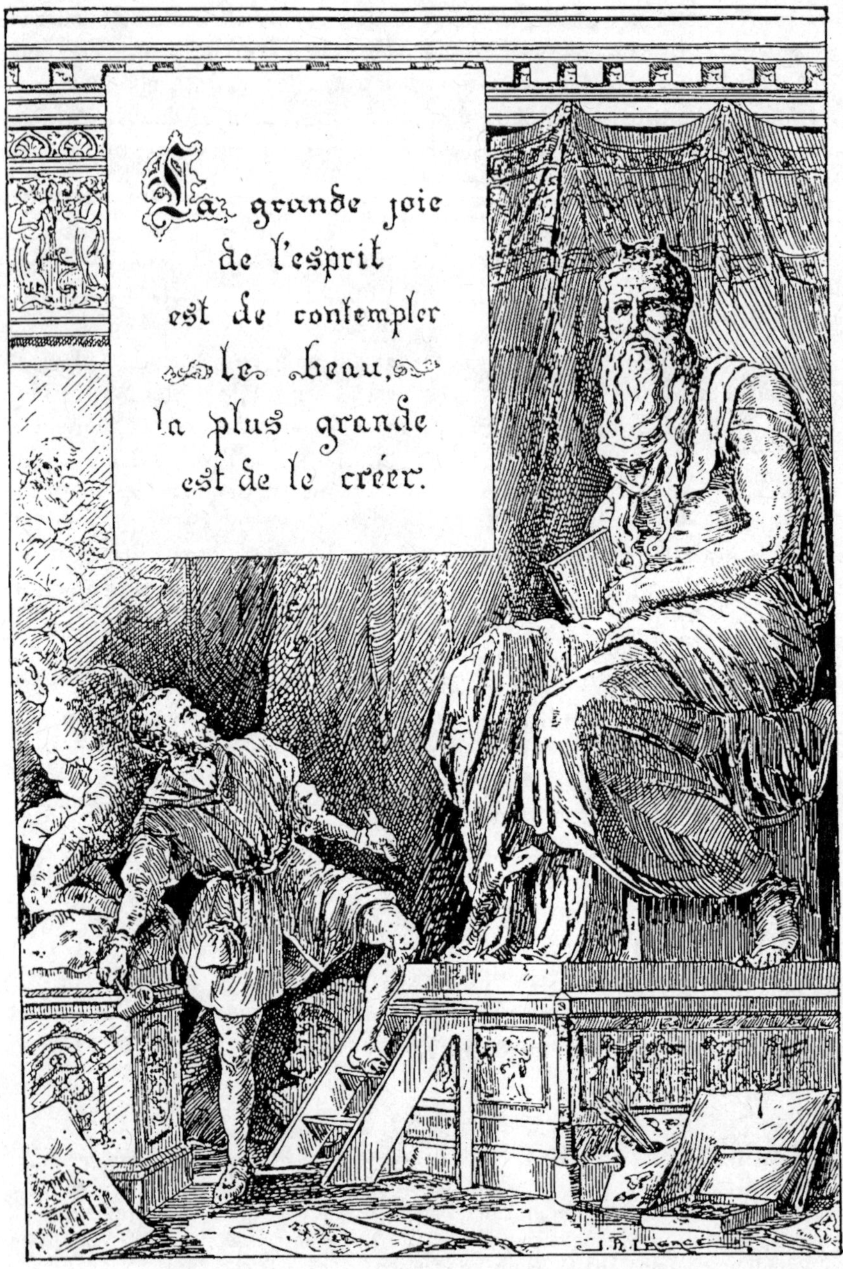

fig. 5 : *Michel-Ange contemplant son Moïse*
Par Jean-Baptiste Lagacé
Image numérisée, la *Revue Canadienne*, n° 31, 1895, p. 686.

processus méditatif, suivant une idée somme toute assez maniériste, puisque chacun des deux artistes impliqués dans cet enchaînement ressuscite, par l'image, une figure historique à laquelle il s'associe. Étant donné que la *pensée* qui accompagne cette illustration (« La grande joie de l'esprit est de contempler le beau. La plus grande est de le créer ») invite le lecteur à dépasser le stade de la contemplation pour envisager celui de la création, il pourra constater que Lagacé est intervenu dans le destin de son émule pour en dénouer la part tragique, Michel-Ange se trouvant placé ici devant un *Moïse* déjà complété, la résolution de la tension néoplatonicienne entre vie contemplative et vie active libérant en retour Lagacé lui-même, pour qui le grand maître aurait incarné « la tragédie du tombeau[19] ».

Une fois ces prémices établies, Lagacé évoque enfin ses premières activités d'historien de l'art, pour lesquelles il est honoré en ce jour, tout en demeurant admirablement discret quant au fait qu'il a lui-même inauguré cette profession, à Montréal et au Canada, et demeure encore à cette date le seul à la pratiquer :

> Puisque l'art, par trois fois, m'avait odieusement trahi, je me dis que peut-être il n'avait agi ainsi que parce qu'il était mal conseillé ou mal soutenu, que peut-être aussi en civilisant et en moralisant ceux qui se faisaient ses tuteurs, j'arriverais à le rendre plus indulgent pour ceux qui, comme et après moi, tenteraient de séduire sa vertu rébarbative. Et j'entrepris d'enseigner au public l'A-B-C du goût. Et de nouveau, je me métamorphosai : je devins conférencier.
>
> Je commençai mon évangélisation dans le désert de l'Union Catholique ; puis, la foule des néophytes ayant augment[é], je continuai à prêcher dans la grande salle du Gésù. Mais, hélas ! la *quête* donnait peu et je récoltais tout juste de quoi faire rapiécer ma peau de chameau. Heureusement ! la Synagogue, pardon, la Diversité Laval, avait l'œil sur moi, et comme j'étais fatigué de croquer des sauterelles, je fus ravi d'être bombardé agrégé de cours à la Faculté des arts. Pour mon coup d'essai, on ne me demanda qu'une petite série de vingt-trois conférences publiques, ayant à me mesurer avec le professeur de littérature, grand rabbin à la bourse gonflée des louis sulpiciens. Je fis, cet hiver-là [1904], l'effort de ma vie… Et même il épuisa à ce point mes forces que je ne pus donner la 23ᵉ conférence annoncée. Fourbu comme un cheval de laitier, j'en eus pour un mois à lutter contre la mort et mon médecin. Lorsque j'eus recouvré la moitié de raison qui me reste, je constatai une fois de plus que la gloire est

---

19. « Pensée illustrée par Jean-Baptiste Lagacé (Michel-Ange contemplant son Moïse) », *RC*, n° 31, 1895, avec un commentaire d'Alphonse Leclaire, 686-687. L'idée d'un appel à l'action se confirme par le contre-poids que constitue l'avertissement qui clôt le commentaire de Leclaire : « Cependant faisons nos réserves au point de vue de l'art chrétien. […] D'ailleurs en tout et toujours il a été dangereux de vouloir imiter ce génie incomparable ; c'est un écueil où sont venus échouer tous les artistes, sculpteurs ou peintres, qui l'ont tenté. Nous en avons un exemple frappant, ici même, dans notre ville de Montréal. »

la monnaie des dupes. Sur les $230 que j'avais reçus, $50 étaient allés dans le gousset du médecin et de l'apothicaire, $75 au fabricant des clichés nécessaires à mon cours.

Aussitôt debout, je m'en fus voir le recteur[20] et je lui représentai que, pour ce prix-là, je courrais moins de risques à me faire pompier. Généreusement, il le reconnut et pour m'éviter une rechute, il ne me demanda pour l'année suivante que dix conférences avec une diminution de $50 sur le prix excessif qui m'avait été alloué l'année précédente[21].

Les premières conférences publiques de Lagacé

Lorsque Lagacé se voit convié à donner, pour l'hiver de 1904, son premier cours d'*Esthétique et Histoire de l'Art* à l'Université Laval à Montréal, il a déjà eu l'occasion de se faire remarquer sur la scène publique, non seulement comme illustrateur, ses dessins étant publiés depuis au moins 1894, ainsi que comme animateur de cercles littéraires et artistiques, depuis au moins 1897, puis comme correspondant pour *La Vérité* en 1900, mais aussi comme conférencier sur l'art, certaines de ses prestations préalables ayant suffisamment marqué les mémoires pour qu'un mystérieux abbé tristellaire signe en 1899 un double article intitulé « L'esthétique dans l'enseignement », où il demande publiquement à ce que Lagacé soit engagé à l'Université. Après avoir déploré « une lacune qu'aucune de nos maisons d'éducation supérieure n'a encore songé à combler : [soit celle] de l'enseignement de l'esthétique[22] », l'abbé *** évoque, dans le dernier paragraphe de son premier article, les conférences présentées « naguère » par Lagacé à l'Union Catholique. Son souci se trouve d'ailleurs partagé, à la même époque, dans la mère patrie de l'autre côté de l'océan, par Georges Perrot, qui signe quelques mois plus tard dans *La Revue des Deux Mondes* un long article intitulé « L'histoire de l'art dans l'enseignement secondaire[23] ». À Montréal, voici comment l'abbé *** justifie sa requête :

---

20. Sans doute Mgr Albert Archambault, vice-recteur de l'ULàM de 1902 à 1904, *Répertoire des cadres de l'Université de Montréal (1877-1986)*, publication n° 78, Université de Montréal (dorénavant UdeM), Services des archives, Division des archives historiques, 1987, 5.

21. « Banquet Lagacé », 64-65.

22. L'abbé ***, « L'esthétique dans l'enseignement », *RC*, janvier 1899, 47-51 et février 1899, 97-101 (47 pour les citations).

23. Georges Perrot, « L'histoire de l'art dans l'enseignement secondaire », *La Revue des Deux Mondes*, 15 juillet 1899, 285-319. Les articles de l'abbé *** et de Perrot (lequel sera cité par Lagacé dans son *Initiation à l'Histoire de l'Art*) sont tous deux mentionnés par A. Leglaneur, « Histoire de l'art », *RC*, 1899, n° 2, qui fait également référence, à ce sujet, à la réaction négative de « son confrère de *L'oiseau-mouche* ». Pour une histoire de l'enseignement (universitaire, postscolaire, primaire, secondaire et supérieur) au Canada et à Montréal, voir Olivier Maurault, *Propos et portraits*, Montréal, Éditions Bernard Valiquette, 1941 (textes de 1936 à

La science du beau n'est point une science isolée, elle se mêle à toutes les sciences, elle les éclaire de sa lumière et les complète, de même que la beauté enrichit de sa lumière l'univers entier. Comme nous l'avons déjà dit, il ne s'agit pas de retrancher quelqu'une des parties obligées de l'enseignement, mais de les féconder toutes en les pénétrant de la science du beau. Nous avons entendu, naguère, d'admirables conférences sur l'esthétique, données à l'Union Catholique, par M. J.-B. Lagacé. Pourquoi les talents et les connaissances de notre jeune compatriote, sur le sujet qui nous occupe, ne seraient-ils pas mis à profit? L'Université Laval, cette belle institution dont nous sommes justement fiers, fait venir, à grands frais, de la mère patrie, des conférenciers chargés d'instruire notre population sur l'histoire de la littérature française, certainement la plus belle littérature des temps modernes. Nous applaudissons de tout cœur à cette louable entreprise, mais il lui resterait un pas de plus à faire, pour compléter son œuvre, ce serait de joindre à l'enseignement du beau dans la littérature celui du beau dans les arts. Une série de conférences illustrées, sur les œuvres des maîtres dans les arts de la peinture, de la statutaire et de l'architecture serait suivie avec autant d'intérêt et de profit que celles qui nous sont actuellement données[24].

Le fait que l'abbé *** cite longuement Guizot, dont le nom figurera deux ans plus tard dans une étude de Lagacé sur Louis-Philippe Hébert, et à nouveau dans son *Initiation à l'Histoire de l'Art*[25], laisse à penser que l'abbé en question pourrait être l'un de ses proches (voir notre note 57), ou bien, à la rigueur, Lagacé lui-même, qui, le cas échéant, aurait pu juger, de concert avec Alphonse Leclaire, le directeur de la revue, qu'une telle requête aurait

---

1939) et *L'enseignement supérieur à Montréal*, extrait de la *Revue trimestrielle canadienne* lu devant le Women Canadian's Club, juin 1936, Montréal, imprimé au *Devoir*, 1936, 16 pages.

24. L'abbé ***, 51. Le deuxième article de *** fait valoir les avantages, d'un point de vue moral, de l'étude de l'art et de son histoire : « Il faut faire au jeune homme un tempérament sain et lui donner des aspirations généreuses […], il faut s'emparer de bonne heure, dans son âme, de cette place où le mal pénètrerait bientôt pour empoisonner la première sève ; il faut s'emparer de ses facultés et les nourrir d'idées et de sentiments élevés, et vous y arriverez sûrement en lui présentant le beau sous toutes ses formes variées », 97-98.

25. ***, 98-99 ; *RC*, 1901 (notre note 104) et note 53 de l'*Initiation à l'Histoire de l'Art* ; notons toutefois que le nom de François Guizot, comme celui de Louis Veuillot, est souvent cité à l'époque, Lajeunesse, 193 (notre note 34) signalant qu'en 1898 la bibliothèque paroissiale possède leurs œuvres complètes ; Napoléon Bourassa le citait aussi très longuement à l'Union Catholique en 1863 (notre note 132). Concernant l'étude sur Louis-Philippe Hébert, soulignons qu'elle témoigne, trois ans avant l'engagement de Lagacé à l'Université, de sa maturité dans le domaine de l'histoire de l'art, ses citations incluant, outre Guizot (43): Charles Blanc, Platon, Fontenelle, Winckelman[n] et Diderot (24, 38 et 34), tandis qu'il évoque aussi plusieurs œuvres d'artistes européens du XIXe siècle (64 et 66, notamment).

plus de poids si elle émanait d'un homme d'Église. Quoique plus didactique, le ton du Tristellaire rappelle d'ailleurs la prose de Lagacé[26].

Alors que les premières conférences sur l'art évoquées par l'abbé Trois Étoiles sont situées par les biographes de Lagacé « dans les années 1890 », Lagacé lui-même les situant dans ses notices autobiographiques tardives en 1892, ou encore « vers 1890[27] », sa première prestation d'esthète ne semble avoir eu lieu qu'en 1897, *La Presse* du 25 octobre 1897 évoquant comme une heureuse surprise sa conférence présentée la veille à l'Union Catholique :

> Hier, charmante séance de l'Union Catholique. Le conférencier du jour était un jeune, mais un jeune qui a su montrer, comme le fait remarquer le Père Directeur, qu'il avait atteint déjà à la virilité de l'esprit. [/] Dans son étude sur le Beau, M. J. B. Lagacé s'est révélé tout ensemble métaphysicien et artiste. Il ne reculait pas devant certaines notions des plus arides de la philosophie pour donner une base solide à ses explications ; mais en même temps, il a su si bien revêtir et illustrer ces notions par des développements à la fois brillants et profonds, qu'il les a mises[,] semble-t-il, à la portée de tous. Les nombreux applaudissements qu'il a reçus et les éloges qu'on lui a donnés le lui ont assez prouvé. [/] La « variété » et « l'intégrité », ce [s]ont les qualités du Beau que Monsieur Lagacé a établies et développées ; dimanche prochain, il doit traiter des trois autres éléments constatatifs du beau d'après lui : la « proportion, l'unité et l'éclat. » Nous croyons pouvoir lui prédire une audience nombreuse[28].

La deuxième conférence de Lagacé sur le Beau sera mentionnée à deux reprises, d'abord dans *La Presse* du samedi 30 octobre 1897 (« Demain, dimanche, à deux heures et demie, M. J. B. Lagacé, le conférencier de

---

26. « La lumière de la beauté perce malaisément l'épais bandeau de l'ignorance ; elle vient s'amortir dans les vapeurs de la corruption comme l'éclat du jour dans un brouillard d'hiver. Sa douce chaleur n'amollit guère les pauvres et rudes cœurs qu'a pétrifiés l'intelligence ; elle pénètre peu et rarement ceux que la débauche a glacés. Les âmes où elle se complait, ce sont les âmes pures et jeunes, ou celles qui, malgré les années, ont su garder leur jeunesse et leur pureté », L'abbé ***, extrait du dernier paragraphe, 101.

27. Feuilles volantes datant probablement de 1946, AP. Alors âgé de 76 ans, Lagacé ne se souvient pas forcément de toutes les dates importantes de sa longue et fructueuse carrière, à moins qu'il n'ait effectivement été l'auteur, en 1890, d'une conférence présentée à l'Union Catholique et que la presse présente alors comme suit : « Nous apprenons avec plaisir que l'Union Catholique se propose de reprendre ses soirées littéraires, autrefois si goûtées du public. [/] Pour les inaugurer, le 2 décembre prochain, elle nous fera connaître la vie et les œuvres de Raphaël, le plus illustre des peintres ; non seulement par la parole mais en nous faisant voir ses plus beaux tableaux et des scènes de sa vie racontées par les pinceaux d'artistes célèbres. [/] Nous sommes certains que l'on se portera en foule à cette conférence si attrayante », « Raphaël à Montréal », *La Presse*, lundi 22 novembre 1890, extra, 8. Notons que la notice nécrologique de Lagacé parue dans *La Presse* du vendredi 20 décembre 1946 situera aussi ses premiers cours et conférences en 1890, 36.

28. « La philosophie du beau », *La Presse*, vol. 13, n° 299, lundi 25 octobre 1897, 7.

dimanche dernier, achèvera son intéressante étude sur le Beau… »), puis en première page de *La Presse* du mardi 2 novembre 1897 :

> Comme nous l'avions annoncé, M. J. B. Lagacé, notre jeune artiste canadien, a continué avant-hier ses intéressantes études sur le Beau. Aux dires de ceux à qui nous en avons parlé, il s'est montré supérieur encore, surtout au point de vue du débit, à ce qu'il avait été le dimanche précédent. Grande force d'analyse de nos sentiments les plus délicats, richesses et élévations des pensées, aisance et pureté du style, telles nous ont paru être les qualités maîtresses de son travail. La métaphysique y est peut-être un peu en excès ; mais c'est là un défaut si rare dans les compositions de ce genre où l'on pêche bien plus souvent par l'excès contraire qu'on ne songe guère à le relever. [/] Le conférencier, comme l'a remarqué l'honorable M. Royal, le président de la société, a su joindre à la théorie, et mettre dans son travail même tous les éléments du Beau qu'il a si bien décrit. La variété et la plénitude, la proportion et l'unité rayonnent sous l'éclat de la parure. [/] Les applaudissements prolongés qui ont suivi sa parole semblaient demander un rappel. Espérons qu'il l'aura compris ainsi et que l'Union Catholique aura le plaisir de l'entendre encore plus d'une fois durant l'année, qui vient de s'ouvrir si brillamment. C'est le vœu qu'a exprimé l'honorable président et qui a été chaleureusement appuyé par les applaudissements de l'assemblée[29].

Sachant qu'elles ont favorisé son engagement à l'Université, nous pouvons présumer que ces deux conférences de 1897, à laquelle s'ajoute au moins une troisième dont *La Presse* offrait un compte rendu détaillé en date du 3 mars 1898 (3/n26), auront servi de base pour l'édification du cours d'*Esthétique et Histoire de l'Art* que Lagacé donnera à l'ULàM en 1904-1905, l'année suivant sa première expérience narrée dans son discours de 1924, le sujet traité étant le même. Composé de vingt leçons, ce cours est divisé en deux parties, la première, consacrée aux « principes du Beau » et aux « lois générales de l'Art », et la seconde à « l'application des théories esthétiques, en demandant au témoignage des faits une confirmation de ses principes ». En 1905, dans son discours de clôture de l'année universitaire, le représentant de l'Université, sans doute à partir d'un texte fourni par Lagacé, récapitule comme suit, à l'adresse de Mgr Bruchési, archevêque de Montréal, le contenu du cours en question :

> Si l'on veut, nous dit M. le Professeur, dans une première leçon, apprécier la grandeur et la noblesse de l'Art, il faut s'en rapporter à ce principe, que plus le travail prend de l'homme, c'est-à-dire demande le concours du corps, de l'âme et de ses facultés, plus il est noble, on pourrait dire, plus il est sanctifiant.

---

29. « Union Catholique », *La Presse*, samedi 30 octobre 1897, 16 ; « À l'Union Catholique », *La Presse*, mardi 2 novembre 1897, 1.

Or l'Art exige ce déploiement bien équilibré d'intelligence, d'imagination et de mémoire, qui le met bien au-dessus du travail physique et le rapproche du travail moral. [/] Avant de définir l'art, il importe de dire ce que c'est que le beau, puisque l'art n'est rien sans le beau. Le beau […] comme [le vrai] est une réalité objective, existant même en dehors de tout sujet connaissant bien qu'elle n'ait de raison pour nous que du moment qu'elle se révèle à nos sens et à notre intelligence. [/] Le beau n'est ni l'utile ni l'agréable : il a des notes spécifiques qui le différencient de ces deux aspects du bien. Il importe donc de les connaître, pour discerner une œuvre vraiment belle de celle qui ne l'est pas. En nous en tenant à la définition du Docteur Angélique [saint Thomas d'Aquin], et au commentaire qu'il en a lui-même donné, nous disons que les éléments caractéristiques du beau sont la variété, l'unité, l'intégrité, la proportion et la splendeur. [/] Ainsi entendu, il n'est pas étonnant que le beau exerce une influence si dominante sur l'homme, et que par le commerce des belles choses, son âme passe successivement de l'admiration à l'amour, pour delà s'élever jusqu'à la possession anticipée du bonheur. Orientez votre âme vers quelque belle œuvre, a dit Puvis de Chavannes, c'est de quoi la prendre toute entière.

Une fois la notion du beau comprise, il faut aborder l'étude de l'art, au point de vue des principes et de l'histoire de son développement. [/] Une définition de l'Art, pour être adéquate, doit convenir, au même degré, à tous les Arts, et embrasser tous les genres : il y a en effet des lois qui sont communes à tous les Arts, et des règles qui s'appliquent à chaque art en particulier. Le premier caractère, commun à tous, c'est d'être expressif, c'est-à-dire de nous montrer une vérité, de la faire apparaître à nos yeux, vivante et agissante, telle qu'elle est en réalité. Le deuxième caractère, c'est de procurer à ceux qui les cultivent, aussi bien qu'à ceux qui ne font qu'en subir la salutaire influence, des plaisirs délicats où l'âme a la meilleure part. Enfin le troisième caractère, c'est que l'art s'adresse à l'homme tout entier, à ses sens, à son intelligence et à son cœur. [/] De là cette définition très acceptable, que l'œuvre d'art est une image composée et harmonieuse, dont la nature ou la vie humaine a fourni l'original, tout au moins l'esquisse première, et qui nous plaît également par les apparences de la réalité, qu'elle nous révèle, et par l'idée et l'émotion que ces mêmes apparences suggèrent à notre âme et à ses puissances.

Après avoir défini l'art comme l'incarnation du vrai et du beau, suivant des principes qui lui resteront chers et que lui inspirent sans doute quelques survivants parmi les « sinistres » philosophes de ses années collégiales, Lagacé replace l'art et l'esthétique dans un cadre historique, ou plutôt anthropométrique, en une touche tout à fait sienne et qui rappelle des passages de ses *Lettres de voyage* par l'aptitude qu'il confère à l'art, non pas à dupliquer la nature, mais à *révéler* la vie, au sens presque sacré du terme, puisque, selon lui, l'art est « un miroir magique dans lequel la vie […] se regarde pour se peindre ». Cet exemple illustre assez bien l'originalité de cet historien de l'art improvisé et autodidacte, et dont la richesse tient à ce qu'il allie simultanément, rare combinaison chez ceux de sa profession, le regard amoureux de l'artiste respectueux du beau et le jugement de l'historien qui pense en philosophe :

> L'œuvre d'Art [...] tout en portant l'empreinte personnelle de son auteur, révèle en même temps la conception que se faisait de la vie[...] le siècle dans lequel elle a été conçue et exécutée. L'artiste[,] étant le plus sympathisant des hommes, a été, au cours des temps, la voix libre qui a dit tout haut ce que tout le monde pensait autour de lui, alors que personne n'osait le dire ni l'écrire. C'est ainsi que l'œuvre d'Art est un miroir, non pas passif, qui ne donne que des réflexions, mais un miroir magique dans lequel la vie prend conscience d'elle-même, se regarde pour se peindre, se dédouble, pour devenir elle-même son propre sujet de méditation. Ce n'est donc pas une chimérique entreprise que de chercher à regarder l'art pour mieux voir et comprendre la vie, car l'art, mieux que l'histoire, garde l'image des multitudes ; il ne répète pas[,] comme la littérature, ce qu'elles ont dit, mais il trahit ce qu'elles ont pensé ; il ne montre pas ce qu'elles ont voulu être, mais ce qu'elles ont été en dépit des lois et des événements. Il fait passer sous nos yeux ces millions de vies obscures, laborieuses, obstinées, qui ont jeté les bases de ce monument grandiose, qui est l'histoire, et dont la littérature ne nous montre que les colonnes et les frontons que dore la gloire.

Enfin, ce n'est qu'après avoir défini l'art et révélé ses particularités, ses pouvoirs et ses fonctions que Lagacé y inscrit les causes d'une dynamique historique :

> Maintenant l'Art a suivi la voie de l'évolution, du progrès, du développement. Quelles sont les causes qui ont influé sur ce développement ? Elles sont multiples : il y en a d'essentielles et de permanentes ; d'autres sont accidentelles et n'ont qu'une influence passagère. Les causes générales, déterminantes, et constantes sont au nombre de sept : le climat, le sol, la race, les idées, les faits, les grands hommes, et la multitude. L'étude de ces causes est on ne peut plus intéressant.

Selon le représentant de l'Université, la deuxième partie du cours de Lagacé sur le Beau venait confirmer les principes énoncés : « Laissant le domaine de la théorie, M. le Professeur [...] passe à celui de la réalité, avec l'étude des principes généraux de l'Architecture et de la Sculpture, et il termine par la revue des différentes formes qu'elles ont revêtues en Grèce, à

Rome, et à Byzance. C'était la fin du programme qu'il s'était tracé au début de l'année[30]. »

Les cercles littéraires : le Cercle Ville-Marie

Mais revenons au conférencier de 1897. En cette fin de siècle, où il n'a pas encore entamé ni même peut-être songé encore à une carrière de professeur, Lagacé continue à prononcer quelques allocutions, mais ses activités consistent surtout en des engagements dans des cercles littéraires. De fait, à peine douze jours après sa deuxième conférence sur le beau présentée à l'Union Catholique le 31 octobre 1897, l'« artiste » Lagacé est élu, en même temps que l'« avocat » Victor Morin, vice-président du Cercle Ville-Marie, le vendredi 12 novembre 1897[31]. Deux ans plus tard, le vendredi 6 octobre 1899, il sera élu quinzième président annuel du CVM[32].

Selon un document rédigé en 1969[33], le « Cercle littéraire Ville-Marie » aurait été créé en 1885, mais un an plus tôt, dès 1884, le sceau du Cercle Ville-Marie orne déjà les 15 000 volumes qui constituent alors la collection de la future Bibliothèque Saint-Sulpice[34], devenue l'actuelle Bibliothèque nationale du Québec ; en outre, le CVM s'inscrit lui-même dans le prolongement d'un préalable cercle littéraire, sulpicien, qui dirigeait *L'Écho du Cabinet de lecture*, une revue où paraissaient, à partir de 1859, « des travaux inédits et des articles d'écrivains étrangers » et qui avait disparu une première fois en 1873, puis définitivement en 1875[35].

Quant à la bibliothèque à laquelle le CVM se trouve associé lors de sa création en 1884, l'idée et l'initiative de sa fondation, qui remontent à 1843, sont redevables, selon Olivier Maurault, à Joseph-Vincent Quiblier

---

30. « Rapport des travaux de la faculté des Arts pour l'année 1904-1905. Lu à la séance de clôture de cette faculté », allocution adressée à Mgr Bruchési, archevêque de Montréal, 159-175 (160 et 172-175 pour le cours d'*Esthétique et Histoire de l'Art*), *Annuaire général*, 1905-1906. Notons qu'à cette date, Lagacé prononce aussi à l'Union Catholique une série de trois conférences sur « Le Beau dans l'Univers », sur lesquelles nous reviendrons au prochain chapitre.

31. Jean Décary, de la section de médecine, en est alors président, « Le Cercle Ville-Marie. Élections annuelles », *La Presse*, samedi 13 novembre 1897, 13. Sur Victor Morin, qui sera notaire, voir notre chapitre 4.

32. En première page de *La Presse* du lundi 9 octobre 1899, un dessin du profil de Lagacé a pour légende le résultat des élections (annoncées dans *La Presse* du 6 octobre, 7) : « M. J. B. LAGACÉ, le nouveau président du Cercle Ville-Marie. »

33. R. J., « Cercle Ville-Marie », 20-09-69, Fonds de la bibliothèque Saint-Sulpice (ici BSS), n° 5, 125, ANQM.

34. « Discours de Me Jean-Marie Nadeau. Inauguration – 15 janvier 1944 », 9 de 12 pages, Fonds de la BSS, n° 1, 125, ANQM. Sur l'histoire du CVM, voir Olivier Maurault, « L'Œuvre des bons livres », la *Revue trimestrielle canadienne*, 1926, 152-177, et Marcel Lajeunesse, *Les Sulpiciens et la vie culturelle à Montréal au xixe siècle*, Montréal, Fides, 1982.

35. Nadeau, 9-10, et Maurault, 163-164.

(1796-1852), un sulpicien français venu au Canada en 1825 et qui fut professeur puis directeur du Collège de Montréal et supérieur de Saint-Sulpice[36], tandis qu'un article paru dans *La Presse* en 1898 attribue cette paternité au Révèrent Monsieur [Jacques-Victor] Arraud P. S. S.[37]. Établie à Montréal le 28 juillet 1844[38], puis affiliée officiellement à l'Œuvre des Bons Livres de Bordeaux le 4 décembre 1844, ce qui permet à Montréal de bénéficier des indulgences accordées à l'Institution bordelaise, dès 1845 la bibliothèque montréalaise est aménagée rue Saint-Sulpice; en 1847, une section anglaise vient en augmenter le fonds, qui dépasse alors 5 000 volumes[39]. Alors que la collection a été réinstallée à la fin des années 1840 «dans la vieille chapelle méthodiste, dans la petite rue Saint-Joseph à l'arrière de l'église Notre-Dame», le 16 février 1857, sous le vice-rectorat du sulpicien Louis Regourd[40], des salles de lecture, de conférences et de nouvelles sont ouvertes au public, événement que marque un long article paru dans *La Minerve* le 25 février 1857, où sont reproduits les discours prononcés à cette occasion, incluant les moments d'«explosions d'hilarité et d'applaudissements» de

---

36. «M. Quiblier voulait ainsi atteindre la triple fin d'opposer une digue aux mauvaises lectures, d'occuper les loisirs des longues soirées d'hiver et de continuer l'instruction chrétienne des familles», Maurault, 152. La notice de la BNQ liée à cette référence se lit comme suit: «L'Œuvre a été fondée en 1843 par le sulpicien français Joseph-Vincent Quiblier (1796-1852) arrivé au Canada en 1825 et retourné en France en 1846 après avoir été professeur, directeur du Collège de Montréal puis Supérieur de Saint Sulpice»; sur Quiblier, voir aussi l'article de Louis Rousseau dans le *Dictionnaire biographique du Canada*, vol. 8 (1851 à 1860), Québec, Presses de l'Université Laval, 1985, 807-811.

37. «Dans le courant de l'été 1844, à l'instigation du Révérend Monsieur Arraud, P. S. S., que l'on peut considérer comme le véritable fondateur de la Bibliothèque Paroissiale, le regretté Mgr Bourget[…] présidait l'assemblée de quelques citoyens parmi lesquels nous pouvons mentionner le Rév. M. Quiblier…», «La Bibliothèque Paroissiale de Notre-Dame: [tiré] de *La Presse* du 8 octobre, 1898, Montréal», article reconstitué sur un feuillet de 7 pages illustrées de quelques gravures (Fonds de la BSS, n° 5, 125, ANQM, 2). L'article retrace l'historique de la Bibliothèque à l'occasion de l'ouverture saisonnière des salles de lecture, puis en récapitule les cinq sections d'après une récente critique favorable parue dans la *Semaine religieuse*: 1. Religion et piété; 2. Histoire, géographie et voyages, 3. Littérature; 4. Éducation, sciences et arts, philosophie, économie politique et sociale, et beaux-arts et 5. Une section canadienne; à ces sections s'ajoutent «une vingtaine des meilleures revues européennes», 6-7. L'auteur de la *Semaine religieuse* décrit ainsi le *Catalogue des livres de la bibliothèque paroissiale*, reçu quelques jours auparavant: «À mesure que les pages se déroulaient sous nos doigts, il nous semblait que nous parcourions un de ces vastes musées des capitales européennes, où s'étalent, conservés avec soin, dans d'interminables galeries, les chefs d'œuvres de la statuaire et de la peinture de tous les âges et de toutes les nations.» L'article se termine par un encadré qui donne les horaires d'ouverture de la bibliothèque; on y apprend qu'«Une salle qui vient de faire toilette neuve est spécialement réservée aux dames et aux demoiselles», 6.

38. Nadeau, 7 et Maurault, 152. Nadeau dit s'être servi de la brochure de Maurault pour préparer son discours.

39. Maurault, 155 pour les indulgences et Nadeau, 9. Les bibliothèques française et anglaise seront toutefois séparées à compter du 1er janvier 1848, Lajeunesse, 47.

40. Maurault, 157-159 et Lajeunesse, 45 et 52.

l'auditoire[41]. Enfin, le 17 janvier 1860 a lieu l'inauguration du nouveau local, «rue Notre-Dame, en face au Séminaire[42]» – soit sur «le territoire de la paroisse» où Lagacé est né –, dans un nouvel immeuble qui «allait désormais s'appeler le Cabinet de Lecture Paroissial[43]». C'est là qu'auront lieu autant les réunions du CVM et celles de la Société Saint-Jean-Baptiste[44] tenues avant l'inauguration du Monument national en 1894, que des séries de conférences, dont certaines sur l'archéologie dont nous aurons à reparler plus loin dans ce chapitre.

Le Cercle Ville-Marie, dont l'histoire s'inscrit donc dans la foulée de la vaste entreprise éducative menée par les Sulpiciens depuis le XVIIe siècle[45],

---

41. «Inauguration de la Salle de lecture. Discours de son Honneur le Maire,-L'Honorable P. J. O Chauveau,-Revd. Messire Granet,-Revd. Père Martin,-C. S. Cherrier, Ecr. C. R. », *La Minerve*, mercredi matin, 25 février 1857. Les discours consistent essentiellement à faire la part entre les bonnes et les néfastes influences, notamment du journal et du livre; par exemple: «Mais si le Cabinet donne en pâture à ses lecteurs, des livres mauvais, des feuilles, des feuilletons ou brochures destinés à caresser les passions de notre nature corrompue, à les développer et à les fortifier, par une irritation fréquente, alors nul ne peut calculer les désastres produits dans l'esprit et dans le cœur des impudents qui ne craignent pas de hanter ces funestes lieux. [/] Au contraire, qui peut ignorer qu'un mauvais livre est un ami perfide, ou plutôt un cruel ennemi dont les artificieux discours engagent trop souvent dans les liens de la mort?», discours de Messire Granet, Supérieur du Séminaire. Le dernier discours (de M. Cherrier) se termine par un triple éloge de la bénéfique influence sulpicienne sur «la religion, la langue et le sol», «les éléments les plus essentiels de la nationalité». Il s'agit peut-être de Côme-Séraphin Cherrier, président de la SSJB en 1852-1853 (voir sa biographie par Gérard Malchelosse, dans *Processions de la Saint-Jean-Baptiste en 1924 et 1925. «Ce que l'Amérique doit à la race française» et «Visions du passé», accompagnées de biographies et portraits des présidents généraux de la Société Saint-Jean-Baptiste de Montréal depuis sa fondation (1834-1926)*, Montréal, Librairie Beauchemin limitée, 1926, 33.

42. En page titre de l'article, extrait de la légende d'une gravure qui représente la façade de l'édifice, *La Presse*, 1898, 1. Les autres gravures représentent deux vues de salle de lecture et quatre portraits d'abbés.

43. Nadeau, 9. Comme auparavant, précise-t-il, c'est la Société de Saint-Sulpice qui assume le coût de cette entreprise. Selon Olivier Maurault, à cette occasion, on aurait laissé entendre à Napoléon Bourassa «qu'il pourrait bien couvrir de couleur la nouvelle salle du Cabinet Paroissial en 1860», «Napoléon Bourassa», *L'Action française*, vol. 3, n° 2, février 1919, 51-64 (57 pour la citation), reproduit dans *Marges d'histoire, 1: L'art au Canada*, Montréal, Librairie d'Action canadienne-française, 1929, 115-132. On retrouve cette information dans un article anonyme consacré à Bourassa (notre note 94), 297 et 305.

44. *La Presse*, notamment entre 1890 et 1897.

45. Le Séminaire de Saint-Sulpice [ici SSS] de Montréal est créé en 1657 par les premiers Sulpiciens envoyés en Nouvelle-France par la Compagnie Saint-Sulpice de Paris. En 1663, la Société de Notre-Dame est endettée et abandonne la seigneurie de l'île de Montréal au Séminaire de Paris, qui possède aussi, à la veille de la Conquête, les seigneuries de Saint-Sulpice et du lac des Deux Montagnes. En 1764, Paris cède sans conditions l'ensemble de ses droits sur ces possessions au SSS de Montréal, transfert que les autorités anglaises ne reconnaîtront qu'en 1839. Le SSS se consacre principalement au développement de Ville-Marie, aux missions et à l'enseignement ecclésiastique. Entre 1657 et 1740, il établit neuf paroisses dans l'île de Montréal, en plus de celle de Notre-Dame; il fonde, en 1767, l'institution qui sera le collège ou le petit séminaire de

établit en date du 25 février 1887 une première constitution en XXXI articles, dont le premier expose le but de l'association, qui consiste à « répandre et [à] développer chez les jeunes gens le goût de la littérature, des arts et des sciences », tandis que l'article III précise que « Respecter hautement et suivre en tout l'enseignement de l'Église catholique est une loi fondamentale de l'association ». L'article XIV énumère les quatre conditions pour être membre actif du Cercle, dont la première est d'être catholique ; enfin l'article XXIV déclare hors d'ordre « toutes les discussions politiques et toutes les allusions à la politique actuelle du pays[46] ».

Le CVM, qui se portait plutôt bien en ses premières années[47], vient de connaître des moments difficiles[48] lorsque Lagacé y est nommé vice-président, un comité provisoire ayant évoqué un an plus tôt, le 30 septembre 1896, la nécessité d'une réorganisation de l'association, à la suite de « nombreux abus qui s'étaient glissés les années précédentes, tendant à ôter au Cercle le caractère littéraire qui a présidé à sa fondation… » Les XXVII nouveaux articles adoptés à cette époque s'alignent sur les mêmes principes que ceux de la constitution antérieure[49]. En 1898, un nouveau problème se pose lorsque les étudiants de deux des trois sections qui constituent le CVM, soit celles de droit et de médecine, refusent la présidence à un candidat de la section des arts – Lagacé en l'occurrence –, les membres de la section des arts décidant

---

Montréal, et en 1840, le grand séminaire, puis il participe financièrement à l'établissement de l'ULàM, construit la basilique Notre-Dame et les églises Notre-Dame-de-Grâce, Saint-Jacques et Saint-Patrice, ainsi que la Bibliothèque Saint-Sulpice et le collège André-Grasset. Enfin, en 1888, il fonde le Collège canadien à Rome (voir notre note 67 des *Lettres de voyage*). Résumé tiré de l'historique numérique du SSS, Fonds du SSS de Montréal, BM 89, archives de Montréal.

46. Constitution manuscrite rédigée par le secrétaire archiviste du CVM, Victor Morin, le 25 février 1887, « Documents du Cercle Ville-Marie », Fonds de la BSS, n° 1, 125, ANQM. L'exclusivité du CVM à des membres catholiques s'explique par le fait même, à l'origine, de vouloir fonder l'Œuvre des Bons Livres « pour endiguer les mauvaises lectures » au moment où « les autorités religieuses craignaient que l'instruction publique, en abaissant le taux d'analphabétisme, ne rendît les Canadiens français plus vulnérables à une diffusion large et soutenue de l'imprimé protestant et non orthodoxe », Lajeunesse, 25-27. Voir aussi son chapitre II sur les tensions entre les catholiques ultramontains et les libéraux ou « rouges ».

47. Une annonce d'ouverture de ses salles de lecture en octobre 1890 le décrit comme suit : « Ces salles offrent un intérêt tout particulier. [/] Livres de lecture, journaux, revues littéraires et scientifiques, honnêtes divertissements, rien en un mot n'y laisse à désirer pour procurer au jeune homme lettré surtout une soirée des plus agréables. [/] Depuis la réouverture des cours universitaires, nombre de jeunes gens, et particulièrement d'étudiants s'y donnent rendez-vous, chaque soir, de 7 à 11 heures. [/] C'est pour chacun d'eux un autre chez soi. », « Les salles du cercle Ville-Marie sont ouvertes », *La Presse*, jeudi 9 octobre 1890, extra, 1. Sur le CVM, voir aussi, pour la même année, *La Presse* des mercredi 5 février et 5 mars 1890.

48. Sur la fermeture puis la réouverture du Cercle, voir *La Presse* des 3, 6 et 10 octobre 1896, et des 19, 21 et 28 octobre 1897.

49. Fonds de la BSS, n° 1, 125, ANQM.

alors de suspendre les réunions du conseil et du bureau jusqu'à l'élection effective de leur candidat l'année suivante, en octobre 1899[50].

Huit ans après le mandat de Lagacé, le CVM connaîtra à nouveau une période de crise[51], mais pour renaître, selon Nadeau, plus vigoureux que jamais, à l'époque où Aegidius Fauteux, après avoir assuré la dix-septième présidence du CVM en 1901-1902[52], devient le premier conservateur de la Bibliothèque Saint-Sulpice. Ainsi, grâce à Aegidius Fauteux, déjà à l'œuvre depuis 1912, puis à Olivier Maurault, à partir de 1915, la Bibliothèque de Saint-Sulpice renaît en 1915, pour connaître « un essor remarquable qui en fit la plus grande institution du genre dans notre province[53] ».

Cette trame historique nous permet de commencer à repérer, dans le milieu professionnel et social de Lagacé, quelques personnages qui seront ses amis et dont nous pouvons déjà nommer Aegidius Fauteux et Olivier Maurault. Lagacé connaît sans doute le premier depuis au moins 1901, Fauteux ayant présidé le CVM deux ans après lui, tandis que le second, qu'il côtoiera à l'Université de Montréal et qui lui dédiera, en tant que recteur de l'université et « Président Perpétuel de la Société Philologique pour la Diffusion de l'Imparfait du Subjonctif parmi les Canadiens de Langue Française en Amérique », une longue ode en vers libres lors de la remise de ses palmes académiques françaises en 1924, organisera à la BSS son exposition solo en 1919, commentera ses vitraux historiques à la basilique Notre-Dame en 1933, et parlera de lui dans d'autres de ses ouvrages, parus en 1919 et 1940. Quant à Victor Morin, avec qui Lagacé partage la vice-présidence du CVM en 1897-1898, et qui publiera *Trois docteurs* en 1936, Lagacé le retrouvera à la Société Saint-Jean-Baptiste, mais, avant cela, effectuera avec lui en 1922

---

50. « Les membres de la section des arts qui groupait les ingénieurs et les étudiants en génie, les architectes et les étudiants en architecture, les comptables, les musiciens et les hommes de lettres, refusèrent toute autre charge et voulurent se retirer du Cercle. Sur les instances du directeur, ils y demeurèrent, mais, au cours de l'année 1898-1899, il n'y eut aucune réunion du conseil ni du bureau. À l'automne de 1899, l'élection de l'artiste Jean-Baptiste Lagacé, refusée l'année précédente, mit fin à l'imbroglio », Lajeunesse, 187.

51. Le 20-9-69, un certain R. J. a établi une liste sur deux pages des 27 présidents du CVM « depuis sa création en 1885 jusqu'à la date, en 1911, de la démolition du vieil édifice du Cabinet de Lecture paroissial sis à l'angle nord-est des rues Notre-Dame et Saint-François-Xavier… », puis il conclut : « Le Cercle Ville-Marie rentra dans l'ombre en 1909 du fait que le commerce et la finance avaient envahi le quartier et dès mars 1910 on décida de s'établir [avec la bibliothèque] rue Saint-Denis à quelques pas de l'église Saint-Jacques », Fonds de la BSS, n° 1, 125, ANQM. Pour un historique détaillé, voir Lajeunesse, notamment 216.

52. R. J., 2ᵉ page.

53. Nadeau, 10-11. À partir de 1925, la BSS connaît des difficultés financières qui occasionnent sa fermeture en 1931. Acquise par le gouvernement du Québec en 1941, elle rouvre ses portes au public en janvier 1944 ; en 1961, elle se voit rattachée au ministère des Affaires culturelles puis devient la Bibliothèque nationale du Québec en 1967. Résumé tiré de l'historique de la BSS, Fonds de la BSS, ANQM. Voir aussi Jean-René Lassonde, *La Bibliothèque Saint-Sulpice, 1910-1931*, 3ᵉ éd., Montréal, BNQ, 2001, c1986.

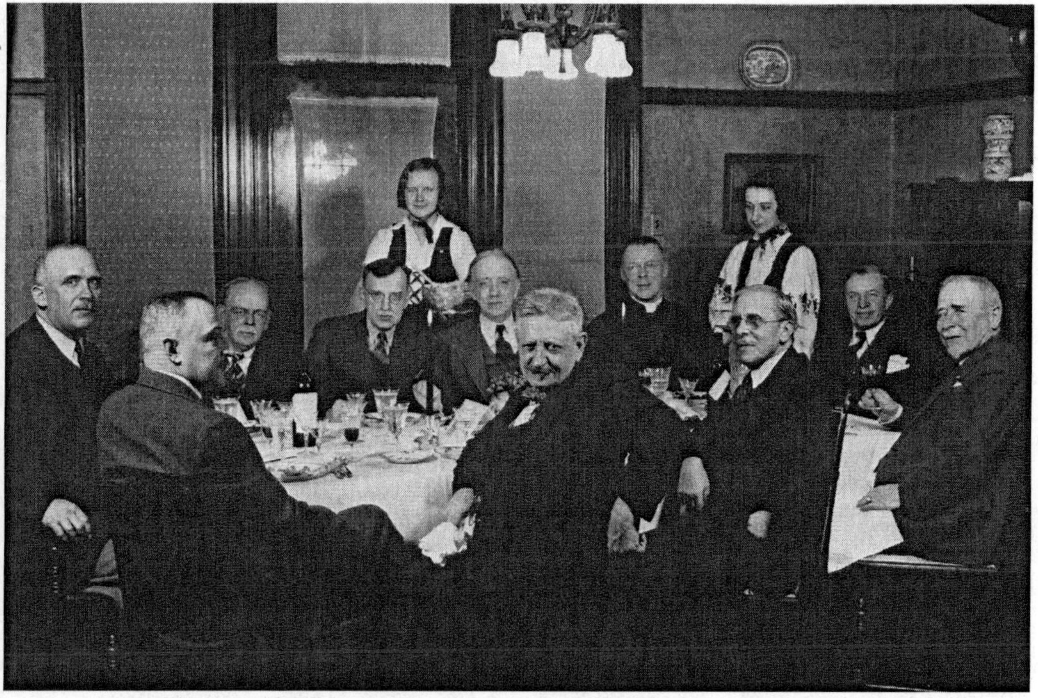

fig. 6: *Réunion de la Fourchette joyeuse chez Léon Trépanier en 1938*
Photographie numérisée, archives privées.
On reconnaît, dans le sens horaire à partir de la gauche : 1. Émile Vaillancourt;
2. Aegidius Fauteux; 3. Honoré Parent; 4. Victor Doré; 5. Olivier Maurault;
6. Léon Trépanier (l'amphytrion qui les invite); 7. Victor Morin;
8. Jean-Baptiste Lagacé; 9. Aristide Beaugrand-Champagne; 10. Arthur Vallée.

un second voyage en Europe, dont seront aussi de la partie Alfred Laliberté et Émile Vaillancourt (notre note 1). À leur retour, les quatre jeunes gens fondent «une société philantrohippique» du nom de La rosse qui dételle, pour ensuite former un groupe convivial qu'ils intitulent la Fourchette joyeuse, et se réunissent régulièrement pour un gueuleton entre hommes, une photo prise lors de l'une de leurs rencontres en 1938 nous permettant dès à présent de les identifier [fig. 6].

La présidence de Lagacé au Cercle Ville-Marie

L'année suivant celle de sa vice-présidence de 1897-1898, c'est-à-dire en 1898-1899, alors que Lagacé est délégué à la section des arts du CVM, quatre conférences sont répertoriées pour la période de décembre à avril, dont une présentée le 31 janvier 1899 par l'abbé René Labelle P. S. S., intitulée « Profils d'artistes contemporains[54] ». L'année suivante, Lagacé entame son mandat de président du Cercle, dont les trois sections – droit, médecine et art – sont chacune gérées par huit membres[55]. Les séances que Lagacé préside à l'automne 1899 comprennent *Pour la couronne*, un drame en cinq actes, en vers, de François Coppée (Monument national, 3 octobre), une conférence sur l'esclavage au Canada présentée par T. Cardinal, avocat et ancien président du CVM (Monument national, 13 octobre), une conférence sur Pasteur, présentée par A. Bourdon, « un jeune médecin de grand talent », suivie d'un concert du Trio Haydn puis d'une « charmante comédie » intitulée *Les mésaventures de M. Godichon* (Cabinet de Lecture, 27 octobre), une causerie sur Pierre Antoine Berryer (avocat et politicien français catholique et légitimiste[56]) présentée par l'avocat Edmond Brossard, suivie d'une « désopilante comédie », *Le moulin du chat qui fume* (10 novembre), une conférence de Lagacé sur l'évolution artistique au XIXᵉ siècle[57], suivie d'une cantatrice et de quelques chants et déclamations, puis d'« une reproduction à la lanterne magique des plus belles œuvres des grands maîtres » présentée sans doute par Lagacé (Monument national, 24 novembre), une « magnifique conférence sur l'éducation », à laquelle assistèrent « un grand nombre de dames », suivie d'une présentation musicale du Trio Haydn (1ᵉʳ décembre), et enfin une « intéressante conférence de M. Arthur Laramée sur la profession d'avocat » suivie d'une partie musicale et d'une opérette, *Les pages de Triboulet* (15 décembre).

---

54. Fonds de la BSS, n° 1, 125, BNQ. Marcel Lajeunesse inclut leurs noms dans sa liste des conférences du CVM présentées entre 1844 et 1910: Niedermeyer, un compositeur que Lagacé citera dans ses *Lettres de voyage* (notre note 40), César Frank, également compositeur, et Eugène Gigout, qui serait Eugenio Gignous (1850-1906), peintre paysagiste milanais. Lajeunesse, 245 et *Encyclopédie de l'art*, Milan, Garzanti et Pochothèque, 1991, 411, c1986.
55. Hormis Lagacé, les représentants de la section des arts comptent un publiciste, un architecte, un « e.g.c », un musicien, deux comptables et un commis, Fonds de la BSS, n° 5, 125, BNQ.
56. *PRNP*, 245.
57. Le journaliste, qui fait porter la conférence sur « l'évolution artistique au 10ᵉ siècle », promet de rapporter plus tard « le magnifique travail de M. Lagacé ». Notons que la séance de Lagacé est présidée par le fils de Napoléon Bourassa, l'abbé Gustave Bourassa, secrétaire général des facultés de l'ULàM de 1897 à 1904 (note 22) et susceptible d'être le mystérieux abbé tristellaire qui réclamait dix mois auparavant l'engagement de Lagacé à l'Université (nous y reviendrons au chapitre 2). Pour la conférence précédente, Lajeunesse (245) nomme *Arthur* Brossard.

Pour l'hiver 1900, sept événements sont documentés dans les dossiers d'archives du CVM[58] : une soirée littéraire et musicale avec des extraits de Bizet, de Thomé et de Jadasshar [Jadassohn?], puis des chansons de J. Saucier suivies d'une conférence de M. de Labriolle, un jeune professeur de littérature de l'Université Laval qui traite de Ferdinand Brunetière, critique et directeur de *La Revue des Deux Mondes* ayant fait l'objet de polémiques en France[59] (9 février) ; une discussion par Hector Demers et Wilfrid Pilon, arguant respectivement pour, puis contre le féminisme, tous deux « chaleureusement applaudis », suivie de morceaux chantés par le « sympathique ténor » Zénon Morin (20 février) ; une conférence de Thibaudeau Rinfret sur la vie privée et publique de Montalembert (journaliste et homme politique français qui avait participé au groupe des catholiques libéraux de Lacordaire et Lamennais[60]), suivie d'un prélude musical et d'une « comédie de bon goût » (9 mars) ; une très appréciée conférence présentée par l'avocat T. Maréchal sur « la loyauté des Canadiens-français, depuis que le pays est tombé sous l'égide de l'Angleterre », suivie de quelques morceaux musicaux joués par le Trio Haydn, puis d'une opérette d'Offenbach chantée par MM. Panneton, Daignault et Rhéaume, soprano et barytons (6 avril) ; une discussion par MM. Beaulieu et Rhéaume, pour ou contre l'usure, suivie de l'orchestre Sainte-Cécile puis d'une « jolie comédie », *L'habit par la fenêtre* (7 avril) et, enfin, pour la séance de clôture, une présentation, par le Rév. Père Hage, « prédicateur du carême à notre Dame », sur « le général de Sonis[61] », « un héros, un grand chrétien », suivie d'une reprise de l'opérette d'Offenbach, *Le numéro 66* (16 avril) ». Avant l'opérette, Lagacé, dont les talents et l'efficacité sont souvent soulignés dans les journaux parus lors de sa présidence, offre une revue des quatorze événements qu'il aura présidés durant l'année. Quelques semaines plus tard, entre la fin de mai et le début de juin 1900, il s'embarque pour l'Europe (voir notre chapitre 6).

---

58. Coupures de journaux non identifiés, mais avec la date de l'événement indiquée à la main. Pour l'hiver 1900, les dates ne correspondent pas toujours à celles qui figurent sur les programmes, Fonds de la BSS, n° 5, 125, BNQ.

59. Ferdinand Brunetière, auteur positiviste et moraliste, se convertit l'année même au catholicisme, *PRNP*, 328. Quant à Pierre-Marie-Henri Champagne de Labriolle, il avait été invité à inaugurer la chaire de littérature française à l'ULàM, où il occupa ce poste pendant trois ans (1898-1901) ; à ce sujet, voir Gustave Lefebvre, membre de l'Académie, « Notice sur la vie et les travaux de M. Pierre de Labriolle, membre de l'Académie », *Comptes-rendus des séances de l'Académie des inscriptions et belles-lettres*, année 1951, vol. 95, n° 2, 138-157 (141 pour l'information).

60. *PRNP*, 1415. Rappelons que Lagacé citera Lamennais quelques mois plus tard, dans sa lettre du 29 juin 1900 (note 50 des *Lettres de voyage*).

61. Louis Gaston de Sonis (1825-1887), général français, fut nommé commandant du 17e corps d'armée de la Loire par Gambetta lors de la guerre franco-allemande et se distingua à Loigny à la tête des zouaves pontificaux (2 déc. 1870). Il fut blessé et fait prisonnier, *PRNP*, 1952-1953.

Entre le moment de son retour d'Europe et sa première session à l'ULàM à l'hiver de 1904, Lagacé semble consacrer l'essentiel de ses énergies à l'Union Catholique, où il se retrouve en terrain familier, l'Union ayant été initialement fondée (en 1858) par un jésuite au collège Sainte-Marie[62], Lagacé ayant en outre l'occasion d'y côtoyer, entre autres, Louis-Joseph Rivet ou Jules-Paul Tardivel, et ce, dans une ambiance encore plus exclusivement catholique que celle du CVM. Auclair nous informant déjà de sa vice-présidence avant 1901, d'autres sources nous signalent qu'il préside l'Union en 1901, en 1902 et en 1903[63]. Lagacé sera actif dans d'autres associations, littéraires ou historiques, dont la Société historique de Montréal, également fondée en 1858; il sera aussi membre fondateur du Cercle universitaire[64] et président des Anciens élèves du Collège Sainte-Marie (notre note 8).

---

62. Marcel Lajeunesse rappelle les conditions de fondation de cette association : « Le 11 avril 1858, le jésuite Firmin Vignon faisait de l'Union Catholique, qui n'avait été depuis 1854 qu'une simple congrégation de la Sainte Vierge au Collège Sainte-Marie, une association religieuse et littéraire » dont le but était, selon Olivier Maurault, « l'instruction, l'enseignement et la diffusion des sciences religieuses et morales et la connaissance des arts, au moyen de la circulation des livres et journaux et de lectures ou discours publics », Lajeunesse, 72-73, citant Olivier Maurault (1926, notre note 34). Napoléon Bourassa montre cependant que l'Union Catholique (qui tient aussi ses réunions au Cabinet de lecture paroissial) favorise, dans sa constitution même, un autre ordre de priorités, « la Religion » y étant clairement posée comme un fondement plus important que « les lettres », et ce, dans un esprit qui, paradoxalement, se veut moral et non politique, en tout cas dans l'optique de Bourassa, alors président de l'Union; Lajeunesse note aussi que l'Union Catholique, dirigée par plusieurs membres de la *Revue Canadienne*, est « beaucoup plus religieuse et ultramontaine » que le Cercle littéraire, devenu Cercle Ville-Marie; c'est une association mi-littéraire, mi-religieuse, et dont les membres « se réunissaient le dimanche après-midi, entendaient souvent une conférence et terminaient la réunion par le Salut du Saint-Sacrement », Lajeunesse, 131, 149 et 198 (note 54). Voir Napoléon Bourassa, « L'Union Catholique », *L'Écho de Cabinet de lecture paroissial*, vol. 11, 1ᵉʳ juin 1863, 164-170 et l'abbé Élie-J. Auclair, « L'Union Catholique », *RC*, 1908, nᵒ 2, 403-409.

63. Durant ces années, il préside notamment la séance du 10 mars 1901, alors que Tardivel disserte sur « La langue française au Canada » (*RC*, 1901, nᵒ 1, 329-358), une ou des séances en février 1902 (voir *Le Monde illustré* du 15 février 1902, 699 pour les photos des membres [« Antonio Pelletier, sec.; Ed. Fabre-Surveyer, vice-président; L.J. Rivet, trésorier; J. B. Lagacé, président; Rév. P. Lalande, S.J. direct.; Hon. Jos. Royal, cons. »] et 697 pour un long article non signé) et celle du 18 octobre 1903 (*Le Canada*, samedi 19 octobre 1903). On l'y retrouvera aussi en 1914, comme conférencier sur Velasquez (*Le Devoir*, 1ᵉʳ avril 1914, 2).

64. Lagacé, notice autobiographique (nos pages 52-53). Sur la Société historique de Montréal, voir Victor Morin, « L'odyssée d'une société historique », *Les Cahiers des Dix*, vol. 8, 1943, 13-55 et Fernande Roy, « "Rien n'est plus beau que le vrai" : l'histoire aux débuts de la Société historique de Montréal », dans *Montréal au XIXᵉ siècle. Des gens, des idées, des arts, une ville*, Actes du colloque organisé par la Société historique de Montréal, textes colligés par Jean-Rémi Brault, Montréal, Leméac, 1990, 99-108; sur le Cercle universitaire (nos références sur Lagacé couvrent la période de 1924 à 1936), voir le Fonds Victor Morin, P56, Archives de l'UdeM.

L'histoire de l'art avant Lagacé

À la fin du xixᵉ siècle, on voit poindre à Montréal un discours artistique qui prend deux formes, l'une oratoire et l'autre visuelle, cette double rhétorique s'avérant efficacement propice à la consolidation de deux types de pouvoirs hégémoniques, religieux et politique, puisqu'elle fait la promotion, preuve visible à l'appui, tantôt de la patrie et tantôt de la foi. Le terreau, cependant, ne livrant rien sans le dévouement de quelque noble héros, il aura fallu l'intervention de plusieurs individus, incroyablement inventifs, courageux ou acharnés, pour mettre en place une infrastructure éducative dont la rhétorique était adressée, en définitive, autant aux ouvriers qu'aux universitaires et au grand public.

Les précurseurs de Lagacé, ceux qui lui ont ouvert la voie, qui sont-ils ? Ce sont Hospice Anthelme Verreau, premier principal de l'école normale Jacques-Cartier en 1857 et qui y a inauguré en 1861 le premier cours de dessin ; Napoléon Bourassa, que Verreau avait engagé pour donner ce cours et dont Lagacé dira qu'il avait été son père spirituel ; l'abbé Joseph Chabert, qui aura bravé tous les ennuis possibles pour mettre en place une école d'art ; l'abbé Adélard Desrosiers, qui donnait un cours d'histoire au Monument national, semble-t-il à partir de 1910 et dont l'*Histoire du Canada* sera illustrée dans les salles de classes de la Commission des écoles catholiques de Montréal (CECM) de tableaux historiques peints par Lagacé, et enfin l'abbé Gustave Bourassa, le fils de Napoléon Bourassa, qui a peut-être fait engager à l'ULàM aussi bien Lagacé en 1904, en tant que l'abbé ***, nous y reviendrons, que Gustave Desmazures, qui enseignait l'archéologie à la Faculté des arts peu de temps après son inauguration en 1887[65].

De manière générale, on peut dire que le discours sur l'art s'est constitué au sein de deux types d'organismes éducatifs, l'un axé sur la pratique, notamment du dessin et de l'architecture et que fréquentent les ouvriers (à partir de 1894 dans le cas du Monument national), tandis que l'autre diffuse un savoir historique et théorique par des conférences publiques dont certaines seront plus tard parrainées par l'ULàM. Quelle soit oratoire ou visuelle, la rhétorique qui accompagne l'image s'avère pareillement investie d'un idéal, l'acquisition d'une pratique étant peut-être plus souvent associée au progrès de la nation ou de l'humanité, tandis que les études universitaires semblent s'inscrire davantage (quoique, en définitive, cela revienne au même) dans le prolongement d'un éloge des bienfaits de l'Église catholique. Dans les deux cas — et nous prendrons un exemple pour chaque

---

65. Ces informations, très condensées ici, étaient présentées sur les panneaux introductifs de l'exposition tenue en 2004 au Centre d'exposition de l'UdeM, *Sur les pas de Jean-Baptiste Lagacé dans le Montréal des années 1890 à 1946* (chapitre 4). Nous reviendrons au prochain chapitre sur Bourassa et Verreau.

cas de figure –, le discours par l'image, et sur l'image, se tisse au nom d'une vertu morale, laquelle engage le discernement du vrai et du bien.

Premier cas de figure : la création d'organismes artistiques

Avant Lagacé, l'intérêt pour l'histoire de l'art commence à poindre en marge de projets de fondation d'associations et d'instituts d'art et d'artisanat[66], le plus important étant l'Institut des Artisans, ou Mechanics' Institute, fondé en 1828 et dont le nouvel essor en 1839[67] encouragea la fondation de nombreux organismes[68] parmi lesquels : l'Académie des beaux-arts de Montréal en 1856, le Bureau des arts et manufactures en 1857 (notre note 10), l'Art Association of Montreal en 1860, l'Institut Canadien-français des arts et métiers en 1866 et la Société des artisans canadiens en 1867[69].

Pour voir comment s'inscrit et se définit le champ de l'histoire de l'art dans de tels projets, que tentent laborieusement de mettre en place quelques artistes ou prêtres soucieux du sort de l'art et de celui de leur prochain, prenons d'abord le cas minutieusement étayé du *Projet d'organisation d'une académie des Beaux-Arts à Montréal* présenté le 5 février 1873 sous le patronage de l'Institut des Artisans-Canadiens par l'abbé P. J. Verbist, curé de Sainte-Pétronille de Beaulieu à l'île d'Orléans[70]. Au début de son discours, l'abbé Verbist dit avoir reçu l'hiver précédent mission du gouvernement de

---

66. Sur cette question, voir Jean-Pierre Charland, *Histoire de l'enseignement technique et professionnel : l'enseignement spécialisé au Québec 1867-1982*, Québec, IQRC, 1982 ; Jean-Pierre Charland et Nicole Thivierge, avec la collab. de Claire Côté et Jacques Saint-Pierre, *Bibliographie de l'enseignement professionnel, 1850-1980*, Québec, IQRC, 1982 ; Loren Lerner and Mary Williamson, *Art and Architecture in Canada : A Bibliography and Guide to the Literature to 1981*, 2 vol., Toronto, Buffalo, London, University of Toronto Press, 1991 et Louis-Philippe Audet, *Histoire de l'enseignement au Québec*, tome 2, *1840-1971*, Montréal, Holt, Rinehart et Wilson, 1971.

67. Le Mechanics' Institute est incorporé en 1845, Lajeunesse, 24. Pour un historique, voir Louis-Philippe Jolicœur, « Les Mechanics' Institutes, ancêtres de nos bibliothèques publiques », *Bulletin de l'Association canadienne des bibliothèques de langue française*, X, 1, mars 1964, 5-9, cf. Sabourin (notre note 10 supra), 143.

68. Selon Ruby Heap, dès 1840, le Mechanics' Institute inspire la création d'autres sociétés du même genre, dont au moins treize existent déjà en 1852, Ruby Heap, « Un chapitre dans l'histoire de l'éducation des adultes au Québec : les écoles du soir », *Revue d'histoire de l'Amérique française*, vol. 34, n° 4, mars 1981, 597-625 (598, note 2 pour la référence).

69. Historique condensé dans David Karel, « Bourassa, Napoléon », 112. Jean Trudel a publié deux études, sur l'Art Association of Montreal et sur l'histoire confuse dont elle a fait l'objet, dans *The Journal of canadian Art History / Annales d'histoire de l'art canadien* : « The Montreal Society of Artists », vol. XIII, n° 1, 1990, 61-87, et « Aux origines du Musée des beaux-arts de Montréal », vol. XV, n° 1, 1992, 31-55.

70. Imprimé à Montréal par les Presses de la Minerve, coin des rues Notre-Dame et St. Gabriel, tel qu'indiqué sur le document de 20 pages, 5 pour la citation. De Verbist, voir aussi *Les Belges au Canada*, Turnhout (Belgique), A. Van Genechten, 1980, c1872 et *Les Belges et les Alsaciens-Lorrains au Canada*, Turnhout, A. Van Genechten, 1981, c1872.

la province de retourner en Belgique, en France et en Allemagne – lui-même est Belge – dans le but d'attirer une immigration choisie ; « j'étais certain d'avance, dit-il, de diriger les populations vers une contrée sagement gouvernée et exempte d'un grand nombre de défectuosités inhérentes au régime républicain[71] ». Dans cette foulée, Verbist, qui dira plus loin n'être pas artiste lui-même, déclare vouloir « doter Montréal d'une Académie des Beaux-Arts avec exposition permanente ou Musée », les arts étant selon lui « les plus précieuses manifestations de l'esprit humain, parce qu'ils constituent [...] l'unique moyen qui permette aux peuples les plus éloignés par le temps et par l'espace, d'échanger leurs sentiments et de communiquer leurs émotions[72] ». Il est donc venu « franchement tendre la main à M. l'abbé Chabert, qui depuis plusieurs années poursuit le même but avec un dévouement et des connaissances que personne ne saurait lui contester sérieusement[73] », car « Il est grandement temps, ce semble, MM., enchaîne Verbist, que votre jeune pays, si plein de sève d'ardeur et de foi fasse, lui aussi, un pas en avant dans la carrière des arts[74] ».

Et puisque l'on peut espérer que la France financera ce projet[75], dont le but essentiel est « l'enseignement approfondi de la sculpture, de la peinture, de l'architecture et de la gravure, ainsi que des sciences nécessaires à la culture de ces branches », les règlements et le programme de « l'Académie provinciale des Beaux-arts à Montréal » ont déjà été établis et peaufinés dans les moindres détails, depuis les conditions d'élection de l'ensemble du personnel jusqu'à la gestion de la conciergerie[76], ce qui permet, en ce qui nous concerne, de voir que, sur un total de seize enseignants[77], il est prévu d'engager « un professeur d'histoire ». Quant au programme lui-même, il

71. Verbist, 3.
72. Verbist, 4.
73. Verbist, 5. Cet élan de sympathie s'explique deux pages plus loin, Verbist disant avoir appris que l'établissement de M. Chabert « a déjà reçu des preuves non équivoques de la libéralité du gouvernement français », Verbist, 7. En effet, Chabert doit son école à un don du gouvernement français qui lui permet, en 1871, de se procurer des livres, des moulages et des statues, notamment par l'entreprise de Charles Blanc, directeur des beaux-arts (David Karel, « Chabert, Joseph », 155), que citera Lagacé dans son *Initiation à l'Histoire de l'Art*.
74. Verbist, 5.
75. Juste avant de présenter le programme, Verbist déclare que Monsieur Gustave Bossange, le délégué de ce projet à Paris, lui a donné l'assurance que, « l'Académie de Montréal venant à se fonder, il se fesait fort d'obtenir gratuitement du gouvernement français la plus grande partie des modèles nécessaires », Verbist, 7.
76. À titre d'exemple, dans l'article III. 25 sont énumérées les 34 tâches qui seront assignées au concierge, dans Verbist, 15-16. L'auteur du programme en question est Michel Breuer, qui prend la parole après l'introduction de Verbist.
77. Le directeur, nommé par le gouvernement à vie (Breuer, 8), sera professeur de sculpture, tandis que les autres seront professeurs, respectivement, de principes de peinture, peinture de paysages et animaux, dessin, anatomie, expression, perspective pittoresque, architecture, gravure au burin, gravure sur bois, architecture navale, principes de figures et d'ornements

comprend, au plus élevé des trois niveaux prévus – élémentaire, moyen et supérieur –, outre les cours de pratique, deux cours d'« Esthétique, histoire de l'art et littérature générale » et trois cours d'« Histoire-rédaction », dont deux au niveau supérieur et un au niveau moyen[78]. Notons que la part théorique du cursus et le profil du professeur d'histoire lui-même embrassent un champ de savoir général et interdisciplinaire, l'histoire de l'art étant accompagnée ici de l'histoire et de la littérature, et ce, pour une formation minimale en humanités.

Quant à l'abbé Chabert (1831-1894) – à qui Verbist doit son élan de 1873 –, prêtre français émigré au Canada en 1865, fondateur et directeur d'une école des arts et manufactures[79] qui fonctionnera par intermittence entre 1871 et 1887, mais dont il fait la promotion depuis au moins 1864[80], il ne se limite pas à la pratique[81], puisque, en 1874, un an après la présentation du programme de Verbist et Breuer, le *Programme de l'Institution nationale de Chabert*[82] annonce, dans la « Section du dessin » dispensée par Chabert lui-même : une « *Section de la peinture,* [des] *Entretiens sur l'Esthétique,*

(deux professeurs), histoire, antiquités et costumes et enfin géométrie. « D'autres classes pourront être créées lorsque le besoin s'en fera sentir », Breuer, 9.

78. Breuer, 7 et 9-11.

79. Selon Karel, la School of Arts and Manufacturers fondée par l'abbé Chabert est également désignée comme « École de dessin tenue par la chambre des arts et métiers », « Institution des beaux-arts, appliqués à l'industrie » et « Institut national des beaux-arts », Karel, 155.

80. « Si donc le Canada – écrit Chabert en 1881 – veut désormais avancer et progresser, il faut [...] qu'il commence enfin à songer à ceux qu'il a oubliés jusqu'à présent, et qui sont l'unique espoir du pays [... / ...] il n'y a plus, afin qu'il y ait justice et égalité pour tous, qu'à honorer [...] la classe ouvrière, bien plus nombreuse que toute autre, plus nécessaire et la moins bien dotée en toutes ressources, qu'à lui donner une faculté des beaux-arts, sciences, arts-métiers et industrie, digne de ses mérites et digne aussi du pays, telle que je soutiens par la parole et par les œuvres depuis dix-sept ans » (donc depuis 1864), *La Guerre au Canada*, publié par les classes ouvrières de Montréal avec le concours empressé des Clubs Cartier, National et Letellier, représentants des idées et des intérêts du Canada entier, Montréal, s. n., 1881, 59 pages (29-30 pour la citation). Dans un discours de 1869, Chabert signale aussi une conférence « sur l'art du Dessin » qu'il donnait trois ans plus tôt (soit en 1866), à l'Institut Canadien-Français, *Discours de M. l'abbé Chabert, Fondateur et Directeur de L'Institution Nationale des Beaux-Arts, Appliqués à l'Industrie, À Son Excellence Le Très Honorable Sir John Young, P. C., G. A., G. C. M. G., Etc., Etc., Gouverneur Général De la Puissance du Canada, Prince de la Terre de Rupert, Etc., Etc., Etc., Suivi de L'Adresse à Son Excellence Lady Young, Lors de Leur Visite à l'Institution Nationale des Beaux-Arts, le 2 Juillet, 1869*, Ottawa, Imprimerie du Courrier d'Outaouais, 34 rue Spares, 2 de 3 pages.

81. Voir Céline Larivière-Derome, « Un professeur d'art au Canada au XIXe siècle : l'abbé Joseph Chabert », *Revue d'histoire de l'Amérique française*, 28, n° 3, décembre 1974, 347-366. Sur Chabert, voir l'article de Bernard Mulaire dans le *Dictionnaire biographique du Canada en ligne* (dorénavant *DBC*), vol. XII, 1891-1900, et David Karel, 155-156.

82. *Programme de l'Institution nationale, école spéciale des beaux-arts : sciences, arts et métiers et industrie, 75 rue St. Jacques, Montréal. Fondée et dirigée par M. l'abbé Chabert*, Montréal, Imprimerie du National, 1874, 16 pages.

[un] *Cours d'histoires sur les Beaux-Arts*, [ainsi que des] *Conférences sur les diverses branches des Arts, des métiers, et de l'Industrie*[83] ». En définitive, ce programme, où sont incluses les notices biographiques des huit professeurs de l'école, offre un cursus plus théorique et plus scientifique que celui de Verbist et Breuer[84], le projet de Chabert consistant à offrir gratuitement aux ouvriers une éducation dont il fait valoir qu'elle assurera ultimement le progrès de la patrie.

Napoléon Bourassa (1827-1916), remplaçant de Joseph Chabert au CAM en 1873[85], avait été parmi les membres fondateurs de « l'éphémère » Académie des beaux-arts de Montréal en 1856[86], de la Art Association of Montreal en 1860, de l'Institut canadien-français des arts et des métiers de Montréal en 1866 et de la Société des artistes canadiens de Montréal en 1867 ; il a également siégé au comité de direction de l'Union Catholique en 1862, présidé cette association en 1863 (notre note 62) et enseigné à l'Institut des artisans canadiens-français entre 1863 et 1878[87]. Comme Lagacé, qui y assurera la même fonction quelque quarante ans plus tard, Bourassa, qui a suivi son cours classique au Séminaire de Saint-Sulpice, enseigne le dessin à l'école normale Jacques-Cartier en 1861-1862[88], puis au Collège Sainte-Marie en 1865. En partant pour l'Europe en 1877 « afin d'y étudier l'enseignement des arts et de rapporter du matériel pédagogique[89] », Bourassa aura sûrement contribué à attiser les rêves de Lagacé, qui dira d'ailleurs

---

83. En italiques dans le texte, Chabert (1874), 4.
84. Alors que Chabert est en charge de la section du Dessin, qui comprend donc une partie théorique et historique, les huit autres professeurs enseignent aux sections « de la Gravure », « de la Sculpture », « de l'Architecture civile », « de l'Architecture navale, militaire, hydraulique et de la Construction des métiers à tisser, etc. », « des Mathématiques », « de la Physique et de la Chimie – et Cours de Physiologie générale appliquée aux Beaux-Arts » et « de la Mécanique » (deux professeurs), Chabert, 4-7.
85. Chabert est alors en France, Karel, 112-113 et 155.
86. G. H. Sohier, cité par Karel, 112.
87. À l'IACF, il est professeur « d'un cours de dessin qui fut gratuit [offert bénévolement] à partir de 1866 et rémunéré après 1869 ; directeur de cette école de dessin et professeur de modelage entre 1874 et 1878 », anonyme sur Bourassa (notre note 94), 289.
88. Lagacé, notice autobiographique (notre page 52), et Vézina, *DBC*. Même si Lagacé et ses biographes réfèrent simplement, à son sujet, à l'« École Normale », il s'agit bien de l'ÉNJC, une école de formation à l'enseignement public inaugurée en 1857 et où Bourassa avait été le premier professeur de dessin (Karel, 112), mais qui n'en fut pas moins renvoyé un an plus tard, parce qu'il était soupçonné d'être un « rouge » (Maurault, 60, sans doute repris de la conférence de Lagacé prononcée dans l'atelier de Bourassa en février 1916 [note 90 ci-dessous], 9). Pour un historique, voir le Fonds d'archives numériques de l'école normale Jacques-Cartier, 2P, Archives de l'UQAM, Audet (notre note 66), 310-311, et Adélard Desrosiers, *Les écoles normales primaires de la Province de Québec et leurs œuvres complémentaires : récit des fêtes jubilaires de l'École Normale Jacques-Cartier 1857-1907*, Montréal, Arbour et Dupont, 1909.
89. Vézina, *DBC* et anonyme sur Bourassa (notre note 94), 305.

avoir été « son fils spirituel[90] ». Jean-Baptiste raconte aussi, dans son discours de 1936, qu'il a suivi les pas de Bourassa au sortir de la Art Association : « Pris de dégoût, je m'enfonçais dans la forêt vierge à la recherche de la civilisation. Je marchais des mois, des années, au hasard des sentiers dont quelques-uns gardaient encore l'empreinte des pas de cet autre chemineau qu'a été Napoléon Bourassa[91]. »

De fait, c'est à plus d'un titre que Bourassa a pu contribuer à inspirer Lagacé et à éclairer le terrain en friche sur lequel il s'était engagé, puisque, en plus d'avoir choisi avant lui le difficile métier d'artiste, et qui plus est en ayant réussi à accéder aux rives du vieux continent, Bourassa avait également assumé le rôle de directeur éditorial de la *Revue Canadienne*, fondée[92] en 1863 et parue à Montréal à partir de 1864[93], tout en s'intéressant à la critique, à l'histoire et à la théorie de l'art, comme en témoignent quelques articles parus dans la *RC*[94], une transcription d'une conférence sur Michel-Ange

---

90. Dans *Marges d'histoire*, Olivier Maurault rend compte de l'admiration de Lagacé pour Bourassa, le premier ayant dit du second qu'il avait été « un *précurseur* et un sage initiateur », *Marges d'histoire*, vol. 1, Montréal, Librairie d'Action canadienne-française, 1929, 126-127. Maurault réfère sans doute ici à une conférence de Lagacé, prononcée à l'UdeM en mars 1921 et partiellement retranscrite dans *La Patrie* du 28 mars 1921, 8, avec pour titre : « Ce que furent les débuts de l'art au pays. M. J. B. Lagacé évoque les figures de deux précurseurs : Napoléon Bourassa et Philippe Hébert : détails oubliés ». Après avoir mentionné en introduction la fondation des écoles d'art du séminaire de Québec et de St-Joachim en 1668, et de St-Vincent-de-Paul au XIXe siècle, Lagacé y présente Bourassa comme celui « que l'on peut regarder comme le "législateur" de l'art en ce pays ». De Lagacé sur Bourassa subsistent aussi deux manuscrits non datés, le premier, intitulé « Napoléon Bourassa (1827-1916) » (ici *Bourassa inédit 1*), prononcé dans l'atelier de Bourassa, en présence de ses œuvres, après son décès en août 1916 (paginé de 3 à 30, incluant une page 24 B), et l'autre, probablement extrait d'un classeur de notes de cours, paginé de 778 à 798 (une dernière page est manquante) et qui reprend le texte précédent, AP.

91. Lagacé (1936), 60.

92. À ne pas confondre avec *La Revue Canadienne* fondée à Montréal en 1844 par Louis O. Le Tourneux (*Prospectus de* La Revue Canadienne, Montréal, décembre 1844) et qui ne survivra que quatre ans, soit jusqu'en 1848.

93. À l'époque de Bourassa, la revue affiche un sous-titre impliquant de multiples domaines – *Philosophie. Histoire, Droit, Littérature. Économie sociale, Sciences, Esthétique, Apologétique Chrétienne, Religion* –, qui seront réduits à *Religioni, Patriæ, Artibus* lorsque Alphonse Leclaire en prendra la direction, de 1893 à 1907, période durant laquelle paraîtront sept des huit articles de Lagacé. En 1908, Leclaire, qui en est devenu propriétaire en 1893, vend à Mgr Bruchési la revue qui sera dès lors administrée par un comité de professeurs de l'ULàM, tout en appartenant à l'archevêché de Montréal. C'est ainsi que, de 1908 à 1922, l'abbé Élie-Joseph Auclair (*Lettres de voyage*, notre note 22), qui enseigne la philosophie à la Faculté des arts depuis 1905, en sera le dernier directeur.

94. Pour ne signaler que les premiers, en 1864, il signe deux titres : « Le carnaval à Rome », 47-54 et « Quelques réflexions critiques à propos de l'"Art Association de Montréal" », 170-182, et à nouveau en 1865 une « Causerie artistique sur l'exposition de l'"Art Association", etc. », 170-179. En 1916, deux articles lui sont consacrés dans *RC* : Élie-J. Auclair, « M. Napoléon Bourassa », 193-195, et (anonyme) « Napoléon Bourassa. Sa vie, son œuvre », 289-313.

prononcée le 18 février 1860, une conférence sur l'art présentée à l'Union Catholique en 1863, un exposé sur sa théorie de l'art daté de 1872[95] et deux manuscrits inédits portant sur l'art grec (93 pages) et sur l'art gothique (23 pages)[96].

Malgré la force de cette filiation, car elle embrasse déjà tous les domaines liés à l'art, hormis la muséologie, le regard que porte Bourassa sur l'histoire demeure incompatible, dans son esprit même, avec les visées de son successeur, Bourassa s'inspirant, et ce, dès son premier prospectus de la *Revue Canadienne* de 1864, où la littérature est présentée comme « l'expression [...] du Vrai, du Bien et du Beau[97] », des idées du philosophe français Victor Cousin telles qu'elles ont été exposées dans un ouvrage de 1853 intitulé *Du vrai, du beau et du bien*[98]. Ainsi, tandis que Bourassa, à la suite de Cousin, voyait émerger durant la Renaissance – fondamentalement chrétienne à ses yeux[99] – puis perdurer jusqu'au début du XIXe siècle une décadence artistique que seul pourra sauver un retour tardif au christianisme[100], Lagacé, tout chrétien qu'il est, ne s'en attachera pas moins, de toute son âme et sa carrière durant, à célébrer des artistes de toutes les époques. Alors que le spectre historique de Bourassa se voit limité par sa conviction que l'art ne peut émaner que de Dieu, un Dieu chrétien, cela s'entend, Lagacé s'ouvre à de vastes sphères, anthropométriques, humanistes et universelles, et où le beau et le vrai[101], qui chez lui priment sur le bien, tendent à révéler l'humain plus souvent que le divin.

---

95. Karel, 112. Lagacé fait aussi référence à un discours de 1862 où Bourassa aurait parlé, notamment, du « rôle joué par l'art dans les grandes civilisations, en Grèce, en Italie et en France », Lagacé, *Bourassa inédit 1*, 19.

96. Raymond Vézina, *Napoléon Bourassa (1827-1916)*, Montréal, Élysée, 1976, 237 pour les références aux manuscrits inédits. Pour une réflexion de Bourassa sur l'art antique, grec, romain, médiéval et du début des temps modernes, voir Vézina, 173-186. Sur Bourassa, voir aussi Rodrigue Bédard, *Napoléon Bourassa et l'enseignement des arts au XIXe siècle*, mémoire de maîtrise, UdeM, 1980 et Hector Fabre, « Écrivains canadiens – Napoléon Bourassa », *RC*, III, 1866, 727-750.

97. « Prospectus », *RC*, 1er numéro, 1864, 3-6.

98. *Du vrai, du beau et du bien*, 28e éd., Paris, Perrin, 1898, c1853. Victor Cousin (1792-1867) était philosophe et ministre de l'Instruction publique. Dans son cours à la Sorbonne, où il est nommé en 1814, il aura abordé ce sujet comme une « formule des transcendantaux qui est restée consacrée » et a été reprise notamment par G. Jouffroy, dans son cours d'esthétique à l'école normale et au Collège de France, publié sous ce titre dès 1843, Germain Bazin, *Histoire de l'histoire de l'art, de Vasari à nos jours*, Paris, Albin Michel, 1986, 467.

99. « En étudiant l'histoire de la Renaissance, il [Bourassa] avait été frappé de ce fait indiscutable que la cause fondamentale du merveilleux développement de l'art à cette époque avait été le sentiment religieux qui brûlait au cœur des populations comme une flamme dévorante », Lagacé, *Bourassa, inédit 1*, 5.

100. Vézina, 132.

101. Pour ne donner qu'un exemple, en 1936, un étudiant présentant Lagacé avant une conférence rapporte à son sujet : « Son amour du beau et du vrai tient en éveil chez nous, l'idéal rêvé à

Enfin, toujours en ce qui concerne les prédécesseurs de Lagacé historien de l'art, outre un dénommé René-Émile Quentin, un peintre qui aurait donné un cours d'histoire de l'art, au CAM en 1889[102] et dans son atelier privé vers la même date[103], le sculpteur Louis-Philippe Hébert (1850-1917)[104] qui, comme Napoléon Bourassa, enseignait au CAM pendant que Lagacé y étudiait, donne un cours d'initiation à l'histoire de l'art au Monument national après 1894[105]. Si Lagacé rendit hommage en diverses occasions autant à Bourassa qu'à Hébert, notamment en mars 1921, dans sa conférence sur les débuts de l'art au Canada (notre note 90), et à nouveau en 1938 et 1945, cette fois par l'image, en associant le nom de chacun à un char allégorique dans le cadre des défilés de la Saint-Jean-Baptiste[106], il semble en revanche ne pas avoir connu l'abbé Gustave Desmazures qui, entre 1888 et 1890, prononçait au Cabinet de lecture paroissial, fondé en 1844 pour l'Œuvre des Bons Livres et intégré hors les murs à la Faculté de droit de l'Université Laval en 1870[107], puis à la Faculté des arts au moment de sa fondation en 1887, des conférences publiques sur l'archéologie.

---

la sortie du collège », Jacques Marchand, *Programme souvenir : dîner causerie des étudiants en chirurgie dentaire offert au Cercle universitaire par les élèves de deuxième année, le lundi 23 mars 1936*. Conférencier : Professeur J. B. Lagacé, de la faculté des lettres, « Les pierres aussi sont un témoignage », 1re de 5 pages, AP.

102. André Comeau, *Institutions artistiques du Québec de l'entre-deux-guerres (1919-1939)*, thèse de doctorat dirigée par Marc LeBot, Paris I, 1983, 131.

103. Selon David Karel, René-Émile Quentin, né entre 1854 et 1860 et décédé à Montréal en 1914, annonçait en 1888 des « cours populaires de peinture » donnés dans son atelier privé, en vue « de vulgariser et de répandre dans les classes laborieuses l'art de la peinture, du dessin et des branches d'enseignement qui s'y rattachent, tels que histoire de l'Art à travers les âges, littérature française, anatomie appliquée, perspective des peintres ». Quentin, qui enseigne au CAM pendant deux ans, succède à Chabert « qui, justement vers 1888, fut définitivement écarté de l'enseignement des arts à Montréal », Karel, 666-667.

104. Après avoir été l'élève de Bourassa au CAM de 1873 à 1879, Hébert effectue six séjours à Paris (en 1879, 1880, [?], 1888 à 1894, de février à octobre 1894, de 1898 à 1902 et de 1911 à 1914), entre lesquels il enseigne « le dessin à main levée à l'École des beaux-arts » de Montréal en 1875 (guillemets dans Karel), et le modelage au CAM, Karel, 386-387 et 112. Sur Hébert, voir la longue étude de Lagacé, « Louis-Philippe Hébert et son œuvre », *RC*, 1901, n°1, 7-68.

105. « Le sculpteur Philippe Hébert plantera le drapeau des beaux-arts au cœur du Monument national, où l'apprentissage de la sculpture, du dessin et l'initiation à l'histoire de l'art ajouteront à l'enseignement technique un volet culturel encore inédit à Montréal. » Hélène-Andrée Bizier, *L'Université de Montréal. La quête du savoir*, Canada, Libre Expression, 1993, 55.

106. « *Jacques et Marie* (Épisode de la dispersion des Acadiens) – Napoléon Bourassa », char n° 9, 1938, série consacrée aux *Pionniers de la prose au Canada français (avant 1900). Histoire, contes et légendes, romans*, et « Le sculpteur Philippe Hébert », char n° 17, 1945, série sur *Les groupes français d'Amérique* ; pour des illustrations, voir les programmes de la Société Saint-Jean-Baptiste de Montréal portant ces titres et ces dates ; voir aussi notre chapitre 4. Notons qu'en 1945 Lagacé est encore responsable artistique du défilé, mais les aquarelles ne sont plus de sa main, AP.

107. Lajeunesse, 85.

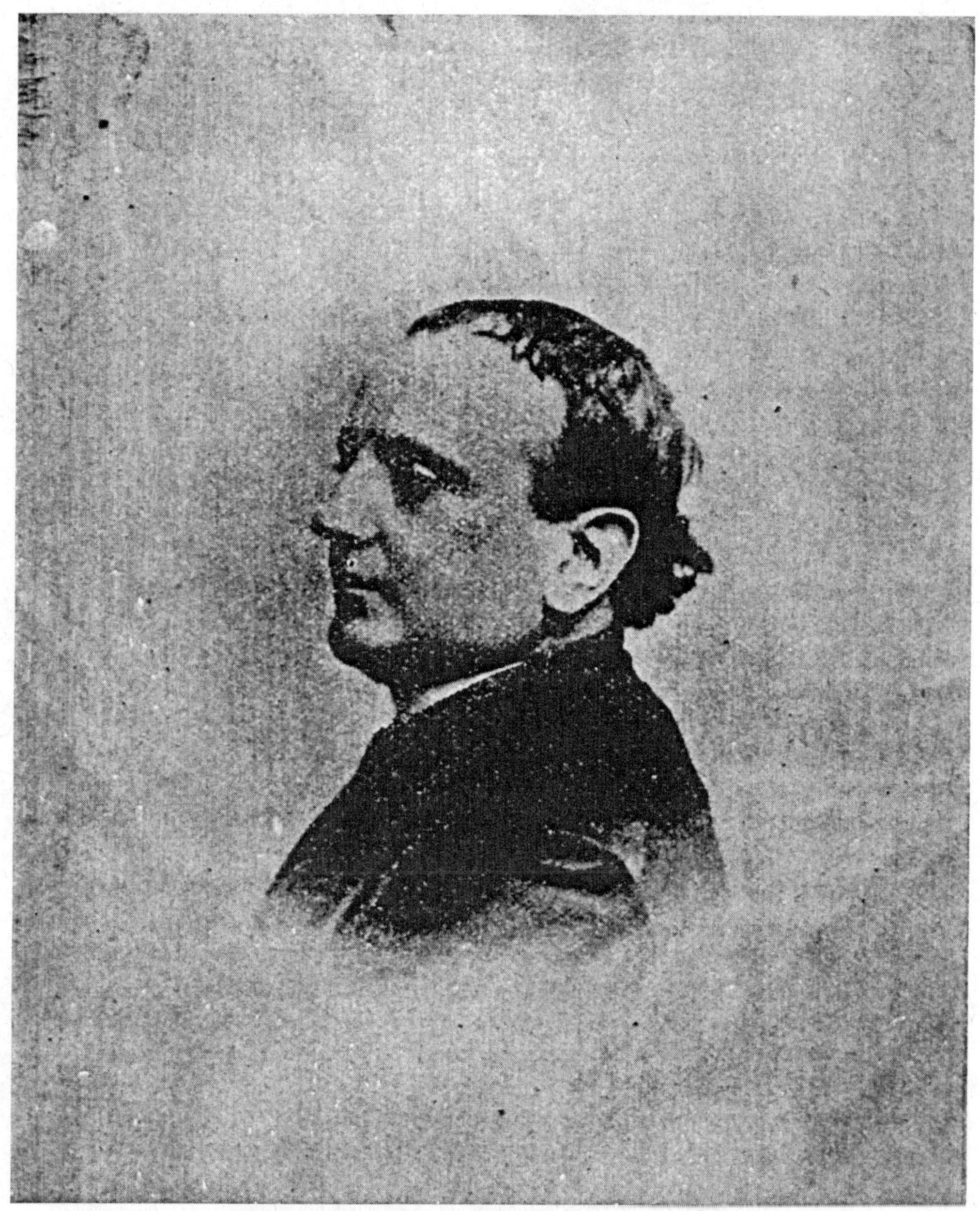

fig. 7 : L'abbé Gustave Desmazures

M. l'abbé Desmazures, P.S.S., décédé.
Le Monde illustré, 17 octobre 1891, p. 393 (texte en p. 387).
Photographie numérisée. Collection BNQ, n° 585.

Deuxième cas de figure : les conférences sur l'archéologie de l'abbé Desmazures au Cabinet paroissial

Voyons à présent la forme que prend le discours sur l'art lorsqu'il s'inscrit entre les murs de l'alma mater ulamienne, alors que l'abbé Adam-Charles-Gustave Desmazures [fig. 7], entre 1888 et 1890, prononce au Cabinet de lecture paroissial intégré à la Faculté des arts au moment de sa fondation en 1887 des conférences publiques sur l'archéologie.

Né en 1818 à Nogent sur Seine dans le diocèse de Troyes, intégré à la Compagnie de Saint-Sulpice en 1844, ordonné prêtre en 1848 et immigré au Canada en 1851, c'est à partir de 1888-1889 que le nom de Gustave Desmazures figure dans l'*Annuaire* de l'Université, alors qu'il donne au Cabinet de Lecture Paroissial[108] un cours d'archéologie pour la Faculté des arts[109]. Desmazures étant décédé le 29 septembre 1891 au terme d'une longue maladie[110], nous présumons que son enseignement se limite à deux années académiques, ce que semblent confirmer, outre l'*Annuaire*, les annonces et les comptes-rendus de ses cours parus dans la presse du 27 octobre 1888 au 22 avril 1890.

Contrairement à Chabert et à Bourassa, l'abbé Desmazures, comme Winckelmann vis-à-vis des Bellori, Vasari, Ghiberti ou Cennini, se démarque par le fait qu'il n'est pas artiste, comme Verbist d'ailleurs, l'intérêt qu'il manifeste tardivement pour l'archéologie – résurgence du temps de ses études de jeunesse – trahissant alors la joie inespérée de l'exégète septuagénaire enfin apte, en un dernier « Apostolat », à confirmer la véracité des événements bibliques[111]. Alors que Chabert et Bourassa, directement

---

108. Pour l'année 1887-1888, on annonce que les cours seront offerts à l'ULàM en quatre lieux de la ville, dont le CLP pour les cours de la Faculté des arts (ici FA), mais le nom de Desmazures ne figure pas encore parmi ceux des enseignants énumérés, « Séance de clôture à Montréal le 22 juin 1887. Rapport de M. le Vice-Recteur J.-E. Marcoux », *Annuaire de l'Université Laval pour l'année 1887-1888* [*partie montréalaise*, écrit à la main], 78-82.

109. En 1888-1889, deuxième année d'existence de la FA, parmi les huit enseignants, on compte Gustave Desmazures, professeur titulaire d'archéologie, Pierre Rousseau, professeur d'histoire universelle (plus tard, ce titre sera changé pour « Histoire naturelle ») et Joseph Haynes, professeur à Polytechnique en « construction civile, construction de machines, travaux publics, chemins de fer et architecture », *Annuaire de l'Université Laval pour l'année 1888-1889* [*partie montréalaise*, écrit à la main], 25-31.

110. « Nécrologie. Le Rev. M. Desmazures, P. S. S. », *Le Monde illustré*, 17 octobre 1891, 387 et 391 (photographie pleine page de Desmazures de profil). W. Stewart Wallace reprend les mêmes informations mais situe la date du décès un jour plus tard, le 30 septembre 1891, *The MacMillan Dictionary of Canadian Biography*, 3rd ed. rev. and enl., Toronto and New York, MacMillan, 1967, 187, c1926.

111. « L'abbé Desmazures était entré au Grand Séminaire à l'âge de vingt-six ans, après voir fait des études de droit, avoir été fonctionnaire sous la Monarchie de Juillet et avoir suivi des études d'art et de littérature », Lajeunesse, 127, d'après Louis Bertrand, « 164. M. Desmazures

engagés dans la production de l'art, pour ne pas dire dans sa cuisine, s'évertuent à former artistes et artisans, souvent gratuitement et dans des conditions désastreuses, Desmazures, lui, bénéficie d'une conjoncture exceptionnelle. Car, à l'aura que lui confère l'écho de nombreuses activités caritatives, redevables à une heureuse naissance et à des relations « avec l'élite des classes les plus cultivées de la capitale [parisienne] [112] », s'ajoutent les effets quasi miraculeux de deux découvertes relativement récentes, nous y reviendrons sous peu, l'une dans le domaine du savoir, tandis que l'autre est d'ordre technique. D'ailleurs, même si son auditoire montréalais est réduit, comme il l'est souvent en ces années, la magie semble opérer dès ses premières leçons, comme le laisse supposer la formulation des quelques mots de clôture de ce qui fut sans doute le premier recensement de ses cours, dans *Le Monde illustré* du 27 octobre 1888 :

> Avec novembre nous arrive l'hiver, l'hiver et ses distractions, ses amusements, ses théâtres, ses conférences. [/] Pour ceux qui veulent étudier, s'instruire, l'hiver est la saison pour cela. L'Union Catholique, le Cercle Ville-Marie, les conférences du Cabinet de Lecture sont ouverts à tout le monde, à tous ceux en qui germe l'espoir d'être utile un jour à son pays. [/] À propos de conférence, j'ai assisté, mardi dernier, à celle que M. l'abbé Desmasures [*sic*] a faite sur l'art oriental, en la faisant suivre de considérations sur le temple de Jérusalem. [/] M. Desmazures est un savant, un archéologue d'un grand mérite, un homme d'un goût élevé et sûr. [/] Son cours d'archéologie devrait attirer un nombreux auditoire. [/] Il a parlé des monuments de l'Orient et de leur caractère particulier dans les Indes et dans l'Égypte. Il a mentionné ce qui intéressait l'art, l'histoire, et aussi l'enseignement religieux. [/] Rien d'intéressant comme de suivre la marche de l'art et ses manifestations à travers les âges. [/] Soyons reconnaissants envers ceux qui s'épuisent dans les longues veilles pour nous inculquer le goût de ces belles choses. [/] Que leurs paroles profitent à leur concitoyen, et

---

(1818-1891) », *Bibliothèque sulpicienne ou Histoire littéraire de la Compagnie de Saint-Sulpice*, vol. II (le XIXᵉ siècle), 1900, 471-473 (471 pour la référence). Au sujet de son enseignement à l'ULàM, Louis Bertrand, qui le date de 1887 à 1889, au lieu de 1888 à 1890, précise les visées de l'homme d'Église : « M. Desmazures était presque septuagénaire, quand l'ouverture à Montréal des cours de la Faculté des Arts, en 1887, parut encore rajeunir son ardeur. Il accepta avec empressement de contribuer à cette œuvre par des conférences d'Archéologie et d'Art religieux, dans lesquels il voyait le couronnement des études qu'il avait toujours aimées, et une dernière forme d'Apostolat », Bertrand, 472.

112. Bertrand, 471 pour la citation. Sa notice nécrologique (*Le Monde illustré*, 387) nous apprend en outre que « Le vénérable défunt était bien connu et aimé à Montréal, où il a fait beaucoup de bien. Favorisé des biens de la fortune, il employa ses richesses à faire du bien aux nombreux pauvres qui recouvraient sans cesse à son inépuisable charité. [...] Que de femmes, d'épouses et de mères lui doivent aujourd'hui d'être ce qu'elles sont. Il a contribué à l'éducation d'une foule de jeunes filles qu'il a arrachées à la misère, soit en facilitant leur entrée dans les couvents, soit en favorisant leur établissement ».

pour cela allons grossir le nombre de ceux qui vont les écouter et les admirer. [/] Une heure passée à entendre M. Desmazures dissertant sur l'architecture ancienne et reconstituant devant nos yeux éblouis les monuments d'Égypte ou d'Assyrie, disparus depuis des milliers d'années, ouvre de nouveaux horizons, éblouit l'esprit et chasse les idées noires[113].

L'image comme témoin du miraculeux et du vrai

Si l'abbé Gustave, en 1888, est en mesure de ressusciter, devant les « yeux éblouis » de ses spectateurs montréalais, des monuments de l'Orient ancien, « disparus depuis des milliers d'années », c'est parce qu'il bénéficie du *momentum* créé par les « découvertes » archéologiques menées par la France de Napoléon, ainsi que par la nouvelle technique de projection photographique, ces deux trouvailles lui offrant l'occasion rêvée de montrer, preuve à l'appui, que l'histoire chrétienne se révèle et se légitime à la fois par l'authenticité de ses origines et par la décadence de ce qui lui succède. Tandis qu'en 1888 Desmazures se concentre sur la première partie de cette proposition, il a déjà eu l'occasion d'exposer les principes de la seconde dix-huit ans plus tôt, dans un *Entretien sur les arts industriels* qu'il présentait à l'Institut des artisans en 1870, trois ans avant l'intervention de Verbist parrainée par le même organisme, et un an avant l'ouverture de l'école de Chabert[114]. Dans ce discours, une fois manifestée son appréciation quant à l'existence de l'Institut des artisans et au fait que Napoléon Bourassa y a été nommé président, Desmazures faisait valoir la nécessité d'un rapprochement : entre art et industrie, entre le beau et l'utile et entre l'élément artistique et l'élément moral, alors que ce triple lien, qu'auront détruit les révolutions[115] et « la décadence si complète survenue dans le XVIIIe siècle », avait, autrefois, toujours été honoré par l'Église[116].

---

113. G. Desaulniers, deuxième de cinq sections réunies sous le titre « Entre nous », *Le Monde illustré*, 27 octobre 1888, 202. Dans sa notice nécrologique de 1891, on lit (387) : « Tout le monde se rappelle encore ses magnifiques conférences sur l'archéologie, données au Cabinet de Lecture, et qui attiraient toujours de si grandes foules, surtout parmi la classe instruite. »

114. Gustave Desmazures, *Entretien sur les arts industriels*, Montréal, Institut des artisans, 1870. L'exemplaire porte sur la couverture le nom d'Oscar Dunn (1845-1885), journaliste et fonctionnaire, collaborateur à *La Minerve* et à *L'Opinion publique*, 1869-1874 ; copropriétaire de *RC* en 1875 ; rédacteur au *Journal de l'Instruction publique*, 1876-1879, et secrétaire au Département de l'Instruction publique du Québec en 1879. Fonds Oscar-Dunn (P88), Centre de recherche en civilisation canadienne-française, Archives numériques de l'Université d'Ottawa.

115. Desmazures (1870), 1 à 5.

116. Desmazures (1870), 16 et 5. La réponse qu'apporte Desmazures aux critiques d'un « publiciste moderne », qu'il cite sans l'identifier (« Qu'avez-vous fait, ô Église, de l'Italie et de l'Espagne ; grâce à vous, l'Italie, ce berceau des lumières et des arts, ne sait pas lire. L'Espagne a perdu le

À cette philosophie, Desmazures est demeuré fidèle, son cursus d'enseignement durant les deux années académiques de sa brève carrière de professeur d'archéologie ayant été consacré, pour la première année, aux monuments de l'Orient ancien, et pour la seconde, à l'art chrétien. C'est ce qu'indiquent les recoupements entre les articles de presse parus alors et la publication, en 1890, du contenu de six leçons données par Desmazures à l'ULàM en 1888-1889, et qui auraient été consacrées à l'archéologie (chapitre 1), à l'Inde (2 et 3), à l'Égypte (4 et 5) et à l'Assyrie (leçon 6, à laquelle s'ajoute la présentation des temples de Jérusalem et de Bapoume), ce corpus correspondant exactement au contenu de sa conférence d'octobre 1888 mentionnée ci-dessus[117].

Dès les premières lignes d'introduction à ses *Cours d'archéologie*, Desmazures annonce que l'« un des faits les plus remarquables de notre siècle, dans l'ordre scientifique, c'est la rénovation des études historiques par les recherches de l'Archéologie et la *résurrection* (nos italiques) de plusieurs contrées appartenant au monde antique ». Citant notamment les travaux de M. F[rançois] Lenormant (« la main de Champollion a déchiré le voile qui cachait aux yeux la mystérieuse Égypte et elle a illustré le nom français par la plus grande découverte de ce siècle »), l'abbé Gustave se réjouit des perspectives qu'offre cette entreprise : « On voit ainsi la version assyrienne et égyptienne de tous les événements dont la Bible nous donne la version juive, et cette comparaison intéresse au plus haut degré le chrétien, en proclamant victorieusement la véracité des livres saints[118]. » Après avoir énuméré en introduction les avantages de la recherche archéologique, science « qui peut réussir à tracer le tableau de l'état social d'un peuple, par la considération des monuments qu'il a laissés », c'est dans la « 1re Lecture », intitulée « Définition, division, applications », que Desmazures dévoile enfin ses objectifs premiers : « En exposant ces résultats, nous croyons que nous

---

secret de sa puissance qu'elle tenait des Romains, le secret des arts qu'elle tenait des Arabes, et le Nouveau-Monde qu'elle tenait de Dieu »), illustre la manière dont son allégeance à l'Église oriente le regard qu'il porte sur l'histoire : « Ici l'Église peut répondre que, c'est lorsque l'Italie suivait ses inspirations, qu'elle est devenue un foyer de lumière pour le monde entier ; et quant à l'Espagne l'Église l'a enlevée aux Arabes qui n'étaient que des oppresseurs, elle l'a constituée, elle l'a couvert[e] de monuments dont aucune parole ne peut faire comprendre la beauté et la richesse », 6.

117. *Cours d'archéologie. Université Laval de Montréal : les Indes, l'Égypte, l'Assyrie, la Palestine*, Montréal, Réjean Olivier, Ex-Libris, 1890. L'exemplaire consulté porte le sceau de l'ŒUVRE DES BONS LIVRES – VILLE MARIE, dont le nom est disposé sur une bordure ovale avec à l'intérieur, alignés verticalement de haut en bas : un livre ouvert, une croix et un sigle mêlant les lettres V et M.

118. Desmazures (1890), I-III. François Lenormant, fils de Charles Lenormant, est professeur d'archéologie à la Bibliothèque nationale, Lyne Therrien, *L'histoire de l'art en France : genèse d'une discipline universitaire*, préface de Gérard Monnier, Paris, Éditions de CTHS, 1998, 238.

réussirons à montrer que l'Archéologie mérite une place dans les cours d'une Université Catholique[119]. » La fin de la « 3ᵉ Lecture », consacrée à l'ornementation indienne, vient confirmer cet objectif, d'abord discrètement :

> Ce que nous avons dit peut suffire pour donner une idée du génie de ces nations si loin de l'influence européenne [/] Quelque admiration que ce perfectionnement de l'activité humaine puisse inspirer, on doit comprendre qu'il faut encore autre chose pour faire un peuple intelligent, moral et vraiment civilisé. [/] En toutes ces merveilles, il n'y a rien qui puisse élever les âmes au-dessus des entraînements de l'orgueil et du sensualisme. Il faut donc une doctrine et des institutions qui éclairent l'homme et lui inspirent l'amour du vrai et du bien ; il faut la connaissance des grands principes de la justice, et alors on verra ces peuples se mettre par leur conduite au niveau de tant de talents naturels.

Un peu plus loin, le ton se fait à la fois plus ample et plus condamnatoire :

> Longtemps la vie simple et patriarcale des premiers jours a préservé ces races des vices de la mauvaise civilisation ; mais ensuite l'oisiveté et la mollesse ont envahi les âmes ; les premiers principes ont été oubliés ; les mauvaises habitudes ont tout perdu. Il faut un renouvellement complet ; il faut mettre des obstacles insurmontables à l'entraînement du mal. Il n'y a que les institutions chrétiennes qui peuvent opérer ces prodiges. C'est ce qu'elles ont fait vis-à-vis des peuples encore plus aveugles et plus dégradés, vis-à-vis des barbares du Nord et des populations corrompues de la Grèce et de l'Italie. Sous ce rapport, tout n'est plus encore à faire. L'Église a pris les devants. [...] Les successeurs des saint François Xavier avaient gagné une grande partie des Indes. [...] L'on [y] compte maintenant trente évêques et archevêques établis par les nouvelles missions, qui soutiennent un millier de religieux et de religieuses. Enfin, l'on voit dans chaque province des milliers de catholiques qui exercent déjà une notable influence[120].

Néanmoins, la logique de Desmazures exigeant qu'une certaine continuité fût assurée avec un passé originel précurseur de l'ère chrétienne, il va trouver chez les Égyptiens une diversité raciale qui lui permet de repérer la source à la fois de la bonne et de la mauvaise civilisation, car, comme l'aurait prouvé l'illustre archéologue Baumgarten, après avoir observé un grand nombre de momies égyptiennes de la haute classe : « Si les militaires étaient de la race ismaélitique [sic] ou sémite, [et] le peuple, les fellahs, les coptes, de la race nubienne, les classes élevées [quant à elles] étaient toutes de la race indo-européenne ». Dans la même veine, Demazures établit aussi, dans sa « Lecture sur l'Assyrie », des correspondances entre des textes rédigés en cunéiforme et cinq épisodes de la Bible, ce qui lui permet de triompher des

---

119. Desmazures (1890), 3-4.
120. Desmazures (1890), 55-56.

« adversaires de la religion », grâce à l'intervention des Assyriens et de leurs monuments, venus pour l'occasion prêter main-forte à la Providence :

> Et de même ici, tous les palais et les temples de l'Assyrie et des pays circonvoisins, au moment même des plus grandes attaques, sortaient de terre par la décision de la divine Providence. Ils révélaient tous les secrets de Dieu et tombant sur les faux savants, les renversaient avec leurs systèmes, les anéantissaient et les écrasaient comme une grêle meurtrière, et ces insensés blasphémateurs tombaient comme sous une véritable avalanche[121].

Une fois justifié, dans le courant de la première année, l'enjeu moral de son entreprise et établie la véracité historique de ses propos, on ne s'étonnera pas de ce que les conférences de Desmazures répertoriées dans la presse pour l'année suivante (1889-1890) portent exclusivement sur l'art chrétien, celles que nous avons repérées portant les titres suivants :

1. *L'art chrétien de l'Occident à partir de sa naissance dans les catacombes*, séance du 5 novembre 1889, annoncée dans *La Patrie* du samedi 2 novembre[122],
2. *L'art byzantin*, séance du mardi 4 février 1890, annoncée dans *La Presse* de la veille,
3. *Les origines de l'art chrétien*, séance du mardi 18 mars 1890 annoncée dans *La Presse* de la veille,
4. *Les origines de l'art chrétien*, séance présentée le 22 avril 1890 en continuité avec la précédente.

Le premier et le dernier cours de cette série n'ayant pas fait l'objet d'articles explicites dans la presse, l'annonce du cours du 4 février 1890 suffira à montrer que, pour Desmazures, les objets d'art se révèlent comme d'authentiques reliques :

> M. l'abbé Desmazures, professeur d'archéologie, continuera son cours mardi prochain à 8 heures du soir. Il exposera les commencements de l'art chrétien. Après avoir parlé des catacombes, dans ses dernières leçons, il va arriver à l'art byzantin ; il a réuni des documents qui serviront à illustrer cet art si intéressant et qui a exercé une si grande influence dans l'Église naissante. [/] Voici les pièces principales qu'il nous a communiquées : 1° Les mosaïques des sept Baristiques. [/] 2° Une étude particulière sur la célèbre mosaïque de sainte Pudentienne relevée en or et en couleur. [/] 3° La vierge authentique de sainte.Marie majeure, attribuée à Saint-Luc. [/] 4° Notre-Dame du Perpétuel secours attribuée à

---

121. Desmazures (1890), 62 sur l'Égypte et 93-105 sur l'Assyrie (95 pour la citation).
122. « L'art chrétien de l'Occident à partir de sa naissance dans les catacombes », *La Patrie*, édition du soir, samedi 2 novembre 1889. L'article est signé J. U. Ethier, sec. U. L. M. ; dans le *Répertoire des cadres* (8, notre note 20), L. Urgèle Ethier figure pourtant comme secrétaire général de L'ULàM pour 1890-1892.

Saint-Luc. [/] 5° *Il santo Bambino*. [/] 6° Des portraits authentiques de Notre Seigneur. [/] 7° La Sainte-Face. [/] 8° Les fonts baptismaux de Ravenne. [/] 9° Sainte-Sophie de Constantinople. [/] 10° Saint-Marc de Venise[123].

La projection de ces « authentiques » édifices, tableaux et reliques avait dû produire un effet considérable sur les auditeurs de l'époque – effet que l'on peut se figurer à la vue des illustrations des superbes monuments d'Orient qui accompagnent le *Cours d'Archéologie* de Desmazures –, le procédé utilisé étant alors relativement neuf pour nos premiers conférenciers d'histoire de l'art, puisqu'on le trouve ici mentionné pour la première fois dans nos sources. Préalablement, en 1870, Desmazures « racontait » les œuvres à ses auditeurs, tandis que Chabert, en 1881, entamait sa conférence sur *La Guerre au Canada* par la description d'un « tableau absent[124] » ; quant à Lagacé, en 1899, il se sert, pour sa conférence du CVM présentée au Monument national, d'une lanterne magique[125], engin plus facile à transporter que les appareils de projection qui seront utilisés à l'Université, rue Saint-Denis. Avant d'y arriver, permettons à l'abbé Gustave, auteur de nombreux ouvrages parus entre 1868 et 1890, dont plusieurs monographies sur l'art[126], de tirer sa révérence, son avant-dernière séance repérée dans la presse en

---

123. Reproduit ici tel quel (sainte Pudentienne ; la vierge ; sainte.Marie majeure), *La Presse*, lundi 3 février 1890.

124. « En finissant ses observations, Mr. L'orateur a donné un exemple de l'influence heureuse que l'esprit religieux a exercé sur l'art et sur l'industrie, *en racontant* les merveilles que l'on peut contempler au sanctuaire de St. François d'Assise », nos italiques, Desmazures (1870), 20, et Chabert (1881), 7.

125. Les lanternes magiques, en usage depuis le XVIIᵉ siècle, sont remplacées par le rouleau de film à partir de 1884, puis par les diapositives en couleur dans les années 1930. Selon Linda Bien : « In the late 1850s Francis Frith was the first trained photographer to systematically document the antiquities of Egypt in the new medium. In 1852 the Alinari brothers of Florence were the first of a long parade who soon replaced the etchings and lithographs of professional copyists with photographic reproductions of famous works in Italy. », http://alcor.concordia.ca/~linbien/vr/essay2.html. Sur ce sujet, voir Michel Auer, *150 ans d'appareils photographiques à travers la collection Michel Auer*, Hermance, Suisse, Camera obscura, 1989 ; Laurent Mannoni, *Trois siècles de cinéma : de la lanterne magique au cinématographe*, Paris, La Réunion des musées nationaux, 1995 ; Betty Jo Irvine, with the Assistance of Eileen Fry, *Slide libraries : A Guide for Academic Institutions and Museums*, Colorado, Libraries Unlimited Littleton, 1974, 25 ; Helene E. Roberts (ed.), *Art History throught the Camera Lens*, London, Gordon and Breach, 1995 et Linda Bien, « Canadian Copyright Law and Visual Resources Collections », *Positive*, vol. XIV, numbers 2 & 3, July 1990, 1-12.

126. *Le Canada en 1868*, Paris, Eugène Belin libraire, 1868 ; *Église de St. François d'Assise*, Montréal, Institut des artisans, 1870 ; *Basilique de St. Pierre de Rome*, Montréal, Institut des artisans, 1870 ; *Explication des peintures de la chapelle Nazareth*, Montréal, Eusèbe Senécal, imprimeur-éditeur, 1872 ? ; *Souvenirs de la persévérance de Montréal*, Montréal, s. n., 1872 ; *M. Flavien Martineau, prêtre de St. Sulpice : esquisse biographique*, Montréal, Imprimerie de John Lovell et fils, 1889, et *Histoire du chevalier d'Iberville, 1663-1706*, Montréal, J. M. Valois, libraire-éditeur, 1890.

date du 18 mars 1890 lui ayant permis de justifier à nouveau la cohérence de son corpus d'enseignement :

> Mardi prochain 18, M. l'abbé Desmazures continuera son travail sur l'art byzantin. [/] La transition entre l'architecture antique et l'architecture chrétienne est, suivant MM. Lapus et Mitchell, le phénomène le plus curieux de l'histoire des arts. M. le professeur appuie ses assertions par des vues comparées des plus anciens monuments et des monuments les plus remarquables de l'époque byzantine. Cette époque nous donne la clef de tout l'art moderne. [/] Ceux qui s'occupent d'art entendront avec satisfaction développer ces questions. Et si tous ceux qui ont intérêt, dans notre ville, à connaître ces merveilleuses transformations, assistent à [*sic*] cette conférence, il y aurait foule demain au cabinet paroissial[127].

Comparée à celle de Desmazures, né un demi-siècle plus tôt que lui et dans un autre continent, la parole du jeune Lagacé s'inscrira dans un espace à la fois plus local et plus actuel, de l'archéologie du premier à l'esthétique du second s'établissant en outre un changement d'objet, l'un s'attardant à l'étude des monuments tandis que l'autre s'intéresse davantage, sauf pour le Moyen Âge, à la peinture, au dessin et à l'illustration. Tandis que Desmazures, au crépuscule de sa vie et en vue d'honorer la gloire de l'Église, exhume des trésors divins comme des reliques, Lagacé, plein de fougue et d'espoir à l'aube de sa carrière, apostrophe ses semblables au nom de la patrie et de l'humanité. Alors que le « révérend » et « vénérable » abbé Gustave[128] cherche dans le passé la légitimité de l'institution cléricale à laquelle il appartient, le jeune Lagacé, pour initier ses compatriotes à l'appréciation du Beau, s'apprête à constituer un programme d'éducation par la pratique de l'art et par l'étude de son histoire.

Cependant, quelles qu'aient été ses couleurs, dont en fait il nous faut tenir compte si l'on veut comprendre à quoi pouvait servir l'histoire de l'art en ces dernières décennies du xixe siècle à Montréal, n'occultons pas l'importance de l'abbé Adam-Charles Gustave Desmazures dans notre histoire de l'histoire de l'art, puisque, sans doute pour la première fois de façon aussi soutenue, il aura fait l'édifiante démonstration du pouvoir des images, photographiques ou artistiques, créant ainsi des conditions propices

---

127. *La Presse*, lundi 17 mars 1890. Lapus et Mitchell n'ont pu être identifiés. Concernant la méthode comparative, il s'avère que Heinrich Wölfflin n'était ni le seul ni le premier à l'adopter (*Principles of Art History, The Problem of the Development of Style in Later Art*, trad. M. D. Hottinger, New York, Dover Publications, 1950, c1915). Pour la séance du 22 avril, l'article paru dans *La Presse* du même jour (extra) indique simplement : « Université Laval. [/] Cours d'Archéologie. [/] Ce soir, mardi 22 avril, M. l'abbé Desmazures continuera d'exposer les origines de l'art chrétien. »
128. « Nécrologie », 387.

à l'engagement de Lagacé à l'ULàM en 1904, dans une faculté où les cours publics ne comprenaient alors que deux matières et dont les professeurs étaient recrutés exclusivement en Europe, dans le corps ecclésiastique ou parmi des diplômés universitaires, aucun de ces profils ne correspondant à celui de Lagacé. Desmazures, en plus d'avoir succédé au fondateur du Cabinet de lecture paroissial de 1862 à septembre 1863[129], d'avoir dirigé le *Cercle littéraire* du Cabinet de 1860 à l'été 1867 et d'avoir contribué à la rédaction de *L'Écho du Cabinet de lecture paroissial*[130], a aussi présenté plusieurs conférences d'historien au CVM («L'histoire et les historiens nouveaux» le 9 décembre 1857; «Jeanne d'Arc» le 17 mai 1859 et le 15 janvier 1861; «Les origines de la société moderne» le 21 mars 1865; une «Analyse du *Jules César* de Napoléon III» le 23 octobre et le 13 novembre 1866), auxquelles s'ajoute, en date du 26 février 1867, une conférence, sans doute sa première dans ce domaine, sur «L'art religieux[131]».

Plus tôt encore, parmi les conférences publiques présentées par Napoléon Bourassa (dont «Naples et ses environs», CVM 14 décembre 1858; «Impressions de voyage en Italie», CVM 21 février 1861 et «L'Union Catholique», mars 1863), trois nous intéressent en premier lieu, pour les sujets qui y sont abordés: Michel-Ange (1860); «Comment faire naître le sentiment de l'art, quels moyens prendre pour le développer en Canada, étude préliminaire» (Union Catholique, 24e entretien, 1863), et «L'art» (CVM le 27 juin 1867)[132], cette dernière conférence ayant été présentée à peine quelques mois après celle de Desmazures sur «L'art religieux».

Est-ce la conférence de Bourassa – pour laquelle il n'est pas précisé si elle est abordée d'un point de vue historique –, ou celle de Desmazures qu'évoque Olivier Maurault lorsqu'il note, au sujet des conférences du CVM: «Deux discussions surtout se prolongèrent, celle sur l'*Économie publique* et celle

---

129. Maurault, 163. Sa direction ne semble toutefois pas avoir été très efficace: «Desmazures […] était un homme d'une belle culture littéraire et artistique, mais ne possédait pas les qualités d'organisation de son prédécesseur. Il ne put empêcher l'institution de s'assoupir», Maurault, 168. Lajeunesse écrit aussi: «L'éclat des premières années était passé. Seulement onze conférences publiques furent données au cours des deux années […] 1862 et 1863. […/…] Le 1er janvier 1864, Louis Regourd reprenait la direction du Cabinet de lecture paroissial. L'abbé Desmazures avait été incapable d'imprimer un stimulant à l'institution.» Lajeunesse, 79.

130. Desmazures y a notamment publié de larges extraits biographiques sur l'historien et architecte sulpicien Étienne-Michel Faillon: *M. Faillon, Prêtre de St-Sulpice; Sa Vie et ses œuvres*, publié par la Bibliothèque paroissiale à Montréal en 1879, mais paru préalablement, dès 1871, dans *L'Écho du Cabinet de lecture paroissial* «où il fut continué les années suivantes», Bertrand, 473. Sur Faillon, voir aussi Olivier Maurault, «M. Étienne-Michel Faillon (1800-1870)», *Les Cahiers des Dix*, vol. 24, 1959, 151-165.

131. Lajeunesse, 229-237.

132. Bourassa, «L'Union Catholique», *L'Écho du Cabinet de lecture paroissial*, vol. 11, 1er juin 1863, 164-170 (166 pour la référence) et Lajeunesse, 237.

sur les *Beaux-Arts*[133] »? Quelle que soit la réponse, retenons que Napoléon Bourassa commence à disserter sur l'histoire de l'art au moins dès 1860, et Desmazures en 1867, mais aussi, que dix ans avant le second, et trois ans avant le premier, le Cabinet de lecture paroissial, pour sa première séance de conférences, présentait, en date du 2 mars 1857[134], ce que nous considérons comme la toute première conférence sur l'histoire de l'art prononcée à Montréal et au Canada.

Le conférencier en question, Adolphe Lévesque, qui avait contribué à la construction du Cabinet de lecture paroissial en suivant les plans de l'ingénieur et historien sulpicien Étienne-Michel Faillon, dont Desmazures rédigera une longue biographie[135], inaugurait donc, en cette soirée du 2 mars 1857, à la fois l'histoire du CLP et celle de l'histoire de l'art au Canada, en présentant un « Essai sur l'architecture chrétienne[136] » dont il dut escamoter, à cause de l'heure tardive, toute la première partie consacrée à l'art païen, pour sauter de suite à la seconde, consacrée bien sûr à la « période chrétienne ». Notons à son sujet que l'architecte en lui en fait un historien plus rigoureux et moins partial que Desmazures, car, bien qu'il retrace une histoire de déclin puis de progrès assez vasariens, Adolphe Lévesque, dont les citations incluent «L. Batissier» (Louis Batissier?), «Gabler» et «Warburton», associe l'architecture ogivale à des sources émanant autant des Byzantins que des Croisés.

Jusqu'à preuve du contraire, Adolphe Lévesque aura donc été, en 1857, le plus doyen de nos doyens conférenciers sur l'art et son histoire.

---

133. Maurault (1926, 169) ne donne pas de date mais se situe alors au début des années 1860.

134. Lajeunesse, 61 et 227. La conférence eut lieu deux semaines après l'inauguration du CLP en date du 16 février 1857, inauguration qui avait été marquée par un long article dans *La Minerve* évoqué ci-dessus (notre note 41).

135. Voir Maurault (1926), 166 et notre note 130.

136. Pour Faillon, Maurault (1926), 166. A. Lévesque, «Essai sur l'architecture ch[r]étienne», *L'Écho du Cabinet de lecture paroissial*, III, n° 26, 6 juillet 1861, 212-214.

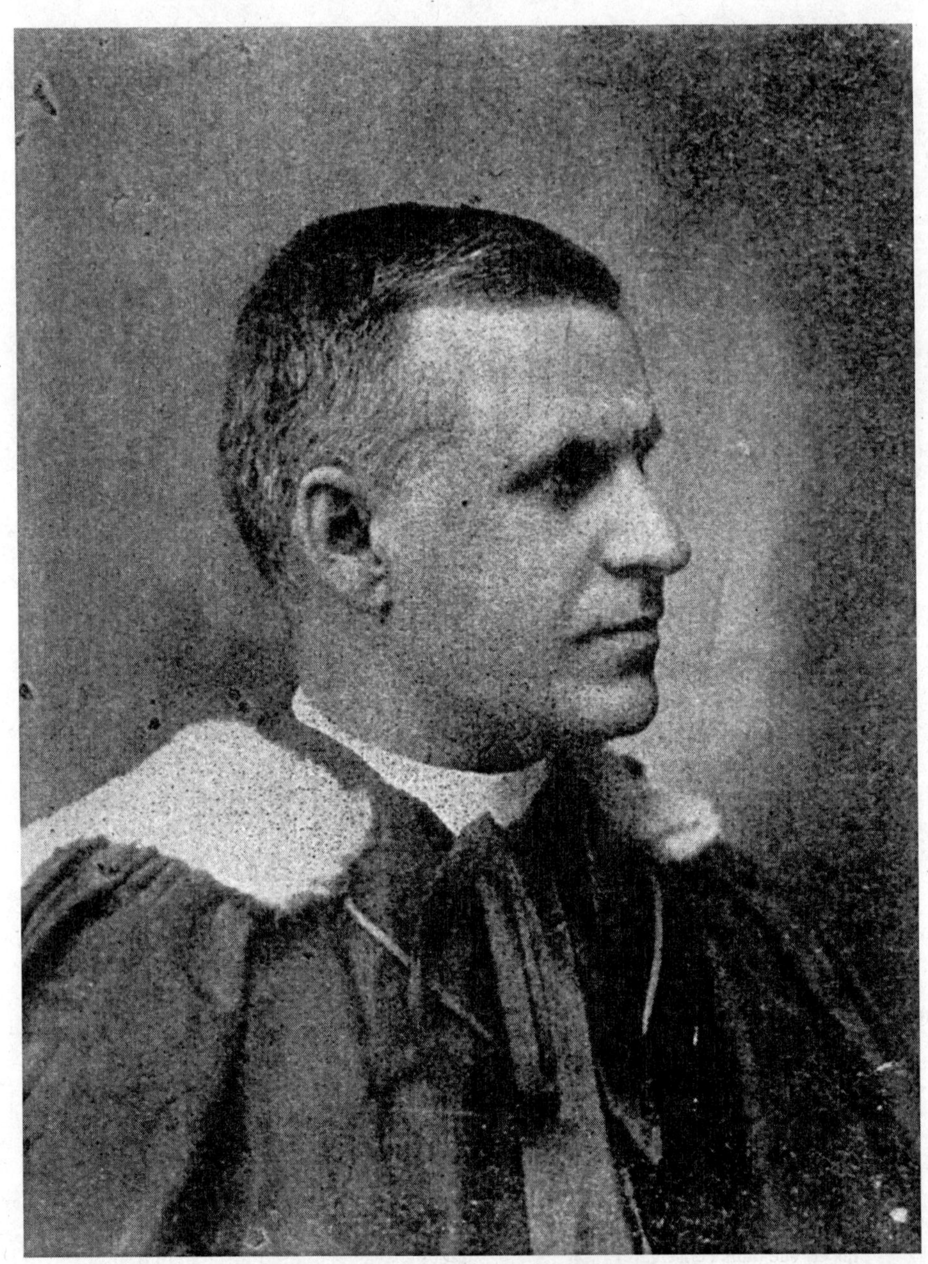

fig. 8 : L'abbé Gustave Bourassa

Monsieur l'abbé Bourassa.
L'Album universel, 15 novembre 1902, p. 678 (texte en p. 678).
Photographie numérisée. Collection BNQ, n° 5343.

Chapitre 2

Les conférences publiques à Montréal
avant la chaire Lagacé : 1895-1904

Prologue

A DOLPHE LÉVESQUE AYANT CLOS le précédent chapitre, amorçons celui-ci en faisant appel, pour tirer le rideau, au fils de Napoléon Bourassa, en présumant que Jean-Baptiste Lagacé eût été chagriné autrement de voir son personnage portraituré et sa vie narrée sans l'ombre d'une fantaisie, ni un seul geste théâtral. Nous avons évoqué préalablement les performances du respectable Desmazures usant de projections lumineuses pour témoigner, de visu, de l'effective résurrection chrétienne de lointaines civilisations barbares ; imaginons à présent son homonyme, l'abbé Gustave Bourassa [fig. 8], que nous soupçonnons fortement d'être le mystérieux abbé tristellaire, en ange gardien de Lagacé. Le vrai fils de Napoléon Bourassa, selon cette hypothèse, aurait laissé pour legs au fils spirituel le soin d'exaucer le vœu du père, car chacun de ces hommes, en ce temps-là, se voyait investi d'une mission. Quelle que fût la sienne véritable en son propre domaine ecclésiastique, Gustave Bourassa a pu jouer aussi, vis-à-vis de l'histoire de l'art, le rôle du médiateur grâce auquel, pour la première fois en ce pays, s'établissaient en une institution universitaire des professeurs porteurs d'un champ de savoir bien particulier, car à la fois historique et philosophique, théorique et pratique.

L'abbé Gustave Bourassa, secrétaire général des facultés de l'ULàM en 1888-1889[1], l'année où Desmazures y inaugure son enseignement de l'archéologie,

---

1. Sur Gustave Bourassa, voir L'Annaliste, « Monsieur l'abbé Bourassa. L'un des hommes les plus en vue dans l'enseignement », l'*Album universel*, vol. 19, n° 29, 15 novembre 1902, 678, et l'abbé Élie-J. Auclair, « M. l'abbé Gustave Bourassa (1860-1904) », dans *Figures canadiennes*, première série, Montréal, Albert Lévesque, 1933, 168-175. Étrangement, L'Annaliste, en 1902, note au sujet de Gustave qu'il est « fils de *feu* Napoléon Bourassa, qui *fut* aussi bon littérateur que peintre » (nos italiques), alors que Napoléon n'est décédé qu'en 1916. De Gustave Bourassa, voir son discours de secrétaire général des facultés à l'occasion de la réouverture

engagé vraisemblablement par Bourassa lui-même, est nommé à nouveau à ce poste de 1896[2] à 1904, assurant en outre le mandat de doyen de la Faculté des arts de 1903 à 1904[3]. Décédé des suites d'une chute accidentelle en novembre 1904[4], quelque dix mois après que Jean-Baptiste eut intégré l'ULàM, probablement grâce à lui[5], il lui aura tendu le flambeau avant de disparaître, et ouvert ainsi la voie à plusieurs de ses activités professionnelles à venir. L'abbé Bourassa, qui avait déjà tiré sa révérence en tant que secrétaire des facultés de l'ULàM en avril 1904 pour se consacrer entièrement à la prêtrise à l'église Saint-Louis de France, où il était déjà curé[6], aura donc introduit à l'université, si notre hypothèse est bonne, d'abord l'archéologie, puis l'esthétique et l'histoire de l'art, le tandem des deux dernières ayant pris un essor considérable à la Faculté des arts de l'Université, et ce, longtemps avant que ne soit véritablement institué à l'ULàM le premier cours public en histoire[7].

Rappelons, à la source de l'inscription dans le milieu éducatif de l'art lui-même, avant celle de son histoire, que quelques décennies plus tôt, en 1861, l'abbé Hospice Anthelme Verreau [fig. 9][8], qui fera nominalement

---

solennelle des cours le 9 octobre 1901 : «Chez les travailleurs intellectuels. À l'Université Laval», *La Vérité*, samedi 2 novembre 1901, 1-2, et son discours de doyen de la Faculté des arts de l'ULàM dans l'*Annuaire général* de l'ULàM (dorénavant *AG*) de 1904-1905, 167-173. Voir aussi ses *Conférences et discours*, Montréal, Beauchemin, 1899. Rappelons que l'abbé Gustave Bourassa était le frère cadet d'Henri Bourassa, politicien et fondateur en 1910 du journal *Le Devoir*, quotidien, parmi d'autres, où seront recensées les conférences publiques de Lagacé.

2. 1896 selon l'abbé Auclair, 171 ; 1897 selon le *Répertoire des cadres de l'Université de Montréal (1877-1986)*, publication n° 78, UdeM, services des archives, 1987, 8.

3. À cause de la structure de l'année académique, l'abbé Gustave Bourassa, décédé en novembre 1904, figure bizarrement dans certaines sources comme ayant été doyen de la FA de 1903 à 1905, «Liste des doyens de la Faculté des arts», *Répertoire des cadres* (notre note 2), 77.

4. «En octobre, 1904, l'abbé Gustave Bourassa – écrit sa sœur cadette – tombait d'une échelle et se relevait avec une tête sanglante. [/] Un mois plus tard [le 20 novembre, Auclair, 171], une embolie l'emportait. Elle laissait atterrés tous ceux qui n'avaient rien pressenti au-delà de la suture parfaite.», Adine Bourassa, «Réponse», préface à Napoléon Bourassa, *Lettres d'un artiste canadien* : *N. Bourassa*, Bruges et Paris, Desclée de Brouwer, 1929, 7. Si l'on en croit les propos de Napoléon dans la lettre qu'il adresse à son fils de La Nouvelle-Orléans le 26 octobre 1904, Gustave était alors en train de transporter un orgue («Qu'y avait-il d'urgent pour M. le Curé de Saint-Louis d'aller faire l'escalade de son orgue?»), dans Adine Bourassa, 461-462.

5. Nous supposons que c'est lui, sachant qu'ils étaient peu nombreux à vouloir et surtout à pouvoir défendre l'art. En outre, les propos de Bourassa montrent qu'il se souciait «de répandre dans la société cet amour du savoir, des lettres et des arts, qui seul assurera la noblesse de l'esprit et une influence sérieuse, conforme à sa mission et à ses devoirs», Bourassa, *AG* 1904-1905, 172-173.

6. Notons que malgré sa démission en tant que secrétaire de l'ULàM, en avril 1904, Bourassa comptait demeurer doyen de la Faculté des arts, «Allocutions et rapports. Allocution de Mgr le Vice-recteur [sans doute Albert Archambault]», année académique 1903-1904, *AG* 1904-1905, 142-156 (150 pour la référence).

7. Ce n'est qu'en 1915 que Lionel Groulx est nommé, par Mgr Bruchési, à une chaire d'Histoire du Canada à l'ULàM.

8. Hospice Anthelme Verreau (1828-1901), ordonné prêtre en 1850 par Mgr Bourget, devient en 1857 le premier principal de l'école Jacques-Cartier de Montréal. En 1873, le gouvernement

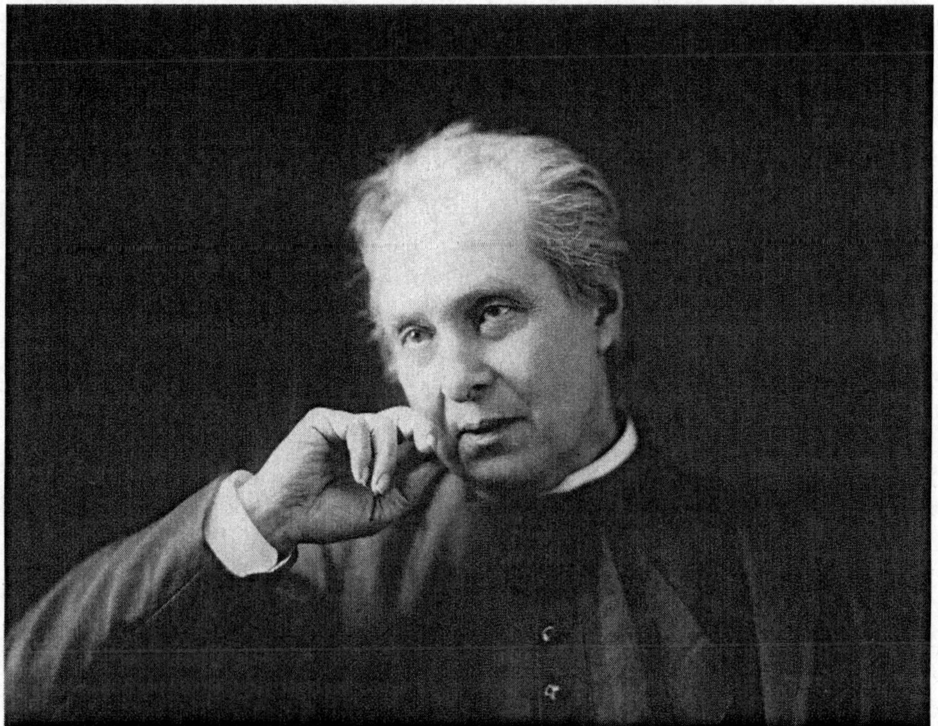

fig. 9 : Hospice Anthelme Verreau
Premier principal de l'École Jacques-Cartier en 1857.
Photographie imprimée, Musée de la civilisation.
Fonds d'archives du Séminaire de Québec, Ph1996-0378.

partie de la Faculté des arts de l'ULàM au moment de sa création en 1887, justement en tant qu'historien, mais sans y enseigner, avait institué le premier cours de dessin à Montréal à l'école normale Jacques-Cartier, cours qui fut confié à Napoléon Bourassa, et plus tard à Jean-Baptiste Lagacé (1/ n88). Premier principal de l'ÉNJC en 1857, en 1894-1895, Verreau y était assisté de Gustave Bourassa, qui lui rendra un hommage posthume dans son discours de clôture de l'année universitaire prononcé le 15 mai 1901

canadien l'envoie en Europe pour préparer un inventaire des archives et faire des recherches sur l'histoire du Canada. L'Université Laval lui confie sa chaire d'Histoire en 1887 (sans pourtant qu'il n'y enseigne, selon G. Bourassa, 1901, notre note 1). Membre fondateur et deuxième président de la Société historique de Montréal, il participe à la fondation de la Société royale du Canada en 1882. Décoré officier d'Académie en 1879, il reçoit un doctorat ès lettres de l'ULàM pour l'ensemble de son œuvre. Il décède à Montréal le 15 mai 1901, Site numérique des Fonds privés, P32, Fonds Viger-Verreau, Musée de la civilisation, Québec.

en tant que secrétaire général des facultés[9]. Souvenons-nous enfin, avant de clore l'épisode Bourassa, que l'abbé Gustave avait présidé en 1899 au Monument national la conférence de Lagacé sur l'évolution artistique au XIXe siècle[10], car cette image de Bourassa en présentateur ou émissaire nous paraît emblématique du rôle, discret et efficace, qu'il aurait joué dans la carrière Lagacé, si c'est bien lui qui l'a introduit à l'Université.

Lagacé témoignait d'ailleurs, dès 1902, dans sa conclusion à une « Causerie artistique » parue dans le premier numéro de *La Nouvelle-France*, de la nécessité d'une telle intervention, quelle qu'en fût la difficulté, car il aura fallu, en effet, un véritable tour de force, redevable lui-même à une conjoncture propice, nous y reviendrons, pour que soit envisageable la création d'un cours d'histoire de l'art dans une faculté universitaire qui n'en comprenait alors que deux (*Littérature française*, fondé en 1898, et *Droit public de l'Église*, inauguré une session à peine avant le cours d'*Esthétique et Histoire de l'Art*), faculté dont, en outre, les professeurs étaient agrégés de l'Université de Paris, ou faisaient partie du corps ecclésiastique, ou déte-naient un diplôme universitaire, aucun de ces profils ne correspondant à celui de Lagacé au moment où il est engagé à l'ULàM en 1904.

Dans cette « Causerie » de 1902, intitulée « Des études esthétiques », après avoir observé les mimiques des visiteurs d'une exposition à l'Association des Arts, Lagacé identifie trois types de comportement d'ignorance face aux œuvres : celle « bonasse et sans malice », celle « frondeuse, qui tape sur les nerfs et qui donne l'envie de casser quelque chose », et enfin celle « des timides et des hésitants » dont « on pourrait faire quelque chose, si on avait le soin de les éclairer et de les guider ». En cette introduction imagée et théâtrale et où, facture sublime de notre protagoniste, la forme du propos en épouse et en déploie le sens, Lagacé fait valoir la nécessité, « chez nous » plus encore qu'ailleurs, d'inclure l'étude de l'art dans les programmes des humanités offerts aux jeunes hommes : « quelle attention ne devrions-nous pas apporter à ces études "libérales" que rien ne peut remplacer, nous

---

9. Auclair, 170 ; Bourassa, 1901, 2. Voici comment Auclair résume les activités professionnelles de Bourassa : « De retour à Montréal, il fut d'abord un an (1888-1889) secrétaire de l'Université Laval, dont le vice-recteur d'alors, l'abbé Marcoux, était un prêtre du séminaire de Québec. C'était l'année même du décret pontifical de février 1889 et avant l'arrivée, l'été suivant, du vice-recteur Proulx à l'université. De 1889 à 1894, l'abbé Bourassa exerça les fonctions de vicaire à l'église Saint-Joseph de la rue Richmond. En 1894-1895, il fut assistant de l'abbé Verreau, principal à l'école normale Jacques-Cartier. Retourné en Europe en 1895, il voyagea et suivit entretemps des cours de littérature à l'Institut catholique et à la Sorbonne de Paris. J'eus l'honneur d'être là son condisciple. À l'automne de 1896, revenu à Montréal, il fut de nouveau nommé secrétaire de l'Université Laval, et il occupa ce haut poste huit ans, de 1896 à 1904, sous le vice-rectorat de Mgr Racicot et sous celui de Mgr Archambeault. En avril 1904, il devenait enfin curé de Saint-Louis de France. Et c'est là qu'il mourut, à la suite d'un banal accident, le 20 novembre de la même année, à 44 ans. » Auclair, 170-171.

10. Le 24 novembre 1899 (1/n57).

surtout qui[, comparés aux habitants des villes européennes,] ne possédons ni musées, ni écoles, ni monuments enfin ! »

Alors que, dans cette phrase, Lagacé semble ne viser qu'incidemment les représentants de l'ULàM, seule université alors de langue française à Montréal, dans son dernier paragraphe, il adresse à qui de droit, enveloppée en quelques phrases explicites et bien senties, une sollicitation directe et sans détour : « N'y aurait-il pas quelque essai à tenter dans ce sens ? La question mérite assurément une étude attentive et consciencieuse ; à ceux qui sont en mesure de le faire, d'y répondre. Pour nous, c'est assez d'avoir posé le problème. À cela doit se borner notre rôle[11]. »

D'ailleurs, dès que Lagacé donne sa première série de cours à l'ULàM, on voit paraître dans la *Revue Canadienne* un court article dont l'auteur, un dénommé Armand Loiselle, félicite l'Université pour l'établissement de son nouveau cours d'esthétique, tout en laissant entrevoir les amples bénéfices que promet cette initiative : « Chez tout peuple jeune et qui progresse, cette science me paraît indispensable, car une nation brille d'un éclat d'autant plus vif sur le monde qu'elle est plus élevée dans les régions du beau. [/] L'ancienne Grèce et Rome, et de nos jours la France, en sont une preuve évidente[12]. » Un peu plus loin, Loiselle explicite ses attentes :

> On est donc en droit d'espérer que ce nouveau cours contribuera puissamment à relever le niveau moral de notre société, tout en ayant le charme incomparable de jeter un peu de soleil sur notre chemin parfois assombri. [/] Félicitons-en l'Université Laval. [/] Le professeur qu'elle a choisi saura, comme par le passé, attirer à ses leçons une assistance sympathique. M. J.-B. Lagacé a la parole facile et chaleureuse, la verve entraînante. « L'ennui qui naquit un jour à l'*Université*»°, ne saura trouver place devant sa chaire[13].

Ainsi se tisse l'histoire, de par la volonté de quelques hommes superbement tenaces, emphatiques ou talentueux, comme Chabert, Desmazures, Bourassa père et fils ou Lagacé, et qui, tout en mettant leurs moyens au service de structures hégémoniques, s'évertuent inlassablement, par leurs gestes et leurs discours, à tenter de combler des besoins émergents. En regard du contexte qui régit la mise en place à Montréal d'une première université de langue française, l'entreprise de Lagacé, portée initialement par des idéaux jésuites et sulpiciens, se caractérisera en définitive par son amour de l'art et son désir d'inculquer le savoir et le bon goût aux universitaires, aux

---

11. Jean-Baptiste Lagacé, « Causerie artistique. Des études esthétiques », *La Nouvelle-France*, vol. 1, juin 1902, 282-287 (287 pour la citation).

12. Armand Loiselle, Membre Actif, A. J. C. F., « La Nouvelle Chaire », *RC*, janvier 1905, 83-84 (83 pour la citation).

13. Retranscrit tel quel, Loiselle, 84. Nous n'avons pas repéré la source de la citation de Lagacé.

ouvriers et aux enfants, et ce, dans le respect toujours de la foi chrétienne et de la patrie.

Des hommes donc, et des conjonctures, se trouvent ainsi engagés dans l'enchaînement de quelques découvertes ou inventions mises au service de l'éducation ; cependant, l'histoire plus ponctuelle qui nous intéresse ici, celle de l'émergence de l'histoire de l'art à Montréal à la fin du XIXe siècle, se construit plus spécifiquement à partir d'un objet des plus fascinants et que Desmazures puis Lagacé manipulent avec une redoutable efficacité. Cet objet, dont ses divers employeurs auront bien compris la force et la richesse, c'est l'image, picturale ou descriptive, dont l'artiste et l'historien en lui se servent pour réinventer l'histoire, universelle autant que canadienne, par la parole, la plume ou le pinceau, car l'image a le pouvoir unique de donner forme à des fictions, donc de faire valoir comme authentiques des idéaux imaginaires. D'ailleurs, Loiselle esquissait déjà en 1905 les avantages de ce nouveau champ de savoir qui, en raison de l'importance qu'il accorde au visible, engendre et légitime une visibilité, culturelle, politique, sociale ou morale.

Les principes du Beau

Résolu, par tous les moyens possibles, à transmettre sa flamme et son savoir au plus grand nombre de ses contemporains montréalais et à les sensibiliser aux principes du beau – il s'intéressera aux riches comme aux pauvres, aux écoliers, aux étudiants et aux ouvriers –, Lagacé commence, à partir de la fin des années 1890, soit relativement peu de temps après la création des premières chaires en histoire de l'art en Europe[14] et aux

---

14. En Europe, Johann Dominic Fiorillo obtenait en 1813 une première chaire allemande à Göttingen, Erwin Panofsky, « Three Decades of Art History in the United States », in *Meaning in the Visual Arts*, USA, University of Chicago Press, 1982, c1955 (c1953 pour l'article), 321-346 (323) ; sur l'Allemagne, voir aussi Kathryn Brush, *The Shaping of Art History. Wilhelm Vöge, Adolph Goldsmidt, and the Study of Medieval Art*, Cambridge, Cambridge University Press, 1996 et Anne-Marie Link, « Art, History and Discipline in the Eighteenth-Century German University », *Revue d'art canadienne / Canadian Art Review*, vol. XXVIII, 2001-2003, 19-28. Sur l'Écosse, voir Carol Gibson-Wood, notre note 80 ; sur la France, voir Lyne Therrien, *L'histoire de l'art en France, genèse d'une discipline universitaire*, préface de Gérard Monnier, Paris, Éditions de CTHS, 1998. Sur le développement de l'histoire de l'art, voir notamment Earl Baldwin-Smith, *The Study of the History of Art in the Colleges and Universities of the United States*, Princeton, Princeton University Press, 1912 ; Julius von Schlosser, *La littérature artistique*, Paris, Flammarion, 1984, c1924 ; Heinrich Dilly, *Kunstgeschichte als Institution : Studien zur Geschichte einer Disziplin*, Frankfurt, Suhrkamp, 1979 ; Michael-Ann Holly, *Panofsky and the Foundations of Art History*, Ithaca, Cornell University Press, 1984 ; Germain Bazin, *L'histoire de l'histoire de l'art, de Vasari à nos jours*, Paris, Albin Michel, 1986 ; Georges Didi-Huberman, *Devant l'image : question posée aux fins d'une histoire de l'art*, Paris, Minuit, 1990 ; Udo Kultermann, *The History of Art History*, USA, Abaris Books, 1993 ; Keith Moxey,

États-Unis[15], à offrir à Montréal des conférences publiques sur l'art et son histoire, qui finiront par lui ouvrir les portes de l'université. Pour repérer les questions qui lui tiennent alors à cœur, reprenons sa « Causerie » de 1902 où, en même temps qu'il énonce les raisons qui justifient l'étude de l'Art, notre esthète s'interroge sur les conditions qui selon lui déterminent sa création dans l'univers des hommes. « Quand et où – écrit-il pour déplorer la difficulté à vaincre l'ignorance en matière d'art – avons-nous l'occasion d'être initiés aux lois qui régissent les arts ? Que savons-nous des qualités essentielles d'une œuvre de maître ? Qu'apprenons-nous de l'histoire de l'évolution artistique à travers les siècles ? Qu'est-ce qu'une école de peinture ? Qu'est-ce même que la peinture et la sculpture[16] ? »

En historien soucieux d'expliquer le déroulement de l'histoire, en philosophe engagé dans un questionnement impliquant à la fois les sources et les effets du Beau, et en artiste et *connoisseur* désireux de faire découvrir et endosser une culture, bien particulière, mais à ses yeux non moins essentielle au progrès des nations, Lagacé dévoile ainsi les principes de son futur enseignement – ses choix méthodologiques en somme[17] –, en stipulant de

---

The Practice of Theory: Poststructuralism, Cultural Politics, and Art History, Ithaca and London, Cornell University Press, 1994 ; Catherine Soussloff (ed.), *Jewish Identity in Modern Art History*, Berkeley, University of California Press, 1999 ; Olga Hazan, *Le mythe du progrès artistique : étude critique d'un concept fondateur du discours sur l'art depuis la Renaissance*, préface de Nicole Dubreuil, Montréal, Les Presses de l'Université de Montréal, 1999, 108-110 ; Olga Hazan (dir.), *Construire l'histoire de l'art aux XIXe et XXe siècles : entre l'université et le musée*, *VISIO, revue internationale de sémiotique visuelle*, vol. 4/3, automne 1999-hiver 2000 ; Jan Bakos, *Stryri trasy metodologie dejin unmenia*, Bratislava, Veda Vydavatel'stvo Slovenskej akadémie Vied, 2000 ; Elizabeth Mansfield (ed.), *Art History and its Institutions : Foundations of a Discipline*, London, Routledge, 2002 et Michael Zimmermann (ed.), *The Art Historian : National Traditions and Institutional Practices*, Clark Studies in the Visual Arts, New Haven and London, Yale University Press, 2003.

15. Aux États-Unis, la première chaire en histoire de l'art a été attribuée à Charles Eliot Norton à Harvard en 1874, et la seconde à Allen Marquand à Princeton en 1882, celui-ci ayant alors pris une année pour aller en Europe et y rassembler des images et des informations. À ce sujet, voir Panofsky (note ci-dessus) ; voir aussi Donald Preziosi : « The Question of Art History », *Critical Inquiry*, 1992, 363-386 (364-368) ; « Constru(ct)ing the Origins of Art History », *Art Journal*, 1982, 320-325 et *Rethinking Art History. Meditation on a Coy Science*, New Haven & London, Yale University Press, 1989, 9. Sur Princeton, voir Marylin Aronberg Lavin, *The Eye of the Tiger : The Founding and Development of the Department of Art and Archaeology, Princeton University, 1883-1923*, Centennial Publication, Princeton, Princeton University, 1983, Mudd Library Archives. Sur les États-Unis, voir Collin Eisler, « Kunstgeschichte American Style : A Study in Migration », in Donald Fleming and Bernard Bailin (ed.) *The Intellectual Migration : Europe and America*, Cambridge Mass., Harvard University Press, 1969, ainsi que Craig Hugh Smyth and Peter M. Lukehart (dir.), *The Early Years of Art History in the United States*, Princeton, Princeton University Press, 1993, 7-42.

16. Lagacé, 1902, 283.

17. « *His teaching philosophy* », comme on dit aujourd'hui dans les universités américaines.

prime abord que l'art est « plus sérieux et plus noble » qu'un simple « délassement » et « ornement » de la vie :

> L'art ne serait-il que cela, ma foi, que déjà ce ne serait pas à rejeter. Mais son but, Dieu merci! est plus sérieux et plus noble : car l'artiste est chargé de rappeler parmi nous l'idéal, c'est-à-dire de nous révéler la beauté primitive des choses, d'en découvrir le caractère impérissable, la pure essence. Son action est donc considérable sur la société, parce que ses œuvres[,] pleines d'harmonie et palpitantes d'émotion, rendent les mœurs plus douces et plus policées, tempèrent la rudesse des âmes, affinent leur sensibilité et les élève au-dessus des plaisirs vulgaires pour les faire se complaire dans la contemplation de l'idéal divin.

En outre, pour Lagacé, nous l'avons vu dans la « Pensée illustrée » qui accompagnait son dessin du *Moïse* de Michel-Ange de 1895[18], l'art n'a pas pour seule fonction de susciter la contemplation, puisque, selon lui, au contact de la beauté, l'âme « devient agissante ». À partir de l'idée, sans doute platonicienne, voulant qu'il existe de manière innée « une secrète intuition du beau qui est l'idéal »°, Lagacé soutient que même si, chez la plupart des hommes, cette intuition demeure obscure, latente, endormie, elle n'en est pas moins « susceptible de se réveiller, si l'âme est mise en face de la beauté ; de passive, elle devient alors agissante, elle passe des ténèbres de l'ignorance aux clartés de la science, et seule l'éducation peut opérer ce miracle[19] ».

Les conférences publiques de Lagacé à l'Union Catholique : 1897-1914

Son amour de l'art, qu'il considère comme apte à révéler les clartés de la science et du savoir, sa foi dans les vertus de l'éducation et sa vaste culture d'autodidacte[20], aiguisée sans doute au contact de son premier maître de peinture, Edmond Dyonnet, natif de cette France idyllique qui l'aura tant fait rêver, voilà les trois atouts qui auront permis à Lagacé, dès 1897,

---

18. […] dans la légende qui illustre son dessin, pourrions-nous dire… (1/n19).
19. Lagacé, 1902, 284 (pour la citation du paragraphe précédent) et 285.
20. Né dans le Drôme en 1859, après quelques années d'études à Turin (1868-1873), Edmond Dyonnet s'installe à Montréal en 1875. Après avoir suivi les cours de Joseph Chabert, il retourne en Europe, puis revient à Montréal en 1890, où il est membre de l'Art Association of Montreal en 1891. Dyonnet était professeur d'art : au CAM (1/n10) de 1891 à 1922, à l'École Polytechnique de 1907 à 1923, à l'École d'architecture de McGill de 1920 à 1936, à l'ÉBAM de 1922 à 1925 et à l'Art Association of Montreal de 1925 à 1930, Archives numériques du Centre de recherche en civilisation canadienne-française, Fonds Edmond-Dyonnet, P9, consulté le 1er avril 2005. Notons que Dyonnet (1859-1954), professeur de Lagacé au Monument national en 1894-1895, avait alors de quoi le faire rêver, ayant traversé, en Italie seulement : Mocchie, Indritto, Turin, Gênes, Milan, Pavie, Vérone, Venise, Bologne, Florence, Pise, Rome, Naples et Pompei, Edmond Dyonnet, *Mémoires d'un artiste canadien*, préface de Jean Ménard, Ottawa, Éditions de l'Université d'Ottawa, 1968, 33-42.

d'«évangéliser[21]» le public montréalais, qui trouvera dans ses causeries, si l'on en croit leurs intitulés, un intérêt à la fois historique, culturel et esthétique.

Avant son engagement à l'ULàM en 1904, Lagacé prononce ainsi chaque année, pour l'Union Catholique dont il sera président au moins de 1901 à 1903 (1/n63), des séries de conférences, généralement dominicales, à l'église du Gésu attenant au collège Sainte-Marie où il a poursuivi ses études. Durant ses cinq premières années d'apostolat artistique, on sait, puisque ses conférences sont alors déjà recensées dans la presse, qu'il traite des principes de l'esthétique (1897)[22], de la perception du Beau (1898), de l'évolution artistique au xixe siècle (1899)[23] et de l'évolution de la peinture au xixe siècle[24], entre autres chez Ingres et Delacroix (1901)[25].

Sa conférence de 1898 ayant fait l'objet dans la presse d'une transcription si longue – l'équivalent de près de deux pages entières du journal *Le Monde* dans son format actuel – qu'elle dépasse sans doute la taille de n'importe quel article de quotidien jamais consacré à un historien de l'art, on peut en dire quelques mots, à la suite de la présentation de ses causeries sur le Beau dans notre chapitre précédent. Le texte de Lagacé, qui porte pour titre « Les

---

21. Voir la citation qui précède la note 20 de notre chapitre 1.

22. Il présente deux conférences dominicales sur ce sujet, les dimanche 24 et le 31 octobre 1897 (1/ n28 et 29). À la même date, William Brymner, avec qui Lagacé étudie alors à l'Art Association (1895-1899), y présente le mardi 13 avril 1897 une conférence sur «L'Impressionnisme». Après avoir dénoncé l'hostilité avec laquelle les nouvelles découvertes sont généralement accueillies (il fait référence à une exposition récente), Brymner, projections lumineuses à l'appui, récapitule l'histoire du «renouvellement de la peinture» à partir du xiiie siècle, énumérant les écoles qui seraient surgies de ce mouvement: le Gothique, la Renaissance et la Décadence, en Italie, suivies de l'élévation de l'école française et des mouvements romantique et pré-Raphaélite, «L'Impressionnisme. Conférence par M. Wm. Brymner», *La Presse*, mercredi 14 avril 1897, 1.

23. Cette conférence est présentée au Monument national le 24 novembre 1899, alors que Lagacé est président du CVM (1/n57 et ici n11).

24. Cette «magnifique conférence», la première de l'année, se donne le dimanche 13 octobre 1901, *La Patrie*, mercredi 9 octobre 1901, 6 ; dans cet article, Lagacé est présenté comme un «critique d'art», «déjà connu et favorablement apprécié comme artiste, écrivain et conférencier» ; voir aussi note 31 infra.

25. La «très brillante» conférence sur Ingres et Delacroix, où Lagacé a parlé des vies, des mérites, des chefs-d'œuvre et du caractère des deux peintres, date du jeudi 12 décembre 1901 (à partir de cette date, dans nos sources, les conférences se donnent le jeudi, et non plus le dimanche) ; elle est recensée deux fois dans *La Patrie* du vendredi 13 décembre 1901, 4 et 8, avec force éloges: «Le jeune conférencier possède toutes les qualités de l'irréprochable discours, éloquence entraînante, diction parfaite, phrase élégante, absolument littéraire, érudition très rare. M. Lagacé était parfaitement maître de son sujet, on voit que le domaine de l'art a été soigneusement exploré par lui. [O]n constate que cette étude a absorbé l'âme du jeune homme, car en nous causant peinture, hier soir, il y mettait cet enthousiasme du véritable amour. M. Lagacé est un passionné des arts, et ses voyages et études, lui ont permis de développer ce goût remarquable.»

Beaux-arts : le rôle de l'ouïe et de la vue dans la perception du Beau », est adressé, dans *La Presse* du jeudi 3 mars 1898, « à ceux-là de nos lecteurs qui sont amis des arts et soucieux de leur développement dans notre pays » ; elle est rédigée avec verve et emphase, l'orateur ayant pris le temps de déployer ses arguments, et même de réciter quelques vers de poésie, en vue de convaincre son auditoire que le Beau, qui existe déjà par lui-même, « indépendamment de nous », est perçu par les humains par l'entremise de leurs sens, de leur intelligence et de leur imagination. Peu avant de décrire l'*Angelus* de Millet, qu'il évoque avec amour, Lagacé invite ses auditeurs à faire appel à leurs facultés les plus nobles, pour capter ce que le Beau communique à nos sens, « ce je ne sais quoi qui les agite, qui les électrise, qui les met dans une violente surexcitation : un frisson qui traverse notre âme et notre corps et dont nous restons toute tremblante [?] comme si nous avions posé le pied sur le seuil de l'inconnu, de l'infini ». « Spectateur léger – dit Lagacé à son auditoire –, retiens tes pas et consulte ton intelligence, qui regarde à son tour. Ce que tes yeux n'ont vu – et n'ont pu voir, – c'est ce qu'il y a de plus intime, de moins éphémère, de plus parfait, ce que j'appellerais l'âme de la beauté[26]. »

Porté par son élan, Lagacé poursuit sa route et présente, en 1902, toujours au Gésu, une série de conférences hebdomadaires, déjà plus ciblées dans leurs thématiques après sa série sur le Beau, dont celles répertoriées brièvement dans la presse sont consacrées à la naissance, la gloire et la décadence de l'architecture et de la peinture vénitiennes[27], à Raphaël, à Gustave Doré, et enfin à l'art et aux enfants (1902)[28]. L'annonce pour la causerie sur Gustave Doré indique que ces séances sont accompagnées, outre les nombreuses projections à la lanterne magique, de musique, de chant et de récitation, formule similaire donc à celle des conférences publiques qu'il organisait au Cercle Ville-Marie en 1899-1900.

Dans leur ensemble, ces premières causeries de Lagacé, auxquelles le public assistait gratuitement, abordent, on l'aura constaté, en premier lieu, des questions d'ordre esthétique, puis des survols historiques nationaux

---

26. « Les Beaux-arts : le rôle de l'ouïe et de la vue dans la perception du Beau. Conférence de M. J. B. Lagacé », *La Presse*, jeudi 3 mars 1898, 4. Cette étude, que Lagacé relie à sa « précédente conférence », sans doute plus récente que celle que nous avons retracée quatre mois plus tôt (note 22 supra), constitue une sorte de pendant esthétique à la double conférence scientifique de Andrew Taylor et John Cox de McGill, prononcée à la WAA en 1896 (note 51 infra).

27. Conférence du jeudi 30 janvier 1902, *La Patrie*, vendredi 31 janvier 1902, 5.

28. Les séances étant hebdomadaires, on peut présumer qu'il y en a eu les jeudis 23 janvier et 13 février 1902, ce qui constituerait une série de six conférences, comme l'année suivante : *La Patrie*, vendredi 7 février 1902, 2 (sur Raphaël et son œuvre, avec « nombreuses illustrations ») ; *La Presse*, mercredi 19 février 1902, 8 (sur Gustave Doré) ; *La Patrie*, jeudi 27 février 1902, 1, et *La Presse*, mercredi 1ᵉʳ mars 1902, 23 (sur l'art et les enfants). Lagacé traitera à nouveau de ce sujet à l'Institut Canadien d'Ottawa le dimanche 13 avril 1902 (*La Presse*, vendredi 11 avril 1902, 8).

– ce que l'on appelle « les écoles » – et des monographies d'artistes. Notons qu'en ces mêmes années Lagacé publie dans la *Revue Canadienne* quelques très courts articles qui prennent la forme d'esquisses biographies, ou bien de réflexions sur des institutions ou des événements artistiques, souvent européens, les sujets abordés pouvant incidemment recouper ceux de ses conférences[29]. Notons aussi qu'en cette année 1902, peut-être pour la première fois, notre esthète s'adresse aussi à un public plus jeune, comme le rapporte *La Patrie* du 31 mars 1902, où l'on annonce que Lagacé, président de l'Union Catholique, doit donner deux conférences au couvent du Mont-Sainte-Marie et deux à l'Académie du Sacré-Cœur, rue Saint-Alexandre, tandis que d'autres maisons d'éducation « sont en pourparler pour avoir le même avantage chez elles[30] ». Cet élargissement de son public s'accompagne aussi d'une ouverture géographique, Lagacé se déplaçant à Québec et à Ottawa pour répandre son savoir[31].

En 1903, notre orateur, qui continue de parler à l'Union Catholique de quelques artistes du xixe siècle, présente plus fréquemment ce que l'on pourrait considérer comme des « promenades touristiques » qui rappellent les *Belles Soirées* d'aujourd'hui à l'Université de Montréal, ses causeries pour cette année-là comprenant une conférence dominicale sur Venise pittoresque, à laquelle « les dames sont spécialement invitées[32] » et que l'on prévoit d'enchaîner par une série de six conférences du jeudi portant sur Rouen, Ingres et Delacroix, la Bretagne et les peintres bretons, l'architecture gothique, la Suisse pittoresque et artistique et, enfin, une conférence thématique consacrée à « La Vierge et les Grands maîtres », où Lagacé trace un itinéraire des occurrences de Marie dans la peinture, entre les orantes « raides et méditatives » du début du christianisme et l'académisme du xixe siècle, l'accent étant mis sur les œuvres des « grandes figures » de la Renaissance et du xviie siècle (Fra Angelico, Léonard de Vinci, Michel-

---

29. Par exemple, il y publie un article sur « Les enfants », la *RC*, 1902/2, 7-10, et, après sa longue étude sur Louis-Philippe Hébert (1901), paraissent plusieurs courts textes biographiques sur Ary Scheffer et Paul Delaroche (à deux reprises chacun, 1902), Jean-François Millet et Henri Regnault (1904), puis Henri Julien (1908) ; voir 1/n16.

30. Une des conférences présentées à l'Académie du Sacré-Cœur date du 10 avril 1902 (« Conférences illustrées », *La Patrie*, lundi 31 mars 1902, 3). *La Presse* du vendredi 11 avril 1902, 8, nous apprend qu'elle portait sur Venise et qu'elle inaugurait « une série de conférences illustrées ».

31. Le dimanche 13 avril 1902, il présente à nouveau, à l'Institut canadien d'Ottawa (*La Presse*, vendredi 11 avril 1902, 8), sa conférence sur « L'art et les enfants » prononcée au Gésu le jeudi 27 février 1902 (*La Patrie*, jeudi 27 février 1902, 1, et *La Presse*, mercredi 1er mars 1902, 23) ; en outre une note dans *La Patrie* du mercredi 9 octobre 1901, 6, nous apprend que sa conférence sur l'évolution de la peinture au xixe siècle, prononcée au Gésu le dimanche 13 octobre 1901, avait déjà connu le succès à Québec (« Ce travail a remporté un brillant succès, à l'Institut canadien de Québec, l'an passé »).

32. *La Patrie*, samedi 24 janvier 1903, 16, par Adélard Corsin, sec. de l'U. C.

Ange, Raphaël, Titien, Véronèse, Holbein, Van Dyck, Rubens et Murillo), le xviiie siècle ayant été, quant à lui, « trop corrompu pour que la peinture chrétienne p[û]t y fleurir[33] ».

Même après avoir intégré l'ULàM en 1904, notre protagoniste continuera à présenter des conférences au Gésu, pour l'Union Catholique, dont une série de trois locutions sur « Le Beau dans l'Univers », la troisième présentée le 23 avril 1905, la série ayant été reprise à l'automne 1905 ou à l'hiver 1906, tel que suggéré par Lagacé en amorce à un manuscrit qui condense l'ensemble de ces communications[34].

Entre 1909 et 1914, la presse signale encore ses conférences à l'Union Catholique, dont « [u]ne visite au vieux Rouen » (mercredi 5 décembre 1909), où les projections lumineuses incluaient surtout des vues d'églises[35], l'art grec à l'époque de Périclès (dimanche 16 janvier 1910)[36], Léonard de Vinci et la Joconde (dimanche 8 octobre 1911)[37] et enfin Velázquez (dimanche 29

---

33. *La Presse*, samedi 21 février 1903, 2. Six séances du jeudi sont prévues pour le 26 février (Rouen), le 5 mars (Ingres et Delacroix), le 12 mars (la Bretagne et les peintres bretons), le 19 mars (l'architecture gothique), le 26 mars (la Suisse pittoresque et artistique) et le 2 avril (La Vierge et les Grands maîtres). Alors que la première se donne à la date prévue, nous n'avons pas trace des trois suivantes ; quant aux 5e et 6e conférences, elles seront présentées les jeudis 16 et 23 avril 1903, *La Patrie* du mardi 14 avril 1903, 6, annonce la 5e, tandis que la 6e est annoncée puis recensée dans *La Patrie* du mardi 21 avril 1903, 1, *Le Canada* du vendredi 24 avril 1903, 5, et *Le Canada* du samedi 25 avril 1903, 8. Ce dernier recensement sur la conférence de Lagacé sur la Vierge et les grands maîtres se termine comme suit : « Si M. Lagacé veut faire fortune, il ferait peut-être mieux de se faire rond-de-cuir, les arts n'ont jamais enrichi que ceux qui n'y connaissent rien, et qui s'en occupent encore moins » !

34. « L'année dernière, dans une série de trois conférences, j'ai cherché à établir les principes sur lesquels repose la science du beau », peut-on lire au début du texte manuscrit, « l'année dernière » en question étant 1905, puisque Lagacé indique à la page suivante que « Le 23 avril dernier [date de sa causerie à l'Union Catholique] était un dimanche » (merci à Simone Hazan, ma sœur mathématicienne, qui a identifié l'année), « Le Beau dans l'Univers », manuscrit avec couverture en carton illustrée par Lagacé, 32 pages (3 pages introductives sans numéros, suivies de 29 pages numérotées jusqu'à 24, incluant, après la page 20, les numéros 20a à 20e), AP.

35. « À l'Union Catholique. Une promenade archéologique à travers la capitale de Normandie », *Le Canada*, jeudi 6 décembre 1909, 9.

36. « L'art grec à l'Union Catholique. M. J. B. Lagacé parle de la splendeur artistique des Grecs à l'époque de Périclès », *La Patrie*, lundi 17 janvier 1910, 7. Pour décrire l'art de cette époque, Lagacé se sert d'une métaphore organique, que le recenseur, sans guillemets, rapporte comme suit : « Comme une végétation spontanée, l'art est sorti des couches profondes de la société hellénique ; il s'éleva en grandissant aux couches supérieures et y produisit cette fleur merveilleuse qui tenait sa beauté et son parfum du sol où plongeaient ses racines et de la clémence du ciel qui lui faisait comme une auréole de lumière. »

37. Celle-ci est annoncée comme la première d'une série, « À l'Union Catholique », *La Patrie*, lundi 9 octobre 1911, 9. Voir aussi « Léonard de Vinci et la "Joconde" : Résumé d'une intéressante conférence faite à l'Union Catholique, par M. J. B. Lagacé », *Le Devoir*, lundi 9 octobre 1911, 2. Lagacé note que le vol de la *Joconde* à cette époque avait attiré l'attention sur ce ravissant tableau de l'illustre maître.

mars 1914), causerie qui a fait l'objet d'un long compte-rendu paru dans *Le Devoir* du 1ᵉʳ avril 1914[38].

Les conférences et les cours publics sur l'art et l'architecture à Montréal avant l'engagement de Lagacé : 1895-1904[39]

Pendant que Lagacé, à partir au moins de 1897, initie les familiers de l'Union Catholique aux lois et aux principes du beau, d'autres organismes offrent à Montréal des cours ou des conférences publiques sur l'art, la construction ou l'architecture ; ce sont la Woman's Art Association, qui présente au grand public, au YMCA ou au YWCA puis à la galerie de l'Art Association à Phillips Square, des causeries hivernales hebdomadaires sur l'art ; l'Association des architectes de la province de Québec, qui parraine des conférences publiques sur l'architecture présentées aussi à la galerie de l'Art Association ; la Société Saint-Jean-Baptiste, qui offre au Monument national un cours de construction et d'architecture où sont conjuguées deux perspectives, l'une technique et l'autre historique ; enfin, l'Université McGill, dont la Faculty of Applied Sciences se voit octroyer en 1896 une chaire en architecture dont le titulaire met en place un programme de formation (en architecture et génie) comprenant quelques cours historiques, dont un cours en histoire de l'art réservé aux étudiants inscrits et un cours d'architecture ouvert au public et annoncé dans la presse. Un aperçu de l'ensemble de ces programmes de cours et conférences, en sus des allocutions sur l'archéologie déjà mentionnées au chapitre 1, nous permettra de voir de quelle manière on évoque l'art à Montréal avant l'arrivée de Lagacé sur le podium de sa chaire universitaire.

Les causeries parrainées par la Woman's Art Association au YMCA

Quelques articles du *Montreal Daily Star* (ici *MDS*), consultés pour 1895, nous apprennent que la Woman's Art Association (ici WAA) offre alors au YMCA et au YWCA (Young Men's Christian Association et Young Women's Christian Association) des séries de conférences hebdomadaires liées à l'art, dont une « charmante causerie » présentée « devant un très vaste public » par la vice-présidente de l'Association, Miss Mary Phillips, une représentante, donc, au moins dès 1895, de la gent féminine. Son texte, intitulé « Processes

---

38. *Le Devoir*, mercredi 1ᵉʳ avril 1914, 2, « À l'Union Catholique, M. J. B. Lagacé, critique d'art, parle de Velázquez », conférence présentée le dimanche précédent.

39. Pour cette section, je dois beaucoup à Germain Lacasse, qui m'a aimablement donné accès à ses dossiers de presse sur les conférenciers usant de projections lumineuses (recherche du Grafics sur les Bonimenteurs, *La Presse*, *La Patrie* et le *Montreal Daily Star*, 1895 à 1915) ; merci aussi à Louis Pelletier, qui m'a assistée dans la consultation de ces dossiers, à l'UdeM et à la Cinémathèque québécoise.

of illustration », que nul n'aurait songé à qualifier de charmant s'il avait été lu par un homme, récapitule l'histoire de la gravure (*engraving*), qui serait contemporaine de l'impression (*printing*), en remontant jusqu'à ses lointaines origines – mille ans avant J.-C. « selon les Chinois » –, pour aboutir en aval à la technique de la photographie. Images à l'appui, projetées grâce à la lanterne magique du Rev. W. S. Barnes, manipulée en l'occurrence par le fils dudit Révérend, l'oratrice mentionne l'usage de plusieurs médiums en divers pays (Angleterre, Allemagne, Italie), dont le bois et le métal[40]. La semaine suivante, le texte qui sera présenté à la WAA, et dont on sait déjà lors de la conférence de Miss Phillips qu'il sera lu par un tiers, suscitera un « intérêt particulier », non pour son contenu, sur lequel seul le titre nous renseigne (« An Artistic Saturday Pie »), mais parce que son auteur est décédé deux heures après avoir fini de préparer son laïus[41].

Le lendemain, le Dr Lapthorn Smith entame, cette fois au YWCA, rue Metcalfe, une série de six conférences avec pour thème « Beauty and Health of Women » et dont la première, longuement recensée dans le *Star* du samedi 9 mars 1895, s'intitule « Beauty in the Abstract[42] ». Riche de son expérience, le Dr Lapthorn Smith, qui pendant vingt ans a recueilli dans son cabinet de médecin le témoignage de femmes dont les souffrances, déplore-t-il, auraient pu être évitées, préconise la préservation de la beauté chez la femme : « The beauty of a woman and the beauty of the flower should be alike to man the gift of God and nature. Women is the ideal in the hard life of man. Moreover we have abundant evidence that the Creator was especially desirous that women should be beautiful. The beautiful curves of her figure are not there by accident. »

Tout en offrant à son public l'occasion d'admirer quelques spécimens (l'expression est nôtre) de beauté féminine (« Venus de Medici, Venus Victrix, Pandora, Sappho, the Greek Slave, Ariadne and the Lion, also photographs of Lely's portrait of the Duchesse of Richmond, Romney's Lady Hamilton and several modern English and American beauties »), le médecin orateur prodigue, adressés sans doute directement à ces dames, quelques conseils incluant le contrôle des muscles faciaux et l'usage de chaussures qui ne soient ni trop courtes ni trop serrées, de manière à éviter le déplacement et

---

40. La conférence est annoncée pour le lendemain dans le *MDS* du lundi 25 février 1895, 1, et y est recensée quelques jours plus tard, le jeudi 28 février, 6.

41. « Additional interest centres around the weekly lecture of the Woman's Art Association to-day from the fact that the paper to be read was prepared by the late Mr. John Popham shortly before his death. [… T]he deceased gentleman expended much time and thought upon its preparation, and had even been engaged in reading it over within two hours of his death », « An Art lecture », *MDS*, mardi 5 mars 1895, 4.

42. Les suivantes annoncées en fin d'article s'intitulent : « Beauty of face », « Beauty of form » et « Beauty of Mind », « The Beauty of Woman. An Interesting Lecture by Dr. Lapthorn Smith », *MDS*, samedi 9 mars 1895, 5.

l'inflammation du gros orteil, et ainsi l'altération de la beauté de la femme, et peut-être même celle de sa réputation : « No woman suffering from a bunion can be beautiful and the look of pain caused by walking on maimed feet has often gained for the sufferer a reputation of secret sorrow. »

Pour l'année suivante, soit 1896, la WAA annonce dans le *MDS* une série de douze causeries hebdomadaires du mercredi offertes au YMCA, dont huit seront présentées en après-midi (à 16 h 30) et quatre en soirée (à 20 h), ces dernières avec projections lumineuses[43]. Sachant que celles préalablement mentionnées offraient l'occasion au public, en 1895, de s'édifier de façon divertissante sur des questions d'ordre historique ou technique, le notable de médecin parmi eux prodiguant en outre de bons conseils en santé, confort et tenue sociale, un recensement plus complet pour 1896 permet de constater que les causeries hivernales à venir, dont trois seront présentées par des femmes, offrent, pour 25 cents la séance, un large éventail de sujets susceptibles d'intéresser divers publics, masculin et féminin, puisque l'on y parle à la fois de styles, de formes d'art, de techniques, de lieux et d'époques.

De manière plus précise, les premiers orateurs de 1896 prévoient traiter de poésie (Mrs. Ashley Carns-Wilson, « Browning as an Interpreter of Art », mercredi 8 janvier), de broderie (Mrs Wigmore : « Embroidery, Ancient and Moder[n] », 15 janvier), de tourisme ou de géographie (Mr. W. Mc-Lennan, « The Valley of the Rhone », 22 janvier), d'art et de religion (Rev. W. S. Barnes, « The Portraiture of Christ », 29 janvier, conférence illustrée)[44], de littérature et d'art français (Mrs. Logan, « The Relation of Present French Art to Present French Literature », 5 février) et plus fréquemment d'arts visuels à partir de la cinquième causerie, celle de Mrs. Logan ayant été remplacée par une conférence illustrée sur les portraits « Gréco-égyptiens[45] ».

Notons que les deux seules conférences illustrées parmi ces premières pour 1896 portent toutes deux sur le portrait, la manière dont le Rev. Barnes considérait les représentations du Christ comme des émanations plus ou moins fidèles de la part sacrée du personnage portraituré, un peu comme Desmazures y voyait des reliques, étant particulièrement intéressante : « [...] The lecturer held that the attempts which had been *made to*

---

43. La série est annoncée dans le *MDS* du mercredi 8 janvier 1896, 4.

44. *MDS*, mercredi 8 janvier 1896, 4. Il s'agit du Rev. William S. Barnes qui, en 1884, représentait les églises canadiennes aux États-Unis ; de sa plume, voir : « Our churches in Canada. Report of Remarks by Rev. William S. Barnes, of Montreal », *Official Report of the Proceedings of the Eleventh Meeting of the National Conference of Unitarian and other Christian Churches, held at Saratoga, New York, September 22-26, 1884, with the Constitution and By-Laws of the Conference and a List of the Delegates, Office of the General Secretary*, 88 Union Square, New York, University Press : John Wilson and Son, Cambridge, 1884, 49-50.

45. La 5ᵉ conférence sur les portraits gréco-égyptiens est annoncée dans le *MDS* du mardi 4 février 1896, 6, sans que ne soit précisé le nom du conférencier.

portray the sacred features of Jesus [nous soulignons] would be persisted in by Christians to the end of times. Thousands of attempts had already been made, the British Museum alone containing over two thousands[46].» Notons aussi que le Rev. W. S. Barnes, qui avait prêté sa lanterne magique et ses diapositives à Miss Phillips en février 1895, présentait le vendredi 26 avril suivant, à la «Church of the Messiah», une conférence sur les catacombes romaines, illustrée de photographies prises par «un artiste canadien» du nom de Smeaton [Charles? John?], les images projetées lors de la conférence incluant «des fresques des catacombes, des fresques de la Madone à l'enfant et de nombreux portraits du Christ[47]».

Les causeries de la WAA, à la fois scientifiques et didactiques en ce qu'elles indiquent non seulement ce qu'il faut savoir mais aussi ce qu'il faut penser, sont en outre présentées par des conférenciers reconnus dans leurs domaines respectifs, trois des sept derniers de la série de 1896 étant peintres ou architecte professionnels et membres de la Royal Canadian Academy (Robert Harris[48], William Brymner[49] et Andrew Taylor[50]), et trois autres professeurs ou titulaire d'une chaire à l'Université McGill, en physique, en littérature ou

---

46. Après avoir été annoncée une première fois avec l'ensemble de la série, la causerie de Barnes sur les portraits du Christ est annoncée à nouveau dans le *MDS* des lundi 27 janvier, 8, et mardi 28 janvier, 4, puis recensée dans le *MDS* du jeudi 30 janvier, 4.

47. Smeaton, «The Roman Catacombs», *MDS*, samedi 27 avril 1895, 11.

48. Le thème initial de la (6e) conférence de «Mr. R[obert] Harris, P.R.C.A. [président de la Royal Canadian Academy]», «Three Early Painters of Florence», prévue pour le mercredi 12 février 1896, sera remplacé par «The Foundation of Judgment in Art», sans doute parce que: «The subject is one that will attract those who are desirous of learning how to form a correct estimate of pictures» (*MDS*, mardi 11 février 1896, 6). Telle que recensée dans le *MDS* du vendredi 14 février, 4, la conférence de Robert Harris, intitulée alors «The Basis of Judgment in Art», lui aura permis de défendre, en effet, l'idée que le jugement en art – il s'agit ici de peinture – est fondamentalement objectif, puisqu'il tendrait à se stabiliser avec le temps, après des fluctuations et des divergences qui seraient dues essentiellement à leur trop grande proximité avec le moment de création des œuvres. Quant à sa conférence florentine, si l'on en croit une annonce du *MDS* du mardi 15 février 1898, 8, elle sera présentée à la galerie de l'Art Association un an plus tard, le 17 février 1898 au soir, avec pour titre «Some Early Florentine Painters».

49. La (10e) conférence de Mr. W[illia]m Brymner, R.C.A., intitulée «Impressionnism», est prévue pour le mercredi 11 mars 1896, mais n'a peut-être pas été prononcée à cette date. L'année suivante, *La Presse* du mercredi 14 avril 1897, 1, indique que Brymner présentait la veille, à la salle de l'Art Association, une conférence sur «L'Impressionnisme» (notre note 22).

50. La (7e) conférence de Mr. A[ndrew] T. Taylor, R.C.A., «The Functions and Harmony of Color», prévue pour le 19 février 1896, est annoncée dans le *MDS* des lundi 17 et mardi 18 février, 4. Nous retrouverons Taylor en tant que conférencier et président de l'AAPQ en 1897.

en histoire (John Cox[51], Charles Moyse[52] et Charles Colby[53]). Notons que la 11e conférence prévue, durant laquelle « the Very Rev. The Dean of Quebec » devait parler de vitraux, avec spécimens à l'appui, et que l'on reporte à la saison suivante, est remplacée par un texte sur les effets picturaux (« Pictorial Effect, or some things that are good and some that are bad in pictorial art ») rédigé par Mr. Leslie Skelton et prononcé le mercredi 18 mars en soirée par le Professor Moyse, avec projections lumineuses à l'appui[54].

Hormis quelques conférences présentées par des professeurs de McGill, dont nous parlerons plus loin, pour les années suivantes, entre 1897 et 1904, soit peu avant que Lagacé n'accède à sa chaire, nos sources nous informent de quelques interventions parrainées par la WAA. La première, intitulée « Stained Glass and Painted Glass », est présentée en 1897 par le Rev. Canon

---

51. La (8e) conférence illustrée, « Color Vision », présentée par « Prof. Cox », a été ajoutée pour le mercredi 26 février en soirée (*MDS*, mardi 25 février 1896, 4), le conférencier en question étant sans doute John Cox, titulaire de la première chaire Macdonald en physique à McGill. « No doubt those who have been following with interest his successful experiments with the new photography will be glad of this opportunity of bearing what he has to tell us about color », lit-on dans le *MDS* du mardi 25 février 1896, 6. Telle que recensée dans le *MDS* du jeudi 27 février 1896, 6, cette causerie, qui complète celle de Mr. Taylor (« The Functions and Harmony of Colour ») avec quelques expériences optiques à l'appui, résume les principes physiques de la vision inspirés de la « Theory of Sensativeness » de Thomas Young [1773-1829]; cette théorie tient compte des effets (*after-images*) des couleurs primaires (*red, green and violet* [en fait le bleu]) et complémentaires. « [… I]n consequence, harmonious schemes of color should consist of colors which were either complementary or the secondary colors formed by uniting the primaries in pairs. » Sur le statut de Cox à McGill, voir : http://www.medphys.mcgill.ca/mptexts/background.html, consulté le 1er juin 2005.

52. La (9e) conférence de Prof. Moyse, « Poetic Art », annoncée pour le 4 mars 1896 dans le *MDS* du mercredi 8 janvier 1896, 4, puis du mardi 3 mars 1896, 4, et recensée dans celui du jeudi 5 mars, 2, porte sur les caractéristiques de la poésie et ses recoupements avec d'autres formes d'art, le conférencier faisant valoir, avant d'esquisser un petit historique qui remonte à la Grèce et à la Rome antiques, que la musique et la poésie appartiennent à un même genre, relatif au médium du son, tandis que la sculpture et la peinture relèvent du médium de la lumière. Charles Moyse était professeur d'anglais et de littérature à McGill à partir de 1878, http://www.canadianshakespeares.ca/a_godofgods.cfm, consulté le 16 juin 2005.

53. La (12e) conférence illustrée de Prof. [Charles William] Colby, intitulée « Norman Architecture », clôt la série le mercredi 25 mars 1896 en soirée. Elle est annoncée à deux reprises dans le *MDS* du mardi 24 mars, 4 puis 7 : « The slides for this lecture [stereopticon views] have been specially prepared from photographs collected by Professor Colby on the Continent », ce qui permet de constater que ce procédé est alors en usage. Charles William Colby était le premier titulaire d'une chaire d'histoire (canadienne) à McGill (cf. même site que la note précédente).

54. *MDS*, mardi 17 et mercredi 18 mars 1896, 4. Il s'agit de Leslie James Skelton, peintre paysagiste né à Montréal en 1848 et décédé à Colorado Spring 1929, et dont quelques tableaux sont conservés au Musée des beaux-arts du Canada, Emmanuel Bénézit *Dictionnaire critique et documentaire des peintres, sculpteurs, dessinateurs et graveurs de tous les temps et de tous les pays*, par un groupe d'écrivains spécialistes français et étrangers, nouvelle édition entièrement refondue, revue et corrigée ss la dir. des héritiers d'E. Bénézit, Paris, Gründ, 1976, vol. 9, 638.

Norman, qui récapitule l'histoire de ces deux techniques, depuis l'époque de l'Égypte ancienne et jusqu'à sa production, très actuelle, en l'occurrence par la manufacture montréalaise de Spence et fils, recommandée alors, spécimen à l'appui, pour la confection de vitraux d'églises[55]. Trois ans plus tard, le jeudi 19 avril 1900, Fraulein Stolle, annoncée un mois d'avance dans la presse, présentait à la Art Gallery de Phillips Square[56], à la lanterne magique, ses propres photographies, *en couleurs* – première occurrence dans nos sources –, prises dans les plus grands musées européens dont la Dresden Gallery. En exposant des vues des peintures des écoles allemande, espagnole, italienne, vénitienne, hollandaise, puis moderne, où « [...] non seulement les contours de l'image sont préservés, mais les couleurs et la richesse des originaux ressortent avec un merveilleux effet », Fraulein Stolle réussit à enchanter les Montréalais (« the art loving people of the city »)[57]. Le mardi 7 janvier 1902, le Rev. W. S. Barnes, possesseur d'une lanterne magique prêtée en 1895 à Miss Phillips – actuelle présidente de la WAA en 1902 – et que l'on avait entendu parler de portraits christiques puis de catacombes romaines en 1896, présente une conférence illustrée dont le sujet, « Composition as a Feature of Art », indique que l'orateur est un *connoisseur*, et non un simple amateur. Sa prestation, suivant la réunion mensuelle de la WAA et les chants de Miss Lebreque, et précédant un service de thé, est d'ailleurs minutieusement commentée dans la presse du lendemain, où il est précisé que Barnes s'adressait aux étudiants en art de l'Association[58], ainsi qu'aux amateurs, sinon aux créateurs d'art. S'inspirant de Ruskin, le Révérend énumère onze principes permettant autant d'apprécier que de créer de l'art, parmi lesquels quatre règles (la centralité, les rapports propor-

---

55. La date de la causerie n'est pas précisée, le *CAB*, vol. 10/3, 1897, 56.

56. Les conférences ne semblent plus se donner au YMCA, comme en 1896.

57. « [...] not only is the outline of the picture preserved, but the colours and richness of the originals are brought out with wonderful effect ». Le *MDS* du samedi 24 mars 1900, 20, annonce la conférence; celui du vendredi 20 avril 1900, 11, dont sont pris les deux extraits cités, la résume. On retrouvera Antonie Stolle, diplômée de l'Académie des arts de Berlin, dans une conférence illustrée qui sera présentée le vendredi 11 mars 1910, sous le patronage du gouverneur général et de Lady Grey, dans la salle Ladies Ordinary de l'hôtel Windsor, « Deux conférences au Windsor : Melle Stolle parlera des arts à travers les âges, et le capitaine Bartlett d'un voyage au pôle Nord », *La Patrie*, jeudi 10 mars 1910, 1. L'annonce précise que « plusieurs peintures de grands maîtres seront reproduites sur l'écran avec leurs couleurs naturelles ».

58. Il s'agit sans doute des cours offerts, non par la Woman's Art Association, mais par l'Art Association of Montreal, le futur Musée des beaux-arts de Montréal. Le fait que la conférence se donne à Phillips Square (à ce sujet voir aussi notre note 69 ci-dessous) permet de penser que les deux associations travaillaient en collaboration, ou bien se partageaient simplement les locaux. Sur l'histoire de l'Art Association, voir Jean Trudel, « Aux origines du Musée des beaux-arts de Montréal », *The Journal of Canadian Art History / Annales d'histoire de l'art canadien*, vol. XV, n° 1, 1992, 31-55.

tionnels, la symétrie et l'unité) et deux conditions (l'usage de la ligne et celui de formes géométriques[59]). Pour l'année suivante, le *MDS* recense une conférence illustrée de H. Beaugrand, « Symbolic Art among Indians », lors de laquelle les spectateurs, dont la liste figure à la fin de l'article, ont pu voir des photographies de totems de nombreux chefs sauvages, ainsi que des cartes et des chartes éclairant l'histoire canadienne dès ses débuts[60].

Enfin, en 1904, à l'occasion de l'inauguration de ses nouveaux quartiers rue Sainte-Catherine, la WAA offre deux soirées durant lesquelles Mr. A[rthur] G. Racey donnera une conférence illustrée, « Odds and Ends and Caricature », le lundi 9 mai, tandis que le Rev. W. S. Barnes présentera le mercredi suivant « "A Venitian Evening," with views of the delightful old city » ; ces causeries seront accompagnées d'un programme musical et de boissons rafraîchissantes[61].

Les conférences et les cours publics en architecture (l'AAPQ, McGill et la SSJB)

Au moment où, tel que noté précédemment, se donnent les causeries de la WAA au YMCA et au YWCA, puis à Phillips Square, et celles de Lagacé à l'Union Catholique, le Monument national offre, à partir donc de 1895, un cours d'architecture et de construction parrainé par la Société Saint-Jean-Baptiste et annoncé dans la presse francophone. Simultanément, le *MDS* annonce des conférences publiques en architecture offertes à la galerie de l'Art Association sous les auspices de l'Association des architectes de la province de Québec, puis, à partir de l'année académique suivante, 1896-1897, un cours public d'architecture à l'Université McGill. Étant donné que les conférenciers ou professeurs de tous ces organismes (la WAA, la SSJB, l'AAPQ et l'Université McGill) se déplacent parfois de l'un à l'autre, et compte tenu du fait que notre objectif ici n'est pas de reconstituer de manière exhaustive l'historique de chacun de ces organismes, mais bien de voir la forme que prend le discours sur l'art et l'architecture avant l'entrée en fonction de notre protagoniste en 1904, nous esquisserons dans les pages qui suivent un parcours chronologique succinct visant à relever, au fil de leur apparition

---

59. « Composition as a Feature of Art. Interesting Lecture by Rev. W. S. Barnes Yesterday. Before the Art Association. Composition in Art is Simply a Means of Arrangement – The Rules of Ruskin », *MDS*, mercredi 8 janvier 1902, 4.

60. Le *MDS*, mercredi 4 février 1903, 11.

61. Les deux soirées sont annoncées dans le *MDS* du lundi 9 mai 1904, 10. Arthur Racey, né à Québec en 1870 et décédé à Montréal en 1941, était caricaturiste. « His cartoons were first published in the *Montreal Witness*, and later, in the *Montreal Star* where he worked as cartoonist from 1899 to 1941. Racey is also recognized for his oil and water colour paintings, many of which hang in private collections throughout Canada. », Trent University Archives, Arthur G. Racey fonds.

dans les sources consultées – *La Presse, La Patrie*, le *Montreal Daily Star* et *The Canadian Architect and Builder* –, quelques séries de conférences ou de cours offerts à Montréal entre 1895 et 1904. Rappelons que Lagacé, à cette époque, gravite en ces mêmes lieux, puisque, entre 1895 et 1899, en plus de ses causeries, il poursuit sa formation en peinture avec William Brymner à l'Art Association (1/n14, 2/n22 et n49), après avoir suivi le cours d'Edmond Dyonnet au Monument national en 1894-1895.

L'AAPQ, Professor Capper et la WAA

Imaginons : le mercredi 11 décembre 1895, un gentilhomme – appelons-le Alphonse Beauregard – est assis dans le tramway de Montréal [fig. 10] et consulte son journal du matin, à l'affût des possibilités de s'édifier sur la culture historique et artistique du vaste monde, en l'occurrence sur l'architecture. En première page de *La Presse*, monsieur Beauregard apprend que, la veille au soir, l'Association des architectes de la province de Québec (ici l'AAPQ), créée en 1890[62], inaugurait son programme de conférences prévu pour 1895-1896, dont la première, présentée par A. C. Hutchison après le dîner annuel de l'association tenu au Monument national, portait sur la « Rome antique[63] ». Notre ancêtre apprend également que, pour l'hiver à venir (1896), les causeries (« lectures ») mensuelles de l'AAPQ, qui seront présentées le deuxième mardi de chaque mois, porteront sur « le style d'architecture qui a prévalu au Canada au commencement de la domination anglaise », « l'évolution du plan d'un édifice » et « le vrai en architecture[64] ». Ces sujets seront traités respectivement par M. R. Findlay, M. J. Venne et M. W. E. Doran.

---

62. L'AAPQ sera intégrée à l'École Polytechnique en 1912, Robert Gagnon, *Histoire de l'École Polytechnique. La montée des ingénieurs francophones de Montréal, 1873-1990*, Montréal, Boréal, 1991, 138. Notons que, hormis une étrange allusion à la jalousie professionnelle qui aurait pu empêcher l'accomplissement du projet, la fondation de l'AAPQ est chaleureusement saluée dans le *Canadian Architect and Builder* torontois (ici *CAB*, voir notre note 65 ci-dessous), vol. 3/1, 1890, 2.

63. *La Presse* du mercredi 11 décembre 1895, 1, annonçant que « l'Association des architectes vient de donner son dîner annuel et d'inaugurer la série de lectures instructives qu'elle se propose de donner », nous présumons que cette première séance a eu lieu la veille, le mardi 10 décembre, les suivantes se donnant aussi le mardi. C'est en 1895 que cette tradition fut inaugurée, la décision ayant été prise en 1894, « to hold monthly meetings and dinners of the members of the Association on the second Tuesday of each month during the winter, in the room of the Association, New York Life Building », le *CAB*, vol. 7/11, 1894, 142. Le *CAB*, vol. 8/2, 1895, 20 et le *CAB* vol. 8/6, 1895, 80 nous apprennent que Mr. A. T. Taylor et Mr. A. C. Hutchison ont respectivement traité, à l'hiver 1895, des trois cathédrales londoniennes de St. Paul et des styles grec ancien, byzantin et médiéval, tels qu'ils apparaissent en Sicile. Nous reviendrons sous peu sur ces deux conférenciers.

64. « Les architectes. Série de conférences inaugurée », *La Presse*, mercredi 11 décembre 1895, 1. La séance donnée par J. Venne, architecte du Monument national, est annoncée dans *La Patrie* du lundi 19 octobre 1896, d. e.

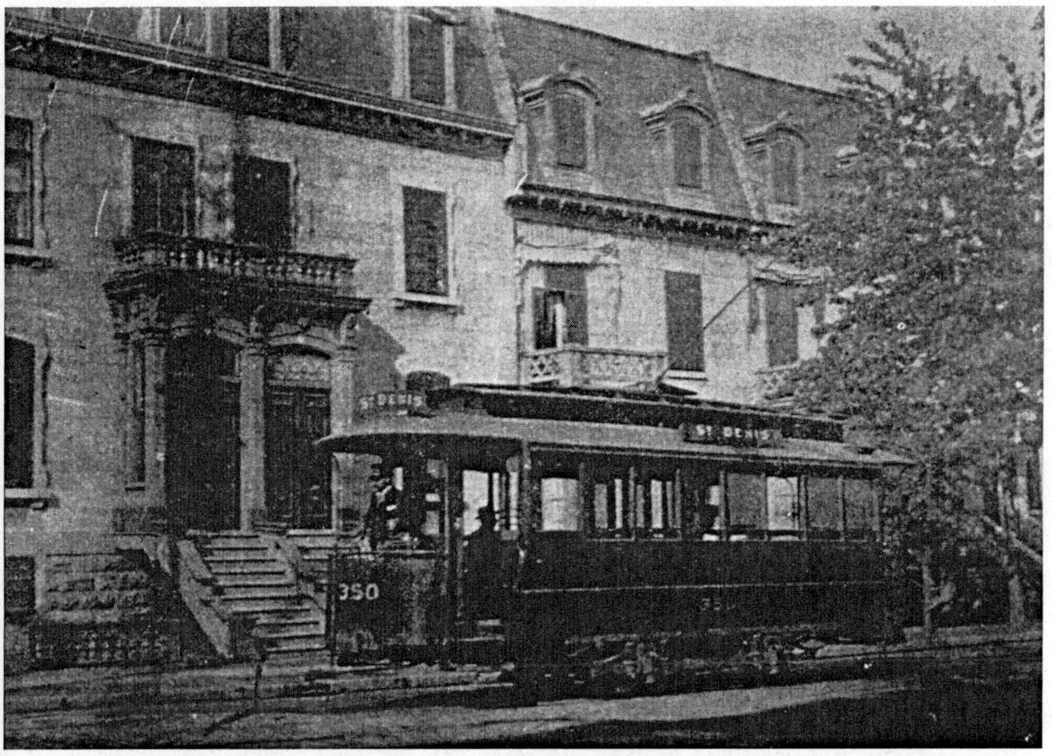

fig. 10 : Le tramway qui mène à l'Université Laval, rue Saint-Denis

Tramway électrique, Montréal.
Vue prise à l'encoignure des rues Saint-Denis et Ontario.
Le Monde illustré, 3 novembre 1894, p. 319.
Photographie numérisée. Collection BNQ, n° 1029.

Le premier de ces quatre conférenciers, Alexander Cowper Hutchison, a publié dans les années 1890, dans *The Canadian Architect and Builder : A Journal of Modern Construction Methods*[65], trois articles, dont le premier est

---

65. Le *CAB*, que l'on peut consulter en ligne sur le site de la bibliothèque de McGill (http://digital. library.mcgill.ca/CAB/), commence à paraître à Toronto en 1888, en réponse à de nouveaux besoins identifiés comme suit : «The rapid improvement in methods and materials of construction, in decorative art, and in sanitary appliances, which has marked the history of the last ten years in Canada, and the field of usefulness which seems to be open to a printed media of information and communication between the thousands of persons interested in such subjects, has led to the publication of this, the first number of THE CANADIAN ARCHITECT AND BUILDER.» «Saluatory», *CAB*, vol. 1/1 (le 2ᵉ chiffre indique le mois), 1888, 1. Le *CAB* paraîtra pendant vingt ans, soit de 1888 à 1908. Merci à Soraya Bassil de m'avoir signalé cette référence et de m'avoir aidée à démêler les liens entre les diverses associations et leurs lieux de rencontres.

déjà paru à cette date[66] ; de son collègue, Robert Findlay, on sait essentiellement qu'il tenait un cabinet d'architecte[67]. Joseph Venne, sur lequel nous
reviendrons, a quant à lui inauguré le cours de construction et architecture
donné au Monument national à partir de 1895. Pour ce qui est de William
Edward Doran, notons que le sujet de sa conférence, « le vrai en architecture », qui paraîtra en deux parties dans le *CAB* de mai et juin 1896, rappelle
les idées de Victor Cousin (*Du vrai, du beau et du bien*, 1853) préconisées
par Napoléon Bourassa[68].

Pour l'hiver suivant, soit celui de 1897, on apprend par la presse que les
conférences sur l'architecture parrainées par l'AAPQ se donnent à la galerie
de l'Art Association, le futur Musée des beaux-arts de Montréal, alors situé à
Phillips Square[69]. Plus précisément, le *MDS* du jeudi 21 janvier 1897 annonce
que : « A series of lectures, under the auspices of the Province of Quebec
Association of Architects, will be delivered at the Art Gallery. » Ces conférences
illustrées seront respectivement présentées cette année là par Prof. Capper :
« The Egyptian Pyramids and their [B]uilders » (prévue pour le vendredi 22
janvier 1897), Mr. A. C. Hutchison : « The Gothic of Northern Italy » (prévue
pour le [mardi] 23 février 1897) et Mr. A[ndrew] T. Taylor : « The Story of an
Illustrous Abbey » (prévue pour le [mardi] 20 avril 1897)[70].

---

66. « Architectural Training », *CAB*, vol. 4/11, 1891, 97-99. Cinq ans plus tard, paraîtra sous la
plume d'Alex Hutchison une étude intitulée « The Reminiscences of the Architecture of
Sicily », vol. 9/1, 1896, 6-7 (conférence présentée en 1895, notre note 63). Nous le retrouverons
en 1897.

67. Les archives du cabinet d'avocat de Robert Findlay, dont le nom ne figure pas dans le *CAB*,
font partie de l'actuelle collection d'architecture canadienne (CAC) de l'Université McGill,
http://cac.mcgill.ca/home/archivesf.htm, consulté le 1er juin 2005.

68. W. E. Doran, « Truth in Architecture », *CAB*, vol. 9/5, 1896, 68, et vol. 9/6, 1896, 86-87. Ce
concept avait d'ailleurs été utilisé par Andrew T. Taylor en 1892 (notre note 70 ci-dessous).
Pour un bref récapitulatif des premiers membres de l'AAPQ, voir Raymonde Gauthier,
« Les membres fondateurs de l'AAPQ, le centenaire de la Corporation professionnelle des
architectes du Québec », *ARQ, Architecture Québec*, n° 56, août 1990, 36.

69. L'Art Association y logera de 1879 à 1912,
http://www.mmfa.qc.ca/en/musee/historique.html, consulté le 17 juin 2005.

70. *MDS*, jeudi 21 janvier 1897, 12. En 1897, Hutchison et Taylor sont tous deux professeurs à
McGill (voir par exemple le *CAB*, 10/8, 1897, 151, ainsi que notre note 79 ci-dessous). La
conférence de Hutchison paraîtra dans le *CAB*, vol. 10/4, 1897, 68-69, avec pour titre « Gothic
Architecture in Northern Italy ». Quant à Andrew T. Taylor, conférencier à la fois pour la WAA
et l'AAPQ (nos notes 50 et 51), les archives de son cabinet d'avocats font à présent partie de
la CAC de l'Université McGill (notre référence à Findlay, ci-dessus). Le texte de sa conférence
paraîtra sous le même titre dans le *CAB*, vol. 10/5, 95-98, à la suite de plusieurs articles qui
nous intéressent en ce qu'ils dépassent le cadre de l'architecture. Ce sont, entre autres : « Some
Notes on the Relation and Application of the Sister Arts, Painting and Sculpture », vol. 5/11,
1892, 112-113, « The Functions of Truth in Art » vol. 5/12, 1892, 120-121, « The Harmony
and Functions of Colour in Art », vol. 7/4, 1894, 56 et 7/5, 1894, 68-69, et enfin le texte de
la conférence du mardi 20 avril 1897, « The Story of an Illustrious Abbey », vol. 10/5, 1897,
95-98.

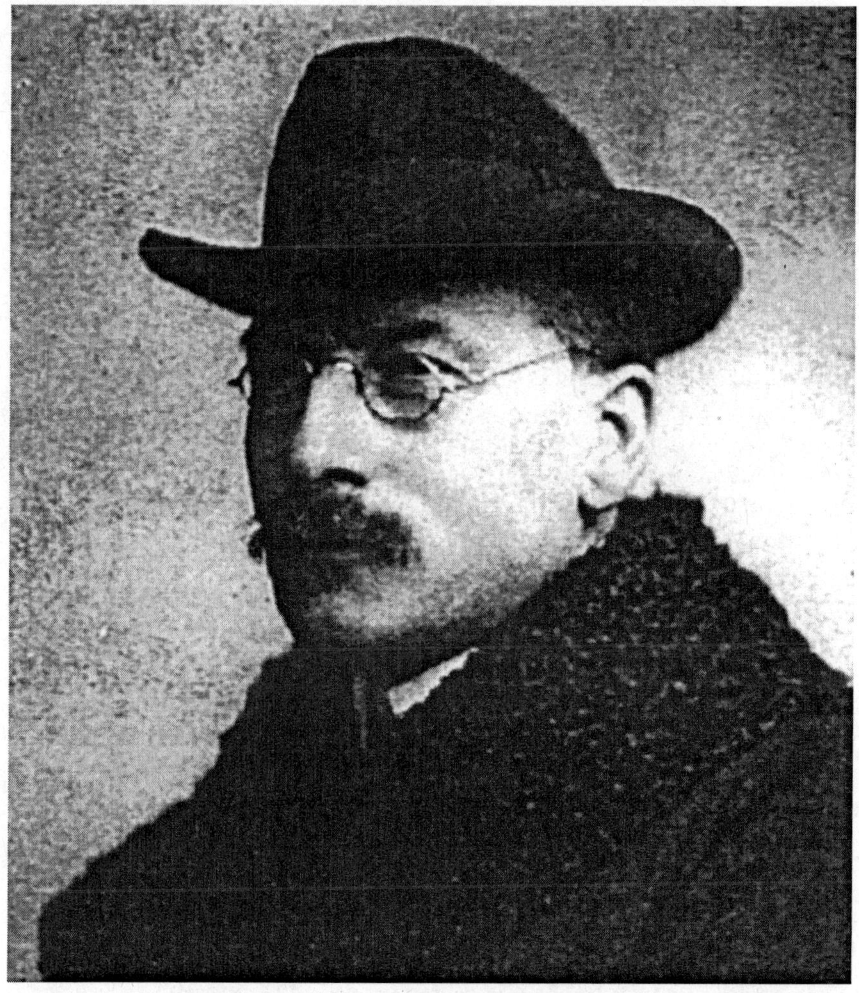

fig. 11 : Stewart Henbest Capper

Tiré de : Norbert Schoenauer, *Stewart Henbest Capper, First Macdonald Professor of Architecture*, McGill University, School of Architecture.
(first booklet of the series on the school), 1996, 9.

Le premier de ces conférenciers, Stewart Henbest Capper (1859-1925) [fig. 11], qui nous intéresse en particulier, s'était vu octroyer en 1896 la première chaire d'architecture créée par Sir William Macdonald à l'Université McGill. Capper – dont le destin et les inclinations l'ont poussé à devenir architecte et professeur –, amateur d'archéologie grecque puis égyptienne, polyglotte, pianiste à ses heures, détenteur en 1880 d'une maîtrise en Fine

Arts de l'Université d'Edinburgh et étudiant en 1884 à l'École des beaux-arts de Paris[71], sera donc, en lunettes rondes et chapeau de feutre, titulaire de cette chaire pendant sept ans[72], pour être remplacé en 1903 par Percy Erskine Nobbs, recruté aussi à l'Université d'Edinburgh, et auquel succédera à son tour, de 1913 à 1939, un Édimbourgeois du nom de Ramsay Traquair[73].

Le jeudi 6 novembre 1896, en après-midi, à l'occasion de l'inauguration de sa chaire et de son nouveau cours d'architecture, Stewart Henbest Capper prononce la conférence universitaire annuelle (*annual university lecture*) de McGill au William Molson Hall[74]. Cette conférence inaugurale est instructive en ce qu'elle nous renseigne sur la place qu'occupe alors l'architecture dans les institutions éducatives, autant à l'Université McGill, à partir donc de cette date, plus précisément au sein de la Faculté des sciences appliquées où sont formés les ingénieurs, mais aussi en lien avec d'autres facultés où l'on enseigne la littérature, l'histoire et les études classiques, que dans le plus vaste monde, soit en Angleterre (à Oxford, Cambridge, Londres et Liverpool), en France (à l'École des beaux-arts à Paris), aux États-Unis (à Boston, Cornell University in Ithaca et New York) et enfin au Canada

---

71. Outre sa langue natale anglaise, Capper, qui affectionnait en particulier les sonates de Beeethoven, avait une bonne connaissance du grec et du latin et pouvait converser en français, en portugais, en espagnol, en allemand et un peu en italien ; étant resté au Caire pour travailler au ministère de l'Intérieur après la Grande Guerre, le capitaine Capper, qui avait rejoint le 3e bataillon de l'Artillerie canadienne, mais n'avait toutefois pas combattu à Gallipoli, ayant pris sa retraite en 1912 après une chute de cheval et une pneumonie qui avaient altéré son état physique, parlait aussi couramment l'arabe en ses dernières années, http://www.mcgill.ca/architecture/introduction/history/beginning/, consulté le 15 juin 2005. Avant son séjour montréalais, Capper, qui avait séjourné en Espagne, en France et en Italie entre 1879 et 1887, était ensuite revenu à Edinburgh, où il avait contribué à la création de plusieurs édifices importants, puis enseigné à l'Université d'Edinburgh, *CAB*, vol. 9/9, 1896 ; voir aussi John Bland, cf. note ci-dessous.

72. Pour en savoir plus sur l'histoire de Capper, sur son entourage et sur l'histoire de la School of Architecture, on peut consulter trois textes conservés aux McGill University Archives : John Bland, *The Growth of the McGill University School of Architecture*, Acc. n° 1082, s.d. (avant 1971), dossier « School of Architecture » ; Norbert Schoenauer, *Stewart Henbest Capper, First Macdonald Professor of Architecture*, McGill University, 1996 (« This booklet is the first in a series of publications to be issued during the year of the McGill School of Achitecture Centennial 1896-1986… ») et *McGill Schools of Architecture and Urban Planning, Prospectus*, Montréal, 1987, dossier « School of Architecture ». On y apprend, entre autres, que Capper, décédé célibataire au Caire en 1925, a légué 10 000 £ à partager entre McGill et Victoria University à Manchester, où Capper avait occupé une chaire de 1903 à 1912, date de sa retraite prématurée après sa chute de cheval (Bland, 6). Merci à Tina Witham d'avoir facilité mes recherches sur Capper aux McGill University Archives.

73. http://cac.mcgill.ca/home/archivesf.htm, consulté le 1er juin 2005.

74. La conférence est gratuite, contrairement à celles qui suivront, et fait l'objet d'un long article intitulé « University Lecture Delivered by Professor Capper Yesterday Afternoon : The Position Which Architecture Occupies in the Universities Pointed out by the Occupant of the New Chair at McGill », *MDS*, vendredi 6 novembre 1896, 4.

(à Toronto). Très appréciée pour la « catholicité de ses perspectives éducatives », la conférence de Capper, « crowded to the doors », évoquait aussi quelques monuments historiques de l'Égypte ancienne, puis de l'Europe médiévale, pour marquer finalement une préférence émue pour l'abbaye de l'église bénédictine de Westminster, « perhaps the most beautiful church of Christendom[75] ».

Tel qu'annoncé un peu plus tôt dans la presse[76], les douze séances du cours public de Capper (*Architecture Lectures*), intitulé « Ancient and Mediæval Architectural History », se donnent les jeudis à 17 h à partir du 5 novembre 1896. Le cours est illustré et s'adresse autant au grand public qu'aux professionnels (*teachers and architects assistants*), le tarif variant selon le statut de chacun (5.00 $ pour le public et 2.50 $ pour les professionnels). À l'hiver 1897, trois de ces séances sont recensées dans nos sources, dont une consacrée le jeudi 28 janvier 1897 à l'architecture chrétienne, qui, selon Capper, accuse un déclin avec les styles byzantin et roman. Illustrations à l'appui, le professeur décrit en détail la structure de la basilique chrétienne, puis clôt son parcours historique en évoquant les problèmes techniques que posent quelques édifices italiens, dont la tour de Pise, ainsi que la critique consacrée à ce sujet[77]. Telles qu'elles sont recensées dans la presse, ses 10e et 11e séances embrassent ensuite les styles architecturaux roman puis gothique, Capper précisant que l'époque romane, grâce aux moines bénédictins et cisterciens, voit se développer l'artisanat, l'écriture, l'art et l'architecture, en contraste avec l'époque de dégradation dans la Rome impériale, où les tâches manuelles étaient vues comme serviles. Notons que la plupart des diapositives utilisées pour sa 11e séance (le terme *lantern slides* figure ici pour la première fois dans nos sources) montraient des abbayes cisterciennes d'Angleterre[78].

D'ailleurs, le cours public d'architecture et le programme mis en place par Capper en 1896, dont les principes éducatifs avaient été explicités dans son discours inaugural de 1896 et réitérés à nouveau dans le *CAB* de janvier

---

75. Capper, « Architecture in the University », *CAB*, vol. 9/11, 1896, 179-182. Sur l'abbaye de St. Peter à Westminster, rappelons l'article de Taylor paru dans le *CAB*, 10/5, 1897, 95-98.

76. Voir le *MDS* des mardis 20 et 27 octobre 1896, 4, et celui du mardi 4 novembre, 4.

77. « Architecturally the early Italian churches came in for rather severe condemnation, and there were some very interesting criticism of the Cathedral at Pisa, with its leaning tower, or campanile », « Christian Architecture », *MDS*, vendredi 29 janvier 1897, 12. Il s'agit sans doute de sa 8e séance.

78. « Architecture. Professor Capper's Tenth Lecture in the McGill Course », *MDS*, samedi 6 février 1897, 8, et « Architecture. Prof. Capper's Lecture at McGill on the Benedictine and Cistercian Abbeys », *MDS*, vendredi 19 février 1897, 6. Le terme *slides* désigne sans doute le geste latéral qui permet d'alterner la projection de deux diapositives. Notons que ce sujet avait été abordé les jeudis 11 et 18 février 1897. Pour un compte rendu technique plus étoffé de la première de ces deux séances, intitulée « Monastic Influence, as seen in the Development of Ecclesiastical Architecture », voir le *CAB*, vol. 10/3, 1897, 49.

1901 et de janvier 1902[79], se trouvent étroitement associés au Royaume-Uni, d'où arrive Capper, recommandé par Gerard Baldwin Brown (1849-1932) de l'Université d'Édimbourg, Baldwin Brown étant un ami de William Peterson, le Principal de McGill. La chaire d'architecture s'inscrit plus précisément dans une tradition écossaise, ses titulaires successifs et les enseignants ou architectes qui y sont évoqués étant presque tous d'origine ou de formation édimbourgeoise[80]. Ces liens outre-mer se verront ainsi maintenus, et même renforcés du fait que les examens auxquels seront soumis les candidats de la School of Architecture de McGill, désignée dans le *CAB* comme un « centre colonial », sont émis par la Royal Institute of British Architects (RIBA), tel qu'annoncé dans le *CAB* et les journaux canadiens [81].

79. Prof. S. H. Capper, « Architectural Training for Canadian Students », *CAB* vol. 14/1, 1901, 6-8 et « University Training in Architecture », *CAB*, vol. 15/1, 1902, 9-12. D'ailleurs, dès 1891, soit cinq ans avant la création de la chaire de Capper, A. C. Hutchison publie un long article intitulé « Architectural Training » (*CAB*, vol. 4/11, 97-99) où il identifie le type de formation que doivent acquérir les architectes en Ontario et au Québec depuis la formation de l'OAA (Ontario Association of Architects) dix-huit mois plus tôt (1889) et celle plus récente de l'AAPQ, car depuis, des examens d'admission à la profession d'architecte ont été imposés. Telle que décrite par Hutchison, pour la part qui nous intéresse, cette formation comprend une dimension historique ; l'orateur, puisque ce texte reprend une conférence présentée devant l'OAA, décrit aussi la formation des architectes en Grande-Bretagne, en France et aux États-Unis. Plus tôt, le *CAB* publiait le descriptif du programme d'architecture du Massachusetts Institute of Technology, ou MIT (« Architectural Education in the States », *CAB*, vol. 1/8, 1888, 6). Dans le British Commonwealth, le programme de McGill sera le troisième à être créé, après ceux de Toronto (1890) et de Liverpool (1894), cf. le site de McGill (notre note 71). En Amérique du Nord, les trois premières écoles d'architecture avaient été créées : au MIT en 1860, à l'Université d'Illinois en 1871 et à Cornell University en 1871, Norbert Schoenauer (notre note 72), 3. Du même, sur les conditions additionnelles pour être admis à Montréal en tant qu'avocat, voir 4 et 5. L'auteur précise aussi qu'avant l'arrivée de Capper McGill offrait des cours d'architecture, notamment par Taylor et Hutchison, dans des collèges affiliés, dont le Presbitarian College of Montreal, 5.

80. C'est le cas, au moins, de Gerald Baldwin Brown, de Stewart Henbest Capper (né à Londres, mais installé à Edinburgh dès l'âge de neuf ans), de Percy Erskine Nobbs et de Ramsay Traquair. Sur Baldwin Brown, voir http://www.lib.ed.ac.uk/about/bgallery/Gallery/records/nineteen1/baldwinbrown.html consulté le 17 juin 2005, et John Bland (notre note 72), 2-3. Sur l'émergence de l'histoire de l'art dans les universités écossaises (la première chaire est créée à Glasgow en 1879), voir Carol Gibson-Wood, « George Turnbull and Art History at Scottish Universities in the Eighteenth Century », *RACAR*, vol. XXVII, 2001-2003 (notre note 14), 7-18.

81. Voir par exemple le *CAB*, vol. 14/10, 1901, 196 : « The course is preparatory for the examination qualifying for associateship in the Royal Institue of British architects, the Royal Institute having announced its intention of holding such examinations at colonial centres. » Voir aussi le *MDS* du samedi 29 septembre 1900, 22, où sont annoncés deux cours d'architecture que donnera Capper à partir des 2 et 3 octobre 1900, l'un sur l'histoire et l'autre sur les matériaux et les techniques, et dont le premier « will deal with the three great divisions of historical architecture, classic, mediaeval and renaissance, in accordance with the programme of the Royal Institute… » L'association entre la Grande-Bretagne et l'Écosse remonte à l'Acte d'Union du Royaume-Uni de Grande-Bretagne de 1707.

Pour ce qui est de la chaire d'architecture accordée à Capper à l'Université McGill, elle vise à mettre en place un programme de quatre ans comprenant, pour la 1re année, des cours de mathématiques, de sciences, de géométrie descriptive et de dessin offerts aux étudiants en génie et en architecture[82]. En 2e année, en plus des cours de sciences offerts à tous, les seconds suivent deux cours intitulés : *History of Architecture (from the Heroic Age to the reign of Queen Anne)* et *Elements of Architecture, Building Construction* et *Design*. La 3e année comprend les cours d'histoire de l'architecture, d'histoire de l'art, de dessin, de design et de modelage, tandis que la 4e inclut notamment un cours d'architecture domestique, publique et ecclésiastique. Tous les cours d'architecture et de beaux-arts sont donnés par Capper, à l'exception de quelques cours pratiques qui ont été confiés à Henry F. Armstrong. Si elles sont munies d'une permission spéciale, les jeunes femmes peuvent elles aussi suivre les cours d'architecture et de modèle vivant[83].

De ce programme et de sa mise en application, deux aspects nous intéressent : le cours d'histoire de l'art donné par Capper, que nous aborderons sous peu, et la collection muséale de l'école dont l'histoire s'achèvera de façon dramatique en 1907.

Grâce au Fonds de Sir William Macdonald, Capper avait réussi à rassembler, dans une des salles situées au dernier étage de la partie nord du Mcdonald Engineering Building, de nombreuses copies en plâtre d'œuvres architecturales et sculpturales comprenant des frises et métopes du Parthénon, des bas-reliefs égyptiens, assyriens et maures, une *Venus* de Milo, une *Victoire* de Samothrace, le *Faune* du Musée de Madrid, le *Diadumeno* du British Museum, le *Mars* du Louvre et le *Discobole* des galeries vaticanes. Dans une salle attenante, trônaient d'autres copies de portions d'édifices et de sculptures datant de l'Antiquité grecque et romaine, du Moyen Âge gothique et de la Renaissance – le corpus étant ainsi délimité –, dont des chapiteaux et des colonnes du Parthénon, de l'Erechthéion, du temple de Vesta et du théâtre Marcellus, ainsi que la *Madone* gothique de Nuremberg et l'*Esclave* et le *Penseur* de Michelangelo Buonarotti[84]. Le 5 avril 1907, tous

---

82. Voir le site de McGill indiqué dans notre note 71.
83. Voir le site de McGill sus-mentionné, ainsi que le *CAB*, 10/8, 1897, 151.
84. Il s'agit sans doute du duc Lorenzo de Medici qui se trouve dans la nouvelle sacristie de san Lorenzo à Florence. Ces informations proviennent du site de McGill (cf. note 71 ci-dessus), où l'on trouvera un condensé d'une partie du contenu des trois sources secondaires mentionnées en note 72. La collection de Capper comprenait aussi des photographies d'édifices, des projecteurs ou lanternes magiques et des diapositives, ainsi que de nombreux livres et périodiques (Norbert Schoenauer, 11, cf. notre note 72). On trouvera des informations concernant les matériaux accessibles aux professeurs et aux étudiants en architecture à l'époque de Capper : dans le *CAB* mentionné ci-dessus (vol. 10/8, 1897, 151), où l'on apprend qu'une collection de photographies et de diapositives est en train d'être constituée, ainsi que dans le *CAB,* vol. 11/11, 1898, 193, où l'on dénombre 2 000 photographies et diapositives, dont

ces objets ont été complètement consumés dans un incendie qui a ravagé le Macdonald Engineering Building[85].

Pour ce qui est du cours de Capper, dont un long descriptif figure dans l'annuaire universitaire de 1901-1902, entre le résumé du cours de Roman Law et celui de Meteorology, même s'il semble prendre en compte l'archéologie, domaine que l'abbé Desmazures avait traité avec passion douze ans plus tôt, c'est essentiellement à l'architecture et à la sculpture qu'il est consacré, les autres formes d'art y étant définies comme « accessoires[86] » :

Art (History of) and Archeology
Lecturer: Professor S. Henbest Capper, M. A.

The course comprises two sessions' work, a half course (of fifty lectures) being given each session. The lectures, which are illustrated by photographs and casts, lantern slides and diagrams, are delivered in the Architecture Classroom, Engeneering Building, on Monday and Thursday, at 4 p.m. [/] The fee for the full course […] is $25.00; for each half course, if taken separately, $14.00 (including Grounds and Athletics). [/] For Session 1900-1901 the subjects overtaken were principally the historical and critical survey of the arts of the ancient world (Egypt, Assyria, Greece and Rome), chiefly architecture and sculpture, with special reference throughout to materials and technical processes and the limitations these impose. [/] In Session 1901-1902 part of the course will be devoted to certain subjects of Classical Archæology; an introduction study of Greek Vases and Greek Coins, with lectures in amplification of the preceding session's topographical and archæological notes on existing Greek and Roman remains. The historical survey of Art will be continued for the Middle Ages in a study of Gothic architecture and the accessory arts [nous soulignons]; for the Renaissance and Modern times in the study of the revival of classical architecture and sculpture and the rise of the Italian and subsequent schools of painting. At the conclusion of the course some lectures will be devoted to a discussion of the origin of art and the sources of artistic

---

les premières sont déjà cataloguées et accessibles aux étudiants, et de nombreux ouvrages de référence conservés à la Redpath Library. Dans le *CAB*, 13/10, 1900, 195, le plus intéressant à cet égard, sont répertoriés les spécimens récemment rapportés d'Europe par Capper, et dont il semble qu'ils visent à souligner les différences stylistiques entres les époques et les cultures, notamment, ici, égyptienne et chaldéenne. Ces spécimens incluent des moulages d'œuvres, surtout grecques, conservées dans les musées de Paris et Londres et qui ne sont pas toutes mentionnées dans les trois sources sur McGill et Capper mentionnées ci-dessous. Nous reviendrons sur ce sujet au prochain chapitre.

85. *CAB*, 20/4, 1907, 50 et 59. Pour une photographie de la première salle, voir Norbert Schoenauer, cf. notre note 72, 12. Pour des informations sur d'autres tentatives de créer un musée associé à une école d'art, voir notre chapitre 3.

86. Dans son article de 1902 sur la formation universitaire en architecture (notre note 79) Capper précise bien d'ailleurs que : « […] for, fascinating though the archæological side of architecture may be, it is not as archæology but as architecture that the modern student should regard it ».

expression. [/] In addition to the class lectures, candidates are expected to show a knowledge of the text-books of reference, as indicated in connection with the lectures. A certain number of class essays are prescribed during the session. [/] Text-books: Baldwin Brown, « The Fine Arts » (Murray; Scribner); Hamlin, « History of Architecture » (Longmans); any good manual of the history of Painting, such as Pointer's (Sampson Low) or Van Dyke's (Longmans)[87].

Il semble que le cours d'art et d'archéologie de Capper n'ait été donné que durant trois années, puisque, d'une part, la fiche professorale de S. Henbest Capper (Staff Index, McGill Archives) indique « Lecturer in Art & Archeology : 1901-1903 » – nous savons d'ailleurs qu'il a été remplacé à sa chaire par Percy Erskine Nobbs en 1903 –, et que, par ailleurs, l'annuaire universitaire ne présente un descriptif précis de ce cours qu'à partir de 1900-1901[88] et seulement jusqu'en 1903-1904. L'année académique suivante, le descriptif a été éliminé et, bien que l'intitulé du cours figure encore dans le programme, c'est sans nom de titulaire et sans que l'on ne sache s'il a été donné. C'est d'ailleurs durant cette année-là, à l'hiver 2004 – peut-être n'est-ce pas un hasard –, que Lagacé amorçait son premier cours à l'ULàM, lequel portait alors sur l'esthétique et l'histoire de l'art, avant que notre artiste philosophe, une fois sécurisé son statut à l'université, ne donne à son cours une perspective plus historique.

Ayant esquissé son historique et son destin, précisons que, pour ses quelques années d'existence, le contenu du cours d'art et d'archéologie inauguré par Stewart Henbest Capper à McGill en ce début du XXe siècle, au moment où Lagacé vient de remettre le pied à Montréal après avoir enfin visité sa chère vieille Europe, portait en 1900-1901, sur l'architecture et la sculpture du monde antique (Égypte, Assyrie, Grèce et Rome), en 1901-1902, sur l'architecture de l'Antiquité romaine tardive, puis sur la peinture de la Renaissance italienne et, en 1903-1904, sur la sculpture et l'architecture de la Grèce classique et la topographie des villes antiques de Rome et d'Athènes. Pour l'année 1903-1904, où Capper a déserté le cours, on annonce l'étude de l'architecture médiévale et des arts « alliés », puis celle de la peinture des écoles d'Europe du Nord[89].

En fait, dès la mi-mars 1900, soit avant que le cours ne soit offert la première fois, Capper s'adressait au Principal Peterson pour lui faire part

---

87. *McGill University Annual Calendar for session 1901-1902*, 127-128, McGill University Archives.

88. On suppose que, si le cours avait déjà été préalablement donné, cette information aurait été incluse dans le *CAB*, vol. 13/10, 1900, 195, où est annoncée la série de cours illustrés que présentera Capper à l'hiver 2001.

89. Pour un résumé du programme des trois années données par Capper, voir le *McGill University Annual Calendar for session 1900-1901*, 118-119, et, pour l'année suivante (*McGill University Annual Calendar for session 1903-1904*), 104, McGill University Archives.

de ses réticences à se charger d'une matière qu'il considère alors comme aussi incompatible avec sa formation d'architecte que le serait, par exemple, l'égyptologie (Capper ne sait pas encore qu'il passera les quelque douze dernières années de sa vie en Égypte). En outre, il précise qu'il ne donnera ce cours, dont l'intitulé met sa dimension historique entre parenthèses – « *Art (History of) and Archeology* » – que parce qu'on l'y aura obligé et à condition de bénéficier d'un cachet supplémentaire, vu ses amples responsabilités, d'une assistance qui le déchargerait de certaines fonctions, et enfin d'un équipement adéquat dont les frais ne seraient pas déduits du budget du département d'architecture[90].

Telle fut donc la brève histoire des premiers cours d'histoire de l'art dans le milieu universitaire anglophone montréalais[91], discipline qui aurait certainement porté fruit entre les mains d'un esthète anglophone aussi passionné que Lagacé, et dont les manifestations précoces témoignent, en tout cas, de l'importance que prenait l'image à l'aube du xxe siècle dans le milieu culturel montréalais, qu'il fût français ou anglais.

Mais revenons, tel qu'annoncé plus haut, aux conférences publiques de ces dernières années du siècle, plus précisément à l'hiver 1897, durant lequel Capper participe à nouveau au programme de la WAA, dont il avait inauguré la série le vendredi 22 janvier avec une présentation sur les pyramides égyptiennes (notre note 70), pour la clôturer le jeudi 11 mars 1897 avec une conférence illustrée. Le sujet dont il traite alors, « Mediaeval Cloister Life », est annoncé comme prometteur : « The subject […] is one of undoubted artistic interest, as it was owing to the monastic system that art was fostered and developed in times when it would otherwise have perished[92]. » Toujours en

---

90. Lettre du 16 mars 1900 adressée par S. Henbest Capper au Principal W. Peterson, 2 pages, Fonds William Peterson, dossier « William Peterson Letters », RG2, c15, File « C 1890-1904 », McGill University Archives. La lettre, qui semble faire suite à une conversation musclée, commence comme suit : « Dear Dr. Peterson, [/] In view of our conversation this morning, I desire to make my position perfectly clear » ; suivent quelques paragraphes résumant la position du Principal, puis celle de Capper, ce dernier s'attachant à donner un ton ferme et officiel aux conditions qu'il pose à son assentiment forcé. Cette lettre fait partie des rares documents concernant Capper ayant survécu à ce jour, la plupart des dossiers le concernant étant à son époque conservés dans le McDonald Engeneering Building, qui fut détruit par un incendie en 1907.

91. Notons toutefois que l'archéologie, sans l'histoire de l'art, réapparaît dans le programme d'architecture, comme en témoigne un calendrier des cours datant de 1910, The School of Architecture, McGill University, Montreal, *Curriculum of Studies, Announcement for 1910*, s.d., tiré du dossier « School of Architecture », McGill University Archives. Il faudra cependant attendre les années 1940, à la fin donc de la carrière de Lagacé, pour que réapparaisse dans nos sources une référence à un cours d'histoire de l'art, cette fois donné par Arthur Lismer, arrivé à Montréal en 1940, *McGill Schools of Architecture… Prospectus*, 16 (cf. notre note 72).

92. « Woman's Art Association », *MDS*, annonce du mercredi 10 mars 1897, 5. Deux semaines plus tard, C. A. Hutchison y parle de l'art gothique entre le viie et le xie siècle, alors qu'il revient d'un voyage de plusieurs mois en Italie, « Gothic Art. Lecture at the Art Gallery by C.

1897, Capper participe aussi au cycle de conférences de l'AAPQ à la galerie de l'Art Association à Phillips Square où, deux jours plus tard, il parle de l'Égypte pharaonique. À cette occasion, illustrant ses propos de « vues de ruines et de scènes naturelles », Capper fait valoir l'importance de l'Égypte en tant que l'une des deux plus anciennes nations civilisées dont les traces authentiques sont alors connues[93]. L'année suivante, il clôture la série de l'AAPQ avec une conférence intitulée « Ancient Rome », présentée à l'Art Association le mardi 29 mars 1898 et que l'on annonce comme la plus intéressante et la plus instructive de la saison ; le recensement du lendemain nous apprend que, devant un large public, Capper avait, entre autres, comparé l'architecture domestique de Pompeii et celle de Rome[94]. Deux mois plus tôt, « Prof. Adams of McGill University » avait lui aussi parlé de Pompeii (« Pompeii : A City of the First Century »), le jeudi 27 janvier 1898, toujours sous les auspices de l'AAPQ[95].

La dernière conférence publique que nous évoquons, et qui empiète déjà sur la période où Lagacé a donné ses premiers cours à l'ULàM, est présentée par D[r] [Robert] Tait McKenzie de McGill et s'intitule « The Human Form in Art ». Devant un auditoire fourni, le conférencier avait d'abord fait une distinction entre l'art et la science, et démarqué la conception de l'anatomie propre à chacun de ces deux domaines, pour ensuite comparer les diverses manières de représenter le corps en sculpture, depuis l'époque de l'Égypte ancienne jusqu'à celle de « Michael Angelo », en passant par la Grèce, le Japon et l'Italie, chacun de ces pays étant associé à une époque en particulier, marquée pour l'orateur par un progrès ou un déclin relatif aux connaissances alors acquises par ces cultures[96].

A. Hutchison », *MDS*, mercredi 24 mars 1897, 4 (incluant une énumération de quelques-uns des édifices montrés durant la conférence).

93. « […] it is the oldest, or at least one of the two oldest, civilized nations of whose records any authentic traces has yet been discovered. » Capper montrera aussi des sculptures colossales de « King Rameses » II, en notant que les corps en sont constitués à partir de modèles conventionnels, mais que les têtes sont de beaux spécimens d'art, les traits étant ressemblants et délicatement dessinés, « Ancient Egypt. The Time of the Pharaohs Discussed by Prof. Capper », *MDS*, samedi 13 mars 1897, 2.

94. *MDS*, lundi 28 mars et mercredi 30 mars 1898, 9 et 4. Le texte de la conférence de Capper est paru dans le *CAB*, vol. 11/6, 1898, 105. Norbert Schoenauer, 11 (notre note 72) mentionne deux conférences publiques de Capper présentées en 1899 : l'une à la WAA d'Ottawa (« Monasteries and Abbeys of Old England ») et la seconde au Montreal Renaissance Club (« Scottish Baronial Architecture »).

95. *MDS*, vendredi 28 janvier 1898, 5. Sur [Frank D.] Adams, voir aussi le *MDS* du mercredi 31 mars 1897, 1. Le *CAB*, vol. 11/11, 1898, 191 nous apprend que la saison comptait un troisième conférencier, C. H. Calby, qui a prononcé une conférence sur Brunelleschi. Le programme avait été annoncé dans le *CAB*, vol. 11/1, 1898, 4, qui précise que la séance de Calby était prévue pour le 24 février et confirme que les deux autres conférences ont été présentées aux dates prévues.

96. *MDS*, vendredi 26 février 1904, 10. Robert Tait McKenzie (1867-1938), enseignant en anatomie à McGill, puis spécialisé en chirurgie orthopédique, inaugura en 1894 le métier de

Avant d'esquisser un aperçu des cours publics qui se donnent en milieu francophone durant cette même période prélagacienne, précisons, au sujet de l'AAPQ, que cette association connaît des temps difficiles au tournant du siècle, tel que relevé dans plusieurs articles parus dans le *CAB* de 1899 et 1900[97]. Au sujet du *CAB*, même s'il est publié à Toronto, il n'est pas inutile de mentionner, car ces textes nous renseignent sur le ton que prend le discours sur l'art avant l'obtention par Lagacé de la première chaire d'histoire de l'art au pays, que l'on y trouve quelques articles rédigés par des artistes et où les sujets abordés dépassent le cadre de l'architecture. De manière générale, on y traite de matériaux et de techniques, de formes d'art (les arts décoratifs), d'esthétique (l'appréciation de l'art, le beau, la nature), des expositions en cours, ainsi que d'associations, d'organismes et d'institutions éducatifs où l'art est pris en compte. À ce titre, mentionnons les articles rédigés notamment par deux peintres de la Royal Canadian Academy[98].

La SSJB au Monument national : Joseph Venne et Eugène Payette

En 1895, lorsque la Société Saint-Jean-Baptiste inaugure son premier programme d'enseignement au Monument national, récemment inauguré lui aussi, c'est à Joseph Venne – dont nous avons dit plus tôt qu'il participait en 1896 à la deuxième série de conférences de l'AAPQ – qu'elle confie le cours public d'*Architecture et construction*[99]. Tel qu'annoncé dans la presse

---

directeur médical d'entraînement physique. Sa conférence clôt son époque montréalaise, car il va s'installer en 1904 à l'Université de Pennsylvanie, http://home.earthlink.net/~scouters/RTaitMcKenzie.html, consulté le 18 novembre 2006.

97. Les plaintes ne sont d'ailleurs pas nouvelles, puisque, dès 1896 (*CAB*, vol. 9/10, 152), malgré la récente création de la chaire de Capper, les représentants de l'AAPQ se plaignent du succès mitigé de leurs rencontres et conventions annuelles, ainsi que du manque de soutien de la part du City Council of Montreal. En 1899, le *CAB*, vol. 12/10, 192, annonce que la convention annuelle tenue à Québec le 23 septembre « was devoid of special interest, and was not largely attented ». Le verdict de l'année suivante (*CAB*, vol. 13/9, 1900, 166) n'est guère plus réjouissant, puisqu'il n'y avait ni conférences, ni sujets à débattre, ni dîner.

98. Voir par exemple les articles de G[eorge] A[gnew] Reid : « Architecture from an Artist's Standpoint » (*CAB*, vol. 4/4, 1891, 44-45), « Mural Decoration » (*CAB*, vol. 11/1, 1898, 12-15), « Applied Art » (*CAB*, vol. 13/3 1900, 55-56) et « Canada's Advisory Council of Fine Arts » (*CAB*, vol. 20/6, 1907, 98), et celui de J[ohn]W[ycliffe] L[owes] Forster, « A Nineteenth Century Sacred Art » (*CAB*, vol. 10/9, 1897, 171-173), http://fr.wikipedia.org/wiki/Liste_des_membres_de_l'Académie_royale_des_arts_du_Canada, consulté le 15 novembre 2006, ainsi que deux articles sur la sculpture, le premier par George Blagrove (*CAB*, vol. 3/11, 1890, 127-128) et le second non signé (*CAB*, vol. 7/3, 1894, 46-47). Voir aussi notre note 70.

99. Notons que le CAM (1/n10) aussi offrait des cours au Monument national, tels ceux annoncés dans *La Patrie* du mercredi 9 octobre 1901, 3, parmi lesquels un cours de « Construction de bâtiments et d'escaliers » et plusieurs cours d'art, mais ces cours, que nous n'avons pas sondés, excluaient sans doute l'histoire de l'art et les projections lumineuses. Sur le Monument national, inauguré en 1894, voir Jean-Marc Larrue, *Le monument inattendu. Le Monument-*

de décembre 1895, ce cours, qui invite les « étudiants en architecture » à « profiter de ces magnifiques occasions de s'instruire[100] », se présente aussi comme un cours pratique adressé spécifiquement aux ouvriers, que l'on invoque comme suit dans la presse de 1896 : « Dans le but d'intéresser le plus grand nombre d'ouvriers possible, le cours sera essentiellement pratique, comprenant toutes les opérations successives des constructions en commençant par les fondations pour finir par la décoration intérieure[101] ». En fait, le cours d'architecture donné par Venne semble s'adresser simultanément à deux genres de publics, puisqu'il comporte, à l'origine, six séances historiques présentées en alternance équitable avec six leçons sur les techniques et les matériaux architecturaux, pour un total, donc, de douze leçons, illustrées de diapositives et de cartes et que l'on retrouve énumérées en détail dans le *CAB* de novembre 1895[102]. Dans sa version de 1898, le cours comprend deux fois plus de séances (25 leçons), seize des dix-sept premières portant à présent uniquement sur la technique et les matériaux, tandis que les huit autres rassemblent le cursus consacré à l'« Histoire de l'architecture » : « Des origines à l'avènement des Romains » (cours 17 à 19), « De la période Romane à la période Ogivale » (cours 20 à 22) et enfin « De la période Ogivale aux temps modernes » (cours 23 et 24)[103]. Précisons

---

National 1893-1993, Cahiers du Québec, collection « Histoire », LaSalle (Québec), Éditions Hurtubise HMH ltée, 1993.

100. *La Presse*, mercredi 11 décembre 1895, 1. On pourra lire à nouveau, dans *La Patrie* du lundi 28 janvier 1901, 5, et *La Presse* du même jour, 3 (ils reçoivent les mêmes communiqués de presse) que « Le public en général est invité [au cours d'architecture], ainsi que les élèves d'histoire universelle [voir note 106 ci-dessous], dont ces conférences fixeront et complèteront en quelque sorte les notions qu'ils ont déjà acquises ».

101. *La Patrie*, lundi 19 octobre 1896, d. e. Les annonces portent le titre « Monument national », avec pour sous-titre *Cours de construction, Conférence-Architecture*, ou *Cours d'architecture*.

102. « 1. Aperçu de l'histoire de l'Inde, de l'Égypte et de l'Assyrie, 2. Construction en pierre et brique, 3. La Grèce et Rome, 4. Construction en bois, 5. Le Moyen âge : la période gallo-romaine, 6. Le commerce de matériaux dits secondaires tels que le cuivre, le fer galvanisé, le plomb, l'ardoise et le marbre, 7. Le Moyen âge : la période gothique, 8. Les industries modernes appliquées au fer et à l'acier, les modes de transport et l'exécution mécanique, 9. "The so-called Renaissance Period", 10. L'organisation du travail, antique et moderne, 11. Les temps présents, et enfin 12. Révision rétrospective », « St. Jean Baptiste Evening Classes », *CAB*, vol. 8/11, 1895, 131. Le cours, pour lequel on n'a pas encore fixé un jour de la semaine au moment où l'article est rédigé, est totalement gratuit et s'adresse aux gens de toute condition et de tout statut.

103. Le premier cours sert d'introduction, et le dernier (cours 25) de révision. Selon Soraya Bassil, Joseph Venne, engagé à l'essai en 1895, donnera ce cours jusqu'en 1899-1900, voir Michel Allard et Soraya Bassil, « Jos. Venne (1858-1925) », dans *Joseph Venne 1858-1925*, *ARQ, La revue d'architecture*, n° 116, août 2001, 12-17. L'article contient les intitulés des 25 leçons du cours d'« architecture et construction » de Venne, tel qu'il est donné en 1898, 17, ainsi qu'une liste de sept conférences présentées entre 1893 et 1922, dont celles qui nous intéressent portent sur l'archéologie (1893), la chartreuse de Pavie (1901) et l'art et la beauté (1922), 20.

toutefois, nos sources étant d'avis divergents à ce sujet, qu'il a pu y avoir deux formules d'enseignement, en fonction de ces deux publics différents, universitaire et ouvrier, Jean-Marc Larrue précisant que le cours d'architecture de Joseph Venne, durant la première année de sa création, se donnait de manière hebdomadaire, le samedi en soirée[104], tandis que les conférences publiques annoncées et recensées dans la presse consultée sont mensuelles et se donnent généralement le mardi.

Deux ans plus tard, en 1900, on retrouve à nouveau dans nos sources la trace des séances historiques du cours d'architecture, deux d'entre elles étant annoncées dans *La Patrie* des 20 et 27 mars 1900, mais sans précision quant au nom de leur titulaire. Ce sont une 18e «conférence-Architecture» consacrée à l'étude de «l'art byzantin, Roman, Mauresque, Hindousian, Indien, Assyrien et Persan» et accompagnée de «vues stéréoscopiques», ainsi qu'une 19e séance consacrée à «l'architecture gothique, française, anglaise, italienne, allemande, etc.», «illustrée de 70 vues stéréoscopiques» et visant à «nous faire connaître les principaux chefs-d'œuvre de cet art dans l'Europe occidentale, mais surtout les grandes cathédrales de France et d'Angleterre[105]». Ces conférences publiques sur l'histoire de l'architecture répondent à une volonté autant d'instruire que d'émerveiller, précisément par l'image, les lieux et les époques cumulés y étant toutefois, en tout cas à l'hiver 1900, sérieusement amalgamés. Précisons que ces cours se donnent dans la salle n° 11 du Monument national, là où seront offerts, toujours sous les auspices de la SSJB, les cours d'*Histoire du Canada* de l'abbé Adélard Desrosiers[106] [fig. 12], et sans doute le cours d'histoire de l'art que donnera Lagacé au Monument national à partir de 1912.

Un grand merci à Michel Allard et à Soraya Bassil pour m'avoir donné accès à deux textes inédits: Michel Allard et Soraya Bassil, «De l'autodidaxie à la scolarisation de la formation d'architecte, 1850-1930», communication présentée le 25 octobre 2002 lors de la 12e conférence biennale de l'Association canadienne d'histoire de l'éducation, Québec, 24-27 octobre 2002 (à paraître dans les Actes du colloque) et Soraya Bassil, commissaire de l'exposition *Jos. Venne architecte*, Écomusée du fier monde, «Les cours du soir de Jos. Venne au Monument national», texte inédit, 1-12. De Jos. Venne, voir «Esthetic Value of Moulding and Profile», *CAB*, vol. 10/11, 1897, 207. Comme dans ses leçons au Monument national, Venne décrit ici l'usage de matériaux et de techniques en parcourant l'histoire, depuis les temps reculés de l'Égypte ancienne jusqu'à l'époque contemporaine, ici selon lui à nouveau décadente.

104. Jean-Marc Larrue, 155.

105. Voir *La Patrie* des mardis 20 et 27 mars 1900, 7, où sont annoncés les cours pour le jour même. Peut-être s'agit-il du cours de Venne, qui le dispense depuis 1895, auquel cas on se demande pourquoi son nom ne serait pas indiqué.

106. Selon Larrue, c'est en 1903-1904 que le cours d'*Histoire du Canada* remplace le cours d'*Histoire universelle* donné par Laurent-Olivier David, principal responsable de la création du Monument national, Larrue, 27 et 156. Dans nos sources, le nom d'Adélard Desrosiers figure comme titulaire de ce cours à partir de janvier 1910 (*La Patrie* du samedi 15 janvier 1910, 28, et *La Presse* du samedi 12 février 1910, 27 annonçant les séances du lendemain). Notons que l'abbé Desrosiers publiera avec Camille Bertrand en 1919 une *Histoire du Canada*

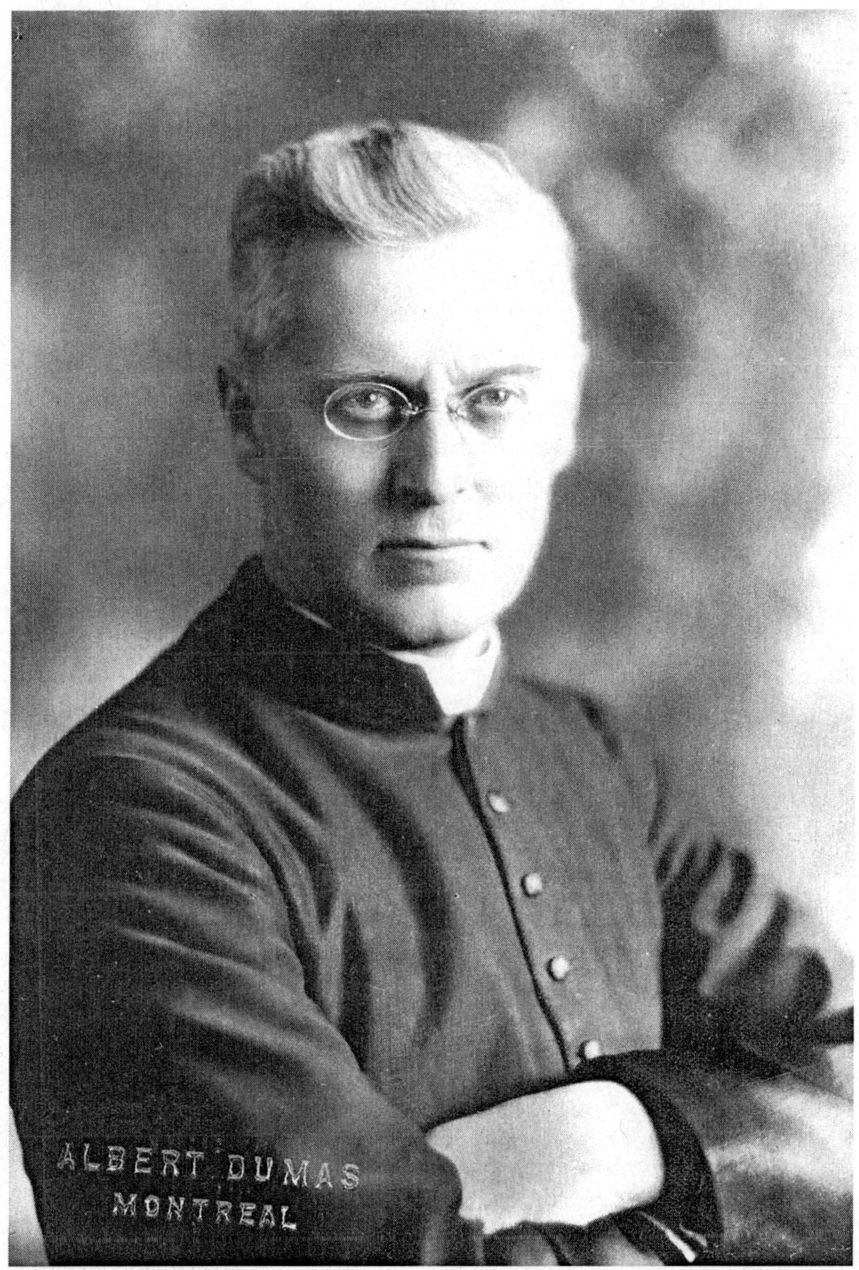

fig. 12 : *L'abbé Adélard Desrosiers,* **par Albert Dumas, Montréal**
Photographie numérisée, Archives nationales du Québec,
Centre de Montréal, Fonds de la Société Saint-Jean-Baptiste, P82.

À partir du 28 janvier 1901, et au moins jusqu'au 28 octobre 1902, on voit figurer dans nos sources le nom d'Eugène Payette[107] comme titulaire du cours donné au Monument national. Pour 1901, les journaux annoncent sous son nom une série de sept séances du cours d'*Architecture et construction* où sont abordés les sujets suivants : l'architecture primitive et préhistorique et l'art égyptien du premier et du second empire (cours annoncé pour le mardi 29 janvier 1901[108] et recensé en date du 1er février 1901[109]) ; l'architecture égyptienne (continuée), chaldéenne, assyrienne et grecque (mardi 5 février 1901[110]) ; l'art romain et son influence sur l'art moderne (16e conférence, présentée le mardi 12 février 1901[111]) ; l'architecture byzantine et romaine et la période de transition au style gothique (17e conférence, annoncée pour le mardi 19 février 1901[112]) ; l'art gothique italien, français, anglais et rhénan (18e conférence, annoncée pour le mardi 26 février 1901[113] et où l'on a sans doute vu surtout des cathédrales) ; l'art de la Renaissance en Italie, en France, en Angleterre et en Allemagne (19e conférence, présentée le mardi 5 mars 1901[114]) et enfin l'architecture moderne du 17e au 20e siècle, annoncée comme une rétrospective (20e conférence, prévue pour le mardi 12 mars 1901)[115].

---

pour laquelle Lagacé produira une série de 36 tableaux historiques qui seront affichés dans les classes de la CECM (voir chapitre 4).

107. Né en 1854 et décédé à l'âge de 105 ans, Eugène Payette, qui a longtemps habité l'édifice du Séminaire des Sulpiciens situé à l'angle des rues Notre-Dame et Saint-François-Xavier, a dessiné les plans de plusieurs édifices montréalais, dont la Bibliothèque municipale de Montréal, la Bibliothèque Saint-Sulpice et le collège André-Grasset (www.vieux.montreal.qc.ca, consulté le 1er avril 2005).

108. « Après avoir traité de l'architecture primitive et préhistorique, le professeur parlera de l'art égyptien du premier et du second empire [l'usage des temps prête à confusion, mais il s'agit du même cours]. Les grandes pyramides, les temples de Kamak, d'Istamboul, de Medinet-Abou, de Ramses II, etc., seront tour à tour étudiés et illustrés. » *La Patrie*, lundi 28 janvier 1901, 5, et *La Presse* du même jour, 3. Les deux journaux annoncent pareillement une série de conférences « illustrées par plusieurs centaines de vues stéréoscopiques ».

109. *La Presse*, vendredi 1er février 1901, 7. Le long compte-rendu commence comme suit : « Mardi soir, M. Eugène Payette, architecte, après avoir complété la série de conférences sur la construction, entamait une nouvelle série traitant de l'histoire de l'Architecture. »

110. « Monument national. Cours de construction », *La Patrie*, lundi 4 février 1901, 6. Notons que l'architecture grecque prend relativement peu de place.

111. « Plus de 40 vues stéréoscopiques » feront connaître, notamment, « le Panthéon, les thermes de Caracalla, la basilique de Constantin, le Forum, Pompeï, etc. », *La Patrie*, lundi 11 février 1901, 5.

112. *La Presse*, lundi 18 février 1901, 8.

113. *La Patrie*, lundi 25 février 1901, 2.

114. Cette conférence est annoncée dans *La Patrie* du mardi 5 mars 1901, 8, puis recensée dans *La Patrie* du vendredi 8 mars 1901, 5, et dans *La Presse* du même jour, 3.

115. On y annonce l'étude des monuments des grandes villes d'Europe, incluant le Louvre, les Tuileries, Versailles, le Luxembourg, St-Étienne du Mont et la Trinité de Paris, ainsi que les

Deux recensements de la première et de l'avant-dernière de ces séances historiques du cours d'architecture ayant été publiés dans la presse, nous avons une idée de la manière dont procédait Payette qui, dans sa première séance consacrée à la préhistoire et à l'Égypte, commence par faire une distinction entre construction (utilitaire) et architecture (artistique), pour exposer ensuite des « évolutions chronologiques » plus descriptives[116]. Son cours sur la Renaissance débute aussi par quelques définitions du style gothique, lesquelles demeurent très vasariennes dans sa manière de considérer le style comme un organisme vivant :

> Le gothique, dit [le professeur], après avoir régné en maître jusqu'au quinzième siècle, devait fatalement périr. En effet, si la France et l'Angleterre n'avaient aucune raison de l'abandonner, par contre, l'Italie, où l'on n'a jamais compris et appliqué le gothique avec autant de succès qu'ailleurs, précisément à cause de l'influence des monuments romains dont elle ne pouvait s'affranchir, fût [*sic*] la première à innover. [/] La renaissance, tel que son nom l'indique, d'ailleurs, n'est autre chose qu'une résurrection d'un style qui a déjà vécu. Ce style ne pouvait être autre que le romain qui obsédait constamment les Italiens, mais déguisé sous une forme plus légère, cependant, et une tendance prononcée à recouvrir toute surface de sculpture fine et déliée, à laquelle l'influence du byzantin n'était pas étrangère[117].

Ayant justifié par ces définitions l'idée d'un parcours dynamique de l'histoire, dans la deuxième partie de son exposé, Payette résume les particularités de chacune de quatre phases qu'il associe au style classique de la Renaissance : « La Renaissance primitive, ou période de formation, 1420-90 » ; « La Renaissance fleurie ou période classique, 1490-1550 », « La Décadence (appelé aussi Baroque), 1550-1600 » et « Le Rococo, 1600-1700 ».

Pour l'année suivante, en 1902, nos sources comprennent trois références au cours de construction du Monument national, lesquelles nous informent du maintien de la structure du cours, divisé en deux parties, l'une pratique et l'autre historique. Le premier de ces trois cours, annoncé pour le mardi 4 février 1902, sans indication du nom de son titulaire, comprend une étude de procédés techniques (« Imitation des marbres au plâtre de Paris – Le carton pierre dans la décoration. – Le staff comme matière principale dans

---

principaux édifices de Londres et de Paris, *La Patrie*, lundi 11 mars 1901, 4, et *La Presse* du même jour, 2.

116. « Le professeur suivit un ordre très logique de clarté et de précision en définissant, d'abord, ce qu'était l'architecture, et en nous exposant ses évolutions chronologiques », « Monument national. Cours de construction », *La Presse*, vendredi 1er février 1901, 7.

117. Dans le premier paragraphe retranscrit ici, nous avons rétabli le texte original, l'ordre de trois lignes ayant été inversé dans la version imprimée dans les journaux, « Monument national. Cours publics du soir », *La Presse* et *La Patrie* du vendredi 8 mars 1901, 3 et 5.

les travaux provisoires et travaux intérieurs – Ornements et moulures»),
suivie de «plusieurs vues sur l'art gothique, en Angleterre, avec notes historiques[118]». Le second cours répertorié pour cette année-là, donné par Payette
le mardi 11 février 1902, est consacré à une étude du bois, comprenant
une heure d'exposé technique, suivie d'une demi-heure historique durant
laquelle le professeur est «appuyé par de très belles projections électriques[,
d]e façon que ceux qui ne se sentent pas attirés par l'étude d'un sujet
scientifique[,] et qui n'ont aucune connexion avec le bâtiment, suivent le
cours quand même, afin d'avoir le bénéfice de la fin, qui est une récréation
instructive et moins abstraite[119]».

L'automne suivant, *La Patrie* annonce la reprise de la série pour le mardi
28 octobre 1902 : «Tous sont cordialement invités, surtout ceux des ouvriers
aspirant à une promotion et à qui la connaissance des quantités est indispensable pour devenir contremaître[120].» Ainsi, la structure bipartite du cours
public de Joseph Venne et d'Eugène Payette, où se retrouvaient étudiants
et ouvriers, semble destinée à répondre à plusieurs champs de formation
ou d'intérêt, technique et historique, comme le préconise la direction
du Monument national[121], structure visant aussi, sans doute, à épargner
l'ennui, aux uns comme aux autres[122]. Après 1902, le cours d'*Architecture et
construction* est rarement annoncé, sinon dans *La Presse* du vendredi 13
janvier 1905, 3, qui mentionne brièvement, sans nom de titulaire, une 13e
conférence illustrée, sur l'architecture romaine, à la salle n° 11. Rappelons
que l'École Polytechnique, à laquelle l'AAPQ sera intégrée en 1912, avait
déjà rapatrié les cours d'architecture au sein de l'ULàM dès 1887.

Avant de clore notre présentation des conférences publiques montréalaises précédant l'arrivée de Lagacé, notons que les journaux, en ce début
du XXe siècle, annoncent quelquefois, bien qu'ils soient encore rares en ces
années, des conférenciers que l'on fait venir de l'étranger pour les entendre
parler d'art; c'est le cas de Germain Martin, chargé de conférences de la
Fédération de l'Alliance Française aux États-Unis, qui présentait devant

---

118. «Monument national. Cours de construction», *La Presse*, mardi 4 février 1902, 6.

119. Les cinq paragraphes suivants sont consacrés à des considérations d'ordre technique,
«Monument national. Cours de construction», recensement paru dans *La Presse* du samedi
15 février 1902, 23.

120. Nous ne savons pas en quoi consiste ladite promotion, «Monument national. Cours de
construction», *La Patrie*, mardi 28 octobre 1902, 6.

121. Jean-Marc Larrue indique que le comité de direction du Monument national représente
deux tendances, l'une en faveur d'une formation essentiellement technique et industrielle, et
l'autre préconisant en outre une orientation édifiée, une «élévation par le génie de l'esprit et
de la langue», cité dans Jean-Marc Larrue, 154.

122. Michel Allard et Soraya Bassil rapportent au sujet de Joseph Venne que sa méthode, qui
«consistait à lire 15 à 20 pages de manuscrit, [pouvait être] peu attrayante et monotone pour
les élèves», 17. Sur la référence à l'ennui, voir aussi notre note 13 ci-dessus.

« un auditoire d'élite et nombreux » à la salle Karn, le lundi 5 janvier 1903, une « très intéressante dissertation » sur la Renaissance en France. « Si notre langue est si claire, avait dit l'orateur, si mélodieuse, si expressive, c'est qu'elle a pris à l'antiquité ce qu'elle avait de plus pur, de plus sage, et ce, grâce à la Renaissance. » Ces quelques paroles, à elles seules, suffisent pour laisser entrevoir les amples bénéfices que promet le discours sur l'art – le sien porte alors sur « l'influence de la Renaissance sur l'architecture et la sculpture en France » , discours dont la récente émergence, en Occident, lui confère déjà le ton du panégyrique, la louange des temps et des lieux évoqués invitant à les considérer comme bénis par les dieux. Ici, la description des statues et des édifices produits en France permettait au représentant de l'Alliance française de brosser un tableau avantageux aussi bien de son pays que de l'Antiquité et de la Renaissance[123].

Conclusion : les images

Comparé à la rhétorique de Gustave Desmazures, dont le cours d'archéologie vise à établir une distinction *radicale* entre l'Orient ancien et l'avènement du christianisme civilisé, le ton de nos orateurs dans la portion historique des cours et des causeries en art et architecture que nous venons d'esquisser – hormis la dernière – accuse moins cette distinction anthropologique, qui n'en transparaît pas moins, cependant, dans le discours des journaux et le genre d'événements qui y sont commentés. De ce fait, témoignent les sujets de nombreuses conférences illustrées, recensées dans la presse et qui portent sur l'Orient, le Maroc, la Palestine, l'Afrique ou Jérusalem[124], ces lieux étant évoqués comme le théâtre d'un événement originel, authentique et biblique, et que d'ailleurs l'on met aussi en scène

---

123. Le long recensement paru dans *La Presse* du mercredi 7 janvier 1903, 1, énumère en premier lieu la liste des invités de marque présents à cet événement mondain. L'Alliance française a été créée en 1883, comme « Association nationale pour la propagation de la langue française dans les colonies et à l'étranger », et c'est en 1902, soit peu de temps avant la tenue de cette conférence, « que l'on assiste à la naissance d'une première Alliance à l'Université Mac Gill [*sic*] de Montréal et à la création de la Fédération des Alliances françaises aux États-Unis », www.alliancefr.org/rubrique.php3 ?id_rubrique=12. Sur Louis-Germain Martin, dit Germain Martin, voir : http://www.cedef.minefi.gouv.fr/histomin/ministres/fiche040.html.

124. Voir par exemple, pour l'hiver de 1895 : « Marocco : The Western Orient, or How the Moors Live, and Granada and the Alhambra, The Fortress of the Moorish Kings in Spain. Beautifully illustrated with limelight views… », par les frères Lanshail (ou Lanskail) à l'église Westminster (*MDS*, samedi 19 janvier, 4 et mercredi 23 janvier, 2) ; « Palestine illustrated », par le Rev. E. I. Rexford, au YMCA (*MDS*, samedi 2 mars, 4) ; « [Robert] Moffat and [David] Livingston », deux missionnaires en Afrique, par le Rev. J. Edgar Hill à l'église St. Andrew (*MDS*, mardi 5 mars, 4) et enfin « France and the Orient », par Mr. Hilliard, à l'église méthodiste St. James, deux projections commentées et accompagnées d'un orgue, d'un piano et de clochettes carillonnantes (*MDS*, samedi 27 mars, 4).

et ritualise de manière récurrente, au moyen de l'art, avec pour toile de fond l'Ancien Testament auquel la vraie religion se superpose en directe légitimité[125]. Ces mises en scène, souvent impressionnantes en ce qu'elles embrassent un ample registre d'espaces, de formes, de mouvement, de couleurs et de son, puisque s'y mêlent simultanément le théâtre, la peinture et le chant, témoignent du rôle essentiel que joue l'art dans la propagation et la célébration de la foi chrétienne[126].

Plus intéressant encore, pour nous, est l'importance que prend, à cette époque, la dimension historique liée à l'art et qui s'attache à la facture des œuvres exposées ou photographiées, les tableaux religieux des grands maîtres faisant foi, par leur grâce, leur noblesse, leur survivance et leur célébrité séculaire, de leur accointance à un univers doublement sacré et que ces maîtres ont su rendre visible. C'est le cas de l'œuvre de Raphaël, dont les vues stéréoscopiques sont exposées par le Rev. R. G. Boville en 1900, ou encore de celui de James Tissot, peintre français qui avait découvert la foi un jour de 1888, alors qu'il tentait de saisir l'ambiance d'une église pour un de ses tableaux. Le Windsor Hall lui ayant consacré une exposition, inaugurée le vendredi 3 novembre 1899, le journal du lendemain célèbre l'événement dans un article intitulé « The Tissot Pictures. The Living Christ as Conceived by That Artist. Impressive Representation of the Scenes of Our Saviors's Life ». Le recensement est long et dithyrambique, faisant valoir l'aspect humain du Christ de Tissot par rapport à celui de ses prédécesseurs[127]. Même si, à cette date, les œuvres de

---

125. Par exemple, le *MDS* du jeudi 20 février 1896, 4, annonce pour le lendemain au YMCA, avec pour titre « "Ben Hur", "The days of the Messiah", by Montreal Lecture Bureau, illustrated by : [ici notre traduction] la projection d'une centaine de vues, stéréoscopiques et grandeur nature, d'esquisses faites par un artiste de la Royal Academy londonienne et qui représentent des sujets vivants, vêtus de costumes orientaux et qui sont artistiquement beaux, aptes à saisir et étonnamment réalistes (*comprehensive and strikingly realistic*). Les scènes projetées comprendront *The Magi. The Star. The Shepherds. The Angels. The Sanhedrim. Jerusalem. The Sea Fight. The Chariot Race. At Bethabara. The Lepers. The Jordan. The Betrayal. Gethsemane. Golgotha. The Catacombs. The Kingdom.* » Pour d'autres spectacles de ce genre, voir « Oriental Entertainment, with a Lecture on Jerusalem and the Manners and Customs of the Holy Land » (*MDS*, jeudi 29 octobre 1896, 4).

126. Par exemple, le mardi 31 mars 1896, le *MDS* annonçait en page 4 que le Rev. Edward Munson Hill, M. A., montrerait, pour accompagner sa conférence « Christ in Art » à la Zion Church le lundi de Pâques, des vues stéréoscopiques de peintures célèbres, dont la *Cène* de Léonard de Vinci ; le spectacle comprendra des chants de Handel, Gounod, Fauré et Mendelssohn, qui seront exécutés par cinq chanteurs accompagnés par le chœur de l'église. Merci à Jasmin Miville Allard d'avoir retrouvé la date de l'annonce.

127. Ainsi, parmi les populaires « Illustrated Bible Talks » du Rev. R[obert ?] G. Boville (voir par exemple le *MDS* du samedi 8 octobre 1898, 7), se trouve, annoncée dans le *MDS* du lundi 26 mars 1900, 5, une séance de projection de presque toutes les peintures religieuses de Raphaël (« An almost complete set of Raphael's religious paintings »). Sur les tableaux de Tissot, on peut lire dans le *MDS* du samedi 4 novembre 1899, 21 : « The collection is probably the most remarkable that has ever been painted by any one artist. »

Tissot sont encore très récentes, la dimension historique de son œuvre n'en est pas moins célébrée par cette comparaison, qui l'inscrit d'emblée dans une histoire des grands maîtres et de leurs représentations christiques.

Ainsi voit-on l'image, sous toutes ces formes, prendre de l'ampleur en ce tournant de siècle à Montréal, tableaux originaux, mises en scène ou reproductions photographiques étant susceptibles de produire un effet considérable sur leurs récepteurs. L'usage de vues stéréoscopiques, très appréciées en ces années, puisqu'on les utilise en fait dans de nombreux domaines didactiques, y compris dans le cours d'hygiène [santé] publique[128], soutient plus ou moins implicitement une dualité phantasmatique entre le progrès et ses avatars (entendons le christianisme et ses ennemis), en faisant valoir, alors comme à son origine, les bienfaits de la civilisation chrétienne, qu'elle soit catholique ou protestante. Quelquefois, l'opposition entre christianisme et perdition, la seconde associée cette fois au paganisme antique, prend une forme plus explicite, par exemple dans des conférences illustrées portant sur la doctrine[129] ou sur l'histoire de l'Église[130]. Si, dans leurs conclusions, certains de ces discours témoignent du fait que le recours au récit biblique assure à l'Église le maintien de son pouvoir à travers l'histoire[131], nous pouvons constater – c'est l'un des objectifs du présent ouvrage – que c'est le support de l'image qui permet alors à cette idée de s'imposer. C'est donc dans ce contexte que Lagacé trouvera le moyen de faire valoir l'étude de

---

128. Il s'agit notamment du cours d'*Agriculture et colonisation* (*La Presse*, samedi 6 mars 1909, 33) et celui sur l'*Électricité* (*La Patrie*, 20 novembre 1900, 1, et *La Presse*, mercredi 17 février 1909, 11). Le cours d'*Hygiène*, où l'on utilise aussi des projections lumineuses, est donné par « le Dr C. N. Valin », qui y parle de l'« Alimentation de l'enfant » (*La Presse*, samedi 6 mars 1909, 33) ou « Des soins à prendre pour avoir du bon lait », cette série de leçons hebdomadaires, parrainées par la SSJB, s'adressant aux « personnes à qui incombe le devoir de donner des soins aux enfants ; notamment les gardes-malades, chefs d'hospices, de crèches, etc., etc. », *La Presse*, samedi 20 mars 1909, 14.

129. Par exemple, le *MDS* annonce, le jeudi 10 décembre 1896, 8, un cours illustré de « *Church Doctrine and History* », sous les auspices de la Men's Society of the Church of S. John the Evangelist, dont les huit sujets abordés de décembre à mai comptent : « The Validity of Anglican Orders », « The Roman Doctrine of purgatory contrasted with our understanding of the intermediate state and a consideration of indulgences », « Why we cannot accept papal infaillibility », « The testimony of the primitive church against the claim of Papal supremacy » et enfin « The honor due [to] the Blessed Virgin and the saints ».

130. Quelques mois suivant la conférence susmentionnée, le *MDS* du 14 janvier 1897, 4, résume une conférence illustrée (« Early Church history ») présentée la veille « in the parochial hall of St. James the Apostle Church » par « The Very Rev. Dean Carmichael », lequel récapitule l'histoire de l'Église depuis le 1er siècle, lorsque « la religion chez les Romains en était à un tel stade de prostitution que des incarnations malignes (*incarnations of wickedness*) telles celles de l'empereur Néron étaient publiquement acclamées comme divines », jusqu'à l'avènement de la « vraie religion », apportée par l'institution de l'Église sur la base des Saintes Écritures.

131. L'article du Very Rev. Dean Carmichael se termine comme suit : « The Scriptures were the great unifying power of the early Church, and the Scriptures as expounded in these days were the Scriptures of the Church of to-day ».

l'esthétique à Montréal, son amour de l'art prenant le ton, en ses premières années professionnelles, d'une défense de l'Église, «par la parole et par la plume», contre les idées révolutionnaires[132].

Avec cette arrivée spectaculaire de l'image dans les causeries hivernales montréalaises en tous genres, les conférences propres à l'archéologie, à l'architecture ou à l'art – lors desquelles un homme d'Église tel Barnes ou Desmazures peut faire surgir de sa lanterne magique des «portraits authentiques» de la Vierge ou du Christ – sont susceptibles d'impressionner le quidam de manière diablement efficace. Dans ce contexte, la propagation du savoir historique, nimbé ainsi d'une aura de magie, se mêle à la propagation de la foi, elle-même étroitement intriquée dans le fait politique.

Rappelons, pour en restituer l'effet spectaculaire, que les images «électriques» viennent à peine de s'animer en cette fin de siècle, grâce au cinématographe des frères Lumière. En effet, le 27 juin 1896, «au N° 78 de la rue St Laurent», à peine six mois après sa première projection publique à Paris le 28 décembre 1895, on assistait à Montréal à *L'arrivée d'un train en gare*. «Nous avons eu d'abord le télégraphe, puis le téléphone – lit-on dans *La Presse* à ce sujet –, puis le kynétoscope d'Edison, et maintenant, nous sommes arrivés au cinématographe. Où s'arrêtera-t-on?»[133] Le parc Sohmer projettera aussi très souvent des vues animées, dont, à titre d'exemple, treize scènes de *La Passion*, un «spectacle extra émouvant» de «vues animées, grandeur naturelle, toutes coloriées avec de splendides décors». Pour ce «spectacle grandiose», qualifié de «chef-d'œuvre», on n'hésitera d'ailleurs pas à assumer des «frais énormes» pour le faire venir de Paris[134].

Deux ans auparavant, les foules se pressaient à Montréal pour voir émerveillées le pape Léon XIII se mouvoir dans ses jardins privés[135].

---

132. Un recensement d'une réunion de l'Union Catholique présidée par Lagacé en 1903 se lit comme suit: «Après avoir fait comprendre quel grand rôle serait appelée à jouer une association comme l'Union Catholique à une époque où la lutte par la parole et par la plume est devenue si ardente, par suite de l'énergie avec laquelle les ennemis de l'Église s'efforcent de détruire la Foi dans notre beau pays après avoir accompli leur œuvre néfaste au doux pays de France, [Lagacé] exposa un plan de réorganisation longuement étudié et qui, d'après l'enthousiasme avec lequel il a été reçu, semble indiquer qu'il a rencontré l'approbation générale.» *Le Canada*, lundi 19 octobre 1903, 3.

133. La séance comprenait aussi d'autres films, «Le cinématographe. Une des merveilles de notre siècle. La photographie animée. Intéressante expérience samedi soir», long article paru dans *La Presse* du lundi 29 juin 1896, 1. Voir aussi: «Parc Sohmer», *La Presse*, lundi 17 juin 1895, d.é.; «Une merveille», *La Presse*, lundi 15 juin 1896, d.é., et «Cinématographe perfectionné», *La Presse*, vendredi 12 janvier 1900, 9. Sur les frères Lumière, *PRNP*, 1262.

134. La projection est annoncée pour le dimanche 13 janvier 1901, *La Presse*, vendredi 11 janvier 1901, 6. Voir aussi «La vie de Jésus», *La Presse*, samedi 23 mars 1901, 4, et «La Passion. En photographies animées, ce soir», *La Presse*, jeudi 28 mars 1901, 8.

135. Voir *La Presse* d'octobre 1899, au sujet de l'American Mutoscope Compagny qui projettait au Windsor Hall à Montréal des vues animées du pape Léon XIII (cf. chapitre 6/n69).

Chapitre 3

Le professeur d'histoire de l'art à l'Université Laval à Montréal et le conférencier hors les murs. L'art, l'histoire et la civilisation

C E CHAPITRE SE DIVISE EN TROIS PARTIES. Après une courte présentation du contexte dans lequel se déroulait la vie universitaire en milieu francophone à l'Université Laval à Montréal avant 1920 [fig. 13], date à laquelle l'ULàM cède la place à l'Université de Montréal, la première partie du chapitre vise à exposer les conditions dans lesquelles Jean-Baptiste Lagacé donne sa première série de cours à partir de sa chaire à l'ULàM, les onze cours annuels durant lesquels il traverse l'histoire, de l'Égypte ancienne à l'Europe moderne, étant offerts au public et annoncés dans les quotidiens montréalais. En confrontant les résumés de ses cours parus dans l'*Annuaire général* de l'ULàM aux recensements parus dans la presse, on peut constater que notre pionnier, qui, vraisemblablement, avait été engagé à l'Université pour y promouvoir un idéal chrétien et patriotique, s'avérait également apte, à l'occasion, à créer des soucis à ses employeurs. La carrière de professeur de Lagacé après 1920, à l'Université de Montréal donc, ayant été évoquée dans l'introduction de cet ouvrage, et l'étant à nouveau dans le cédérom et dans l'*Initiation*, la priorité a été accordée ici à la phase ulamienne de son professorat.

La deuxième partie de ce chapitre offre une présentation du contexte dans lequel culminaient, entre 1908 et 1922, des efforts menés de longue date, par divers individus, pour créer à Montréal un musée d'art rétrospectif en vue de témoigner, pour les étudiants en art, des grandeurs de la civilisation et de son histoire, universelle ou française. Le succès de cette entreprise, du moins dans ses premières étapes, permet de voir comment la chaire universitaire de Lagacé pouvait faciliter la concrétisation de ce projet, entrepris au moins depuis 1871, et qui se voyait couronné en 1922 par une série de conférences présentées à l'UdeM par un historien de l'art parisien venu célébrer la livraison des œuvres rassemblées.

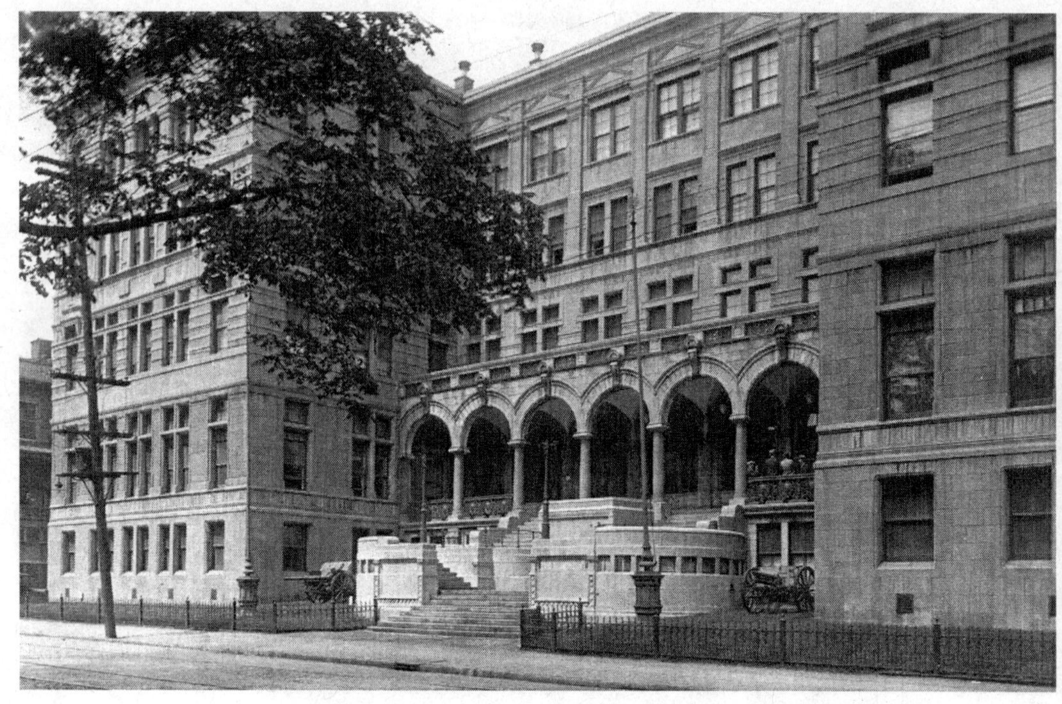

fig. 13 : *Immeuble central rue Saint-Denis,*
Université Laval de Montréal (1895-1942).
Photographie numérisée, carton de 16 x 22 cm.
Division des archives, Université de Montréal, 1Fp,02203.

La troisième et dernière partie de ce chapitre récapitule, dans une liste de ses interventions consignées dans la presse, l'ensemble de la carrière professorale de Lagacé, depuis le moment où paraissent les premiers recensements de ses conférences publiques montréalaises, en 1897, jusqu'à la veille de la création de l'Université de Montréal en 1920, période durant laquelle il présente des conférences ou des cours publics sur l'art : à l'Union Catholique, à l'ULàM [fig. 14 a et b] et au Monument national. À cette liste inédite, constituée à partir de quotidiens dépouillés par plusieurs chercheurs, s'ajoutent trois programmes de cours que Lagacé avait donnés, ou projeté de donner, après 1904. On trouvera également dans cette section, pour illustrer la deuxième partie du chapitre, une liste des conférences sur l'art et son histoire présentées entre 1908 et 1912 par des conférenciers invités, européens pour la plupart, ainsi que le programme de conférences présentées par Louis Hourticq en 1922, à l'occasion de l'inauguration de la collection dudit « Musée d'art de Montréal ».

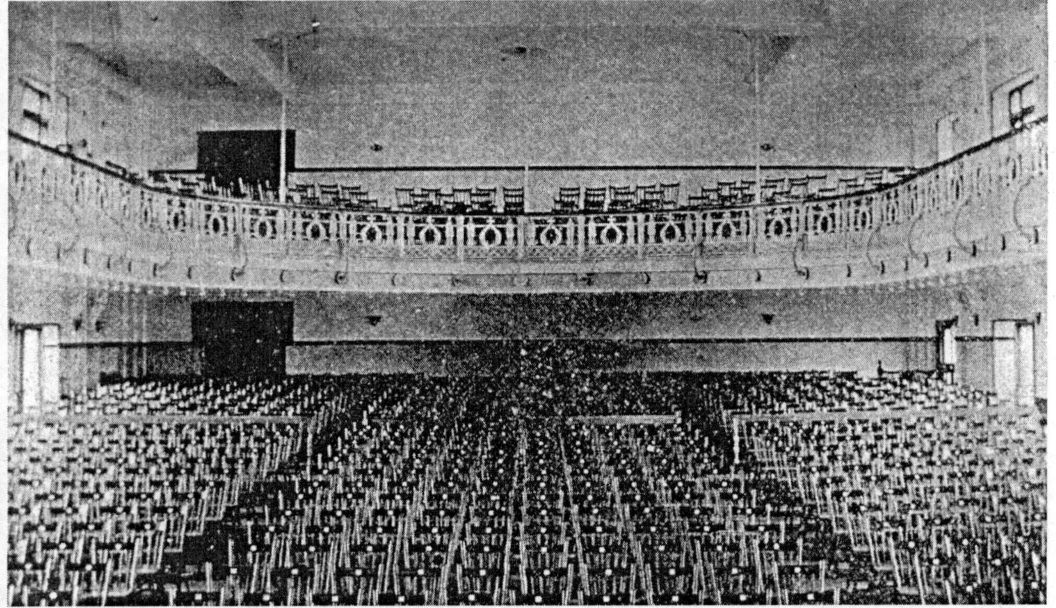

fig. 14a : Université Laval de Montréal, la Salle des promotions, la scène
(où Lagacé donne son cours d'*Esthétique et Histoire de l'Art*).
Le Monde illustré, 18 juillet 1896, p. 184.
Photographie numérisée. Collection BNQ, n° 1494.

L'Université Laval à Montréal[1]

C'est en 1876 que l'Université Laval ouvre ses portes à Montréal, après de longues années de tractations, l'Université mère à Québec ayant enfin consenti à se doter d'une succursale, après que l'évêque de Montréal, Mgr Bourget (dont on se souvient qu'il avait hâté l'ouverture du collège Sainte-Marie où Lagacé avait étudié), eut adressé à ce sujet une requête à la S. Congrégation de la Propagande à Rome[2]. Quarante-trois ans plus tard, le

---

1. La première section de ce chapitre est une adaptation de deux publications préalables, signalées dans l'avant-propos : «La première chaire d'histoire de l'art au Canada…» (1996) et «L'émergence de l'histoire de l'art à Montréal au début du xxe siècle» (2000). La recherche qui m'a mise sur la piste de Lagacé a été menée grâce à une bourse du programme de perfectionnement. Je remercie Denis Plante, pour l'amabilité de son accueil quotidien aux archives de l'UdeM durant l'année 1995-1996.

2. L'Université Laval fut elle-même créée en 1852, par le Séminaire de cette ville, qui lui donna le nom de son fondateur Mgr François de Montmorency-Laval, premier évêque de Québec. C'est «S. M. Victoria» qui accorda la première charte de l'Université Laval, *Annuaire*

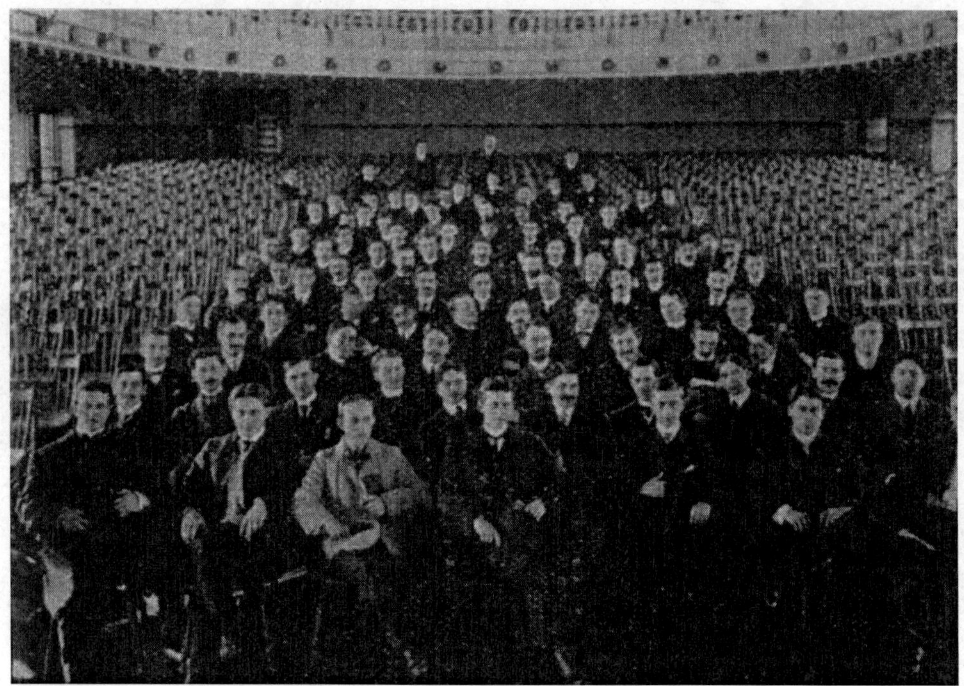

fig. 14b : *La reprise des cours à l'Université Laval :*
groupe d'étudiants dans la salle des promotions de l'Université
(où Lagacé donne son cours d'*Esthétique et Histoire de l'Art*).
L'Album universel, 21 octobre 1905, p. 773 (texte en p. 773).
Photographie numérisée. Collection BNQ, n° 6742.

14 février 1920, l'Université de Montréal (ici l'UdeM) acquiert sa première charte du Parlement de Québec, en même temps qu'un statut d'université autonome[3]. Initialement créée comme une institution catholique, française[4] et privée, l'UdeM ouvre progressivement ses portes à des étudiants non catholiques et non francophones et bénéficie, comme les universités McGill et Concordia, de subventions gouvernementales qui lui permettent

général (dorénavant *AG*), Université Laval, section montréalaise, 1903-1904, 58, Archives de l'Université de Montréal.

3. L'autonomie de l'Université fut progressivement acquise, d'abord par une constitution apostolique *Jam dudum* accordée par le Saint Père Léon XIII le 2 février 1889 (*AG*, 1903-1904, 58 et *AG*, 1904-1905, 144-145), puis par une bulle papale accordée par le pape Benoît XV en 1909, suivie par un décret en 1924, et finalement par une dernière constitution apostolique accordée à l'UdeM par le pape Pie XI en 1927, *AG*, 1940-1941, 173.

4. Hormis le cours de théologie, qui se donnait en latin, tous les cours à l'ULàM étaient donnés en français, *AG*, 1903-1904, 59.

de couvrir la majeure partie de ses frais[5]. À partir de 1950, date à laquelle elle renouvelle sa charte, l'UdeM connaît un développement rapide ; le nombre de facultés et de départements augmente considérablement et le nombre d'étudiants est trois fois plus élevé. En 1967, le gouvernement du Québec lui accorde une troisième charte qui lui confère le statut d'institution à caractère public, vouée à l'enseignement supérieur et à la recherche[6]. Ce n'est qu'à partir de cette date que s'amorce le processus de déconfessionnalisation de l'Université de Montréal.

Durant la première année de son existence effective, en 1878-1879, l'Université Laval à Montréal (ici l'ULàM) comprend deux facultés, la Faculté de théologie et la Faculté de droit, auxquelles s'ajoutent celle de médecine en 1879, puis celle des arts, sciences et lettres en 1887. Entre 1887 et 1919, plusieurs grandes écoles sont affiliées à l'ULàM ; ce sont l'École Polytechnique en 1887, l'École de médecine comparée et sciences vétérinaires de Montréal en 1898, l'École de chirurgie dentaire en 1904, l'École de Pharmacie en 1906, l'Institut agricole d'Oka en 1908 et l'École des hautes études en 1915[7]. En 1920, trois nouvelles unités académiques sont créées, la Faculté des lettres et la Faculté des sciences, qui remplacent la Faculté des arts, sciences et lettres, ainsi que l'École des sciences sociales, économiques et politiques ; la Faculté de philosophie est inaugurée l'année suivante, en 1921. Cette structure perdure jusqu'en 1972, date à laquelle l'UdeM abolit ses anciennes facultés, dont celle des arts et celle des lettres, pour créer deux facultés principales, la Faculté des arts et sciences (la FAS) et la Faculté des études supérieures (la FES)[8].

Le premier historique que nous esquissons dans ce chapitre couvre essentiellement la période ulamienne de la carrière professorale de Lagacé, l'*Annuaire général* de l'Université offrant la possibilité de suivre son parcours alors qu'il traverse l'histoire, du Moyen-Orient ancien au XVIIIe siècle européen, sur une période de onze ans, entre 1904 et 1915. Après l'avoir accompagné dans cette traversée, puis établi quelques comparaisons entre ses diverses sources de recensement, nous présentons en fin de chapitre la liste des articles qui recensent ses conférences publiques dans la presse entre 1897 et 1920, liste qui a été constituée à partir de plusieurs journaux, répertoriés dans l'annexe 1.

---

5. Sur la structure administrative de l'ULàM à ses débuts, voir les historiques dans l'*AG*, notamment celui de 1903-1904, 58-61. L'UdeM fait aussi appel à des dons publics durant les époques de difficultés financières, dans les années 1930, 1940 et 1960. La première collecte a lieu entre 1931 et 1941 (*Annuaire de la Faculté des études supérieures*, ici *AFES*, 1976-1977, ix) ; durant l'année 1947-1948, une souscription rapporte 13 000 000,00 $ (*AG*, 1966-1967, 12 et 10) et, entre 1968 et 1974, une autre campagne, celle-ci organisée pour célébrer le cinquantenaire de l'UdeM, rapporte au-delà de 45 millions de dollars (*AFES*, 1976-1977, ix).
6. *Annuaire de la Faculté des études supérieures* (ici *AFES*), 1976-1977, ix.
7. *AFES*, 1976-1977, ix.
8. *AFES*, 1976-1977, ix.

Ce chapitre est donc consacré à la présentation du cursus de Lagacé dans sa première phase, alors qu'il dispense des conférences publiques (à partir de 1897) et enseigne à l'ULàM (de 1904 à 1919), les sources auxquelles nous avons recours incluant les publications de l'ULàM et les articles parus dans la presse ; il vise ensuite à évoquer la genèse de l'ouverture de l'École des beaux-arts de Montréal, alors qu'avait été mis en place un projet de constituer, à Montréal, une école d'art, en même temps qu'un musée de moulages axé sur le savoir historique. En ce qui concerne l'enseignement de Lagacé à partir de 1920, comme l'*Initiation à l'Histoire de l'Art* nous informe amplement de son contenu (analysé aussi dans notre introduction), nous n'avons pas tenu compte ici des articles de presse publiés à partir de 1920, qui sont d'ailleurs plus sporadiques et dont les sujets dépassent alors le champ du professorat de Lagacé. Rappelons néanmoins quelques dates à ce sujet : à partir de 1920, lorsque l'UdeM devient autonome de Laval, les cours d'histoire de l'art sont donnés à la Faculté des lettres ; en 1962, une section d'histoire de l'art est créée en études françaises ; le 19 janvier 1965, cette discipline acquiert un statut départemental ; en 1968, l'UdeM offre un programme de maîtrise dans ce domaine ; entre 1972 et 1978, avec la création de la FES et de la FES, l'histoire de l'art perd son autonomie et redevient une « section », cette fois du département d'histoire ; enfin, en 1979, elle retrouve son entière autonomie[9]. Notons que des cours d'histoire de l'art ont aussi été offerts, notamment à l'École dentaire, puis à l'Institut d'études médiévales, sans compter les collèges affiliés (notre note 19 infra).

L'*Annuaire général* de l'ULàM

Entre le moment de sa création et celui de sa transformation en université autonome, l'ULàM tenait des séances publiques d'ouverture et de clôture de ses années académiques en cours, séances durant lesquelles les vice-doyens de l'Université et les secrétaires ou représentants de chaque faculté prononçaient des discours éloquents sur les activités internes et externes de l'Université et des facultés. Ces discours, retranscrits dans l'*Annuaire général* de l'Université pour la période entre 1878 et 1917, donnent un bon aperçu du déroulement de la vie académique d'alors. À cet égard, l'*Annuaire* constitue une précieuse source d'informations, factuelles et détaillées, non seulement sur les cours et les conférences publiques et sur les institutions, organismes et programmes connexes, y compris ceux du collégial, mais

---

9. Les historiques de l'ULàM et de l'UdeM ont été reconstitués à partir de nombreuses sources consultées aux Service des archives de l'UdeM, avec l'aide de Denis Plante que je remercie pour cela. Merci aussi à Geneviève Bazin, François-Marc Gagnon, Marcel Fournier, Nicole Dubreuil et Alain Laframboise, qui m'ont accordé des entrevues à ce sujet entre septembre 1995 et février 1996.

aussi sur la manière dont se déroulait la vie académique, à une époque où les administrateurs et les enseignants, encore bien peu nombreux, bâtissaient l'Université, dans une ambiance que l'on pourrait qualifier de familiale. De cela témoigne par exemple le fait que l'on retrouve, à la dernière page de l'*AG*, les adresses personnelles et les numéros de téléphone des professeurs, et plus tard la liste des étudiants inscrits. De manière plus importante, l'*AG* révèle avec éloquence la gamme de sentiments religieux et patriotiques qui animent les discours d'ouverture et de clôture des années académiques, discours retranscrits intégralement dans l'*AG* à l'époque de l'ULàM.

L'*AG* nous apprend ainsi qu'à l'époque où Lagacé y donne ses premiers cours, l'ULàM se caractérise par de forts sentiments d'appartenance, religieux, politiques et culturels, envers Rome, Londres et Paris. De l'importance symbolique et effective de ces appartenances témoigne, par exemple, la permission accordée en 1852 par le pape Pie IX à la ville de Québec, plutôt qu'à celle de Montréal, d'inaugurer la première université catholique du Canada. Le caractère confessionnel de l'*alma mater* ulamienne apparaît dès la première rentrée académique de 1878, telle qu'elle est évoquée 25 ans plus tard par le vice-recteur, Mᵍʳ Archambault, dans son discours de clôture pour l'année 1903-1904. Celui-ci rappelle alors que l'inauguration de l'Université, un « acte important, qui devait avoir son retentissement et marquer dans les souvenirs de la religion et de la patrie », fut souligné par une inauguration religieuse, le 6 janvier 1878, dans la chapelle du grand séminaire, « sous les auspices de Son Excellence le Délégué Apostolique et de Sa Grandeur Mᵍʳ Fabre, de douce et vénérée mémoire ». Le matin de la première rentrée, le 1ᵉʳ octobre 1878,

> [...] professeurs et élèves avaient été s'agenouiller au pied de l'auguste patronne de notre université [il s'agit sans doute de la Vierge Marie], dans son antique sanctuaire de Bonsecours. Mᵍʳ l'évêque de Montréal y célébra la messe votive du Saint-Esprit, assurant ainsi à l'œuvre naissante les bénédictions du dieu des sciences, et la plaçant dans la vivifiante lumière du monde surnaturel de la grâce[10].

L'allocution du vice-recteur, qui occupe quinze pages de l'*Annuaire général* de 1904-1905, ne laisse aucun doute sur le rôle important que joue alors l'Université, en tant qu'institution catholique dont le devoir est de préserver la jeunesse des influences néfastes à laquelle la ville les soumet :

> Il était temps que l'on protégeât, par la création d'un nouveau foyer de lumière intellectuelle, la jeunesse catholique du district de Montréal contre les dangers auxquels s'exposaient, dans l'ordre scientifique, le contact avec des courants

---

10. *AG*, 1904-1905, 142-143.

d'idées hostiles à la foi ; dans l'ordre social, une civilisation qui tend de plus en plus à tout matérialiser : individu, famille et société[11].

Le caractère catholique de l'ULàM continue de transparaître dans les pages de l'*AG* jusque dans les années 1930, comme en témoigne la publication régulière des « Recommandations conciliaires » adjoignant les professeurs d'« avoir sans cesse sous les yeux les documents où les Souverains Pontifes ont fixé les règles à suivre dans l'enseignement universitaire », en même temps qu'« une vigilance particulière pour empêcher les élèves des facultés laïques de se laisser séduire par des théories spécieuses », tels le matérialisme, le libéralisme et le modernisme, et « de tomber dans les filets de l'erreur[12] ». À cette allégeance spirituelle de l'ULàM, se mêle un caractère temporel du fait que, alors que Pie IX avait le pouvoir de décider si la première université francophone canadienne ouvrirait ses portes à Québec ou à Montréal, c'est à la reine d'Angleterre, « S. M. Victoria », que revenait l'honneur d'accorder sa première charte à l'Université Laval (*AG*, 1903-1904, 58). À ces deux allégeances, spirituelle et temporelle[13], s'ajoute la marque culturelle de la France, qui demeure considérable puisque de nombreux professeurs et

---

11. Allocution du Vice-Recteur Mgr Albert Archambault, *AG*, 1904-1905, 143-144.

12. Ces dangers devront être écartés de trois manières : « a) le matérialisme, auquel le caractère même de leurs études incline davantage peut-être les médecins, devra être combattu par une saine philosophie et par le docte exposé des doctrines médico-théologiques ; b) afin que le virus libéral n'infecte pas les esprits, nous estimons qu'il est nécessaire d'instituer dans nos universités une chaire de droit public de l'Église ; c) quant aux erreurs modernistes "qui se dédoublent en se ramifiant avec l'Allure de personnes égarées", il importe de les exposer en bloc au moment opportun, "d'indiquer le lien qui les unit", d'en rechercher les causes et de prescrire les remèdes propres à détourner le fléau. » Les enseignants sont aussi invités à exhorter les étudiants à suivre une observance catholique rigoureuse, incluant la fréquentation des églises, la pratique d'exercices de piété et l'approche des sacrements, afin que ces derniers puissent, « D'un même accord, même leurs études finies », soutenir « la cause de l'Église et du droit ». On devra également faire un effort particulier pour que les élèves de talents remarquables qui aspirent aux études théologiques ou professionnelles ne fréquentent des universités non catholiques que « pour un motif grave », *AG*, 1938-1939, 6-9.

13. Après avoir montré la nécessité d'ériger une seule institution académique catholique « qui ralliera toutes les forces vives du pays », le vice-recteur J. E. Marcoux termine son discours de clôture prononcé à la veille de l'inauguration de la Faculté des arts, le 22 juin 1887, par un appel inéquivoque à des sentiments aussi bien religieux que patriotiques : « Que tous les hommes de cœur, que tous les patriotes sincères, que tous les catholiques convaincus se donnent la main, et en peu de temps nous pourrons accomplir des merveilles, régler des difficultés qui paraissaient insurmontables à première vue, et donner à notre enseignement supérieur et universitaire un essor nouveau. » Un peu plus tôt, Marcoux rappelait : « Mesdames et Messieurs, en venant nous établir à Montréal, sur la décision du Saint-Siège, notre intention a toujours été d'organiser dans cette grande métropole une institution de premier ordre et de profiter de toutes les circonstances favorables pour compléter notre œuvre. Divers obstacles, comme la Providence en ménage toujours aux grandes entreprises, avaient retardé notre marche vers la voie du progrès et ne nous avaient pas permis de nous développer comme nous le désirions. » *AG*, 1887-1888, 79.

congressistes français y ont enseigné et que la majorité des professeurs montréalais employés par l'ULàM et l'UdeM ont effectué leurs études à Paris.

Dans ce contexte, l'enseignement de l'histoire de l'art par Lagacé au début du XXe siècle se caractérise par un souci d'élévation de l'âme, dont la nature séculière fait pendant à l'esprit missionnaire des fondateurs de l'Université. En même temps, on voit transparaître dans les discours universitaires de l'époque l'idée d'un progrès[14] qui, tout en conservant sa dimension théologique, s'inscrit dans une ère nouvelle de promotion de la science et de la technologique, et ce, à travers l'apprentissage du dessin. En ce sens, la création à Montréal de la première chaire canadienne en histoire de l'art a dû doublement bénéficier de cette conjoncture, étant liée à la transmission d'un savoir à la fois historique et technique, la fondation en 1873 de l'École Polytechnique, annexée à la Faculté des arts au moment de sa création en 1887, ayant probablement contribué à l'accession de Lagacé à l'Université en 1904. Voici comment la fondation de l'école est présentée par le vice-recteur dans l'*AG* de 1904-1905 :

> La création de notre école polytechnique est venue mettre fin à un état de choses humiliant pour notre race. « Grâce à cette école, écrivait naguère son distingué directeur, M. Balète, la jeunesse canadienne pénètre aujourd'hui dans un domaine qui lui était autrefois fermé ; graduellement sa compétence, et parfois sa supériorité, est admise dans les milieux où elle n'était pas soupçonnée. La profession d'ingénieur dans cette province de Québec a pris le caractère scientifique qui lui est propre… » Nous […] voulons […] que cette œuvre reste éminemment nationale dans son esprit et dans ces aspirations, comme elle l'a été dans son origine et dans la pensée de ses fondateurs[15].

On voit l'importance ponctuelle que peut prendre l'apprentissage du dessin en fonction d'un idéal progressiste de consolidation d'une identité nationale, dont Yves Gingras a bien montré qu'elle était associée à la promotion des sciences[16]. À l'École Polytechnique, où l'on enseigne les matières scientifiques et techniques pour préparer les étudiants aux

---

14. Notons que la notion de progrès est associée ici au destin des peuples et à celui de l'humanité en général, et non à l'art lui-même, comme ce sera le cas plus tard dans le siècle, lorsque la production de l'art contemporain sera liée aux notions de liberté et de progrès artistiques, voir Olga Hazan, *Le mythe du progrès artistique : étude critique d'un concept fondateur du discours sur l'art depuis la Renaissance*, préface de Nicole Dubreuil, Montréal, Les Presses de l'Université de Montréal, 1999.

15. Allocution du Vice-Recteur Mgr Archambault, *AG*, 1904-1905, 153-154. Sur l'École Polytechnique voir Robert Gagnon, *Histoire de l'École Polytechnique. La montée des ingénieurs francophones de Montréal, 1873-1990*, Montréal, Boréal, 1991.

16. Yves Gingras, *Pour l'avancement des sciences. Histoire de l'ACFAS 1923-1993*, Québec, Boréal, 1994.

professions fondées sur les sciences physiques, notamment à celle d'ingénieur, le programme de trois ans comprend, entre autres, des cours de dessin et d'architecture. En 1902-1903, par exemple, le programme inclut deux cours d'architecture et deux cours de dessin au premier terme, et deux cours de dessin au terme suivant[17]. Nous avons vu, à ce sujet, comment les conférences et les cours publics présentés à Montréal à la fin du XXe siècle, à l'AAPQ, à McGill ou au Monument national, associent la formation des architectes à la transmission d'un savoir historique.

Grâce à la transcription, dans l'*Annuaire* de l'Université, des discours d'ouverture et de clôture des années académiques entre 1887 et 1917, il nous est possible de voir quelle forme prennent, dans ce contexte, les premiers cours d'*Esthétique et Histoire de l'Art* donnés par Lagacé, la série complète de onze ans de cours y étant récapitulée publiquement par le doyen ou le secrétaire de la Faculté des arts à la fin de chaque année académique. Un recoupement avec les recensements de ces mêmes conférences parus dans la presse, puis avec l'*Initiation* de Lagacé, permettrait, si cette entreprise n'était pas si colossale, d'évaluer trois paramètres : le poids des organismes ou institutions d'attache de Lagacé, grâce auxquels il peut vivre de sa parole ou de sa plume, l'influence des médias, qui mettent son enseignement à la disposition du public et ont le loisir de le censurer lorsque son discours s'écarte de la morale catholique pour s'attarder à des œuvres pouvant être considérés comme licencieuses, et enfin celle du passage du temps, puisque l'on voit Lagacé se prononcer sur des questions similaires à quarante ans de distance, au début et à la fin de sa carrière. Nous aborderons le second aspect ci-dessous, en prenant un cas de figure à titre d'exemple, après avoir abordé le troisième dans notre présentation de l'*Initiation* de Lagacé en introduction.

Première traversée de l'histoire par Lagacé, de 1904 à 1915

Le cours d'*Esthétique et Histoire de l'Art* que donne Lagacé à l'ULàM a lieu à la Faculté des arts, fondée en 1887, avec la volonté d'y enseigner les sciences, ainsi que les lettres, l'histoire et la philosophie[18]. À cette époque, l'ULàM comprend trois autres facultés, celles de théologie et de droit, fondées dès

---

17. *AG*, 1902-1903, 60-61. Plus tôt, l'*AG* de 1888-1889 nous apprend que Joseph Haynes enseignait la «construction civile, construction de machines, travaux publics, chemins de fer et architecture». L'*AG* de 1889-1890 mentionne aussi le nom d'Alexandre Bonnin, qui enseigne les mathématiques et le dessin (à ce sujet, voir aussi Gagnon, 137-139). Notons que Lagacé enseignera le dessin à l'École Polytechnique, ainsi qu'à la faculté dentaire de l'ULàM, quelque part entre 1908 et 1928.

18. Rapport de clôture du 22 juin 1887 par le Vice-Recteur, J. E. Marcoux, *AG*, 1887-1888, 80. À ce sujet, voir aussi Hélène-Andrée Bizier, *L'Université de Montréal : la quête du savoir*, Canada, Libre expression, 1993, 92.

la première année effective de l'Université (1878-1879), et celle de médecine (1879).

À la Faculté des arts[19], le premier cours intra-muros, celui de littérature, est inauguré en 1898[20]. En 1904, il est suivi d'un cours en *Droit public de l'Église*, et d'un cours d'*Esthétique et Histoire de l'Art* ayant débuté de manière non officielle à l'hiver 1904[21]. Ces trois cours sont organisés de la même manière et visent trois genres de clientèle : les étudiants de la Faculté des arts, ceux des autres facultés et le grand public. Le cours de littérature, donné exclusivement par des professeurs français agrégés de l'Université de Paris durant les quelques premiers cinq ans, est donné, comme les deux autres, sur une période de six mois, entre novembre et avril. Comme le cours de droit, et celui d'histoire de l'art à partir de 1904, le cours de littérature comprend des leçons didactiques, adressées aux élèves visant un diplôme ès arts et auxquels peuvent se joindre des personnes étrangères à l'Université, moyennant 25 centins pour chaque leçon ou trois dollars pour la saison. Ces séances ont lieu le lundi soir pour le cours de littérature, et probablement le mardi pour l'histoire de l'art, « à 8 heures et quart, à la salle des conférences publiques du premier étage ». Les trois cours de littérature, de droit et d'histoire de l'art comprennent aussi des conférences, offertes gratuitement au public tous les quinze jours, « le mercredi soir, à 8 heures, dans la salle des promotions ». Ces séances sont régulièrement annoncées dans les journaux,

---

19. Lagacé a enseigné aussi dans les écoles affiliées à la Faculté des arts de l'ULàM, tels que l'École d'enseignement supérieur (ici l'ÉES) pour les jeunes filles, inaugurée en 1908 et liée à la Congrégation Notre-Dame (ici CND). L'*AG* nous apprend qu'en 1010, à l'ÉES, Lagacé enseigne l'histoire de l'art, Edmond Dyonnet le dessin et le modelage, S. Ste-Théodosie le dessin et S. Ste-Jeanne de Jésus la peinture (*AG*, 1911-1912, 332-339). À partir de la fin des années 1920, des cours d'art et d'histoire de l'art sont aussi donnés à la CND et à l'École des arts et métiers (Dessin par Charles Maillard, Histoire de l'art par S. Ste Sophronie et Décoration et modelage par Henri Charpentier, *AG*, 1927-1928, 187-189). Pour les écoles affiliées à la Faculté des arts, voir l'*AG*, 1931-1932, 109 ; 1940-1941, 193-194 et 1958-1959, 98-103. Une petite publication interne de la CND, *La coupe des vêtements à l'école primaire, livre de la maîtresse*, qui se vendait 50 sous, paraît en 1940 sous forme d'édition refondue, approuvée par le Comité catholique du Conseil de l'Instruction publique, avec pour préface une lettre de 1933 signée « Jean-Baptiste Lagacé, Inspecteur de dessin ». Lagacé y encourage la Révérende Sœur Sainte-Marie-Vitaline, de la CND, à continuer à développer les aptitudes créatrices des élèves durant le cours hebdomadaire de dessin des jeunes filles et garçons, ainsi qu'à octroyer un temps supplémentaire pour les cours de coupe des vêtement au primaire. Pour ces questions, voir le chapitre 5.
20. Le cours de littérature fut inauguré par l'abbé Colin, supérieur du Séminaire de Saint-Sulpice à Montréal, *AG*, 1903-1904, 60 et *AG*, 1907-1908, 115. Quant au cours en Droit public de l'Église, l'*AG*, 1904-1905, 68 et 152 spécifie qu'il comporte 29 leçons. Cette structure de la faculté perdure jusqu'en 1920, date de la première charte de l'UdeM et date de la création de la Faculté des lettres.
21. Le cours public d'« Esthétique et Histoire de l'art » figure dans le calendrier universitaire avant les premiers cours de philosophie et d'histoire.

français et anglais. Dans l'intervalle des quinze jours, d'autres conférences, sur « la religion, l'histoire, la littérature… », sont présentées par des professeurs de l'ULàM ou par des conférenciers étrangers[22].

L'expérience du premier cours d'*Esthétique et Histoire de l'Art*, donné durant l'hiver de 1904, est évoquée par le vice-recteur, Mgr Archambault, dans son discours de 1904 mentionné plus haut. Celui-ci rappelle alors les buts visés par cet enseignement :

> M. J.-Bte Lagacé nous a donné, sur la peinture, au cours de l'hiver dernier, une série de conférences que le public montréalais a go[û]tées et encouragées de sa présence. C'est un premier pas vers la création d'une chaire d'esthétique qui aura pour effet de développer parmi nous la science du beau, d'en indiquer les éléments, les règles, d'en faire paraître les chefs-d'œuvre dans les différents siècles. Rien de plus propre à élever l'âme d'un peuple au-dessus des intérêts vulgaires de la vie matérielle, et à la porter dans les régions supérieures de l'idéal, des émotions pures et sereines que procure la contemplation de la splendeur du vrai[23].

En 1904-1905, Lagacé donne son premier cours officiel, qui est une reprise de l'essai mené l'année précédente et le premier de la série de onze cours annuels donnés entre 1904-1905 et 1914-1915. L'expérience de 1904-1905 est évoquée par le doyen ou secrétaire de la Faculté, dans un discours de clôture[24] adressé à l'archevêque de Montréal, Mgr Bruchési, lors de la séance de clôture des cours académiques :

> Ceux qui ont foi en l'esprit de travail de notre jeunesse, en ses aspirations vers un idéal plus élevé, et en l'avenir de l'art sur notre terre canadienne, ont salué avec satisfaction l'inauguration d'un cours d'Esthétique et d'Histoire de l'Art, et le choix de M. J.-B. Lagacé pour nous initier à la connaissance de ses premiers éléments. Le sympathique professeur, qui avait précédemment, dans des conférences détachées, fait pressentir l'intérêt d'un enseignement didactique, a apporté à cette œuvre d'initiation son talent, le fruit de patientes recherches et un dévouement puisé dans cette conviction, que le meilleur emploi que l'on

---

22. *AG*, 1902-1903, 92, et *AG*, 1903-1904, 89.

23. Allocution du Vice-Recteur Mgr Albert Archambault, *AG*, 1904-1905, 152. Nous présumons que ce discours en est un d'ouverture de l'année académique, et non de clôture (les annuaires de cette époque comprennent généralement les deux), car le premier cours d'histoire de l'art était donné à l'hiver 1904. Pour les onze cours suivants voir les *AG*, 1905-1906, 172-175; 1906-1907, 176-178; 1907-1908, 195-199; 1908-1909, 228-233; 1909-1910, 255-259; 1910-1911, 299-302; 1911-1912, 200-204; 1912-1913, 201-205; 1913-1914, 213-218; 1914-1915, 220-229 et enfin 1916-1917, 231-232. Rappelons que l'*Annuaire* paraît toujours l'année qui suit celle où les cours sont donnés.

24. On se souviendra que Gustave Bourassa prononçait jadis ce type de discours d'ouverture ou de clôture de l'année académique, en tant que secrétaire général des facultés, ou en tant que doyen de la Faculté des arts (3/n1).

puisse faire de son temps, c'est de le passer dans le contact habituel avec les livres et les chefs-d'œuvre du génie humain[25].

Ce premier cours, intitulé « Principes d'esthétique », et qui disparaît de l'*Initiation à l'Histoire de l'Art*, se divise en deux parties. En premier lieu, le professeur « établit les principes du beau et les lois générales de l'art », définissant le beau, l'art, l'artiste et l'œuvre d'art. En second lieu, il offre « une application des théories esthétiques » et dévoile les « causes » de « l'évolution et du progrès de l'art », ces causes, « générales, déterminantes et constantes » étant au nombre de sept : « le climat, le sol, la race, les idées, les faits, les grands hommes et la multitude ». Pour finir, le cours offre une ébauche des « grandes lignes de division de l'histoire de l'art » que le professeur explicitera dans les cours qui suivent. Le cours 2, donné en 1905-1906, alors que Lagacé est nommé officiellement à son poste, s'intitule « Grèce, Égypte, Assyrie ». Il amorce l'évolution de l'histoire – qui débute, non pas en Grèce, rappelle le professeur, mais en Égypte et en Assyrie – en fonction d'un programme ambitieux car, comme le précisait le responsable de la Faculté lors de la séance de clôture de l'année précédente, il restait alors à Lagacé « à remplir ce cadre majestueux, et à nous faire voir la réalisation de l'idéal artistique poursuivi par les différents peuples ».

Le déploiement temporel et géographique des cours de Lagacé suit la tradition des écrits sur l'art du tournant du xxe siècle, qui consiste à édifier une histoire universelle suivant un schéma linéaire, tout en cherchant à légitimer ce nouveau champ d'études par un discours qui loue à la fois la vérité, le progrès et la science. Parmi la gamme des concepts qu'accompagne, à l'époque, ce type de rhétorique, on retrouve, utilisés par Lagacé, une présentation monolithique (tous les arts semblent progresser successivement en fonction d'une œuvre commune, leur évolution étant de surcroît indissociable de celle des sciences), une histoire linéaire, progressive et régressive, l'idée que l'art reflète l'évolution successive des peuples, ainsi qu'une superposition entre les découpages temporel et géographique qui fait que chaque pays sélectionné (il y en a une dizaine) ne figure qu'une seule fois dans l'histoire. Ainsi, on apprend, au cours 2[26], que « la Grèce est venue tard dans l'histoire » et que « déjà avant elle existait un long passé […] de plusieurs siècles ». Ce passé, qui ne constitue en fait qu'une « préface » au « Grand Livre », se situe dans le bassin méditerranéen, où les « peuples primitifs » égyptien et assyrien assurent, par leur homogénéité, puisqu'ils ne forment qu'un seul corps, une migration de leurs « efforts » vers Athènes et Rome où naîtra le génie.

---

25. *AG*, 1905-1906, 164-165. Cette satisfaction s'exprimait aussi en dehors de l'université, sous la plume d'Armand Loiselle (2/n12).
26. La numérotation des cours est nôtre.

L'art en Grèce (cours 3) « qu'un public restreint, mais appréciateur intelligent, a paru go[û]ter » offre, en 1906-1907, un récit biographique opposant les deux « grandes races » dorienne et ionienne, dont l'art – plus précisément les productions architecturales – « ne s'est pas élevé d'un seul bond vers la perfection ». Le cours 4, sur « La sculpture grecque », poursuit le progrès de la société hellénique, dont le génie se serait éveillé vers le VIIe siècle av. J.-C. Ce progrès, qui fleurit sous le signe de la liberté, se produit alors – comme plus tard, durant la Renaissance – « par l'aiguillon de la concurrence » entre les Mycéniens et les Grecs, aiguillon qui « stimule les facultés et fait l'homme plus ambitieux et plus énergique, plus entreprenant et plus résistant qu'il ne l'était dans les autres sociétés qui existent alors sur la surface du globe ». Cependant, une fois que ce progrès a été atteint, au Ve siècle ap. J.-C., l'art ne peut que commencer à péricliter après la désertion d'Athènes ; « le goût mâle et sévère de l'âge précédent » se voit alors remplacé par « le goût du recherché et du maniéré ».

Le cours 5, sur « Rome », « le dernier acte du grand drame », est résumé dans l'*AG* de 1909-1910, où l'on trouve également une transcription du discours prononcé par l'abbé R. Labelle, à l'occasion de la célébration des noces d'or sacerdotales du « pontife des pontifes » [Saint Pie X], discours enflammé par lequel l'abbé exhorte son auditoire à donner son sang au Pape, si besoin est, pour l'aider dans sa lutte contre le Modernisme[27]. Le cours sur Rome décrit le citoyen de l'Empire romain comme un apprenti en étape de formation, qui commet des erreurs et demande « à l'Égypte, puis à la Grèce des leçons de bon goût », en vue de constituer l'héritage à transmettre à l'époque suivante. Celle-ci se caractérise, dans le cours 6 consacré à l'art gothique, par le fait que Lagacé loue les beautés de l'art médiéval (quoique de manière plus franche pour l'art gothique que pour l'art byzantin), alors que, dans presque toute autre circonstance, cet art est décrit comme étant décadent. Le fait que l'ULàM soit une université catholique explique cet éclairage particulier des périodes historiques, tout comme le fait que, un demi-siècle plus tard, le département d'histoire de l'art de l'Université de Montréal sera fondé par deux médiévistes, Ludovic Randall (arrivé en 1948 et directeur de 1965 à 1966) et Philippe Verdier (directeur de 1966 à 1970), et qu'il offrira ses services à l'Institut d'études médiévales.

La Renaissance et l'époque moderne occupent les quatre cours suivants, dont deux portent sur l'Italie et les deux autres sur les Pays-Bas, puis sur l'Allemagne, la France et l'Espagne. Ainsi, dans les cours 7 et 8, où il décrit la lente ascension de l'art et son atteinte de la perfection, en peinture et en sculpture, « M. le professeur considèrera la Renaissance italienne comme

---

27. « Discours sur [l]e Pape prononcé par M. l'abbé R. Labelle, P. S. S. », *AG*, 1909-1910, 358-369 (363-364).

formant un tout homogène, comme le développement progressif et logique d'un idéal unique… immuable en ses aspirations ultimes[28] ». Alors que le cours 8, présenté en cinq séances, prend une forme plus nettement biographique (« Michel-Ange, Raphaël et Titien »), les cours 9 et 10 classent les artistes en fonction des tempéraments des différents peuples européens, tout en traversant l'époque moderne, du XVe au XVIIIe siècle. La série se termine en 1914-1915, avec le cours 11, « L'art français, Peinture, sculpture, architecture », mentionné dans l'*AG* de 1916-1917, le précédent n'ayant pas été publié. En 1916-1917, Lagacé reprend l'histoire à ses débuts.

Dans sa version plus récente, la présentation de Lagacé de l'histoire de l'art, hormis l'évocation d'auteurs du début du XXe siècle tel Maurice Barrès, ressemble singulièrement à nos survols actuels, à la fois par sa richesse (dans la manière de composer une histoire qui tient compte à la fois des événements historiques, des fonctions politiques et sacrées de l'art, de l'iconographie de certaines œuvres et de quelques considérations techniques) et par le fait que son auteur considère les œuvres d'art comme un témoin de la grandeur ou de la déchéance de l'âme humaine.

De manière plus ponctuelle, cette série de cours s'inscrit dans le climat dans lequel se développe, au début du XXe siècle, l'institution où ils sont donnés. Dans la première phase de son enseignement, Lagacé constitue une histoire ethnographique et évolutive où la recherche du beau et les sentiments d'élévation patriotiques et spirituels que procure sa découverte rappellent les allégeances temporelle, culturelle et spirituelle de l'ULàM. En même temps, ses cours s'inscrivent dans une époque où les Canadiens français prennent une part active dans le développement technologique et industriel. Dans cette perspective, ces descriptions de cours, également typiques des écrits sur l'art produits dans d'autres pays à cette époque, soit au moment où l'histoire de l'art se constitue en champ universitaire, représentent un héritage précieux car rares sont les documents qui nous informent de manière aussi détaillée sur les débuts de l'enseignement universitaire de l'histoire de l'art, au Canada ou ailleurs.

… mais lorsque l'art en dit un peu trop

Tel que mentionné précédemment, les cours d'*Esthétique et Histoire de l'Art* de Lagacé étaient recensés dans diverses sources, qui, lorsque confrontées, donnent le loisir de constater que, dans certains résumés de ses cours, ses recenseurs éclipsent quelques-uns de ses propos, considérés sans doute comme licencieux. Quelques disparités que l'on retrouve çà et là permettent ainsi de supposer que notre professeur d'esthétique, dont tout porte à croire

---

28. *AG*, 1911-1912, 201, voir aussi Hazan (1999).

qu'il avait été engagé à l'Université pour promouvoir un idéal patriotique et chrétien tel celui qu'il arborait avec fougue dans ses lettres de 1900 (voir introduction et chapitre 6), a dû, en certaines occasions, contribuer à décontenancer ses employeurs et à les mettre dans l'embarras. Par exemple, en 1910-1911, son cours, qui porte alors sur la Renaissance italienne, fait l'objet de recensements ciblés, certaines données étant publiées dans les journaux – dont *Le Devoir* du jeudi 17 novembre 1910, 4, où Lagacé réfère aux «excès» et aux «débauches» de cette civilisation – mais non dans l'*Annuaire général* de l'Université. Cette omission pourrait bien sûr être justifiée par le fait que le résumé publié dans l'*AG* porte sur l'ensemble de l'année académique, alors que les articles de presse recensent chaque conférence publique séparément. Cependant, si l'on porte attention aux passages qui sont absents des retranscriptions dans l'*AG*, constituées certainement à partir des notes que Lagacé remettait aussi bien à son université qu'aux différents journaux qui le recensaient, on constate que les paragraphes qui manquent dans l'*AG* sont parlants, par exemple dans le cours sur Fra Angelico, dont cette section, précisément, a été éliminée (alors que ce qui précède et suit dans le journal figure tel quel dans le recensement de l'*AG* de 1911-1912):

> Au commencement du xve siècle, la rupture n'est pas encore commencée entre ces deux écoles rivales [l'école spirituelle et l'école naturaliste]; mais l'on veut [l'on voit] que quelque chose est c[h]angé dans les habitudes des artistes[,] que de nouvelles tendances se font jour, et qu'avec la richesse, le luxe, la soif des plaisirs, des besoins nouveaux sont nés que les artistes doivent satisfaire. L'art religieux lui-même subit le contre-coup de ces préoccupations profanes et l'on voit les images de la vie quotidienne envahir insensiblement les églises[29].

On peut donc supposer que l'ULàM se refusait alors à promouvoir, dans son annuaire universitaire, ces besoins à satisfaire en vertu de nouvelles tendances de luxe et de «soif de plaisir». On trouve d'ailleurs d'autres passages sur la Renaissance, publiés dans la presse et qui disparaissent du recensement universitaire, notamment dans *Le Devoir* du 17 novembre 1910, 4, et du 1er décembre 1910, 4. Ce dernier, en particulier, est intéressant, en raison d'un commentaire que fait Lagacé, paru dans la presse, mais non dans l'*AG*, au sujet d'une toute nouvelle façon de traiter l'art de la Renaissance, en une refonte qui aurait «eu pour effet de détruire un grand nombre de légendes comme de remettre en lumière des faits importants que les écrivains du xvie siècle avaient ignorés ou qu'ils avaient laissés dans l'ombre pour servir les intérêts de leur patrie ou de leur école».

---

29. *Le Devoir*, samedi 28 janvier 1911, 6; pour la comparaison, voir l'*AG* de 1911-1912, 201-202.

Par ailleurs, l'absence de recensement, cette fois dans la presse, de la séance du cours de Lagacé consacrée à Fra Filippo Lippi et Sandro Botticelli le mercredi 11 janvier 1911, séance qui avait pourtant été annoncée à deux reprises, déjà dans *Le Devoir* du 15 décembre 1910, 4, soit quatre semaines à l'avance, et à nouveau le matin même du 11 janvier 1911, 4, semble indiquer que Lagacé a été censuré, aussi, dans la presse[30]. On peut imaginer que cet élagage du contenu de son enseignement est dû alors à sa présentation de la biographie de Lippi, qui avait une réputation de chaud lapin et un passé que d'aucuns pouvaient considérer comme peu exemplaire[31]. Cette séance n'est d'ailleurs pas mentionnée dans l'*AG* non plus. Enfin, dans son cours sur Perugino, présenté le 8 février 1911, soit deux séances plus tard, on voit bien que Lagacé utilise des expressions pouvant irriter les défenseurs de la catholicité[32].

Ces diverses censures, dont l'hypothèse se voit confirmée par le fait que le cours de Lagacé sur le xve siècle italien sera tout bonnement éliminé du programme d'histoire de l'art qu'il offrira aux ouvriers au Monument national à partir de 1912 (programme parrainé par la Société Saint-Jean-Baptiste, voir la liste infra, 188-195), sont dues aussi à des causes qui demeurent pour nous énigmatiques, bien qu'elles soient parfois évoquées publiquement, notamment par le vice-recteur de l'UdeM quelque treize ans plus tard. Le vice-recteur, Mgr Émile Chartier, dans un discours prononcé alors (en 1924) en l'honneur de Lagacé, au moment où le gouvernement français lui remet les palmes académiques, brosse les qualités du lauréat, tout en rappelant ironiquement à son auditoire – lequel comprend sans doute l'allusion mieux que nous – que Lagacé a déjà « provoqu[é] la pression sur lui de la presse » et « déclench[é] l'attention des autorités ». Malgré l'ouverture d'esprit du chanoine, donc de l'institution qu'il représente, puisqu'il aborde publiquement cette question en un moment très officiel, Lagacé, encore en 1936, provoquera à nouveau un « scandale », cette fois parce qu'on lui reproche de montrer des reproductions de nus à ses élèves d'histoire de l'art de l'UdeM[33].

---

30. Merci à Brigitte Nadeau, qui a balayé *La Patrie* et *Le Devoir* du 11 au 21 janvier, pour vérifier que ces recensements avaient effectivement été omis.

31. *Le Devoir* du jeudi 17 novembre 1910, 4, précise que Lagacé, lorsqu'il en arrive à l'art de la Renaissance, change sa manière de procéder : « Dans l'exposition de cette vaste matière, M. Lagacé s'écartera des méthodes habituelles et au lieu de faire l'histoire détaillée des nombreuses écoles qui se sont succédé ou qui ont brillé simultanément en Italie, il considèrera la Renaissance comme formant un tout homogène. [...] Son but sera moins de dresser l'inventaire des églises et des musées que de fixer l'attention sur les œuvres les plus caractéristiques... » Sur Lippi, qui avait séduit une nonne au couvent, voir Hazan (1999), chapitre 11.

32. Voir *Le Devoir* du vendredi 10 février 1911, 3.

33. Sur le premier scandale voir aussi notre chapitre 1/n16. Au sujet du second, voir H.G. [Henri Girard], « L'art et l'horreur du nu », *Le Canada*, samedi 22 juin 1935, 2 ; merci à Laurier

Le discours de Mgr Chartier – vice-recteur de l'UdeM de 1920 à 1944 – pouvant nous éclairer sur l'apport de Lagacé au développement de l'art et de l'histoire de l'art à Montréal, notre esthète ayant aussi contribué à la création de l'ÉBAM, nous reprenons plus largement le passage comprenant l'allusion aux déboires de Lagacé, car il nous informe aussi sur les rapports qu'entretient l'UdeM, non seulement avec la France, mais aussi avec le Québec.

Discours du Doyen [le chanoine Mgr Émile Chartier, vice-recteur de l'UdeM, 1920-1944]

« Mon cher collègue,

Vous comptez autour de vous ce soir, avec vos collègues de la Faculté des lettres, vos amis les plus chers et des représentants de toutes nos Facultés et Écoles. [/] Le motif de leur réunion n'a rien de mystérieux. Le gouvernement français vous décore des palmes académiques. Ils veulent se réjouir, comme d'un honneur conféré à tous, d'une reconnaissance qui revient à votre seul mérite.

C'est votre mérite que la première patrie de toute intelligence vient de consacrer. Sans presser trop les rapprochements, n'est-ce pas une heureuse coïncidence que votre décoration toute récente et l'ouverture à peine moins récente de notre École des Beaux-Arts ? Par un enseignement de vingt-cinq ans, dans la première et la seule chaire d'histoire de l'art qu'ait possédée une université canadienne, vous avez préparé l'éclosion de cette École. À force de leur vanter la beauté de la couleur, de la ligne et de la forme, vous avez insinué dans l'esprit de vos compatriotes une conviction. Les améliorations utiles ne sont pas le dernier mot du progrès ; au-dessus des éphémères perfectionnements de la matière, il y a les conquêtes impérissables de l'art. Cette idée féconde éveilla des talents qui s'ignoraient, stimula les initiatives hésitantes, excita le goût public, provoqua la pression sur lui de la presse, déclencha enfin l'attention des autorités. À ce dernier stade de votre activité, l'École des Beaux-Arts devait naître. Cette École, c'est la consécration apportée par la province de Québec à votre œuvre tenace autant que prévoyante. En remettant ses palmes à l'auteur de cette œuvre, la France met le sceau à cette consécration.

Et c'est cela qui étonne, mon cher collègue, dans cette décoration si justifiée. La main qui vous la présente a dû se rendre jusque par delà l'Atlantique pour vous atteindre. Il nous semble, à nous, qu'elle n'aurait pas dû avoir à franchir plus que la largeur de notre Saint-Laurent. Québec n'est pourtant pas si loin de Montréal ! Pour triompher de notre étonnement, nous songerons, mon cher collègue, à un fait. Ce n'est pas d'hier que « personne n'est prophète en son pays ». Ce n'est pas d'hier non plus que les grand'mères dépassent, en gâteries à l'égard de leurs petits-enfants, la tendresse naturelle des mères pour leurs

---

Lacroix pour cette référence.

rejetons. Et la France, notre grand'mère à nous, est si coutumière des beaux gestes qu'il lui arrive, plus souvent qu'à son tour, d'y devancer ceux qui, ayant le plus impérieux devoir de les faire, en auraient peut-être la plus folle envie. Nous ne le lui reprocherons pas.

Nous ne lui reprocherons pas non plus, pour faire celui-ci, de s'y être pris en apparence un peu tard. Les couronnes des grands hommes ne se posent trop souvent que sur leur tombe. Vous comprendrez que celles des artistes leur soient réservées non moins souvent pour l'heure où, sur une chevelure blanche, leur verdeur se détache avec plus d'éclat. Mais leur retard même à s'y asseoir fait précisément espérer pour plus tôt une couronne encore plus riche.

C'en est une de ce genre que nous vous souhaitons, mon cher collègue. Puissent les palmes vertes, venues de la patrie de nos intelligences, faire place bientôt aux palmes d'argent, ou d'or même, que la patrie de nos cœurs, je veux dire notre province de Québec, se doit de vous octroyer[34]!

La réponse de Lagacé lue par Guillaume Sirois dans le cédérom ayant été commentée dans notre premier chapitre, nous nous attachons à présent à esquisser une genèse des liens institutionnels qui s'établissent à Montréal entre l'art et l'histoire de l'art – à la base des deux métiers que pratique Lagacé –, de 1908, jusqu'au moment où notre pionnier, en 1924, reçoit les palmes académiques que lui remet le gouvernement français pour sa contribution à la création de l'ÉBAM. Ce récapitulatif, constitué à partir de documents d'archives, d'articles de journaux, des annuaires de l'ULàM et de quelques monographies, met également en lumière les liens culturels qui se tissent entre Paris et Montréal.

La culture artistique à Montréal comme pratique évocatrice d'une histoire de la civilisation, universelle ou française

À l'époque où Lagacé donne sa première série de cours sur l'histoire de l'art à l'ULàM, la discipline dont il vient de jeter les bases bénéficie, à Montréal, de deux types d'initiatives conjointes : la présence de plusieurs conférenciers invités qui parlent d'art et des efforts déployés, du même souffle, en vue de créer un musée d'art rétrospectif voué à l'éducation des artistes. Amorcées dès le XIXe siècle, toujours avec l'aide de la mère patrie, où l'on allait quérir des moulages de sculptures et d'édifices datant des différentes époques de l'histoire de l'art (voir les moulages dans le cédérom), les tentatives pour fonder une école d'art à Montréal, tel que montré dans les chapitres précédents, se sont vues renouvelées à maintes reprises, par l'abbé Chabert en 1871 et par l'abbé Verbist en 1873, mais aussi par Napoléon Bourassa en 1877, Stewart

---

34. « Banquet Lagacé » (jeudi, 8 mai 1924) », *Annuaire de la Faculté des lettres*, 1925-1926, 61-66. Voir aussi 1/n16.

Henbest Capper entre 1897 et 1903 et Max Doumic en 1908 (on voit aussi des enseignants en art du Conseil des arts et manufactures de la province de Québec tenter de se procurer, pour leurs propres classes, des modèles en plâtre à Paris; ce sont Edmond Dyonnet en 1895, Louis-Philippe Hébert en 1898 et Alfred Laliberté en 1907)[35]. Tous ces artistes, et un architecte dans le cas de Doumic, étaient mus par le même désir de fonder à Montréal une école d'art, avec musée rétrospectif, afin d'offrir aux artistes en devenir une formation à la fois pratique et historique. Finalement, ce n'est qu'en 1923, lors de l'ouverture de l'École des beaux-arts de Montréal, que sera enfin exaucé ce vœu, la fondation de l'ÉBAM couronnant une longue série de tentatives infructueuses, dont celle du Musée de Capper ravagé par un incendie en 1907.

Après cette série de tentatives – dont les efforts vains s'étendent donc sur une période allant de 1871 au moins, à 1908, date à laquelle ils semblent se structurer de manière plus efficace –, la présentation de conférences publiques prononcées à l'ULàM par des spécialistes étrangers sert à promouvoir le fameux projet de fondation d'un musée didactique. Ces efforts porteront leurs fruits durant trois années consécutives: en 1922, au moment de l'inauguration du musée rétrospectif – ou du moins de l'exposition temporaire des œuvres qui devaient le composer –, en 1923, au moment de l'inauguration de l'ÉBAM, et en 1924, date à laquelle Lagacé est couronné des palmes académiques par le gouvernement français. L'honneur qui lui est alors attribué laisse à penser qu'il a contribué à faciliter cette entreprise, à

---

35. Hormis celles qui sont mentionnées dans les chapitres précédents à ce sujet, les sources consultées pour cette récapitulation historique de quelques lignes proviennent des archives du Conseil des Arts et Manufactures de la province de Québec (ici CAM), Archives nationales du Québec, 06M, P82-2 65260, 1857-1927, dossier 06-145. Sur Dyonnet, voir «Conseil des arts et manufactures. Season 1894-1895» (rapport annuel de l'enseignant): Dyonnet est en quête, pour sa classe de dessin, de toute une série de modèles de différents styles, grec, romain, mauresque, Renaissance, Louis XIV, etc., qu'il va tenter de se procurer à Paris à l'été. «[…] et je profiterais de cette bonne occasion pour faire ce choix et m'y ferais aider par ceux-là mêmes qui sont à Paris chargés de cet enseignement. Le cours comprendrait des conférences pour lesquelles je réunirais là-bas, les matériaux nécessaires, si le Conseil veut bien me dédommager de la perte de mon temps. Je crois que notre école ne peut que chercher à donner une instruction pratique et doit laisser à d'autres institutions le soin de faire de l'art pur.» Au sujet de Louis-Philippe Hébert, qui cherche, à Paris lui aussi, des spécimens d'œuvres, en 1898, on peut lire, au bas d'une page manuscrite non numérotée: «Mr Philippe Hébert made the report that some of the schools were in great need of models, and suggested that an amount not exceeding $ 1000.00 bé set apart to make the purchase of the models required»; dans les deux pages suivantes, on apprend qu'il a été décidé qu'une lettre serait distribuée à tous les enseignants pour attirer leur attention sur l'importance d[e faire] envoyer des spécimens pour la classe de perspective et que l'achat se ferait à Paris, à la foire universelle de 1900, par Philippe Hébert. Sur Alfred Laliberté, voir le rapport du 11 juin 1907: «Monsieur le Président fait rapport que Mr A. Laliberté ancien élève du conseil d'été [est] chargé de faire l'achat de modèles en plâtre à Paris, pour les cours de dessin à main levée de peinture et de modelage.»

partir de sa chaire à l'ULàM, qu'il occupe depuis quelque quatre ans lorsque commencent les conférences européennes ; il fera d'ailleurs partie du comité en charge du projet de création du musée rétrospectif.

Les conférences montréalaises sur l'art, prononcées entre 1908 et 1912 par des orateurs étrangers – dont les plus importants seront accueillis à L'ULàM –, témoignent de ces tentatives, entre le moment où Max Doumic, responsable du projet de fondation du musée, arrive à Montréal en 1907, jusqu'à l'aboutissement du projet, lorsque Louis Hourticq, reçu par Lagacé en 1922, accompagne « un cadeau princier » devant servir de noyau au musée. Entre ces deux dates, les conférenciers étrangers qui se déplacent à Montréal (voir la liste infra, 197) ne sont, en fait, pas tous mandatés pour promouvoir ce projet, mais leur présence n'en témoigne pas moins de l'intérêt porté à l'art et à son histoire depuis la création de la chaire de Lagacé.

Le plus important de ces conférenciers, Julien-Maxime-Stéphane Doumic (1863-1914), un architecte parisien formé à l'École des beaux-arts de Paris entre 1883 et 1893 et ayant œuvré en tant que diplomate pour le gouvernement français, était déjà installé à Montréal depuis 1907 lorsqu'il donna le coup d'envoi de ce projet, en présentant trois conférences à l'ULàM, les 15, 17 et 22 décembre 1908, sur l'architecture de diverses civilisations[36]. Max Doumic, qui était le frère cadet de René Doumic, directeur de la *Revue des Deux Mondes* de 1916 à 1937[37], et aussi l'oncle de Louis Gillet, collègue de Lagacé à l'ULàM depuis peu, était professeur d'architecture à l'École Polytechnique de Montréal et y assumait, depuis 1907, la fonction de directeur du département d'Architecture.

La présentation des conférences de Doumic, parrainées par la Société pour l'avancement des sciences, des lettres et des arts au Canada (ici SASLAC), nouvellement créée et dont Doumic était l'un des membres fondateurs, lui permettait de promouvoir, indirectement, le projet d'ouverture du musée éducatif à Montréal, projet dont il était le principal responsable[38]. C'est donc

---

36. Voir « Conférences Max Doumic », et « Le Gouverneur Général et les conférences de Doumic », *La Patrie*, vendredi 11 décembre 1908, 11 et 15.

37. Sur René Doumic (1860-1937), qui avait été nommé Secrétaire perpétuel de l'Académie, voir www.academie-francaise.fr/Immortels/base/academiciens/fiche.asp?param=513 (consulté le 29 septembre 2009). La *Revue des Deux Mondes* est la plus ancienne revue européenne.

38. Doumic ne semble pas mentionner le projet lors de ses conférences – les articles de journaux n'y font en tous cas pas allusion – mais on sait que Doumic avait reçu des fonds de la SASLAC à cet effet. Selon Olivier Maurault, vers le moment de sa fondation, la SASLAC comptait parmi ses membres « Mgr Georges Gauthier, l'hon. Raoul Dandurand, l'hon. H. Pérodeau, le juge Gervais, Dr Cléroux, Dr Dubé [Marcel Dubois ?], Max Doumic, Dr Séraphin Boucher, M. Vautelet, Albert Millette, etc. », Olivier Maurault, « Les arts chez nous », dans *Marges d'histoire, 1. L'art au Canada*, Montréal, Librairie d'Action canadienne-française, 1929, 7-11 (c1923, *Almanach de la langue française*), 8 pour l'information. *La Patrie* du 11 décembre 1908, 11, nous apprend que Marcel Dubois était le premier conférencier (en octobre 1908) de la SASLAC, auquel Doumic succédait. C'est le 5 juillet 1909 que la SASLAC s'est constituée

à ce titre qu'il tentait une première initiative, qui devait s'avérer efficace, mais qu'il abandonna pour rentrer en France, le projet qu'il avait présenté au concours pour l'édification de l'École des hautes études commerciales de Montréal n'ayant pas été retenu[39]. Après son premier séjour à Montréal, de 1907 à 1909, Max Doumic devait en effectuer un second, également de deux ans (de 1910 à 1911), auquel son neveu, Louis Gillet, fait référence en juin 1926, dans une conférence présentée au Congrès des Sociétés normandes tenu à Saint-Lô et où Gillet raconte son propre séjour au Canada[40].

En fait, Louis Gillet, avant son oncle, présente lui-même une conférence, sur la Renaissance en Italie, le 24 avril 1908, à l'ULàM[41], où il occupe une chaire en littérature jusqu'à l'année suivante. Durant ce court séjour à Montréal, Gillet, qui a beaucoup publié en histoire de l'art[42], marquera de manière certaine la réflexion de Lagacé[43]. À son propos (à l'occasion d'un éloge de son fils, Guillaume Gillet), Pierre Schoendoerffer dira d'ailleurs : « […] il fut le premier grand écrivain à se passionner pour l'art. Il mit toute sa maîtrise de la magie des mots au service de l'enchantement des formes et des couleurs[44]. »

Quant aux trois conférences de Max Doumic, présentées elles aussi à l'ULàM, elles sont couvertes dans la presse, le recensement détaillé de la première, dans *La Patrie* du 16 décembre 1908[45], nous apprenant que la série

---

en corporation, bilan.usherbrooke.ca/bilan/pages/evenements/20195.html, consulté le 29 septembre 2009.

39. C'est Louis-Joseph Théophile Décary (1882-1952) qui sera le designer du bâtiment des HEC de 1908 (le bâtiment actuel des archives de Montréal).
www.magma.ca/~djeanes/architects/Decary.html, consulté le 29 septembre 2009.

40. Dans cet article, Louis Gillet commente son propre séjour, de deux ans, au Canada, où il ne s'est jamais senti dépaysé. La phrase suivante éclaire bien le regard qu'il porte sur ce pays, en même temps qu'il dévoile ses propres couleurs : « La religion, la langue, étaient des formes du patriotisme. […] Le clergé conservait le français comme un précieux héritage et comme un inviolable refuge contre l'hérésie anglicane ; mais le français lui-même pouvait être un autre danger : c'était la langue de Voltaire, celle du gallicanisme, la langue de la Révolution », « Vieille France d'outre mer », *Revue trimestrielle canadienne*, vol. 12, n° 46, juin 1926, 253-269 (267 pour la citation).

41. « À l'Université Laval », *La Patrie*, mercredi 15 avril 1908, 12.

42. On trouvera un échantillon de sa verve dans l'hommage que Louis Gillet rendait à Robert de la Sizeranne en 1932, dans la *Revue des Deux Mondes* (voir notre chapitre 7, note 153).

43. Gillet est d'ailleurs souvent cité dans le survol historique de Lagacé. À ce sujet, voir notre chapitre 7, notes 79 et 153.

44. Pierre Schoendoerffer, « Notice sur la vie et les travaux de M. Guillaume Gillet (1912-1987), lue à l'occasion de son installation comme membre de la Section des Créations artistiques dans le Cinéma et l'Audio-visuel », séance du mercredi 18 octobre 1989, Institut de France, Académie des Beaux-arts (http://www.academie-des-beaux-arts.fr/membres/actuel/cinema/ Schoendoerffer/discours_hommage_gillet.htm, consulté le 21 septembre 2009).

45. « L'architecture et la construction : première conférence de M. Max Doumic, devant un auditoire d'élite, à l'Université Laval », *La Patrie*, mercredi 16 décembre 1908, 5 ; la conférence avait été annoncée dans *La Patrie* du mardi 15 décembre 1908, d. é., 14.

porte sur la civilisation et l'architecture et sur leurs influences mutuelles, à différentes époques de l'histoire (l'Antiquité, le Moyen Âge, la Renaissance et les temps modernes). Doumic y associe l'architecture de chaque civilisation (égyptienne, assyrienne, grecque, romaine et chrétienne) à « l'idée que l'on s'y est faite de l'individu et la place qu'il y a tenue dans la société », tout en étant assez critique de chacune de ces civilisations, excluant les deux dernières[46]. Ce programme universel se distingue de l'approche que préconisera Louis Hourticq, au point d'aboutissement du long processus visant à fonder un musée rétrospectif, les pièces envoyées de France en 1922 servant alors à constituer une histoire exclusivement française. Ainsi, on comprend que, malgré le départ, puis la disparition de Doumic, mort à la guerre en 1914[47], l'entreprise qu'il avait mise sur pied portera ses fruits; en effet, on verra que la SASLAC poursuivra le projet en s'associant au Comité France-Amérique, lequel continuera les mêmes démarches avec la Société canadienne des beaux-arts, qui poursuivra le mandat de la SASLAC sous la direction de Victor Morin avec, au conseil, Édouard Montpetit, Jean-Baptiste Lagacé et Léon Lorrain.

Avant d'en arriver là, voyons comment le Comité de Paris gère ce dossier, un an après la série de conférences prononcées par Doumic à Montréal. À la fin de l'année 1909, nous avons la trace, par un procès-verbal datant du 20 décembre 1909, de la manière dont le projet montréalais se voit légiféré, à partir de Paris, Max Doumic ayant reçu le mandat, lors d'une précédente réunion tenue à Paris le mardi 24 août 1909, de rédiger un programme et de le « proposer à l'acceptation de la Société de Montréal ». Le programme de Doumic s'articule en trois articles[48].

---

46. Sur les idées de Doumic, voir ses deux ouvrages sur la franc-maçonnerie: *Le Secret de la franc-maçonnerie*, Paris, Perrin, 1905, et *La Franc-Maçonnerie est-elle juive ou anglaise?*, Paris, Perrin, 1906. Dans le second de ces ouvrages, Doumic pose la question de l'implication des Juifs dans la fondation de la franc-maçonnerie. Bien que sa réponse soit négative, la manière dont il expose son raisonnement (« Nous allons donc examiner tout d'abord par qui la franc-maçonnerie a été fondée et si elle a pu l'être par les Juifs; nous rechercherons ensuite par qui a été préparée et faite la Révolution, à qui elle devait profiter et à qui elle a profité; puis par qui a été lancée l'Affaire Dreyfus et par qui elle a été menée, à qui elle devait profiter et à qui elle a profité », 11) et la formulation de sa dernière phrase (citant Joseph de Maistre, il note qu'« il a donné la note juste quant il écrivait, en 1816, au czar Alexandre: "La secte qui se sert de tout paraît en ce moment tirer un grand parti des Juifs, dont il faut beaucoup se méfier" », 85) demeurent consternants.

47. À 53 ans (Schoendoerffer, 4), Max Doumic est mort sur le champ de bataille, le 11 novembre 1914, au bois des zouaves, devant Reims (http://andrebourgeois.fr/ecrivains_morts_a_la_guerre.htm). Sur Max Doumic, voir Henry Bordeaux, *Trois tombes. La prière pour les absents: Max Doumic, Paul Acker, Maurice Deroure: les honneurs aux morts*, Paris, Plon, 3ᵉ édition, 1915 et http://www.magma.ca/~djeanes/architects/Doumic.html, consulté le 21 septembre 2009.

48. « Copie du Procès-verbal des décisions prises par le Comité des artistes de Paris correspondant avec la Société pour l'avancement des sciences, des lettres et des arts au Canada, dont le siège

Le premier concerne les modalités de fonctionnement du musée, soit l'organisation d'expositions, dont le contenu est choisi et expédié par le Comité de Paris :

> Au point de vue des Beaux-Arts, l'objectif principal et le plus immédiat de la société de Montréal, [*sic* pour la virgule] est de créer dans cette ville un musée et d'y organiser des expositions. Le rôle du Comité de Paris doit être de déterminer la composition de ce Musée, de choisir et d'acquérir les objets d'art de toutes sortes qui en formeront les collections et d'user de son influence pour faire porter les réductions accordées à la société de Montréal, par les musées nationaux de France sur le plus grand nombre de moulages, gravures, etc… qu'il sera possible. Pour l'organisation d'expositions, il aura à choisir parmi les œuvres exposées à Paris le plus récemment et demander à leurs auteurs l'autorisation de les exposer à Montréal ; il se chargera pour le compte de la société de Montréal et après mise d'accord avec elle, des démarches nécessaires à l'expédition des collections[49].

Une fois établi que le Comité de Paris assurera des prix avantageux pour l'obtention des œuvres, le deuxième article explicite les modalités de financement du musée, lequel financement sera assumé par Montréal, tandis que le Comité de Paris aura un pouvoir exclusif pour choisir les œuvres de la collection du musée, ainsi que celles qui feront partie des expositions ponctuelles :

> La Société de Montréal donnant tel montant au Comité de Paris en raison des garanties qu'il offre pour sa composition s'en remet entièrement à lui pour le choix des moulages, peintures, sculptures et objets d'art qui devront composer le musée de Montréal, ainsi que pour les sommes qu'il conviendra de consacrer à ces différentes acquisitions. De même pour les expositions temporaires qui seraient organisées à Montréal, le Comité de Paris sera entièrement maître de choisir les œuvres qui devront y figurer. [/] Le musée projeté devant être avant tout un moyen d'éducation artistique, devra réunir des spécimens les plus variés de l'art des différents peuples et des différentes époques classées méthodiquement[50].

On voit ainsi que l'objectif, à cette date, est de faire connaître différentes formes d'art, et dans un vaste champ historique et culturel, le troisième article précisant enfin le type d'objets qu'abritera le musée :

---

est à Montréal (Province de Québec) » ; le document de cinq pages est daté du 20 décembre 1909, dossier 7, P76, boîte 3273, CFA, Service des archives, UdeM.

49. Retranscrit tel quel, *Procès-verbal de 1909*, 2-3.

50. *Procès-verbal de 1909*, 3.

Il comportera UNE GALERIE DE MOULAGES d'après l'Antique [*sic*], la Renaissance, le Moyen Age, le xvII^e siècle et le xvIII^e siècle et d'après la sculpture contemporaine.

UNE COLLECTION DE DESSINS ET DES PEINTURES

UNE COLLECTION DE GRAVURES

UNE COLLECTION D'OBJETS D'ART MUSULMAN

UNE COLLECTION D'OBJETS D'ART D'EXTREME ORIENT

Autant que possible une salle renfermant des objets mobiliers de chacune des grandes périodes de l'art et des temps modernes; MOYEN AGE, RENAISSANCE, xvII^e SIECLE, xvIII^e SIECLE, Empire.

Une collection de spécimens de ferronnerie des différentes époques et des différents pays.

Une collection d'ARMES ANCIENNES.

UN MUSEE D'ARCHITECTURE – Ce musée d'architecture se composera de moulages, de fragments d'architecture, provenant des musées d'Europe, de collections de photographies, de relevés et de restaurations d'édifices [et?] fragments d'architecture antique ou de la Renaissance que le Comité de Paris demandera ou achètera aux architectes, anciens grands prix de Rome; le Comité pourra même s'entendre avec ces derniers pour le choix de leurs envois qui seraient achetés à l'avance pour le musée.

Toujours dans le même article, le rôle de Max Doumic, comme gestionnaire, notamment, de l'aspect financier du projet, est précisé comme suit:

M. Max Doumic a exposé que la société de Montréal est en instance auprès de la municipalité de cette ville, pour l'obtention d'une subvention annuelle de trois mille dollars; si cette subvention lui est accordée et qu'elle mît à la disposition du Comité de Paris les sommes qui en résulteraient, celui-ci par les acquisitions qu'il pourrait faire par les dons qu'il recevrait des artistes et ceux qu'il pourrait obtenir de l'administration française serait en mesure de [co]nstituer aussitôt à Montréal, un musée d'art déjà très complet et du plus haut intérêt.

Les douze membres signataires du procès-verbal de Paris, auxquels le Comité décide d'adjoindre M. Friant, sont tous, hormis Max Blondat: commandeurs de la Légion d'honneur (Alfred Boucher, J. P. Laurens et [Pascal-Adolphe-Jean] Dagnan-Bouveret), officiers de la Légion d'honneur (A. Allar, F. Cormon, L. O. Merson, J. Coutan, Alfred Lenoir, Raphael Collin et Gustave Michel), ou chevalier de la Légion d'honneur (A. F. Gorgues). Ils sont aussi, hormis Blondat, Gorgues, Lenoir et Michel, membres de l'Institut et tous sont professeurs à l'École des Beaux-Arts ou responsables d'une activité artistique[51].

---

51. Procès-verbal de 1909, 4-5.

Moins de deux mois plus tard, en 1910, toujours associé au nom de Max Doumic, paraît à Montréal, dans *La Patrie* du mercredi 16 février 1910, un article intitulé « Musée artistique à Montréal ». L'article, qui annonce l'ouverture de listes de souscriptions pour le soutien du musée, attribue à la SASLAC « tout pouvoir » pour l'organisation du musée, tout en faisant valoir que ce projet est dû à une initiative canadienne-française, ces affirmations contredisant le contenu du procès-verbal de la réunion de Paris du 20 décembre 1909 :

> Des listes de souscriptions sont maintenant ouvertes pour l'établissement à Montréal d'un musée des beaux-arts qui sera dû à l'initiative canadienne française, et plus particulièrement à celle de la Société pour l'avancement des Sciences, des Lettres et des Arts au Canada. [/] Ce musée devra être avant tout un moyen d'éducation artistique et il devra réunir les spécimens les plus variés de l'art des différents peuples et des différentes époques, classés méthodiquement. [/] La [SASLAC] a tout pouvoir pour l'organisation de ce musée et elle doit s'entendre avec le comité de Paris, par l'intermédiaire de M. Max Doumic, quant au choix des objets destinés à meubler ce musée [52].

Quelque quatre ans plus tard, en 1914, toujours à Montréal, on est édifié sur la suite de ce dossier par une lettre de trois pages adressée par Édouard Montpetit, en date du 8 mai 1914, au Maire et aux Commissaires et Echevins de la Ville de Montréal (à cette date Doumic a quitté Montréal et mourra six mois plus tard à la Grande Guerre)[53]. Édouard Montpetit, secrétaire de la section canadienne du Comité France-Amérique (siégeant dans la Chambre 31 de l'Édifice Duluth, comme l'indique l'en-tête de la lettre), rappelle que la SASLAC avait demandé en 1910 à la Ville de Montréal « une subvention annuelle de 2.000 dollars pour l'aider à fonder un musée d'Art Rétrospectif à Montréal, qui serait d'abord constitué au moyen de copies en architecture et en peinture et de moulages en sculpture, de manière à donner à l'étudiant canadien une notion exacte de l'Histoire de l'Art et la faculté de poursuivre intelligemment ses études dans son propre pays ». Au sujet de la somme en question, il précise qu'elle avait été accordée par la Ville, « sans hésitation aucune », et qu'elle a servi, par l'entremise de Max Doumic, à l'acquisition d'œuvres d'art ; Montpetit espère donc que le Comité France-Amérique pourra disposer d'une somme similaire, malgré la dissolution de la branche parisienne de la SASLAC, qui avait dû interrompre son action, n'ayant

---

52. Contenu intégral de l'article, « Musée artistique à Montréal », *La Patrie*, mercredi 16 février 1910, 12 d.é.

53. Édouard Montpetit, secrétaire du CFA, lettre du 8 mai 1914 adressée à son Honneur le Maire et à Messieurs les Commissaires et Echevins de la Cité de Montréal, trois feuilles volantes, dossier 7, P76, boîte 3273, CFA, Service des archives, UdeM.

pu trouver un local, ce pourquoi elle avait décidé de s'associer au Comité France-Amérique[54].

Le Comité France-Amérique

Le Comité France-Amérique (ici CFA) avait été fondé à New York en 1909, par Gabriel Hanotaux, en collaboration avec des amis américains, et s'était doté, en 1910, d'une succursale montréalaise ; avec la bénédiction du sénateur Raoul Dandurand, on avait donc fusionné le CFA américain et « La Canadienne », une société « qui réunissait depuis un bon nombre d'années les amis du Canada français[55] ». Le siège de Montréal (rue Cassette, puis Avenue Victor Emmanuel III) avait pour président Raoul Dandurand, pour vice-président H. Montagu Allan, pour secrétaire général Édouard Montpetit, et pour trésorier P. B. de Crèvecœur, puis Alfred Tarut[56].

Le mandat de France-Amérique, tel qu'évoqué dans un document de deux pages qui rappelle plus tardivement l'histoire de cette association et son programme initial, « est de développer les rapports, tant au point de vue social qu'au point de vue intellectuel et artistique, entre la France et toutes

---

54. Contrairement à ce qu'écrit Olivier Maurault (c1923, 8), qui faisait lui-même partie de la Section des Beaux-Arts du CFA, la fusion entre les deux organismes n'a pas pu se produire après la guerre, puisque la lettre de Montpetit date de 1914. Notons aussi la différence entre la somme de trois mille dollars demandée par Doumic (voir la fin du procès-verbal de 1909), et celle de deux mille dollars obtenue selon Montpetit.

55. Marcel Hamelin (éd.), *Les mémoires du Sénateur Raoul Dandurand (1861-1942)*, Québec, Les Presses de l'Université Laval, 1967, 177-178. Voir aussi le résumé du site des archives de l'UdeM sur le Fonds P76 du Comité France-Amérique : « Le Comité France-Amérique de Montréal est fondé en 1912 par le sénateur Raoul Dandurand. Il est une filiale autonome du Comité France-Amérique de Paris créé en 1909 par Gabriel Hanotaux, Louis Barthou et Raoul Dandurand. Le conseil d'administration est composé du président Raoul Dandurand, des vice-présidents Charles-Philippe Beaubien et H. Montagu Allan, du secrétaire Édouard Montpetit et des trésoriers P. B. de Crèvecœur et Alfred Tarut », www.archiv.umontreal.ca/P0000/P0076.html, consulté le 2 octobre 2009.

56. Hamelin, 177-178. Certains de ces personnages se retrouveront à la tête de l'Alliance française de Montréal (voir «Alliance française (Comité de Montréal)», 1926-1927, 3 et 10-17, Dossier 5, P76, boîte 3273, Comité France-Amérique, Service des archives, UdeM), ou parmi les membres de l'Institut scientifique franco-canadien, fondé en 1926 et qui sera en compétition avec le CFA. Sur l'ISFC voir Jacques Chénier, *Répertoire numérique détaillé du Fonds de l'Institut scientifique franco-canadien*, P12, Service des archives, UdeM, 1980, Division des archives historiques ; Olivier Maurault, «Vingt ans à l'Université de Montréal», *Les Cahiers des Dix*, vol. 17, 1952, 11-54 (50-54 sur l'ISFC) ; Luc Chartrand, Raymond Duchesne et Yves Gingras, *Histoire des sciences au Québec*, Montréal, Boréal, 1987 ; Hermas Bastien, «L'Institut scientifique franco-canadien», *L'Action universitaire. Revue des diplômés de l'Université de Montréal*, avril 1940, 5-9 et 20 ; Jean-Guy Laurendeau, «L'Université de Montréal et la coopération européenne», *Forum* 14, 18, 14 janvier 1980, 4-5 ; «L'Institut scientifique franco-canadien», *La Revue trimestrielle canadienne. Revue de l'École polytechnique*, vol. 13, mars 1927, 196-211, et vol. 16, 1930, 86-87.

les nations du Continent Américain[57]». Le CFA, à qui l'on doit d'avoir poursuivi le mandat de fonder un musée éducatif conçu par la SASLAC, a œuvré avec le concours de la France pour mener à bien ce projet. Plus précisément, ce sont les membres de la section des beaux-arts de la succursale montréalaise du CFA qui ont œuvré dans ce sens, ceux-ci comprenant Lagacé et plusieurs membres de son cercle immédiat, comme en témoigne une liste des vingt membres de ce comité : le sénateur C. P. Beaubien, Ernest Cormier, le sénateur R. Dandurand, Jean Désy, Victor Doré, Dr J. E. Dubé, Émile Dyonnet, Sir Lomer Gouin, J.-B. Lagacé, l'hon. Rodolphe Lemieux, Léon Lorrain, J.-O. Marchand, l'abbé Olivier Maurault, Édouard Montpetit, Victor Morin, Dr O. Normandin, Antonio Perrault, Jules Poivert, Fernand Rinfret et Émile Vaillancourt[58].

Quant aux fonctions du musée à venir, qui s'inscrivaient dans le mandat du CFA, elles étaient identifiées comme suit par Montpetit, à la fin de sa lettre de 1914 mentionnée ci-dessus :

Ce musée, formé principalement de copies et de reproductions artistiques d'œuvres classiques et qui pourrait par la suite s'enrichir d'originaux par acquisitions et donations, répondrait à une double préoccupation : celle, en premier lieu de donner aux étudiants le premier musée au Canada[59] lui offrant un ensemble complet pour permettre des études très poussées et, en second lieu, de cultiver le goût du public en mettant à sa portée des reproductions de chefs d'œuvre dont les originaux ne peuvent être admirés qu'en Europe.

Montpetit précise que « ce musée, ouvert au public, serait la propriété de la Ville de Montréal qui pourrait le transporter plus tard dans un autre local, si elle le jugeait à propos ».

En juin 1918, après la Grande Guerre, le projet de fondation d'un musée rétrospectif est à nouveau évoqué dans la presse montréalaise, dans un entrefilet intitulé « La Société canadienne des beaux-arts », où l'on retrouve les noms de Victor Morin, Édouard Montpetit et Jean-Baptiste Lagacé

---

57. « France-Amérique », document de deux pages, non datées, dossier 5, P76, boîte 3273, CFA, Service des archives, UdeM. En page 2, il est précisé que le CFA vient de fonder une association « Les Amis de France-Amérique », qui s'est acheté un immeuble somptueux sur les Champs-Élysées, grâce à la générosité d'un grand nombre de ses membres, et qui sera connue sous le nom de « La Maison des Nations Américaines ». Le document date de 1926 ou 1927, puisqu'il annonce que « L'année 1927 marquera un nouvel essor dans l'histoire de France-Amérique ».

58. Sans doute s'agit-il d'Edmond Dyonnet, et non d'Émile Dyonnet, « Comité France-Amérique, Section des Beaux-Arts », feuille volante non datée et ne comprenant que cette liste de noms, dossier 7, P76, boîte 3273, CFA, Service des archives, UdeM.

59. Notons qu'à cette date (1914) l'Art Association of Montreal avait déjà ouvert ses collections au public, mais celles-ci ne comprenaient pas un éventail représentatif d'une histoire de l'art étendue, d'un point de vue historique, géographique et culturel. Pour un historique du Musée des beaux-arts de Montréal, voir www.mbam.qc.ca/fr/musee/historique.html.

associés à ce projet, lequel semble alors voué à l'édification d'un corpus d'œuvres, non pas universel, ni français, mais *canadien-français* :

> On annonce la fondation d'une société canadienne-française qui aurait pour but de «favoriser le progrès des arts au Canada… la création d'écoles des beaux-arts, l'établissement de musées, l'organisation d'expositions d'objets d'art». [/] Les noms des officiers de cette société me donne [*sic*] confiance dans son succès: M. Victor Morin en est le président et messieurs Edouard Montpetit, J.-B. Lagacé, Léon Lorrain font partie du conseil. [/] Un musée d'art *canadien-français* [nos italiques] nous manquait. Cette société doit s'occuper immédiatement de son établissement, elle doit aussi organiser un musée de moulages en se servant, comme base, des moulages achetés par le regretté Max Doumic. Nos artistes canadiens-français auront donc un endroit de plus où ils pourront exposer leurs œuvres; qu'ils en profitent mieux qu'ils ne l'ont fait à Saint Sulpice. Je sais que monsieur l'abbé Olivier Maurault ne cesse de demander aux artistes de venir exposer à Saint Sulpice, mais beaucoup négligent de se rendre à son invitation; ils perdent ainsi l'occasion de se faire connaître par le public. [/] Je souhaite plein succès à la société canadienne des beaux-arts, elle mérite d'être encouragée[60].

Le 5 mars 1919, Gustave Baudoin, secrétaire de la Société canadienne des beaux-arts évoquée ci-dessus (ici SCBA), adresse une courte lettre à l'honorable Raoul Dandurand pour lui confimer ce qu'il avait appris d'Édouard Montpetit, à savoir que la SCBA, présidée par le notaire Victor Morin, succède à la SASLAC et poursuit le même but qu'elle; il l'invite aussi à une importante réunion de cette société, qui aura lieu le samedi 8 mars à la bibliothèque municipale (où seront entreposées les œuvres qui arriveront de France en 1922) pour causer avec lui « des moyens qu'il conviendrait de prendre pour assurer le succès de cette œuvre», à laquelle ils savent «qu'il porte le plus haut intérêt[61] ».

Moins d'un an plus tard, le projet du musée rétrospectif a encore changé de visage, étant voué à présent à l'enseignement exclusif de l'art français, comme en témoigne une lettre du 26 janvier 1920 adressée à Ernest-J. Décary, président de la Commission administrative de la Ville de Montréal, en réponse à une lettre précédente «datée du 2 septembre dernier» (la lettre et son destinataire nous sont inconnus). Dans cette première lettre de septembre 1919, Décary aurait informé son destinataire de ce que la

---

60. Fernand Préfontaine, «La Société canadienne des beaux-arts», paru dans une chronique intitulée «La mare aux grenouilles», *Le Nigog*, vol. 1, n° 6, juin 1918, 207-208 (204-208 pour l'entrefilet), fac-similé des douze numéros mensuels parus en 1918, Montréal, Comeau & Nadeau, 1998.

61. «La Société Canadienne des Beaux-Arts», feuille volante, dossier 7, P76, boîte 3273, CFA, Service des archives, UdeM.

Commission de la Ville de Montréal mettrait à la disposition du CFA, dans son prochain budget, une somme de 3 800 $ comme subvention en faveur d'un musée artistique. « Nous avons écrit au Comité France-Amérique de Paris, répond l'auteur de la lettre de 1920, pour lui dire que nous avions une somme de 100 000 francs à sa disposition pour la constitution d'un musée d'art rétrospectif *pour l'enseignement de l'art français dans notre ville* [nos italiques] et le priant de bien vouloir procéder à l'achat des œuvres et objets devant former ce musée[62]. »

La somme allouée étant en francs, on peut imaginer que l'auteur de la lettre de 1920, puisqu'il habite Montréal, est un représentant diplomatique de la France, qui nous apprend, dans la suite de sa lettre, qu'il a adressé cette requête à M. Gabriel Hanotaux, qui l'aurait informé de ce que le CFA « avait désigné une commission chargée d'étudier la question et de décider des achats ». Cette commission, présidée par M. François Carnot, comprend « les critiques d'art les plus compétents de Paris, notamment MM. André Michel [qui sera cité par Lagacé dans son *Initiation*], Jean Guiffrey, Louis Hourticq et Louis Gillet ». À cette liste, Olivier Maurault, dont on se souvient qu'il fait partie de la section des beaux-arts de la succursale montréalaise du CFA, ajoutera les noms de François Carnot et Léonce Bénédite[63]. C'est Louis Hourticq, qui viendra à Montréal pour commenter les œuvres expédiées de Paris en 1922, qui est en charge de dresser la liste d'achats et de passer les premières commandes.

Plus précisément, il a été décidé « de présenter une histoire complète de l'architecture française depuis les origines, jusqu'à nos jours, et ensuite de commencer [*sic*] l'histoire de tous les arts, peinture, sculpture, arts décoratifs etc., en commençant par l'époque contemporaine et en remontant de période en période ». Gabriel Honotaux, cité dans la lettre, aurait ajouté : « nous ferons des ensembles dans la mesure des crédits alloués, et, d'année en année, suivant les crédits, l'ensemble se complètera jusqu'aux plus anciennes périodes de l'art français. » En dernier lieu, l'auteur de la lettre demande à savoir vers quelle époque – la plus rapprochée possible – la commission pourra verser les 3 800 $, afin de pouvoir en aviser le Comité de Paris.

Ainsi, en 1920, il paraît déjà clair que le musée rétrospectif ne vise plus à comporter, comme on l'avait conçu au temps de Doumic, « les spécimens les plus variés de l'art des différents peuples et des différentes époques » de l'histoire de l'art, mais bien à présenter une production artistique exclusivement française.

---

62. Lettre d'une page datée du 26 janvier 1920, adressée à Ernest-J. Décary, feuille volante, dossier 7, P76, boîte 3273, CFA, Service des archives, UdeM.

63. Voir notre note 38. Maurault spécifie aussi que le Conseil du bureau de Paris est formé de conservateurs de musée et de critiques d'art, Maurault, 9, note 3.

Enfin, le 17 août 1922, une lettre adressée à J.-A.-A. Brodeur, président de la Commission exécutive de la Cité de Montréal, l'informe des événements à venir, à savoir, que « M. Gabriel-Louis Jaray, directeur général du Comité France-Amérique et M. Louis Hourticq, professeur à l'École nationale des Beaux-Arts [de Paris] seront ici le lundi 28 août courant. Ils séjourneront deux ou trois jours à Montréal *afin de s'entendre avec qui de droit* [nos italiques] pour l'aménagement du musée au premier étage de la Bibliothèque municipale[64] ». La lettre nous apprend aussi que les caisses sont déjà en route et que Louis Hourticq a prévu de marquer l'inauguration du musée par une série de conférences : « Avant de quitter Paris, [Jaray et Hourticq] ont expédié les derniers envois qui sont présentement sur la mer. Ils partiront ensuite pour l'Ouest et ils seront de retour le 26 septembre pour l'inauguration du musée qu'expliquera M. Hourticq sur place dans une série de conférences, fin septembre et commencement octobre. »

La suite de la lettre confirme l'impression qui s'en dégage, à savoir que, malgré le bonheur de voir Jaray et Hourticq arriver de Paris, l'on ne sait pas encore qui sera le responsable du musée montréalais (désigné plus haut comme « qui de droit »), ni où les œuvres seront entreposées après l'exposition à la Bibliothèque : « Il s'agit donc sans tarder de savoir qui va aménager et administrer ce musée. Vous m'avez dit récemment que votre Commission était disposée à transférer cette charge à la Commission provinciale des Beaux-Arts qui est à construire une école d'art décoratif à Montréal. » L'utilisation du mot « charge » indique aussi que la réception des caisses semble constituer un souci, ou du moins que la gestion de cette affaire est un tant soit peu complexe, ou encombrante, l'expéditeur de la lettre offrant à son destinataire de lui transmettre un projet de lettre, le sachant « très pris » par des travaux multiples[65].

Dans le court article de 1923 mentionné ci-dessus, où il récapitule en quelques pages l'historique complet de cette entreprise, entre l'époque de Doumic (1908) et celle de Hourticq (1922), Olivier Maurault nous apprend que, pendant que la collection avait temporairement été entreposée à la

---

64. Lettre d'une page datée du 17 août 1922, adressée à J.-A.-A. Brodeur, Président de la Commission exécutive de la Cité de Montréal, feuille volante, dossier 7, P76, boîte 3273, CFA, Service des archives, UdeM. La lettre n'est pas signée, mais elle semble envoyée de Montréal, qu'elle désigne comme étant « ici ».

65. « Afin que cette Commission puisse agir dès l'arrivée de MM. Jaray et Hourticq et recevoir leurs conseils et leurs directions pour l'aménagement de ce musée, il faudrait que vous lui en donniez le pouvoir. Je ne sais pas sous quelle forme vous entendez le faire. Comme je sais que vous êtes très pris par les travaux multiples qui sont en cours, je me permets de vous soumettre un projet de lettre qui, à mon sens, suffirait. Vous êtes déjà saisi officiellement de cette question par une lettre que je vous ai écrite et vous avez, depuis, causé avec l'honorable M. [Athanase] David, qui réunira sa commission dès qu'il aura votre lettre pour accepter l'offre qu'elle contiendra. » Lettre du 17 août 1922.

Bibliothèque Municipale, une Commission des Beaux-Arts, fondée à Québec sous l'impulsion de l'honorable Athanase David, devait se charger d'ouvrir, à Québec et à Montréal, « une *École* et un *Musée* d'enseignement[66] ». Les plans de la section montréalaise avaient été confiés à MM. Marchand et Cormier et l'on voyait déjà – précise Olivier Maurault – rue Saint-Urbain près de Sherbrooke, s'élever les fondations visant à porter « une suite d'ateliers pour les élèves », tandis que tout un étage devait être consacré à des salles d'exposition des moulages « que l'on a pu admirer dans le hall central de la Bibliothèque. Ainsi, une initiative privée, aidée par l'État, va aboutir à une institution durable[67] ». Ce récapitulatif optimiste a de quoi étonner aujourd'hui, alors que les moulages venus de Paris sont éparpillés en divers lieux, et que l'on ne sait plus très bien pour quelle raison le fameux musée n'a jamais vu le jour.

Le mandat du musée rétrospectif

On sait, par Olivier Maurault, que les premières caisses arrivées au printemps 1922 et la cinquantaine qui suivirent à l'été de la même année[68] contenaient « une magnifique collection de moulages de sculpture française, une vitrine de céramique moderne, de nombreux portefeuilles chargés de reproductions photographiques d'art décoratif, et de belles gravures[69] ». Il devait y avoir aussi, dans certaines caisses, des reconstitutions en plâtre de fragments architecturaux, une feuille volante intitulée « Instructions pour le déballage des caisses du Musée du Trocadéro » faisant référence à « deux schémas pour le montage du tympan de la cathédrale de Chartes. "Le Christ et les Symbôles" et le trumeau et statue du Christ de la Cathédrale d'Amiens[70] ».

Une lettre non datée et non identifiée soulève de manière plus générale la question de la constitution de la collection permanente du musée en question, et de manière plus ponctuelle le contenu des fameuses caisses et la date de réception de chacune, puisque le programme initial prévu à

---

66. Italiques de l'auteur, Olivier Maurault, 9.

67. Maurault, 10.

68. « Au printemps 1922, un premier envoi nous arrivait, qui fut confié à la Bibliothèque Municipale ; au cours de l'été une cinquantaine de caisses prirent le même chemin », Maurault, 9. Au sujet des dates d'envoi des caisses, on apprend, par une lettre de France-Amérique datant du 19 septembre 1922, adressée par Raoul Dandurand à un destinataire inconnu, que les caisses n^os « 37-46-47-48 » [ce sont sans doute les dernières envoyées] ont été chargées, sur le Methven au lieu du Batsford, le 13 septembre, lettre de l'Honorable R. Dandurand, 548, Sherbrooke West, Montréal, datée du 19 septembre 1922 et adressée au Comité France-Amérique, au 82, Champs-Élysées à Paris, feuille volante, dossier 6, P76, boîte 3273, CFA, Service des archives, UdeM.

69. Maurault, 9.

70. Retranscrit tel quel, feuille volante, dossier 7, P76, boîte 3273, CFA, Service des archives, UdeM.

l'époque de Doumic, de constituer une histoire universelle, a fini par se limiter à la France[71]. La lettre n'est pas datée, mais le fait qu'elle mentionne des caisses qui viennent d'arriver à Montréal, tout en évoquant l'époque de Doumic par un « naguère », et qu'en outre elle fasse référence à un corpus d'œuvres françaises porte à croire qu'elle est rédigée en 1922 ; elle semble aussi s'adresser à un membre du Comité de Paris, puisque ce sont les membres de ce comité qui avaient initialement prévu de choisir les œuvres du musée. En supposant que la lettre date bien de 1922, on peut présumer que les achats qui avaient été effectués par Doumic en 1910 n'auront en fait été livrés qu'en 1922.

Cette lettre étant instructive à plusieurs égards, nous en reproduisons le contenu intégral. Au début de sa lettre, l'auteur évoque le contenu de la liste de Doumic, aujourd'hui perdue, tout en interrogeant son destinataire quant à la possibilité de joindre à ces œuvres d'autres originaux :

> À votre lettre, est jointe la liste des achats de M. Max Doumic, dans laquelle il y a des dessins originaux, des tableaux originaux, une tapisserie, ainsi que des statues, et cependant votre lettre ne parle pas de moulages, gravures, estampes. Dans votre pensée, le musée doit-il se composer exclusivement de moulages et de reproductions de tableaux par la gravure, l'estampe ou la photographie ou peut-on y joindre certaines pièces originales, dans la limite des disponibilités, et certaines pièces d'art décoratif qui seraient naturellement des originaux ? M. Beaubien[72] a semblé l'affirmer, mais comme, d'autres [*sic*] part, vos lettres sont plus restrictives voudriez-vous, nous donner vos instructions à ce sujet, pour que, sur ce point encore, la commission puisse en délibérer.

L'auteur se demande aussi s'il serait possible de constituer des salons d'époques, avec des reproductions par divers médiums :

> Enfin une question a également été soulevée avec M. Beaubien et nous vous en demandons la solution. Peut-on concevoir des salles qui seraient, en quelque sorte, un salon d'une époque déterminée : fin du xixe, Empire, xviiie etc., dans lesquelles il y aurait à la fois des moulages, des gravures, des estampes, de l'art décoratif, du mobilier de l'époque, le tout par reproductions naturellement (sauf quelques exceptions), du moins quand il s'agirait des siècles passés. Ces ensembles seraient peut-être plus intéressants que des moulages et des reproductions de peintures seules ; mais naturellement ils coûteraient plus cher et, pour la même somme, nous ne pourrions avoir qu'une période donnée plus restreinte.

---

71. Lettre d'une page, non datée et non identifiée, feuille volante, dossier 6, P76, boîte 3273, CFA, Service des archives, UdeM.

72. Il s'agit peut-être du sénateur C[harles] P[hilippe] Beaubien, dont le nom figure parmi les membres de la Section des Beaux-Arts de la succursale canadienne du CFA (notre note 18).

Si cette solution se concrétisait, à la condition de recevoir une subvention annuelle de la Ville de Montréal, il serait aussi possible, indique l'auteur de la lettre, de procéder par étapes, en commençant avec l'architecture, puis d'autres médiums et en remontant le temps jusqu'au Moyen Âge, puis il précise en passant qu'il s'agit de l'histoire de la France :

> Toutefois, si, comme M. Beaubien semble l'indiquer, la subvention de Montréal se continuait d'année en année, il n'y aurait peut-être pas d'inconvénient à procéder de la façon suivante : acheter par exemple de suite tout ce qui conviendrait pour l'histoire de l'architecture de manière à avoir un ensemble *de l'histoire de l'art française* [nos italiques] ; puis en ce qui concerne la sculpture, la peinture, la médaille, l'art décoratif, le mobilier, en partant de l'époque actuelle et en remontant peu à peu jusqu'au moyen âge selon les crédits alloués chaque année. Cela offrirait l'avantage de pouvoir faire des ensembles, et des salles qui seraient beaucoup plus intéressantes, dans lesquelles vous pourriez presque tout de suite placer les pièces qui ont été achetées par M. Max Doumic.

La lettre se termine sur des considérations plus ponctuelles, qui nous permettent de supposer qu'elle est rédigée en 1922 et qu'elle s'adresse à un représentant d'une association française en charge de la conception du musée et de l'expédition des œuvres depuis l'époque de Doumic :

> Voulez-vous également nous envoyer le plus tôt possible, pour la Commission, la liste des objets que M. Doumic vous a achetés naguère et qui viennent d'arriver à Montréal. [/] Ne prenez pas la peine de nous faire une lettre officielle sur tous ces points. Voulez-vous seulement nous envoyer une note bien précise sur vos intentions de manière à ce que cette note contienne en quelque sorte les instructions du Comité de Montréal et qu'elle soit le point de départ du travail de la Commission.

« Comment l'art français exprime le génie de la France »

Quelques mots, enfin, sur l'accueil à Montréal des moulages et des œuvres en septembre 1922. Ce moment est rappelé avec bonheur par Olivier Maurault en 1923 : « Le Comité France-Amérique ne voulut pas, et à bon droit, que le déballage des pièces de ce musée passât inaperçu. Il pria une délégation de France de venir y présider. Et c'est ainsi que M. Louis Jaray, la cheville ouvrière du Comité, et M. Louis Hourticq, inspecteur des musées de la ville de Paris, nous arrivèrent à la fin septembre. Ce dernier fit de nombreuses conférences à Québec, et à Montréal surtout. » Au sujet de Louis Hourticq (déjà évoqué plus haut dans la lettre du 26 janvier 1920 adressée à Ernest-J. Décary), Olivier Maurault précise : « Rarement nous avons eu le plaisir d'entendre un plus parfait diseur, d'une langue plus harmonieuse, d'une érudition plus sûre, d'une sensibilité plus fine. Non seulement il voulut expliquer chaque jour les moulages à la Municipale, mais encore il fit, au Ritz Carlton et à Saint-Sulpice, une revue, en huit conférences, de tout l'art français[73]. » En fait, Hourticq n'en était pas à sa première visite à Montréal, puisqu'il avait présenté, dix ans plus tôt, le jeudi 28 novembre 1912, à la grande salle de McGill Union, une conférence illustrée, parrainée par l'Alliance française et l'Université McGill, sur la peinture et les mœurs à Paris au xviiie siècle[74].

Outre les huit conférences présentées à Montréal en septembre 1922, dont la première est pompeusement intitulée « Comment l'art français exprime le génie de la France », Hourticq avait offert six visites guidées des pièces fraîchement arrivées de Paris. C'est ce que confirme l'*Annuaire de la Faculté des lettres* de l'UdeM[75], qui donne aussi le programme de l'ensemble des conférences de Hourticq (voir la transcription infra, 199). Olivier Maurault souligne à ce sujet, toujours dans son article de 1923, le rôle joué par l'UdeM dans cet événement, l'Université ayant parrainé cinq de ces conférences, et remis en outre un doctorat *honoris causa* à Louis Hourticq, considéré depuis comme l'un de ses professeurs[76].

Curieusement, le discours, relativement long, prononcé par Lagacé à la Faculté des lettres de l'UdeM le 28 septembre 1922 à l'occasion de l'inauguration des cinq conférences de Louis Hourticq parrainées par l'UdeM, ne fait aucune référence précise au musée, ni aux œuvres qu'il doit contenir, au lieu de quoi Lagacé insiste sur la nécessité d'inclure, dans le cursus éducatif à Montréal, des cours en art et en histoire de l'art[77]. Il profite aussi de l'occasion pour vanter les mérites de Montréal, qui, « en fondant, il y a déjà vingt ans, une chaire d'histoire de l'art, [a devancé] sur ce terrain, comme

---

73. Maurault, 10.

74. La conférence est couverte dans *La Presse* et *La Patrie*: «Conférence de M. L. Hourticq. Le conférencier fait une brillante causerie sur la peinture et les mœurs aux [*sic*] xviiiième siècle», *La Presse*, vendredi 29 novembre 1912, 13; «La peinture et les mœurs. Brillante conférence de M. Louis Hourticq, inspecteur des Beaux-Arts de la ville de Paris, sur l'art français au xviiie siècle: à l'Alliance française», *La Patrie*, samedi 30 novembre 1912, 7. Sur Louis Hourticq, voir notre chapitre 7, note 32, et la liste de conférences en fin du présent chapitre.

75. «À la Bibliothèque municipale, les 28, 29 et 30 septembre, et les 4, 5 et 6 octobre, eurent lieu, à 4 heures p. m., des visites artistiques sous la direction de M. Louis Hourticq qui donna des explications sur les œuvres exposées au Musée d'art de Montréal», *Annuaire de la Faculté des lettres*, Université de Montréal (ici *AFL*), 1923-1924, 53.

76. Maurault, 10-11. En effet, le nom de Louis Hourticq, professeur à l'École nationale des beaux-arts à Paris et conservateur du Musée de Paris, figure dans l'*Annuaire général* de 1923-1924 et les suivants comme faisant partie du corps professoral, 98-100.

77. «Ce qui, à notre avis, produirait des effets presque immédiats, ce serait l'introduction dans le programme dans toutes nos maisons d'éducation d'un enseignement artistique sous ses deux formes théorique et pratique: l'histoire de l'art et le dessin.» Un peu plus loin, Lagacé dit: «Nous estimons que l'histoire de l'art est absolument nécessaire à la formation intellectuelle de notre jeunesse», «Allocution de M. le professeur Lagacé (28 septembre 1922)», *AFL*, 1923-1924, 53-57 (56 pour la citation).

sur quelques autres, les florissantes universités de l'Amérique du Nord, ses sœurs aînées mieux mariées[78]… »

Au début de son discours, Lagacé évoque tout de même « le cadeau princier qui doit servir de noyau au musée de l'École des Beaux-arts » :

> Il y a quelques jours, la Faculté de médecine acclamait la science française en trois de ses plus brillants représentants; aujourd'hui, c'est au tour de la Faculté des lettres de faire fête à l'art français en la personne de M. Louis Hourticq, professeur à l'École nationale des Beaux-arts et inspecteur des musées de la ville de Paris. [/] Délégué par le Gouvernement français pour remettre au gouvernement de notre province le cadeau princier qui doit servir de noyau au musée de l'École des Beaux-arts, actuellement en construction, il vous a semblé, Monsieur, que ce geste généreux perdrait quelque chose de sa signification s'il n'était accompagné de quelques-uns de ces mots charmants, qui, en France, doublent la valeur de ce que l'on offre[79].

Olivier Maurault, lui, nous donne une idée plus précise de la nature de ce « cadeau princier » et de ce que Montréal doit à Paris: « Sans doute la ville de Montréal avait versé à la Société pour l'avancement des arts une somme équivalant à cent mille francs qui défraya une partie de ce musée. Mais nous devons beaucoup des plus belles œuvres qui le composent à la générosité du gouvernement français (les sèvres), du ministère des Beaux-Arts de France (portrait de Richelieu), de la ville de Paris (la vitrine des céramiques)[80]. » Ce cadeau explique sans doute que le projet de 1922 soit axé exclusivement sur l'art français, tandis qu'à l'époque de Doumic on avait prévu de constituer une galerie de moulages de toutes les époques, des collections de dessins, peintures et gravures, des collections d'objets d'art musulman et d'Extrême-Orient et un musée d'architecture.

Pour ce qui est des retombées de l'ensemble du projet, Maurault les résume ainsi:

> Grâce aux efforts réunis par la Société pour l'avancement des arts, des sciences et des lettres [*sic*], du Comité France-Amérique, des Autorités municipales de Montréal et du Gouvernement de la province de Québec, une école des Beaux-Arts est fondée dans la métropole. Elle possède un bureau de direction, un musée d'enseignement déjà riche, et elle entrera d'ici quelques mois dans les ateliers qu'on a commencé de lui construire[81].

---

78. *AFL*, 1923-1924, 57. Ce fait est rappelé à nouveau dans le procès-verbal de l'assemblée qui a conféré le diplôme *honoris causa* à Louis Hourticq: «[…] "C'est pourquoi la Faculté des lettres, qui, la première en Amérique, a institué une chaire d'histoire de l'art…"», *Annuaire de la Faculté des lettres*, 1923-1924, 57.

79. *AFL*, 1923-1924, 53-54.

80. Retranscrit tel quel, Olivier Maurault, 9.

81. Olivier Maurault, 7.

En définitive on peut dire que, malgré les efforts menés dès 1908 par Doumic et la SASLAC, ce musée, dont on sait par la lettre de J. A. A. Brodeur de la Ville de Montréal que, même au moment où les caisses sont déjà arrivées en 1922, personne ne semble encore désigné pour s'en occuper, a connu un destin moins glorieux que celui pour lequel il avait été conçu. Les œuvres arrivées par bateau ont sans doute été distribuées entre Montréal et Québec[82]. À Montréal, après l'ouverture de l'École des beaux-arts, elles ont servi de modèles aux étudiants, puis elles ont été distribuées dans différentes sections de l'Université du Québec à Montréal après sa création[83]. À l'Université Laval à Québec, il semble que certaines d'entre elles aient abouti au pavillon de l'éducation physique et des sports, où elles étaient entreposées sous les gradins.

Quant à l'école d'art qui devait accompagner le musée, elle a connu un destin plus heureux. Fondée le 8 mars 1922, l'École des beaux-arts de Montréal ouvrit ses portes le 15 novembre 1923, soit quatorze mois après le passage de Louis Hourticq à Montréal. Le vœu de Lagacé d'y voir offerts des cours d'histoire et de pratique se voit alors exaucé, puisqu'il est engagé à l'ÉBAM en 1923 pour y dispenser des cours d'histoire de l'art. Lagacé sera remercié par l'ÉBAM treize ans plus tard, en 1936, pour être remplacé par René Chicoine en vertu de son plus jeune âge[84]. Pour clore cette genèse montréalaise d'un mariage difficile entre l'art et l'histoire de l'art, signalons l'existence de documents conservés aux archives de l'UdeM qui indiquent qu'à une époque plus tardive, alors que Ludovic Randall et Philippe Verdier, venus d'Europe à cet effet, tentent de mettre en place un département d'histoire de l'art à l'UdeM, une entente, ou plutôt une série de différends, entre la Faculté des lettres de l'UdeM et l'ÉBAM donne lieu à des complications[85].

---

82. Sur la création de l'École des beaux-arts à Montréal et à Québec, voir Fernand Harvey, « La politique culturelle d'Athanase David, 1919-1936 », *Les Cahiers des Dix*, vol. 57, 2003, 31-83.

83. Il reste des plâtres à l'École des arts visuels et médiatiques de l'UQAM (voir le cédérom dans le chapitre 4), à la Galerie UQAM et à la salle Marie-Gérin-Lajoie. Dans ses nombreuses diapositives, Lagacé ne semble pas avoir de photographies prises durant l'exposition de 1922, à moins que des personnages en armures et en costumes n'en fassent partie.

84. À ce sujet, voir Alfred Laliberté, *Les artistes de mon temps*, texte établi, présenté et annoté par Odette Legendre, Montréal, Éditions du Boréal Express, 1978, 155, et *Le Devoir*, mercredi 17 octobre 1923, 5.

85. En vertu d'une entente datant de 1962, en septembre 1966, une quarantaine d'étudiants de la Faculté des lettres de l'UdeM se déplacent à l'ÉBAM pour y prendre un cours d'histoire de l'art auquel ils ne sont en fait pas inscrits. Sur les modalités d'échanges entre les deux institutions à cette époque, voir la lettre de huit pages adressée le 12 janvier 1967, par Claude Vidal, Directeur de l'ÉBAM, à Roger Gaudry, Recteur de l'UdeM, D35C. 13.98, Services des archives, UdeM.

Liste des conférences publiques de Lagacé
consignées dans la presse entre 1897 et 1919

Comme nous l'avons vu, les conférences publiques de Lagacé, dont la plupart étaient annoncées ou résumées dans plusieurs quotidiens, ont contribué à mettre en place une nouvelle discipline, que Lagacé dispensait dans plusieurs établissements : à l'ULàM (de 1904 à 1919), au Monument national, pour la SSJB (de 1912 à 1944) et à l'ÉBAM (de 1923 à 1936), les discours qu'il prononçait contribuant à mettre en relief l'importance et la beauté de l'art, en même temps que l'histoire des cultures et celle de la civilisation. Ces cours et conférences s'adressaient aux étudiants inscrits, ainsi qu'au grand public. La section ci-dessous permet d'avoir une vue d'ensemble sur la première partie de la carrière de professeur et conférencier de Lagacé, une liste quasi complète de ses interventions publiques ayant été reconstituée ici pour la période entre 1897 et 1919, soit avant la création de l'Université de Montréal. Les conférences répertoriées ici étaient présentées principalement à l'Union Catholique, à l'Université Laval à Montréal et au Monument national. Elles ont été repérées à partir de plusieurs journaux, dont *La Presse*, *La Patrie*, *Le Canada*, *Le Devoir* et *Le Nationaliste* (voir l'annexe 1). Le dépouillement de ces journaux a été effectué par Maxime Coulombe, Olga Hazan, Brigitte Nadeau, Guillaume Savard et Guillaume Sirois. Germain Lacasse et Laurier Lacroix ont également mis à contribution leurs dossiers d'archives déjà constitués, dont ceux du Grafics que j'ai consultés avec l'aide de Louis Pelletier.

1897

* dimanche 24 octobre 1897 : 1re conférence sur le Beau à l'Union Catholique :
   - *La Presse* lundi 25 octobre 1897, résumé
* dimanche 31 octobre 1897, 2e conférence sur le Beau à l'Union Catholique :
   - *La Presse*, samedi 30 octobre 1897, 16, annonce
   - *La Presse*, mardi 2 novembre 1897, 1, résumé

1898

* dimanche 27 février, conférence sur le rôle de l'ouïe et de la vue dans la perception du Beau, Union Catholique :
   - *La Presse*, jeudi 3 mars 1898, 4, « Les Beaux-arts : Le rôle de l'ouïe et de la vue dans la perception du Beau. Conférence de M. J. B. Lagacé », très long résumé, où il est indiqué que cette conférence fait suite à une précédente.

1899

* conférence sur l'évolution artistique au XIXe siècle, CVM, Monument national, 24 novembre 1899 :
   - coupure de journal, Fonds de la BSS, n° 5, 125, BNQ

1899-1900

[Lagacé est président du CVM]

1901

L'Union Catholique
Série de conférences [nombre de conférences inconnu]
* **1.** Dimanche 13 octobre à 20 h, à la salle académique du Gésu, Lagacé donne sa première conférence de l'année sur l'évolution de la peinture au XIXe siècle :
   - *La Patrie*, mercredi 9 octobre 1901, 6, « L'Union Catholique : Elle reprend ses conférences annuelles » ; « ce travail a remporté un brillant succès à l'Institut Canadien de Québec l'an passé [1900 ? Non reporté ici]. » Projection d'une centaine de tableaux à la lanterne magique.
* jeudi 12 décembre 1901, conférence sur Ingres et Delacroix :
   - *La Patrie*, vendredi 13 décembre 1901, 4, « Conférence de M. Lagacé : Ingres et Delacroix »
   - *La Patrie*, vendredi 13 décembre 1901, 8, « À l'Union Catholique : intéressante conférence de M. Lagacé »

1902

L'Union Catholique
Série de [6 ?] conférences hebdomadaires
* jeudi 23 janvier 1902, il y a probablement conférence (elles sont hebdomadaires)
* [2 ?] jeudi 30 janvier 1902, conférence à la salle du Collège Sainte-Marie, suivie d'une partie musicale :
   - *La Patrie*, vendredi 31 janvier 1902, 5, « Conférence à l'Union Catholique », sur la naissance, la gloire et la décadence de l'architecture et de la peinture vénitiennes
* **3.** jeudi 6 février 1902, 3e conférence, suivie d'une partie musicale :
   - *La Patrie*, vendredi 7 février 1902, 2, « À l'Union Catholique », sur Raphaël et son œuvre, avec « nombreuses illustrations »
* [4 ?] jeudi 13 février 1902, il y a probablement conférence (hebdomadaire)

* [**5 ?**] jeudi 20 février 1902, à 20 h, dans la salle académique du Collège Ste-Marie, conférence sur Gustave Doré avec projections à la lanterne magique (accompagnée de musique, chant et récitation) :

   - *La Presse*, mercredi 19 février 1902, 8, « Conférence de M. J. B. Lagacé »

* [**6 ?**] jeudi 27 février 1902, dernière conférence, à la salle académique du collège Sainte-Marie, « L'art et les enfants » :

   - *La Patrie*, jeudi 27 févier 1902, 1, « Dernière conférence artistique de M. J. B. Lagacé ».

   - *La Presse*, mercredi 1ᵉʳ mars 1902, 23, « L'art et les enfants. Tel a été le sujet d'une conférence de M. J. B. Lagacé, hier soir, à l'Union Catholique », long article – voir aussi Jean-B. Lagacé, « Les enfants », la *Revue Canadienne*, 1902/2, 7-10

Autres lieux

* 1ʳᵉ d'une série : le jeudi 10 avril 1902, à l'Académie du Sacré-Cœur :

   - *La Patrie*, lundi 31 mars 1902, 3, « Conférences illustrées » ; on y annonce que Lagacé, président de l'UC, doit donner « deux de ces conférences au Couvent du Mont Sainte-Marie et deux à l'Académie du Sacré-Cœur, rue St-Alexandre, et d'autres [maisons d'éducation] sont en pourparler pour avoir le même avantage chez elles. »

   - *La Presse*, vendredi 11 avril 1902, 8, « Conférences de M. J. B. Lagacé » (à propos de celle du 10 avril, à l'Académie du Sacré-Cœur)

* Lagacé reprend sa conférence sur « L'art et les enfants » à l'Institut Canadien d'Ottawa :

   - *La Presse*, vendredi 11 avril 1902, 8

L'Union Catholique

* dimanche 25 janvier 1903, à 20 h, à la salle académique du Gésu rue Bleury :

   - *La Patrie*, samedi 24 janvier 1903, 16, Adélard Corsin, sec. de l'U. C., « Conférence de M. J. B. Lagacé à l'Union Catholique », sur « Venise pittoresque », comparaison entre Venise aujourd'hui et Venise historique ; Lagacé, alors président de l'UC ; fin de l'article : « Des vues projetées sur un écran par une forte lanterne magique illustreront cette conférence. Les dames sont spécialement invitées. L'entrée est gratuite. »

Série de 6 conférences au Gésu, pour l'Union Catholique (qu'il préside encore cette année là). **Annoncées comme suit** (certaines dates ont changé) :

   - *La Presse*, samedi 21 février 1903, 2 : 1. 26 février (Rouen) ; 2. 5 mars (Ingres et Delacroix) ; 3. 12 mars (la Bretagne et les peintres bretons) ; 4. 19 mars (l'architecture gothique) ; 5. 26 mars (la Suisse pittoresque et artistique) ; 6. 2 avril (La Vierge et les Grands maîtres) :

* **1.** jeudi 26 février 1903 : « Rouen, la ville musée de France » :
   - *La Patrie*, jeudi 26 février 1903, 1, « Les conférences artistiques de M. J. B. Lagacé ». Annonce la conférence qui sera suivie d'une partie musicale. Extrait de l'article : « Comme on le sait de nombreuses vues[,] projetées sur écran à l'aide d'une puissante lanterne magique, illustreront et rendront encore plus vivante l'étude à la fois historique et artistique que nous promet M. Lagacé. »
   - *La Patrie*, vendredi 27 février 1903, 4 (long article), « Conférence artistique : M. J. B. Lagacé a parlé hier soir de Rouen, ville historique », à partir du xvie siècle ; histoire politique et patriotique (la France ; les Anglais).
* **2.** prévue pour le jeudi 5 mars, sur Ingres et Delacroix (pas de traces)
* **3.** prévue pour le jeudi 12 mars, sur la Bretagne et les peintres bretons (pas de traces)
* **4.** prévue pour le jeudi 19 mars, sur l'architecture gothique (pas de traces)
* **5.** jeudi 16 avril, 1903, la 5e conférence porte sur la Suisse, à 8 h et quart :
   - *La Patrie*, mardi 14 avril 1903, 6 (marquée 3), « Les conférences artistiques de M. J. B. Lagacé », annonce de la conférence sur la Suisse
* **6.** jeudi 23 avril 1903, au Gésu, sur la Vierge et les grands maîtres :
   - *La Patrie*, mardi 21 avril 1903, 1, « Dernière conférence artistique de M. J. B. Lagacé », annonce de la conférence sur « La Madone et les Grands Maîtres »
   - *Le Canada*, vendredi 24 avril 1903, 5, « Jolie soirée au Gésù. M. Lagacé a entretenu [la veille] un auditoire d'élite. De la Vierge et les grands maîtres »
   - *Le Canada*, samedi 25 avril 1903, 8, pas de titre. Commentaire sur la dernière de six conférences de Lagacé présentée avec projections deux jours plus tôt. L'éditorialiste félicite Lagacé et critique le public.
[* vendredi 18 octobre 1903, Lagacé préside la séance de l'Union Catholique :
   - *Le Canada*, samedi 19 octobre 1903, 3, « L'union Catholique »]

Hiver 1904

ULàM (1re année)
À l'hiver 1904, Lagacé donne 20 leçons sur 21 (selon lui 22 sur 23) pour son premier cours à l'ULàM, qui porte, en première partie, sur « les principes du beau et les lois générales de l'art » ; dans la seconde partie, Lagacé a « établi les principes du beau et les lois générales de l'art »
* jeudi 21 janvier 1904, conférence à l'ULàM sur l'architecture gothique :
   - *La Presse*, samedi 23 janvier 1904, 22, « Conférence de M. Lagacé à l'Université Laval » (long article)

1904-1905

ULàM

À l'ULàM, 20 leçons selon l'*AG*, 10 [conférences] selon Lagacé : les lois et ses applications, en deux parties

* mercredi 1er février 1905 : à la salle des promotions, conférence illustrée sur la vie et l'œuvre de Puvis de Chavannes :
  - *La Presse*, vendredi 27 janvier 1905, 3, annonce de la « Conférence artistique à l'Université Laval », presque le même article que dans *La Patrie* du lendemain
  - *La Patrie*, samedi 28 janvier 1905, 7, le secrétaire, « Conférence artistique à l'Université Laval ». Note : « Cette conférence n'empêchera pas le cours régulier d'esthétique d'avoir lieu le mardi soir. Dans cette leçon, M. Lagacé étudiera les dernières causes générales qui président au développement de l'Art », admission gratuite pour les deux.
* mercredi 1er février 1905, salle des promotions, sur Puvis de Chavannes avec projections lumineuses :
  - *La Presse*, mercredi 1er février 1905, 13, « Conférence artistique », annonce
  - *La Presse*, jeudi 2 février 1905, 15, « Puvis de Chavannes. Conférence de M. Lagacé à l'Université Laval » (moyen article)
* Annulation du cours de Lagacé :
  - *Le Canada*, samedi 15 avril 1905, 16, « Université Laval. Cours d'Esthétique » : « On nous prie d'annoncer que le cours d'Esthétique donné à l'Université Laval par M. Jean B. Lagacé, est suspendu pour quelque temps, à raison de la maladie du professeur pour ce cours. »
* Anonyme [Lagacé ?], « Comment se fait un chef-d'œuvre » :
  - *Le Canada*, jeudi 4 mai 1905, 4 et 11 et samedi 6 mai, 7, article, relativement long

L'Union Catholique

* « Le Beau dans l'Univers », **série de 3 conférences** présentées à l'Union Catholique dont la 3e date du 23 avril 1905, reprise en 1905 ou 1906 [2/n34]

1905-1906

ULàM

Le cours de Lagacé porte sur l'Égypte et l'Assyrie

* vendredi 22 décembre 1906, conférence de Lagacé sur les tombeaux chez les Égyptiens :
  - *La Presse*, jeudi 8 février 1906, 5, « Les conférences à l'Université. Le professeur J. B. Lagacé a régalé son auditoire, hier soir, en lui faisant faire une promenade instructive à travers les tombeaux de l'Égypte. »

1906-1907

ULàM

Le cours de Lagacé de 1906-1907 à l'ULàM porte sur l'art en Grèce; 5 cours selon l'*AG*; 5 ou 6 cours ou conférences répertoriés dans la presse:

Automne 1906
ULàM

* mercredi 28 novembre 1906, annonce de la conférence pour le soir même, «dans la salle des Conférences, au premier étage»; Lagacé parlera de «l'Art en Perse, en Judée et en Phénicie, avant d'aborder l'étude de l'Art Grec qui fera l'objet de cinq autres conférences. Des projections lumineuses accompagneront les explications de M. le professeur. / Le public est cordialement invité.»:

- *La Presse*, mercredi 28 novembre 1906, 14, «Université Laval. Cours d'esthétique et d'histoire de l'art»

* le jeudi 29 novembre 1906, 6, l'art égyptien en fonction de son accomplissement en Grèce, ULàM:

- *Le Canada*, vendredi 30 novembre 1906, 6, «L'art à travers les âges», compte rendu de la conférence de la veille, avec projections lumineuses, sur l'art égyptien en fonction de son accomplissement en Grèce, annonce la suite pour le 20 janvier 1907

Hiver 1907
ULàM

Entre le 9 janvier et le 22 avril 1907, conférences répertoriées en quatre articles dans *Le Canada* et un dans *La Patrie*:

* mercredi 9 janvier 1907, sur l'art grec:

- *Le Canada*, jeudi 10 janvier 1907, 10, «L'art grec. Conférence de M. Lagacé à l'Université Laval», à propos de la conférence présentée la veille

* mercredi 27 février 1907, conférence illustrée; «Le professeur d'esthétique et d'Histoire de l'Art continuera l'étude de l'architecture grecque dans les deux ordres ionique et corinthien»:

- *La Patrie*, mardi 26 février 1907, 9, «Université Laval», annonce de la conférence du 27 février.

* jeudi 28 février 1907, sur les ordres ionique et corinthien:

- *Le Canada*, vendredi 1er mars 1907, 4, «L'art grec», sur la conférence présentée la veille, où Lagacé traite de l'ordre ionique (comparer avec le descriptif dans l'*AG*) et corinthien; annonce la prochaine conférence pour le 10 avril prochain, mais se donnera le 24
- *La Patrie*, vendredi 1er mars 1907, 3, «L'art grec: intéressante conférence de M. J.-B. Lagacé», long article sur sa conférence à l'Université

* mercredi 24 avril 1907, cours sur l'art flamand:

- *Le Canada*, jeudi 25 avril 1907, 10, « L'art flamand. Dernière conférence annuelle de M. J. B. Lagacé, à l'Université Laval », sur la conférence présentée la veille. C'est peut-être sa première conférence sur les Pays-Bas. Il a utilisé la riche collection d'Alphonse Leclaire pour ses projections.

1907-1908

ULàM
Le cours à l'ULàM porte sur la sculpture grecque.
* mercredi 27 novembre 1907, à 8. 15 heures du soir, première conférence de Lagacé :
- *La Patrie*, mardi 26 novembre 1907, 9, « Université Laval », annonce de la conférence du lendemain : « Après avoir étudié, l'an dernier, les mouvements de la Grèce, M. le professeur entretiendra cette année, ses fidèles auditeurs, des chefs-d'œuvre de la sculpture grecque à l'époque archaïque. »
* mercredi 29 avril 1908, dernière conférence de Lagacé de l'année, sur Gustave Doré ; elle est donnée comme d'habitude dans la salle de la bibliothèque :
- *La Patrie*, lundi 27 avril 1908, 5, « Université Laval : Dernière conférence de M. Lagacé » ; « Interrompant le cours de ses études sur l'art grec, il parlera d'un sujet plus moderne, de Gustave Doré, l'un des dessinateurs les plus puissants du xixᵉ siècle. »

1908-1909

ULàM
Le cours à l'ULàM porte sur l'antiquité étrusque et romaine
* mercredi 11 novembre 1908, reprise des conférences de Lagacé à salle de la bibliothèque ; la première, annoncée ici, porte sur l'art romain :
- *La Patrie*, mardi 10 novembre 1908, 13, « Université Laval : conférences sur l'Esthétique et l'Histoire de l'Art par M. J. B. Lagacé. »

1909-1910

ULàM
Le cours à l'ULàM porte sur l'art gothique, 3 séances répertoriées

Automne 1909
[« La réouverture des cours à l'Université Laval. L'ouverture officielle des cours a eu lieu à l'Université Laval par une messe solennelle. Sir Lomer Gouin a dit qu'on ne frappe pas en vain à la porte du gouvernement de Québec quand il s'agit de l'enseignement », *Le Canada*, mercredi 8 septembre 1909, 10, au sujet de la cérémonie de la veille, mardi 7 septembre 1909]

* mercredi 24 novembre 1909, sur les débuts de l'art chrétien :
  - *Le Canada*, jeudi 25 novembre 1909, 12, « Les "mercredis" de Laval. La naissance de l'art occidental », au sujet de la conférence de Lagacé présentée la veille, long résumé sur le début du christianisme [pas dans l'*AG* ; Lagacé cite Courajod (cf. LT), dont on ne retrouve pas les traces dans l'*Initiation*]

Hiver 1910

* mercredi 12 janvier 1910, ULàM, Le christianisme chez les Romains :
  - *La Patrie*, mercredi 12 janvier 1910, 1, « Conférence à Laval », annonce pour le soir d'une conférence gratuite sur l'architecture romaine illustrée par des projections lumineuses
  - *Le Devoir*, vendredi 14 janvier, 3, « La conférence de M. Lagacé »
* mercredi 26 janvier 1910 : conférence de Lagacé sur l'architecture gothique :
  - *Le Devoir*, vendredi 28 janvier 1910, 2, « L'art du Moyen âge : l'architecture gothique », long résumé
* mercredi 23 février 1910, « Les cathédrales gothiques », à la salle de la Bibliothèque :
  - *La Patrie*, jeudi 24 février 1910, 1, « Conférence sur les cathédrales : donné[e] par M. J. B. Lagacé à l'Université Laval hier soir » (long article avec citation)

L'Union Catholique, 1909-1910

* mercredi 5 décembre 1909, Union Catholique, « Une visite au vieux Rouen » :
  - *Le Canada*, jeudi 6 décembre 1909, 9, « À l'Union Catholique. Une promenade archéologique à travers la capitale de Normandie », au sujet de la conférence présentée la veille en après-midi à l'Union Catholique, « Une visite au vieux Rouen », et qui tenait plus du pèlerinage que de la visite archéologique, les images montrées étant surtout, sinon exclusivement, des photos d'églises
* dimanche 16 janvier 1910, conférence de Lagacé à l'Union Catholique sur l'art grec :
  - *La Patrie*, lundi 17 janvier 1910, 7, « L'art grec à l'Union Catholique. M. J. B. Lagacé parle de la splendeur artistique des Grecs à l'époque de Périclès »

1910-1911

ULàM

Le 5 octobre : Messe du Saint-Esprit à la Cathédrale, à 9 h, et ouverture solennelle de l'année académique dans la salle des promotions, le soir, à 20 h 15 :
  - *Le Devoir*, mercredi 10 août 1910, 2, « Le nouveau prospectus indique la date de l'ouverture des principaux cours de l'année 1910-11 »

Reprise des cours: du 16 novembre 1910 au 22 février 1911, 5 conférences publiques seront présentées à l'ULàM. Le cours porte sur la Renaissance italienne du xve siècle:

- *La Patrie*, mardi 15 novembre 1910, 13, «Les conférences de Laval»; elles débuteront le mercredi 16 à la salle des conférences et porteront sur «La renaissance italienne du xve siècle»; admission gratuite, public invité, leçons illustrées
- *Le Devoir*, mardi 15 novembre 1910, 6, «Les conférences de Laval», annonce de **cinq conférences** publiques gratuites à partir du 16 novembre sur la Renaissance italienne du xve siècle. Les leçons commencent à 20 h. Il y en aura 7 (en comptant le xve siècle), dont 6 sont répertoriées dans la presse:

* mercredi 16 novembre 1910, sur les origines et des débuts de la Renaissance italienne:

- *Le Devoir*, jeudi 17 novembre 1910, 4, «Des origines et des débuts de la Renaissance italienne: intéressante conférence de M. J. B. Lagacé, hier soir, à l'Université Laval» (voir notre note 18)

* mercredi 30 novembre 1910, sur le Trecento:

- *Le Devoir*, jeudi 1er décembre 1910, 4, «Les mercredis de Laval: M. Lagacé parle de la Renaissance italienne» [article paru sous forme incomplète]

* mercredi 14 décembre, sur Fra Angelico:

- *Le Devoir*, lundi 15 décembre 1910, 4, «Les mercredis de Laval: La Renaissance italienne, Fra Angelico, tel est le sujet traité hier soir, par M. J. B. Lagacé»; l'article comporte des passages qui ne sont pas dans l'*AG*; il tend à occulter les nuances de Lagacé et à christianiser son discours

* pour le mercredi 11 janvier 1911, une séance sur «Lippi et Botticelli» avait été annoncée le 15 décembre, et à nouveau le matin même (*Le Devoir*, mercredi 11 janvier 1911, 4) mais on ne trouve pas de résumé par la suite et pas de références dans l'*AG* non plus (par contre, on trouve dans *Le Devoir* du 11 janvier 1911 (supra), 2, un article de Lagacé sur le monument pour Dollard)

* mercredi 25 janvier, sur la sculpture florentine au xve siècle, Donatello:

- *Le Devoir*, samedi 28 janvier 1911, 6, «Intéressante conférence de M. J. B Lagacé, à l'Université Laval»

* mercredi 8 février 1911, sur le Pérugin:

- *Le Devoir*, vendredi 10 février 1911, 3, «Les mercredis de Laval: La Renaissance Italienne» (voir notre note 18)
- *La Presse*, mercredi 8 février 1911, 16 d.e., «Conférences à Laval». Extrait: «Les projections seront particulièrement intéressantes»

* mercredi 22 février, sur Léonard de Vinci:

- *Le Devoir*, vendredi 24 février 1911, 4, «Les mercredis de Laval», la conférence a lieu à la salle de la bibliothèque.

1911-1912

ULàM

Le cours à l'ULàM porte sur la Renaissance italienne au XVIe siècle, 5 confé-rences présentées sur Michel-Ange, Raphaël et le Titien dont 4 répertoriées dans la presse, du 15 novembre 1911 au 10 janvier (avant-dernière) 1912 :

* mercredi 15 novembre 1911, sur Michel-Ange : l'homme et l'artiste :
   - *Le Devoir*, jeudi 16 novembre 1911, 5, « Les mercredis de Laval : M. J. B. Lagacé reprend hier soir ses conférences sur l'Esthétique et l'Histoire de l'art »
* mercredi 29 novembre 1911, sur Michel-Ange : les œuvres :
   - *Le Devoir*, jeudi 30 novembre 1911, 5, « Les mercredis de Laval : M. J. B. Lagacé donne une conférence d'un haut intérêt sur les œuvres de Michel-Ange »
   - *Le Canada*, jeudi 30 novembre 1911, 8, « Les mercredis de Laval. Le cours de M. Lagacé sur Michel-Ange »
* mercredi 13 décembre 1911, sur Raphaël : la vie :
   - *Le Devoir*, jeudi 14 décembre 1911, 2, « Les mercredis de Laval : Conférence de M. J. B. Lagacé sur la Renaissance Italienne. Raphaël »
* mercredi 10 janvier 1912, sur Raphaël : caractère de l'artiste et qualité de l'œuvre :
   - *Le Devoir*, vendredi 12 janvier 1912, 12, « Les mercredis de Laval : conférence de M. J. B. Lagacé »

L'Union Catholique

* dimanche 8 octobre 1911 : première de la série pour la saison (sur divers sujets) : conférence à l'Union Catholique sur Léonard de Vinci et la Joconde :
   - *Le Devoir*, lundi 9 octobre 1911, 2, « Léonard de Vinci et la "Joconde" : Résumé d'une intéressante conférence faite à l'Union Catholique, par M. J. B. Lagacé »
   - *La Patrie*, lundi 9 octobre 1911, 9, « À l'Union Catholique » (long article)

1912-1913

ULàM

Le cours à l'ULàM porte sur les Pays-Bas ; 5 conférences présentées sur l'art flamand et hollandais, dont 2 ou 3 répertoriées dans la presse entre le 30 novembre 1912 et le 8 janvier 1913 :

* [?] novembre 1912 : sur la Renaissance flamande et hollandaise : voyage à travers la Belgique :
   - *Le Devoir*, samedi 30 novembre 1912, 7, « La Renaissance Flamande et Hollandaise » (publié avec retard)
* mercredi 1er janvier ? [pas de date dans le résumé, assez long] :

   - *Le Devoir*, jeudi 2 janvier 1913, 3 (?), «Peinture française (1860-1900)», le nom de Lagacé ne figure pas dans l'article, signé du nom de l'abbé Émile Chartier; il s'agit bien des mercredis de Laval, mais ce thème n'est pas celui de Lagacé pour 1912-1913.

* mercredi 8 janvier 1913, conférence illustrée sur la peinture flamande de Rubens et de Van Dyck:

   - *La Presse*, mercredi 8 janvier 1913, 2, «Conférence à Laval»

Le Monument national, 1ʳᵉ série: 1912-1913
Cours offerts gratuitement sous le patronage de l'ASJB (l'année d'après, SSJB)
Les conférences, annoncées dans la presse du samedi, se donnent le dimanche à 20 h, illustrées de nombreuses projections lumineuses; les annonces sont souvent intitulées «Cours gratuits. Histoire de l'art»

* **1.** 17 novembre, «Promenade archéologique dans l'Antiquité primitive: Égypte, Assyrie, Perse»:

   - *Le Devoir*, samedi 9 novembre 1912, 2 (annonce la série)
   - *La Presse*, samedi 9 novembre 1912, 13 (annonce la série)
   - *La Patrie*, samedi 16 novembre 1912, 7

* **2.** 24 novembre, «L'art grec, notamment l'architecture des Hellènes»:

   - *Le Devoir*, samedi 23 novembre 1912, 3
   - *La Patrie*, samedi 23 novembre 1912, 7

* **3.** 1ᵉʳ décembre, «Les grands sculpteurs grecs: des primitifs à Lysippe»:

   - *Le Devoir*, samedi 30 novembre 1912, 5
   - *La Presse*, samedi 30 novembre 1912, 31
   - *Le Nationaliste*, 1ᵉʳ déc. 1912, 1, «L'ignorance de l'art. Le peuple est chez nous moins philistin que le bourgeois», par Louis Dupire

* **4.** 8 décembre, «L'art romain: architecture, sculpture et peinture»:

   - *Le Devoir*, samedi 7 décembre 1912, 4 (Lagacé a peut-être manqué; la prochaine est annoncée comme la 4ᵉ)

* **4.** 15 décembre, «L'art romain: architecture, sculpture et peinture»:

   - *Le Devoir*, samedi 14 décembre 1912, 2
   - *La Patrie*, samedi 14 décembre 1912, 17

* **5.** 22 décembre, «L'art chrétien: des catacombes à Sainte-Sophie de Constantinople»:

   - *Le Devoir*, samedi 21 décembre 1912, 6
   - *La Patrie*, samedi 21 décembre 1912, 15
   - *La Presse*, samedi 21 déc. 1912, 36

* **6.** 12 janvier 1913, «Architecture romane: les Abbayes»:

   - *La Patrie*, samedi 11 janvier 1913, 13

* **7.** 19 janvier, «L'architecture gothique: les cathédrales, les châteaux, etc.»:

   - *Le Devoir*, samedi 18 janvier 1913, 11

- *La Patrie*, samedi 18 janvier 1913, 19
*** 8.** 26 janvier, « La Renaissance italienne et l'œuvre de Michel-Ange » :
   - *Le Devoir*, samedi 25 janvier 1913, 6
   - *La Patrie*, samedi 25 janvier 1913, 20
   - *La Presse*, samedi 25 janvier 1913, 12
*** 9.** 2 février, « La Renaissance italienne et l'œuvre de Michel-Ange, suite » :
   - *La Patrie*, samedi 1er février 1913, 6
   - *La Presse*, samedi 1er février 1913, 5
*** 10.** 9 février, « La Renaissance italienne et Raphaël » :
   - *Le Devoir*, samedi 8 février 1913, 2
   - *La Patrie*, samedi 8 février 1913, 15
   - *La Presse*, samedi 8 février 1913, 26
*** 11.** 16 février, « Promenade artistique en Suisse » :
   - *La Patrie*, samedi 15 février 1913, 14
   - *La Presse*, samedi 15 février 1913, 5, salle n° 11 au MN

Programme initial (*Le Devoir* et *La Presse* du samedi 9 novembre 1912) :
   [12 cours]
- Promenade archéologique dans la primitive antiquité ; Égypte, Assyrie, Perse
- L'antiquité classique : l'architecture grecque
- Les grands sculpteurs grecs : des primitifs à Lysippe
- L'Art romain : architecture, sculpture et peinture
- L'Art chrétien : Des Catacombes à Sainte Sophie de Constantinople
- La Renaissance Italienne : de Giotto à Léonard de Vinci
- L'Art Roman et gothique : Abbayes, cathédrales, châteaux
- Le XVIe siècle en Italie et hors de l'Italie
- Le XVIIe siècle : Rubens, Rembrandt, Vélasquez et Poussin
- L'Art du XVIIIe siècle en France et en Angleterre
- L'Art du XIXe siècle en France
- L'Art du XIXe siècle en Italie : en Allemagne et en Angleterre

1913-1914

[ici, seulement, la série du MN est présentée avant celle de l'ULàM]
Le Monument national, 2e série (sous le patronage de la SSJB)
   - *La Patrie*, samedi 13 septembre 1913, 10 : annonce de l'ouverture des cours (gratuits) pour le 5 octobre : les cours d'histoire de l'art et de géographie descriptive ont lieu le dimanche à 20 h et sont alternés (le cours d'histoire de l'art se donne donc aux 15 jours) ; les autres cours sont : Hygiène, Langue Française, Langue Anglaise, Grammaire Française, Dactylographie, correspondance et tenue de bureau, Élocution et Sténographie

* **1.** 12 octobre 1913, « L'art flamand et hollandais. Voyage à travers la Belgique artistique » :
- *Le Devoir*, samedi 11 octobre 1913, 5

* **2.** 26 octobre 1913, « École Flamande De Van Eyx [*sic*] à Rubens » :
- *Le Devoir*, samedi 25 octobre 1913, 8
- *La Patrie*, samedi 25 octobre 1913, 25

* **3.** 9 novembre 1913, « La Renaissance Flamande : Rubens et Van Dyck » :
- *Le Devoir*, samedi 8 novembre 1913, 2
- *La Patrie*, samedi 8 novembre 1913, 25

* **4.** 23 novembre 1913, « Histoire de l'école de peinture hollandaise » :
- *La Patrie*, samedi 22 novembre 1913, 27
- *La Presse*, samedi 22 novembre 1913, 15

* **5.** 7 décembre 1913, « L'École Hollandaise – Rembrandt » :
- *La Patrie*, samedi 6 décembre 1913, 28

* **6.** 21 décembre 1913, « L'École Allemande – D[ü]rer et Holbein » :
- *La Patrie*, samedi 20 décembre 1913, 21
- *La Presse*, samedi 20 décembre 1913, 24

* **7.** dimanche 18 janvier 1914, « La Renaissance espagnole » :
- *La Presse*, samedi 17 janvier 1914, 4, « Histoire de l'art »

* **8 ?** 1er février 1914 ? Cours annulé ?

* **9 ?** dimanche 15 février 1914, conférence bi-mensuelle sur la peinture espagnole : « Velázquez » :
- *Le Devoir*, samedi 14 février 1914, 5, « Histoire de l'art »
- *La Presse*, samedi 14 février 1914, 7, « Histoire de l'art »
- *La Patrie*, samedi 14 février 1914, 11, « Les cours publics du Monument national. Histoire de l'art »

* **10 ?** dimanche 29 février 1914, dernière conférence illustrée de la série, « Le portrait de l'enfant dans l'art » :
- *La Presse*, samedi 28 février 1914, 29, « Histoire de l'art »
- *La Patrie*, samedi 28 février 1914, 5, « Les cours publics du Monument national. Histoire de l'art »

1913-1914

ULàM

Le cours à l'ULàM porte sur l'Allemagne, la France, l'Espagne et l'Angleterre [xve-xviiie siècle]. Les cours, annoncés le matin même, se donnent alternativement le mercredi et le vendredi, à 20 h 15 à la salle de la bibliothèque (et à la salle des promotions). Le nombre a été porté à **10 cours** à la demande de nombreux auditeurs (*Le Devoir*, 13 nov.) dont 6 sont répertoriés dans la presse

* **1.** jeudi 13 novembre 1913, « Renaissance en Allemagne : des primitifs à Albert D[ü]rer » :
  - *Le Devoir*, jeudi 13 novembre 1913, 2, « L'histoire de l'art » [annoncée pour « ce soir », mais ne devrait pas avoir lieu un jeudi]
* **2.** vendredi 21 novembre 1913, « Renaissance en Allemagne : Holbein » :
  - *Le Devoir*, vendredi 21 novembre 1913, 6, « La Renaissance artistique en Allemagne ». Salle de la bibliothèque
* **3.** mercredi 26 novembre 1913, « La Renaissance en Espagne : El Greco, Ribera et Zurbaran » :
  - *Le Devoir*, mercredi 26 novembre 1913, 2, « L'histoire de l'art ». Salle des promotions
* **4.** vendredi 5 décembre 1913, sur la Renaissance en Espagne : Velasquez :
  - *La Patrie*, vendredi 5 décembre 1913, 14, Salle de la bibliothèque à 20 h
* **?** mercredi 7 janvier 1914, « La Renaissance de l'Art en France : le XVIIIe siècle, Watteau et Boucher » :
  - *Le Devoir*, mercredi 7 janvier 1914, 5, « Les mercredis de Laval ». Salle de la bibliothèque
* **5 ?** mercredi 21 janvier 1914, « Les origines de la peinture anglaise : Reynolds et Gainsborough » :
  - *Le Devoir*, mercredi 21 janvier 1914, 3, « Les mercredis de Laval »
  - *La Presse*, mercredi 21 janvier 1914, 2, « Conférence ce soir », conférences hebdomadaires
  - *La Patrie*, mercredi 21 janvier 1914, 7, « Conférence de M. Lagacé », à 8.15 à la salle de la Bibliothèque, entrée gratuite

[Rien pour le 28 janvier ; la séance du 7 janvier a peut-être été annulée]
* **6.** mercredi 4 février 1914 : 6e et dernière conférence :
  - *La Patrie*, mercredi 4 février 1914, 14, « Les conférences de M. J.-B. Lagacé », à 8.15, 6e et dernière conférence de Lagacé sur l'histoire de l'Art

L'Union Catholique

* dimanche précédent le 1er avril 1914 (le 29 mars)
  - *Le Devoir*, mercredi 1er avril 1914, 2, « À l'Union Catholique, M. J. B. Lagacé, critique d'art, parle de Velasquez », conférence présentée le dimanche précédent

1914-1915

ULàM

Automne 1914

Le cours à l'ULàM porte sur l'Art français du XIXe siècle : peinture, sculpture, architecture. Dernier cours-année de la longue série ; l'année d'après, il reprendra le cycle depuis le début. Les cours de 1914-1915 seront répertoriés dans l'*AG* de 1915-1916 (pas d'annuaire en 1915-1916) :

10 leçons annoncées dont 7, présentées d'ici Noël, porteront sur l'art français ; les 3 autres seront présentées après les Rois. 6 sont répertoriées à partir du 4 novembre 1914. Le cours, qui se donne à 20 h pour toute la série, est avancé pour remplacer celui de littérature, M. René Gautheron étant absent à la guerre (*Le Devoir*, samedi 2 novembre 1914, 2)

* **1.** mercredi 4 novembre, sur David et son école, à la salle de la bibliothèque, 20 h :

  - *La Presse*, samedi 2 novembre 1914, 2, « Les cours d'histoire de l'art à l'Université Laval », c'est le 1er cours (avancé pcque M. Gautheron, prof. de littérature, est à la guerre) d'une série de dix, dont sept, avant Noël, porteront sur la peinture française, et les trois autres auront lieu après les Rois

  - *Le Devoir*, samedi 2 novembre 1914, 2, « Université Laval. Cours d'histoire de l'art », annonce du cours

  - *Le Devoir*, samedi 7 novembre 1914, 3, « Les mercredis de Laval, résumé du cours du 4 novembre sur David et son école. La peinture française au xixe siècle ». La fin de l'article, assez long, manque, après « Au total, s'il faut blâmer [...] il faut aussi lui reconnaître »

* **2.** mercredi 11 novembre 1914, sur Ingres et son école :

  - *Le Devoir*, mercredi 11 novembre 1914, 6, « Les mercredis de Laval », annonce pour le soir

  - *Le Devoir*, samedi 14 novembre 1914, 6, « Les mercredis de Laval », résumé du cours sur Ingres, 2e de la série sur la peinture française

* **3.** mercredi 18 novembre 1914, sur l'école romantique : Delacroix et ses disciples :

  - *Le Devoir*, vendredi 27 novembre 1914, 7, « Les mercredis de Laval », long résumé du cours signé Alfred Labelle.

* **4.** mercredi 25 novembre, « L'école naturaliste : Corot, Millet, Courbet » :

  - *Le Devoir*, mercredi 25 novembre 1914, 8, « Université Laval. Les cours de M. Lagacé », annonce pour le soir même.

  - *Le Devoir*, samedi 5 décembre 1914, 5, « Mercredis de Laval. Professeur J. B. Lagacé », résumé de la conférence sur Corot et Millet

* ... (?) pas de cours le mercredi 2 décembre ?

* [6]. mercredi 9 décembre, sur l'école symboliste : Chavannes, Moreau :

  - *Le Devoir*, lundi 19 décembre 1914, 7, « Les mercredis de Laval »

* **7.** mercredi 16 décembre 1914, la « Sculpture française au xixe siècle » :

  - *La Patrie*, mercredi 16 décembre 1914, 3, « Université Laval, Faculté des Arts – Cours d'histoire de l'art », annonce pour le même soir de la 7e et dernière conférence pour 1914

Hiver 1915

* mercredi 17 février 1915, 8 h et quart, reprise de la série de dix cours à Laval sur « L'histoire de l'art français au XIXe siècle » ; cette conférence porte sur « La sculpture française de 1870 à 1900 » :

- *La Presse*, mardi 16 février 1915, 7, « Université Laval. Faculté des Arts – Cours d'histoire de l'art ». Les trois leçons qui restent sont consacrées à la sculpture, à la gravure et à la peinture militaire. Chaque leçon est suivie de projections lumineuses. Le cours étant public et gratuit, tous y sont les bienvenus.

* … (?) La gravure ? Annulé ? Intégré à la prochaine ? Ce serait la 10e ?

* **10 ?** mercredi 3 mars 1915, à huit heures, « La peinture militaire » :

- *La Presse*, mercredi 3 mars 1915, 7, « Université Laval, Faculté des Arts. Cours d'histoire de l'art », dernière [10e ?] conférence de la série sur la France. « Étant donnée la scène qui se déroule sur les champs de bataille de l'Europe, on avouera que le sujet ne manque pas d'actualité. »

- *La Patrie*, mercredi 3 mars 1915, 3, « Université Laval, Faculté des Arts. Cours d'histoire de l'art », même citation que dans *La Presse*. Tous sont les bienvenus.

- voir aussi : « L'esthétique des batailles », la *RC*, 1915/15, 422-440 ; en note : « dernière conférence du cours sur l'*Histoire de l'art français au XIXe siècle*, prononcée le 3 mars 1915, à l'Université Laval (Montréal). »

[Le dépouillement pour *Le Devoir* a été suspendu ici]

Le Monument national, 3e série (1914-1915)

* **1 ?** dimanche 11 octobre 1914, « Origines de la peinture anglaise » :

- *La Patrie*, samedi 10 octobre 1914, 5, « Conférence sur l'hygiène et d'histoire de l'art] »

* **3 ?** dimanche 8 novembre 1914, « Origines de la peinture anglaise » :

- *La Patrie*, samedi 7 novembre 1914, 5, « Les cours du Monument ».

* **4 ?** dimanche 22 novembre 1914, « L'art français au XIXe siècle : David et son école » (sujet présenté le 4 novembre à l'ULàM) :

- *La Presse*, samedi 21 novembre 1914, 20, « Au Monument national »

- *La Patrie*, samedi 21 novembre 1914, 15, « Conférences au Monument national »

* **5 ?** dimanche 6 décembre 1914, sujet non précisé :

- *La Presse*, samedi 5 décembre 1914, 21, « Les conférences au Monument national », sujet non précisé

- *La Patrie*, samedi 5 décembre 1914, 9, « Conférences au Monument national », sujet non précisé

* **6 ?** dimanche 17 janvier 1915, « " École Française : Mouvement Romantique ", Eugène Delacroix » :

- *La Patrie*, samedi 16 janvier 1915, 13, « Conférences au Monument national »

* **7 ?** dimanche 31 janvier 1915, « L'École Naturaliste : Corot & Millet » :
  - *La Presse*, samedi 30 janvier 1915, 23, « Conférences au Monument »
  - *La Patrie*, samedi 30 janvier 1915, 3, « Conférences au Monument national »
* **8 ?** dimanche 14 février 1915, sujet non précisé :
  - *La Patrie*, samedi 13 février 1915, 5, « Conférences au Monument national »
* **9 ?** dimanche 28 février 1915, sujet non précisé :
  - *La Presse*, samedi 27 février 1915, 14, « Les conférences au Monument national »
* **10 ?** dimanche 14 mars 1915, « L'esthétique des batailles » :
  - *La Presse*, samedi 13 mars 1915, 13, « Les conférences au Monument national »

1915-1916

ULàM : Lagacé reprend l'histoire à ses débuts
* mercredi 10 novembre 1915, début de la série de conférences artistiques de Lagacé
  - *La Patrie*, lundi 8 novembre 1915, 5, « Cours d'histoire de l'art. M. J.-B. Lagacé reprendra samedi soir ses conférences à l'Université Laval » :

Dix séances prévues :
* 10 novembre, « L'art de la primitive antiquité. – l'Égypte telle que nous la font connaître les bas-reliefs et les peintures des temples et des tombeaux. »
* 24 novembre, « La religion égyptienne. – Description des temples. – Ce qu'ils étaient primitivement et ce qu'ils sont aujourd'hui. »
* 15 décembre, « L'idée de la mort en Égypte. – Les tombes royales et les hypogées. – Culte rendu aux morts. »
* 12 janvier, « L'art chaldéo-assyrien. – L'architecture et la sculpture. »

Le Monument national, 4ᵉ série (1915-1916)
* dimanche 10 octobre 1915, « Léonard de Vinci » :
  - *La Presse*, samedi 9 octobre 1915, 19, « Monument national »
* dimanche 7 novembre 1915, « Michel-Ange – L'Histoire de sa vie » :
  - *La Presse*, samedi 6 novembre 1915, 22, « Monument national »
  - *La Patrie*, samedi 6 novembre 1915, 14, « Conférence au Monument national »
* dimanche 21 novembre 1915, « Michel-Ange – Les caractères de son art » :
  - *La Presse*, samedi 20 novembre 1915, 14, « Les conférences au Monument national »
  - *La Patrie*, samedi 20 novembre 1915, 3, « Conférences au Monument national »
* dimanche 5 décembre 1915, « Fra Angelico, sa vie et son œuvre » :
  - *La Presse*, samedi 4 décembre 1915, 30, « Les conférences au Monument national »

- *La Patrie*, samedi 4 décembre 1915, 6, « Conférences au Monument national »
* dimanche 30 janvier 1916, « Le Perugin – sa vie et son œuvre » :
- *La Presse*, samedi 29 janvier 1916, 20, « Les conférences au Monument national »
* dimanche 13 février 1916, « Raphaël – L'histoire de sa vie » :
- *La Presse*, samedi 12 février 1916, 14, « Les conférences au Monument national »
* dimanche 19 mars 1916, « En gondole ! Promenade artistique à Venise » :
- *La Presse*, samedi 18 mars 1916, 17, « Les conférences au Monument national »

1919

ULàM

* [lundi] 24 février 1919 à la salle Saint-Sulpice, « Allocution », signée Jean-Baptiste Lagacé, M.-A., en réponse à une conférence de Pierre-J. Dupuy intitulée « L'art et la jeunesse », toutes deux prononcées à cette date :
- *Ce que dit la jeunesse… Conférences prononcées sous les auspices de l'Association des Étudiants de l'École des HEC*, préface de l'honorable M. Athanase David, Montréal, La Société des Conférences, éditeurs, 1920, 25-56 et 57-65.
* Cours du 12 mars 1919 :
- *La Presse*, 13 mars 1919, 6, « Les peintres de la Renaissance de l'art en Espagne », commentaire sur la conférence de Lagacé présentée la veille, « La Renaissance espagnole et les grands peintres qui l'ont amenée »
- *La Patrie*, 27 mars 1919, p. 11. Résumé de la conférence de Lagacé sur Velasquez, la veille (il avait traité de ce sujet à l'Union Catholique en 1914)

Répertoire des cours et des conférences publiques donnés par Lagacé à l'ULàM

Résumés de sa première traversée de l'histoire entre 1904 et 1915 tels que parus dans l'*Annuaire général* de l'Université Laval (section montréalaise)[86]

Ce calendrier renvoie au cours régulier que donne Lagacé à l'ULàM pour les étudiants de la Faculté des arts, de novembre au début de mai, [sans doute le mardi,] à 8 heures et quart, à la salle des conférences publiques du premier étage de l'immeuble rue Saint-Denis, ainsi qu'aux conférences publiques présentées gratuitement aux quinze jours, le mercredi soir, à 8 heures, dans la salle des promotions, ces conférences étant intitulées « les mercredis de Laval » dans la presse entre 1909 et 1914.

---

86. Archives de l'UdeM.

Cours à l'essai en vue de la création d'une chaire d'esthétique : 1904, cours « sur la peinture » (20 leçons données, sur 21 prévues)
AG, 1904-1905, 152

Cours [1] : 1904-1905, le cours porte, en première partie, sur « les principes du beau et les lois générales de l'art » ; dans la seconde partie, Lagacé a « établi les principes du beau et les lois générales de l'art » (20 leçons)
AG, 1905-1906, 172-175

Cours [2] : 1905-1906, le cours porte sur l'Égypte et l'Assyrie [Lagacé est alors professeur agrégé]
AG, 1906-1907, 176-178

Cours [3] : 1906-1907, « L'art en Grèce » (5 conférences) [Lagacé est alors professeur titulaire]
AG, 1907-1908, 195-199

Cours [4] : 1907-1908, « La sculpture grecque »
AG, 1908-1909, 228-233

Cours [5] : 1908-1909, le cours porte sur les Étrusques et les Romains
AG, 1909-1910, 255-259

Cours [6] : 1909-1910, le cours porte sur l'art gothique
AG, 1910-1911, 299-302

Cours [7] : 1910-1911, le cours porte sur la Renaissance italienne du xve siècle
AG, 1911-1912, 200-204

Cours [8] : 1911-1912, le cours porte sur trois artistes de la Renaissance italienne du xvie siècle : Michel-Ange, Raphaël et le Titien (5 conférences)
AG, 1912-1913, 201-205

Cours [9] : 1912-1913, le cours porte sur les Pays-Bas : l'art flamand et hollandais (5 conférences)
AG, 1913-1914, 213-218

Cours [10] : 1913-1914, le cours porte sur l'Allemagne, la France, l'Espagne et l'Angleterre, du xve au xviiie siècle (10 cours selon *Le Devoir* du 13 novembre)
AG, 1914-1915, 220-229

Cours [11] : 1914-1915, le cours porte sur l'art français : peinture, sculpture, architecture
AG, 1916-1917 (jumelé à l'*AG* 1915-1916), 231-232

En 1915-1916, Lagacé reprend l'histoire à ses débuts
AG, 1916-1917, 231-232, 232.

Les conférences sur l'art
présentées à Montréal entre 1908 et 1912

(hormis une, présentée à Ottawa)

* 24 avril 1908 : conférence de **Louis Gillet** sur la Renaissance en Italie au siège de l'Université Laval :
  - *La Patrie*, mercredi 15 avril 1908, 12, « À l'Université Laval »

* Série de trois conférences prononcées par **Max Doumic** les 15, 17 et 22 décembre 1908 à l'UlàM et parrainées par la nouvelle Société pour l'avancement des lettres, des Sciences et des Arts au Canada
  - *La Patrie*, vendredi 11 décembre 1908, 11, « Conférences Max Doumic » (article)
  - *La Patrie*, vendredi 11 décembre 1908, 15, « Le Gouverneur Général et les conférences de Doumic » (article)
  - *La Patrie*, mardi 15 décembre 1908, d. é., 14, « Conférence » (annonce).
  - *La Patrie*, mercredi 16 décembre 1908, 5, « L'architecture et la construction : première conférence de M. Max Doumic, devant un auditoire d'élite, à l'Université Laval »

* [**A.**] **Moret**, égyptologue français, membre de la SASLAC, vendredi 14 janvier 1910, « La Religion de l'Égypte », à l'UlàM
  - *La Patrie*, samedi 15 janvier 1910, 17 : Dans les religions antiques, la religion est source de tout système politique, science et progrès ; projections lumineuses

* mardi 15 février 1910, conférence illustrée, dans la salle des chemins de fer du Parlement à Ottawa, de **M. C. Enlart**, conservateur du musée du Trocadéro à Paris : « Le Moyen âge : les châteaux, le costume, la vie féodale », sous les auspices de l'Alliance française :
  - *La Patrie*, mercredi 16 février 1910, 12 d.é. « M. Enlart à Ottawa. Le conservateur du musée du Trocadéro donne une conférence au parlement »

* vendredi 25 février 1910, 3ᵉ conférence de l'**abbé Legac**, sur la civilisation assyro-babylonienne
  - *La Patrie*, samedi 26 février 1910, 32 d.é

* jeudi 10 mars 1910, conférence de **J. A. Beaulieu** à l'Union Catholique, à la salle académique du Gésu sur Millet : « Le peintre des paysans » :
  - *La Patrie*, vendredi 11 mars 1910, 2, « L'œuvre du peintre Millet ». En 2 parties : la vie et l'œuvre

* lundi 3 octobre 1910, à McGill, conférence illustrée de **Mitchell Carroll**, secrétaire général de l'Institut archéologique de Washington, sur les grands avantages des découvertes archéologiques :
  - *La Patrie*, mardi 4 octobre 1910, 13, « Conférence sur l'archéologie »

* lundi 14 novembre 1910, conférence illustrée à l'Art Association par **A. W. Martin** de New York: «Saint François d'Assises et les origines de la Renaissance»:

- *La Patrie*, mardi 15 novembre 1910, 9, «Les origines de la Renaissance»

* vendredi 16 décembre 1910, **James Mayer** de l'Université de Toronto, lecture conférence: «L'histoire de l'art français» galerie des arts, carré Philippe [*Art Association*]:

- *La Patrie*, mercredi 14 décembre 1910, 10, «L'histoire de l'art français»

* mardi 14 février 1911, dans les salons de *La Patrie*, pour le Cercle des Annales, le professeur **Biéler de McGill** donne une conférence illustrée sur le Louvre et son histoire en présence du Consul Général de France intérimaire:

- *La Patrie*, mercredi 15 février 1911, 4, «Le Louvre et son histoire. Intéressante conférence de M. Bieler, au Cercle des Annales, hier soir»

* jeudi 1er février 1912, **Charles Diehl**, membre de l'Institut de France et professeur à l'Université de Paris, 5e conférence de l'Alliance française, présentée au Royal Victoria College, «La femme Byzantine» (conférence illustrée):

- *La Patrie*, samedi 20 janvier 1912, 27, «Par un membre de l'Institut»
- *La Patrie*, jeudi 1er février 1912, d.é., «Alliance française»
- *La Presse*, vendredi 2 février 1912, 5, «La conférence de M. Charles Diehl»

* mardi 15 octobre 1912, à 8.15 heures, à l'Association des arts de Montréal, **A. W. Martin**, de New York, parlera de: «Browning, le remarquable poète en peinture», conférence illustrée:

- *La Patrie*, samedi 12 octobre 1912, 11, «À l'Association des arts»

* Jeudi 28 novembre 1912, **Louis Hourticq** à la grande salle de McGill Union, conférence illustrée parrainée par l'Alliance française et McGill, sur la peinture et les mœurs à Paris au XVIIIe siècle, à la salle du McGill Union, rue Sherbrooke:

- *La Presse*, vendredi 29 novembre 1912, 13, «Conférence de M. L. Hourticq. Le conférencier fait une brillante causerie sur la peinture et les mœurs aux [*sic*] XVIIIième siècle»
- *La Patrie*, samedi 30 novembre 1912, 7, «La peinture et les mœurs. Brillante conférence de M. Louis Hourticq, inspecteur des Beaux-Arts de la ville de Paris, sur l'art français au XVIIIe siècle: à l'Alliance française»

Programme de conférences de Louis Hourticq, du 27 septembre au 7 octobre 1922,

Annuaire de la Faculté des lettres, 1923-1924, 53

LE PROFESSEUR LOUIS HOURTICQ

a) Programme des conférences sur l'Art français qui furent données par M. Louis Hourticq, professeur à l'École nationale des Beaux-arts, inspecteur des musées de la ville de Paris, sous le patronage de la Faculté des lettres de l'université de Montréal.

1. « Comment l'art français exprime le génie de la France », à l'Hôtel Ritz-Carlton, le 27 septembre 1922, à 8 heures p. m.
2. a) Les églises françaises au moyen-âge (avec projections),
   - grande salle de l'Université, 185, rue Saint-Denis, le 28 septembre, à 8 heures 30 p. m.
   b) La sculpture et la peinture gothiques (avec projections),
   - grande salle de l'Université, le 29 septembre, à 8 heures 30 p. m.
   c) Les châteaux de France et la Renaissance (avec projections)
   - grande salle de l'Université, le 30 septembre, à 8 heures 30 p. m.
   d) Le siècle de Louis XIV (avec projections)
   - grande salle de l'Université, le 4 octobre, à 8 heures 30 p. m.
   e) L'art parisien au XVIIIe siècle (avec projections)
   - grande salle de l'Université, le 5 octobre, à 8 heures 30 p. m.
   f) L'Empire et le romantisme (avec projections)
   - grande salle de l'Université, le 6 octobre, à 8 heures 30 p. m.
3. « L'art français aujourd'hui (avec projections) »
   - à la salle Saint-Sulpice, le 7 octobre, à 8 heures 15 du soir.

À la Bibliothèque municipale, les 28, 29 et 30 septembre, et les 4, 5 et 6 octobre, eurent lieu, à 4 heures p. m., des visites artistiques sous la direction de M. Louis Hourticq qui donna des explications sur les œuvres exposées au Musée d'art de Montréal.

Cours public d'histoire de l'art

[donné par Lagacé]
Université de Montréal, 1922-1923[87]

1ère Année

1. L'architecture et la sculpture égyptiennes.
2. L'art assyrien, chaldéen, persan et phénicien.
3. L'art grec. – L'architecture (les ordres).
4. La sculpture grecque.
5. L'art romain, des débuts à l'apogée.
6. L'art chrétien des Catacombes à Sainte-Sophie.
7. L'art roman (architecture et sculpture).
8. L'art gothique. – La cathédrale.
9. La Renaissance italienne (les primitifs).
10. Les grands maîtres du XVIe siècle italien.

2ième Année

1. La Renaissance flamande. – De Van Eyck à Rubens.
2. La peinture hollandaise. – Rembrandt.
3. La décadence italienne et l'école espagnole.
4. La Renaissance allemande et l'art français du XVIIe siècle.
5. L'art français du XVIIIe siècle.
6. L'école anglais[e] (XVIIIe et XIXe siècles).
7. La peinture française au XIXe siècle.
8. La peinture française au XIXe siècle (suite).
9. La sculpture française au XIXe siècle.
10. Mouvement artistique en Europe et en Amérique au XXe siècle.

---

87. *Annuaire de la Faculté des lettres*, 1923-1924, 37-38, Archives de l'UdeM.

*Table des matières de l'*Initiation à l'Histoire de l'Art *de Lagacé*

Sur le seuil, un mot s'il vous plaît…
1. L'art égyptien
2. L'art chaldéo-assyrien
3. L'art grec: les ordres
4. L'art grec: la sculpture
5. L'art romain
6. L'art byzantin et l'art arabe
7. L'art roman
8. L'art gothique
9. La Renaissance italienne: xve siècle
10. La Renaissance italienne: xvie et xviie siècles
11. La peinture flamande
12. La peinture hollandaise
13. La peinture allemande
14. La peinture espagnole
15. La Renaissance et le xviie siècle français
16. L'art français: le xviiie siècle
17. La peinture anglaise

Programme d'histoire de l'art prévu par Lagacé en 1940 pour les élèves de la CECM[88]

Dixième année
1. L'Architecture et la peinture égyptienne (Primitive, antiquité)
2. L'Architecture assyrienne, perse, etc. (Primitive, antiquité)
3. L'Architecture grecque: les ordres (Antiquité classique)
4. La sculpture grecque (Antiquité classique)
5. L'architecture romaine (Antiquité classique)
6. La peinture, la sculpture, la céramique, etc. (Pompée – Herculanum) (Antiquité classique)
7. L'Architecture byzantine et l'Art arabe (Art chrétien)
8. L'Architecture romane (Art chrétien)
9. L'Architecture gothique (les Cathédrales) (Art chrétien)
10. L'Architecture civile du moyen-âge (Art chrétien)

---

88. « Rapport de Jean-Baptiste Lagacé, inspecteur de dessin, adressé à Monsieur E.-C. Piédalue, directeur général des études, La Commission des Écoles Catholiques de Montréal », 9 janvier 1940, 3 (voir 5/n129).

Onzième année
1. La Renaissance italienne (les Primitifs, xve siècle)
2. Les grands maîtres du xvie siècle (Vinci, Michel-Ange, Raphaël, Titien)
3. L'école flamande (Rubens, Van Dyck)
4. L'école hollandaise (Frans Hall, Rembrandt)
5. L'école allemande (Dürer, Holbein)
6. L'école espagnole (Vélasquez, Murillo, Goya)
7. La Renaissance française (xvie siècle)
8. L'Art français du xviie siècle
9. L'Art français du xviiie siècle
10. La peinture anglaise

Douzième année
1. L'Architecture du xixe siècle
2. La peinture française– Classicisme (David et Ingres)
3. La peinture française– Romantisme (Delacroix)
4. La peinture française– Naturalisme (Corot et Millet)
5. La peinture française– Réalisme et symbolisme (Courbet, Manet, Puvis de Chavannes)
6. La peinture française– Impressionnisme (Monet et ses disciples)
7. La peinture française– Contemporaine (Cézanne, Picasso, etc.)
8. La sculpture française (Rude, Dalou, Carpeaux)
9. L'architecture canadienne
10. La peinture et la sculpture canadiennes

Deuxième partie

L'homme, l'artiste et l'inspecteur de dessin

Chapitre 4

Sur les pas de Jean-Baptiste Lagacé
dans le Montréal des années 1890 à 1944 :
une visite rétrospective dans sa vie et dans sa ville

❧

Voir le cédérom

❧

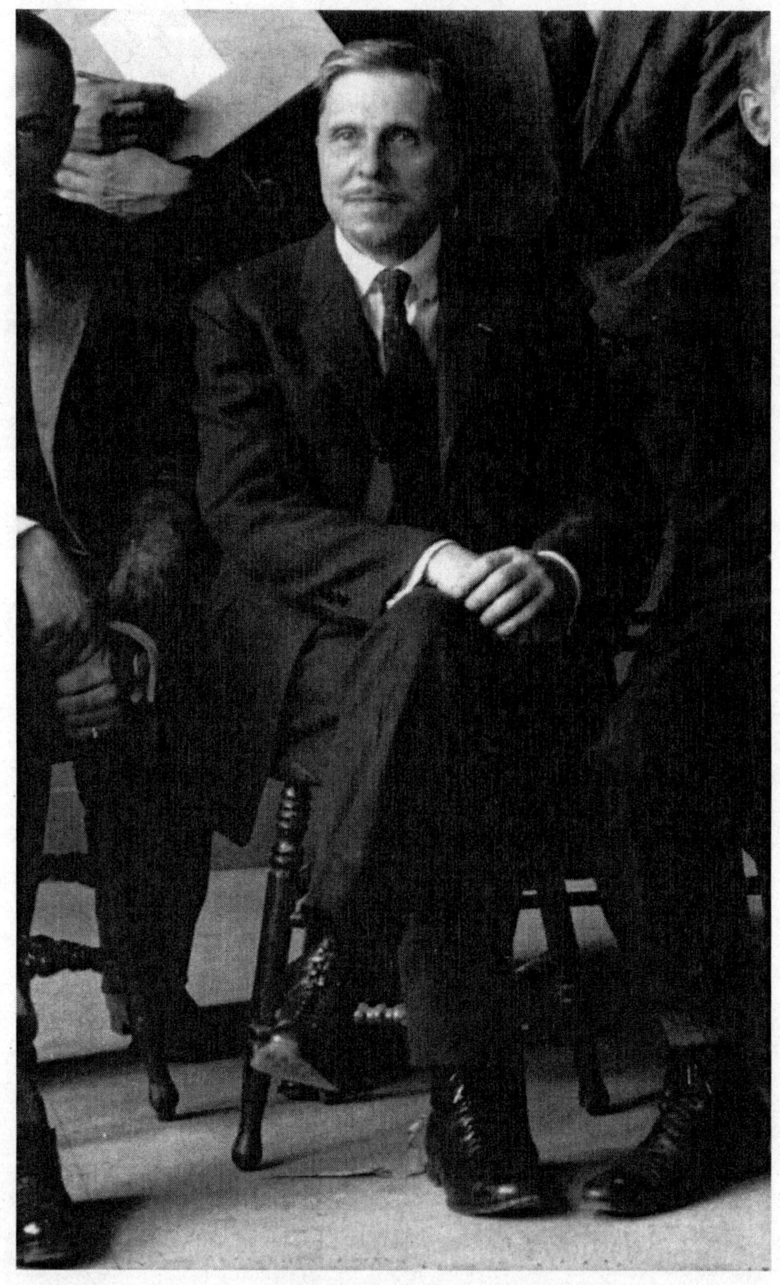

Jean-Baptiste Lagacé
Détail d'une photographie de 1924, École des beaux-arts de Montréal,
Collections spéciales, Bibliothèque des arts, UQAM.

Allocution du professeur J.-B. Lagacé

Ouverture des cours (14 octobre 1928)
Annuaire de la Faculté des lettres, 1929-1930, 58-63
[discours lu dans le cédérom par Jean-Jacques Lavoie]

« Monsieur le président,
Monseigneur le recteur,
Messieurs,

C'est au tour, paraît-il, des petites Facultés – petites par leur part modeste du gâteau budgétaire et leur manque de sens pratique – que revient l'honneur de parler au nom du personnel enseignant en cette fête de la réconciliation des contraires au pied des autels.

La Faculté des lettres cependant aurait pu déléguer pour la circonstance un membre plus reluisant, les docteurs en Sorbonne ne se comptant plus chez elle : mais, comme elle a la vanité de sa modestie, elle a choisi le moins représentatif à seule fin de justifier la sagesse antique qui veut que la vertu, sans autres avantages, finisse toujours par être récompensée.

Je ne vais pas avoir l'impertinence, encore moins l'imprudence, vous pensez bien, d'essayer de faire sur le ton lyrique l'éloge de notre Université. C'est assez pour moi d'être une voix sans exiger encore que je sois un écho. Toutefois, mes collègues de la Faculté des lettres, tous gens graves et susceptibles, ne me pardonneraient pas de laisser échapper l'occasion de mettre en lumière leurs mérites et ceux de leurs travaux. J'ai trop le respect de la tradition pour manquer à un devoir aussi nécessaire.

On voudra bien me concéder que notre Faculté n'accapare pas à elle seule et à son seul bénéfice la sollicitude du sénat et du gouvernement universitaire. Reléguée dans le coin des inutilités et des bagatelles intellectuelles, elle distribue comme on dérobe, eût dit Victor Hugo, un peu de cette manne du rêve et de la beauté dont les esprits supérieurs ont toujours eu la faiblesse de se nourrir.

Les études qu'on y poursuit, ne menant à rien, n'ont pas le relief et le trompe-l'œil de celles qui conduisent au succès et à la fortune. Et cependant, toutes discréditées qu'elles sont, elles ne demeurent pas moins les seules qui, n'enfermant pas l'intelligence dans un cercle défini, lui ouvrent au contraire des perspectives merveilleuses sur toutes les avenues du savoir humain. La science, toute vénérable et encombrante qu'elle est, ne saurait répondre à tous les besoins de l'âme. En dehors de l'évidence expérimentale et plus haut qu'elle, il y a le Mystère, deviné d'instinct, que la littérature, pas plus que l'art, n'arrive certes à percer, mais dont les rayons, filtrant à travers les profondeurs infinies, éclairent nos incertitudes et nos doutes en nous révélant notre âme passionnée et vibrante.

On aura beau dire et beau faire, les humanités, dans le sens le plus large et le plus noble donné à ce terme, demeureront, quoi que l'on tente contre elles, la science par excellence d'une université qui entend avant tout faire des hommes.

Le moment est peut-être venu pour notre Faculté – et le problème pourrait se poser avec avantage devant la Commission des études – de ne plus se contenter d'un enseignement qui ne profite qu'à des amateurs venus de l'extérieur, mais d'employer le meilleur de son activité, forte des pouvoirs qu'on lui aurait concédés, à répandre parmi la gent étudiante le goût des belles-lettres, de l'histoire, de la philosophie et des arts. C'est chez elle, il me semble, qu'on devrait venir chercher cette culture générale qui empêche la spécialisation à outrance de devenir une forme nouvelle de l'ignorance.

Les programmes allégés, réduits à l'essentiel des besoins de chaque Faculté, accorderaient peut-être des loisirs à l'étudiant qui, tenu de choisir entre plusieurs matières libres et désintéressées, pourrait ainsi contracter l'habitude de l'étude sans contrainte, source féconde de véritables jouissances de l'esprit.

Au surplus, quels que soient les moyens employés, celui que j'indique étant le moindre de milliers d'autres, il faut que l'étudiant arrive à prendre enfin conscience de lui-même ; que l'université cesse d'être pour lui la salle d'attente d'un diplôme et que, le train en gare, il n'y monte pas avec la ferme détermination de ne jamais plus nous revenir.

Trouvons-les donc, les moyens qui feront que les fils de notre Université, se souvenant avec émotion des jours heureux passés dans un asile aimé, nourrissent la noble ambition de vouloir leur Alma Mater au premier rang des universités de ce pays, dans tous les domaines, y compris le sport. "Splendet fide, scientia" *et ludis.*

En est-il vraiment ainsi ? Ne nous leurrons-nous pas à ce sujet ?

Ah ! créer un esprit universitaire, créer une vie universitaire, créer un code de politesse universitaire, créer une société universitaire, quel est le magicien qui fera ce miracle ? L'exemple d'ailleurs – et il ne faudrait pas aller loin pour le trouver – devrait nous inspirer les résolutions nécessaires : car, ne l'oublions pas, ainsi que l'a démontré dans cette salle même M. Beaudry-Leman, nous sommes en Amérique et rien ne pourra empêcher que nous y soyons pour toujours.

Voilà certes des idées bien téméraires, bien révolutionnaires, à servir au sortir d'un copieux repas. Aussi bien, je les abandonne, avec le reste, à votre difficile digestion.

✳ ✳ ✳

Avez-vous remarqué, messieurs, que, dans des circonstances déterminées, certaines préoccupations reviennent spontanément dans l'esprit de tous, sans entente préalable, avec on ne sait quel mystérieux accord ? Vous semblez être ici et pourtant vous êtes ailleurs. En vous regardant, je vous vois tous loucher du côté de la montagne.

Pas plus que les autres Facultés, la nôtre ne se désintéresse de la Terre promise. Même, elle a de particulières raisons de soupirer après ses vastes espaces et ses gras pâturages.

Dans le cul-de-sac où nous sommes logés, nous nous sentons de plus en plus menacés d'asphyxie, sans qu'à aucun moment ces messieurs de l'École d'hygiène soient intervenus pour nous sauver d'une mort lente, mais certaine. En effet, nous sommes parqués dans un bout de corridor, converti en chambre, qui a tout juste sept pieds de largeur par quinze de longueur. Si vous voulez considérer d'une part que nous devons, à la manière des familles italiennes, partager ce réduit avec les infortunés professeurs de l'École des sciences sociales et de la Faculté de philosophie ; que d'autre part, cette dernière Faculté possède des hommes de poids, tels que l'actif abbé Pinault et l'austère Père Lamarche, vous comprendrez qu'il y reste bien peu d'espace aux maigres pour faire de la gymnastique suédoise.

Soyez sans crainte, nos ambitions ne sont pas exagérées. Sur l'Acropole que l'on vient de déblayer, nous ne prétendons occuper ni le Parthénon ni l'Erecthéion ; nous nous contenterons modestement du petit temple de la Victoire Aptère.

Mais, en attendant, l'impatience, avec la vie qui nous échappe chaque jour davantage, finit par nous gagner. Or, chez nous comme chez vous, nous sommes divisés en deux écoles, en deux camps. Il y a les pacifiques, à qui le royaume des cieux est promis, qui s'en vont disant "Patience et longueur de temps… ; Ne brusquons rien, soyons prudents ; qui sait si un acte irréfléchi ne compromettrait pas le succès souhaité ?" Pour un peu, ils nous chanteraient, avec un trémolo dans la voix, le refrain connu : "N'avancez pas, n'avancez pas, la citadelle vous regarde !"

Il y a aussi les violents, à qui également le royaume des cieux est promis, qui claironnent une toute autre chanson : "Fonçons, défonçons, jetons tout le lest, courons, s'il faut, au cataclysme. Les Canadiens ont autant droit à l'instruction que les métèques qui encombrent les universités rivales. Paiera qui voudra : que nos petits-fils expient les bien faits de leurs grands-pères. Allons, enfants de la Patrie !"

Je crois que notre coopération inopérante aurait plus de chance de succès, si les pacifiques mettaient un peu plus de vin dans leur eau et si les combatifs mêlaient un peu plus de "flotte" à leur "pinard".

Et quelle est, vous demandez-vous, la moralité de ce léger badinage arrosé d'une indiscrète franchise ? Elle est simple ; elle est claire ; elle crève les yeux :

c'est le grand amour dont nous voudrions – et avec quelle ardeur ! – entourer une université belle, prospère, incomparable entre toutes, véritable jardin des délices où, en marchant parmi les fleurs du gai savoir, maîtres et élèves sentiraient que nulle part ailleurs il n'y a autant de soleil et de liberté… si bien que, même au soir de leur vie, les mots venus du cœur, pour en parler, auraient encore un goût de printemps.

Les rêves les plus fous sont parfois ceux que la Providence se complaît à réaliser. Aussi, lorsque sur les frondaisons multicolores du Mont-Royal surgira la blanche et rayonnante Apparition – rencontre d'une grande pensée et d'un grand paysage – puissions-nous, nous qui avons peiné, lutté, souffert et donné le meilleur de nous-mêmes, être en droit d'entonner l'hymne muet que Michelet met sur les lèvres closes des statues des vainqueurs pythiques :

"Approche, pèlerin adolescent, approche et ne crains rien ! Vois ce que nous étions, d'ou nous partîmes et où nous sommes… Fais comme nous. Sois grand d'actes et de volonté. Sois beau, embellis-toi de formes héroïques et d'œuvres généreuses qui remplissent le monde de joie… Travaille, ose, entreprends ! Par la lutte ou la lyre, chantre, athlète ou guerrier, commence ! Des jeux aux combats monte, enfant !"

Je te salue et je t'envie, enfant de l'avenir, qui, paré de tes illusions, graviras la colline sacrée pour y vivre tes vingt ans ! ».

Banquet Lagacé (jeudi, 8 mai 1924)

Annuaire de la Faculté des lettres, 1925-1926

[Ce discours, lu par Guillaume Sirois dans le cédérom et commenté aux chapitres 1 et 3, était prononcé à l'occasion de la remise des palmes académiques par le gouvernement français à Lagacé.]

[…]

RÉPONSE DE M. LAGACÉ [après la présentation du Doyen de la Faculté des lettres le chanoine Mgr Émile Chartier, vice-recteur UdeM 1920-1944]

« Mes premières paroles doivent être des remerciements à l'adresse de mes chers collègues de la Faculté des lettres qui ont pris l'initiative de cette fête intime. Ils ont voulu, en agissant ainsi, démontrer que tout honneur décerné à l'un d'entre eux rejaillit non seulement sur la Faculté, mais encore sur l'Université tout entière. C'est sans doute ce qui explique la présence, au milieu de nous, des représentants des Facultés-sœurs ; hommage qui s'adresse bien moins à mon humble personne qu'à la grande personne morale qu'est l'Université de Montréal.

Monsieur le doyen, avec le tact et l'élégance qu'il sait mettre dans toutes ses paroles, a pris un malin plaisir à inventer, à tout le moins à exagérer les quelques titres qui, dans sa pensée, ont dû induire M. le ministre de l'Instruction publique à m'élever à la dignité d'officier d'académie. J'avoue, qu'en écoutant cet inventaire de tant de mérites que je ne me soupçonnais pas, j'ai plus d'une fois jeté un furtif regard sur mon ruban, étonné qu'il ne passât pas du violet discret au rouge violent. Et pour un peu, je me serais appliqué les paroles de Don Diègue, dans le *Cid* :

Cette marque d'honneur qu'on met dans ma famille
Montre à tous qu'il est juste et fait connaître assez
Qu'on sait récompense les services, passés.

Mais, en y réfléchissant, j'en suis venu à la conviction que M. le ministre, n'ayant pas les mêmes raisons que M. le vice-recteur de m'accabler de sa bienveillance, a dû obéir à de tous autres mobiles… et dès cet instant, j'ai réfléchi que la complémentaire du violet, couleur de la vanité, est le jaune de la modestie.

Et en effet, il en est ainsi, Messieurs. Voyez plutôt. Sept années durant, et pour de multiples causes, le gouvernement français s'est abstenu de toute distribution de rubans. Vous n'ignorez pas que les palmes sont accordées à ceux qui dans les lettres, les sciences ou les arts, se signalent par de remarquables succès. Aussi le nombre était-il grand de ceux des nôtres qui pouvaient y prétendre. Comment alors expliquer que le gouvernement français, se décidant à distribuer des honneurs, se soit avisé de me tirer de l'ombre où je végétais pour exposer à la pleine lumière la pauvreté de mon œuvre littéraire ou artistique? Je crois en démêler la raison pleine d'ironie. M. le ministre, en bon Français qu'il est, c'est-à-dire légèrement teinté de malice, se sera dit sans doute que ce ne serait pas banal pour une fois de choisir parmi la foule des candidats un pauvre diable d'homme qui, n'ayant encaissé, au cours de son existence, qu'une avalanche d'insuccès, aussi constants qu'excessifs, pouvait offrir l'excentrique particularité que possédait "Plonplon", de napoléenne et cholératique mémoire, d'avoir fait autant que s'il eut vaincu.

Et ce chic type ne pouvait être autre que votre serviteur. L'explication vous amuse… et si elle était pourtant la véritable! Creusons-la.

Lorsque je sortis du collège, j'étais B. A… je le suis resté. Marqué de ce sceau indélébile, je pouvais prétendre aux plus hautes destinées. Je pouvais prétendre à devenir lieutenant-gouverneur ou seulement premier ministre et ce soir vous me trouveriez de l'excellence ou de l'honorabilité ; ou bien encore archevêque, et qui sait, on me poussant, peut-être cardinal, et vous vous inclineriez sous ma main bénissante ; à moins que je n'eusse préféré être magnat de la finance ou de l'industrie et vous verriez en moi un homme digne de siéger au sénat universitaire ; bref, je pouvais aspirer aux sommets les plus élevés et cependant, renonçant aux vanités humaines et adoptant l'hôpital comme terme final, je désirai seulement devenir artiste. À vingt ans, on est si bête… On croit moins à la vertu de l'argent qu'à celle de l'idéal.

✳   ✳   ✳

Quoi qu'il en soit, je m'inscrivis à la Art Association et je me mis à trimer. Au bout de quatre ans de travail acharné, dans un atelier où régnait une atmosphère britannique qui me donnait le spleen et le rhume de cerveau, je m'aperçus qu'il ne me restait plus grand chose à y apprendre, et je fis le rêve de m'évader de Londres [métaphore, qu'un journaliste a lue au premier degré] pour m'envoler à Paris. Malheureusement, la destinée a voulu que je naquisse trop vieux dans un siècle trop jeune. J'eus beau courir les salons des soi-disant Mécènes et les antichambres des ministres, dispensateurs de la manne – Athanase David était à l'époque en robe courte et en fait de bourses, il n'avait que celle qui renfermait ses billes que du reste il n'eût voulu céder à personne – j'eus beau, dis-je, me morfondre en démarches, je ne fus pas lent à comprendre que je ne verrais jamais, en rapin, "les bords fleuris qu'arrose la Seine". Alors, je pris une résolution héroïque : j'empoignai pinceaux, palette et boîte de couleurs, je fourrai le tout dans une malle que je portai au grenier.

Ils s'y reposèrent dix années, dans le silence et les fils d'araignées, sans réussir à vaincre ma résolution de rester un honnête homme.

*   *   *

Pour tromper l'ennui de mes jours devenus sans emploi, que Dieu me le pardonne, je me mis à faire des vers… qui n'étaient pas luisants. Et comme j'avais une certaine facilité sur la flûte et le piano, j'imaginai de composer quelques naïves mélodies qui donnaient à mes vers un peu de rythme et de mesure. Et j'allai promener dans les salons ma métamorphose. Tout d'abord, ce fut charmant de jouer le Lamartine mélancolique et le Chopin poitrinaire. Mais un soir que j'avais été plus fatal que de coutume, ne voilà-t-il pas qu'aux accents de ma muse, quelques jolies personnes eurent la fantaisie de se pâmer, au grand contentement de la maîtresse de maison, mais à la grande fureur des maris qui ne parlaient rien moins, les brutes, que de me lyncher… Je compris que je m'étais engagé sur une pente bien dangereuse – d'autant qu'aucun professeur de musique ne voulait consentir à me donner des leçons d'harmonie à l'œil et pour de l'amour. – Alors je composai ce dernier quatrain qui ne manquera pas de vous donner une haute idée de ma métrique :

> Puisque, mal équipé,
> je ne puis grimper
> Jusqu'à l'ut…
> Eh ! bien, flûte…
> Et je brisai toutes les cordes de ma lyre.

*   *   *

Ma troisième équipée ne fut pas moins brillante, Me souvenant que j'avais décroché, en Belles-lettres, le premier prix de composition française, je me tournai vers la mare aux grenouilles, c'est-à-dire vers la littérature. J'obtins sans peine du directeur d'une revue, canadienne naturellement, de publier de ma prose. On la lut, je dois le reconnaître, avec un certain plaisir ; la preuve m'en fut fournie par le directeur qui m'avoua que la liste de ses abonnés s'était miraculeusement allongée d'une dizaine de noms, ce qui le jetait dans le ravissement. Au bout de l'année, je m'avisai de me demander ce que mes articles m'avaient rapporté et j'eus l'amère déception de constater qu'à raison de $5 par article, cela faisait exactement soixante piastres… [soit treize articles, seize en réalité, parus dans la *Revue Canadienne*]

*   *   *

La quatrième et dernière grande aventure avortée décida de mon avenir. Ce fut pour moi ce que fut, pour Michel-Ange, la "tragédie du tombeau".

Puisque l'art, par trois fois, m'avait odieusement trahi, je me dis que peut-être il n'avait agi ainsi que parce qu'il était mal conseillé ou mal soutenu, que peut-être aussi en civilisant et en moralisant ceux qui se faisaient ses tuteurs, j'arriverais à le rendre plus indulgent pour ceux qui, comme et après moi, tenteraient de séduire sa vertu rébarbative. Et j'entrepris d'enseigner au public l'A-B-C du goût. Et de nouveau, je me métamorphosai : je devins conférencier.

Je commençai mon évangélisation dans le désert de l'Union Catholique ; puis, la foule des néophytes ayant augmentée [*sic*], je continuai à prêcher dans la grande salle du Gésù. Mais, hélas ! la *quête* donnait peu et je récoltais tout juste de quoi faire rapiécer ma peau de chameau. Heureusement ! la Synagogue, pardon, la Diversité Laval, avait l'œil sur moi, et comme j'étais fatigué de croquer des sauterelles, je fus ravi d'être bombardé agrégé de cours à la Faculté des arts. Pour mon coup d'essai, on ne me demanda qu'une petite série de vingt-trois conférences publiques, ayant à me mesurer avec le professeur de littérature, grand rabbin à la bourse gonflée des louis sulpiciens. Je fis, cet hiver-là [1904], l'effort de ma vie… Et même il épuisa à ce point mes forces que je ne pus donner la 23ᵉ conférence annoncée. Fourbu comme un cheval de laitier, j'en eus pour un mois à lutter contre la mort et mon médecin. Lorsque j'eus recouvré la moitié de raison qui me reste, je constatai une fois de plus que la gloire est la monnaie des dupes. Sur les $230 que j'avais reçus, $50 étaient allés dans le gousset du médecin et de l'apothicaire, $75 au fabricant des clichés nécessaires à mon cours.

Aussitôt debout, je m'en fus voir le recteur [sans doute Mᵍʳ Albert Archambault, vice recteur de l'ULàM 1902-9104] et je lui représentai que, pour ce prix-là, je courrais moins de risques à me faire pompier. Généreusement, il le reconnut et pour m'éviter une rechute, il ne me demanda pour l'année suivante que dix conférences avec une diminution de $50 sur le prix excessif qui m'avait été alloué l'année précédente.

Pour un succès, ç'en fut un énorme. Et dire que cet énorme succès, à peu de chose près, se continue depuis vingt-quatre ans !

*   *   *

Toujours ainsi, la destinée a voulu que ce qui devait être, au gré de mes aptitudes et de mes préférences, la chose essentielle de ma vie, devint, par la force même des circonstances, la chose secondaire, l'accessoire, qui peut procurer la notoriété, mais non pas sans que quelque chose meure on nous, de ce qui fut l'enthousiasme de nos vingt ans. Aussi pour vivre – car M. Désy a révélé au gros public qu'un universitaire est fait de la même pâte que les autres hommes – j'ai dû recourir à des occupations aussi ingrates que mal odorantes. Je dois donc une éternelle reconnaissance à ceux qui m'ont fourni les moyens de faire honneur à ma signature en m'accordant leur protection et leur appui, et vous me permettrez de mentionner plus spécialement les noms de Mgr Roy, aujourd'hui disparu, de mon cher disciple et ami, Léon Gouin, et de son très honorable père, sir Lomer, à qui j'ai tant d'obligations, auxquels je veux joindre pieusement celui de la femme admirable qui a été, sans jamais se lasser, le fidèle tuteur du frêle arbuste que j'ai toujours été.

*   *   *

Et cependant, après cette longue confession dont je n'escompte plus l'absolution, je dois avouer que, si j'ai connu de fichus quarts-d'heure, j'ai aussi connu des minutes délicieuses : celles que je vis en ce moment ne suffiraient-elles pas à chasser le souvenir de toutes les amertumes passées ? Au reste, je crois qu'en dépit des déconvenues et des déceptions, j'ai fait quelque bien ; car j'ai toujours gar[d]é mon cœur de la dureté égoïste et toute cause généreuse et parfois inutile a reçu mon faible appui. *Et c'est peut-être dans ce terreau qu'ont poussé véritablement mes palmes d'argent.* C'est que, voyez-vous, par atavisme, j'ai toujours cru aux étoiles. Il y a là une histoire que je veux vous raconter en finissant.

J'avais alors douze ans. Par une adorable soirée d'août, j'étais à m'amuser sur la longue galerie qui servait de théâtre à nos méfaits. La mère de mon grand-père, c'est-à-dire ma bisaïeule, alors âgée de 92 ans, et qui avait conservé, malgré la faiblesse de sa vue et de ses jambes, toute sa lucidité d'esprit, s'amena au bord de la galerie et, s'appuyant à la balustrade, se mit à contempler longuement, passionnément, le firmament. Soudain, elle m'appela et me dit : "Petit, regarde le ciel et dis-moi : Est-ce que tu y vois des étoiles ?" Etonné, je répondis : "Mais oui, grand'mère, le ciel en est tout plein"... Alors passant sa longue main ridée sur ma tête, elle ajouta d'une voix tremblante : "Tu es trop petit pour comprendre, mais un jour tu comprendras !... Tu ne sais pas, tu ne peux savoir combien je suis heureuse, très heureuse, d'être sûre qu'il y a toujours des étoiles au ciel."... Et elle se mit silencieusement à pleurer. Messieurs, je n'ai jamais oublié cette parole ni ces larmes. S'il y eut dans ma vie des moments où il me sembla que le ciel de ma pensée s'était vidé de toutes ses étoiles, toujours j'ai cru que leur éclipse serait passagère et qu'elles brilleraient de nouveau et je suis persuadé que ma suprême consolation, lorsque la dernière illusion s'y sera éteinte, me laissant aveugle dans la nuit et la solitude, ce sera d'en revoir toute la céleste splendeur par les yeux des jeunes qui, continuant l'œuvre sublime jamais achevée, rêveront encore aux étoiles en murmurant une chanson d'amour. »

Chapitre 5

Jean-Baptiste Lagacé, inspecteur de l'enseignement du dessin à la Commission des écoles catholiques de Montréal (1928-1942)

Suzanne Lemerise[1] et Brigitte Nadeau[2]

Une nouvelle carrière à soixante ans

EN 1928, JEAN-BAPTISTE LAGACÉ, artiste, historien de l'art et humaniste, qui a déjà assumé plusieurs tâches professionnelles depuis les années 1890, est nommé Inspecteur général de l'enseignement du dessin à la Commission des écoles catholiques de Montréal (CECM); il est alors âgé de soixante ans. Ce poste, qu'il occupera jusqu'en 1942, lui est attribué après qu'il eut mené une carrière de professeur de dessin, entre 1908 et 1928, dans plusieurs écoles de Montréal[3], et acquis ainsi une notoriété justifiant cette nomination tardive. Quand Lagacé prend en charge ses nouvelles responsabilités d'inspecteur du dessin, la tâche lui incombe de guider, à l'échelle montréalaise, ceux qui enseignent le dessin à l'école catholique francophone.

L'enseignement du dessin a déjà acquis de l'importance à cette époque, aussi bien en Europe qu'en Amérique du Nord. Dans le contexte de la formation des classes ouvrières, on lui reconnaît en effet des fonctions

---

1. Suzanne Lemerise est professeure associée à l'École des arts visuels et médiatiques de l'UQAM. Retraitée depuis 1999, elle poursuit activement ses recherches sur l'histoire de l'enseignement du dessin et des arts plastiques au Québec. Cette recherche sur le rôle de Jean-Baptiste Lagacé à la CECM s'inscrit comme une étape essentielle dans la connaissance des rouages institutionnels qui assurent le développement d'une matière scolaire dans les écoles.
2. Brigitte Nadeau est doctorante attachée à l'Université Laval de Québec. Ses recherches portent sur les stratégies de représentation de l'identité dans les arts plastiques canadiens-français. Elle s'intéresse entre autres aux tableaux historiques de Jean-Baptiste Lagacé et à sa représentation du colon et des héros du Canada français.
3. Lagacé enseigne à l'école normale Jacques-Cartier, à l'Académie commerciale catholique, ainsi qu'à l'École Polytechnique et à l'École de chirurgie dentaire, toutes deux affiliées à l'Université de Montréal.

utilitaires. Dans la province de Québec, l'enseignement de cette matière fait partie du programme scolaire catholique dès 1849[4]. La révolution industrielle ayant permis de consacrer le rôle fondamental du dessin dans la production en série, la nécessité se profilait déjà, dès le XIXe siècle, d'inciter les ouvriers à s'adapter à de nouveaux modes d'organisation du travail. Dans la province comme ailleurs en Occident, l'éducation publique visait à instruire et à discipliner les classes ouvrières pour les adapter aux exigences du développement technique et industriel. La formation des ouvriers permettait ainsi de faire face à la concurrence créée par l'économie de libre marché. Dans cette conjoncture, l'instruction publique était considérée comme un moyen louable d'avoir accès aux bénéfices que semblait promettre le « progrès[5] ». C'est ainsi que, en 1876, le dessin devient matière obligatoire à l'école primaire, et ce, à l'échelle provinciale.

À Montréal, qui est à cette époque un centre industriel et commercial des plus actifs, l'importance du dessin se manifeste par le fait que les responsables scolaires s'engagent à répondre aux besoins de formation identifiés par les chefs d'entreprise. Ainsi, la CECM, soucieuse d'adapter son enseignement aux impératifs du développement économique, institue plusieurs écoles spécialisées dès le XIXe siècle. Elle fonde, dans cette foulée, l'Académie commerciale ainsi que l'École Polytechnique, qui sera intégrée à l'Université Laval à Montréal à la fin du siècle[6]. C'est dans ce contexte qu'elle engage des artistes pour dispenser des cours de dessin aux élèves.

Au moment où Lagacé assume le poste d'inspecteur du dessin, un certain nombre de dispositifs sont donc déjà bien en place, mais, malgré cette

---

4. Michel Allard et Bernard Lefebvre (dir.), *Les programmes d'études catholiques francophones du Québec. Des origines à aujourd'hui*, Montréal, Les Éditions Logiques, 1998, 43. Allard et Lefebvre ont regroupé dans cet ouvrage le texte intégral des programmes scolaires originaux. Nous nous y référerons en ne citant que la date du programme et la page où il figure dans leur compilation.

5. Robert Gagnon, « Les discours sur l'enseignement pratique au Canada français, 1850-1900 », dans *Sciences et médecine au Québec – perspectives sociohistoriques*, sous la dir. de Marcel Fournier, Yves Gingras et Othmar Keel, Québec, Institut québécois de recherche sur la culture (IQRC), 1987, 19-41.

6. L'École Polytechnique, fondée en 1873, est affiliée à l'Université Laval à Montréal en 1887; l'école Le Plateau, fondée en 1854, devient l'Académie commerciale en 1860. L'école Le Plateau change de nom en devenant une école pour garçons, spécialisée en commerce, mais son nom d'origine est conservé dans l'usage. « On l'appelait couramment et indifféremment l'école Archambault ou l'école du Plateau. Seuls les documents officiels lui conservèrent le nom d'Académie commerciale catholique », lit-on à la page 33, dans *Nos écoles laïques-1846-1946*, publié par les principaux et directrices de langue française de Montréal, 1947, 29-40. Pour l'historique de ces écoles, voir aussi : *École Polytechnique de Montréal, 1873-1948*, album-souvenir à l'occasion du 75e anniversaire de fondation, Montréal, Corporation de l'École Polytechnique de Montréal, 1948, 25, et Robert Gagnon, *Histoire de la Commission des écoles catholiques de Montréal. Le développement d'un réseau d'écoles publiques en milieu urbain*, Montréal, Boréal, 1996, 41-62.

conjoncture favorable, sa tâche sera immense. D'abord, même si l'enseignement du dessin est obligatoire, les consignes données aux écoles et aux titulaires de classe ne sont pas toujours respectées, cette matière demeurant moins populaire que la religion, le français et l'arithmétique. Ensuite, les aspirations de Lagacé le portent à viser des objectifs plus ambitieux que ceux qu'envisage la CECM, puisqu'il associe le dessin à un idéal esthétique et moral exigeant qui dépasse la simple fonction utilitaire qu'on lui assigne alors. Lagacé attend des cours de dessin : qu'ils fassent connaître les beaux-arts, qu'ils développent le goût artistique et qu'ils contribuent à l'enrichissement de la culture générale des élèves. Cependant, avant de pouvoir imposer ces objectifs, Lagacé devra s'assurer que les programmes conçus par le Comité catholique du Département de l'Instruction publique (DIP)[7] de la province sont enseignés adéquatement, et ce, dans toutes les écoles de la CECM.

Afin de donner la mesure de cette immense tâche dans laquelle Lagacé s'engage avec dévouement à partir de 1928, nous présenterons d'abord un aperçu de la situation de l'enseignement du dessin à la CECM au moment de sa nomination. En traçant les grandes lignes de l'orientation donnée à l'enseignement du dessin par l'un de ses prédécesseurs, Charles-A. Lefèvre, qui proposait déjà une ouverture sur la culture artistique, nous montrerons comment se situe Lagacé par rapport aux outils dont il dispose. Nous verrons ensuite, en étudiant les répartitions des programmes et les rapports qu'il rédige en tant qu'inspecteur, quelle est sa propre conception de l'enseignement du dessin et comment cette conception guide ses multiples initiatives en vue d'élargir le registre de l'apprentissage des élèves. Nous aborderons enfin un aspect très particulier de l'apport de Lagacé à l'école publique : la promotion d'un enseignement de l'histoire de l'art intégré aux programmes de dessin, domaine jusque-là réservé à l'élite des collèges classiques. En conclusion, nous traiterons de l'héritage que laisse Lagacé dans le cadre administratif et pédagogique de la CECM.

---

7. Le rôle du DIP est d'assurer la liaison entre les commissions scolaires d'une part et, d'autre part, entre les comités catholique et protestant responsables des programmes de leurs écoles respectives. Le DIP, créé par la loi scolaire de 1841, est dirigé par un surintendant. Le ministère de l'Instruction publique remplace le DIP de 1867 à 1875. Le ministère est aboli et le DIP entre de nouveau en fonction le 1er février 1876. Il reste en place de 1876 à 1964, Louis-Philippe Audet, *Histoire de l'enseignement au Québec*, tome 2 : *1840-1971*, Montréal, Holt, Rinehart et Winston, 1971, 345, 347, 352.

Premiers constats : le dessin, une matière mal enseignée

Il n'existe aucune définition officielle de la tâche d'inspecteur général de l'enseignement du dessin dans les archives de la CECM[8]. C'est uniquement à la lecture des rapports bi-annuels ou annuels de Jean-Baptiste Lagacé que nous pouvons reconstituer ses activités et ses responsabilités qui se rapprochent de celles de l'inspecteur provincial, poste mis en place en 1851. La description qu'en fait Louis-Philippe Audet donne une idée de l'importance de la tâche des inspecteurs : « Leurs principaux devoirs étaient de visiter les écoles, d'examiner les registres des commissions scolaires [...] et de veiller à ce que la loi, les règlements scolaires et les programmes officiels fussent suivis et observés. On en fit même des directeurs pédagogiques du personnel enseignant et des écoles de leurs districts [...][9]. » Le rôle que Lagacé est appelé à exercer correspond étroitement à cette définition, sauf que l'inspecteur général de la province visite les commissions scolaires et rend des comptes au DIP, alors que l'inspecteur de dessin de la CECM visite les écoles de Montréal et rend des comptes à la direction de la CECM. Lagacé est aussi appelé à organiser des rencontres ponctuelles avec les titulaires pour les aider dans leur tâche et surtout avec les professeurs de dessin, appelés « professeurs spéciaux[10] », qu'il réunit au début de chaque année pour leur expliquer ce qu'il attend d'eux. En 1928, l'inspecteur est en charge de l'enseignement du dessin dans les classes des neuf degrés du cours primaire. Il prépare le programme pour les tout-petits du cours préparatoire, pour les élèves de la 1re à la 6e année du primaire élémentaire et pour les jeunes des 7e et 8e années du cours primaire complémentaire. Un an après le début du mandat de Lagacé, le DIP ajoute au cursus scolaire le primaire supérieur dont les classes des 9e, 10e et 11e années ne sont ouvertes qu'aux garçons[11]. L'inspecteur du dessin est dès lors responsable de douze degrés d'enseignement[12].

---

8. Pendant toute la durée de son mandat, Lagacé signera tous ses documents sous le titre « d'inspecteur de dessin » ; nous utilisons donc ce titre, ou simplement celui « d'inspecteur ».

9. Audet, 352-353.

10. À la CECM, les professeurs de dessin, comme ceux d'autres matières spécialisées (musique, hygiène, enseignement ménager et travaux manuels), sont souvent appelés « professeurs spéciaux » dans les documents administratifs ; la majorité ne possédant pas de diplôme d'école normale, ils n'enseignent que leur spécialité.

11. En 1939, la préparatoire ou classe enfantine, désormais comptée comme une année d'étude, devient la 1re année ; le primaire élémentaire comprend donc désormais les classes des 1re à 7e années, les classes du primaire complémentaire sont renommées 8e et 9e années et celles du primaire supérieur, 10e, 11e et 12e années. Il y a toujours douze degrés, seule la dénomination de chacune des classes change. Pour éviter la confusion, nous parlerons de préférence des quatre niveaux scolaires – classe préparatoire, primaire élémentaire, primaire complémentaire et primaire supérieur.

12. Gagnon (1996), 176.

Au cours des deux premières années de son mandat, Lagacé visite les écoles et rédige des rapports[13] où il commente ce qu'il observe. Son constat, sans être désastreux, n'est pas des plus encourageants. Il note que l'enseignement du dessin est vu par plusieurs titulaires de classe comme une matière peu importante puisqu'elle a peu de poids dans les notes de fin d'année ; pour d'autres, le dessin est une matière récréative qui gruge une heure qui pourrait être utilisée pour des apprentissages jugés plus sérieux. Le nouvel inspecteur est consterné, en visitant l'une des écoles dont il a la charge, de voir que les chevalets de dessin ont été utilisés pour construire des cages à lapins[14].

Faire appliquer le programme représente un énorme défi, les directions d'école de la CECM n'y étant pas parvenues de façon satisfaisante jusque-là. L'inspecteur de dessin doit d'abord contrer l'hostilité, l'indifférence et l'indolence de plusieurs titulaires face à l'enseignement du dessin. Lagacé relève, dans ses premiers rapports à la CECM, plusieurs manquements au règlement et problèmes liés à l'enseignement. Les trente cours de dessin que devrait compter une année d'étude sont souvent réduits à quinze. Les élèves n'ont pas toujours les moyens de s'offrir le matériel nécessaire pour répondre aux exigences du programme. De plus, peu de moyens sont mis à la disposition des titulaires pour les aider à organiser leur enseignement. Le problème le plus inquiétant est la mauvaise formation des titulaires de classe qui ne sont pas du tout préparés à enseigner le dessin. Selon Lagacé, la formation donnée dans les écoles normales qui forment les enseignants est inadéquate en ce qui concerne l'enseignement du dessin.

La note la plus positive qui émane des deux premiers rapports déposés par l'inspecteur en 1929 concerne l'enseignement du dessin dans les écoles de filles. Dans les établissements dirigés par des religieuses comme dans ceux qui sont sous la responsabilité de laïques, les enseignantes suivent avec zèle le programme et les suggestions de certains manuels. Lagacé admire la performance des écoles de filles, car, dit-il, « [...] c'est surtout par les femmes que l'on arrive à réformer le goût d'une société ». Il ajoute : « Dussé-je scandaliser, j'affirmerai que toutes les sociétés policées ont été modelées par des mains de femme[15]. » En poste depuis peu, Lagacé montre déjà son penchant pour un enseignement de nature plus esthétique en affirmant l'importance

---

13. Rapport de Jean-Baptiste Lagacé, inspecteur de dessin, adressé à « Monsieur le Directeur » [John-Maurice Manning], 15 février 1929, 7 p. ; Rapport de Jean-Baptiste Lagacé, inspecteur de dessin, adressé à « Monsieur J.-M. Manning, directeur des études », 18 juin 1929, 4 p. Les rapports de Lagacé ne sont pas titrés. Nous les différencierons par la citation textuelle de l'adresse et par la date. À moins d'avis contraire, tous les rapports, lettres et répartitions de Lagacé dont il sera fait mention dans ce chapitre proviennent des Archives de la Commission des écoles catholiques de Montréal (ACECM).
14. Lagacé (15 février 1929), 6.
15. Rapport de Jean-Baptiste Lagacé, inspecteur de dessin, adressé à « Monsieur Victor Doré, Président de la Commission des Écoles catholiques, Montréal », 13 mars 1930, 5.

de développer le « goût » dans la société canadienne-française. Les écoles de filles faisant bonne figure, Lagacé se donnera donc pour mission de rehausser le prestige du dessin dans les classes de garçons. Le simple fait que l'enseignement du dessin soit négligé dans les écoles de garçons, où il aurait dû trouver sa place grâce à la valeur utilitaire qui lui est déjà reconnue, montre l'envergure que prend dès le départ la tâche de Lagacé.

L'orientation utilitaire donnée à l'enseignement du dessin dans les écoles publiques avait été établie sous l'influence du Conseil des arts et manufactures (CAM) dès que la matière était devenue obligatoire en 1876[16]. Le CAM, qui avait le mandat de donner son avis au DIP sur toutes les questions relatives à l'enseignement du dessin, était en effet chargé par le gouvernement « de sensibiliser la population aux nouvelles techniques, aux arts et aux sciences appliqués à l'industrie, et plus spécifiquement de voir à la formation d'ouvriers qualifiés[17] ».

En 1877, le surintendant Gédéon Ouimet[18] rappelle aux inspecteurs que la « dernière loi » prescrit l'enseignement du dessin « dans *toutes* les écoles[19] ». Prévoyant que cette mesure ne sera pas aisément acceptée, il répond déjà à d'éventuelles objections que pourraient soulever les parents et les administrateurs scolaires : « Sachez bien, d'abord, qu'il n'est pas question d'apprendre à vos enfants à faire des dessins de fantaisie, des images ou des tableaux d'après nature ; ces choses de pur agrément sont un luxe auquel nous ne songeons pas ; nous visons à l'instruction utile, pratique.

---

16. Un comité du CAM, qui avait été chargé de mission aux États-Unis, est « prié de préparer un projet de loi basé sur le dit rapport, lequel projet de loi devrait être transmis au gouvernement pour être soumis à la Législature de la Province de Québec à sa prochaine session », Procès-verbal de la réunion du comité du CAM du 3 août, Sorel, 1876. Pour consulter l'amendement à la loi, voir : 40 Vict., ch. 22, articles 32 et 33, « Acte pour amender de nouveau les lois concernant l'instruction publique, en cette province », *Statuts de la province de Québec, passés dans la quarantième année du règne de sa majesté la reine Victoria et dans la seconde session du troisième parlement*, Québec, imprimés par Charles François Langlois, sanctionné le 28 décembre 1876, 55, Archives de l'UQAM, Fonds du Conseil des arts et manufactures.

17. Hélène Sabourin, *La Chambre des arts et manufactures, les quinze premières années 1857-1872*, mémoire de maîtrise en histoire, Montréal, Université du Québec à Montréal, 1989, iv. La Chambre des arts et manufactures est rebaptisée « Conseil des arts et manufactures » en 1872.

18. Gédéon Ouimet (1823-1905), avocat, homme politique et fonctionnaire, est surintendant de l'Instruction publique de 1876 à 1895. Il améliore le système d'inspectorat qu'il considère comme la clé de l'efficacité du système scolaire. Il croit que l'industrialisation du Québec requiert une main-d'œuvre formée dans les arts mécaniques et il favorise les écoles du soir, Audet, 345 ; voir aussi Michèle Brassard et Jean Hamelin, « Ouimet, Gédéon », *Dictionnaire biographique du Canada en ligne*, Université Laval de Québec et Université de Toronto, http://www.biographi.ca/FR/ShowBio.asp?BioId=41100&query=, site consulté le 14 août 2006.

19. Souligné par l'auteur, Gédéon Ouimet, « Circulaire du Surintendant de l'instruction publique adressée à Ms. les commissaires-syndics d'écoles », *Journal de l'instruction publique*, vol. XXI, n° 3, 1877, 39-42.

Ce que nous voulons faire enseigner dans nos écoles, c'est le dessin linéaire-géométrique, le dessin industriel[20]. »

Lorsqu'il entre en fonction en 1928, Jean-Baptiste Lagacé doit tenir compte de l'importance accordée par la CECM à la dimension utilitaire associée au dessin. Le nouvel inspecteur est cependant persuadé qu'en dehors de cet aspect utilitaire le dessin représente une valeur éducative fondamentale qui ne peut qu'enrichir la formation donnée aux enfants dans toutes les disciplines. Il oriente donc l'enseignement du dessin vers la culture esthétique et les beaux-arts en faisant la promotion du dessin d'après nature ou d'observation qui ouvre à son avis l'esprit à la beauté. Il entreprend d'abord de rehausser la réputation du dessin d'observation, ce qui représente en soi une tâche ardue. Il doit faire très attention pour n'indisposer ni l'administration scolaire ni les parents qui souhaitent pour leurs enfants une instruction utilitaire.

Lagacé n'est pas le premier à tenter d'orienter l'enseignement vers des valeurs esthétiques et éducatives. Des efforts avaient été faits en ce sens par ses prédécesseurs, particulièrement par Charles-A. Lefèvre[21] qui insistait déjà sur l'importance du dessin d'observation. Lefèvre, qui œuvrait au niveau provincial, avait été mandaté dès 1890 pour étudier les méthodes européennes d'enseignement du dessin. Le gouvernement de la province de Québec, constatant que l'implantation du programme dans les écoles ne s'était pas effectuée de manière efficace, comptait sur son expertise pour redresser la situation. Son rapport remis en 1892[22] préconisait une approche inspirée du modèle esthétique français davantage axé sur le dessin d'observa-tion, ce qui contribuait à réorienter les programmes de dessin de la province de manière déterminante. Sur le plan pédagogique, Lefèvre désapprouvait l'usage de modèles à tracer ou à copier, comme on le faisait jusque-là dans les écoles publiques. Il prônait l'importance première du dessin d'après nature, à main levée, qui, parce qu'il favorise l'esprit d'observation, développe l'éducation intellectuelle. Lefèvre considérait aussi que le dessin était essentiel pour l'apprentissage d'autres matières comme la géographie, la calligraphie et la leçon de choses[23]. La méthode qu'il proposait était dite

---

20. Ouimet, 41.
21. Charles.-A Lefèvre (1858-1922) est professeur de dessin à l'école normale Laval de 1877 à 1912. Il est nommé directeur de l'enseignement du dessin au DIP, au niveau provincial, de 1912 à 1922. Il a écrit 28 articles sur l'enseignement du dessin dans deux périodiques pédagogiques : *Le Journal de l'Instruction publique* et *L'enseignement primaire*.
22. Charles. A. Lefèvre, *Le dessin à l'école publique, rapport présenté à l'honorable secrétaire de la province*, Québec, Charles François Langlois, imprimeur de sa très excellente majesté la reine, 1892, 62 p.
23. « La leçon de choses » est une matière qui s'adresse aux élèves du primaire élémentaire. Elle consiste à faire voir des choses aux enfants pour mieux leur apprendre les notions premières, « Faire voir pour faire comprendre. Compte-rendu des délibérations du Comité catholique du

« rationnelle » en ce qu'elle préconisait le développement d'un programme allant du simple au complexe. Pour assurer un enseignement de qualité, il fallait, selon Lefèvre, veiller avant tout à la qualité de la formation des enseignants[24].

Si les finalités du programme préparé par Lefèvre étaient encore pratiques, préparant aux carrières industrielles, aux métiers et aux travaux manuels, les buts éducatifs prenaient déjà plus de place. Les cours de dessin devaient servir selon Lefèvre à aider à l'apprentissage des autres matières, à développer l'observation, l'initiative, l'imagination et le jugement, et enfin à épurer le goût et à intégrer des habitudes de méthode et de précision[25]. Lefèvre avait d'ailleurs dû démontrer la valeur éducative du dessin pour justifier la présence de la matière au programme des écoles. Les conceptions du dessin promulguées par Lefèvre se retrouvaient dans les programmes de dessin du Comité catholique du DIP de 1905, 1913 et 1923[26]. Lagacé a donc dès le départ entre les mains un programme axé sur une approche à laquelle il adhère et sur laquelle il compte s'appuyer.

Une conception artistique de l'enseignement du dessin

Lagacé ne doit pas perdre de vue le but de l'école primaire publique qui est de donner rapidement une formation pratique aux élèves. Dans ce contexte scolaire faisant du dessin une matière utilitaire, le nouvel inspecteur se doit de ne pas affirmer trop fermement son approche artistique du dessin. Il doit de surcroît prendre garde d'empiéter sur le terrain des collèges privés, terreau de la formation de l'élite cultivée. Ces contraintes amènent Lagacé à exposer plus clairement ses convictions sur la valeur esthétique du dessin dans les textes publiés hors de sa tâche d'inspecteur du dessin que dans ses écrits internes destinés aux autorités et au personnel de la CECM.

Lagacé a fait valoir son opinion dans plusieurs articles publiés dans des manuels ou des périodiques pédagogiques et donné quelques allocutions publiques dans lesquelles il exprime ses convictions et son idéal quant à la valeur éducative du dessin artistique. Parmi ces écrits, la préface qu'il signe en 1928 pour le manuel de dessin des religieuses de Sainte-Croix est particuliè-

---

Conseil de l'instruction publique », *Journal de l'Instruction publique*, vol. XXII, n° 10, octobre 1878, 148. Avec le temps, cette matière devient une initiation, par des moyens concrets, à la connaissance de l'agriculture et des sciences naturelles.

24. Charles.-A. Lefèvre, « Le dessin dans nos école publiques », *L'enseignement primaire*, 9e année, n° 5, 1er mars 1889, 68-74.

25. Ces principes sont clairement décrits dans le programme de dessin de 1913, Allard et Lefebvre, 295.

26. Allard et Lefebvre, 273-277 ; 293-295 ; 409-415, 440.

rement révélatrice[27]. C'est un texte clé écrit alors qu'il commence sa carrière d'inspectorat à la CECM. Il y développe les grands arguments qui guideront sa tâche d'inspecteur de dessin. Le nombre de citations et de références à des écrivains et auteurs importants en fait même un texte savant. Au début de cette préface, Lagacé amène un argument inédit en définissant la place du dessin à l'école comme une contrepartie à la surcharge des connaissances théoriques dans lesquelles il inclut ce qu'il appelle « les sciences positives ». La culture scientifique aurait, à son avis, « le grave inconvénient d'appauvrir l'âme et de dessécher le cœur[28] ». Le dessin aurait le mérite de servir les qualités du cœur qu'il faut absolument préserver parce qu'elles sont garantes de la morale et des aspirations de l'âme vers le Beau. Une école centrée sur les valeurs de la vie moderne, dont le but est d'accumuler des richesses, n'assurerait pas le développement de ces qualités. Lagacé avance aussi dans ce texte des arguments qu'il énoncera à quelques reprises dans ses futurs rapports à la CECM, à savoir qu'il est essentiel de changer les mentalités qui assimilent le dessin aux arts d'agrément, c'est-à-dire à la peinture récréative souvent associée aux loisirs des dames de la bourgeoisie.

C'est l'importance de la valeur éducative du dessin que Lagacé tente de faire ressortir et de faire accepter dans cette préface du manuel des religieuses de Sainte-Croix. Il y démontre les nombreux avantages éducatifs que possède le dessin d'observation comme matière scolaire : « Le dessin intéresse donc trois facultés auxquelles correspondent trois éducations : l'éducation du jugement, creuset où se fait l'épuration de nos impressions et de nos idées ; l'éducation de l'œil, fenêtre ouverte sur le monde et par où pénètrent jusqu'à l'intelligence toute vie et toute beauté ; enfin l'éducation de la main, instrument et agent de réalisation et de survie[29]. »

Lagacé y aborde également la litigieuse question d'une culture artistique. S'il fait quelque concession en affirmant que l'enseignement du dessin à l'école ne vise pas la formation d'artistes, il maintient l'importance pour tout citoyen d'acquérir une culture artistique, c'est-à-dire d'être capable d'apprécier une œuvre d'art. Encourageant la fréquentation directe des œuvres, il souhaite la démocratisation d'une culture habituellement réservée à l'élite : « Pour apprécier à sa juste valeur une œuvre d'art, il faut à tout le moins posséder ce minimum de connaissances qui permettent de discerner un chef-d'œuvre d'une croûte. La pratique du dessin donne ce minimum de connaissances ; la fréquentation des musées et des expositions achève le travail commencé par le maniement du crayon ou du pinceau[30]. »

---

27. Jean-Baptiste Lagacé, « Préface », *Cours pratique de dessin d'observation*, Saint-Laurent, Les Sœurs de Sainte-Croix, 1928, v-vii.
28. Lagacé (1928), vi.
29. Lagacé (1928), vi.
30. Lagacé (1928), vii.

En 1931, Lagacé signe deux articles dans la revue pédagogique de la CECM, *L'École canadienne*[31]. Il reprend dans celui de janvier 1931 les valeurs et les constats développés dans ses rapports internes des années antérieures et dans sa préface du manuel des religieuses de Sainte-Croix : il déplore le manque d'intérêt pour le dessin et l'absence de formation des titulaires de classe. S'inspirant des théories françaises de l'époque, il accorde une grande importance à l'enfant : « […] l'enfant est le même partout. Les nôtres ne sont pas inférieurs aux autres, leur curiosité n'est pas moindre, leur besoin de crayonner, c'est-à-dire d'imaginer et de s'exprimer, est aussi impératif. […] L'enfant est plus qu'une mémoire, c'est aussi une sensibilité[32]. » Humaniste dans l'âme, l'inspecteur de dessin accorde ainsi la priorité au développement de la personnalité intellectuelle de l'enfant en insistant sur sa curiosité, sa sensibilité, son imagination et son besoin de s'exprimer.

Un autre article, paru quelques mois plus tard, en mai 1931, rend compte d'une causerie radiophonique où Lagacé s'efforce de montrer comment la CECM a à cœur le dessin dans la culture générale et la culture professionnelle. Dans ses écrits promotionnels, Lagacé se doit de mentionner l'aspect utilitaire du cours de dessin, mais il ne manque jamais une occasion de faire valoir la richesse de son apport esthétique et culturel. Il a, pour ce faire, le sens des grandes formules : « En tout cas, le dessin lui aura appris [à l'élève] que la Beauté existe et que l'Art en est la religion[33]. » Lagacé revient sans cesse sur ce lien qu'il établit entre le dessin et la poésie, la lumière et la beauté.

Pour Lagacé, le dessin d'observation, pierre angulaire de l'enseignement des beaux-arts, est la base sur laquelle doit être institué l'enseignement du dessin aux enfants. Cette intégration des préceptes des beaux-arts académiques à l'enseignement du dessin dans le contexte de l'école primaire publique est novatrice, car elle ouvre des horizons jamais explorés avec les enfants de ces niveaux et milieux scolaires.

Lagacé exprime en 1930 sa volonté de faire enseigner le dessin d'observation : « La méthode préconisée étant basée sur l'observation directe, il faut donc de toute nécessité que l'élève ait l'objet à représenter sous les yeux, pour qu'il puisse, par l'observation, le reproduire dans sa forme, ses dimensions et sa couleur[34]. » L'inspecteur affirme ainsi son attachement à des principes

---

31. Jean-Baptiste Lagacé, « Le dessin », *L'École canadienne*, 6e année, n° 5, janvier 1931, 214-217 ; et « Du dessin », *L'École canadienne*, 6e année, n° 9, mai 1931, 428-430.
32. Lagacé (janvier 1931), 215, 216.
33. Lagacé (mai 1931), 430.
34. Lettre manuscrite de Jean-Baptiste Lagacé, inspecteur de dessin, en-tête du « Bureau du Directeur des Études », 1er octobre 1930. Cette lettre ne mentionne pas les destinataires, mais elle concerne implicitement les directeurs d'écoles. Il s'agit du brouillon d'une lettre qui fut probablement dactylographiée par la suite et distribuée dans les écoles. Nous n'avons pas trouvé cette copie officielle.

d'imitation du réel propres à l'esthétique des arts académiques. En 1938, Lagacé n'a pas dévié de ce but ; dans l'avant-propos d'un guide d'enseignement du dessin préparé à l'intention des titulaires de classe, il définit en quelques mots le dessin d'observation selon les mêmes préceptes du dessin académique : « Bien voir, calculer exactement et représenter fidèlement, voilà toute la leçon de dessin[35]. » L'inspecteur conseille donc aux titulaires de « [...] faire observer les enfants, [d']appeler leur attention flottante et dispersée sur les choses essentielles ; il y a des formes à voir, des lignes, des couleurs à discerner avec exactitude, des proportions à établir[36] ». Lagacé explique par exemple dans ce texte comment prendre les mesures d'un objet pour le reproduire le plus fidèlement possible : « À partir de la 3ième année, on peut habituer l'élève à obtenir les dimensions approximatives d'un objet au moyen du crayon tenu à bout de bras[37]. » Il s'agit de l'une des méthodes de base de l'enseignement du dessin académique.

L'inspecteur respecte toujours la pratique académique lorsqu'il souhaite que la nature serve de référence à l'enseignement : « Puisque l'observation est à la base de notre méthode, dit-il, il s'en suit que le grand modèle doit être la nature, et par nature nous entendons tout ce qui se voit, se touche, s'évalue en volumes et peut se traduire par des lignes[38]. » Lagacé définit de façon plus détaillée dans le programme de dessin de 1935 ce qu'il entend par nature :

> La nature ? c'est les champs, la terre, le bois, ce qui y vit, travaille et meurt. On le voit, la nature n'est pas tout entière dans l'école et la maison. Elle est formée d'autre chose que de jouets et de batterie de cuisine. Sans doute tout cela fournira de bons sujets d'exercices ; mais en sortant de l'école, on trouvera d'autres modèles ; [...] il faut parfois ouvrir les fenêtres et fermer le livre pour interroger la vie. Les élèves trouveront le plus vif intérêt à dessiner une feuille, une fleur, un insecte, les poissons de l'aquarium. Un oiseau vivant ou empaillé, etc.[39]

Par ailleurs, Lagacé revient à quelques reprises sur son désir que l'enseignement du dessin concilie l'apprentissage de l'imitation du réel et l'expression de l'imagination de l'enfant. « Ce qui importe avant tout, c'est l'effort sincère qui a été fait pour donner du modèle proposé une image

35. Jean-Baptiste Lagacé, « Avant-propos », *Leçons de dessin. Projet de répartition du programme. Cours élémentaire ; Programme de dessin. Guide du maître. Troisième année*, Montréal, CECM, 1938, 1.

36. Lagacé (1938), 2.

37. Lagacé (1938), 7.

38. Lagacé (1938), 1.

39. Jean-Baptiste Lagacé, « Avant-propos », *Leçons de dessin. Projet de répartition du programme ; Programme de dessin. Guide du maître. Cours élémentaire* [cours préparatoire], Montréal, CECM, 1935, 4. Le titre n'indique pas que cette répartition est destinée au cours préparatoire.

sinon parfaite, du moins ressemblante, reconnaissable. Ce qui signifie que toute liberté est laissée à l'enfant dans l'interprétation de sa "vision", sa manière d'imaginer et sa façon de s'exprimer. Tout dessin doit révéler une personnalité[40]. » L'imagination de l'enfant peut difficilement se manifester à l'intérieur des balises étroitement définies par les règles du dessin académique. Pourtant, cette idée de laisser s'exprimer la spontanéité de l'enfant demeure. Elle se rattache aux concepts humanistes que développeront plus tard des figures marquantes du milieu artistique québécois: Irène Senécal[41] dans le domaine de l'enseignement des arts aux enfants et Paul-Émile Borduas[42] dans ses écrits sur l'expression artistique. Senécal et Borduas feront partie de l'équipe de jeunes professeurs qui travailleront avec Lagacé à la préparation des guides du maître destinés aux titulaires et rédigés entre les années 1932 et 1938 dont nous parlerons plus loin. Lagacé semble avoir du mal à concilier la liberté d'expression de l'enfant avec sa conception académique du dessin. C'est ainsi que l'inspecteur va jusqu'à dicter les couleurs dans tous les exercices de création de « bordures[43] » bien qu'il revienne sans cesse sur le respect de la liberté de l'enfant. Il n'est pas impossible que ces nouvelles notions proviennent des jeunes enseignants engagés par Lagacé à la CECM. Il ne faut cependant pas exclure la possibilité que ceux-ci aient trouvé le moyen d'appliquer à l'enseignement une idée qui aurait pu être apportée au départ par Lagacé[44].

---

40. Lagacé (1935), 2.

41. Irène Senécal (1901-1978) est détentrice d'un diplôme de l'ÉBAM. Elle enseigne à la CECM avec le statut de professeur à demi-temps de 1930 à 1960. Elle enseigne à l'ÉBAM de 1930 à 1968 et dans de nombreux autres milieux éducatifs et culturels. Elle a été la pionnière d'un enseignement moderniste des arts plastiques adapté au contexte de l'école publique dans les années 1950, Françoise Lepage, *Histoire de la littérature pour la jeunesse (Québec et francophonies du Canada) suivie d'un Dictionnaire des auteurs et des illustrateurs*, Orléans, Les Éditions David, 2000, 724.

42. Paul-Émile Borduas (1905-1960) est engagé comme professeur de dessin à demi-temps dans diverses écoles de la CECM en 1927 et 1928, et de 1933 à 1939. De 1931 à 1943, il enseigne à l'externat classique Saint-Sulpice (collège André-Grasset à partir de 1941). Il enseigne à l'École du meuble de 1937 à 1948, Gilles Lapointe et André-G. Bourassa, « Chronologie de Paul-Émile Borduas », dans *Paul-Émile Borduas. Écrits I*, édition critique par André-G. Bourassa, Jean Fisette et Gilles Lapointe, Montréal, Les Presses de l'Université de Montréal, 1987, 25-37. Au sujet de l'expression artistique, voir: Paul-Émile Borduas, « Projections libérantes », un texte écrit en février 1949, dans Bourassa, Fisette et Lapointe, 393-479.

43. Lagacé (1935), 21ᵉ leçon, 33.

44. Dans les années 1930, on ne trouve aucune déclaration d'Irène Senécal sur le dessin libre ou d'imagination, mais dans les années 1940, elle commence à utiliser dans ses cours les sujets de dessin d'imagination suggérés dans les manuels de Van Moé et Laforest (voir notre note 58), manuels distribués dans les écoles de la CECM par Lagacé dès 1930. Suzanne Lemerise, « Théories du développement graphique: de la naissance à l'épuisement d'un modèle », dans *L'enseignement des arts plastiques: recherches, théories et pratiques*, sous la dir. de Francine Gagnon-Bourget et France Joyal, London, Canadian Society for Education through Art, 2000, 11-23. Quant à Borduas, il raconte dans *Projections libérantes* comment, dès les années 1930,

Une tâche titanesque : l'amélioration de l'enseignement du dessin en fonction des préceptes des beaux-arts académiques

Comme nous l'avons vu plus haut, Lagacé constate rapidement, en visitant les écoles de la CECM, que le dessin est peu et mal enseigné. Il entreprend aussitôt de gagner des appuis et il s'attaque aux tâches qui absorberont la plus grande part de ses énergies au cours de son mandat : l'encadrement des professeurs spéciaux et le perfectionnement des titulaires, l'élaboration de manuels et de méthodes d'enseignement du dessin, l'organisation matérielle des cours, le contrôle et la promotion de l'enseignement du dessin.

L'encadrement des professeurs spéciaux et le perfectionnement des titulaires

Conscient que les mesures administratives ou disciplinaires seules ne pourront pas combler les lacunes de l'enseignement du dessin, Lagacé choisit de miser sur la collaboration des directions d'école[45], surtout pour venir à bout de la résistance des titulaires de classe. Son action s'avère rentable puisqu'il affirme en 1932 : « Je poserai même en principe que le dessin ne donne des résultats vraiment appréciables que dans la mesure de l'intérêt que lui porte le directeur de chaque école[46]. » L'inspecteur avait entrepris de tisser des liens positifs et à long terme avec les directions d'école dès le début de son mandat. Il faisait déjà état, en 1929, de la patience qu'il fallait utiliser, des appuis qu'il fallait solidifier : « Encourager les travailleurs, stimuler le zèle des tièdes et convaincre les obstinés, telle m'a semblé la mission qui m'était confiée. Ce rôle de "porteur de bonne parole" exigeant de l'enthousiasme, du tact et beaucoup de douceur, je dus donc m'appliquer aux vertus difficiles[47]. » Lagacé arrive ainsi à rallier à sa cause la direction de plusieurs écoles. Il a grand besoin de cet appui des directeurs et directrices pour accentuer la pression sur les titulaires de classe qui tardent à respecter les consignes, l'inspecteur n'ayant pas d'autorité directe sur eux.

Lagacé est par contre responsable de l'engagement, de la supervision et de la répartition dans les écoles des professeurs spéciaux. Il apprécie

---

il fut influencé par un manuel de Gaston Quénioux suggérant des thèmes de mémoire et d'imagination que les élèves interprétaient librement, Gaston Quénioux, *Manuel de dessin à l'usage de l'enseignement primaire*, Paris, Hachette, 1912, cité par Borduas, cité dans Bourassa, Fisette et Lapointe, 59, 417.

45. Les principaux interlocuteurs de Lagacé durant son mandat sont les présidents de la CECM, les directeurs des études, les membres du Comité spécial d'enseignement du dessin et les directeurs et directrices des écoles.

46. Rapport de Jean-Baptiste Lagacé, inspecteur de dessin, adressé à « Monsieur le président » [Victor Doré], 11 février 1932, 6.

47. Lagacé (15 février 1929), 6.

généralement le travail de ces spécialistes le plus souvent gagnés d'avance à la cause du dessin, mais il les encadre tout de même de très près. Il compte en fait sur eux pour faire appliquer l'enseignement du dessin selon les valeurs qu'il défend. Les professeurs de dessin sont en effet chargés d'appliquer le programme tel que Lagacé l'a conçu, ce qui fait d'eux les principaux propagateurs de ses idées. Au début de l'année, chaque professeur de dessin lui remet le programme qu'il se propose de suivre durant l'année. L'inspecteur s'assure ainsi que tous respecteront bien ses directives.

Les professeurs spécialisés dans l'enseignement du dessin relevant directement de l'autorité de Lagacé enseignent dans les classes du primaire complémentaire et du primaire supérieur qui ne sont fréquentées que par les garçons jusqu'en 1941 à la CECM[48]. La majorité des professeurs spéciaux – dix-huit hommes et quatre femmes en 1932 – enseignent à demi-temps et poursuivent une carrière artistique personnelle. L'inspecteur de dessin, qui voue le plus grand respect aux arts, résiste aux pressions de la direction de la CECM qui souhaiterait que ces professeurs acquièrent le statut d'enseignants à plein temps, c'est-à-dire qu'ils deviennent professeurs de carrière. Lagacé défend le statut du contrat à demi-temps en expliquant que l'enseignement constitue pour les artistes un travail complémentaire assurant un revenu fixe, mais que ces professeurs ayant terminé des études artistiques ont besoin de temps pour poursuivre leur carrière principale[49]. Pour Lagacé, il est extrêmement important de soutenir la carrière de ces artistes qui contribuent à enrichir la culture du Canada français. De plus, il est convaincu que la pratique artistique de ces professeurs assure la qualité de leur enseignement.

Lagacé s'insurge aussi lorsqu'on reproche aux professeurs de dessin spécialistes une formation pédagogique insuffisante : « […] il arrive que pour excuser certains insuccès, nos professeurs sont parfois accusés de manquer de discipline[50] », dit-il. Lagacé explique que la nature même du travail du professeur de dessin empêche qu'il s'occupe de discipline, puisqu'il ne peut surveiller le reste de la classe quand il doit travailler individuellement avec un élève. L'inspecteur, qui considère toujours la qualité de l'enseignement comme une priorité, règle le problème en obtenant que le titulaire reste dans sa classe pour s'occuper de la discipline pendant que le professeur de dessin donne son cours.

L'équipe de professeurs de dessin supervisée par Lagacé fait de plus profiter de son expertise les classes du primaire élémentaire. Grâce à la collaboration des directeurs et directrices d'école, Lagacé expérimente, au début de l'année

---

48. Gagnon (1996), 160.
49. Lagacé (11 février 1932), 2.
50. Rapport de Jean-Baptiste Lagacé, inspecteur de dessin, adressé à « Monsieur Victor Doré, président général, La Commission des Écoles catholiques, Montréal », 19 décembre 1932, 2.

1932, dans une cinquantaine d'écoles, une nouvelle mesure qui prévoit que les professeurs de dessin visitent les classes du primaire élémentaire une fois par mois afin d'aider les titulaires à préparer leurs cours de dessin. Fier des résultats obtenus, il songe à rendre obligatoire cette mesure qui compense en quelque sorte la formation déficiente des titulaires de classes, l'un des problèmes les plus épineux qu'il aura à résoudre.

À la suite du constat des nombreuses faiblesses de l'enseignement du dessin, une des premières mesures que Lagacé implante est l'organisation du perfectionnement des titulaires de classes. Une page de consignes de base que l'inspecteur fait parvenir aux titulaires pour les assister dans leur enseignement du dessin permet de comprendre à quel point ils étaient peu formés pour cette tâche. Lagacé leur rappelle par exemple de ne jamais faire copier des modèles dessinés, de toujours corriger, classer et conserver les dessins, et de ne pas faire de l'exposition de fin d'année le but du cours. L'inspecteur joue sur la conscience professionnelle des enseignants en intitulant son texte : « Ce que ne se permet pas un professeur consciencieux. » De plus, il termine sa liste de consignes par ces mots, écrits en majuscules : « QUI DIT ART, DIT PROBITÉ[51] ».

Pour faire face à ce problème fondamental que représente le perfectionnement des titulaires de classe, Lagacé compte sur les solutions apportées par les membres du Comité spécial d'enseignement du dessin auquel il siège et avec qui il collabore étroitement[52]. Ce comité est pris en main par des personnes convaincues de la valeur d'une formation orientée vers les beaux-arts et l'enrichissement de la culture générale. Le président, Charles Maillard[53], est artiste, directeur de l'École des beaux-arts de Montréal (ÉBAM) et directeur général des Beaux-Arts de la Province ; mère Sainte-Anne-Marie[54] de la Congrégation Notre-Dame, directrice de l'Institut pédagogique, est une pionnière de la formation universitaire féminine.

---

51. Lagacé (1938), 6.

52. Le Comité spécial d'enseignement du dessin, mis sur pied le 21 janvier 1930, tient sa première réunion le 21 mars 1930. Charles Maillard, commissaire à la CECM, en est élu président. À la réunion du 21 mars, le comité adopte « les détails du programme, soumis par Lagacé, d'un cours de perfectionnement destiné aux instituteurs et institutrices laïques et religieux », « Comité Spécial d'Enseignement du Dessin – Séance du 21 mars 1930 », résolution n° 2 : « L'organisation de cours exclusivement réservés aux institueurs », 2, ACECM.

53. Charles Maillard (1887-1973), réputé défenseur de l'académisme, dirige l'École des beaux-arts de Montréal de 1925 à 1945 ; il est directeur général des Beaux-Arts de la Province de 1931 à 1936, David Karel, *Dictionnaire des artistes de langue française en Amérique du Nord. Peintres, sculpteurs, dessinateurs, graveurs, photographes et orfèvres*, Québec, Musée national des beaux-arts du Québec et Les Presses de l'Université Laval, 1992, 530-531. Maillard est le promoteur de l'idée que l'art des colonies françaises en Amérique doit servir de base à l'élaboration d'une tradition picturale canadienne-française.

54. Mère Sainte-Anne-Marie (Emmeline Bengle, 1861-1937) est une figure importante de l'instruction des filles à la Congrégation Notre-Dame. Elle est la fondatrice du premier

Dès les années 1932-1933, Lagacé met beaucoup d'énergie à encourager les instituteurs et institutrices à s'inscrire à des cours de perfectionnement. Par l'entremise de Charles Maillard, des cours du soir et du samedi sont offerts à l'école du Monument national[55]. De son côté, mère Sainte-Anne-Marie organise des cours pour les religieuses à l'Institut pédagogique. D'autres cours sont donnés le soir dans certaines écoles par des professeurs spécialisés. De plus, Lagacé fait état des efforts déployés par certaines écoles normales pour améliorer la formation des futurs titulaires de classe et, en 1938, il rend hommage aux efforts faits en ce sens par le professeur et artiste Maurice Lebel[56] qui enseigne à l'école normale Jacques-Cartier[57]. Lagacé donne lui-même, sur demande, des cours de formation ponctuelle dans des écoles, et l'ÉBAM offre des cours aux professeurs spéciaux qui enseignent à la CECM sans avoir encore obtenu un diplôme officiel. Afin d'encourager l'émulation parmi les élèves des cours avancés qui se destinent à des carrières où le dessin est important, des cours de perfectionnement sont offerts le samedi dans les écoles primaires supérieures. Même si les cours de perfectionnement proposés aux titulaires de classe et aux professeurs spéciaux respectent l'orientation pratique et utile des cours de dessin décrétée par le DIP, une formation dispensée dans les lieux mêmes où se donne l'enseignement des beaux-arts contribue à augmenter la part artistique des cours de dessin dans les écoles primaires de Montréal.

---

collège féminin, l'École supérieure pour jeunes filles, en 1907, et de l'Institut pédagogique, en 1920. Elle enseigne à l'école Mont-Sainte-Marie depuis 1883. Elle est nommée au Comité catholique du DIP en 1936. Voir à son sujet: Micheline Dumont et Louise Toupin, *La pensée féministe au Québec. Anthologie 1900-1985*, Montréal, Les Éditions du remue-ménage, 2003, 67, et le Collectif Clio (Micheline Dumont, Michèle Jean, Marie Lavigne, Jennifer Stoddart), *L'histoire des femmes au Québec depuis quatre siècles*, Montréal, Les Quinze, 1982, 320.

55. L'école du Monument national offrait des cours de perfectionnement en dessin, modelage, architecture et solfège. Cette institution d'enseignement jouait également le rôle d'école préparatoire pour entrer à l'École des beaux-arts de Montréal, André Comeau, *Institutions artistiques du Québec de l'entre-deux-guerres (1919-1939)*, thèse de doctorat en histoire de l'art, Paris, Université de Paris 1, 1983, 137. Au sujet des cours offerts au Monument national, voir Jean-Marc Larrue, *Le monument inattendu. Le Monument-National 1893-1993*, LaSalle (Québec), Hurtubise HMH, 1993.

56. Maurice Lebel (1898-1963) suit des cours de dessin et d'histoire de l'art avec Jean-Baptiste Lagacé à l'école Le Plateau et à l'Université de Montréal. Il enseigne le dessin dans plusieurs écoles de Montréal sous l'égide de l'inspecteur Lagacé, notamment à l'école Le Plateau de 1929 à 1942. Voir à son sujet: Lepage, 659-660, et Karel, 476-477. Maurice Lebel remplacera Lagacé comme directeur de l'enseignement du dessin à l'automne 1942.

57. Rapport de Jean-Baptiste Lagacé, inspecteur de dessin, adressé à «Monsieur J.-M. Manning, directeur des études, La Commission des Écoles Catholiques de Montréal», 18 octobre 1937, 3.

Les manuels et les méthodes d'enseignement du dessin

Dans le programme de dessin du DIP de 1923 – fondé sur les recommandations de Charles-A. Lefèvre – encore en vigueur à l'arrivée de Lagacé, la discipline du dessin se décline en trois sous-matières principales. Le dessin géométrique, qui correspond à ce qui est connu des objets, mène au dessin industriel ; le dessin d'après nature ou d'observation, qui vise à reproduire ce qui est perçu des objets, incite à la discipline intellectuelle ; l'arrangement décoratif, qui tient à la fois de l'utilitaire et de l'esthétique, embellit les objets de la vie quotidienne. À ces matières principales se greffent le dessin libre, le dessin d'imagination et le dessin de mémoire. Pendant les premières années de son mandat, Lagacé tente par divers moyens de fournir de la documentation aux titulaires de classe afin de les aider à bien enseigner ces branches distinctes du dessin. Les manuels et les guides du maître qu'il fait distribuer sont un autre vecteur par lequel est transmise sa passion pour les arts. Sa première préoccupation va clairement à l'enseignement du dessin artistique introduit sous la forme du dessin d'observation.

Dès 1929, Lagacé ajoute, dans la répartition de programme du primaire supérieur, des cours qui empruntent à la tradition des beaux-arts : le modelage, le dessin ornemental et le lavis. La même année, il obtient de la CECM que toutes les écoles primaires élémentaires disposent des trois manuels français de dessin de Van Moé et Laforest[58]. Ces trois manuels correspondent au programme français de 1909. Ils présentent une répartition équilibrée des exercices entre le dessin d'imagination, de mémoire, d'après nature et la composition décorative. Toutefois, le dessin géométrique qui fait partie des programmes de la province de Québec n'y figure pas. En 1930, Lagacé adresse aux directions d'écoles des recommandations pour l'utilisation adéquate de ces manuels. Il insiste particulièrement sur deux points : il faut absolument favoriser l'observation directe et bannir la copie de l'objet déjà dessiné au tableau. Il tente de convaincre les directeurs et directrices que le dessin est affaire d'éducation plus que d'instruction. En effet, selon lui, le dessin tient de la culture de l'esprit et de la poésie : « Or, le rôle du dessin à l'école primaire, c'est de laisser filtrer un peu de soleil dans beaucoup de nuit et [...] d'ennui[59]. » Toujours en 1930, Lagacé envoie aux titulaires et aux professeurs spéciaux une répartition temporaire pour l'enseignement du dessin tirée du *Cours pratique de dessin d'observation*,

---

58. C. Van Moé et V. Laforest, *Le dessin à l'école primaire. Guide du maître à l'usage du cours préparatoire*, Lille, Imprimerie Société d'édition du Nord, s. d. ; *Le dessin à l'école primaire. Guide du maître à l'usage du cours moyen*, Lille, Imprimerie Société d'édition du Nord, s. d. ; *Le dessin à l'école primaire. Guide du maître à l'usage du cours élémentaire*, Lille, Imprimerie Société d'édition du Nord, s. d.

59. Lagacé (1er octobre 1930), 2.

le manuel des sœurs de Sainte-Croix qu'il avait préfacé en 1928. Il s'agit toujours de modèles d'enseignement du dessin d'observation, donc du développement de la branche artistique du programme. En 1931, il note avec regret que les manuels distribués dans les écoles ne sont quasiment pas utilisés. Les titulaires de classe, qui invoquaient antérieurement le manque de ressources, prétextent alors le manque de temps pour s'y consacrer.

En 1931, un *Programme de dessin* rédigé par Lagacé est distribué dans les écoles[60]. L'inspecteur y propose cette fois une répartition très simplifiée d'un programme couvrant tout le cours primaire de la préparatoire à la fin du primaire supérieur. Jusqu'en 3e année, Lagacé réfère les titulaires de classe aux manuels de Van Moé et Laforest qu'il avait fait distribuer en 1929.

Lagacé intègre le dessin d'observation, qu'il juge le plus important, dès la préparatoire, c'est-à-dire dès l'entrée à l'école des tout-petits. Cela prend la forme de copie d'objets simples (fleurs, feuilles) « d'après nature si l'école est située près des champs[61] ». Selon la méthode de Lagacé, la formation des enfants débute par le dessin libre, le dessin d'imagination et les exercices de symétrie. Il introduit les arrangements décoratifs et le dessin de mémoire au début du primaire élémentaire. Le dessin géométrique commence à la 3e année de l'élémentaire ; la perspective et l'architecture sont introduites au primaire complémentaire. À partir du primaire supérieur s'ajoutent le dessin artistique, le modelage et l'application du dessin géométrique à l'industrie. C'est aussi à ce niveau d'étude que les élèves assistent à leurs premiers cours formels d'histoire de l'art « avec projections ». Lors de la dernière année du primaire supérieur l'apprentissage de nouveaux médiums et des notions de ce que nous appellerions aujourd'hui le graphisme sont introduites avec « l'art de l'affiche[62] ».

Un autre document signé par Lagacé est distribué en 1931 : *Le dessin géométrique. Guide du maître. Définitions et tracés géométriques élémentaires*[63]. Jean-Baptiste Lagacé le présente comme « [...] l'A-B-C du dessin géométrique, l'initiation aux *travaux manuels*[64] ». Cette répartition, qui s'adresse aux titulaires responsables des classes de la 3e à la 6e année du primaire élémentaire, respecte le programme de 1923 du DIP. Elle regroupe des notions sur les sortes de lignes et leurs positions, les angles, la construction des figures et des polygones ainsi que sur le calcul des surfaces. Lagacé

---

60. Jean-Baptiste Lagacé, *Programme de dessin* [du cours préparatoire à la fin du primaire supérieur], Montréal, CECM, s. d., 5 p. L'adoption de ce programme de dessin est recommandée par « Le Comité d'enseignement du dessin – Séance du 13 février 1931 », article III, 2.

61. Lagacé (s. d.), 1.

62. Lagacé (s. d.), 1-5.

63. Jean-Baptiste Lagacé, *Le dessin géométrique. Guide du maître. Définitions et tracés géométriques élémentaires*, Montréal, CECM, 1931, 23 p.

64. Souligné par l'auteur, Lagacé (1931), 1.

considère le dessin géométrique comme lié à l'application pratique parce qu'il nécessite l'utilisation de la règle, de l'équerre et du compas ; des instruments dont l'usage est interdit pour le dessin d'observation.

L'inspecteur est tenu de fournir aux titulaires des outils pour l'enseignement du dessin géométrique même s'il craint que celui-ci occulte le dessin d'observation. Il avertit les titulaires de classe de prendre garde d'enseigner le dessin géométrique « [...] sans attenter aux droits acquis du dessin artistique qui demeure "l'école" de la sensibilité et du bon goût ». Il revient sur ce point plus loin : « Pour aucune considération et dans aucun cas le dessin d'observation (artistique) ne doit être sacrifié au dessin géométrique. Tous deux répondent à des fins différentes, également nécessaires. » Près de la moitié des trois pages de l'avant-propos du guide sont ainsi consacrées aux spécificités du dessin artistique en regard du dessin géométrique. L'inspecteur y note que, si le dessin artistique est « un instrument de pensée », le dessin géométrique est « un instrument tout court ». La difficulté du dessin artistique ou d'observation réside, selon ce document de Lagacé, dans « la nécessité de l'expression personnelle de l'élève, ce dont peut se passer le dessin géométrique qui n'exige que l'application de règles et de lois précises[65] ». Lagacé sait que les titulaires ont tendance à se limiter à l'enseignement du dessin géométrique qui est plus facile à enseigner, l'élève devant se conformer à des modèles très précis, et parce qu'il paraît plus utile à court terme.

En 1932, pas encore satisfait des documents distribués, l'inspecteur de dessin forme un comité de cinq enseignants spécialistes « dans le but de préparer un second manuel qui renfermerait l'essentiel de ce qui est nécessaire de savoir à un instituteur pour donner à l'enseignement du dessin le rendement désiré[66] ». En 1934, le comité compte neuf enseignants spécialistes[67]. Ce comité produira quatre documents intitulés indifféremment *Projet de répartition du programme* ou *Programme de dessin*[68] pour la préparatoire et le primaire élémentaire. Celui de 1935 présente 27 leçons pour les classes préparatoires[69] ; les deux autres qui suivent comptent chacun trente

---

65. Lagacé (1931), 1, 2 et 3.

66. Lagacé (11 février 1932), 7. Ce comité constitué par Lagacé est composé de quatre hommes et une femme : Simone Dénéchaud, Maurice Lebel, Jacques Barry, Wilfrid Thibault et Léopold Dufresne.

67. Irène Senécal, Henri Julien, Jean-Maurice Massicotte, Émile Sarrazin et Paul-Émile Borduas se joignent au comité initial que Dufresne a quitté. Les spécialistes de ce comité se réunissent les jeudis soirs, pendant plusieurs mois, Rapport de Jean-Baptiste Lagacé, inspecteur de dessin, adressé à « Monsieur Victor Doré, président général de La Commission des Écoles Catholiques de Montréal », 13 mars 1934, 4.

68. Les noms des membres du comité ayant participé à l'élaboration de chacun des quatre documents ne sont pas mentionnés. Les initiales « JBL » ou le nom de « J.-B. Lagacé », figurant sur la page titre ou sur la page de présentation, le donnent comme l'auteur.

69. Jean-Baptiste Lagacé, *Leçons de dessin. Projet de répartition de programme ; Programme de dessin. Guide du maître. Cours élémentaire*, Montréal, CECM, 1935, 36 p. À partir de la page

leçons destinées aux 1re [70] et 2e années[71] ; celui de 1938, produit pour la 3e année[72], compte 32 leçons.

Dans les quatre répartitions, Lagacé signe un avant-propos presque identique d'une huitaine de pages. L'inspecteur y indique qu'il s'agit de suggestions et non d'exercices obligatoires. Il insiste sur la valeur éducative du dessin d'observation qui est à ses yeux plus important et plus formateur que toute autre forme de dessin : « L'observation qu'exige le dessin ne peut manquer de faire l'éducation de l'œil, de former le jugement, conséquemment de mûrir l'esprit et de former le goût de quiconque le pratique en conscience. Ainsi entendu, le dessin possède une valeur éducative de tout premier ordre[73]. » Dans les avant-propos de ses programmes de dessin aussi appelés « guides du maître », Lagacé définit, en plus du dessin d'observation, quatre formes principales de dessin : le dessin de mémoire, le dessin libre, la composition décorative et l'illustration des devoirs. La terminologie utilisée dans les documents n'est malheureusement pas uniforme et il est parfois difficile de comprendre de quel type de dessin il s'agit. Dans la méthode même, quatorze termes sont utilisés pour désigner les exercices.

Les différentes formes de dessin mentionnées dans les programmes sont définies à partir du dessin d'observation[74]. Quoiqu'il soit question de dessin « libre », « d'imagination » ou d'expression personnelle, le programme prévoit toujours un dessin figuratif, une imitation du réel la plus fidèle possible, selon la formule académique. Ainsi, le dessin de mémoire[75] « [...] est un dessin exécuté après observation attentive d'un être ou d'un objet, mais après que l'être ou l'objet a été retiré de la vue de l'enfant[76] ». Lagacé ajoute, pour les classes du primaire supérieur : « Dans les hautes classes

---

11, le document décrit les activités du cours préparatoire.

70. Jean-Baptiste Lagacé, *Programme de dessin. Guide du maître. Cours élémentaire*, Montréal, CECM, s. d., 50 p. À partir de la page 9, le document décrit les activités de la première année. La page titre du document ayant disparu, on ne peut confirmer la date de sa publication ; il a été produit entre 1935 et 1936.

71. Jean-Baptiste Lagacé, *Leçons de dessin. Projet de répartition du programme. Cours élémentaire. Deuxième année ; Programme de dessin. Guide du maître. Deuxième année*, Montréal, CECM, 1936, 16 p. À partir de la page 5, le document décrit les activités de la deuxième année.

72. Jean-Baptiste Lagacé, *Leçons de dessin. Projet de répartition du programme. Cours élémentaire ; Programme de dessin. Guide du maître. Troisième année*, Montréal, CECM, 1938, 27 p. et 5 p. d'illustrations. À partir de la page 7, le document décrit les activités de la troisième année.

73. Lagacé (1935), « Avant-propos », [cours préparatoire], 1.

74. Plusieurs termes désignent le dessin d'observation dont il est question aux pages 17, 18, 28, 32, 34 : exercices d'observation, 16, 21 ; dessin d'après le modèle, 18 ; dessin à main levée (d'après nature), 24 ; dessin d'après nature, 34, 35, Lagacé (1935), [cours préparatoire].

75. Le dessin de mémoire ne porte pas d'autre nom. Il en est question aux pages 27 et 33. Lagacé (1935), [cours préparatoire].

76. Lagacé (1935), « Avant-propos », [cours préparatoire], 4.

l'exercice consiste à reproduire un objet déjà dessiné ou parfaitement connu[77]. » L'illustration des devoirs[78] est « un dessin qui commente un récit, ou plus simplement encore le dessin d'une fleur, d'un jouet ou d'un animal, dont il est fait mention dans le devoir[79] », ce qui implique un dessin figuratif comme l'exige la formule académique. Le dessin d'imagination, qui n'est défini nulle part, est assimilé au dessin libre[80] qui « [...] consiste à dicter un sujet que les élèves exécutent comme ils l'entendent, au gré de leur imagination et de leur fantaisie. Les éléments susceptibles d'entrer dans la composition peuvent être suggérés par le professeur, mais jamais imposés. L'élève conserve la liberté de faire à sa guise[81] ». La répartition de 1938 propose par exemple comme exercice : « La première bordée de neige » ou « Garçon ou fillette revenant du marché ou de l'épicerie[82] ».

Selon cette formule, l'enfant est autorisé à exercer son imagination et sa fantaisie seulement à l'intérieur du cadre étroit, et nécessairement figuratif, d'un sujet dicté et d'éléments suggérés. L'élève peut choisir les objets qui seront représentés et la façon dont ils seront placés dans la composition. La nécessité de la figuration est confirmée par le fait que le titulaire soit invité à « indiquer par quelques traits légers, au crayon bleu ou rouge, les plus grandes erreurs commises[83] ». Cette correction du titulaire n'est effectivement possible que s'il est en mesure de reconnaître l'objet dessiné. Il semble souhaitable que l'élève applique à ce dessin « libre » les règles de la perspective et de la copie du réel et les techniques qu'il a apprises en faisant du dessin d'observation selon les valeurs académiques. La composition décorative[84] est un « exercice [qui] consiste à embellir, par des couleurs ou des lignes harmonieusement disposées sur une surface déterminée, de forme généralement géométrique, un carré, un rectangle, un cercle, etc.[85] » Cette forme de dessin, marginale par rapport au dessin d'observation, se situe sur la frontière entre les dessins artistique et géométrique.

Dans cet avant-propos répété d'un document à l'autre, Lagacé conseille à l'enseignant de composer son « petit musée » de modèles. Il considère que

---

77. Lagacé (1938), « Avant-propos », *Troisième année*, 3.

78. L'illustration des devoirs ne porte pas d'autre nom. Il en est question à la page 5, Lagacé (1935), « Avant-propos », [cours préparatoire].

79. Lagacé (1938), « Avant-propos », *Troisième année*, 3.

80. Le dessin libre porte aussi d'autres noms : composition, 25, 30, 32 ; composition ou dessin libre, 19 ; dessin d'imagination, 27. Lagacé (1935), [cours préparatoire].

81. Lagacé (1938), « Avant-propos », *Troisième année*, 3.

82. Lagacé (1938), *Troisième année*, 10ᵉ leçon, 15 ; 7ᵉ leçon, 12-13.

83. Lagacé (1938), « Avant-propos », *Troisième année*, 3.

84. La composition décorative se nomme aussi dessin d'application, 20, 26 ; arrangement décoratif, 21, 29, 33, 35 ; bordure, 21, 31, 33 ; pliage, 23, 31, 33 ; pliage et dessin, 31, Lagacé (1935), [cours préparatoire].

85. Lagacé met lui-même des guillemets à sa définition, mais il n'en donne pas la référence, Lagacé (1938), « Avant-propos », *Troisième année*, 3.

l'utilisation de ces modèles est essentielle pour arriver à un «bon dessin» qu'il définit comme le résultat d'une démarche de développement intellectuelle de l'enfant qui a «[…] la tâche de regarder, d'observer, de comparer, en un mot, de faire passer sur le papier l'image de l'objet placé sous ses yeux». L'inspecteur insiste toujours sur la nécessité de l'observation du réel et sur un rendu le plus exact possible. Dans le même document, il fait du «beau dessin» l'opposé de ce «bon dessin» qui est, à ses yeux, le résultat d'une copie facile, peut-être impressionnant sur le papier, mais en aucun cas formateur[86].

L'organisation matérielle des cours de dessin

Entre 1929 et 1932, à la suite de ses premières visites dans les écoles, Lagacé adresse plusieurs recommandations à la direction de la CECM pour améliorer l'organisation matérielle des cours de dessin. Il identifie clairement le matériel dont l'élève a besoin dans son *Programme de dessin* [du cours préparatoire à la fin du primaire supérieur] approuvé en 1931. Il recommande que du matériel de base soit fourni gratuitement aux élèves et conservé à l'école et, à défaut, qu'un matériel de très bonne qualité soit vendu à bas prix aux élèves.

À plusieurs reprises, Lagacé demande l'aménagement d'ateliers de dessin bien équipés et bien éclairés pour les quatre écoles primaires supérieures de garçons : Le Plateau, Saint-Stanislas, Saint-Louis et Saint-Henri. «Je vous en prie, dans le cloître austère et fermé des sciences positives, ménagez-nous cette ouverture sur le rêve et la beauté[87]», supplie-t-il. La nouvelle école Le Plateau, déménagée de la rue Sainte-Catherine au parc La Fontaine en septembre 1931, compte désormais un atelier spécialisé de dessin, mais il est trop petit. Lagacé, déçu, mentionne au président Victor Doré[88] qu'il aurait souhaité être consulté au sujet de l'aménagement de l'atelier, ce qui n'a pas été le cas[89].

---

86. Lagacé (1935), «Avant-propos», [cours préparatoire], 7.
87. Rapport de Jean-Baptiste Lagacé, inspecteur de dessin, adressé à «Monsieur Victor Doré, président de la Commission des Écoles catholiques de Montréal», 18 décembre 1930, 3.
88. Victor Doré (1880-1954) est diplômé de l'école normale Jacques-Cartier, docteur en sciences sociales, politiques et économiques, administrateur dans le monde du commerce et de l'industrie. Il enseigne à l'école Le Plateau, à l'école Edward-Murphy, à l'école Montcalm et à l'école Champlain ; puis à l'École des hautes études commerciales et à l'École des sciences économiques et politiques de l'Université de Montréal. En 1910, il s'occupe de la comptabilité à la CECM et il en est président et directeur général de 1928 à 1937, puis secrétaire général et trésorier de 1937 à 1939. Il est surintendant de l'Instruction publique de la province de Québec de 1939 à 1946. Voir à son sujet : *Les biographies françaises d'Amérique*, Montréal, Les journalistes associés éditeurs, 1942, 388 ; Raphaël Ouimet (dir.), *Biographies canadiennes-françaises*, 8e année, Montréal, Raphaël Ouimet Éditeur, 1929, 118 ; et le site Internet *École Victor-Doré*, Historique, http://www.csdm.qc.ca/victor-dore/historique2.htm, consulté le 30 août 2006.
89. Lagacé (11 février 1932), 7.

En 1932, Lagacé préconise une politique d'achat annuel de vases et de modèles de plâtre afin de rendre les cours des professeurs spéciaux plus intéressants. La même année, il est chargé par le président de la CECM de la décoration des écoles. Il propose et obtient l'achat d'affiches françaises des grandes compagnies de transport qui sont exposées dans les corridors de quelques écoles[90]. En 1934, poursuivant ses requêtes, il demande cette fois des selles support pour disposer les objets et les modèles qui ont été achetés[91]. Le 18 octobre 1937, trois ans plus tard, Lagacé réclame encore des modèles pour les classes. Les professeurs spéciaux n'auraient à leur disposition que quelques urnes de plâtre. Plusieurs doivent transporter leurs propres bibelots d'école en école pour animer leurs cours[92]. L'insistance de l'inspecteur, année après année, sur l'acquisition du matériel et des modèles, autant que sur l'organisation des salles de classe, laisse entendre que la CECM ne voulait ou ne pouvait pas lui fournir les moyens de mettre en œuvre toutes ses recommandations.

Le contrôle et la promotion de l'enseignement du dessin

Lagacé fait preuve d'un excellent sens de l'organisation et de la planification, non seulement en organisant les cours de perfectionnement des titulaires, en prévoyant des lieux de travail et du matériel scolaire, mais aussi en s'assurant, par les expositions de fin d'année, d'un contrôle sur ce qui est enseigné. Il est également fier de favoriser l'émulation en faisant participer les élèves des écoles de la CECM à divers concours.

Pour donner du prestige à la discipline du dessin et mieux superviser l'enseignement, Lagacé tient à ce que soient organisées des expositions de fin d'année qu'il visite assidûment, car elles permettent de maintenir l'intérêt des enseignants et de faire le point sur ce qui est effectivement enseigné. En 1929, Lagacé obtient des fonds pour que ces expositions soient ouvertes au public; des photos sont publiées dans *La Presse*[93]. On y apprend qu'une exposition s'est tenue cette année-là dans chacun des quatre districts de la CECM – est, ouest, centre et nord –, témoignage de la réussite du projet de Lagacé de regrouper les expositions pour les rendre accessibles au public. Les dessins reproduits dans le journal donnent un aperçu de ce qui est au programme : dessin géométrique, croquis à main levée, dessin d'observation, motifs ornementaux. Le dessin d'une tête prouve que les préceptes du dessin académique étaient appliqués, au moins dans les classes du primaire

---

90. Lagacé (19 décembre 1932), 5.
91. Lagacé (13 mars 1934), 5.
92. Lagacé (18 octobre 1937), 5-6.
93. Anonyme, « À l'exposition de dessin des écoles primaires », *La Presse*, 7 juin 1929, 17.

supérieur. Les jeunes étaient donc effectivement initiés à une formation empruntant à la tradition de l'enseignement des beaux-arts académiques.

En 1932, devant la difficulté opérationnelle de regrouper les travaux de plusieurs écoles dans un même local, la formule change. Lagacé écrit avoir visité cette année-là 200 écoles où se tenaient les expositions de fin d'année. C'est un travail des plus fastidieux, mais il permet à l'inspecteur d'évaluer ce qui se fait dans chacune des écoles.

Grâce aux expositions de fin d'année, Jean-Baptiste Lagacé peut vraiment noter les forces et les faiblesses de chaque district et de chaque école. Année après année, les expositions comblent l'inspecteur de dessin de bonheur et de fierté. En 1934, il donne une description de la grande variété des travaux exposés: «[…] des fusains et des crayons, des pastels et des aquarelles, du modelage et du découpage, des papiers peints, des liseuses et des assiettes décorées, des projets de dentelle et de broderie, voire d'authentiques parasols ornés de dessins ingénieux[94]». La démarcation entre arts utilitaires et beaux-arts n'est pas expressément établie dans ces expositions de fin d'année, d'autant plus que des objets exécutés dans les cours de travaux manuels sont parfois exposés en même temps que les exercices réalisés dans les cours de dessin.

En 1935-1936, Lagacé ne suffit plus à la tâche et il s'adjoint trois professeurs spéciaux pour visiter les expositions au mois de juin. Ceux-ci déposent un rapport où ils donnent une évaluation du travail fait durant l'année dans chaque école allant d'excellent à très bien, bien et médiocre. Les critères d'évaluation permettent de saisir l'importance relative donnée à chacun des types de dessin; selon Lagacé, on devrait retrouver 60 % de dessins d'après nature, 20 % de tracés techniques et 20 % de dessins décoratifs et de dessins libres. Le dessin d'observation, conformément aux intérêts de Lagacé et aux vœux de Charles-A. Lefèvre, occupe la plus grande place. Sur les 47 écoles visitées, 24 obtiennent les mentions «excellent et très bien[95]», résultats qui confirment l'efficacité de l'encadrement offert aux écoles par Lagacé.

Si le contrôle de l'enseignement est assuré par l'exposition annuelle, la promotion de la matière passe surtout par les concours où l'émulation individuelle prédomine. Au mois de mars 1933, à la suite d'un concours organisé par la revue *L'École canadienne*, publiée par la CECM, 2410 dessins exécutés par les élèves des deux derniers degrés du primaire élémentaire et par ceux

<hr>

94. Lagacé (13 mars 1934), 3.
95. Mlle F. Roy, M. J. Barry, M. É. Sarrazin, *Rapport détaillé des visites des expositions de dessin d'élèves, district centre de la Commission scolaire catholique de Montréal*, juin 1936, 6 p., ACECM.

du primaire complémentaire sont soumis[96]. Les meilleurs, exposés dans les locaux administratifs de la CECM, vaudront des prix à leurs auteurs[97].

En 1936, le DIP, sous l'initiative de Gérard Morisset[98], directeur du dessin pour la province de Québec, organise un concours provincial de dessin. Plus de 50 000 dessins sont soumis. Lagacé est invité à faire partie du jury et il adresse un rapport à John-Maurice Manning[99], directeur des études[100]. Avant de présenter les résultats, il s'empresse d'expliquer la difficulté de la tâche dans la sélection des meilleurs dessins. En effet, selon Lagacé, la qualité de l'enseignement du dessin dans les écoles rurales et les écoles urbaines est loin d'être semblable. La CECM, par exemple, a l'avantage d'avoir des professeurs spécialisés, et des instituteurs et institutrices, tant religieux que laïques, qui ont suivi des cours de perfectionnement. De plus, la haute qualité de l'enseignement du dessin à l'école primaire supérieure Le Plateau est telle qu'il aurait été préférable d'avoir une catégorie spéciale pour cette école. Il résulte de cette situation que les membres du jury ont dû moduler leur évaluation pour tenir compte de « la probité de l'exécution et la sincérité de l'expression[101] » en lieu et place de l'habileté, du talent et de la perfection technique. Sur les 265 prix distribués, 150 sont attribués à des élèves des écoles de la CECM.

Les expositions de fin d'année permettent de comparer les résultats et de vérifier la qualité de l'enseignement du dessin dans chaque école de la

---

96. Les résultats du concours de dessin figurent dans « Concours de dessin », *L'École Canadienne*, mars 1933, 334-335.

97. L'exposition a été inaugurée dans le sous-sol de l'administration de la CECM, au 117, rue Sainte-Catherine, le 7 mars 1933. Elle s'est déroulée du 8 au 18 mars 1933, Lettre de René Guénette, adressée à « Monsieur Victor Doré, président, Commission des écoles catholiques, Montréal », 28 février 1933, ACECM. René Guénette est rédacteur en chef de la revue *L'École canadienne*, « Revue pédagogique de la Commission des Écoles catholiques de Montréal ».

98. Gérard Morisset (1898-1970), notaire de formation, étudie le dessin et l'architecture au Québec et l'histoire de l'art en France. Il est nommé directeur général du dessin pour la province de Québec dès son retour d'Europe en 1935. Il occupait encore ce poste au moment de la retraite de Lagacé en 1942. Morisset rassemble un important *Inventaire des œuvres d'art* des églises du Québec. Il publie *Peintres et tableaux* en 1936, *Coup d'œil sur les arts en Nouvelle-France* en 1941 et *L'Architecture en Nouvelle-France* en 1949, Karel, 585-587.

99. John-Maurice Manning est directeur général des études à la CECM au moment de l'arrivée de Lagacé en 1928 et il occupe ce poste jusqu'aux remaniements de 1936-1937 ; il est remplacé par Édouard Charles Piédalue au début de l'année scolaire 1938-1939, lettre de Jean-Baptiste Lagacé, inspecteur du dessin, adressée à « Monsieur E.-C. Piédalue, directeur général des études, La Commission des Écoles Catholiques, Montréal », 13 septembre 1938.

100. Rapport de Jean Baptiste Lagacé, inspecteur de dessin, adressé à « J.-M. Manning, directeur des études, Commission des Écoles catholiques, Montréal », 4 mai 1936, 4 p. Gérard Morisset rend compte de la participation des élèves de la province et donne la composition du jury dans « Notre concours de dessin », *L'enseignement primaire*, avril 1936, 501. L'analyse des résultats paraît dans la même revue, juin 1936, 660-664.

101. Lagacé (4 mai 1936), 1.

CECM. Le concours de 1936 du DIP fait ressortir la supériorité des résultats qui y sont obtenus par rapport à ceux des autres écoles de la Province. Les bons résultats des écoles supervisées par Lagacé démontrent que ses huit années d'efforts ont porté fruit.

1937-1939 : période de bilan des activités de Lagacé inspecteur

Depuis son engagement en 1928, et jusqu'en 1937, le travail de Lagacé se déroule dans un cadre institutionnel stable : Victor Doré est président de la CECM et John-Maurice Manning est directeur des études. D'après les rapports déposés et la correspondance échangée, Lagacé semble avoir entretenu de très bonnes relations avec l'un et l'autre. Il fait son travail avec diligence et dépose régulièrement des rapports d'activités. 1937 est une année de mouvance institutionnelle ; à partir de là, les choses vont changer rapidement.

En 1936, Maurice Duplessis, chef de l'Union nationale, est élu premier ministre de la province de Québec. Dès 1937, les effets du changement de pouvoir se font sentir au niveau de la direction de la CECM. Armand Dupuis[102], ingénieur civil et homme d'affaires à la tête de la Maison Dupuis Frères, devient le nouveau président général de la CECM. Victor Doré occupe alors le poste plus modeste de secrétaire-trésorier. Selon Robert Gagnon, il demeure néanmoins l'homme clé de la CECM[103]. En septembre 1938, Manning, le directeur des études, est remplacé par Édouard Charles Piédalue[104], ancien frère viateur qui a milité pour l'implantation de classes de garçons de 10e année dès 1920. En 1940, Piédalue est assisté par Joseph Dansereau[105]. En 1937, 1938 et 1939, Manning, Piédalue et Lagacé continuent

---

102. Armand Dupuis dirige les magasins de l'entreprise familiale Dupuis Frères qui met ses origines canadiennes-françaises à l'avant-plan de sa stratégie de mise en marché. Jouant sur l'opposition identitaire entre anglophones et francophones, le grand magasin fait directement appel au sentiment de fierté nationale des Canadiens français. Dans les années 1930 et 1940, la compagnie profite de la propagande patriotique de « l'achat chez nous », Marguerite Sauriol, « Profil historique des entreprises. Dupuis Frères », *Civilisations.ca*, Société du Musée canadien des civilisations, http://www.civilization.ca/cpm/catalog/cat2402f.html, site consulté le 30 août 2006.

103. Gagnon (1996), 146-147. À la suite de la défaite de Duplessis en 1939, Victor Doré sera nommé surintendant de l'Instruction publique.

104. Édouard Charles Piédalue est né en 1885 aux États-Unis. Il fait des études en littérature et en théologie et enseigne à l'Académie Saint-Jean-Baptiste de Montréal, au scolasticat Saint-Charles à Outremont, et à l'Université McGill. Il fonde et dirige l'école supérieure Saint-Louis à Montréal, et dirige le collège de Beauharnois. De 1933 à 1936, il est secrétaire de John-Maurice Manning, directeur général des études à la CECM. De 1936 à 1938, il est secrétaire adjoint du DIP à Québec. En 1938, il succède à Manning comme directeur général des études à la CECM, *Les biographies françaises d'Amérique*, Montréal, Les journalistes associés éditeurs, 1950, 653.

105. Joseph Dansereau est nommé adjoint à la direction générale des études auprès d'Édouard Charles Piédalue en octobre 1939. Il sera plus tard directeur des études, Joseph Dansereau,

d'envoyer leurs rapports respectifs à Victor Doré, comme s'il était encore président. Nous n'entrerons pas dans la complexité de ces dédales administratifs liés aux changements de poste, nous nous attarderons plutôt sur le contenu des rapports de Manning et de Lagacé qui figurent comme des bilans justificatifs de l'activité de Lagacé au poste d'inspecteur général du dessin de la CECM.

Le 23 septembre 1937, Manning rédige un rapport complet sur l'enseignement du dessin qui trace un portrait à la fois historique et prospectif du rôle de Lagacé à la CECM. Il l'adresse au secrétaire général et trésorier de la CECM, Victor Doré[106]. Dans ce tableau de la situation de l'enseignement du dessin, Manning traite du cas des professeurs spéciaux, détaillant leur nombre, leurs années d'expérience, leur salaire, leur statut à demi ou plein temps. 24 professeurs spéciaux masculins enseignent dans 94 écoles et cinq femmes enseignent dans 21 écoles. Tous ces enseignants, qui ont reçu une formation artistique spécialisée et ont entre trois et 25 années d'expérience à la CECM, sont sous la responsabilité de Lagacé. Manning insiste particulièrement sur les nombreuses tâches et responsabilités de l'inspecteur de dessin, ce dernier étant présenté comme la « cheville ouvrière de toute l'organisation[107] ». Il estime que les responsabilités de Lagacé sont si lourdes qu'il aurait besoin d'un assistant. La requête est acceptée et la CECM adjoint à Lagacé un professeur d'expérience qui l'aide dans sa tâche d'inspection des classes du primaire élémentaire[108]. Lagacé continue de s'occuper des classes du primaire complémentaire et du primaire supérieur.

Le 23 octobre 1939, Jean-Baptiste Lagacé présente lui aussi un rapport complet de quatorze pages sur l'enseignement du dessin depuis son entrée en poste en 1928[109]. Il y expose la situation et un gain notable : « L'importance du dessin à l'école primaire n'est plus à démontrer ; c'est un fait établi,

---

Rapport soumis à monsieur E.-C. Piédalue, directeur général des études, sur l'enseignement du dessin au cours de l'année 1939-40, Montréal, CECM, juillet 1940 ; voir aussi Gagnon (1996), 210, 230.

106. Rapport de John-Maurice Manning, directeur des études, adressé à « Monsieur Victor Doré, secrétaire général et trésorier, La Commission des Écoles Catholiques de Montréal », *Rapport numéro 48. Re : Enseignement du dessin*, 23 septembre 1937, 5 p., ACECM.

107. Manning (23 septembre 1937), 2.

108. Jean-Marie Savignac est nommé à ce poste en 1939, il donne aussi des cours de perfectionnement à tous les titulaires afin de s'assurer qu'ils suivent les mêmes directives. Savignac ne faisait pas partie du personnel enseignant régulier de la CECM, nous n'en savons pas plus sur lui, Rapport d'Édouard Charles Piédalue, directeur général des études, adressé à « Monsieur Victor Doré, secrétaire général et trésorier, La Commission des Écoles Catholiques de Montréal », *Rapport numéro 10. Affaire : Enseignement du dessin – classes élémentaires*, 27 octobre 1938, 2 p., ACECM.

109. Rapport de Jean-Baptiste Lagacé, inspecteur de dessin, adressé à « Monsieur E.C. Piédalue, directeur des études », *Rapport de l'inspecteur général M. J.-B. Lagacé sur l'enseignement du dessin dans les écoles de la Commission*, 23 octobre 1939, 14 p.

indiscutable. » Selon lui, il aura fallu onze années de travail pour convaincre directeurs et instituteurs de l'importance de ces cours. Le règlement voulant que le dessin soit enseigné une heure par semaine existait déjà avant son entrée en fonction, mais il n'était pas appliqué. Lagacé répète combien était « difficile et délicate [la tâche] de réorganiser l'enseignement du dessin [...] et de prendre les mesures nécessaires pour instruire le personnel de la méthode à suivre[110] ».

Lagacé décrit minutieusement dans ce rapport les principales mesures qu'il a mises en place : instauration de cours de perfectionnement pour les titulaires, suggestion de manuels de dessin et distribution de documents produits par un comité de professeurs de dessin détaillant la répartition du programme de la préparatoire et des trois premières années du primaire élémentaire. L'inspecteur clôt cette partie en affirmant le succès de son entreprise :

> Quoiqu'il [sic] en soit, avec le temps et les moyens dont nous disposons, nous sommes tout de même parvenus à faire un succès – en peu d'années – d'une réforme dont les débuts étaient si peu prometteurs. N'est-ce pas M. G. Morisset directeur général du dessin de la Province, qui déclarait, il n'y a pas si longtemps, qu'en cette matière au moins, les écoles de la Commission catholique de Montréal étaient à la tête du mouvement et qu'elles pouvaient servir de modèles aux autres écoles du pays[111] ?

Comme l'a fait Manning en 1937, Lagacé traite longuement des professeurs spéciaux, faisant état de leurs diplômes et de leur statut. Il décrit avec précision leur rôle et leurs responsabilités dans les classes. Il constate le dévouement dont ils font preuve dans l'organisation des expositions, « l'inspection des travaux de l'année » et la « correction des milliers de copies d'examen, etc. [...] ». Selon lui, ils se doivent d'être « [r]espectueux de l'autorité, fidèles à leurs obligations, ennemis du bruit et de la réclame ». Ils doivent trouver « [...] leur récompense [...] dans la conviction que, grâce à eux, des yeux émerveillés s'ouvrent à la beauté[112] ». En mettant en lumière le dévouement des professeurs spéciaux, c'est son propre dévouement à la cause de l'enseignement du dessin et à la promotion des beaux-arts que Jean-Baptiste Lagacé fait valoir.

Dans la conclusion de son rapport qu'il qualifie de plaidoyer, il manifeste encore une fois sa grande satisfaction du travail accompli. Le dernier rapport de Lagacé que nous ayons trouvé date du 26 juin 1940. L'inspecteur reprend la forme habituelle, décrivant brièvement ce qui s'est passé dans l'année. Après douze années de travail, le département du dessin réaménagé par

---

110. Lagacé (23 octobre 1939), 1-2.
111. Lagacé (23 octobre 1939), 5-6.
112. Lagacé (23 octobre 1939), 11.

Lagacé semble avoir pris sa vitesse de croisière : « Le département dont j'ai la charge a cela de commun avec les peuples heureux – du temps qu'ils pouvaient l'être – de n'avoir point d'histoire. On y travaille sans bruit, mais avec la conviction d'y accomplir une œuvre utile et salutaire[113]. »

Le 5 novembre 1938, Lagacé prononce une allocution très émouvante lors du dîner qui lui est offert par les professeurs de dessin réunis au Café Martin pour marquer son 70e anniversaire de naissance[114]. Il insiste lourdement sur les difficultés qu'il a traversées personnellement et sur celles qui jalonnent sa double carrière d'artiste et d'enseignant. Il plaide pour la foi dans les actions posées, si humbles soient-elles, en dépit de l'incompréhension générale liée au faible intérêt de la société de l'époque pour les activités culturelles et il supplie les professeurs de croire en leur rôle d'éveilleur « au beau jardin de l'art ». Il poursuit : « Sait-on jamais le retentissement d'une parole de lumière dans l'âme d'un enfant, dans toute âme du reste, avide de connaître et d'aimer[115] ! » À cet égard, il raconte sa rencontre avec un balayeur qui lui fait part de l'intérêt pour l'art que ses conférences artistiques ont suscité en lui au Monument national. Lagacé donne l'impression d'un homme usé par les tiraillements administratifs, mais non désabusé. Il semble être très fier d'avoir créé, avec ses professeurs, un groupe unifié dans la promotion du dessin à l'école.

En décembre 1937, les rédacteurs de la revue *L'École Canadienne* publient des abrégés de documents officiels sous la rubrique « Partie documentaire ». On y trouve un extrait d'une lettre de Jean-Baptiste Lagacé qui « plaide la cause du dessin au double point de vue pratique et esthétique[116] ». Lagacé revient sur des idées qui lui sont chères, comme l'importance d'équilibrer le développement intellectuel de l'enfant, non seulement par la science et les nécessités pratiques, mais aussi par les besoins de vérité et de beauté de l'âme : « Le dessin, outre ses fins pratiques, est une initiation à la beauté et aux beaux-arts qui en sont l'expression… Ainsi entendu, il prend une valeur intellectuelle incontestable[117]. » Lagacé n'a pas dévié de la route qu'il s'était tracée.

---

113. Rapport de Jean-Baptiste Lagacé, inspecteur de dessin, adressé à « Monsieur E.-C. Piédalue, directeur général des études, La Commission des Écoles Catholiques de Montréal », 26 juin 1940, 1.

114. Jean-Baptiste Lagacé, *Allocution prononcée au dîner qui me fut offert par les professeurs de dessin à l'occasion du 70e anniversaire de ma naissance. Café Martin*, 5 novembre 1938, texte manuscrit, archives privées.

115. Lagacé (5 novembre 1938), 3.

116. Jean-Baptiste Lagacé, « L'enseignement du dessin », *L'École canadienne*, décembre 1937, 68-69.

117. Lagacé (décembre 1937), « L'enseignement du dessin », 69.

Dernier combat : l'enseignement de l'histoire de l'art

Tout au long de son mandat d'inspecteur, Jean-Baptiste Lagacé défend et fait la promotion de la culture artistique. L'introduction de l'enseignement de l'histoire de l'art à l'école primaire publique, l'une de ses grandes réalisations, est une première au Canada français. L'inspecteur commence l'élaboration d'un programme comprenant l'histoire de l'art aussitôt qu'il a acquis une certaine maîtrise de la situation. La nouvelle matière figure ainsi dès 1931 dans la première répartition d'activités pour les élèves du primaire supérieur[118]. Le cours couvre alors en trois ans la vaste période de l'Antiquité au xixe siècle[119]. Lagacé précise que ce contenu sera accompagné de projections. Il semble que les tentatives de projection de diapositives dans les classes n'aient pas donné de très bons résultats, puisque Maurice Lebel, le successeur de Lagacé, fait mention, dans son rapport du 30 juin 1943, de solutions pour les remplacer : « Afin d'obvier à l'inconvénient des projections lumineuses qui accompagnent généralement les cours d'histoire de l'art, se donnant actuellement comme les leçons de dessin dans les salles de classes, dont l'obscurcissement est difficile à faire de plein jour, nous suggérerions l'acquisition de cartables contenant un certain nombre de reproductions de chefs-d'œuvre [...][120]. » Cela explique que nous n'ayons trouvé aucune demande budgétaire pour équiper les écoles d'un appareil de projection ou pour fournir les images à projeter.

Pour justifier l'enseignement de l'histoire de l'art, qu'il voudrait voir dispenser par les professeurs de dessin, Lagacé mise sur une comparaison avec la culture de « nos compatriotes anglais » qu'il juge bien supérieure à celle des Canadiens français. Il décrit la manière dont les premiers encouragent le respect de l'art à l'école et diffusent largement des images d'art dans des revues, des livres et des affiches. Il déplore le fait que le seul musée d'art de Montréal soit « dans l'Ouest » et, de ce fait, à peu près inaccessible aux francophones. Il estime que, dans ces conditions, seule l'école peut favoriser, chez les Canadiens français, le respect et la connaissance de l'art : « Voilà pourquoi nous désirons si ardemment que par le dessin l'enfant apprenne que la beauté existe *pour lui* comme pour les autres, qu'elle n'est pas un

---

118. Lagacé (s. d.), 3-4.

119. 9e année : « [...] l'antiquité classique : Égypte, Chaldée, Perse, Grèce et Rome (avec projections) » ; 10e année : « L'art chrétien (Rome), byzantin, roman, gothique et mauresque (avec projections) » ; 11e année : « La Renaissance italienne, flamande, hollandaise, allemande, espagnole et française. Le xviième, le xviiième et le xixème siècle français ; école anglaise ; l'Art au Canada (avec projections) », Lagacé (s. d.), 3-4.

120. Rapport de Maurice Lebel, directeur du dessin, adressé à « Monsieur Trefflé Boulanger, Directeur général des études, Commission des Écoles Catholiques de Montréal », *Rapport de fin d'année 1942-43*, 30 juin 1943, 7, ACECM.

jardin délicieux, enclos de hauts murs, interdit aux profanes[121]. » Lagacé doit aussi fournir des arguments pour briser l'inertie qui prévaut encore dans ce domaine en 1930 : « Ce n'est pas parce que trois générations n'ont pas senti le besoin de faire une place à l'art dans leurs préoccupations de tous ordres qu'il faille condamner la génération actuelle à souffrir plus tard de son infériorité sur ce terrain[122]. »

Lagacé s'engage personnellement dans l'enseignement de l'histoire de l'art en invitant tous les enseignants et les élèves des cours avancés à des conférences qu'il appelle des causeries artistiques avec diapositives qu'il dispense lui-même à l'école Le Plateau. Il s'agit en fait de véritables cours d'histoire de l'art destinés aux élèves de l'école primaire supérieure. Féru d'histoire de l'art, l'inspecteur poursuit son rêve et entrouvre ainsi une autre porte pour l'enrichissement culturel des élèves : « J'estime que ce commencement d'initiation artistique est le complément nécessaire des études historiques et littéraires poursuivies dans les classes supérieures [...][123]. » En 1932, dans le rapport annuel, Lagacé fait état des causeries artistiques qu'il donnera à l'école supérieure Saint-Louis. Il déplore amèrement le fait qu'il ne puisse poursuivre celles qu'il donne déjà à l'école Le Plateau depuis 1928, les fenêtres de l'auditorium de la nouvelle école de 1931 ne pouvant être obscurcies. Ce fait laisse deviner le peu d'intérêt que suscite encore la culture artistique à l'école et les difficultés qu'a pu rencontrer Lagacé dans ses efforts pour la transmettre.

C'est probablement pour faciliter l'implantation de son projet d'enseignement de l'histoire de l'art que Lagacé suggère en 1930 de séparer les cours de dessin géométrique et de dessin artistique. Il propose en conséquence l'engagement de deux types de spécialistes : le spécialiste du dessin géométrique, donnant une formation menant aux carrières industrielles, et celui du dessin artistique, dispensant une formation intellectuelle par le recours au dessin d'observation. Lagacé souhaite que ce deuxième volet diffuse la culture des grands maîtres et donne ainsi aux jeunes élèves une connaissance historique des beaux-arts. Ce projet n'eut pas de suite, mais cet intérêt de Lagacé pour l'enseignement de l'histoire de l'art détermine en grande partie ses prises de position. L'inspecteur revient constamment sur le rôle que jouent les professeurs spéciaux dans la diffusion des connaissances sur les beaux-arts : « Le professeur de dessin étant artiste, au moins de cœur, devrait être dans son milieu un apôtre de la beauté, surtout à ce moment de notre évolution intellectuelle[124]. » Lagacé croit que les professeurs spécialisés

---

121. Souligné par l'auteur, Lagacé (13 mars 1930), 3.
122. Lagacé (13 mars 1930), 3.
123. Rapport de Jean-Baptiste Lagacé, inspecteur de dessin, adressé à « Monsieur Victor Doré, Président de la Commission des Écoles Catholiques de Montréal », 16 décembre 1929, 3.
124. Lagacé (18 décembre 1930), 1.

participent, par leur enseignement artistique et historique des beaux-arts, à l'élévation du niveau de la culture générale dans la société canadienne-française.

Entre 1937 et 1939, le DIP révise les programmes d'enseignement de l'école primaire publique à l'échelle provinciale. Le directeur de l'enseignement du dessin au DIP, Gérard Morisset, apporte alors au programme de dessin un changement remarquable : l'histoire de l'art y est officiellement introduite. Dans les classes de l'école primaire élémentaire, qui comprend désormais les sept premières années d'études, le programme de dessin du DIP demeure à toutes fins utiles inchangé ; c'est presque le même que celui qu'avait prévu Lefèvre en 1923[125]. Lagacé avait fait sien ce programme dès son arrivée en 1928 en y apportant des adaptations qui ne sont pas remises en question par la révision qu'entreprend le DIP en 1937. Cette année-là, un grand changement est cependant apporté à l'école primaire complémentaire : l'histoire de l'art est introduite dans le programme[126]. En effet, la répartition des cours de dessin du primaire complémentaire inclut désormais une nouvelle rubrique intitulée « Histoire » ; il est proposé de traiter durant ces deux années de l'Antiquité, du Moyen Âge, de la Renaissance et de la période contemporaine en insistant sur les arts décoratifs modernes. Le programme que Lagacé avait élaboré pour la CECM depuis 1931 ne prévoyait aucun cours d'histoire de l'art à ce niveau ; Lagacé préférait que ces matières soient enseignées seulement au primaire supérieur, les trois dernières années d'études. La révision du programme provincial intègre également un nouveau cursus pour le primaire supérieur[127]. L'histoire de l'art y prend une tournure inattendue alors que la plus large part est prise par l'analyse des œuvres d'art canadiennes-françaises. Le programme prévoit par exemple l'étude des sculpteurs de l'école de Quévillon, des œuvres des meilleurs orfèvres, de l'architecture et de la sculpture canadienne des XVIIe et XVIIIe siècles. Lagacé avait mis en place à la CECM un cours d'histoire de l'art dite universelle dans lequel l'art canadien n'entrait que pour une mince part. Pour les cours relatifs à l'analyse des œuvres d'art, il est entendu que : « [l]a Direction du dessin [du DIP] fournira, chaque année, la documentation nécessaire à l'analyse de nos œuvres d'art ; elle fournira, de plus, les photographies et les autres documents graphiques[128]. » Cet engagement de fournir des documents visuels n'a cependant pas de suite.

Lagacé ne réagit pas directement à l'annonce du nouveau programme de dessin et d'histoire de l'art introduit par le DIP au primaire complémentaire

---

125. Allard et Lefebvre, 569-570.
126. Allard et Lefebvre, 593-594.
127. Allard et Lefebvre, 653-654 et 689-690. Le programme de dessin est le même pour garçons et filles.
128. Allard et Lefebvre, 653-654.

en 1937, et il ne l'applique tout simplement pas. L'inspecteur de la CECM, qui se considère comme un historien de l'art compétent, a pu considérer ce nouveau programme comme une ingérence dans son domaine de prédilection. De toute façon, Lagacé fait quand même savoir ce qu'il en pense en refusant de modifier le programme du primaire supérieur de la CECM et de transférer certaines matières vers le primaire complémentaire. Lagacé conteste en effet vivement le nouveau programme d'histoire de l'art du DIP pour le primaire supérieur qui vient chambarder celui qu'il avait élaboré avec tant de soin pour les écoles de Montréal. La révision à l'échelle provinciale du programme de dessin par le DIP donnera donc à Lagacé l'occasion d'exposer officiellement ses opinions qui sont, à certains égards, en conflit avec celles de Gérard Morisset, le directeur du dessin au niveau provincial.

Des discussions ont eu lieu entre Lagacé et la direction de la CECM au sujet du projet du DIP pour le programme d'histoire de l'art du primaire supérieur. Jean-Baptiste Lagacé, consulté à ce propos par Édouard Charles Piédalue, saisit cette occasion pour déposer un rapport le 9 janvier 1940[129]. Il y brosse un large tour d'horizon de ce que lui, le spécialiste en histoire de l'art, envisage comme le programme idéal. Il commence son exposé en notant que le cinéma fait désormais partie des moyens mis à la disposition des enseignants. Selon lui, montrer des films se rapportant aux beaux-arts dans les classes du primaire élémentaire serait suffisant. Passant sous silence le niveau complémentaire, il va droit à son principal intérêt : « Par contre, ce serait sur les écoles supérieures que je porterais tout mon effort[130]. » Implanter un programme complet d'histoire de l'art à d'autres niveaux du primaire serait à son avis prématuré, car les titulaires n'ont pas la formation nécessaire, il n'y a pas de manuel adéquat et le coût d'acquisition de la documentation visuelle serait trop élevé ; Lagacé se méfie aussi des projets trop ambitieux qui risquent de ne pas aboutir. L'inspecteur de la CECM préfère donc consacrer son énergie au développement des cours d'histoire de l'art du primaire supérieur. Allant à l'encontre du programme prévu par le DIP, il propose de ne pas enseigner l'histoire de l'art dans les classes du primaire complémentaire. Il préfère intégrer plutôt l'étude de l'Antiquité seulement la première année du primaire supérieur ; de la Renaissance au XVIIIe siècle la seconde année ; du XIXe siècle et de l'art canadien la troisième et dernière année, et ce, à raison de dix leçons annuelles. Selon Lagacé, il serait préférable de faire donner ces cours par un spécialiste, mais la tâche serait trop lourde et coûteuse pour la commission. Il propose donc de confier cet enseignement aux professeurs de dessin déjà en exercice qu'il

---

129. Rapport de Jean-Baptiste Lagacé, inspecteur de dessin, adressé à « Monsieur E.-C. Piédalue, directeur général des études, La Commission des Écoles Catholiques de Montréal », 9 janvier 1940, 5 p. (pour le programme, voir Hazan, chapitre 3).
130. Lagacé (9 janvier 1940), 2.

superviserait lui-même. Il prévoit même le coût d'acquisition des clichés : 262,50 $ pour les trois années. Évidemment, il avise le directeur général des études que cet enseignement ne devrait pas rogner l'heure de dessin hebdomadaire. S'initier aux merveilles de l'art est déjà un avantage en soi pour tous les élèves selon Lagacé, qui ajoute encore un argument en faveur de l'étude d'une histoire de l'art dite universelle :

> [...] en marge de l'histoire qui est surtout, il faut bien l'avouer, le récit des guerres et des finasseries diplomatiques qui ont bouleversé le monde il [l'élève] apprendrait à se faire une plus haute idée de l'humanité qui n'a pas accumulé que des ruines au cours de son existence, mais qui, à certaines heures privilégiées, a su produire des œuvres de beauté qui demeurent comme des témoignages de sa culture et de son amour de la perfection[131].

Parallèlement au dépôt de ce rapport, Lagacé engage une correspondance avec Édouard Charles Piédalue, directeur général des études, et avec Joseph Dansereau, directeur général adjoint, afin de s'informer du suivi accordé à son rapport[132]. Le 8 février 1940, confiant, il écrit à Dansereau pour lui demander de l'aviser le plus tôt possible de l'acceptation de son projet de programme par le Comité des études afin qu'il puisse faire produire les clichés à temps pour la prochaine année. Les choses n'iront pas aussi bien que le prévoyait l'inspecteur, car, le 15 mars 1940, Lagacé fait part à Danserau de sa surprise et de sa déception de voir que le programme adopté par le Conseil de l'Instruction publique va à l'encontre de son projet[133]. Ce texte est essentiel pour comprendre les objectifs de Lagacé et sa vision du programme d'histoire de l'art, car il y justifie ses prises de position. Lagacé manifeste d'abord son désaccord quant à la trop grande importance accordée à l'art décoratif et à l'art canadien dans le programme du DIP préparé par Gérard Morisset ; il n'apprécie pas non plus le « silence sur tout ce que l'humanité a produit de beau et de grand en dehors de chez-nous ». Il s'en prend à l'attention trop exclusive « à notre architecture, à notre peinture et à notre sculpture » ; il signale le danger de fausser le jugement des enfants et de leur faire perdre le sens de la mesure en ne leur donnant pas comme point de comparaison les grandes œuvres des maîtres de partout et de toutes les époques. « Il faut ménager à notre histoire la place qui lui est due, je soutiens que la part du lion doit revenir ...... aux lions. » À son avis, si l'élève connaît

---

131. Lagacé (9 janvier 1940), 2.
132. Lettres de Jean-Baptiste Lagacé, inspecteur de dessin, adressées à « Monsieur E. C. Piédalue, directeur des études », 15 janvier 1940 ; à « Monsieur E. C. Piédalue, directeur général des études », 16 mars 1940 ; et à « Monsieur J. Dansereau, directeur », 8 février 1940.
133. Rapport de Jean-Baptiste Lagacé, inspecteur de dessin, adressé à « Monsieur Joseph Danserau, directeur général adjoint des études, La Commission des Écoles catholiques, Montréal », 15 mars 1940, 4 p.

la grande histoire de l'art, il sera mieux préparé à conserver les œuvres d'ici. Il croit que l'élève saura apprécier l'art national, surtout son architecture, quand il aura compris que les œuvres ne sont pas étrangères à un milieu. « Alors, mieux qu'un autre, plaide-t-il, il sentira les relations d'harmonie qui existent entre l'œuvre d'art de son pays et l'histoire de son passé[134]. »

Au-delà de leurs fonctions respectives d'inspecteur du dessin, c'est en tant qu'historiens de l'art que s'opposent Lagacé et Morisset. Le premier étant spécialiste de l'art dit universel, et le second, de l'art canadien, chacun défend son domaine de prédilection. C'est sur le terrain de l'histoire de l'art que Lagacé lance à Morisset, sans le nommer, une virulente critique : « Un spécialiste a toujours tendance à exagérer l'importance de sa partie au détriment de l'ensemble de la science dont elle n'est que l'un des aspects[135]. » Lagacé n'accepte pas que le programme de Gérard Morisset pour les classes du primaire supérieur donne la priorité à l'histoire de l'art canadien au détriment de l'histoire de l'art universel que lui privilégie. La seule concession de Lagacé serait l'ajout de l'histoire de l'art canadien en plus de l'histoire générale de l'art du xixe siècle au programme de la dernière année. Lagacé concéderait ainsi cinq leçons à l'art canadien. Redoublant d'ardeur pour justifier ses orientations, Lagacé ne semble pas vouloir abandonner son projet global entièrement fondé sur une conception esthétique relevant du Beau universel et découlant des théories européennes de l'art. La conception de Gérard Morisset, par contre, est plutôt fondée sur des intérêts nationalistes, les œuvres canadiennes étant le plus souvent analysées en fonction de leur valeur historique, sociale ou culturelle. Le nationalisme de Lagacé, quoiqu'il ne fasse aucun doute, n'entre pas en ligne de compte dans le regard qu'il pose sur les œuvres canadiennes. Son analyse étant basée sur des critères issus de la tradition et de l'esthétique classiques, ces œuvres ne peuvent simplement pas se mesurer à celles des grands maîtres à ses yeux. « Je ne nie pas l'intérêt qu'il y a pour nous à connaître le très louable effort fait par nos pères pour se hausser à l'art […]. Mais qu'est-ce ce modeste résultat en regard des sublimes créations, par exemple, de la Grèce et du Moyen âge chrétien ? » Un autre argument de Lagacé en faveur d'une étude historique de l'art lui vient de sa volonté de relever le niveau de la culture générale. « Un homme de moyenne culture peut ignorer l'œuvre des Baillargé [Baillairgé] et des Cuvillon [Quévillon], sans qu'on ne s'en étonne autrement, mais il en va tout autrement s'il ne sait rien de celles des Phidias, des Michel Ange, des Rubens et des Rembrandt […][136]. »

Lagacé poursuit son argumentation sur un terrain plus pratique en mentionnant la préparation importante qui sera nécessaire pour donner

---

134. Lagacé (15 mars 1940), 1-2, 4.
135. Lagacé (15 mars 1940), 1.
136. Lagacé (15 mars 1940), 1.

les cours prévus dans le nouveau programme du DIP, même pour les spécialistes du dessin dont les connaissances sur l'art canadien ne sont certainement pas adéquates. Un livre est prévu, mais aucune date de publication n'est avancée. En effet, Gérard Morisset, qui pose lui-même les premiers jalons d'une histoire de l'art canadien-français, projette de publier des ouvrages qui devraient répondre aux besoins des enseignants. Lagacé réitère la pertinence de son propre projet d'enseignement d'une histoire de l'art universelle en insistant sur la capacité des professeurs de dessin de donner le cours qu'il a préparé et sur la disponibilité du matériel, car il serait en mesure de distribuer des clichés. Lagacé souhaite que la CECM et le DIP lui permettent d'organiser son enseignement de l'histoire de l'art à sa convenance, arguant que sa formule, mise à l'épreuve depuis près de quarante ans, a prouvé son excellence.

Joseph Dansereau, pris entre ces deux trajets conceptuels différents – celui, universaliste, de Lagacé, et celui, nationaliste, de Morisset – tente de se positionner en juillet 1940[137]. Il souhaite finalement que l'on tienne compte des suggestions de Lagacé lors d'une éventuelle révision des programmes de dessin à la fin de l'année scolaire 1940-1941. Les programmes d'histoire de l'art du DIP n'ont cependant pas été modifiés, malgré le souhait de l'inspecteur de la CECM. Lagacé prend sa retraite en 1942, quatre ans à peine avant sa mort, et sa riche carrière se termine sur ce projet qu'il a mis en marche, et que d'autres ont poursuivi, celui qui lui tenait le plus à cœur : assurer une formation en histoire universelle de l'art aux enfants fréquentant l'école publique. Jean-Baptiste Lagacé est remplacé au poste d'inspecteur de l'enseignement du dessin à la CECM par Maurice Lebel, artiste et professeur de dessin à l'école normale Jacques-Cartier.

Le legs de Lagacé à la CECM

L'orientation des programmes de dessin a été modifiée depuis leur création, en 1857, jusqu'à l'arrivée de Jean-Baptiste Lagacé au poste d'inspecteur de dessin de la CECM, en 1928. Le programme, fondé au départ sur l'enseignement exclusif du dessin industriel, commençait alors à valoriser le dessin d'observation et le dessin décoratif. Quand Lagacé prend son poste, tout reste à faire pour que le dessin soit enseigné tel que prescrit par le DIP. L'inspecteur s'engage dans une tâche colossale même s'il bénéficie de certains acquis, puisqu'il favorise les dimensions esthétiques, historiques et éducatives de l'enseignement du dessin qui ne sont pas valorisées auprès des titulaires de classes des écoles de la CECM. Allant au-delà d'un enseignement simplement utilitaire, il introduit les préceptes de l'enseignement

---

137. Dansereau (juillet 1940), 2-3.

académique du dessin à l'école publique avec l'objectif d'augmenter la part de culture générale dans la formation des jeunes élèves. La principale caractéristique de son mandat, c'est sa détermination et sa ténacité à mener à bien ses projets, toujours en développant des liens fructueux avec les directions d'école et les professeurs de dessin. L'envergure de ses actions montre que Jean-Baptiste Lagacé était un homme doué d'une très grande conscience professionnelle. Certes, il a été soutenu par les autorités qui ont collaboré avec lui dans la mesure du possible et selon leurs moyens. Le passage de Lagacé à la CECM a laissé un riche héritage.

La majorité des mesures qu'il a prises ont été conservées – avec des modifications – par ses successeurs jusqu'en 1978, année de l'abolition du poste officiel de responsable de l'enseignement des arts plastiques à la CECM. Des modalités de perfectionnement des titulaires ont toujours été à l'ordre du jour à la CECM. L'encadrement des titulaires par des spécialistes a été maintenu et, en 1966, des conseillers pédagogiques ont eu spécifiquement pour tâche de superviser l'enseignement des arts au primaire. L'engagement de spécialistes dûment diplômés d'une école d'art est demeuré une priorité à la CECM pour les classes du secondaire qui ont remplacé celles du primaire complémentaire et du primaire supérieur[138]. L'organisation matérielle des cours de dessin a connu un développement sans précédent dans les années 1950, quand la CECM a commencé à fournir le matériel didactique, généralement de très bonne qualité. Lagacé a eu peu de succès avec ces demandes matérielles, mais ses successeurs ont repris ses arguments et la conjoncture économique de l'après-guerre les a favorisés. La rédaction de documents pédagogiques incluant une répartition du programme pour tous les degrés a toujours été maintenue. Les expositions de fin d'année, qui, du temps de Lagacé et de Lebel, étaient surtout un mode de contrôle, sont devenues au fil des décennies des activités essentiellement promotionnelles, surtout lors de l'implantation, dans les années 1950, d'un nouveau paradigme de l'enseignement des arts plastiques fondé sur l'expression personnelle de l'élève.

Lagacé avait recruté les professeurs de dessin en ayant soin de sélectionner de jeunes diplômés. Parmi eux, certains deviendront les leaders qui contesteront les valeurs éducatives et artistiques promues par Lagacé et Lebel. Paul-Émile Borduas, par exemple, qui s'insurge contre la rigidité de l'enseignement qui se donne à la CECM et contre la tendance académique

---

138. Il s'agit des degrés du secondaire 1 à 5 (8ᵉ à 12ᵉ année), ainsi désignés en 1968 par le nouveau ministère de l'Éducation à la suite de la réforme complète du système scolaire à partir des recommandations de la Commission royale d'enquête sur l'enseignement dans la province de Québec, présidée par Mᵍʳ Alphonse-Marie Parent, « L'enseignement secondaire », *Rapport Parent. Commission royale d'enquête sur l'enseignement*, vol. 2 (2ᵉ partie, chap. 5), Québec, Gouvernement du Québec, 1965 (3ᵉ édition), 1ʳᵉ édition 1961, 121-155.

de l'art, sera le principal auteur du fameux manifeste *Refus global* en 1948[139]. De son côté, Irène Senécal, qui demeure professeure à la CECM jusqu'en 1960, sera l'instigatrice de nouvelles méthodes d'enseignement des arts plastiques qu'elle réussira à implanter graduellement au début des années 1950[140].

Sur le plan pédagogique, Lagacé a accepté les règles qui s'imposaient à lui à une époque où le dessin était considéré comme utile et pratique. Il n'a jamais négligé le dessin géométrique et industriel, surtout pour les classes supérieures de garçons. Son cœur donnait cependant la priorité à la diffusion des connaissances sur les beaux-arts et à l'enseignement du dessin d'observation dont la valeur éducative et artistique était pour lui le fondement à la fois de la science de la nature et de la connaissance générale de l'art classique. Il était un amoureux de l'art comme témoignage des plus grandes réalisations humaines et comme incarnation des grands principes du Beau. C'est cet idéal esthétique qu'il espérait éveiller chez les élèves en leur faisant pratiquer le dessin d'observation. Il faudra attendre les années 1960 et surtout 1970 pour voir renaître à la CECM un intérêt soutenu pour l'histoire de l'art. L'approche ne sera plus chronologique comme la concevait Lagacé, mais thématique. Néanmoins, il y aura une ouverture vers la diffusion de reproductions afin que l'élève voie et apprécie des œuvres d'art de toutes les périodes artistiques dès le primaire[141].

Les nouvelles valeurs en enseignement des arts qui se font jour à la CECM dans les années 1940 s'instaurent dans un climat de vive opposition entre les

---

139. Paul-Émile Borduas, *Refus global et autres écrits*, édition préparée et présentée par André-G. Bourassa et Gilles Lapointe, Montréal, L'Hexagone, 1990, première édition du *Refus global* en 1948. Après son passage à la CECM, Paul-Émile Borduas poursuit sa carrière artistique, il est reconnu comme le chef de file du Groupe automatiste et l'un des initiateurs de la peinture abstraite au Canada. Il perd son poste d'enseignant à l'École du meuble après la parution, en 1948, du *Refus global*, une critique sévère de la culture canadienne-française, de la société et de ses dirigeants politiques et cléricaux. Il s'exile à New York en 1953, puis à Paris en 1955. Voir à son sujet: François-Marc Gagnon, « Borduas, Paul-Émile », *Dictionnaire biographique du Canada en ligne*, Bibliothèque et Archives Canada, http://www.biographi.ca/FR/ShowBio.asp?BioId=42130, site consulté le 30 août 2006, et Joanne Goodrich (dir.), « Paul-Émile Borduas et l'avènement de l'art abstrait », *La vie artistique au Canada*, Centre d'études canadiennes, Université Mount Allison,
http://www.mta.ca/faculty/arts/canadian_studies/francais/realites/guide/artistique/paul_emile_borduas.html, site consulté le 30 août 2006.

140. Suzanne Lemerise, « La carrière d'Irène Senécal », *Senécal. VISION 19*, n° 19, été 1975, 10-21.

141. Au sujet de la diffusion des images, voir Monique Duquesne-Brière, Yolande Dupuis-Leblanc et Bruno Joyal, *Art 1. Recueil d'images et livre du maître*, Montréal, Les Éditions Guérin, 1971, et Monique Duquesne-Brière, *L'image de l'art*, boîtier de 27 reproductions accompagné d'un livre du maître, Montréal, Les Éditions L'Image de l'art, 1983 (documents pour chacune des six années du primaire).

tenants de la liberté de l'enfant créateur et les tenants du dessin utilitaire[142]. Cette polarisation a fait oublier tout le travail sur le terrain instauré par Lagacé, lequel a assuré à l'enseignement du dessin, et plus tard des arts plastiques, une position institutionnelle et organisationnelle forte et enviée au sein de la CECM.

---

142. Suzanne Lemerise et Leah Sherman, «Bref historique de l'enseignement du dessin et des arts plastiques au Québec; A Short History of Art Education in Quebec», dans *Apprendre l'image / Discovering the Image*, sous la dir. de Jacques-Albert Wallot, Montréal, Les Éditions L'Image de l'art, 1993, 13-28.

Troisième partie

La parole, la plume et le pinceau

Chapitre 6

Les lettres d'un jeune reporter
à la découverte de l'Europe de 1900

Jean-Baptiste Lagacé.
Lettres de voyage.
Édition critique

Olga Hazan avec la collaboration de Guillaume Sirois

Première lettre : parue dans *La Vérité* le samedi 7 juillet 1900, 6-7, rédigée peu avant le 3 juin (date non spécifiée), ainsi que les 3, 4, 9, 10 et 12 juin 1900 ; la première section a probablement été rédigée après le 11 juin.

Deuxième lettre : parue dans *La Vérité* le samedi 14 juillet 1900, 6-7, rédigée les 20, 21 et 22 juin 1900.

Troisième lettre : parue dans *La Vérité* le samedi 28 juillet 1900, 2-3, rédigée sans doute le 23 juin, ainsi que les 24, 25 et 26 juin 1900.

Quatrième lettre : parue dans *La Vérité* le samedi 11 août 1900, 6-7, rédigée peut-être le 26 juin, ainsi que les 27 et 29 juin 1900.

Cinquième lettre : parue dans *La Vérité* le samedi 18 août 1900, 5-7, rédigée les 2, 3, 5 et 11 juillet 1900.

Sixième lettre : parue dans *La Vérité* le samedi 29 septembre 1900, 4-6, rédigée sans doute le 12 juillet (date non spécifiée), ainsi que les 13, 14, 15 (les dates du 14 et du 15 sont indiquées dans B seulement) et le 17 juillet 1900.

Septième lettre : parue dans *La Vérité* le samedi 27 octobre 1900, 4-6, rédigée les 17, 18, 19, 20 et 21 juillet 1900.

Huitième lettre : parue dans *La Vérité* le samedi 3 novembre 1900, 4-5, rédigée le 10 août.

Avant-propos

Les aspects techniques

La qualité du texte de Lagacé ne nécessitant que quelques modifications minimes et d'ordre strictement technique, nous avons opté pour un protocole discret, afin que le lecteur ne soit dérangé ni par des coquilles ni par des interventions superflues. Étant donné la priorité accordée ici à la version A (voir notre introduction, 32), par rapport à celle publiée dans *La Vérité* (ici intitulée B), sauf dans quelques cas, signalés en texte ou en notes par souci de clarté ou parce qu'ils allaient dans le sens des choix faits par Lagacé lui-même, nous n'avons pas jugé utile d'indiquer toutes les particularités techniques de B, qui n'affectent pas réellement la compréhension du texte.

Pour ce qui est des modifications apportées ici à la version A, elles sont également minimes et d'ordre technique, quelques coquilles ayant été corrigées directement dans le texte, par souci d'harmonisation de l'ensemble; par exemple, le mot crêpe figurait quelquefois avec un accent grave et le mot pèlerinage avec un accent aigu; ces corrections n'ont pas été signalées. En revanche, les modifications dans la ponctuation, que nous avons modernisée par souci de clarté, ont été indiquées comme suit: toutes les virgules éliminées ont été remplacées par trois points de suspension entre crochets, dont le premier est directement collé au mot qui le précède; il en va de même pour les virgules qui ont été ajoutées, entre crochets, le premier directement collé au mot qui le précède; enfin, comme le veut la coutume, les lettres ou les mots ajoutés ou modifiés figurent entre crochets. Le lecteur pourra ainsi repérer les modifications apportées, sans être interrompu trop fréquemment par des [*sic*].

Abréviations de quelques-unes des sources utilisées pour la recherche

(identification complète en première référence)

DHBS	*Dictionnaire historique et biographique de la Suisse*
DHP	*Dictionnaire historique de la papauté*
DLLF	*Dictionnaire des littératures de langue française*
Enc. Univ.	*Encyclopædia Universalis*
RC	*Revue Canadienne: Religioni, Patriae, Artibus*
PRNP	*Le Petit Robert des noms propres*

Première lettre

[parue dans *La Vérité* le samedi 7 juillet 1900, 6-7]

[Nous sommes heureux de publier aujourd'hui la première lettre de voyage de notre correspondant, M. J.-B. Lagacé, qui accompagne le pèlerinage canadien à Paray-le-Monial, Lourdes et Rome[1]]

Qui le croirait, me voici en Europe ? Je n'ai pu encore m'habituer à cette idée. J'ai vu mes vœux les plus chers si rarement se réaliser. Et cependant c'est bien à moi qu'on est venu dire, il y a quelques jours :

- « Voulez-vous aller en Europe ?

- « Mais, il y a dix ans[2] que je soupire après cet heureux événement...

- Eh bien ! la chose est faite : vous partez et vous nous envoyez une... relation de voyage.

Ah ! j'aurais juré qu'il devait y avoir un « mais » et un petit sacrifice à faire pour mériter un tel bonheur : il y en a toujours au fond de toutes nos joies. Cependant, j'ai accepté. Mais depuis, j'ai réfléchi et j'ai vu que ce qu'on exigeait de moi[...] n'était pas aussi facile que je me l'étais tout d'abord imaginé. Une relation, cela se fait et il y a des gens qui en [font] d'admirables, mais quoique cela puisse paraître étrange à plusieurs, en voyage, je ne puis, je ne sais écrire.

Et en voici la raison.

Avez-vous déjà essayé de copier un paysage ? La scène est jolie et pittoresque : il y a du soleil et de grandes ombres. Vous vous mettez au travail avec ardeur, que dis-je, avec enthousiasme. Mais voilà qu'à mesure que vous avancez dans votre dessin, vous sentez davantage les difficultés de la tâche. La ligne que vous tracez n'a pas la légèreté, la souplesse, la finesse de celle que vous avez sous les yeux ; vos couleurs paraissent ternes et froides à côté des taches de lumière qui jouent dans l'herbe tendre. Vous sentez que ce n'est pas cela et, bientôt, pris de dégoût pour votre travail, vous fermez votre album et jetez vos crayons et vos pinceaux... et comme le sous-préfet de Daudet, vous vous surprenez soudain à faire des vers[3].

---

1. Cette phrase a été ajoutée dans *La Vérité*. La première section de cette lettre a dû être rédigée plus tard, puisque Lagacé y annonce qu'il est déjà en Europe.

2. Vingt-quatre ans plus tard, il en parlera encore ; c'est dire l'importance de l'Europe à ces yeux. Voir « Banquet Lagacé (jeudi, 8 mai 1924) », *Annuaire général*, 1925-1926, UdeM, 62-63 (paru aussi dans *Le Devoir*, samedi 10 mai 1924), où Lagacé raconte les péripéties de sa formation lors d'une cérémonie célébrant les palmes académiques que lui octroie alors le gouvernement français.

3. Lagacé, qui dira plus tard s'être lui-même essayé à la poésie (*Annuaire général*, 1925-1926, 63), évoque ici un épisode dans les *Ballades en prose* des *Lettres de mon moulin* où le sous-préfet s'arrête dans un bois pour rédiger le discours qu'il s'apprête à prononcer devant ses

Une relation de voyage c'est, si je ne me trompe, une suite de tableaux d'après nature, que l'on fait passer sous les yeux du lecteur. Or, les spectacles que je vais contempler seront tellement beaux et nouveaux pour moi, que, plus d'une fois, je ferai comme le « fonctionnaire à la culotte d'argent », au lieu d'évoquer la « muse de l'encre et du papier », j'appellerai la « muse du rêve et de la musardise[4] ».

Ainsi donc l'on est prévenu. Ce n'est pas une relation complète que je prétends envoyer à la *Vérité*, mais bien de simples esquisses, des croquis au crayon, exécutés au jour le jour et qui n'auront, je vous prie de le croire, aucune prétention littéraire ou artistique[5].

*

*   *

Tout départ a quelque chose de grand, de saisissant, de solennel : car il y a toujours un peu de mystère qui plane au-dessus des séparations, des craintes et des espérances qui les enveloppent d'un brouillard vague et indécis. Le départ d'un transatlantique est particulièrement pathétique : Cette grande masse noire qui lentement s'ébranle et s'éloigne, comme à regret, ces centaines d'amis et de parents qui de loin agitent des mouchoirs ou jettent aux passagers, debout sur le pont du vaisseau, les dernières paroles d'adieu ; tout ici est bien de nature à réveiller en nous des pensées sombres sur les choses qui se détachent et qui s'en vont au fil de l'eau ou du temps.

Mais notre départ avait quelque chose de lamentable, de profondément lugubre. Il tombait une pluie torrentielle et froide qui nous trempait et nous glaçait jusqu'aux os. C'est par cette température particulièrement détestable que nous quittions Montréal. Ceux que nous laissions sur le quai, lentement, tristement disparaissaient dans la pluie, les mouchoirs lourds d'eau n'obéissaient plus au vent et retombaient comme des crêpes blancs, « aux portes des demeures en deuil »[°], et les baisers qu'on envoyait[…] arrivaient, nous semblait-il, tout baignés de pluie et de pleurs… Oh ! la tristesse des adieux sous la pluie !

---

administrés, puis, subjugué par le charme de la nature, se met à faire des vers, Alphonse Daudet, *Lettres de mon moulin*, édition présentée, annotée et commentée par Jean-Michel Wittmann, Paris, Larousse, 1999, 78-86, c1869.

4. Référence au même texte d'Alphonse Daudet, où le sous-préfet s'est vêtu ce jour-là de « sa culotte collante à bandes d'argent ».

5. Dans cette introduction le chroniqueur se présente résolument comme un artiste. L'abbé Auclair écrira aussi, au sujet de la description de Florence de Lagacé au début de sa 6e lettre : « Le voyageur peint plutôt qu'il n'écrit… », Auclair, Élie-Joseph, « Impressions de voyage. Les lettres de Monsieur J.-B. Lagacé », la *Revue Canadienne*, 1901, n° 1, 92-110, 98 pour la citation. Cette mutation des genres, typique de l'époque, apparaît également chez Théophile Gautier, qui se voit comme un « daguerréotype littéraire » (notre note 117).

*
* *

Le soir, vers les 7.30 hrs p.m., nous arrivions à Québec. Jamais la vieille capitale ne m'était apparue aussi belle dans son austère grandeur. Le soleil[,] qui était revenu, l'inondait de ses rayons expirants ; sa citadelle dressait fièrement dans le ciel ses murailles grises, tandis que le Château Frontenac avait des foyers ardents à toutes les fenêtres.

Grâce au dévouement infatigable de M. Rivet, l'organisateur du pèlerinage, nous pouvons arrêter à Québec. Heureuse idée ! C'est en effet au sanctuaire des Ursulines[...] que naîtra véritablement le pèlerinage canadien à Paray-le-Monial. C'est dans ce petit sanctuaire, on le sait, qu'on célébra pour la première fois, dans l'Amérique du Nord, la fête du Sacré-Cœur. De cette source nous pourrons, rafraîchis et forts, remonter le cours de grâce et arriver à la source première, à Paray-le-Monial, pour y boire à longs traits[...] les flots abondants et sacrés qui coulent du Cœur adorable.

Vers les 9 hrs le *Vancouver* s'éloignait de Québec, salué par des acclamations et des chants patriotiques. Peu à peu la ville disparut dans la nuit et sur le fleuve géant la lune brillante semblait nous tracer un chemin.

*
* *

3 juin 1900 [dimanche de la Pentecôte].

La Pentecôte a été célébrée d'une manière « grandiose » à bord du *Vancouver*. Vingt-deux messes y ont été dites. Jamais pareille chose ne s'était vue avant ce jour, affirment les marins.

L'autel a été érigé au fond d'une salle assez vaste ; bien modeste, bien misérable cet autel, entouré de rideaux fanés et surmonté d'un petit crucifix d'argent que le roulis fait osciller à droite et à gauche. Et cependant nous oublions tous ces détails, pour ne [...] nous ressouvenir que des mystères qui s'y accomplissent. Les pèlerins en grand nombre assistent à ces messes et y communient. C'est un spectacle bien grand dans sa simplicité et qui touche profondément tous ceux qui en sont les témoins.

La Pentecôte ! Quelle fête dans toutes nos églises, et insensiblement notre pensée revient en arrière et s'attache aux souvenirs qu'elle garde des fêtes de la patrie. Ici tout est petit, tout est étroit, excepté le fleuve qui s'élargit de plus en plus et qui devient presque une mer. Sous un soleil radieux, les montagnes verdoyantes montent dans le ciel, en se rayant d'ombres bleues. Doucement la vague se déroule et le vaisseau laisse derrière lui un sillon d'argent et dans l'air un panache d'or. Plus nous avançons, plus l'horizon se hérisse de montagnes. En voici une toute blanche de neige, dont l'éclatante silhouette se dessine vigoureusement sur le bleu profond du ciel. Quelle vue magnifique ! Et je songe qu'ainsi, dans la vie, s'élève[,] au-dessus des pensées et des rêves de notre âme, une pensée ou un rêve, pur et brillant, qui domine toutes nos joies et nos espérances et qui dresse au-dessus des préoccupations, des misères, des douleurs, même des désespérances, qui passent en bas comme un fleuve noir, son front immaculé et glorieux. »

*
*　*

Plus nous avançons, plus le paysage devient pittoresque et nous ne pouvons nous lasser d'admirer la beauté des rives canadiennes. Vraiment nous avons un beau pays !

Pourquoi n'oublions-nous pas nos querelles, nos haines, nos mesquineries politiques, pour ne travailler plus qu'à le faire grand et fort, au lieu de le sacrifier aux ennemis du nom canadien-français ? Car c'est ainsi. Ces messieurs croient sincèrement que le Canada est à eux, qu'ils le tiennent sous leur étreinte et que nous sommes condamnés à jouer le rôle des parias, des esclaves de l'Inde ou de l'Afrique, et que notre religion et notre nationalité nous condamnent d'avance à ce rôle ignoble. Quand le comprendrons-nous ? Quand cesserons-nous de faire le jeu de nos ennemis ? La partie est à nous, mais à la condition que nous cessions d'être divisés et que nous « regardions plus souvent et plus attentivement les beautés de notre patrie »… pour en mieux comprendre le « véritable » prix[6].

*
*　*

4 juin.

À bord, tout se fait au son de la trompette. C'était très poétique au commencement, ce l'est déjà moins. De bonne heure, ce matin, je suis monté sur le pont. Plusieurs passagers m'y avaient précédé.

J'entends de tous côtés : « Des baleines ! Voyez-vous les baleines ? » Je m'approche du bastingage, j'ouvre, j'écarquille les yeux… Rien, rien ! – Si, à droite. – Ah ! oui ; mais je continue à ne rien voir. Cependant puisque tout

---

6. Pour Lagacé, la prise en compte des beautés de la « patrie » comporte donc ici une dimension politique et pacifiste.

le monde voit quelque chose, il faut vraiment qu'ils aient plus de foi que moi… ou de meilleurs yeux. Enfin, j'y suis !

Des baleines, il n'en peut être question, puisqu'elles sont à des milles de distance, mais ce que l'on voit, ce sont les jets d'eau qu'elles lancent dans les airs, petites colonnes qui s'élancent droites dans l'espace et que le vent disperse en une pluie fine. On aperçoit de ces jets d'eau à tous les points de l'horizon. Ce spectacle nous amuse quelque temps ; mais comme tout finit par lasser, même les baleines – ce qui n'est pourtant pas banal, – nous songeons à nous distraire autrement. Alors on étend les larges chaises et chacun s'y couche, encore plus qu'il ne s'y étend, pour rêver, lire ou causer.

Et ce sera ainsi durant de longs jours, si la mer continue à se montrer clémente…

*
*　*

9 juin.

Or, les jours qui ont suivi […] ont été d'un calme, d'une monotonie adorables : ce qui ne pouvait nous défendre toutefois du « spleen ». Il est vrai que tout à tout [dans B, se lit « tour à tour »] nous avons eu du soleil et de la pluie et de la pluie et du soleil ; mais rien ne pouvait nous distraire maintenant. Toujours cette eau et ce ciel, où rien de vivant ne glisse et ne passe. Cette uniformité finit par exercer sur les nerfs une pression telle que l'on voudrait une tempête, quelque chose qui f[î]t du bruit, du tapage, pour nous donner la sensation de se sentir encore capable d'une émotion. Alors tout ennuie, tout irrite ; les mets qu'on sert à table ont un goût « jaune », – pour me servir d'une expression qui a fait fureur – goût fade, insipide, qui vous donne des nausées. Il n'y a pas jusqu'aux choses qui ne s'entourent d'une teinte étrange et funèbre. Et cependant la mer est belle et grande, quand elle soulève ses vagues comme des montagnes ou les laisse courir sous le vent, comme des chevaux à la crinière échevelée, ou encore, comme une poudrerie sur la surface d'un champ de neige.

Nous n'avons pas même la jouissance qu'avait le rédacteur de la *Vérité* dans son premier voyage en Europe, celle d'avoir le mal de mer. Il me semble que cela aurait fait diversion[7].

---

7. Lagacé fait référence aux *Notes de voyage en France, Italie, Espagne, Irlande, Angleterre, Belgique et Hollande* de Jules Tardivel, publiées après révision de l'auteur à Montréal en 1890, par Eusèbe Senécal & fils, imprimeurs-éditeurs. Cet ouvrage de 461 pages a sans doute inspiré Lagacé, qui avait peut-être établi contact avec le même éditeur. Sur Tardivel voir notre introduction/n10, et n65 infra.

Quoi qu'il en soit, l'une de mes distractions favorites, – car il fallait en trouver, – est d'aller me placer à la proue du vaisseau et de suivre le mouvement de la vague. Elle s'avance majestueuse et lente… Le *Vancouver* descend dans le gouffre ouvert devant lui, doucement, encore et encore, puis soudain il se soulève; alors l'eau refoulée se mâte le long du navire, s'arrondit et s'abîme en un tourbillon d'écume et d'étoiles d'argent, en une avalanche de neige.

Je ne puis me lasser de ce spectacle…

Et pendant que je me laisse aller au charme de cette contemplation, nos aimables compagnons – ce qu'ils sont aimables! – de bons Anglais, se promènent insolemment sur le pont et échangent de ces bons mots qui ne sauraient dérider quiconque a pour deux sous d'esprit et de finesse. Ce qu'ils sont pédants et sots[8]. Ainsi nous avons à bord une espèce de médecin, dont tout le bagage scientifique, je suis bien près de le croire, se résume à savoir changer trois fois par jour d'habit et de chaussures. À huit heures, il est gris – je veux dire […] qu'il porte un complet gris –, à midi, il porte un costume plus sombre, et le soir, il se cravate de blanc et s'habille de noir. Solennel comme un pingouin, il passe auprès de nous, pauvres Canadiens, qui n'avons pas le monde pour empire[9], avec le « pluck » d'un Anglais qui a des rentes. Et ce n'est pas peu dire.

Quant aux « misses » elles sont ce qu'elles sont partout, blondes, hautaines et excentriques.

Oh! les bonnes études psychologiques à faire… si nous en avions le courage et le temps…

*

*   *

---

8. Ce verdict, quelque peu étonnant dans une publication officielle, semble attribuable à un patriotisme exacerbé; Auclair reproche d'ailleurs à Lagacé d'être « un peu vif » à l'endroit du médecin et des miss anglaises ici, et des bourgeoises allemandes un peu plus loin (3e lettre, 25 juin; Auclair, 93).

9. Avec le long règne de la reine Victoria qui s'achève (1837-1901), l'Angleterre connaît une importante période de colonisation. L'empire britannique est alors constitué de nombreuses colonies, comprenant la Chine, annexée depuis 1841, l'Inde, dont Victoria est impératrice depuis 1877, ainsi que les colonies de peuplement telles que le Canada, l'Australie, la Nouvelle-Zélande et l'Afrique du Sud, A. Blanc, « Grande-Bretagne - histoire », *Enclopædia Universalis* (dorénavant *Enc. Univ.*), vol. 7, 884-912; *Le Petit Robert des noms propres. Dictionnaire illustré*, ss la dir. d'Alain Rey, édition refondue et augmentée, Paris, Le Robert, 2001 (dorénavant *PRNP*), 2160-2161, c1974.

10 juin.

Aujourd'hui, dimanche, nous avons eu messes et vêpres. Cependant nous étions arrivés à ce moment psychologique où le besoin de voir autre chose devient une véritable hallucination. Et pourtant le ciel était pur et le soleil resplendissait. Le soir peu à peu se faisait et l'astre glorieux descendait dans la mer. Mais on ne regardait pas le spectacle magnifique qui s'offrait à notre admiration: toutes les pensées étaient ailleurs: elles planaient autour des foyers de la patrie…

Tout à coup un passager crie: La terre! – Où? Et comme poussés par un ressort, nous voilà tous debout, penchés en avant pour mieux voir et scrutant l'horizon. On se montre du doigt le point où elle se trouve. C'est la terre en effet, perdue dans le brouillard, vaguement esquissée[10] au-dessus des flots bleus.

Ce sont les côtes de l'Irlande!

Et comme des exilés qui revoient la terre qui doit mettre un terme à leurs souffrances, nous nous écrions: « Nous arrivons! »

*
* *

12 juin.

Nous sommes entrés dans le port de Liverpool, à 10.30 hrs p.m. par une nuit sombre. Vu, le soir, déroulant le long des quais, ces deux rangées de lumières qui s'étendent sur une longueur de 6 milles, Liverpool me fait l'effet d'un serpent aux écailles étincelantes, se tordant au bord de l'eau. La scène était imposante. Mais, en ce moment, nous apprenons que les armées anglaises sont à Pretoria et que l'Angleterre est en délire[11]… Quant à nous qui ne pouvons chanter ni sauter avec les « misses » et les beaux « gentlemen », nous

---

10. Ici, c'est la nature qui devient création artistique, cette métaphore néoplatonicienne témoignant de l'esprit romantique de Lagacé.

11. Depuis 1899, Londres est engagée dans ce que l'on appellera la guerre des Boers, des colons d'origine néerlandaise établis en Afrique australe; de cette guerre, Lagacé aura peut-être vu au parc Sohmer le 14 janvier 1900 une projection cinématographique annoncée dans *La Presse* du vendredi 12 janvier 1900, 9. Sur le *Vancouver*, c'est sans doute par radio qu'il apprend que l'armée britannique vient d'entrer à Pretoria, au nord de l'actuelle Afrique du Sud; à ce sujet, voir E. Van Heerden, « Afrique du Sud (République d') », *Enc. Univ.*, vol. 1, 446-460. Plusieurs conférences, portant notamment sur la participation des Canadiens à ce conflit, furent prononcées à Montréal à l'automne de 1900 et recensées dans le *Montreal Daily Star* des mardi 30 octobre, 2; mercredi 31 octobre, 8; jeudi 8 novembre, 12; samedi 10 novembre, 18; vendredi 23 novembre, 8 et mercredi 4 décembre, 10 (les 2ᵉ et 5ᵉ de ces recensements sont longs et le 6ᵉ très long).

nous contentons de penser que demain, nous descendrons à terre, et que nous pourrons de nouveau voir des arbres et des fleurs, des maisons et des clochers, tout ce qui rappelle la vie et la patrie, si loin, là-bas de l'autre côté de l'océan… en un mot que nous entrerons dans la société des hommes… Qui sait? nous regretterons, peut-être, celle de la mer et des… baleines.

Deuxième lettre
[parue dans *La Vérité* le samedi 14 juillet 1900, 6-7]

20 juin.

Nous sommes arrivés à Paray-le-Monial[12], mercredi, le 20 juin, dans l'après-midi. De la gare à l'hôtel la distance n'est pas grande, et comme nous avions les jambes engourdies par un séjour de cinq heures dans les « compartiments », nous considérâmes comme un véritable plaisir cette promenade à travers la ville du Sacré-Cœur. D'autant plus que Paray a conservé jusqu'à ce jour son cachet antique et pittoresque. Bien différente de nos petites villes, cette charmante ville de Bourgogne, et c'est pour les *dilettanti* [nos italiques] une jouissance d'eux seuls connue que celle de marcher sur les cailloux ronds des rues, de s'arrêter à tous les dix pas à examiner la façade d'une vieille maison, un square entouré de beaux arbres taillés en corbeilles. Nous avons l'illusion, en la parcourant, de visiter quelque cité féodale, et l'illusion serait complète si les costumes modernes n'étaient là pour briser le charme et le maire pour nous interdire les chants pieux dans les rues. Sainte liberté!

La basilique domine la cité et ses deux tours quadrangulaires montent droites dans le ciel bleu, comme la prière continue des siècles évanouis. On la nomme à bon droit la « perle » de Paray : c'est en effet une perle.

Mais le monument le plus intéressant, c'est sans contredit la « chapelle des apparitions ». C'est vers ce sanctuaire que nous voulons, après avoir déposé nos sacs de voyage, aller porter aux pieds du divin Maître l'hommage de nos cœurs.

La chapelle est demeurée à peu près ce qu'elle était au temps de la Bienheureuse Marguerite-Marie. Elle se présente à nous sous l'aspect d'un

---

12. Parmi les nombreux pèlerinages organisés par un comité d'honneur fondé à Paris, et présidé par les cardinaux de Paris et d'Autun pour marquer le tournant du siècle dans toute la France, celui de Paray-le-Monial, petite ville en Saône-et-Loire où débute le voyage canadien, doit son prestige à l'importante dévotion au Sacré-Cœur qui s'y développe à la fin du XIXe siècle à la suite de la béatification de Marguerite-Marie Alacoque, Philippe Boutry et Michel Cinquin, *Deux pèlerinages au XIXe siècle. Ars et Paray-le-Monial*, Paris, Éditions Beauchesne, 1980, 246.

petit édifice de forme rectangulaire[13] adossé du côté gauche aux murs du monastère. On y accède par une cour dallée et close par un assez large perron. Cependant l'extérieur de la chapelle, tout intéressant qu'il puisse paraître, n'arrête pas longtemps nos regards : ce qu'il nous tarde de voir, de contempler, c'est l'endroit même où s'est accompli le mystère d'amour[14].

Autant l'extérieur du petit temple est simple et modeste, autant l'intérieur est richement décoré. L'autel est en marbre blanc et surmonté d'un très beau tableau, représentant l'apparition de Notre-Seigneur à la B. Marguerite-Marie. Le sanctuaire est richement décoré et orné de peintures remarquables. La châsse où sont conservés les précieux restes de la sainte est placée à gauche, près de la balustrade. C'est ici, au pied de ce splendide reliquaire, que nous nous prosternons, et demandons à la sainte de nous venir en aide et de nous obtenir que de la source du divin Cœur tombent dans nos âmes quelques gouttes de cet amour qui a racheté le monde.

Si du sanctuaire nous nous retournons, nous avons sous les yeux le plus touchant spectacle. Les murs disparaissent sous les riches bannières déposées par les villes, les sociétés de la France, tandis que de la voûte pendent des lampes d'or qui brûlent jour et nuit en l'honneur du Cœur adorable du Sauveur. Au coin du maître-autel, nous voyons l'étendard du Portugal et le fac-similé de l'étendard de Patay ; du côté de la grille, la bannière des députés de 1871 ; aux deux coins de l'arc, au-dessus de la table de communion, les bannières de l'Alsace et de la Lorraine voilées de deuil. Je ne saurais dire l'impression que j'ai ressentie en voyant ces deux bannières de velours noir, dont la lance est ornée d'un crêpe... Oh ! l'espérance est dans ces plis et cependant le deuil plane encore sur ces deux provinces irrémédiablement perdues pour la France[15]. Puis ce sont les bannières de Naples, d'Angleterre, etc...

Et c'est avec un véritable abandon que nous tournons les yeux vers le tabernacle et que nous répétons cette parole divine gravée à l'entrée du sanctuaire : « Venez à moi, vous tous qui souffrez et qui êtes chargés et je vous soulagerai ». Oui, Seigneur, nous sommes venus ; nous voilà.

---

13. Le mot *rectangulaire* remplace *irrégulière*, barré de petites croix dans A ; ce repentir donne à penser que A a pu être dactylographié par Lagacé lui-même, ou plus vraisemblablement par quelqu'un qu'il relisait de près, puisque les deux mots se suivent sur la même ligne.

14. Marguerite-Marie Alacoque est née à Vérosvres, près de Charolles, le 22 juillet 1647. Ayant promis de se consacrer à la Vierge dont elle a pris le nom, le 20 juin 1671 elle entre au monastère de la Visitation sainte Marie à Paray-le-Monial. C'est là que lui apparaît le Christ, entre 1673 et 1675. Lui montrant son cœur, il lui rappelle son amour infini pour les hommes, mais lui demande aussi réparation pour les outrages commis contre cet amour. Marguerite-Marie a été béatifiée par Pie IX le 19 août 1864, Philippe Boutry et Michel Cinquin, 174-176.

15. En 1871, à la signature du traité de Francfort mettant fin à la guerre franco-allemande (1870-1871), les provinces d'Alsace et de Lorraine sont annexées à l'Allemagne en dépit des protestations de ses députés. Elles demeurent allemandes jusqu'à la fin de la Première Guerre mondiale, *PRNP*, 61.

À notre grand regret nous apprenons qu'il nous sera impossible de visiter le monastère. C'est là pourtant que sont les beaux et doux souvenirs : que d'émotions nous aurions ressenti[e]s à visiter les salles où s'écoula la vie de la Bienheureuse, la cour des séraphins, le petit escalier, la tour, le puits du cloître, le bosquet des noisetiers, et surtout l'humble cellule où elle mourut et qui a été transformée en chapelle. Mais la règle de la clôture s'y oppose.

Demain sera un grand jour pour les pèlerins du Canada : ce sera notre jour, le jour de la patrie.

*

*   *

21 juin.

Aujourd'hui c'a été le jour de la patrie canadienne. La « Chapelle des Apparitions » a été à nous toute la journée. Ce matin, tous les prêtres qui font partie du pèlerinage ont célébré leur messe dans le vénérable sanctuaire. La messe du pèlerinage a été célébrée à 7.30 hrs par le R. P. Pichon, chapelain[16]. Nous avons chanté nos cantiques « en français » au grand étonnement de la plupart des visiteurs, déjà en grand nombre, qui s'imaginaient que nous parlions l'anglais : manière polie de nous faire entendre qu'ils nous prenaient pour des sauvages. L'avant-midi a été consacrée à visiter Paray-le-Monial et à parcourir ses rues étroites. La mairie ou l'hôtel de ville est un véritable bijou ; non moins intéressants la tour St-Nicolas et le musée eucharistique, où sont réunis des trésors artistiques vraiment précieux.

La cérémonie importante du jour eut lieu dans l'après-midi. Vers les 3.15 hrs nous nous réunissions tous autour de notre bannière, dans une des cours intérieures. Le cardinal Perraud, d'Autun, voulut bien recevoir l'hommage des Canadiens, et dans un discours académique,– c'est le cas de le dire – nous souhaite la bienvenue dans la cité du S. C.

« En écoutant les chants pieux du Canada, nous dit-il, je me suis rappelé avec plaisir et avec peine qu'à l'époque où N. S. dévoilait à sa servante les trésors de son divin Cœur, le drapeau de la France flottait encore sur les bords de votre beau Saint-Laurent et que Canadiens et Français nous ne formions qu'une même famille. Mais vinrent les guerres, et les traités, souvent plus funestes que celles-là, qui brisèrent les liens qui nous unissaient et changea la destinée de votre patrie.

L'union cependant ne put être entièrement brisée : on ne peut changer son cœur et nous sommes restés attachés, vous par le souvenir, nous pour

---

16. Le Révérend Père Pichon S. J. est le directeur spirituel du pèlerinage, *Appel aux Canadiens dévoués au cœur de Jésus. Pèlerinage canadien à Paray-le-Monial*, Montréal, Bureaux du Messager Canadien du Sacré-Cœur, [1900], page couverture.

l'espérance[17]. En dépit des circonstances malheureuses nous sommes restés frères d'origine et de destinée, et ce sera toujours ainsi tant que le Sacré-Cœur restera l'emblème du Canada et de la France. »

Après cette allocution touchante, nous pénétrâmes dans le sanctuaire en chantant le cantique des pèlerins, et le R. P. Pichon prononça un discours plein de chaleur et de patriotisme.

Le R. P. Pichon lut ensuite, avec les pèlerins, l'acte de consécration solennelle de la patrie canadienne au S. C. de Jésus[18].

Les pèlerins arrivent en foule de tous les côtés et de toutes les manières : en voitures, en omnibus, en wagons, voire même en bicyclettes. Je me demande où l'on pourra vraiment loger tout ce monde. Comme nous sommes arrivés

---

17. Ces liens «familiaux» sont présentés par le cardinal Perraud comme étant à la fois historiques et sacrés puisque, d'une part, il les fait remonter à l'«origine», tout en les associant à la destinée, à court et à long terme, de la France et du Canada et que, d'autre part, il les unit sous l'emblème du Sacré-Cœur.

18. *L'Acte de Consécration des Canadiens au Sacré-Cœur de Jésus* se lit comme suit :

Très doux Jésus, Rédempteur du genre humain, jetez un regard favorable sur nous, qui sommes très humblement prosternés aux pieds de votre autel. Nous sommes et nous voulons être vôtres ; mais pour que nous puissions vous être unis par des liens plus solides, voici qu'en ce jour chacun de nous se consacre de plein gré à votre très sacré Cœur.

Beaucoup d'hommes ne vous ont jamais connu, beaucoup vous ont méprisé en transgressant vos ordres ; ayez pitié des uns et des autres, ô très bon Jésus, et entraînez-les tous vers votre saint Cœur. Soyez, ô Seigneur, le Roi non seulement des fidèles qui ne se sont jamais éloignés de vous mais aussi des enfants prodigues qui vous ont abandonné. Faites que ceux-ci regagnent vite la maison paternelle, pour ne pas périr de misère et de faim.

Soyez le Roi de ceux que des opinions erronées ont trompés ou qui se sont séparés de l'Église à la suite d'un désaccord ; ramenez-les au port de la vérité et à l'unité de la foi, afin qu'il n'y ait plus bientôt qu'un seul bercail et qu'un seul pasteur.

Soyez enfin le Roi de tous ceux qui sont plongés dans les antiques superstitions des gentils et ne refusez-pas [*sic*] de les arracher aux ténèbres pour les ramener à la lumière et au royaume de Dieu. Donnez, Seigneur, à votre Église, le salut, le calme et la liberté. Accordez à toutes les nations la paix et l'ordre et faites que, d'une extrémité de la terre à l'autre, un même cri retentisse : Louange au divin Cœur qui nous a donné le salut ; à lui soit honneur et gloire dans tous les siècles ! Ainsi soit-il.

O Jésus ! cette prière que nous vous adressions l'an dernier, dans notre Canada, à la demande de votre auguste vicaire sur la terre, qu'il nous est doux de vous la redire, ici, à Paray-le-Monial, dans ce sanctuaire béni où vous avez révélé les infinies tendresses de votre Cœur !

Oui, nous nous consacrons à vous sans réserve et pour toujours.

Nous sommes, vous le savez, les représentants de bien des âmes qui vous aiment et que vous aimez, laissez-nous vous les offrir, en même temps que nous nous offrons nous-mêmes.

Faites-nous connaître vos volontés à notre égard et accordez-nous la grâce de les accomplir.

Puissions-nous ne vivre que pour vous, et n'avoir pas d'autre ambition que celle de vous servir, de vous glorifier, de vous consoler.

Bénissez-nous : bénissez nos évêques et nos prêtres, nos religieux et nos religieuses, nos familles, le peuple canadien tout entier, et régnez à jamais sur notre chère patrie.

Ainsi soit-il.

Tiré de : *Chant des pèlerins et Acte de consécration des Canadiens au Sacré-Cœur de Jésus, à Paray-le-Monial, le 22 juin 1900*, 3-4, Imprimatur, Paulus, Arch. Marianopoltanus.

les premiers, nous occupons les meilleures places : ce n'est peut-être pas beau mais c'est assurément très commode. La princesse d'Eu, fille de l'Ex-Empereur du Brésil, avec son fils et ses dames de compagnie, vient d'arriver à l'hôtel du Sacré-Cœur où nous logeons. Si vous aviez vu l'émoi dans l'hôtel, à l'arrivée de la princesse ! Ce qui prouve que les idées démocratiques ont fait énormément de chemin en France[19] ! Comme les chambres manquaient et qu'on ne pouvait mettre à la disposition de la princesse une chambre pour ses repas, M. Rivet, le généreux et dévoué organisateur du pèlerinage canadien, offrit gracieusement à la princesse une de ses deux chambres, sa chambre de travail ; ce dont la pieuse dame se montra très reconnaissante. Et, sans métaphore, nous pouvons dire que la princesse d'Eu reçoit l'hospitalité du Canada.

On annonce pour ce soir l'arrivée du général de Cha[r]ette[20], de Madame la générale, du duc d'Alençon, etc. On attend plus de vingt mille étrangers pour demain. Si le ciel, qui se couvre de nuages, peut revenir à de meilleurs sentiments et se montrer dans tout l'éclat qu'il convient aux apothéoses et quelle apothéose, celle de l'amour d'un Dieu !

Ce soir, MM. Rivet, P. Mount, J. Ricard et votre serviteur, nous étions réunis dans la salle à dîner, avant de nous aller coucher. À l'extrémité de la table, quatre vieux gentilshommes causaient tranquillement. La fille de table, se penchant à l'oreille de M. Rivet, lui dit, en lui montrant l'un des causeurs : « C'est le général ! » Oui, c'était de Cha[r]ette ; nous le reconnaissions maintenant à son noble front, à ses yeux pétillants, à sa longue moustache blanche.

---

19. Il s'agit de la princesse Isabelle, fille de Dom Pedro II, empereur du Brésil de 1831 à 1889. Le 15 octobre 1864, Isabelle épouse le prince Gaston d'Orléans, Comte d'Eu et petit-fils du roi Louis-Philippe de France. Le commentaire de Lagacé sur les idées démocratiques en France est sarcastique. Bien que la France en soit à la IIIe République, depuis la chute du Second Empire, la princesse, noble de par sa naissance et surtout son mariage, est accueillie avec beaucoup d'enthousiasme. Voir Mary Wilhelmine Williams, *Dom Pedro the Magnanimous. Second Emperor of Brasil*, New York, Octagon Books, 1966.

20. En 1866, Athanase-Charles-Marie de Charette (et non de Charrette tel que dans A) de la Contrie fut nommé lieutenant-colonel des zouaves pontificaux, des volontaires expédiés à Rome pour défendre Pie IX (pape 1846-1878) au moment où son autorité temporelle était menacée par la dissolution de l'État pontifical au profit de l'unification territoriale et politique de l'Italie. Le recrutement s'étendant à tous les pays catholiques, les régiments de volontaires incluaient plus de 22 nationalités. Les zouaves canadiens français étaient à Rome sous le commandement de Charette du 11 mars 1868 au 20 septembre 1870, Philippe Boutry, « Zouaves pontificaux », dans Philippe Levillain (dir.), *Dictionnaire historique de la papauté* (dorénavant *DHP*), Paris, Fayard, 1994, 1745-1749 ; voir aussi René Hardy, *Les zouaves, une stratégie du clergé québécois au XIXe siècle*, Montréal, Boréal Express, 1980, 265 ; Jean Guénel, *La dernière guerre du pape. Les zouaves pontificaux au secours du Saint-Siège : 1860-1870*, préface de Yves-Marie Bercé, France, Les Presses universitaires de Rennes, 1998 et Gustave Bourassa, « Noces d'argent des zouaves pontificaux », dans *Conférences et discours*, Montréal, Beauchemin, 1899 (sermon prononcé le 19 février 1893 en l'église Notre-Dame de Montréal à l'occasion du 25e anniversaire du départ des premiers zouaves pontificaux).

Comment cela arriva-t-il ? À quelle impulsion secrète obéîmes-nous ? Je ne le sais. Mais toujours est-il que, doucement, à demi-voix, en sourdine, nous commençâmes à chanter, à murmurer plutôt le chant national canadien : « Ô Canada, terre de nos aïeux ». Puis, « Vive la Canadienne, À la claire fontaine, En avant marchons ». En entendant ces chants qui semblaient venir de si loin, de là-bas, des rives du S. Laurent, le général s'arrêta de parler et[,] sans nous regarder, écouta avec attention. Quand nous cessâmes ces chants, il se leva et vint à nous, traversant la salle dans toute sa longueur. Arrivé près de nous, il nous jeta ces simples mots : « Vous êtes des Canadiens ! » Nous étions debout, pressant longuement la main qui nous était tendue et nous confondant en remerciements. Longtemps le général nous parla des zouaves, des compagnons d'autrefois, des De Montigny, des La Rocque, des Prendergast, des Ricard[21]... Il poussa la bienveillance jusqu'à nous présenter Madame la générale, ainsi que les vieux zouaves qui l'accompagnaient. Ah ! qu'il nous était doux de parler du Canada, devant un homme capable de comprendre les élans de notre enthousiasme et de notre amour.

La bonne heure passée en une si noble compagnie. Quel souvenir pour nous et que de reconnaissance pour la bienveillance et l'intérêt que nous découvrions à tout moment dans les paroles du grand, du vaillant commandant des zouaves canadiens.

*
* *

22 juin.

[*La Journée des Nations*] [22]

Dès l'aurore la ville était pleine de rumeurs. Aux fenêtres on suspendait des oriflammes et des drapeaux ; les pèlerins arrivaient par groupes, bannières en tête et se dirigeaient vers la chapelle de la Visitation, qui n'a pas fermé ses portes de la nuit. Aussi la foule regorge jusque sur le perron, tandis que les prêtres disent leurs messes aux douze autels de la chapelle et distribuent la communion aux milliers de fidèles qui viennent s'agenouiller à la table sainte.

---

21. Benjamin Testard de Montigny fut le premier zouave québécois ; il s'enrôla le 15 janvier 1861. Alfred LaRocque, troisième zouave québécois, s'enrôla le 12 février 1867. Alfred Prendergast partit pour Rome le 19 décembre 1867. Damase Ricard fut zouave et correspondant de guerre pour plusieurs journaux du Québec, René Hardy, 47, 54, 61 et 211. De retour au pays, Lagacé rappellera que le sculpteur Louis-Philippe Hébert s'était lui aussi enrôlé en 1869, ayant entendu « l'appel fait aux Canadiens pour la défense de Pie IX », « Louis-Philippe Hébert et son œuvre », la *Revue Canadienne : Religioni, Patriae, Artibus* (dorénavant *RC*), 1901, n° 1, 7-68 (12 et 14).
22. Titre ajouté dans *La Vérité*.

Le ciel est couvert de nuages et sur tous les visages on lit la même anxiété : « S'il allait pleuvoir ! » Cependant une brise fraîche peu à peu disperse les nuages et vers les 9 hrs, le soleil laisse ses rayons jouer sur les ors des bannières et des drapeaux qui claquent au vent. Étrange cette foule bruyante, mais paisible et joyeuse, de cette joie pure des fêtes de l'Église.

Maintenant, dans les vieilles tours de la basilique, les cloches sonnent à toutes volées et la foule assaille le portique du temple. Dans la longue procession on voit figurer les costumes les plus pittoresques, depuis la robe élégante et brillante de la Parisienne jusqu'à la robe austère de la Bretonne, depuis la redingote noire du gentilhomme jusqu'au gilet court et galonné de l'enfant de la Normandie. Les pèlerins arrivent par groupes précédés de leur bannière. Les Républiques de l'Amérique du Sud ont envoyé de nombreux prêtres parmi lesquels le gouverneur ecclésiastique de Valparaiso délégué par Mgr. l'archevêque de Santiago. Neuf des membres de la famille de Garcia Moreno[23] sont dans les rangs. La Réunion, l'Île Maurice, la Grèce, le Liban, l'Égypte, l'Irlande, la Pologne, la Belgique, l'Angleterre, les États-Unis ont envoyé des représentants. Le Canada surtout a su se distinguer dans ce concours des peuples chrétiens ; car nous sommes au-delà de cent vingt pour représenter notre Patrie auprès du Sacré-Cœur[24]. Notre bannière, la plus belle de toutes celles qui figurent dans la procession, est acclamée par la foule. Et dans ce ciel bleu, dans la pleine lumière du soleil, on croit assister à une apothéose. N'est-ce pas en effet le triomphe du Christ que nous fêtons aujourd'hui ? La vaste nef de la basilique ne peut contenir les pieux pèlerins et la place de l'église est noire de monde.

Par la rue principale de la ville, le clergé, précédé de la croix, s'avance vers la grande porte de la basilique. Les nombreux évêques et archevêques ont escorté S. E. le cardinal Perraud, d'Autun, revêtu de sa robe et de son manteau cardinaliste et c'est au chant de « Pitié Mon Dieu » qu'il fait son entrée dans la basilique.

La grand'messe fut chantée par Mgr. Corrigan, archevêque de New York. Ce qui m'impressionna fortement ce fut d'entendre tout le peuple chanter la Messe Royale. J'ai compris que le chant grégorien est réellement beau lorsqu'il est chanté ainsi par une multitude. Dans ce temple aux voûtes élevées, aux verrières éclatantes, il me semblait que c'était l'humanité qui criait son espérance et rendait hommage à la divinité du Christ Sauveur. Et le cardinal Perraud, dans son discours, rendit pleinement ma pensée : « *Adorabo templum sanctum tuum* [J'adorerai ton temple sacré] ». [«]Il y

---

23. Gabriel Garcia Moreno a été président de la République équatorienne à deux reprises entre 1860 et 1875, *PRNP*, 669.

24. La ville de Paray-le-Monial aura accueilli près de soixante-dix mille pèlerins au cours de l'année 1900, Philippe Boutry et Michel Cinquin, 246.

a trois temples : le temple où réside la divinité, le cœur de Jésus temple de l'amour, temple où la société moderne trouve un asile et un port assuré contre les erreurs et les défaillances du siècle, enfin notre cœur où doit brûler l'encens de la prière, de la reconnaissance et de l'immolation. »

Tel fut le programme de la matinée.

À 2 hrs cet après-midi le R. P. Coubé a prononcé son discours, tant espéré par les pèlerins[25]. Petit et nerveux, l'orateur a su empoigner son auditoire par la chaleur de sa parole, par la puissance de son geste et surtout par l'ardeur et l'enthousiasme dont on le sentait tout vibrant. « *Ecce rex vester* [Voici votre roi] », tel fut le texte de son sermon. « Quand vient le soir, dit-il, on sent le besoin de s'agenouiller et de prier ; à la fin de ce siècle les peuples ont ressenti ce besoin de pardon et de reconnaissance et je les vois, en ce moment, réunis dans ce temple pour proclamer la royauté du Roi des Rois ». Une heure durant, il captiva l'attention de son auditoire et les tint sous le charme de son éloquence. Je n'essaie pas d'en donner un résumé ; le texte original sera publié dans quelques jours et la *Vérité* probablement le reproduira « in extenso » dans ses colonnes. Je renvoi[e] les lecteurs de la *Vérité* à ce prochain numéro.

Étant donné le nombre des pèlerins qui n'avaient pu se frayer un chemin pour arriver jusqu'à la basilique, le cardinal Perraud décida que l'acte de consécration du genre humain[26] aurait lieu dans le beau jardin qui se trouve en arrière de la basilique. Et ce fut un spectacle inoubliable. On se forma en procession et l'on se dirigea vers l'autel élevé au milieu du jardin. Arrivés en face de l'autel le cardinal et son clergé s'agenouillèrent. Le S. Sacrement fut exposé et d'une voix émue, le vénérable vieillard prononça l'acte de consécration ordonné par Léon XIII. Puis tout le peuple répéta à haute voix le même acte. Et la cérémonie se termina par la bénédiction de T. S. Sacrement.

Ceux qui ont assisté à cette démonstration grandiose n'en perdront jamais le souvenir. Là, sous ces beaux arbres, sous la voûte bleue du firmament, devant l'autel où Jésus Hostie était exposé, qu'il était beau d'entendre ces

---

25. L'abbé Stéphen Coubé (1857-1939) était chanoine honoraire d'Orléans et de Cambrai. Docteur en philosophie et en théologie, il est l'auteur de nombreux ouvrages, dont des recueils de discours. Celui qu'il prononça à Paray-le-Monial le 22 juin 1900 s'intitule « Les nations à Paray-le-Monial », publié ss la dir. de G. Jacquemet, dans *Catholicisme, hier aujourd'hui, demain. Encyclopédie*, Paris, Letouzey & Ané, 1948, tome 3, 235 (mais introuvable dans *La Vérité*, malgré le vœu exprimé par Lagacé à la fin de ce paragraphe). Le 5 mai 1925, lors des conférences organisées par la Bibliothèque Saint-Sulpice (notre chapitre 1), Coubé parlera « En faveur des belles-mères », Archives de la BSS, 2, 125, ANQ.

26. Rappelons que l'un des objectifs du pèlerinage à Paray-le-Monial était de renouveler l'acte de consécration du genre humain prononcé l'année précédente par le pape Léon XIII, pour commencer le siècle en communion avec le Sacré-Cœur, Philippe Boutry et Michel Cinquin, 246.

milliers de voix faire le vœu de travailler au triomphe du Cœur de Jésus et prendre au nom de leur patrie respective l'engagement solennel de vivre et de mourir dans l'amour de « ce Cœur qui a tant aimé les hommes ».

À cette heure solennelle il me semble que la patrie canadienne se tenait debout à côté de la France chrétienne, devant l'autel et qu'il [ce pays] devenait à son tour le fils aîné de l'Église et du Sacré-Cœur. C'était sa bannière qui voguait sous la caresse du soleil, c'était sa voix qui résonnait dans nos voix, c'était son cœur qui palpitait dans nos poitrines… Oh! mon pays, comme en cet instant, je vis clairement que ta destinée serait belle et glorieuse, si fidèle à ton passé et à ta mission, tu voulais n'avoir plus qu'une ambition, celle de devenir le fidèle gardien des nobles inspirations, des générosités qui sauvent et des immolations qui rachètent.

*
*　*

Ce soir il y eut par les rues de la ville une grande procession aux flambeaux. Ce fut un spectacle merveilleux de foi, d'enthousiasme et de poésie, ces chants qui s'élevaient des rues et passaient en ondes harmonieuses sur la ville tout illuminée, ces milliers de lumières multicolores qui se mouvaient dans la nuit sereine et qui répandaient sur les vieilles façades des lueurs rouges et blanches, cet enthousiasme qui enflammait tous les cœurs, tout cela remplissait l'âme de joie et d'espérance. Comme on s'aimerait sur la terre si au lieu de nous absorber dans les mesquines bassesses des ambitions et des lâchetés, nous nous unissions dans une seule et même politique, celle du triomphe de la vérité et de la charité. Puisse cette touchante démonstration avoir du moins laissé dans les cœurs cette salutaire pensée : tôt ou tard elle produira ses fruits et l'humanité s'apercevra qu'il vaut encore mieux croire aux promesses du divin Cœur qu'aux promesses des politiciens.

Troisième lettre

[parue dans *La Vérité* le samedi 28 juillet 1900, 2-3]

Le 23 juin au matin [date à laquelle écrit sans doute Lagacé], nous quittions Paray-le-Monial, en route pour Genève. Nous nous sommes rendus à la gare en procession, les jeunes en avant, chantant les airs canadiens. Il me semblait, à les entendre, que sous ce ciel et dans ce calme, ces chants avaient une harmonie que je ne leur connaissais pas. Cependant je m'éloignais à regret de Paray, car c'est une petite ville extrêmement intéressante, toute pleine de souvenirs et de vieux monuments. Ses rues pavées de gros cailloux, rongés par l'eau et le temps, ses maisons aux toits rouges et pointus, ses habitants paisibles et hospitaliers, tout me charmait et il serait doux, me disais-je, de mener une vie calme et studieuse, à l'ombre du sanctuaire de la Visitation, loin des chicanes de la politique, des combats pour un peu de gloire et une poignée de gros sous. Les gros sous! C'est étonnant comme ils glissent entre nos doigts. Il faut les jeter à pleines mains : Un sou pour le mendiant qui vous ouvre une porte, un sou pour le portier qui daigne vous regarder de travers ; c'est la danse des sous dans ce qu'elle a de plus volage !

Le soleil continue de nous être fidèle et le sourire qu'il met sur tout ce que nous voyons[...] nous grise de joie. Aussi hier, nos pèlerins n'ont jamais autant chanté que depuis que nous sommes en France. C'est dire qu'ils sont heureux.

Dans ma dernière lettre j'ai oublié de vous parler de la magnifique réception que nous avons donnée au général de Cha[r]ette, le 22 juin, au soir, à l'hôtel [...][27] du Sacré-Cœur. Permettez-moi de réparer cet oubli.

À la demande de M. Rivet et du P. Pichon, le général a bien voulu accepter de venir pour quelques instants en notre compagnie. C'était pour nous une fête et plus particulièrement encore pour M. Champagne, un de nos bons pèlerins, qui a eu l'avantage de servir sous le commandement du général comme zouave pontifical. Après les acclamations d'usage et paroles de bienvenue du P. Pichon, M. de Cha[r]ette a prononcé un bijou de discours, à la militaire, sonnerie de trompette et roulement de tambour, paroles vibrantes comme une fanfare de victoire. En voici un pâle résumé: « Ce que vous venez de me dire me touche profondément. Eh bien ! je vais faire une chose qui me rappelle le bon temps où je pouvais mettre mon épée au service du pape et de la patrie : je vous enrôle, Canadiens, sous la bannière de Castelfidardo et de Patay. Et je [le] fais avec d'autant plus de bonheur que je me souviens encore de ces huit cents Canadiens qui, jadis, quittèrent leurs foyers et leur beau pays pour venir défendre Pie IX, de glorieuse mémoire[28]. Oui je me souviens d'eux. Et même, permettez-moi ce souvenir,

---

27. Le mot *dou*, que nous avons éliminé, semble être une coquille.

28. Le 21 septembre 1870, dix ans après la chute de Castelfidardo (notre note 60) et le lendemain de la récapitulation de Rome, les zouaves canadiens sont intégrés à l'armée française à titre de régiment étranger dans la guerre contre la Prusse. Même si le gouvernement français rechigne à l'idée d'un régiment commandé par un Charette portant un drapeau frappé du Sacré-Cœur, il accepte l'offre ; la « Légion de l'Ouest » participe alors aux batailles d'Orléans et de Patay, puis aux opérations du siège de Paris et à l'écrasement de la Commune, Boutry, *DHP*, 1749 (notre note 20). Pour ce qui est du pontificat de Pie IX (1846-1878), il est marqué par le *Risorgimento* (l'unification politique et territoriale de l'Italie et la création d'un État fondé sur les principes de la Révolution française), auquel il a tenté de résister. Même après le 18 mars 1861, date de la proclamation du royaume d'Italie, Pie IX cherchait encore à contrôler Rome, tandis que les révolutionnaires voulaient en faire la capitale de l'Italie unifiée. Considérant son pouvoir temporel comme une garantie indispensable de son indépendance en tant que chef de l'Église, Pie IX a sollicité l'appui des chrétiens à travers le monde ; plusieurs Canadiens

j'avais quelque hésitation à les commander : car, ils parlaient français tel, que je repassais dans ma mémoire deux fois mes commandements avant de les dire, de peur de passer pour ne pas savoir ma langue. Ce n'était pas le français du boulevardier qu'ils parlaient, mes zouaves canadiens, mais ce bon vieux français, qui résonnait à mes oreilles comme une harmonie d'antan ; eux, au moins, avaient conservé ces vieux mots qu'on oublie trop facilement en France, comme d'ailleurs le reste, tout… Ceux d'entre vous qui sont venus à mon château ont lu[,] au-dessus de la porte, une devise : c'était celle de nos ancêtres, c'est la mienne. Grâce à Dieu ! je suis resté fidèle à la devise de ma famille et "je n'ai jamais eu peur", surtout quand il s'est agi de connaître mon devoir. J'ai reçu beaucoup de grâces du Sacré Cœur, et, laissez-moi vous le dire avec toute ma franchise de soldat, j'ai foi dans le Sacré Cœur. C'est lui qui nous ramènera, qui nous sauvera ; c'est lui qui arrachera la France à la Tyrannie des sans-patrie, si la France a encore assez de vie, assez d'amour, pour tourner ses regards vers ce phare lumineux. Or, messieurs, vous avez été témoins d'une belle démonstration cet après-midi : c'était la France qui avait convié le monde au petit sanctuaire de la Visitation et c'était elle qui criait, avec l'univers entier : " Pitié, mon Dieu… Sauvez Rome et la France ". En dépit des efforts des Juifs, le Sacré-Cœur triomphera, soyez-en sûrs… Dieu n'est pas vaincu, il ne l'a jamais été, à ce que je sache. Tant que le drapeau des zouaves flottera sur un coin de la France, il y aura une espérance… ! [29] »

Inutile de dire avec quel enthousiasme ces paroles furent accueillies. Pour donner aux Canadiens une preuve de son attachement, le général chargea M[me] de Cha[r]ette de remettre à chaque pèlerin une feuille arrachée au « bosquet de noisetiers ». À la demande du P. Directeur, le général fit apporter la bannière de Patay. Il l'éleva avec respect au-dessus de sa tête et nous, saisis de je ne sais quel sentiment de vénération, nous entonnâmes le beau chant : « Ô Carillon je te revois encore ! » tandis que plusieurs pèlerins portaient à leurs lèvres ce glorieux étendard…

L'amiral de Cuverville[,] qui accompagnait le général, voulut bien adresser la parole et trouva dans son cœur de soldat et de chrétien des accents dont se souviendront longtemps les pèlerins canadiens de Paray-le-Monial.

Pour clore la séance, nous chantons tous en chœur le beau chant national : « Ô Canada, terre de nos aïeux ». – Vous ne sauriez croire comme ce chant a

---

ont rejoint son armée (nos notes 20 et 21) mais les affrontements ont été rares et, le 20 septembre 1870, Rome est tombée aux mains du nouveau roi, Victor-Emmanuel II, Giacomo Martina, « Pie IX », *DHP*, 1343-1349.

29. Le discours de Charette illustre le paradoxe mentionné plus tôt, son amour pour le Sacré-Cœur s'exprimant en des termes explicitement discriminatoires vis-à-vis des non-chrétiens, désignés ici comme des Juifs et des sans-patrie qui incarnent l'ennemi malfaisant. Sur l'antisémitisme, voir aussi notes 33, 57 et 61.

excité l'enthousiasme partout sur notre passage. Pourquoi ne l'adopterions-nous pas pour le chant national des Canadiens-Français, au lieu de ce « Vive la Canadienne » qui produit toujours un effet si ridicule ? Nous avons dû en faire des copies pour distribuer à tous les « demandeurs »… Notre provision fut du coup épuisée et j'ai dans mes cahiers l'adresse d'une dizaine de personnes qui en ont sollicité une copie[30].

Voilà en peu de mots le compte rendu de cette bonne et fraternelle démonstration et il me semblait qu'en ce moment la France chrétienne se penchait vers le Canada chrétien et dans un embras[s]ement[31] indicible scellait un pacte d'amour et de foi… Et je pensais : Si la France, au lieu d'épuiser ses forces, ses énergies, dans d'inutiles, de criminelles querelles[32], groupait autour de son drapeau tous les nobles courages et les belles intelligences, comme elle ne tarderait pas à reprendre la première place, parmi les nations, comme elle secouerait vite le joug de la juiverie[33], plus lourd que celui des prêtres, après tout, pour devenir libre, cette fois, libre de cette liberté que le Christ est venu apporter à la terre et qui est la seule qui soit digne d'un tel pays. Mais, les journaux du soir ne furent pas lents à me convaincre que mon rêve n'était pas près de se réaliser[34].

---

30. L'hymne *Ô Canada*, dont la musique est de Calixa Lavallée et les paroles originales d'Adolphe-Basile Routhier, a été créé pour la convention nationale des Canadiens français tenue à Québec en 1880. Bien que considéré comme l'hymne national du Canada depuis longtemps, ce chant ne l'est devenu officiellement qu'un siècle plus tard, par l'adoption d'une loi en date du 27 juin 1980, Jean Cournoyer, *La mémoire du Québec de 1534 à nos jours : répertoire des noms propres*, Montréal, Éditions A. Stanké, 2001, 223.

31. Un seul s dans A et deux dans B pour le mot *embrassement*.

32. Après un conflit avec la Prusse (1870-1871), la France de la IIIᵉ République s'engage dans de nombreuses conquêtes coloniales qui résultent en divers affrontements ; entre 1879 et 1900, ces colonies se situent essentiellement en Extrême-Orient, en Afrique du Nord, en Afrique noire, à Madagascar et en Indochine, *PRNP*, 1746.

33. Au moment où Lagacé effectue ce premier voyage en Europe, cinq ans sont passés depuis qu'Alfred Dreyfus a été condamné et déporté à l'île du Diable (déc. 1894), au nom de sa judaïté ; il ne sera véritablement réhabilité que le 12 juillet 1906, tandis qu'une bonne partie de la France aura soutenu sa condamnation. À ce sujet, voir J. Madaule, « Antisémitisme », *Enc. Univ.*, vol. 2, 117-123 et C. Prochasson, « Dreyfus (affaire) », dans Ludovic Lalanne (dir), *Dictionnaire de l'histoire de la France*, vol. 1, New York, B. Franklin, 1968, 477-479, réimpression de l'édition de Paris, c1877. Voir aussi les notes 26 et 27 de notre Introduction.

34. Aucun événement particulier ne marquant la date du 22 juin, on suppose que Lagacé évoque ici la situation dans le monde de manière générale. Dans sa référence aux prêtres, en phrase précédente, songeant sans doute au *petit père* Combes (Larousse Bordas, site numérique), Lagacé semble insinuer que la France connaît de pires ennemis. Après avoir renoncé à la prêtrise, Émile Combes (1835-1921) étudia la médecine et se consacra à la politique pour défendre des principes anticléricaux qui devaient aboutir après lui (décembre 1905) à la loi de séparation des Églises et de l'État. Avant 1900, rallié au radicalisme, il avait été président du Sénat (1894-1895), puis ministre de l'Instruction publique (1895-1896), *PRNP*, 487. Merci à François-Marc Gagnon pour cette association.

Une dernière joie nous était réservée… À peine étions-nous à table pour le dîner du soir, que M. Rivet demandait le silence et nous faisait part d'un télégramme que nous envoyait Mgr. de Montréal. « Suis avec vous d'esprit et de cœur ». Ces paroles passèrent sur nous comme un bon vent nous apportant les senteurs de nos bois d'érables et des rives du grand fleuve. Nous avions, le matin, aux pieds du Sacré-Cœur porté les vœux et les hommages du Canada, et le Canada, par la plume de Mgr. Bruchési[35], nous disait le soir : Je vous suis par la pensée. Comme la patrie paraît près de nous, à certaines heures, quand nous en sommes éloignés. C'est si vrai que le moindre petit bout de journal du pays est salué avec enthousiasme et qu'on s'en dispute la possession. Une lettre, c'est une fête… et j'en connais qui commencent à se laisser gagner par la tristesse parce que les nouvelles de la famille tardent à arriver… Et dire qu'il y a des gens qui osent enseigner que la patrie, c'est quelque chose d'imaginaire, indigne du cœur humain : ceux-là n'ont jamais souffert, n'ont jamais aimé.

*
* *

En voiture, Messieurs, en voiture !

Nous traversons la Bourgogne et certes nous l'aurions deviné aux magnifiques vignobles que nous voyons. La campagne s'élève peu à peu et déjà dans le lointain se profilent sur l'horizon les premières chaînes des montagnes du Jura.

Comme elles sont pittoresques les campagnes de la France ! À chaque instant elles changent d'aspect et s'entourent de nouvelles grâces ; ici, c'est un petit bourg, sous la garde de sa vieille église, qui s'est fait une couronne de rosiers en fleurs, de marguerites blanches et de coquelicots écarlates ; là, entre les arbres taillés d'un beau parc, la façade élégante d'un gracieux

---

35. Des personnalités qu'il fréquente dans le milieu catholique à l'époque du pèlerinage, Lagacé en retrouvera plusieurs quelques années plus tard à l'ULàM. C'est le cas de Louis-Joseph-Napoléon-Paul Bruchési (1855-1939), prêtre sulpicien montréalais, évêque et archevêque de Montréal (1897-1939), professeur de dogme à l'Université Laval de Québec (1880-1884), professeur d'apologétique (1887-1891) et vice-chancelier (1897-1919) à l'ULàM, chancelier à l'UdeM (1920-1923) et curé de la cathédrale de Montréal (1891-1897). C'est sous son épiscopat que l'ULàM devient autonome et prend le nom d'Université de Montréal en 1920, Jean Cournoyer, 207-208 ; Chantal Fillion et Stanislav Jilek, *Répertoire des cadres de l'UdeM*, Service des archives, Division des archives historiques, 1987, 3 ; Hélène-Andrée Bizier, *L'Université de Montréal. La quête du savoir*, Canada, Libre Expression, 1993, 82 ; voir aussi Jean Brunel, « S. E. Mgr Paul Bruchési », *L'Action universitaire, Revue des diplômés de l'Université de Montréal*, octobre 1939, 5 et 11. À l'époque de l'ULàM (1878-1920), les discours d'ouverture et de clôture de l'année universitaire étaient quelques fois adressés à Mgr Bruchési, archevêque de Montréal. Voir par exemple le résumé du cours d'Esthétique et histoire de l'art de Lagacé dans l'*Annuaire général* de 1907-1908, 195-199.

château ; plus loin, sur un rocher, les tours d'un antique donjon, recouvert de lierre et de plantes grimpantes. Nous passons, évoquant les sombres récits des chroniqueurs de la féodalité et nous songions aux destinées des hommes : les nobles seigneurs qui tyrannisaient les « vilains » et qui s'en faisaient trop souvent, hélas, les instruments de leurs vengeances et de leur convoitise, ont disparu... seules, sur la montagne solitaire, les vieilles tours ont survécu aux tourmentes et aux révolutions, leur puissance s'est évanouie, tandis que, dans les plaines, ceux qui ont souffert, qui ont cru, qui ont sur les pierres des cathédrales gothiques écrit l'histoire de leurs souffrances, sont restés debout, jetant à la terre[,] qu'ils avaient arrosée de leur sang, la blonde semence qui a fait la France chrétienne et forte[36]... Nous le comprenons, c'est ici qu'il faut sentir battre le cœur de la France... À Paris, c'était[37] son imagination, son intelligence, ici c'est son cœur... puisque l'on croit, que l'on travaille et que l'on ne se vend pas. Et ce qui le prouve, c'est que sur les pentes du Jura que nous montons, nous saluons au passage la Croix de la Vierge. Dans cette niche, c'est un Christ qui, les bras en croix, semble bénir la moisson qui se prépare, sur ce piédestal de pierre, c'est une Vierge qui sourit ; en un mot, tout ici est français, le ciel, la montagne, les moissons, les travailleurs qui, sans hâte, continuent leur tâche journalière, puisque tout parle de foi et d'amour. Aussi est-ce parmi nous, à tout moment, un cri, toujours le même : « Ah ! que c'est beau ! » Oui, c'est beau, c'est grandiose ! C'est la France !

*

*   *

24 juin.

Genève. – La position de Genève est splendide, au bord de ce Léman incomparable. Pour obéir aux exigences modernes et à la curiosité, au snobisme des touristes, Genève s'est transformée depuis quelques années, elle a voulu avoir des somptueux hôtels, ses théâtres et son « casino ». A-t-elle gagné quelque chose à ces changements, à ces améliorations, comme l'on dit dans le monde commercial ? Quoi qu'il en soit, ce serait peu de tout ce luxe

---

36. La terre recueillant le sacrifice, le sang et la blonde semence des hommes pour faire la France chrétienne et forte... En associant l'évolution géologique à l'affermissement de qualités morales, Lagacé évoque, mêlées aux idées d'un Maurice Barrès (notre chapitre 7, note 7), des théories pseudo-darwiniennes, typiques du XIXe siècle et dont le suivant a montré avec éloquence ce que l'on pouvait en faire de pire.

37. Il semble que les pèlerins soient passés par Paris avant d'atteindre Paray-le-Monial, ce qui expliquerait le silence de Lagacé entre la fin de sa première lettre datée du 12 juin et le début de la deuxième datée du 20 juin 1900. Merci à Laurier Lacroix pour cette observation.

américain pour justifier sa réputation de beauté, si elle n'avait son lac et ses montagnes pour lui donner un air de reine, de souveraine.

J'ai parcouru ses rues, j'ai admiré ses monuments – et elle en a de fort beaux – mais j'ai tout oublié et n'ai gardé que le souvenir de son lac admirable.

Eugène Rambert[38] disait:

> Ô vieux Léman toujours le même,
> Bleu miroir du bleu firmament,
> Plus on te voit et plus on t'aime,
>   Ô vieux Léman.

Oui, ce poète a raison. Le Léman est bien le «bleu miroir du bleu firmament». C'est un lac d'azur qu'encadrent des rives gracieusement découplées, et un amphithéâtre de montagnes que couronne le Mont blanc.

Ce matin, de bonne heure, je me suis levé et j'ai ouvert ma fenêtre… Je voulais voir le Mont blanc; car c'est le matin, paraît-il, qu'il est d'humeur à se montrer, et je l'ai vu rayonnant sur le ciel bleu, gardant à son front un lambeau de nuage rose qui flottait au vent comme un voile de communiante… Après avoir entendu la messe – il ne faut pas oublier que c'est dimanche, même en voyage – j'ai dit à M. Rivet: «Que faisons-nous aujourd'hui? – Vous plairait-il d'aller visiter le château de Chillon[39]?[»]

C'était aller au-devant de mes désirs. Et nous sommes partis. Un joli bateau nous emporte sur le lac bleu. Comme c'est beau! Et je comprends maintenant comment il se fait que tant de poètes et d'artistes ont chanté le Léman. Qui donc resterait impassible en face de tant de beautés? Rousseau, Byron, Constant, Mme de Staël, Hugo, Tœpffer, ont compris le sens de son austère beauté et leur âme en a été si profondément touchée qu'ils ont trouvé pour le chanter des accents que le monde entier a répétés après eux. C'est au bord de ces ondes limpides que Rousseau, le musicien, a entendu les premières harmonies qui lui ont révélé son génie. Lamartine – il nous l'a appris dans ses «Confidences» – a composé son «Lac»; ici, sur cette plage, à l'endroit où le «lac de beauté», comme l'appelle Byron, recourbe son croissant d'azur sous des pentes de châtaigniers, entre les hauts bastions de Meilleraie et

---

38. Eugène Rambert (1830-1886), professeur de littérature française à l'Université de Lausanne, est l'auteur du *Journal d'un neutre* écrit pendant la guerre de 1870-1871, ainsi que d'une série de textes publiés sous le titre *Les Alpes suisses*, J.-P. de Beaumarchais et autres, *Dictionnaire des littératures de langue française* (dorénavant *DLLF*), Paris, Bordas, 1987, 2407.

39. Le château de Chillon a été construit en bordure du lac Léman à partir du xie siècle. Après avoir appartenu aux comtes et aux ducs de Savoie, cette forteresse a fait office à plusieurs reprises de prison d'État, Marcel Godet, *Dictionnaire historique et biographique de la Suisse* (dorénavant *DHBS*), Neuchâtel, Administration du Dictionnaire historique et biographique de la Suisse, 1921-1933, tome 2, 508-509.

d'Arvel, devant les cimes audacieuses de Jorat, d'Aï, de Morcles et du Midi. Et quand pénétré de ce poème que liront encore longtemps les âmes jeunes et aimantes, Nied[er]meyer voulut y ajouter une harmonie nouvelle, c'est en écoutant la plainte douce et mélancolique du Léman, qu'il composa cette musique divine qui n'a de comparable que les vers du poète[40].

Et cependant qu'ont-ils dit encore ?...

Je l'ai parcouru dans toute sa largeur et j'ai compris comment il se fait que l'on garde dans son âme comme une empreinte ineffaçable des harmonies qui entourent nos premiers sentiments ; comment aussi parfois dans l'âme il se creuse entre des souvenirs, nobles et élevés, un abîme où viennent s'amasser les pleurs béni[s] que chaque joie en fondant laisse couler au plus profond du cœur et que la vie, ensuite, puisse se passer à rêver, à chanter, à pleurer auprès de ce qui fut lumière et qui n'est plus qu'onde endormie.

Boufflers écrivait à sa mère, en parlant du lac de Genève (le Léman, c'est tout un) : « C'est une belle chose que ce lac de Genève. Il me semble que l'Océan ait voulu donner à la Suisse son portrait en miniature. Imaginez une jatte de quarante lieues de tour, remplie d'eau la plus pure que vous ayez jamais bue, qui baigne d'un côté les châtaigniers de la Savoie et de l'autre les raisins du pays de Vaud. Du côté de la Savoie la nature étale toutes ses horreurs, et de l'autre toutes ses beautés. Le mont Jorat est couvert de villes et de villages dont la vigne couvre les toits et le lac mouille les murs ; enfin tout ce que je vois me cause une surprise qui dure encore. [41] »

Oui, c'est bien cela, une surprise ; non, ce n'est pas assez dire, une extase qui dure et que rien n'a pu encore diminuer. Il est resté dans mon âme

---

40. Alphonse de Lamartine (1790-1869), *Les confidences*, Paris, M. Lévy, 1857, c1849. C'est dans *The Prisoner of Chillon*, composé en 1816, que Lord Byron (1788-1824) évoque le lac Léman. Le poème, composé de quatorze strophes, est précédé d'un avertissement incluant une courte biographie de François de Bonnivard (1496-1570), à qui la voix du poème de Byron est prêtée, Bonnivard y évoquant sa réclusion au château de Chillon, voir [s. dir.], *The Poetic Works of Lord Byron*, London, Ward, Lock & Co, nd., 134-138 ; sur Bonnivard, voir notre note 42. Louis Niedermeyer (1802-1861), et non Niedlemeyer tel que dans A et B, était pédagogue et compositeur français d'origine suisse, ami de Rossini ; ne pouvant assurer le succès de ses opéras, il se consacra à la musique sacrée et fonda une école portant son nom, *PRNP*, 1486 (voir aussi notre chapitre 1, note 54). Pour Rousseau, Constant et Toepffer, voir le *PRNP* ; sur Hugo, voir notre note 43 et sur Mme de Staël notre chapitre 7, note 92.

41. Citation non identifiée. Il s'agit sans doute de Jean-Stanislas, chevalier de Boufflers (1738-1815), dont la mère, la marquise de Boufflers, était la maîtresse de Stanislas Leszczynski, roi de Pologne, ce qui lui valut de passer une grande partie de son enfance à la cour. Destiné à la prêtrise, Jean-Stanislas fit scandale en publiant un conte érotique, *Aline, reine de Golconde* (1761), alors qu'il était séminariste à Saint-Sulpice. Nommé chevalier de Malte en 1764, il voyagea en Europe, notamment en Suisse. Après avoir été gouverneur du Sénégal, une fois rentré en France, il devint membre de l'Académie française en 1788. Endossant pour un temps les idées révolutionnaires, il connut ses heures de gloire sous le Premier Empire, J.-P. de Beaumarchais, « Boufflers Jean-Stanislas, Chevalier de », *DLLF*, 313 ; Nicole Vaget Grangeat, *Le chevalier de Boufflers et son temps, étude d'un échec*, Paris, Librairie A.-G. Nizet, 1976.

quelque chose de ce « bleu » enchanteur, quelque chose de doux, de suave que je ne puis oublier !

Nous arrêtons tour à tour à Nyon, à Thonon, à Évian, à Lausanne, à Lutry, etc… Enfin, nous descendons à Ferritet. À Évian, les cloches sonnaient à toute volée. Des drapeaux et des oriflammes étaient suspendus aux fenêtres. À travers le fouillis du feuillage nous découvrons un riche reposoir tout de rouge tenturé. Des Sœurs aux cornettes blanches traversent la place de l'église et un groupe de jeunes gens, appuyés contre le rempart, attendent le moment d'entrer pour l'office. Aujourd'hui[,] fête du Sacré-Cœur[,] il y a procession du S. Sacrement dans les rues.

De Ferritet nous prenons une élégante chaloupe qui nous transporte au château de Chillon. Nous visitons l'antique citadelle, des oubliettes aux tourelles. C'est là, comme l'on sait, que fut emprisonné[,] de 1530 à 1546, François de Bonnivard[42]. Voici un mot de Victor Hugo qui dépeint bien Chillon : « C'est un bloc de tours posé sur un bloc de rochers[43]. » On nous fait voir les souterrains d'abord, les chambres des gardes, les prisons, la salle des supplices ; puis de grandes salles d'audience, de repos, la chapelle, la chambre des dames, etc… Que de sombres histoires raconteraient ces pierres si elles pouvaient parler.

Revenus à Ferritet, nous prenons le funiculaire et nous montons dans la montagne à une hauteur de 2000 pieds. De là, le spectacle est merveilleux… Que vous dire ! Nous ne parlions plus… nous admirions. Le soir, nous rentrons brisés, harassés, mais le cœur content et comme dit Froissar[t], l'âme « renouvelée[44] ».

*

*   *

---

42. François de Bonnivard était le prieur de Saint-Victor de Genève. Ayant défendu l'indépendance de la ville contre le pouvoir de Charles III, duc de Savoie, il fut emprisonné au château de Chillon en 1530 ; libéré six ans plus tard, en 1536 (et non en 1546, tel que dans A et B), il devint un héros dans l'imagination populaire, Fred Gardy, « Bonivard », *DHBS*, tome 2, 235, voir aussi note 40, supra.

43. Alors qu'il voyage pendant dix-huit jours à travers la Suisse, en septembre 1839, Victor Hugo (1802-1885) adresse à Louis Boulanger une série de lettres qui donneront lieu à une publication en 1842 : *Le Rhin (lettres à un ami)*. La citation de Lagacé est tirée de la lettre XXXIX de ce recueil, où Hugo décrit le château de Chillon qu'il a visité le 21 septembre 1839, Victor Hugo, *Voyages en Suisse*, introduction de Pierre-Olivier Walzer, Lausanne, Éditions l'Âge d'Homme, 1982.

44. Lagacé fait sans doute référence à Jean Froissart (et non Froissard), poète lyrique français (c. 1337-c. 1400) et auteur de quatre livres (rédigés entre 1370 et 1400) de *Chroniques* sur la France depuis 1925, *PRNP*, 688. Sur Froissart, voir *An Anthology of Narrative & Lyric Poetry*, edited and translated by Kristen M. Figg with R. Barton Palmer, New York, Routledge, 2001 ; Albert Pauphilet (dir.), *Historiens et chroniqueurs du Moyen Âge*, édition établie et annotée par Albert Pauphilet, textes nouveaux commentés par Edmond Pognon, Paris, Gallimard, 1986, c1954.

25 juin.

De bonne heure, ce matin, nous quittions Genève et je dois l'avouer franchement, avec regret... De nouveau nous nous engageons dans les montagnes de la Suisse. Je n'essaierai pas de les décrire. Quelle plume oserait? On regarde, on crie... mais on n'écrit pas!...

Vers les 10 hrs du matin, nous entrons dans la gare de Berne.

Berne, de toutes les villes suisses, est celle qui a le mieux gardé son caractère féodal. Les maisons, du moins dans la vieille partie, reposent sur des arcades. Ses fontaines sont renommées, celle de Samson, de Moïse, du « joueur de cornemuse », etc... principalement la fontaine du « mangeur d'enfants » qui se trouve à quelques pas de la Tour de l'Horloge. — En voyage on devient badaud et jamais je ne m'en suis aperçu comme ici. Et ce qui le prouve c'est qu'à midi, j'étais debout devant la Grande Horloge pour voir jouer les nombreuses statues qui la décorent. Voilà d'ailleurs la marche du « drame ». Deux minutes avant l'heure une bande d'ours en pierre défilent devant une figure assise, pendant que le coq chante en battant des ailes. Dès que l'heure sonne, la figure assise, vieillard barbu, retourne son sablier et compte les coups du timbre, en ouvrant la bouche. Ce sont des arlequins qui sonnent l'heure... Le mécanisme est très ingénieux et comme vous le voyez, n'amuse pas que les enfants.

La cathédrale, magnifique édifice gothique, se distingue principalement par sa belle ornementation, surtout celle de la balustrade en pierres taillées à jour qui règne tout le long du toit et dont le dessin varie entre chaque coupe d'arc-boutants. J'étais en contemplation devant cette merveille de l'art gothique depuis je ne sais combien de temps, quand le guide est venu me prendre par le bras pour me conduire au restaurant. Il paraîtrait que mon estomac avait besoin de vivres : je ne m'en serais jamais aperçu tout seul. En voyage ce sont encore les repas qui nous font perdre le plus de temps.

Ce que Berne a de plus beau ce sont incontestablement ses points de vue sur les Alpes. On me montre du haut d'une terrasse le Iungfrau, au pied duquel nous coucherons ce soir. La vue en vaut la peine. J'ai aussi découvert dans une petite rue un bijou de monument dont j'ai pris une photographie.

Celui qui ne s'est pas laissé aller au hasard dans les rues de Berne, évoquant les souvenirs du passé, celui-là n'a pas compris la poésie de ces villes demeurées debout au milieu des élégances modernes et qui portent sur leurs murailles jaunies par le temps comme l'histoire des joies et des deuils des siècles disparus.

Nous remontons en wagon, en route pour Interlaken. Ah! la charmante promenade! Pour traverser le lac Thun nous prenons de petits bateaux. Le Léman était bleu, le Thun est vert. Les montagnes plongent dans ses eaux claires, tandis que leurs sommets se perdent dans les nues. Incomparables paysages: de beaux châteaux, de pittoresques châlets[45]. Il nous semble que c'est un rêve des « mille et une nuits ». Et cependant, je le sens, je ne suis pas endormi, puisque… je pense. Ces rochers abrupts, ces dessins étranges que forment des contours de rocs[46], ces cavernes sombres, ces arbres frais et charmants, tout cela, c'est la Suisse. Et la Suisse, c'est tout ce qu'on peut rêver de plus beau, de plus grand, de plus idéal…

Interlaken: – C'est l'Amérique avec tout son luxe insensé. Magnifiques hôtels entourés de jardins plus magnifiques encore. Là, entre deux pics de montagnes, j'aperçois le Iungfrau, couvert de neige et enveloppé de nuages bleus. Les oiseaux chantent dans les arbres en fleurs et la brise m'apporta les senteurs de roses et de jasmins. De grosses Allemandes étalent leur masse lourde sur les galeries des hôtels, tandis que de jeunes Américains jouent au « lawn-t[e]nnis ». Oh! comme ils ont raison les rhéteurs quand ils disent que la nature polit les mœurs et inspire jusqu'aux plus revêches… Je l'ai bien vu ce soir au Kunaal. Il s'y faisait une musique divine, l'air était embaumé de parfums et sur le ciel étoilé se détachait la blanche silhouette du Iungfrau; eh! bien, sourdes à ces douces harmonies, insensibles aux griseries des nuits de Suisse, des « misses » anglaises et des « bourgeoises » allemandes riaient aux éclats et criaient leurs spirituelles reparties, avec un sans-gêne, un aplomb tout britannique. Et moi qui n'entends rien à leur « état d'âme », j'avais envie de pleurer, laissant mon âme flotter dans la douce rêverie, qui donne aux pensées des ailes et aux sentiments des surprises.

*
  *   *

26 juin.

Ce matin, nous reprenons le bateau et traversons le lac Brienz. Ce lac est comme un miroir jeté au fond d'une coupe de bronze. Toujours la Suisse, toujours la belle et grande nature. Nous faisons l'ascension, en wagon, bien entendu, du mont Brünig; nous atteignons ainsi une hauteur de 3000 pieds. Ici nous mettons pied à terre et prenons quelque nourriture. Les hommes, comme de coutume, prolongent leur séjour à table, tandis que les dames vont cueillir des fleurs au bord des précipices. Comme les abîmes les attirent, ces chères compagnes!…

J.-B. Lagacé

---

45. Le terme est d'origine suisse. Cette orthographe dérive sans doute de la forme *chaslet*, dont Alain Rey (*Dictionnaire historique de la langue française*, Paris, Dicorobert, 1992, 383) rapporte qu'elle était utilisée à Fribourg à partir de 1508.

46. On retrouve à nouveau ici une conception artistique de la nature.

Quatrième lettre
[parue dans *La Vérité* le samedi 11 août 1900, 6-7]

Je vous ai faussé compagnie, s'il m'en souvient bien, dans la passe de Brünig, en Suisse et, vraiment, vous devez vous demander ce que je suis devenu depuis. Ah! mon Dieu, je ne le sais guère car : nous voyageons avec une telle rapidité que je ne parviens que difficilement à mettre mes souvenirs en ordre. Et cependant il le faut, je le dois. Mais comme il en est des souvenirs de voyage comme des livres que l'on veut ranger sur les rayons d'une bibliothèque[...] – le premier classement n'étant jamais le bon, – je prierai donc les lecteurs de la *Vérité* d'être indulgents et de croire que je ne considère pas ces notes comme complètes, ni comme définitives... Nous les reprendrons, à tête reposée, et alors seulement, je leur permettrai d'être sévères... impitoyables[47].

Le 26 juin [date à laquelle il écrit?], nous arrivions à Lucerne, poursuivis par de gros nuages qui ne furent pas lents à nous rejoindre.

Mais ce ne fut qu'un orage et le soleil reparut bientôt tout souriant dans le ciel bleu.

Lucerne est considérée à juste titre comme le joyau de la Suisse. Sa situation en amphithéâtre sur le lac des Quatre-Cantons entre le Rhigi et le Pilate, en vue des glaciers d'Uri et d'Engelberg, lui donne en effet un attrait particulier.

« Dans une ville où le présent est si beau, a dit un écrivain français, en parlant de Lucerne, il est bien permis d'oublier le passé ». Je ne puis être de cet avis ; car, à ce compte, que viendrions-nous faire en Europe, si ce n'est pour évoquer les souvenirs du passé, pour retrouver les traces des siècles évanouis, pour nous pénétrer de l'austère poésie des peuples qui ont souffert, aimé, espéré et qui ont, sans le savoir, écrit sur leurs monuments l'histoire mystique de leurs aspirations politiques et de leurs convictions religieuses? Le présent d'ailleurs ne peut avoir d'intérêt pour les penseurs qu'autant qu'il est le fils d'un passé qui l'a préparé, façonné, en quelque sorte, à son image.

Et voilà pourquoi, après avoir secoué la poussière de la route et baigné mon visage dans de l'eau fraîche, j'entreprends une course à travers la ville, sans but, au hasard, retrouvant partout l'empreinte du moyen âge. Les niches, aux coins des rues, avec leurs madones ou leurs saints patrons, les grilles en fer forgé, les vieilles enseignes qui se balancent en criant, les toits

---

47. Lagacé semble annoncer ici une publication de l'ensemble de ses lettres de voyage, à laquelle il aura donc songé avant même son départ. Sa remarque introductive est étrange, les dates qu'il indique avant et après ce passage étant très proches (26 puis 27 juin).

qui surplombent les rues étroites, les maisons recouvertes de fresques, tout a pour moi un charme indicible.

Ah! la douce, la poétique promenade!

Les Lucernois sont très fiers de leur ville et ce qu'ils vous montrent de préférence, ce sont les somptueux hôtels qu'ils ont élevés sur les larges quais, au bord du lac et le riche pont, large de 50 pieds et long de 450, environ, qu'ils ont jeté sur la Reuss qui traverse la ville. Mais je préfère[,] à toutes ces richesses, les pittoresques quartiers du vieux Lucerne, et à ce pont moderne, l'antique Kapellbrücke, qui franchit la Reuss en ligne brisée. Il date de 1333, époque où le bois n'avait pas encore fait place à la pierre dans les constructions, ainsi que le montre sa massive charpente. « En ce temps-là, m'apprend une brochure, que j'ai acheté[e] sur les quais, la ville ne possédait aucune maison qui ne fût de bois, ce qui faisait que le peuple l'avait plaisamment surnommée " le nid de cigogne "[»]. Aujourd'hui Lucerne est devenue le « nid » des touristes et je crains bien qu'elle n'ait perdu au change.

Le « Kapellbrücke » est orné de 121 tableaux, peints sur les supports de la voûte et représentant les hauts faits des héros suisses et les épisodes de la vie de saint Léger et de saint Maurice, les patrons de la ville. Au milieu du pont, s'élève une tour octogonale appelée « Wasserturm » qui autrefois contena[i]t les trésors de la cité et où une chambre de torture était installée. Nous n'y croyons pas trop : on nous en a fait tant voir de ces chambres de torture, depuis notre arrivée sur le continent, que ce serait à croire qu'il n'y a eu dans le passé que des tyrans et des assassins. Cette tour, assurent les archéologues, existait déjà à l'époque romaine et servait alors de phare. Et l'on veut que la ville tire son nom de cette tour : « Lucerna » (phare), d'où Lucerne.

La « Collégiale de S. Léger » ou « Hofkirche », la principale église de Lucerne, couronne une charmante colline et domine de ses deux clochers la ville toute entière. Nous y admirons de superbes stalles, une grille en fer forgé, qui sépare le chœur de la nef, et qui gâte un peu l'effet général, malgré la beauté et la finesse du travail, un autel orné d'un admirable relief en bois du xve siècle.

Tous les soirs de la semaine, de 6.30 à 7.30 h. il se donne dans cette église un concert d'orgue. M. Rivet, qui[,] ici comme toujours, fait tout ce qu'il peut pour rendre le voyage non seulement intéressant, mais encore profitable et instructif, a obtenu qu'un concert fût spécialement organisé pour nous. L'orgue de Lucerne est une merveille. Je n'ai jamais entendu un orgue aussi puissant, aussi riche en sons et en moyens d'expression. Ces « voix humaines » qui chantaient sous les voûtes sonores, c'étaient véritablement des voix d'hommes… vibrantes de tous les sentiments dont un cœur peut être rempli ; et quan[d], comme une réponse venant des cieux, les « voix des Anges » se firent entendre, on aurait dit que, par quelque porte céleste, une musique divine descendait sur nous, et passait en une vague d'harmonie…

Comme avec vous, oh! Mendelssohn, Wagner, Schubert et Gounod, en cet instant de douce paix, je laissai chanter mon âme, et comme je compris la puissance de la musique, qui non seulement exprime les sentiments des maîtres, des érudits et des raffinés, mais aussi[,] et peut-être mieux encore, les sentiments des plus simples des hommes. Et c'est vraiment à l'heure où la musique rend les âmes vibrantes d'une même émotion que l'on sent que les âmes sont sœurs et que la langue qu'elles parlent est la même toujours, celle du ciel. Et il n'y a que la musique pour nous révéler ce mystère intime des âmes, divisées par la vie, mais réconciliées et unies par l'harmonie, cet écho de l'éternité...

*
* *

Le 27 juin.

Ce matin je suis allé voir le fameux « Lion de Lucerne ». C'est la grande attraction de la ville. Tous ceux qui ont appris l'histoire savent que jadis les Lucernois aimaient fort le métier de la guerre. Les rois de France, avant la Révolution, enrôlaient des Suisses pour les garder dans leur palais. Ce service-là n'était guère périlleux et c'était pour un Suisse un grand honneur d'entrer dans les gardes du corps du roi. Or, qui ne se rappelle la date du 10 août 1792, où les Jacobins, irrités de ce qu'une armée austro-russe s'avançait pour protéger Louis XVI, envahirent les Tuileries. Deux bataillons de la garde royale, composée uniquement de Suisses, succombèrent, après une lutte héroïque, sous les coups des assaillants, dont le nombre allait toujours grossissant. Le 2 et 3 septembre tombèrent aussi ceux qui avaient survécu au massacre du 10 août.

C'est à la mémoire de ces malheureux soldats qu'a été érigé, en 1821, à l'instigation du colonel de P[f]yffer, le monument en question. Il représente un lion blessé au côté d'un coup de lance et agonisant. Sa patte droite est posée sur l'écusson des rois de France ; près de sa tête est l'écusson de la Suisse, entouré de lances... Ce monument a été taillé dans un[e] paroi de rocher de soixante pieds de haut. L'impression qu'on éprouve en face de ce lion effrayant est une de ces rares impressions qui ne s'effacent pas ; mais qui demeurent dans la mémoire comme un doux souvenir.

La conception de ce beau monument est due au génie de Thorwaldsen, l'exécution au sculpteur Ahorn, de Constance[48].

---

48. Alexandre Martin récapitule ainsi les conditions de cette entreprise : « Un jeune sculpteur de Constance, nommé Ahorn, a exécuté ce travail sur un modèle en plâtre envoyé de Rome par Thorwaldsen, et sous la direction du colonel Pfyffer. Le modèle arriva à Lucerne tellement endommagé que le masque fut trouvé gisant en morceaux dans la caisse. Le colonel Pfyffer

Cet après-midi je me suis fait conduire sur la belle montagne de Sonne[n]berg[49]. De cette hauteur la vue est ravissante. Le beau lac des Quatre-Cantons, entouré de montagnes au front de neige, apparaît au fond de la vallée comme un lambeau d'azur vu à travers la verdure d'une épaisse forêt. Lucerne, au bord du lac, est rayonnante de beauté… De grands jardins en fleurs, de somptueux hôtels, des villas, en un mot tout ce qui peut flatter le regard semble avoir été réuni au pied de ces hautes montagnes, aux crénelures gigantesques… Comme il faisait bon de se laisser vivre, tout doucement, dans ce paysage incomparable, notre pensée emportée sur les ailes du rêve et notre cœur chantant tout bas sa joie et sa tranquillité…

Ce soir nous avons eu un banquet à l'occasion de la fête nationale, la S. Jean-Baptiste [célébrée ici le 27 juin]. La bonne soirée que nous avons passée à chanter les gloires du passé et les espérances de demain. Le souvenir de la patrie était dans tous les cœurs et ce fut avec des larmes dans les yeux[…] qu'à l'invitation de M. Labelle, curé d'Aylmer, nous levâmes nos verres pour boire à la prospérité et au bonheur de la patrie absente…

*

*   *

Le 29 juin.

Le trajet entre Lucerne et Milan est excessivement intéressant ; la voie ferrée passe entre deux chaînes de montagnes, en glissant peu à peu vers les plaines de l'Italie.

Notre séjour à Milan est très court, trop court. Arrivés hier dans la soirée, nous en sommes repartis cet après-midi à deux heures. Que faire, que voir en aussi peu de temps ? Cependant nous ne nous laissons pas abattre par le découragement et de grand matin nous sommes sur pied. La première chose à voir était assurément la cathédrale, cette merveille de l'art gothique. Je sais bien qu'elle n'a pas la hardiesse et la pureté de lignes des vieilles

---

Wesher ramassa les précieux fragments que le frottement n'avait point encore usé, les étendit sur le tapis, et parvint, à force de patience et de soins, à les réunir dans leur ordre et à les coller ensemble », Alexandre Martin, *La Suisse pittoresque et ses environs, tableau général, descriptif, historique et statistique des 22 cantons, de la Savoie, d'une partie du Piemont et du Pays de Bade*, chapitre sur le « Canton du Lucerne », Paris, Imprimerie de Casimir, 1835, 45. Charles Pfyffer (et non Plyffer, tel que dans A) était lieutenant de la garde suisse à Paris de 1787 à 1792. Promoteur du monument du Lion de Lucerne, il est aussi l'auteur du *Récit de la conduite du régiment des gardes suisses à la journée du 10 août 1792*, H. Zur Gilgen, « Pfyffer, Charles », *DHBS*, tome 5, 280-281.

49. Il s'agit de la montagne de Sonnenberg (et non Sonnerberg, tel que dans A), où se trouve le château de la famille du même nom, A. Scheiwiler, « Sonnenberg », *DHBS*, tome 6, 271-273. Dans B, se lit correctement *Sonnenberg*.

cathédrales de France, mais elle l'emporte sur celles-ci par ses proportions, qui sont vraiment grandioses, par la richesse et la beauté des ornements, le fini du travail.

Tout en marbre, sa silhouette blanche se détache vigoureusement sur le ciel profond de l'Italie ; ses 116 aiguilles, surmontées de statues, nous font l'effet d'une dentelle empesée. L'intérieur a cinq nefs, supportées par 52 pil[l]iers. Je ne sais quelle émotion s'empare de vous, quand vous entrez dans ce vaste temple où la lumière pénètre avec discrétion par les vitraux peints, où le bruit de vos pas résonne sans écho sur les dalles de marbre, où tout semble flotter dans une demi-nuit dont les ors seraient les étoiles.

La cathédrale gothique est vraiment la maison de la prière ; c'est encore le plus beau triomphe de l'esprit humain, et Lamennais[50] avait bien raison quand il disait que la cathédrale gothique était comme la synthèse de tous les arts…

Il me restait encore quelques minutes avant le départ ; j'ai donc couru à la vieille église où repose le corps de saint Ambroise. Je me suis senti saisi d'émotion en pénétrant dans cet antique sanctuaire où s'est accompli l'un des actes les plus courageux qui soient rapportés dans toute l'histoire de l'Église. Car, c'est ici, sous ce portique, que le grand évêque a refusé à l'empereur Théodose l'entrée de l'église, parce que les mains du conquérant étaient teintes du sang de ses frères de Thessalonique[51].

Heureux temps où les grands pleuraient leurs crimes, où l'Église pouvait exiger la pénitence sans avoir à se cacher au fond de ses « sacristies » pour accomplir l'œuvre du salut. Ah ! la France et l'Italie auraient besoin

---

50. Dans le vol. 3 de son *Esquisse d'une philosophie* (Paris, Pagnerre, 1840), Félicité Robert de Lamennais (1782-1854), qui est le seul auteur cité que l'on puisse associer au futur métier d'historien de l'art de Lagacé, offre une synopsis des arts. Les écrits de Lamennais sur l'art et l'esthétique ont été réunis dans *De l'art du beau*, Paris, Garnier, 1872 ; on trouvera aussi des extraits de son *Esquisse de philosophie* sur l'art et la littérature dans F. Duine, *La Mennais, l'homme et l'écrivain. Pages choisies*, Paris, Librairie Emmanuel Vitte, 1912, chapitre 3, 159-206, dont ses réflexions sur la cathédrale, qui commencent comme suit : « Le temple chrétien représente la Création dans son état présent et dans ses rapports avec l'état, les lois et les futures destinées de l'homme. Symbole de la divine architectonique, le corps de l'édifice semble, ainsi que le modèle dont il reproduit le type idéal, se dilater indéfiniment, et, sous ses voûtes élevées qui s'arrondissent comme celle des cieux, il exprime, par ses fortes ombres et la tristesse de ses demi-jours, la défaillance de l'univers obscurci depuis la chute. » 161-165. Sur Lamennais, voir Charles Chauvin, *Lamennais ou l'impossible conciliation 1782-1854*, Paris, Desclée de Brouwer, 1999 ; Auguste Molien et François Marie Duine (dir.), *Lamennais, sa vie, ses idées : pages choisies*, Lyon, E. Vitte, 1898.

51. Au cours d'un séjour à Milan, l'empereur Théodose se vit excommunié par saint Ambroise, qui le contraignit à une expiation publique pour avoir ordonné le massacre de 7 000 habitants de Thessalonique insurgée en 390 ; c'était la première fois que l'État romain se soumettait à la puissance de l'Église. Pourtant, c'est sous le règne du même Théodose, qui combattit le paganisme avec force, ordonna la fermeture des temples et interdit les sacrifices, que le christianisme devint officiellement religion d'État, *PRNP*, 67 et 2043.

aujourd'hui d'hommes comme Ambroise, au cœur dévoré de l'amour divin, pour les sauver en les ramenant au pied des autels repentantes et humiliées, criant pardon pour les crimes commis contre Dieu et sa sainte Église.

*

*   *

Venise. – Deux jours à Venise ! Arrivés le 29 et partis le 1er juillet dans l'après-midi. « Venise ! » À ce cri nous nous élançons hors des wagons.

À la porte même de la gare nous sommes obligés de prendre les gondoles et de parcourir une partie du grand canal pour atteindre notre hôtel… Quel silence dans cette ville qui renferme pourtant 133,000 habitants. Le bruit de la rame qui frappe régulièrement l'eau a remplacé le claquement du fouet[,] et le cri rauque que pousse le gondolier avant de tourner le coin des… rues remplace les hurlements et les jurons des cochers de nos villes… C'est dans ce poétique équipage que nous arrivons au « Grand Hôtel » de Venise où un copieux repas est préparé.

Sous les fenêtres de la salle à manger, une barque remplie de musiciens s'est arrêtée et leurs chants napolitains qui s'en échappent interrompent les conversations et nous tiennent sous le charme.

Après le dîner nous prenons une voiture – pardon une gondole – et nous partons pour une promenade à travers la ville des doges. Sur le canal, une grande barque, tout[e] illuminée de lanternes et de lampions, se laisse aller au fil de l'eau, portant un orchestre complet. Déjà une centaine de gondoles se sont attachées à la barque « musicale » et glissent sur l'eau dans laquelle se mirent les lumières rouges et vertes des lanternes et les lumières jaunes des fanaux des gondoles… Et nous, bercés par une musique incomparable, dans le plus grand silence, sous ce beau ciel d'Italie tout resplendissant d'étoiles… nous voguons sans bruit. Oh ! la douce poésie de cette belle nuit, comme longtemps j'en conserverai le souvenir. Là, entre ces deux rangées de palais, sur ce vaste canal, tant chanté par les poètes, écoutant les violons murmurant l'*Ave Maria* de Gounod, ou encore l'*Intermezzo* de Mascagni, qui dira jamais la douceur de ce rêve, la poésie de ce concert où l'âme et la nature chantaient le même cantique à la gloire du Créateur ? Le même sentiment était dans tous les cœurs…

La cathédrale (S. Marc) est de style byzantin et produit sur le visiteur une vive impression, à cause de son style oriental et des belles mosaïques qui décorent sa façade. L'intérieur est d'une richesse inouïe, incroyable : marbres, sculptures, bronzes, dorures et surtout des mosaïques. Le sol a cédé sous le poids de l'édifice et l'on peut le constater aisément par les trous et les bosses du parquet. Car, l'on sait que S. Marc est bâti sur pilotis. La façade est décorée de quatre chevaux de bronze qui feraient meilleure figure

aux quatre coins d'une fontaine qu'ici. Ces chevaux ont une histoire, une longue histoire que les guides ne manquent pas de raconter pour épater le bourgeois et pour se venger un peu des Français. C'est étonnant le nombre de vols que l'on a attribué à Napoléon[52]. Quelques bijoux manquent-ils dans un trésor, c'est ce pauvre Napoléon qui les a emportés... Il en était bien capable, et il ne s'en faisait pas faute à l'occasion ; mais, en fin de compte, pourquoi nous le dire si souvent ? Est-ce qu'il a été le seul grand voleur de notre siècle ? Et si aujourd'hui l'Europe est menacée par la « vague jaune » [note 53], n'est-ce pas parce que Dieu est las des crimes des nations, des vols à main armée, des injustices commises envers les petits peuples qui vivaient en paix dans leur patrie, ne demandant rien aux grands empires, leurs voisins[...] croyant dans leur naïveté[...] qu'il y avait assez de place sous le soleil pour plusieurs drapeaux ? Et cette guerre de Chine, qui effraie jusqu'aux optimistes, ne serait-ce pas la vengeance divine qui se prépare par les mains des barbares ? Ne serait-ce pas le sang de la pauvre Pologne, de la malheureuse Arménie, de l'héroïque Transvaal, de toutes les patries conquises par la force brutale qui a crié vers le ciel et qui aujourd'hui obtient justice... Il y a une loi de compensation dès cette vie et les peuples ne pouvant être punis dans l'autre monde, comme peuples, le sont ici-bas... et la punition est toujours terrible !... L'Italie l'a éprouvé en Afrique[53].

---

52. Pourtant, c'est bien des « vols » de Napoléon, par l'entremise de Vivant Denon (1747-1825), directeur général des Musées depuis 1802 et membre de l'Académie des Beaux-arts à partir de 1803, que s'est constituée la collection du Louvre. Selon Jean Leclant, secrétaire perpétuel de l'Académie des inscriptions et belles-lettres et président du Haut Comité des célébrations nationales françaises, le « rêve oriental » de Napoléon « doit se concevoir dans la perspective d'une propagande systématique d'exaltation personnelle, dont l'artisan le plus actif fut Vivant Denon, sachant utiliser le prestige des images glorieuses des monuments de l'Égypte pharao-nique et de paysages enchanteurs. "La gloire des armes associée à la découverte artistique, c'est ce que fut l'expédition d'Égypte", écrira même Napoléon. » www.culture.gouv.fr/culture/actualites/celebrations2004/Orient.htm, consulté le 7 février 2006. On lit aussi, sur le site sur les Célébrations nationales 2004 : « Dominique Vivant Denon fut de toutes les campagnes militaires de Napoléon Ier. Sa mission consistait à s'emparer des trésors de villes conquises pour les envoyer à Paris alimenter le Musée du Louvre (ancien musée Napoléon) ». En ce qui concerne les chevaux de bronze sur la façade de la basilique Saint-Marc que mentionne Lagacé, ils avaient été pris par Napoléon en 1797, lors de la première campagne d'Italie, et placés sur l'arc de triomphe du Carrousel à Paris, puis ramenés à Venise en 1815, après la chute de Napoléon. Ces chevaux, considérés par Winckelmann comme une œuvre romaine datant du IIe ou IIIe siècle, avaient effectivement déjà été déplacés, comme le note Lagacé, puisque, lors de la IVe croisade (1204), ils faisaient partie du butin rapporté de Constantinople, où ils ornaient initialement l'hippodrome, *Les Guides bleus. Italie du Nord et du Centre*, Paris, Hachette, 1985, 828. La place Saint-Marc porte encore les traces du passage de Napoléon, puisque l'église San Geminiano a disparu pour être été remplacée par l'aile « Napoléon ».

53. Depuis 1896, les grandes puissances occidentales se partagent la Chine, dont elles convoi-tent les ressources naturelles ; la Russie, l'Allemagne, l'Angleterre et la France provoquent ainsi une violente réaction populaire menée par le mouvement Yihetuan qui s'attaque aux missionnaires ; la Pologne, aussi, est partagée, par la Russie, la Prusse et l'Empire austro-

Donc pour revenir à nos chevaux de bronze, il paraîtrait qu'ils avaient été transportés de Rome à Constantinople, par [Constantin,] le fondateur de cette dernière ville, puis à Venise en 1205, et à Paris par Napoléon… Quoi qu'il en soit ils sont encore à Venise et dans une place d'honneur… parce que, peut-être, ce sont les seuls chevaux que possède Venise.

La place S. Marc est très belle : c'est ici que se trouvent les deux colonnes qui portent l'une le lion ailé, l'autre la statue de saint Théodore, debout sur un crocodile. La place S. Marc est le vrai centre de la ville, le seul endroit d'ailleurs où le peuple peut s'assembler pour discuter les questions politiques ou pour les fêtes publiques. Les monuments les plus importants se trouvent dans les environs du fameux campanile, que Napoléon (encore !) aurait monté à cheval, le palais royal, le palais des doges, la prison des plombs. Il faut visiter ces palais pour se faire une idée des richesses d'art qu'ils contiennent. Nous nous attardons dans ces immenses salles où les peintres ont épuisé toutes les ressources de l'art décoratif. À l'église S. Georges nous admirons de fort belles stalles sculptées par le sculpteur flamand Brul[l]e[54]. À S. Jean et S. Paul, ce sont les ruines de la chapelle élevée à l'occasion de la victoire de Lépante[…] qui nous ont le plus intéress[é]. Malheureusement, pour l'Art, un incendie l'a presque entièrement détruite : il ne reste plus que les murs et quelques fragments de bas-relief d'une grande beauté. Le peu que nous en voyons nous donne cependant une idée de ce que devait être cette chapelle avant sa destruction ; et quand il faut penser que cette perte est due à une imprudence ou à une négligence ! Comme les œuvres humaines, même les meilleures, sont à la merci du moindre accident : une étincelle suffit pour détruire à jamais ce qui a demandé tant de travail et de génie pour le conduire à bonne fin. *Sic transit gloria mundi*. [« Ainsi passe la gloire du monde », nos guillemets.]

J.-B. Lagacé.

---

hongrois ; en Arménie, les résistances populaires contre l'envahisseur ottoman entraînent de terribles massacres et répressions (plus de 150 000 morts entre 1894 et 1896, qui seront suivis en 1915 par le génocide arménien que le gouvernement turc n'a toujours pas reconnu) ; au Transvaal, en Afrique du Sud, les Britanniques sont encore en lutte contre les Boers, et enfin, à Adoua, en Éthiopie, l'armée italienne subit une défaite en 1896, *Enc. Univ.* : J. Chesneaux, « Chine (l'empire du milieu) – histoire jusqu'à 1949 », vol. 4, 271-306 ; M. Laran, « Pologne (histoire) », vol. 13, 270-278 ; J.-P. Alem, « Arménie (histoire) », vol. 2, 429-430.

54. Albert van den Brulle (et non van den Brule), né au milieu du xvie siècle à Anvers, était sculpteur sur bois. Il a vécu à Venise et produit des œuvres pour l'église Saint-Georges Majeur, Emmanuel Bénézit, *Dictionnaire critique et documentaire des peintres, sculpteurs, dessinateurs et graveurs de tous les temps et de tous les pays*, par un groupe d'écrivains spécialistes français et étrangers, nouvelle édition entièrement refondue, revue et corrigée ss la dir. des héritiers de E. Bénézit, Paris, Gründ, 1976, vol. 2, 354.

Cinquième lettre

[parue dans *La Vérité* le samedi 18 août 1900, 5-7]

2 juillet. ·

Hier au soir, nous arriv[i]ons à Bologne.

Bologne est une ville fort ancienne ; sa population est de 100,000 habitants. Ce qui me frappe tout d'abord ici, c'est l'activité qui règne dans les rues. Bologne est une ville industrielle et bourgeoise. On se croirait presque à Montréal, n'était-ce le nombre incroyable des maisons à portiques. Les trottoirs passent sous les arcades et l'on peut ainsi faire le tour de la ville protégé contre les rayons brûlants du soleil.

Ce matin nous avons fait, en voiture, la visite de la ville. Après avoir parcouru les rues principales de la charmante ville et visité quelques églises, nous sommes arrivés au sanctuaire où sont conservés les précieux restes de sainte Catherine de Bologne. Non seulement sainte Catherine fut une grande sainte ; mais elle fut encore musicienne, peintre, écrivain et sut ainsi aimer Dieu et chanter ses louanges par l'Art, cette voix[55] puissante qui trouve des accents presque divins, quand il est entièrement consacré à entraîner les âmes hors des bourbiers terrestres pour les faire monter jusqu'à l'idéale beauté. Et je comprends maintenant comment sainte Catherine a pu être le trésor enflammé qui a embrasé son époque de l'amour divin.

Extraordinaire fut cette femme remarquable durant sa vie, extraordinaire [... (est)] elle est demeurée dans la mort. On nous fait pénétrer dans une petite chapelle et là, sous un baldaquin d'or, entouré de lampes et de cierges, au milieu de la profusion de l'art italien, nous apercevons la Sainte, assise sur un trône, enveloppée dans de magnifiques vêtements de soie. Sa tête est couronnée de fleurs et de diamants, sa main droite ornée de bijoux tient une croix tandis que sa gauche est posée sur un livre ouvert. La chair du visage, des mains et des pieds est devenue noire, à l'exception d'un endroit sous la lèvre inférieure qui est demeuré plus blanc. En face de ce corps de femme, touché par la mort et noirci par le temps, on est saisi d'une étrange émotion, mélange de crainte et d'horreur ; car, je l'avoue franchement, je n'aime pas cette exhibition... Je préférerais de beaucoup m'agenouiller devant un tombeau que devant ce cadavre... Vous vous retirez de la chapelle emportant dans votre mémoire l'image de ce visage décomposé et noir et elle vous poursuit comme une affreuse vision. Il faut avoir le mauvais goût italien [!] pour ne pas comprendre cela, et je suis de l'avis de cette jeune

---

55. Se lit *vois* dans A et *voix* dans B.

enfant, qui nous accompagne, et qui disait à sa mère en sortant : « Ne serait-il pas temps, maman, de l'enterrer ? »… Il en serait peut-être temps !

*
*   *

Après le déjeuner je me suis mis à la recherche du musée où sont conservés les chefs-d'œuvre de l'école de Bologne. Je prends donc mon guide et je m'élance par la ville. Après une heure de marche je ne suis pas encore parvenu à le découvrir. Je me décide donc à demander un renseignement. Je m'adresse à un jeune homme ; comme il ne comprend pas un mot de français, je fais appel à toutes les ressources de la pantomime la plus grotesque pour exprimer ma demande… Il a compris et il s'offre à me conduire ; il me conduit en effet en face d'une immense construction devant laquelle je suis passé déjà plusieurs fois et me quitte avec maints saluts. Mais par malheur, ou par bonheur, ce n'était pas le musée que je voulais ; j'étais dans la vieille [U]niversité de Bologne, qui depuis quelques années est transformée en musée. Heureuse erreur ! Qui ne connaît, en effet, l'histoire de cette célèbre université qui, pendant tant de siècles, forma les plus grands savants de l'Italie. Ce qui me frappe en parcourant les larges galeries, c'est le nombre incroyable d'écussons qui décorent les murs ; les plafonds, les murs, les colonnes, jusqu'au pavé, en sont couverts. Je m'informe et voici ce qu'on m'apprend. Chaque groupe d'étudiants nommait chaque année un chef et ce chef avait le droit de faire peindre ou sculpter sur les murs de l'Université l'écusson de sa maison ; les professeurs en faisaient autant. Ainsi on me montre dans la bibliothèque les armes d'un jeune noble de l'Amérique du Sud… Inutile d'ajouter que le cicérone ne manque jamais de les désigner aux touristes américains, espérant bien que cette attention délicate grossira de quelques centimes le pourboire obligé. Dans la salle d'anatomie, où furent faites les premières études sur le cadavre, je remarque le buste de Rossini ; je demande pourquoi le grand musicien est ici. C'est dans cette salle, paraît-il, que fut donnée la première audition du *Stabat Mater* de ce maître. Je vous avoue que l'on aurait pu choisir un endroit plus convenable pour une semblable fête musicale. Mais, il ne faut pas oublier que nous sommes en Italie ! La bibliothèque de l'Université contient 220,000 volumes et 80,000 brochures. Que de richesses pour les érudits : aussi vois-je avec plaisir la salle de lecture remplie d'étudiants et d'écrivains.

La chapelle, où les universitaires venaient se confesser, est d'un goût sévère et [a] conservé toute sa fraîcheur. Les fresques qui la décorent sont très belles : l'on dirait qu'elles ont été exécutées il y a à peine quelques jours.

Je remarque[,] entre autres tableaux, une Annonciation, qui est peut-être la plus pieuse que j'ai encore vue[56].

Je conseille donc à ceux qui passeront par Bologne de ne pas manquer de visiter la vieille Université : c'est la plus grande attraction de la ville et il y a de quoi s'instruire… On en sort avec des idées plus justes sur les œuvres et les institutions du moyen âge, cette époque de *ténèbres* comme on persiste encore à le qualifier dans certains quartiers par esprit anti-catholique. Il n'y a rien que craignent certaines gens comme le passé : on pourrait en effet établir des comparaisons avec le présent, et c'est ce qui ne ferait pas l'affaire des francs-maçons, des Juifs et des sans-patrie…[57]

*

*   *

Comme je tenais absolument à voir la galerie de tableaux [la Pinacoteca nazionale], je pris le tramway qui cette fois me conduisit à destination. Une heure à peine me restait avant le départ du train. Oh ! la riche collection… J'étais navré de ne pouvoir faire plus que de jeter un rapide coup d'œil sur tant de chefs-d'œuvre. C'est ici qu'est conservée la *Sainte Cécile* de Raphaël, cette œuvre magnifique que tant de fois j'avais admirée dans des photographies, et que je revoyais dans tout l'éclat de ses brillantes couleurs… Et puis des Dominiquin, des Francia, des Carrache, des Guido… J'allais d'un tableau à l'autre, dans une exaltation que le peu de temps me restant ne faisait qu'augmenter. Pourquoi faut-il que je m'arrache si tôt à tant de beautés ? Et c'est là le malheur d'être obligé de suivre un groupe de touristes : là où nous voudrions nous arrêter pour admirer et nous instruire, il faut que nous obéissions au signal et que nous nous arrachions à ce qui nous retient par tout ce que nous portons en nous d'amour et d'enthousiasme. Cependant, malgré tout, il reste dans l'intelligence quelque empreinte de ces œuvres incomparables. Nous croyons les avoir oubliées, nous croyons

---

56. Particulièrement célèbre dès 1250 pour ses études en médecine, l'Université de Bologne, dont le nom figure déjà dans des documents du XIe siècle, est considérée comme la plus ancienne d'Europe, celle de Padoue ayant été créée en 1222. Depuis 1803, l'Université de Bologne est installée au palazzo Poggi, décoré au milieu du XVIe siècle par Pellegrino Tibaldi pour le cardinal Giovanni Poggi, *Les Guides bleus. Italie du Nord et du Centre*, 233 et 576. L'ensemble iconographique des peintures doit sa cohérence à une association typologique entre les thèmes mythologiques et bibliques représentés au palais et l'iconographie chrétienne concentrée dans la chapelle, celle-ci comprenant une *Conception* et un *Baptême de saint* Jean (que Lagacé intitule *Annonciation*), ainsi qu'un *Baptême du Christ*, flanqué de deux portraits du commanditaire peints en trompe l'œil et cachés de part et d'autre du retable.

57. Sur le Moyen Âge, voir note 95. En ce qui concerne les francs-maçons, les Juifs et les sans-patrie, l'histoire témoignerait ici de leur commune culpabilité, celle de n'être pas chrétiens, cette *historicisation* de la culpabilité renvoyant implicitement à la vieille idée, dangereuse, car génératrice de haine, d'un complot, juif ou franc-maçon.

que rien n'est resté dans la mémoire de ces émotions rapides; mais un jour, comme l'on voit du fond des étangs, où le vent violent de l'automne a jeté pêle-mêle les débris des fleurs fanées et des feuilles décolorées, une tige percer la surface morne, grandir et s'épanouir, au soleil du printemps; ainsi[,] de notre intelligence[,] où la vie sème toutes nos joies expirées et nos sentiments épuisés, une pensée surgit, monte et fleurit, embaumant de ses parfums les derniers jours d'une existence que dorent déjà les premiers rayons de l'éternité. Cette fleur, c'est le souvenir de la beauté qui un jour a rempli le cœur d'amour et de félicité.

*
*　*

Lorette, 3 juillet.

La ville de Lorette est située sur un imposant sommet; du côté du levant, nous apercevons l'Adriatique, toute bleue sous le soleil brûlant, berçant doucement les nombreuses voiles blanches d'Ancône, de Venise et de Trieste: un vol de colombes blanches dans un ciel d'azur. Du côté du couchant le spectacle change; ce sont les Apennins qui élèvent dans le ciel leurs têtes superbes couronnées d'un brouillard argenté.

La cathédrale qui domine la petite ville est surmontée d'une statue dorée de la Vierge, que l'on voit de très loin et qu'implorent aux heures de péril les nombreux pêcheurs surpris par la tempête. Du côté de l'est l'église est entourée de vieux murs d'enceinte qui protégeaient autrefois les habitants de Lorette contre les invasions. Une vaste place, bordée par les arcades du Palais apostolique, donne accès à cette basilique somptueuse, érigée par les soins des Vicaires de Jésus-Christ pour immortaliser le souvenir, cher à tous les catholiques, de la glorieuse Translation de la Sainte Maison de Nazareth. Sur la façade est gravé en lettres d'or: «Maison de la Mère de Dieu, dans laquelle le Verbe s'est fait chair[58].»

C'est sous le dôme qu'a été[59] conservée cette humble demeure rendue si glorieuse et si sainte par les mystères qui s'y sont accomplis. De quelle émotion ne sommes-nous pas saisis en pénétrant dans ce sanctuaire vénéré. C'est ici vraiment, entre ces quatre murs nus et usés par les baisers des fidèles, que l'œuvre de la Rédemption s'est commencée; c'est ici[...] qu'enfant, entre Marie et Joseph, Jésus a grandi et s'est donné en modèle au monde entier:

---

58. Selon une légende du XVe siècle, la *Santa Casa*, ou maison de la Vierge à Nazareth, aurait été transportée à Lorette par les anges; elle est abritée à présent dans une église construite en partie par Bramante à partir de 1509, *PRNP*, 1245; John Fleming, Hugh Honour, Nicholas Pevsner, *Penguin Dictionnary of Architecture*, Great Britain, Penguin Books, 1980, c1966.
59. Difficile à déchiffrer. Dans B, se lit *qu'est conservée*.

c'est ici enfin, [que,] comme le dernier des enfants des hommes, le Sauveur du genre humain[…] a travaillé et a souffert… Ah ! comme cet endroit est saint et comme c'est avec une vive reconnaissance que je me prosterne sur ces dalles de pierre et que je m'humilie profondément.

Que sont[,] à côté de cette misérable hutte-chaumière[,] les palais des grands, ces somptueux palais que nous avons visités et qui le plus souvent n'ont été que le rendez-vous des plus grands criminels, de ceux qu'on encense et vénère, et le lieu des orgies les plus honteuses ?… Ici, au contraire, tout parle au cœur, tout enseigne à l'intelligence : c'est le catéchisme des malheureux, le livre d'or des espérances éternelles.

Tous les lecteurs de la *Vérité* connaissent la touchante histoire de cette sainte maison. Je ne la répéterai donc pas. Qu'il me suffise de dire que l'authenticité de ses diverses translations est établie au-delà de tout doute par des témoignages irrécusables et qu'en tout cas, on ne vient pas ici pour discuter, mais pour prier et adorer.

Les pèlerins ont fait si souvent à genoux le tour de la Demeure sacrée qu'un sillon a fini par se creuser, dans le parquet, sillon de la foi et de l'amour, où les baisers et les larmes ont fait surgir une moisson de grâces et de bénédictions.

Tout près de Lorette on me montre le trop célèbre champ de bataille de Castelfidardo[60], où les derniers crois[é]s ont succombé glorieusement, écrasés par le nombre, donnant à notre siècle le spectacle de l'héroïsme le plus pur.

Un monument élevé par les Italiens rappelle ce souvenir néfaste… La France Juive[61] a arraché cette page de l'histoire ; mais quand on aura fini d'honorer des renégats, quand la rafale qui passe tôt ou tard sur les sociétés[…] aura balayé les statues élevées à la gloire de ceux qui ont déshonoré la patrie, la France Chrétienne aura son jour et partout alors l'on verra la Croix étendre ses bras bénissants sur les champs arrosés par le sang des héros, morts pour Dieu et pour la France.

Ce jour viendra, j'en ai la conviction profonde !

---

60. En septembre 1860, à Castelfidardo, les troupes de Victor-Emmanuel II affrontent l'armée pontificale, composée en partie de zouaves, afin de contrôler la région des Marches et de l'Ombrie. La défaite des troupes de Pie IX entraîne l'annexion de ce territoire au royaume de l'Italie unifiée, Philippe Boutry, « Zouaves… », 1745-1749, voir aussi notre note 20.

61. Associée à la chute de Castelfidardo, tombée aux mains du roi d'Italie, qui n'était ni Juif ni Français, l'expression « la France Juive » désigne les ennemis de la chrétienté ; de manière plus ciblée, elle évoque un ouvrage pamphlétaire à succès d'Édouard Drumont (1844-1917, journaliste catholique, publiciste et homme politique français antidreyfusard notoire, collaborateur à *L'Univers* de Louis Veuillot, voir note 66) : *La France juive, essai d'histoire contemporaine* (1888), un manifeste antisémite virulent qui rassemble tous les griefs de la petite bourgeoisie cléricale contre les Juifs, *PRNP*, 620 et Madaule, 121 ; voir aussi note 33.

*

* *

Rome, le 5 juillet.

Notre séjour à Rome a été si court qu'il me semble que ce n'a été qu'un rêve… Quoi! six jours pour pouvoir visiter Rome? Autant dire que je n'ai fait que traverser ses rues et ses monuments sans m'arrêter dans aucun. Aussi bien, n'attendez de moi aucune description des magnifiques églises dans lesquelles je me suis agenouillé. Le tenter serait folie.

Ce qu'il m'a fallu de forces et d'énergie pour ne pas succomber à la fatigue, et, disons-le, au découragement! Je parvenais à voir si peu de choses en un jour: c'était vraiment une «course aux clochers», mais une course échevelée, insensée. Aujourd'hui que je suis un peu repos[é], je vois mal dans mes souvenirs; mais j'ai gardé l'impression que malgré les sacrilèges commis dans la ville sainte, malgré les efforts de la franc-maçonnerie pour faire de la capitale du monde[…] la capitale de l'Italie unifiée, Rome a gardé son cachet d'immortalité, de cité de la chrétienté[62]. On peut effacer avec de la boue les écussons des papes sur les portes des palais et sur les murs du fort S. Ange, on peut écrire sur les murs: « Papa non papetta[63] », on peut sur les places publiques essayer dans le bronze d'immortaliser le souvenir des spoliateurs, on n'empêchera jamais le monde de venir se prosterner devant le vieillard qui tient de Dieu sa royauté et de respirer, dans le Colisée, la

---

62. La diversité des croyances religieuses des francs-maçons et leur appui à des mouvements révolutionnaires ont contribué à faire condamner leur ordre par la papauté, le Saint-Siège les considérant comme hostiles à sa cause car ils étaient engagés dans la défense des partisans de l'Italie unifiée qui désiraient se saisir de Rome. Ayant déjà été visés par Clément VII, dans sa bulle *In Eminenti* de 1738, les francs-maçons sont à nouveau condamnés par Léon XIII dans ses encycliques *Humanum genus* (1884) et *Annum ingressi* (1902), Jacques Mitterand, Serge Hutin et Alain Guichard, « Franc-maçonnerie », *Enc. Univ.*, tome 9, 934-940. Sur l'amalgame entre francs-maçons et Juifs, voir Jack Chaboud, *La franc-maçonnerie: histoire, mythes et réalité*, Paris, Libro inédit, 2004. Sur l'émergence et le développement de la franc-maçonnerie au Canada francophone, voir Roger Lemoine, « La franc-maçonnerie sous le régime français. État de la question », *Les Cahiers des Dix*, vol. 44, 1989, 115-134 et « Francs-maçons francophones du temps de la "Province of Quebec" (1763-1791) », *Les Cahiers des Dix*, vol. 48, 1993, 87-118; voir aussi le compte-rendu d'une conférence présentée au Monument national à Montréal le 27 septembre 1911: «Conférence de M. Gautherot. Le distingué professeur de l'Institut catholique de France fait l'historique de la franc-maçonnerie au 18e siècle », *La Patrie*, jeudi 28 septembre 1911, 5. Cette conférence fait suite à la publication, en 1905 et 1906, des deux ouvrages de Max Doumic sur la franc-maçonnerie (3/n46).

63. Se lirait plutôt « *Papa non papessa* », « [Nous voulons] un pape, pas une papesse », l'expression italienne « *Fare una vita da papessa*, vivre comme un coq en pâte », portant à croire qu'il s'agit là, comme le pense Lagacé lui-même, d'une critique du comportement de la papauté, *Robert & Signorelli. Dictionnaire français-italien, italien-français*, Milan, Signorelli, 1981, 2327.

bonne odeur du sang des martyrs et le parfum des vertus qui se dégage des corps saints qui reposent dans les sanctuaires...

Rome restera chrétienne, en dépit de tous les efforts que l'on fait... Les boulevards qui conduisent au Quirinal[64] seront toujours déserts, à côté de la petite rue qui mène à Saint-Pierre et au Vatican.

*

*   *

Je viens de lire les belles pages écrites par M. le rédacteur de la *Vérité* sur Rome et sur ses monuments[65]; je ne voudrais pas entreprendre après lui le même travail, je sens que je serais trop au-dessous de la tâche et je préfère tout simplement renvoyer les lecteurs à ses «Notes de voyage» et au livre incomparable de L. Veuillot[66]. J'ai vu Rome si à la hâte que je ne saurais en parler d'une manière convenable. Aussi bien, je passerai sous silence, au moins pour l'instant, mes visites à Saint-Pierre, au Colisée, à Saint-Jean Latran, Saint-Laurent, Saint-Paul-hors-les-murs, etc, etc... Et je ne parlerai que de la magnifique audience que nous avons obtenue du Saint-Père. Cette audience, comme nous la désirions; comme nous avions peur de ne pas l'avoir; on nous avait dit: «le Saint-Père s'est retiré dans sa "maison de campagne", au fond de son jardin et vous ne pourrez le voir»... Et cependant, grâce à M. Leclai[r][67], le sympathique supérieur du Collège

---

64. Construit au XVIe siècle comme résidence d'été des papes, en 1870, le palais du Quirinal devient la demeure des rois de l'Italie unifiée, *PRNP*, 1712.

65. Lagacé renvoie le lecteur aux *Notes de voyage en France, Italie, Espagne, Irlande, Angleterre, Belgique et Hollande*, signées «J.-P. Tardivel, rédacteur-en-chef de la Vérité» (notre introduction/n10). Sur Rome, voir les lettres 20 et 21, ainsi que 19, 22 et 23, où Tardivel décrit des lieux saints, des œuvres d'art et des monuments de la Rome antique. Tout en rappelant les principaux épisodes de l'histoire chrétienne, il critique le gouvernement italien pour avoir usurpé le pouvoir temporel des papes, Tardivel, 316-375.

66. Lagacé évoque l'ouvrage de Louis Veuillot (1813-1883), *Le parfum de Rome* (Paris, P. Lethielleux, 1926, c1861), où l'auteur raconte son voyage, décrit la ville et offre de nombreuses informations historiques. De Veuillot, sur Rome, voir aussi: *Rome et Lorette*, qui traite de la conversion (Tours, Mame, 1841); *De quelques erreurs sur la papauté*, Paris, Gaume Frères et J. Duprey, 1859; *Rome pendant le Concile*, journal où il relate les débats du Concile œcuménique de Rome (1868-1870). Journaliste catholique français, collaborateur puis rédacteur en chef de *L'Univers* (1833-1914), Veuillot a violemment polémiqué en faveur de l'infaillibilité pontificale promulguée en 1870. Pour une perspective montréalaise sur Veuillot, voir la transcription des allocutions et conférences présentées à l'ULàM le 25 janvier 1913 par Élie-J. Auclair, Mgr Bruchési, Édouard Montpetit et le rév. père Louis Lalande dans *RC*, Nouv. série, vol. 12, 1913, 481-538.

67. Il s'agit de Louis-Guillaume Leclair (1837-1906), et non Leclaire. Lorsque Louis-Frédéric Colin, alors supérieur de Saint-Sulpice à Montréal, décide de fonder le Collège canadien à Rome pour accueillir les prêtres canadiens désireux d'y poursuivre des études supérieures, il confie la direction des travaux à Leclair. Le collège est inauguré en 1888, mais des problèmes

canadien, grâce aussi au dévouement de M. Rivet[68], nous avons obtenu ce que nous souhaitions avec tant d'ardeur. Ce fut le 5 juillet au matin, vers les 11 heures, que nous eûmes cette joie de voir Léon XIII[69]. Nous étions tous réunis dans une des antichambres du palais (la salle Clémentine) avec une centaine de Brésiliens, qui eux aussi avaient obtenu la même faveur; nous occupions le côté droit de la salle, eux le côté gauche. Dans le fond de la salle des gardes suisses étaient en faction… Nous attendions depuis une dizaine de minutes, quand soudain une porte s'ouvrit et des gardes nobles, l'épée au poing, apparurent précédant de quelques pas le Saint-Père, porté dans une chaise à porteurs, accompagné seulement de quelques dignitaires de sa suite. Une longue acclamation salua son entrée dans la salle. Un cri,

---

de santé tiennent Leclair à l'écart de cette fonction jusqu'en 1896, date à laquelle il devient supérieur du Collège canadien de Rome. Au moment du pèlerinage canadien, en 1900, il exerce encore cette fonction, mais en novembre de la même année il rentre à Montréal, où il mourra en 1906, Roger Lachapelle, «Leclair, Louis-Guillaume», dans *Les prêtres de Saint-Sulpice au Canada*, Sainte-Foy, Les Presses de l'Université Laval, 1992, 358-360; Philippe Lajoie, P.S.S., «Le Collège canadien», dans *Le troisième centenaire de Saint-Sulpice*, préface d'Olivier Maurault, Montréal, 1941, 116-118; voir aussi Marcel Lajeunesse, *Les Sulpiciens et la vie culturelle à Montréal au xixᵉ siècle*, Montréal, Fides, 1982.

68. Voir notre introduction, n13.

69. Succédant à Pie IX sur le trône de Saint-Pierre, Léon XIII (notre introduction n15 et 62, *supra*) est élu pape le 20 février 1878. Le pouvoir pontifical est alors affaibli par la prise de Rome (1870) qui prive le pape de ses États, donc de son autorité temporelle, ce qui incite Léon XIII à réaffirmer l'importance de la papauté dans les relations diplomatiques. Il meurt à Rome le 20 juillet 1903, à l'âge de 93 ans, Philippe Levillain, «Léon XIII», *DHP*, 1035-1037. Pour un aperçu de l'image que donne le pape à Montréal et à Québec immédiatement avant et après le voyage de Lagacé, voir les articles parus dans *La Presse* en octobre 1899 (jeudi 6, 10; samedi 8, 10, 15 et 19; lundi 10, 7; samedi 15, 11; mercredi 19, 9 et lundi 24, 7) où l'on s'étonne du réalisme des images d'un «Cinématographe biographique» américain, directeur de l'American Mutoscope Compagny, qui projette au Windsor Hall à Montréal, à raison de deux séances par jour et au coût de 25¢ par adulte, de merveilleuses photographies animées de Sa Sainteté, en une exposition à laquelle des milliers de personnes auront eu le privilège d'assister: «C'est une occasion superbe pour le public montréalais d'entrer dans l'intimité du Pape et de voir comment il emploie ses heures» (8 avril, 15). Après le pèlerinage de Lagacé, paraît dans *La Vérité* de Québec une «Lettre apostolique de N. S. P. le Pape Léon XIII. De la consécration d'un nouveau sanctuaire en l'honneur de la Bienheureuse Vierge Marie, sous le vocable du Très Saint Rosaire à Lourdes, en France, au mois d'octobre 1901 (1). Léon XIII, Pape. À tous les fidèles qui liront cette lettre, Salut et Bénédiction Apostolique». Dans cette lettre, lue près de Saint-Pierre le 8 septembre 1901 et diffusée à «tous Nos Vénérables Frères dans le ministère pastoral, patriarches, archevêques, évêques et tous autres prélats de l'univers catholique», Léon XIII accorde ses indulgences aux futurs pèlerins du «nouveau sanctuaire, érigé à Lourdes et dédié à Dieu, en l'honneur de la bienheureuse Vierge Marie, sous le vocable du très Saint Rosaire», tout en dénonçant la «nouvelle hérésie» qui à ses yeux remplace celle des Albigeois en ce qu'elle «infecte et contamine de sa honteuse contagion les peuples chrétiens qu'elle entraîne lamentablement à leur perte et à leur ruine», ce qui incite Léon XIII à demander à la «très puissante Vierge-Mère»: «Qu'elle frappe et écrase les innombrables têtes de l'hydre impie qui étend de plus en plus ses ravages par toute l'Europe …», *La Vérité*, samedi 26 octobre 1901, 1.

toujours le même, répété par deux cents poitrines, éclatait, vibrant comme une fanfare glorieuse : «Vive Léon XIII, pontife et roi». Alors, il se passa un fait incroyable, inespéré : le pape, avec cette bonté dont il a donné aux fidèles tant de preuves, voulut se faire porter autour de la salle, afin que chacun p[û]t l'approcher, le toucher et baiser sa main. Il commença la tournée du côté des Brésiliens, arrêtant à tout instant pour écouter les noms et qualités de ceux qui lui étaient présentés. À chacun, le pape adressait quelques paroles et donnait sa main à baiser. Pendant ce temps, nous, nous chantions le chant des pèlerins canadiens[70].

Lorsque le pape fut arrivé auprès de nous, M. Leclai[r] se mit à genoux et lui dit : «Saint-Père, ce sont les Canadiens !» J'entendis Léon XIII murmurer tout bas à plusieurs reprises : «Bons Canadiens». Alors, il se pencha, bénissant, caressant même les fronts, écoutant les paroles d'amour qui résonnaient autour de lui, souriant avec bienveillance, laissant à tous l'impression d'une grande bonté. Il voulut se faire présenter le directeur du pèlerinage canadien, M. J. Rivet ; il le fit placer auprès de lui pour qu'il p[û]t lui nommer chaque pèlerin en particulier. Lentement il passait dans nos rangs. Nous le regardions, nous pleurions… Depuis déjà huit jours, les journaux américains annonçaient que le pape était très malade, qu'il ne donnait aucune audience, qu'il était vieilli, qu'il n'était plus qu'une ruine. Une ruine ? Oh ! non. Si vous l'aviez vu, comme nous, plein de vie et de forces, se soulevant seul et sans aide, l'œil étincelant, le front rayonnant, vous auriez été, comme nous, surpris de rencontrer, chez ce blanc vieillard, tant d'énergie et de vigueur. Lorsqu'il eut parcouru tous les rangs, il attira à lui M. Rivet, l'organisateur du pèlerinage canadien et il le baisa au front, puis il se fit placer au centre de la salle. On le vit se lever, plein de majesté et de beauté et d'une voix forte encore, il entonna : «*Adjutorium nostrum in nomine Domini*… Nous nous prosternâmes… *Qui fecit coelum et terram. − Benedicat vos…*[71]» Et Léon XIII, debout, les yeux levés vers le ciel, semblait conjurer Jésus-Christ de faire descendre sur nos têtes[…] la bénédiction divine. Puis lentement et distinctement il chanta : «*Pater, et Filius et Spiritus Sanctus*»… La main gauche appuyée sur sa chaise, il s'était penché vers nous et, sa main droite ouverte, les doigts légèrement agités, il semblait semer sur nos fronts les grâces et les bénédictions. − *Amen*.

Alors, il se passa une scène, dont je ne perdrai jamais le souvenir. Pendant qu'il traversait la salle pour rentrer dans ses ap[p]artements, les cris éclatèrent

---

70. Le *Chant des Pèlerins Canadiens à Paray-le-Monial* (paroles du P. H. Lalande, S. J. ; musique du P. H. Lefebvre, S. J.) a été composé en juin 1900 à l'occasion de ce pèlerinage ; transcription musicale sur microfiche, BLSH.

71. «Notre sauveur au nom du Seigneur […]. Qui a fait le ciel et la terre. […] Que le Père, le Fils, le Saint-Esprit vous bénisse. […] Amen.» Dans A, le guillemet fermant figure après le mot *terram*. Les italiques sont nôtres.

de toutes parts, les dames agitaient leurs mouchoirs, le cri de : « Vive Léon XIII » dominait les autres cris ; c'était un délire, un enthousiasme indescriptible… Nous vîmes soudain, au moment où il allait disparaître, Léon XIII de nouveau se dresser dans sa chaise, et debout, lever une dernière fois la main pour nous bénir… Je regardais son visage ; je ne saurais dire quelle expression s'y reflétait, mélange de joie et de tristesse, et, dans son regard, il y eut comme une lueur d'espoir et de sombre pressentiment… Que voyait-il ? Quelle vision passa à cet instant dans l'âme du saint vieillard ? Je ne le sais. Mais il me sembla qu'au bord de ses prunelles une larme avait brillé…

Quoi qu'il en soit, lorsque nous nous regardâmes, le pape avait disparu et tous nous avions pleuré…

✳
✳ ✳

Oh ! qu'il a menti le proverbe italien qui dit : *Roma veduta, fide perduta* – Rome vue, foi perdue ! Non, ce n'est pas à Rome que l'on perd la foi ; c'est ici au contraire qu'on la retrempe, qu'on la rend invulnérable ! Car, c'est ici que l'on comprend le grand mystère de la souffrance et de l'espérance ; ici l'on comprend que la vérité est éternelle et que l'homme, en qui cette vérité est descendue, en qui elle repose, comme un temple inviolable, est plus fort que la puissance humaine et que[,] captif, par le seul prestige de cette vérité dont il est le dépositaire, il se rit des tentatives des méchants ligués contre lui et qu'il commande au monde. Venez à Rome, sans crainte, chrétiens, ce n'est pas ici que vous sentirez votre foi défaillir ; mais vous emporterez dans votre cœur la conviction que deux siècles d'impiété et de sarcasmes n'ont pu encore miner la « pierre » sur laquelle repose l'Église catholique et que longtemps encore les flots impurs se briseront contre ce roc immortel.

✳
✳ ✳

À Rome, il n'y a qu'une chose que j'ai bien vue, parce que j'avais le temps, et que le travail de mémoire et d'étude était fait par un autre, le célèbre archéologue Marucchi, disciple de Rossi[72]. Le distingué conférencier à la demande de M. Rivet a bien voulu consentir à accompagner les pèlerins

---

72. En 1883, Orazio Marucchi (1852-1931) publie un ouvrage sur le Forum romain, dont la traduction française, par M.-A. Boudichon, a pour titre *Description du Forum romain et guide pour le visiter*. Après de nouvelles recherches sur le sujet, Marucchi publie *Le Forum romain et le Palatin d'après les dernières découvertes* (Paris, Desclée Lefebvre, 1902). Dans la préface de son ouvrage *Éléments d'archéologie chrétienne* (3 vol., Paris, Desclée Lefebvre, 1899-1903), il dit devoir beaucoup à son maître J.-B. de Rossi, de la Commission pontificale d'archéologie.

canadiens au [F]orum romain et de faire revivre, en quelque sorte, cette époque glorieuse dont il ne reste plus que des ruines lamentables.

Durant deux heures le savant archéologue nous promena à travers ce « cimetière » du peuple romain, évoquant le souvenir des grandeurs de la Rome des Césars et nous montrant comment meurent les peuples et comment ce qui reste de leur gloire peut servir aux siècles suivants.

M. Marucchi est petit et rond ; il marche à petits pas et paraît sans cesse chercher la solution de quelque problème. Son front est large, ses yeux gris lancent des éclairs ; sa bouche fine parle un français parfait, avec cependant des intonations italiennes. Il parle avec une verve intarissable. L'histoire de Rome n'a plus de secret pour lui ; mais ce qui me frappe surtout, c'est comme il sait, à propos, nous montrer le doigt de Dieu dirigeant les év[é]nements et les faisant tous travailler au triomphe de sa Vérité Éternelle.

Elle est bien étrange cette histoire de gloire et de honte, d'héroïsme et de lâcheté. Ici, dans ce forum, dans cette « voie sacrée » furent célébrées toutes les victoires des grands généraux romains ; ici, semblait-il, dut toujours battre le cœur de ce peuple qui avait soumis le monde et qui avait traîné derrière ses chars les rois vaincus de toutes les nations… Mais, le jour vint où les dieux commencèrent à trembler sur leurs piédestaux et dans leurs temples superbes : une ère nouvelle venait de sonner et la Vérité, la Justice et la Charité, comme des astres de feu, se levaient à l'Orient… Alors l'on vit les « enfants de la lumière » traqués dans les rues de Rome comme des bêtes fauves, on les vit de leur sang rougir les arènes ou encore servir de torches pour illuminer les scènes honteuses de Néron… Dans l'éternité, l'heure de la vengeance sonna et du Nord, des hommes vêtus de peaux de bêtes, armés de javelots et de lances, passèrent sur Rome, comme une armée de démons ; instrument aveugle de la vengeance divine, ils renversèrent tout sur leur passage et le sable recouvrit ce qui autrefois était la capitale du monde[73]. Et, spectacle lamentable : on vit des attelages de bœufs et de buffles amenés par les paysans, couchés sur cette place déserte et des forgerons et des charrons s'établir autour des colonnes brisées. Quelques vestiges des temples anciens se voyaient encore, ici et là, et comme un suprême dessein, ce qui fut le « [F]orum romain » s'appela le « Campo vaccino » ou « [C]hamp des bestiaux ».

Mais des hommes vinrent, des savants, des artistes, qui voulurent retrouver les traces du passé et cherchèrent à découvrir dans les inscriptions l'histoire de la Rome païenne.

Raphaël fut le premier qui, en 1519, conçut le plan de ressusciter la vieille ville et plus particulièrement le [F]orum en faisant des fouilles

---

73. Lagacé fait référence aux Barbares.

considérables[74]; son plan eut même un commencement d'exécution à cette époque et fut continué plus tard, notamment en 1546 et 1547, dans les environs des temples de Castor et de Faustine; mais encore à cette époque on ne pensait qu'à découvrir des œuvres d'art et des monuments et les fouilles étaient comblées au fur et à mesure. Les travaux cessèrent même entièrement à partir du XVIIᵉ siècle. Ils furent repris au commencement de ce siècle et ne furent plus interrompus. C'est ainsi que chaque jour, on fait de nouvelles découvertes et personne plus que M. Marucchi ne suit avec un intérêt passionné les nouvelles fouilles qui se font actuellement. Il a écrit de beaux livres sur Rome ancienne et c'est une bonne fortune pour celui qui peut parcourir ces pages, où éclatent, à chaque instant, les sentiments les plus chrétiens…

Nous avons bien vu le Forum et ce qui plus est, nous nous y sommes instruits.

Je remercie M. Marucchi de sa bienveillance à l'égard des pèlerins canadiens et je félicite M. Rivet de nous avoir donné l'occasion d'applaudir un grand savant et un grand catholique.

*

*   *

Je ne voulus pas quitter Rome sans aller saluer le R. P. Meyer S. J.[75], pour qui j'avais une lettre d'introduction. Le R. P. m'a reçu avec bonté, ce qui m'a profondément touché. Il s'est informé des affaires du Canada: il connaît l'état d'âme de notre pays, il en suit les différentes phases avec attention et espère, avec nous, que le bon droit et la justice finiront par triompher. Je lui ai longuement parlé de la *Vérité*, de son œuvre, de son action sur la société… Il m'a fait promettre de la lui envoyer régulièrement.

*

*   *

11 juillet.

Hier, nous nous arrachions au charme irrésistible de la Ville Éternelle pour nous rendre à Florence, la ville des Arts. Pour voir la belle Florence, ce n'est pas un seul jour qu'il faut, ce sont des semaines; eh! bien, il faudra que nous nous contentions d'un jour… Aussi, le soleil n'était pas haut dans le ciel que nous battions déjà le pavé. Avant que les musées ouvrent leurs portes,

---

74. Voir Roger Jones and Nicholas Penny, « Seeking Rome in Rome », in *Raphael*, New Haven and London, Yale University Press, 1983, chapitre IX, 199-205 et 253.
75. Nous n'avons pas retrouvé les traces du père Meyer.

nous allons visiter quelques églises. Et d'abord Santa Maria del Fine [Santa Maria del fiore], vaste construction en marbre, commencée en 1296[76]. La coupole est merveilleuse, et c'est elle, dit-on, qui a donné à Michel-Ange l'idée de la coupole de Saint-Pierre, beaucoup plus merveilleuse encore. Le campanile est d'une légèreté, d'une élégance incroyables... Mais j'ai trouvé l'intérieur nu, lourd et sombre, et franchement[,] en voyant toute la richesse et la couleur de l'extérieur, je m'attendais, comme c'est l'habitude en Italie, de rencontrer dans l'intérieur des marbres, des fresques, des mosaïques éblouissantes : rien de tout cela. C'est une déception.

De là nous nous rendons à l'église de l'Annonciation où l'on nous fait voir d'admirables fresques de del Sarto[77]. Nous admirons un cloître d'une rare beauté : ici, vivaient de[s] saints religieux ; contents d'être oubliés du monde, ils passaient leurs jours et leurs nuits dans la prière et l'étude... Ces humbles, ces petits qui avaient des mots de consolation pour ceux qui souffraient, des paroles de lumière pour ceux qui marchaient dans les ténèbres de l'ignorance, ont cependant attiré l'attention de la Révolution et ils ont été dispersés, comme des oiseaux effrayés par la foudre frappant l'arbre où repose le nid... Le nid est resté ; mais la vie et la chaleur, et l'amour s'en sont retirés...

De là, je me suis rendu à la galerie des Beaux-Arts [le Museo nazionale del Bargello], à quelques pas seulement de l'église de l'Annonciation où j'ai trouvé des richesses de peinture et de sculpture incroyables. C'est ici que l'on peut admirer à son aise entre autres chefs-d'œuvre le fameux *David* de Michel-Ange[78]. Ici, encore, se trouvent réunies toutes les principales œuvres des primitifs, des Giotto, Fra Angelico, Bar[t]olom[m]eo etc... Le musée national conserve une riche collection de marbres, de bronzes, et d'armes anciennes. C'est le musée de la ville. Mais aucun musée, peut-être au monde, ne peut rivaliser avec celui qui est installé dans les palais Pitti et Uffi[z]i ... Les salles elles-mêmes de ces palais sont d'une richesse inouïe et sur les murs on a accroché les peintures merveilleuses des maîtres de la Renaissance. Une promenade à travers ces longues et magnifiques galeries est[,] pour celui qui a des yeux et ce quelque chose qui bat dans une

---

76. Dans B, une erreur donne à lire *1290*.

77. Les fresques peintes par Andrea del Sarto et ses collaborateurs au chiostrino dei Voti à la SS. Annunziata, l'église de l'ordre des Serviteurs de Marie, représentent des épisodes des vies de Marie et de san Filippo Benizzi, l'un des fondateurs de l'ordre en question, *Guida d'Italia, Firenze e dintorni*, Milano, Touring Club Italiano, sesta edizione, 1974, c1922, 213-214, et Eve Borsook, *The Companion Guide to Florence*, Fifth Edition, London, Collins, 1988, 246, c1966.

78. Au Bargello sont conservées plusieurs statues représentant David, dont deux en bronze créées par Donatello et par Verrocchio, et une en marbre par Donatello. Le David de Michel-Ange, quant à lui, se trouve plutôt à l'Accademia, et ce depuis 1873, *Guida d'Italia, Firenze e dintorni*, 150-168.

poitrine d'homme, u[n] enivrement, une jouissance esthétique dont il ne peut perdre le souvenir. C'est ici que j'ai aimé Raphaël, que je l'ai surtout compris; ses [V]ierges ont quelque chose de divin qui flotte sur leur front et semble les auréoler comme d'un vêtement de lumière; ses portraits, sans être aussi fortement taillés, si je puis ainsi dire, que ceux de Rembrand[t], sont cependant vivants et d'une vie intense; ils semblent que ces papes ou cardinaux vont nous parler, continuer une conversation commencée et interrompue par une remarque d'un des auditeurs. Del Sarto a également attiré mon attention; il y a dans ses œuvres[…] quelque chose de pieux, de doux, de divin[,] qui vous fait aimer et qui vous enlève insensiblement aux choses de la terre pour vous faire entrer dans le domaine des choses d'en haut. Ils avaient de l'inspiration ces maîtres d'autrefois; leur génie était entièrement consacré à la glorification de la religion et de ses saints. Quelle différence avec les artistes d'aujourd'hui!…

Je restai deux heures en contemplation devant ces œuvres immortelles, laissant dans mes yeux s'imprimer leur image et dans mon cœur descendre tout doucement ces émotions délicates que la beauté fait jaillir au bord du cœur comme une source d'eau vive et qui sert[,] aux heures de sécheresse, d'abattement et d'épuisement, à ranimer notre âme et à lui donner la force de se relever et de s'envoler de nouveau vers le but qui lui est proposé, comme fin dernière: l'éternité.

C'est de S. Miniato [al Monte] que l'on jouit d'une belle vue sur Florence. L'excursion en vaut la peine: d'autant plus que nous pouvons en nous y rendant admirer les villas des nombreux touristes qui viennent ici pour les grandes chaleurs de l'été. C'est une promenade d'un charme exquis: sous le grand soleil, entre ces palmiers qui se balancent avec un bruit harmonieux, parmi les fleurs d'un parfum si suave et si pénétrant qui nous entourent, l'on est tenté de chanter avec Mignon: -

C'est là que je voudrais vivre,
Aimer et mourir[79]…

Oui, sous ce beau ciel, à nul autre pareil, la vie devrait être douce, si, comme jadis, [oh! il y a longtemps de cela,][80] on puisait le savoir à l'abri des révolutions, des guerres sanglantes, des misères de la lutte pour cette vie, qui n'a de réel que les larmes qu'elle fait verser et de durable, que les œuvres qu'elle inspire… C'est à Florence que j'aimerais à fixer ma demeure:

---

79. Dans *Les années d'apprentissage de Wilhelm Meister* (préface de Marcel Brion, texte intégral traduit et annoté par André Meyer, Paris, Bordas, 1949, c1796), Mignon meurt d'amour pour Wilhelm. Les lieder qu'elle chante dans ce roman de Goethe ont inspiré à Ambroise Thomas son opéra du même nom.

80. Cette insertion figure dans B seulement, mais comme elle est représentative du style de Lagacé, nous la conservons.

je choisirais, au pied du S. Miniato, un jardin en fleurs, entouré d'un mur couvert de lierres et de roses grimpantes... Une longue allée de sable[...] conduirait les amis, des bons et mauvais jours, au seuil d'une maison toujours ouverte pour les recevoir. Là, entre une magnifique bibliothèque et un atelier de peinture, je passerais ma vie à beaucoup aimer et à beaucoup me faire aimer... Oh! le rêve fou, le rêve impossible... Que voulez-vous, le ciel est si pur, le soleil si brûlant et les fleurs sentent si bon que... j'ai sommeillé et rêvé, bercé par le mouvement régulier de la voiture que traîne un cheval endormi, sous l'œil éteint d'un cocher qui ronfle...

J.-B. Lagacé

Sixième lettre

[parue dans *La Vérité* le samedi 29 septembre 1900, 4-6]

Le 12 juillet [date à laquelle il écrit?], de grand matin, nous quittions Florence, la ville des fleurs et des arts. Longtemps je restai penché à la portière, la regardant s'évanouir dans le bleu flottant du brouillard matinal; peu à peu les lignes de ses riches et sombres palais crénelés, de ses campaniles élégants et de son dôme majestueux, deviennent moins affinées et bientôt il ne reste plus de Florence qu'une tache rose et ensoleillée, indécise et vague, sur le fond de verdure qui ferme l'horizon. Ainsi dans le vague de ma mémoire les vives et fortes impressions[,] que j'ai ressenties tout un jour, s'auréolaient de soleil et s'entouraient lentement de mystère; ainsi à mesure que le train s'éloigne du lieu où elles s'étaient révélées à mon âme, parmi mes souvenirs heureux, elles formaient une «tache rose», un point brillant que ni la distance, ni le temps ne pourront jamais voiler entièrement.

Nous suivons maintenant la vallée de l'Arno et nous traversons à toute vapeur ce chemin qui se faisait autrefois si lentement. Dans les champs, de bonnes filles suspendent leurs durs travaux et nous saluent de la main; le long des murs les rosiers en fleurs forment des guirlandes embaumées et emplissent notre compartiment de senteurs fortes et pénétrantes. Sur le flanc des collines de coquets villages blancs s'éveillent au son des cloches que l'on voit osciller dans les clochers ouverts; puis ce sont de petites villes aux rues étroites et pavées de gros cailloux, aux murs sévères, aux fenêtres grillagées[81]. Puis la campagne reparaît toute fraîche sous le soleil ardent, déroulant ses champs couverts d'oliviers jusqu'aux collines qui là-bas brisent la monotonie de l'horizon...

---

81. Dans B figure une insertion, ici entre crochets: «[...] puis ce sont de petites villes [que nous traversons: de petites villes] aux rues étroites et pavées de gros cailloux, aux murs sévères, aux fenêtres grillées.»

*

* *

Un nom a résonné et toutes les têtes se penchent aux portières : « Pise ! »
[dans A, le ! après le »] Par malheur, le train n'arrête pas et nous ne pouvons
que saluer au passage cette très vieille cité, fondée, dit-on, par les Grecs. Par
dessus les toits rouges, nous voyons émerger le dôme blanc de sa cathédrale,
cette merveille artistique de laquelle Ozanam disait : « Elle est construite
avec tant de légèreté, qu'on ne saurait dire si elle est élevée sur la terre, ou
si elle y pose, descendue du ciel[82]. » Tout près de la cathédrale, nous nous
montrons du doigt la fameuse « tour penchée », qu'on dirait retenue dans
sa chute par une force mystérieuse. C'est du haut de cette tour, on le sait,
que Galilée fit ses premières expériences sur la chute des corps, à la suite
desquelles il formula sa théorie de la composition du mouvement[83].

Mais la vapeur nous emporte, nous arrache à ce spectacle, ne nous
laissant que le regret d'être poussé près de tant de merveilles sans avoir pu
en admirer à loisir l'admirable beauté.

De Pise à Gênes la route est très pittoresque. Le pays est frais, fertile et
poétique ; les champs sont plantés de saules dont les branches supportent la
vigne ; de joyeux villages situés sur les hauteurs gardent[,] comme des reliques
d'un autre âge, les ruines d'un antique château, refuge des oiseaux de nuit
et terreur des enfants et des vieillards. Des palmiers se profilent là-bas sur la
pâleur du ciel ; des jardins[,] pleins de lauriers en fleurs, nous laissent voir
sous leurs ombrages de blanches statues… tout nous fait ressentir[84] l'approche d'une grande ville et bientôt, en effet, le train s'arrête brusquement
dans une vaste gare. Nous sommes à Gênes, la patrie de Christophe Colomb,
et c'est avec une réelle satisfaction que nous descendons de voiture : on est
si mal, grand Dieu, dans ces affreux compartiments !

---

82. Frédéric Antoine Ozanam (1813-1853), l'un des fondateurs de la société catholique de Saint-
Vincent-de-Paul (1833), était historien et professeur à la Sorbonne. Il avait pour projet de
publier une *Histoire de la civilisation aux temps des barbares*, constituée notamment à partir
de ses notes de cours. Les deux premiers volumes parus, *La civilisation au cinquième siècle.
Introduction à une histoire de la civilisation aux temps des barbares, suivie d'un essai sur les écoles
en Italie du ve au xiiie siècle*, 2 vol., Paris, Lecoffre, 1873, c 1851, étaient le fondement de ce
travail plus ambitieux, qui visait à retracer l'histoire des lettres et de la civilisation chrétienne
au Moyen Âge, « de la décadence latine […] à la fin du xiiie siècle », voir les *Œuvres complètes
de F. A. Ozanam*, préface de M. Ampère, Paris, Librairie Victor Lecoffre, 1894. Ozanam fut
béatifié en 1997, *PRNP*, 1554.
83. Lorsqu'il était titulaire d'une chaire à l'Université de Pise (1589-1592), Galilée s'est intéressé
au problème de la chute des corps, mais rien ne permet de confirmer la véracité de la légende
concernant ses expérimentations du haut de la célèbre tour, Pierre Costabel, « Galilée
1564-1642 », *Enc. Univ.*, tome 10, 53-56.
84. Dans B, se lit *pressentir*.

*
* *

Gênes est une coquette cité, entourée de jardins et qui mérite bien son nom : « la Superbe ». De toutes les villes italiennes que j'ai visitées, Gênes est la ville où j'ai remarqué le plus de mouvement, d'activité et de vie. La gaieté et la bonne humeur semblent régner partout ; on cause, on rit, on chante, mais aussi on travaille. Et je ne m'étonne pas de reconnaître dans cette population ce double caractère de jovialité et de sévérité ; car n'est-elle pas à moitié française et à moitié italienne ? On reconnaît le sang français à l'énergie, au sérieux du travail, à l'application journalière, mais en même temps, au besoin de se remuer, de se sentir vivre et de faire du bruit pour se bien convaincre qu'elle vit réellement ; l'italien se trahit dans mille habitudes de se laisser aller, de mollesse, de bailler un peu au soleil.

Curieuse l'histoire de Gênes ! Du xe au xixe siècle, Gênes est tantôt française, tantôt italienne. Un moment devenue libre de tout joug, elle se donne le gouvernement des doges ; dégoûtée de ce régime et sous l'action des idées révolutionnaires, elle se constitue la capitale de la république ligurienne. Tombée de nouveau sous la domination française, elle est attaquée par les Autrichiens, contre lesquels elle soutient un siège de soixante jours ; enfin, en 1815, elle est définitivement annexée au royaume de Sardaigne[85], non sans s'être révoltée plus d'une fois contre un joug qui lui pèse… Mauvaise tête, mais cœur excellent, elle finira peut-être par jouer encore une fois à l'Italie le mauvais tour de devenir française[86]…

Gênes, vue de la mer, assise sur le penchant d'une colline, avec ses blanches maisons disposées en amphithéâtre, offre un spectacle qu'on ne peut se lasse d'admirer.

C'était le soir, à l'heure où le soleil[,] venant[87] de disparaître, laisse aux contours des choses comme des palpitations de lumière… J'allai contempler du haut d'une terrasse le golfe de Gênes, si gai, si animé. De nombreux navires de commerce étaient ancrés au port, tandis que des centaines de

---

85. Dans A, se lit *Serbie*.
86. À plusieurs moments de son histoire, la ville portuaire de Gênes s'est trouvée soumise à la France. Dès 1396, la république génoise subit le joug d'une domination française, ponctuée de quelques épisodes sporadiques sous l'autorité du duc de Milan. En 1528, l'amiral Andrea Doria expulse les Français et met en place une république aristocratique qui, malgré des assauts répétés de la France, se maintient jusqu'en 1797, date à laquelle, sous l'impulsion des idées révolutionnaires, les Génois adoptent une constitution calquée sur le modèle français. Gênes devient alors la capitale de la République ligurienne. En 1805, assiégée par l'armée de Bonaparte, elle est annexée à la France, puis cédée en 1814 par le congrès de Vienne au royaume de Piémont-Sardaigne. En 1860, la ville est finalement intégrée à l'Italie unifiée, Michel Balard, « Gênes (République de) », *Enc. Univ.*, tome 10, 193-196.
87. Dans A et B, se lit *venait de disparaître*.

barques, peintes de toutes les couleurs, promenaient sur le bleu profond de la Méditerranée leurs grandes voiles blanches… Au-dessus de ma tête de beaux palmiers se balançaient avec un bruit de grandes ailes qui s'agitent; des rosiers embaumaient l'air de leurs parfums enivrants et les accords mélodieux d'un orchestre, qui jouait dans quelque parc public, m'arrivaient par bouffées… Comme les blanches voiles qui glissaient sur l'onde bleue, comme les mouettes légères qui décrivaient dans le soir des courbes gracieuses, mon âme se laissa aller à la douce ivresse de nager dans le rêve, et j'eus la sensation de planer dans l'infini… Oh! les rêveries de l'Italie, qui pourrait les oublier? Et puis, je le sentais: c'était un adieu que mon âme jetait ainsi à cette terre des Arts, du soleil et des fleurs… Demain, j'aurai franchi la ligne imaginaire – et pourtant combien réelle – qui sépare la France de l'Italie et de toutes les sensations, de toutes les émotions artis-tiques dont notre âme fut remplie, il ne me restera que le souvenir d'un chant, d'un sourire, d'un accord, d'un dôme d'où descend sur le monde la lumière de la vérité, d'une gondole qui glisse silencieuse entre deux rangées de palais abandonnés, d'une ville qui sourit au bord d'une mer admirable et sublime…

*
* *

13 juillet.

Ce matin, nous avons fait la visite de la ville. Ici, comme dans toutes les villes que nous avons visitées, il y a les vieux quartiers et les quartiers neufs. Dans ceux-là, nous ne voyons que des rues étroites et pavées de larges dalles; des murs humides aux fenêtres grillées, des palais noircis par le temps, des madones placées aux angles des maisons; en un mot, les traits conservés et vieillis de la physionomie des villes du moyen âge.

Mais du moment que nous pénétrons dans les nouveaux quartiers, tout change, ou plutôt, tout redevient banal et commun: de larges rues bordées de riches palais et ce qui plus est, des tramways qui circulent avec un bruit de ferrailles.

La cathédrale, avec sa façade de marbre blanc et noir, a un caractère de sévérité qu'on n'est pas habitué de voir en Italie. Le chœur et la coupole, attribués à Galéas Alessi[88], sont élégants et d'une architecture de bon goût.

---

88. À partir de 1548, Galeazzo Alessi a réalisé plusieurs projets d'architecture et d'urbanisme à
   Gênes, mais pas à la cathédrale même (édifiée effectivement en marbre noir et blanc au niveau
   de la façade) que Lagacé confond peut-être dans son souvenir avec la basilique Santa Maria
   Assunta di Carignano, où Alessi s'est inspiré du dôme de Bramante à Saint-Pierre de Rome,
   Les Guides bleus. Italie du Nord et du Centre, 446; Peter Murray, *Renaissance Architecture*, Italy,

Mais aucune église ne peut rivaliser avec l'An[n]unziata, qui est d'une richesse inouïe : [l]es colonnes sont de marbre précieux, les murs recouverts de fresques et de mosaïques ; c'est un véritable éblouissement[89].

Nous traversons un parc magnifique orné de fontaines jaillissantes, de beaux arbres au-dessous desquels se balancent des palmiers gracieux ; une foule pittoresque se promène sous les ombrages ; des enfants jouent aux cerceaux, sans frayeur, autour de la statue de Victor-Emmanuel toujours tragique sur son cheval de bronze.

Du haut de la « Circonva[ll]a[z]ione a monte[90] » nous avons une vue superbe sur la ville et la mer. Le ciel était pur, la mer d'un bleu profond et la ville[,] inondée de soleil, s'étendait sous nos pas[91]. Mais ce qui me frappa surtout, ce fut le contraste violent du ciel et de la mer si chauds de lumière et de cette ville enveloppée comme d'un immense voile gris : les toits, les tours, les dômes, toute la cité enfin comme ensevelie sous une vague de poussière. Florence m'était apparue, du haut du « San Miniato », toute rose entre les palmiers verts ; Gênes, au contraire, au bord de la mer azurée, se montrait comme entourée de mélancolie. À quelle cause peut-on attribuer cette monotonie de couleur qui vous pénètre de tristesse ? Je ne le saurais dire ; mais le fait est que les touristes qui m'accompagnaient ont, comme moi, ressenti cette étrange impression de gris et de tristesse…

*

*   *

Tout le monde connaît, au moins de réputation, le fameux « Campo santo » de Gênes. J'y suis allé cet après-midi. Ce cimetière mérite sa renommée et longtemps, dans ce lieu de silence et de repos, je laissai mon âme suivre le cours des pensées salutaires qu'il inspire. Ici, la mort ne se montre pas hideuse et repoussante, dans sa désolante tristesse ; non, on l[a] voit, au contraire, entouré[e] de soleil et de fleurs dans le cadre heureux d'une nature sans cesse renouvelée. Et cependant[,] sous ces larges galeries où tant de richesses sont amassées pour garder quelques souvenirs, que vois-je ? Des mots gravés sur des tombeaux, des louanges, des titres, un reste d'encens, un débris de palme jauni et tordu, des fleurs fanées comme les espérances

---

Electa/Rizzoli, 1985, 123, c1971 ; David Cast, « Alessi, Galeazzo », in Randall Van Vynckt (ed.), *International Dictionary of Architects and Architecture*, Detroit, St. James Press, 1993, 17 19.

89. La Santissima Annunziata est à l'origine une église gothique, transformée plus tard par de nombreux artistes génois célèbres. Son intérieur est caractéristique du baroque génois, *Les Guides bleus. Italie du Nord et du Centre*, 446.

90. Une *circonvallazione* est une rue qui couvre le périmètre d'un centre habité, *Robert & Signorelli*, 1589-1590. Dans A, se lit *Circonvalazzione* avec un l et deux z.

91. Dans B, se lit *sous nos yeux*.

par la mort touchées, toute l'histoire, en signe et en mots, de la vie qui passe et qui s'évanouit.

J'allais ainsi, en réfléchissant sur ce peu de choses [au sing. dans B] qu'on nomme la vie, quand soudain[,] sur une pierre tumulaire, je vis un prophète debout et les bras levés sur le monde, criant cette parole terrible : « *Ossa arida, audite verbum Domini !* » [« Les os desséchés, écoutez la parole de Dieu ! », nos italiques.]

Oui, voilà le mot de l'énigme, le mot de la fin.

Ces tombeaux qui renferment un peu de cendres, ces croix qui étendent leurs bras sur ces petits monticules de terre, gardent une espérance, et la disent aux vivants, que ce séjour des morts attire et fascine. À la voix de l'Ange, les « os arides » entendront ; ils se lèveront dans la vie et répondront à l'appel divin. C'est l'espoir souverain qui donne du prix à cette vie de misère et de combat et insensiblement, je me pris à sentir en moi[…] comme un immense besoin de vie et d'amour, dans ce lieu où toute vie et tout amour sont morts…

Le « Campo santo » renferme de magnifiques tombeaux ; quelques-uns sont de véritables chefs-d'œuvre. Mais à côté de ces œuvres artistiques, il y en a qui sont d'un ridicule achevé. À force de chercher de l'inédit, les artistes en sont arrivés parfois à des scènes d'un effet désopilant. Mais l'ensemble du cimetière est saisissant de grandeur et de beauté et j'en ai rapporté une impression profonde.

Le soir, nous prenions le train en destination de Marseille.

*
* *

[14 et 15 juillet.] [92]

Le train qui nous mène de Gênes à Marseille[…] longe pendant toute la nuit la côte d'Azur. Il suit cette mer, parfois si cruelle pour les pauvres pêcheurs dont on aperçoit au loin, dans le soir, les voiles barbarement peintes et qui cependant font un effet pittoresque par le contraste de leurs vives couleurs et du bleu presque noir de la Méditerranée. Nous suivons un chemin taillé dans la falaise et nous dominons l'immensité de la mer. À la sortie de chaque tunnel – et Dieu en sait le nombre ! – le spectacle semble toujours de plus en plus beau. Et quel spectacle ! Cette longue et belle grève de sable incessamment battue par la vague bleue qui s'avance en se roulant, qui s'étend en se frangeant d'écume, qui se retire et semble retourner sur ses pas, pour revenir encore plus lourde et plus forte… La houle ondule au loin mêlant

---

92. Dates ajoutées dans *La Vérité*.

à sa couleur sombre les reflets jaunes et roses de l'horizon. Puis parfois des rochers précipitent dans les flots leurs masses rouges et l'on assiste au combat que la mer livre sans relâche à la côte impassible… La nuit vient d'éteindre les dernières lueurs du jour et la lune laisse traîner sur l'océan son écharpe d'argent ; des enfants jouent sur les grèves, tandis que des femmes réparent des filets qui pendent aux flancs des barques que le flot commence à relever. Des villes s'illuminent sur le penchant des collines : ce sont Monte Carlo, Monaco, Nice, Cannes, étincelantes cités que nous traversons à toute vapeur, emportant l'impression de jardins, remplis de fleurs, de plantes et de palmiers, de villas magnifiques, de Casinos [majuscule dans A et dans B] brillamment éclairés, de promenades d'où la vue sur la mer doit être splendide… Jusqu'à deux heures du matin, je restai en contemplation devant tant de beautés et dans cette nuit bleue, sous la lumière argentée de la lune, au bord de cette mer dont la vague unissait l'harmonie de sa plainte à l'harmonie sereine du ciel étoilé, il me semble que jamais mes yeux, ma pensée et mon cœur n'avaient été à semblable fête…

*
* *

Étrange[,] l'impression d'une arrivée, le matin, dans une grande ville ! Il me souvient d'en avoir lu une vivante description dans un livre de Bazin[93].

Nous avons, durant quelques heures, mal dormi dans un compartiment, la tête ballottée en tout sens par le mouvement de la voiture, le corps affaissé sur lui-même, les jambes engourdies et brisées… Je ne connais rien d'aussi fatigant qu'une nuit passée dans ces affreuses voitures ! Nous arrivons. Un voyageur vous réveille… Vous ouvrez les yeux, vous détendez vos bras et, vous vous penchez sur la vitre de la portière pour regarder la ville qui se dessine vaguement sur la pâleur du ciel. Oh ! la tristesse d'une semblable arrivée ! Par l'échancrure des rues, aussitôt refermée, Marseille se montre à nous déserte et comme glacée par le brouillard qui flotte sur les toits. Quelques ouvriers vont d'un pas pesant à leurs travaux ; une voiture lentement se traîne le long d'une rue solitaire ; le silence entoure ces maisons qui tantôt seront pleines de rumeurs ; un square abandonné se montre entre deux rangées de maisons et la statue qui le décore semble entourée d'une morne tristesse ; des affiches, aux couleurs criardes, vous crèvent les yeux et

---

93. Il s'agit sans doute de René Bazin (1853-1932), professeur de droit à la faculté catholique d'Angers et auteur de chroniques de voyage parues notamment dans la *Revue des Deux Mondes*. Membre de l'Académie française à partir de 1903, Bazin publie plusieurs romans à succès très appréciés par la bourgeoisie catholique ; axés sur des problèmes d'actualité, ils valorisent l'attachement à la terre et le retour aux valeurs traditionnelles qu'elle incarne, M.-O. Germain, « Bazin, René », *DLLF*, 203.

des lambeaux de papiers traînent sur le pavé. Cependant au-dessus des rues pendent des drapeaux et des banderoles, sans vie et sans joie; des lanternes chinoises mettent des taches rouges sur le vert foncé des arbres; des soldats, en grande tenue, font l'exercice dans la cour d'une caserne. Tout cela passe devant nos yeux lourds de fatigue et de sommeil… Il est évident qu'une fête se prépare: car partout je vois des drapeaux et des guirlandes de feuilles au seuil des restaurants. Je m'informe; l'employé à qui je m'adresse me croit probablement fou, car il ne daigne pas même me répondre. Quelle fête ce peut bien être? Je rappelle mes souvenirs et je cherche le quantième du mois. – Eh! «mon bon», c'est le 14 juillet, la fête de [la (dans B)] France! Quelle aubaine de pouvoir assister à la célébration de la fête nationale dans une grande ville. Cependant, comme la fatigue est plus forte que la joie, je rentre à l'hôtel et je me jette tout habillé sur mon lit.

Quand je parvins à me réveiller, le soleil était haut dans le ciel et la fête battait son plein.

*

* *

Les lecteurs de la *Vérité* me feront grâce de la description des principaux monuments de Marseille: car, on la peut trouver dans tous les guides. Et puis, je veux rester fidèle au programme que je me suis tracé: de ne noter que mes impressions.

La fête battait son plein, ai-je dit, et ce n'est pas peu dire: car la joie des Marseillais est bruyante et communicative. De tous côtés j'entends des détonations, des cris, des chants patriotiques; les cafés sont assiégés et les omnibus encombrés. Sur le Pont vieux il y a eu revue des troupes et j'entends une fanfare qui s'avance dans la Ca[n]ebière[94]… C'est un bataillon qui regagne les casernes. Le soldat français est petit et nerveux; mal vêtu, il paraît cependant très crâne avec son fusil sur l'épaule et le sac au dos; il […(«donne»)] marche avec assurance et ne se fait faute de sourire aux jolies promeneuses qui l'acclament… Entre deux rangées de baïonnettes, le drapeau paraît, claquant au vent. La foule applaudit et tous les fronts se découvrent. On sent que ce lambeau de soie représente une grande idée, que l'image de la patrie y apparaît dans ce bleu, symbole de l'espérance nationale, dans ce blanc, symbole de l'honneur, dans ce rouge, symbole du sacrifice et du dévouement. Et, malgré moi, j'en suis venu à me demander, pourquoi notre drapeau, le «Dominion», comme on l'appelle, n'éveille en nous aucun enthousiasme, aucun transport d'amour et de vénération?…

---

94. La Canebière (et non la Cannebière) est une des principales artères de Marseille qui relie le Vieux-Port à l'église Saint-Vincent-de-Paul.

Et cependant lui aussi porte nos espérances et nos destinées : car, après tout, c'est l'embl[è]me actuel de la nationalité canadienne, et pourquoi alors, restons-nous froids quand il déploie ses plis de soie au vent qui a passé sur nos campagnes, caressé l'onde de nos lacs et qui l'emplit des senteurs de la patrie ? Ce drapeau est [… (est)] le nôtre ; il pourra changer, se transformer et c'est bien une légitime ambition ; mais pourquoi, en vue de « l'autre », n'habituons-nous pas nos enfants à le respecter, à l'aimer, à travailler pour son triomphe ?… Il porte, à l'heure présente, nos destinées ; quand elles se seront accomplies, si sa couleur a changé, si le champ rouge où brille le vert des feuilles d'érable est devenu blanc, semé d'étoiles, l'idée qu'il a portée sera encore la même dans le nouveau symbole et ce ne sera encore et toujours que le « drapeau canadien ».

Il y a, il me semble, tout un travail à entreprendre dans ce sens. L'idée de patrie n'existe presque pas pour nous ; il faut la semer dans l'âme de l'enfant, pour qu'il apprenne, de bonne heure, à se dévouer, à se consacrer tout entier au triomphe de ce Canada pour lequel ses pères ont souffert, ont donné leur sang et leur vie. Un drapeau est chose sacrée, mais le « sien » doit être saint entre tous… Salut donc au drapeau !

*
* *

Marseille possède de très beaux monuments : la Préfecture, le Palais de Justice, la Bourse, le Palais de Longchamps avec sa belle collection de peintures. La Cathédrale principalement attire l'attention, bâtie sur une esplanade qui domine le port. C'est un fort bel édifice de style b[y]zantin. Mais malgré les éloges que l'on m'en fait, je ne reste pas moins convaincu qu'entre tous les styles, celui qui convient le mieux à une religion qui prêche le détachement des choses terrestres et l'élévation continuelle de l'âme vers Dieu, c'est encore le style gothique[95].

La cathédrale gothique s'élance, monte et semble se servir du sol comme point d'appui pour s'envoler plus haut. Et comme l'écrivait naguère Claretie en parlant du beau livre d'Émile Mâle : *L'art religieux au XIIIe siècle ;* « la cathédrale (gothique) n'est pas la masse muette et immobile qu'aperçoivent seulement les yeux profanes. Elle vit, elle parle, elle enseigne, elle raconte à l'avenir tout ce que les contemporains de sa naissance ont pensé, souffert, cru et désiré ; elle ramasse en soi toute la philosophie et toute la

---

95. Le Moyen Âge étant associé ici à la chrétienté, il subit moins les jugements péjoratifs qu'il connaît depuis la Renaissance ; pour un aperçu édifiant de ses premières manifestations, voir l'historique que dresse Giorgio Vasari dans *Les vies des meilleurs peintres, sculpteurs et architectes,* édition commentée ss la dir. d'André Chastel, Paris, Berger-Levrault, 1981-1986, « Préface aux *Vies* », 215-239, c1550 et 1568.

métaphysique de son temps, monstrueux Léviathan de pierre qui porte sur sa coupe toutes les aspirations, toute les légendes, tous les préceptes, toute la morale, toute l'âme d'un siècle et d'un âge[96] ». C'est encore plus que cela ; la cathédrale, pour celui qui l'étudie, autrement qu'avec le Baedeker en main[97], est le livre par excellence, celui où l'humanité entière peut lire, retrouvant dans chaque pierre les signes symboliques de chacune de ses pensées et de ses sentiments.

De même que le chant grégorien, de tous les chants, est le seul qui soit en parfaite harmonie avec l'idée austère du christianisme, avec les grandes et graves pensées de l'Au-delà ; de même le gothique est le style le mieux approprié aux aspirations des âmes qui sentent qu'ici-bas elles ne font que passer et que tôt ou tard, elles entrouvriront leurs ailes pour s'envoler vers ces régions éthérées, où les souffrances, les misères, les faiblesses seront changées en joies, en paix et en force…

*

*   *

La Ca[n]ebière, que les vieux Marseillais ont rendue célèbre à force d'en parler, a été considérablement embellie par le prolongement de la rue de Noailles ; mais Marseille possède des rues autrement bien tracées et bien bâties. Le quai de la Fraternité termine la Ca[n]ebière et offre une vue superbe sur la bleue et toujours belle Méditerranée. J'ai été conduit sur le pont par le désir d'assister aux « joutes » qui doivent y avoir lieu.

Une foule nombreuse m'y avait devancé. Cependant, après avoir « louvoyé » pendant quelque temps, je parviens à découvrir, entre deux têtes, une vue sur la rade. Un long espace est libre au milieu et des chaloupes pavoisées font la police, maintenant à une respectueuse distance les barques de toutes sortes et de toutes grandeurs, qui stationnent le long des quais. L'aspect général est très pittoresque. Aux extrémités droite et gauche du « champ clos », de longues barques, chamarrées de rouge, de bleu et de blanc, montées par une

---

96. Peut-être s'agit-il de Jules Claretie (1840-1913), auteur, avec Louis Fréchette, de *La légende d'un peuple. Poésies canadiennes*, édition corrigée, révisée et augmentée, Québec, C. Darveau, 1984, c1890 (Louis Fréchette commente dans *La Presse* les voyages de Rivet, par ex. le 27 juillet 1897, *Voyages d'Europe Rivet*, [1901], 4, microfiche, BLSH) ou, moins probablement, de Léo Claretie (1862-1924) ; Émile Mâle, *L'art religieux du XIIIe siècle en France*, 6e édition, Paris, A. Colin, 1925, c1902. La citation n'est pas en retrait dans A et B.

97. Les guides de voyage Baedeker, qui existent encore aujourd'hui, sont déjà fort connus à l'époque de Lagacé. Ils sont dus à l'initiative de Karl Baedeker (1801-1859), un éditeur allemand qui voyageait à travers toute l'Europe pour rédiger des ouvrages destinés à éviter aux voyageurs d'avoir à rétribuer des guides humains, Roy Malkin, « Du voyageur d'antan au "nouveau" touriste », *Courrier de l'UNESCO*, juillet-août 1999, n°s 7-8, 24-25. Voir aussi notre note 116.

dizaine de robustes rameurs, se tiennent prêtes à courir au combat. En effet, en voici deux qui s'avancent l'une vers l'autre, entraînées par l'effort de ses rameurs et au son du tambourin et de la flûte. À l'arrière des barques des supports en bois soutiennent, à la hauteur d'une quinzaine de pieds, une étroite plate-forme. Debout, le corps ceint d'une écharpe aux couleurs de la chaloupe, un solide gaillard, lance au poing, la poitrine protégée par un petit bouclier de bois, regarde venir son adversaire. Les chaloupes se rapprochent rapidement ; elles passent à côté l'une de l'autre ; le moment tragique est arrivé. Les deux jouteurs cambrent leur taille, assurent solidement la lance dans leur main, cherche[nt (coquille dans A et B)] à deviner le moment propice pour frapper... On entend un choc ; les lances ont touché en pleine poitrine ; les deux hommes chancellent et font des efforts gymnastiques pour reprendre leur aplomb ; mais en voici un qui s'agite inutilement. Il perd pied, étend les bras... et tombe la tête la première dans l'eau ; tandis que le vainqueur salue la foule qui l'acclame.

Il y aura peut-être plus de cent assauts semblables, et les bons Marseillais n'en seront pas encore rassasiés. Je m'amuse quelque temps à ce spectacle et je me dirige ensuite vers de charmants bateaux de plaisance qui conduisent les touristes aux îles qui se trouvent dans la rade.

C'est une promenade que je recommande à tous ceux qui visiteront Marseille.

Ces îles sont au nombre de quatre : If, Pomègue[s], Ratonneau, Maire [et Tiboulen]. La première est la plus fameuse, à cause de son château d'aspect pittoresque que François Ier fit construire en 1529, et dont il posa la première pierre. Cette forteresse ne fut réellement qu'une prison, qui renferma des captifs célèbres : l'homme au masque de fer, Mirabeau et Philippe-Égalité[98]. Alexandre Dumas crut devoir enrichir le château d'If de nouveaux prisonniers et il en créa deux, dans son *Monte-Cristo*, dont le portier nous montre

---

98. Construit en 1524 pour François Ier, le château sur l'île d'If, face à Marseille, faisait office de prison d'État ; plusieurs personnages célèbres y ont été incarcérés (voir les *Guides bleus sur la France*), y compris, en 1774, sur ordre de son père, le révolutionnaire Honoré Gabriel Riquetti, comte de Mirabeau (1749-1791), qui fut également emprisonné dans le fort de l'île de Ré, au château de Vincennes et au fort Joux dans le Jura. Louis Philippe Joseph, duc d'Orléans (1747-1793), surnommé Philippe Égalité, fut exilé en 1771-1772 pour s'être opposé au ministère de René de Maupeou ; enfermé à Marseille au fort Notre-Dame-de-la-Garde, et non sur l'île d'If, puis transféré au fort Saint-Jean en 1793, il fut condamné à mort par le Tribunal révolutionnaire et exécuté le 6 novembre 1793. Mirabeau et Égalité, tous deux francs-maçons, ont lutté contre l'absolutisme royal, Mirabeau ayant même envisagé de placer Philippe Égalité sur le trône à la place de son cousin Louis XVI. L'Homme au masque de fer, dont la légende veut qu'il fût le fils naturel de Louis XIV, fut amené (1679) sous ordre du roi à la forteresse de Pignerol, dans le Piémont, puis transféré, d'abord dans les îles de Lérins, où il demeura incarcéré onze ans (1687-1698), puis à la Bastille, où il mourut en 1703, *Larousse 3 volumes*, Paris, 1966 ; *PRNP*, 1538 ; Roger Caratini, *Dictionnaire des personnages de la Révolution*, Paris, Belfond-Pré aux Clercs, 1988, 416-417 et 429-431.

avec conviction les cabanons. Pour un peu les Anglaises qui m'accompagnent rapporteraient des reliques de l'abbé Faria et d'Edmond Dantès[99].

Une île qui a une histoire sensationnelle, c'est sans contredit celle qu'on nomme Ratonneau [une erreur dans B donne à lire *Mirabeau*]. Les Marseillais vous la racontent avec une émotion qu'on prendrait pour réelle, si ce «coquin de soleil», comme l'appelle Daudet°, n'était cause de toutes les exagérations du midi.

La voici :

Ratonneau était un brave invalide nommé Francœur, qui faisait partie de la garnison du petit fort de cette île. Il conçut le projet hardi de faire la conquête du rocher. Profitant du moment où ses camarades étaient allés aux provisions, il se jeta dans la forteresse, dont il abaissa la herse, puis il chargea les armes à feu, y compris les canons ; il commença alors une fusillade enragée sur ses compagnons qui se dérobèrent tant bien que mal à ses coups et qui finirent par évacuer l'île dans un bateau, que le patron leur avait expédié.

Francœur, qui s'était constitué souverain d'une île peuplée seulement de chèvres, à la vérité, comprit l'étendue des devoirs que lui imposait sa situation. Aussi ne cherchait-il à se soustraire à aucune de ses obligations, multipliait les rondes et les reconnaissances, le fusil en main, et le falot aussi, quand c'était la nuit, tirait même de temps en temps sur la garnison du château d'If.

Mais toute époque [dans B, se lit épopée] a une fin, même à Marseille, et le duc de Villars, gouverneur de la ville, se décida à donner un dénouement à la comédie que jouait seul[,] et avec une telle conscience, l'invalide à la tête dérangée (*Album national*)[100].

N'est-ce pas qu'à Marseille «l'histoire» est une grande [dans B, se lit *grave*] institution ?

*
* *

Une autre promenade qui mérite l'attention du touriste, c'est celle du chemin de la Corniche. C'est une route superbe, qui part de la plage du Prado pour

---

99. L'abbé Faria et Edmond Dantès sont deux personnages dans *Le comte de Monte-Cristo* d'Alexandre Dumas père. Victime d'un complot, Dantès est dénoncé comme bonapartiste, et enfermé au château d'If pour un écrit relatif à l'unité du royaume d'Italie ; il rencontre l'abbé Faria (personnage inspiré d'un prêtre portugais du même nom ayant vécu entre 1756 et 1819) qui lui révèle avant de mourir l'emplacement d'un trésor inestimable. Après son évasion du château, Dantès s'empare du trésor, puis il est anobli par le pape sous le nom de comte de Monte-Cristo, Alexandre Dumas, *Le comte de Monte-Cristo*, édition établie par Claude Schopp, Paris, Robert Laffont, 1993, xcii-xcv, c1844.

100. Il s'agit peut-être d'une source que Lagacé aura consultée à Marseille même.

aboutir au château du Pharo, suivant toutes les capricieuses découpures de la côte. Sans doute elle ne peut être comparée avec la célèbre route qui va de Nice à Monaco, mais elle n'est pas ni sans intérêt, ni sans pittoresque. Ce qui en constitue le principal charme, ce sont les effets étranges que présentent les masses énormes des rochers qui surplombent la mer. Et c'est un spectacle grandiose et charmant que nous avons sous les yeux : d'un côté, la mer, qui berce au loin les voiles blanches, de l'autre des blocs énormes, suspendus au-dessus de la vague, qui opposent aux couleurs vives de l'océan leurs tons bruns et fanés et leurs formes sinistres et sombres.

À tous les cents pas, on rencontre d'excellents restaurants où l'on peut manger la « vraie bouillabaisse », le met traditionnel et national. Mais n'en prenez qu'au retour : car autrement vous gâteriez votre plaisir, pour peu que vous soyez homme de sentiment et de « cœur ».

*

*   *

Le soir, Marseille était toute illuminée, la Ca[n]ebière encombrée de promeneurs et d'enfants, le nez en l'air, guettant la chute d'une lanterne. Je me suis dirigé du côté de la rue de Noailles, où devait se donner le bal populaire. Ce spectacle m'a attristé.

Comment[,] à l'heure où tant de problèmes difficiles s'agitent, où les sages sont affolés par la peur, où le peuple aurait besoin de se recueillir, comme l'on fait à la veille d'une grande bataille, les gouvernants ne trouvent rien de mieux que de le faire danser.

Il en sera donc toujours ainsi parmi les hommes ? Les Pompéiens s'amusaient quand les cendres rejetées du Vésuve[…] les ensevelirent, eux et leurs richesses ; les Parisiens s'amusaient en 70, quand les Prussiens parurent aux portes de la capitale[101], et aujourd'hui, encore, l'on danse ! Est-ce que l'instant est moins solennel ? Serait-ce l'Exposition[102] qui sauvera la France, quand la tempête éclatera dans le ciel ?

---

101. Lagacé évoque la violente éruption du Vésuve qui, en 79, avait enseveli Pompéi, Herculanum et Stabies, ainsi que la prise de Paris par les armées prussiennes le 18 septembre 1870, *PRNP*, 2157 et 1576.

102. La « Conférence universelle de la Paix », organisée lors de l'exposition universelle de 1900, a siégé pendant six jours, réunissant des représentants de douze pays européens, ainsi que des scientifiques, des économistes, des juristes et des industriels. Elle succède aux deux précédentes, présentées aussi à Paris à une dizaine d'années d'intervalle, en 1878 et en 1889, la seconde pour célébrer la République lors du centenaire de 1789. De manière générale, les expositions universelles s'inspirent des utopies positivistes du comte de Saint-Simon qui, pour favoriser les échanges artistiques, économiques et intellectuels entre les États, préconise une cohabitation des peuples dans la paix, étant donné que les guerres et les rapports de force ne réussissent qu'à entraver leur développement, Thomas Hermann, « L'Exposition

Il me faisait mal de voir cette foule ivre de joie et de folie, d'entendre ces chants de plaisir et d'ivresse ; de sombres pensées m'assaillirent pendant que les couples enlac[é]s passaient, jetant à la nuit leurs éclats de rire… Rien ne put me distraire de ma tristesse, ni les magnifiques guirlandes de lanternes qui s'étendaient tout le long de la Ca[n]ebière, ni les éclats bruyants des fanfares dans les parcs, ni la gaieté qui régnait aux portes des cafés, ni les bombes qui éclataient en semant l'espace d'étoiles… Oh ! ces détonations ! Il me semble que déjà le tonnerre éclatait dans le ciel serein et que sur cette foule, grisée par le mouvement de la valse, l'ombre de l'Ange, exécuteur des vengeances divines, glissait…

*

* *

17 juillet [date omise dans B].

Heureusement le lendemain, je sentis l'espoir renaître en moi et je compris d'où venait le salut. Sur le sommet d'une haute colline s'élève[,] comme on le sait, la chapelle de Notre-Dame de la Garde, ou comme disent les marins marseillais, de la Bonne Mère. Au haut d'un clocher élevé, la statue de la Vierge « monte la garde » sur la vieille cité. Si les enfants oublient, la Mère se souvient et les protège. Mais, voyez comme, après tout, le cœur des enfants est encore bon et généreux ; ici[,] sur ce rocher solitaire, ils ont réuni toutes les richesses de l'Art et de la matière pour faire à Marie l'hommage d'un temple digne d'elle. Extérieurement l'église est en pierre blanche de Calissane, avec des cordons de Colfaline bleu pâle, de distance en distance, et des colonnes de marbre pour soutenir les arcs des fenêtres. Intérieurement, elle est revêtue de marbre blanc, avec des soubassements en marbre rouge d'Afrique[;] les colonnettes qui soutiennent les arcatures des six chapelles s'ouvrant sur la grande nef[…] sont en marbre vert des Alpes, en griotte du Languedoc, en granit de Corse et en porphyre du Var.

Et je compris, pourquoi la France était forte et vivante, que son âme créatrice dictait au monde les lois de la beauté et de la science : c'est que son cœur généreux a mis son espoir en Dieu, qu'elle n'a jamais renié – ceux qui l'ont renié n'étaient pas Français [!] – et qu'en fin de compte, ce qui la sauve, c'est cette charité inépuisable dont elle donne à l'univers le sublime exemple !…

---

universelle, un reflet de la philosophie saint-simonienne », dans Jean-Christophe Mabire, *L'Exposition universelle de 1900*, Paris, L'Harmattan, 2000, 105-136 ; voir aussi André Hallays, *À travers l'Exposition de 1900*, Paris, Perrin et Cie, 1901. Lagacé revient sur la grande foire de la paix dans ses 7ᵉ et 8ᵉ lettres ; voir aussi Étienne Cartier, « Lettre sur l'exposition universelle de Paris », *RC*, 1900, n° 1, 266-269.

Et une dernière fois, je promenai mes regards sur Marseille ensoleillée et sur la mer, qui lui fait comme une ceinture d'azur, et je sentis que si, hier au soir, j'avais tant souffert et aujourd'hui tant espéré, s'était que j'aimais la France d'un amour réel et profond...

*
* *

Demain matin nous partirons pour Lourdes, encore un lieu où Notre-Dame a donné à la France un témoignage éclatant de son inépuisable bonté...

Au revoir donc, à Lourdes !

J.-B. Lagacé

Septième lettre

[parue dans *La Vérité* le samedi 27 octobre 1900, 4-6]

[17 juillet (cette date figure dans B seulement).]

Nous arrivons à Lourdes, après une course de trois heures en chemin de fer. La chaleur est accablante et la poussière de chemin nous a rendus méconnaissables : mais, tous, contents d'arriver au lieu célèbre où la Vierge Marie a voulu manifester son amour pour les hommes, nous sautons sur le quai, pleins d'ardeur et de gaieté. De grandes voitures nous transportent à l'entrée du pont jeté sur le Gave. Là, nous mettons pied à terre et sans prendre le temps de baigner notre visage et nos mains noirs de suie, nous nous mettons en procession et, chapelet en mains, nous nous acheminons vers la grotte.

Nous suivons une route couverte d'un gravier très fin, un beau tapis de gazon vert s'étend jusqu'au pied du portique romano-byzantin au-dessus duquel se dresse la basilique gothique. L'aspect général est saisissant de grandeur. Nous saluons au passage la croix des Bretons et lentement, sentant à chaque pas grandir notre émotion, nous nous approchons de la grotte miraculeuse.

Une foule nombreuse de pèlerins y est déjà assemblée. Des cierges brûlent sous le rocher recouvert de lierre et dans sa niche sombre, la statue de la Vierge apparaît, pure et blanche, tout illuminée par la lumière du soleil.

Nous nous prosternons, saisis d'une émotion indescriptible : car ici le miracle est en quelque sorte tangible, il se réalise, pour ainsi dire, sous nos yeux. En Italie, nous avons visité bien des lieux de pèlerinage ; on nous montrait l'endroit exact où s'est accompli la miracle ; mais un bloc de marbre le recouvrait et le cachait à nos yeux. À Lourdes, rien de cela. Le roc est tel qu'il était, au jour de l'Apparition, la nature sert de cadre à cet autel nouveau, le Gave qui coule, quelques mètres plus bas, semble mêler son accompagnement harmonieux aux chants et aux prières des pèlerins. C'est un temple magnifique, un temple en plein air, dont les montagnes sont les parois monumentales, les arbres les colonnes élancées et le ciel la voûte immense et sublime.

Ici, plus qu'en tout autre endroit, j'ai senti la présence réelle d'une puissance, d'une force surhumaine et divine et de toute mon âme, je me suis humilié profondément, et comme Bernadette, obéissant à l'ordre de la « Belle dame », j'ai été « boire et me laver » à la source miraculeuse.

*
*　*

18 juillet, au soir.

Après le dîner, ce soir, j'ai pris la direction de la Grotte. Les derniers rayons du soleil avaient laissé aux contours des coteaux comme une poussière d'or et les étoiles commençaient à s'allumer dans le ciel pur. Les pèlerins toulousains, brésiliens et canadiens se groupaient autour de la grille qui protège l'entrée de la grotte sainte. Peu à peu la foule augmente ; les cierges s'allument, répandant sur le rocher une lueur rouge rayée d'ombres gigantesques ; les feux se croisent en tous sens et s'allongent comme un immense rosaire de flamme. Puis la procession se forme : elle monte lentement le chemin tortueux de la montagne et débouche bientôt devant la Basilique, suivant les arcs coupés de la rampe du midi. Le spectacle est grandiose ! Au[-]dessus de la porte monumentale de la Basilique, le monogramme de Notre-Dame de Lourdes s'allume dans la nuit.

À voir ce[t] immense cordon de flambeaux entourer la colline puis s'étendre autour de la couronne gazonnée qui sert d'avenue à la Basilique, on se croyait en présence d'une de ces réunions célestes que Fra Angelico a représentées tant de fois dans ses tableaux mystiques.

Mais voici que les pèlerins sont tous réunis devant la chapelle du Rosaire, et du sein de ce foyer embrasé, un chant puissant retentit : « *Credo* ». Puis, comme saisie d'une espérance sans borne, la foule entonne ce cantique composé par Jésus-Christ lui-même et que je ne puis entendre sans sentir des larmes mouiller mes paupières : « *Pater noster qui es in coelis* [Notre Père qui êtes aux cieux] »… Qui pourrait décrire une scène aussi grande, aussi belle ? Ces hautes montagnes qui dressaient dans le ciel étoilé leurs masses sombres, la blanche basilique qui se détachait phosphorescente sur ce fond de montagnes, ces milliers de lumières qui s'agitaient dans les ténèbres et cette immense clameur de foi et d'amour qui montait dans la nuit et que les échos se renvoyaient de vallées en vallées... tout cela produit sur le spectateur une de ces impressions inoubliables qui laissent au fond de la pensée[...] une empreinte ineffaçable.

Et c'est le cœur tout illuminé d'une joie inconnue jusqu'à ce jour[...] que je reviens à mon hôtel, par le chemin boisé qui longe le Gave, murmurant tout bas le chant qui résonnait tout à l'heure autour de la Grotte:

> .... La Vierge immaculée
> N'a pas en vain fait entendre sa voix[.]
> Sur notre terre ingrate et désolée,
> Les fleurs du ciel croîtront comme autrefois.

*

* *

19 juillet.

Ce matin, après avoir assisté à la messe, célébrée par un prêtre canadien, à la grotte, je me suis rendu au bureau des constatations où j'ai été reçu, de la manière la plus aimable, par le docteur Boissarie. La bonne heure que j'ai passée à écouter les explications qui m'étaient données sur les merveilles opérées par la Sainte Vierge. La science a beau discuter et les sceptiques sourire, les faits demeurent et il faut être vraiment d'une bien mauvaise foi, ou d'une ignorance peu commune, pour ne pas avouer qu'ici l'action divine se manifeste d'une manière éclatante et qu'il n'y a qu'à s'incliner et à adorer.

D'ailleurs si quelques lecteurs voulaient obtenir de plus amples renseignements, je leur conseillerais la lecture du beau livre que vient de publier le docteur Boissarie: *Les grandes guérisons de Lourdes*[103]. C'est assurément

---

103. Après avoir mené pendant cinq ans (1886-1891) une enquête scientifique visant à distinguer les maladies nerveuses à forme hystérique des guérisons qu'il considère comme proprement miraculeuses, enquête dont il rend compte dans les *Annales de Notre-Dame de Lourdes* (voir notamment «Les guérisons de Lourdes et l'hypnotisme», 1887, et «Le miracle et l'hypnotisme», 1888-1889), le Dr Prosper Gustave Boissarie (1836-1917) publie, en qualité de médecin, *Lourdes – histoire médicale 1858-1891*, Paris, Lecoffre, 1891. Il devient ensuite président du Bureau des constatations médicales de Lourdes dont la fonction est d'offrir des contrôles médicaux afin de préserver la réputation de la ville, où les guérisons naturelles tendent à être hâtivement élevées au statut de miracles. À ce sujet, voir l'ouvrage de la Dr Françoise Boissarie de l'Épine, petite-fille de Gustave Boissarie, *Lourdes, médecine et guérisons*, préface du professeur Jean Lhermitte, Paris, Les Éditions internationales, 1952; voir aussi Docteur Joseph Gauvreau, *Le Dr. Gustave Boissarie de Lourdes, 1836-1917. Une étude dans l'histoire de la médecine*, Montréal, Arbour et Dupont, 1921, précédemment paru

l'ouvrage le plus considérable et le plus riche qui ait été publié sur Lourdes jusqu'à ce jour.

En revenant par la campagne, j'entends les sons aigus [dans B, se lit *aigres*] et perçants du chalumeau : étrange[,] l'impression de cette musique dans la montagne ! Je m'arrête et j'écoute. Bientôt, je vois déboucher d'un chemin creux[…] un troupeau de chèvres, conduit par un jeune berger, la tête couverte du béret traditionnel. Lentement les chèvres s'avancent vers le pont et là, trouvant un peu d'ombre le long des parapets, elles s'étendent, comme épuisées de fatigue. Le gamin, appuyé sur sa houlette, offre aux passants, moyennant quelques sous, un verre de lait chaud qu'il puise à la « fontaine naturelle ». Ce breuvage est délicieux assurément ; mais vous avouerez qu'il faut faire un réel effort pour l'avaler, après avoir assisté à « l'opération »… N'importe, c'est une scène locale qui ne manque pas de cachet.

*

*   *

La ville de Lourdes est située à l'entrée des sept vallées du Lavedan et près du pic de Gers. Les maisons sont groupées sans ordre au bas d'un rocher, sur le sommet duquel semble percher, comme un nid d'aigle, une imposante forteresse. Entre les arbres de la vallée, serpente le Gave, dont les eaux rapides chantent sur les cailloux et forment une petite chute au pied du blanc monastère des Sœurs Cloîtrées de Lourdes ; puis recourbant son cours, il vient passer tout près de la Grotte et s'en va par la plaine fleurie faire tourner plusieurs moulins que l'on aperçoit dans le bleu lointain.

Le paysage autour de la ville est à la fois riant et grandiose ; de vertes prairies, de vastes champs cultivés, des bois charmants que domine la forteresse, et plus haut, dans le ciel bleu, les pics neigeux des chaînes des Pyrénées.

La population de Lourdes est foncièrement religieuse. Chaque corps de métiers a sa confrérie et c'est un beau spectacle, dit-on, les jours de fête, de voir se dérouler ces longues théories, précédées de leurs bannières, venant rendre hommage à la Vierge Immaculée.

Aucun endroit n'était mieux choisi pour une manifestation divine. En effet, loin du bruit du monde, parmi un peuple simple et pieux, au fond d'une vallée pittoresque, le miracle devait nécessairement revêtir un caractère de grandeur et de simplicité, qui sont les signes particuliers auxquels se

---

comme « Une étape dans l'histoire de la médecine. Le Dr Gustave Boissarie et Lourdes : 1836-1917 », *RC*, juin-août 1921, Nouv. série, vol. 26, 433-444 et 506-515.

reconnaissent les œuvres de Dieu. Aussi bien, écoutez cette histoire : elle est touchante de naïveté, de naturel, de suavité céleste.

Une petite fille de 14 ans, gardeuse de moutons, vivait pauvrement avec ses parents qui étaient de pieuses gens[104]. Le ciel la gardait pure, comme un lys, pour les merveilles qu'il préparait. Un jour qu'elle était à ramasser du bois mort sur les bords du Gave, un grand vent se fit entendre au-dessus de sa tête. Elle crut à l'approche de l'orage ; mais les branches des arbres ne bougeaient pas et le bruit du vent se faisait toujours entendre. Elle leva les yeux vers la grotte et la vit toute illuminée. Sa surprise fut autrement grande, quand[,] du sein de cette lumière, apparut une belle dame qui lui tendait les bras. Oh ! la suave vision ! La « dame » était tout de blanc vêtue et seule[;] une écharpe bleue, enroulée autour de sa taille, livrait au souffle de la brise ses plis azurés.

Quand l'apparition s'évanouit, Bernadette demanda à ses compagnes : « N'avez-vous rien aperçu là-haut ? » – « Rien du tout » lui dirent-elles. On revint à la maison. Les parents, après avoir écouté le récit fait par l'enfant, lui défendirent de retourner à la grotte, ajoutant qu'elle avait rêvé. Mais une force surhumaine ramena l'enfant à la grotte et de nouveau la « belle dame » se montra, toute rayonnante de beauté et de bonté. Le pays s'émut de ses apparitions et la foule commença à entourer la grotte miraculeuse. Menaces, rudesse, interrogatoires des fonctionnaires, rien ne troubla l'âme timide de l'enfant et, sans orgueil, comme sans feinte modestie, elle revenait au rocher dans l'espoir de revoir l'apparition. Pendant quinze jours, la Vierge se montra à sa petite servante, et pendant quinze jours, des centaines de spectateurs assistèrent aux péripéties de ce drame invisible et divin. Une source avait jailli du roc et les malades et les infirmes étaient guéris. Persécutée, tentée par l'appât de l'or, questionnée, menacée de la prison, l'enfant restait la naïve gardeuse de moutons d'autrefois, fidèle à la « Belle dame » et en parlant avec un accent qui frappait d'étonnement les plus incrédules. Le jour vint où l'Apparition se nomma : « Je suis l'Immaculé Conception »... Dès lors, ce fut un délire, parmi le peuple de la montagne. La grotte fut couverte d'ex-votos [sic], de pièces d'or, de cierges allumés, de couronnes et de bouquets de fleurs. Vainement l'Autorité ombrageuse mit des gardes, défendit l'approche de la grotte, la foi triompha de toutes les persécutions et il fallut laisser l'œuvre de Dieu suivre son cours.

Il faut, dans le beau livre de Lasserre[105], suivre pas à pas ce drame émouvant pour en comprendre toute la sublime simplicité. Ce drame se

---

104. Dans B, se lit : *avec ses pieux parents.* Ici, Lagacé reprend les propos d'Henri Lasserre sans le citer directement. Voir note suivante.

105. Étant le seul historien de Lourdes à avoir été cité au procès de béatification de sainte Bernadette (Bernadette Soubirous, 1844-1879, canonisée en 1933, *PRNP*, 240), Henri Lasserre (1828-1900) est considéré par le Saint-Siège comme l'historien officiel des événements

continue encore aujourd'hui; [:?] car, à l'heure présente, la source coule abondante et limpide et les malades, venus de tous les coins du monde, se révèlent guéris et retournent dans leurs foyers en chantant les louanges de Notre-Dame de Lourdes.

Zola[106], parti de Paris dans le dessein d'éventer la mèche de la comédie jouée à Lourdes, est resté lui-même écrasé sous l'évidence et s'il a ricané, s'il a, comme tant d'autres, vomi des blasphèmes et des injures, c'est que devant un mystère les « esprits forts » – qui sont les esprits impuissants – raillent et insultent toujours. Le surnaturel les gêne et, comme au fond ils sentent bien qu'ils ont tort et qu'à travers leurs yeux fermés la lumière pénètre encore, [même] s'ils se détournent et continuent à mentir à la vérité[107], se trompant eux-mêmes, sachant parfaitement qu'il « en restera toujours quelque chose »… au fond de leurs poches…

*

*   *

20 juillet.

Cet après-midi, comme le soleil était resplendissant, j'ai pris une voiture et je me suis fait conduire au vieux sanctuaire de Bétharram, à quelques milles seulement de Lourdes. Le pays que nous traversons pour nous y rendre[…] est fertile et agréable. La route suit les courbes capricieuses du Gave qui roule ses eaux écumantes sur un lit de cailloux. Les cigales chantent dans les herbes et les fleurs embaument l'air de leurs parfums. À ma droite, se déroulent de verdoyantes collines, semées de nombreux villages; à ma gauche, des champs de maïs et de vignes qui s'étendent à perte de vue jusqu'au pied des majestueuses Pyrénées. La chaleur est très grande, mais, heureusement, de beaux arbres étendent leurs branches sur le chemin et lui gardent un peu de fraîcheur.

---

miraculeux de Lourdes. La somme de ses nombreux travaux sur le sujet se retrouve dans *Notre-Dame de Lourdes, ouvrage honoré du Bref de S. S. Pie IX reconnaissant la réalité des apparitions* (Paris, P. Lethielleux, éditeur, 1946, c1871), dont le premier extrait s'intitule *Les apparitions de la Très-Sainte Vierge Marie à la grotte de Lourdes et le jaillissement de la source miraculeuse* (Trois-Rivières, P.V. Ayotte, 1980, c1883).

106. Arrivé à Lourdes en août 1892, Émile Zola (1840-1902) y consigne quotidiennement son journal de pèlerin; paru deux ans plus tard sous forme de roman, *Lourdes* constitue le premier tome d'une trilogie intitulée *Les trois villes*; Émile Zola, *Lourdes*, édition établie et présentée par Henri Mitterand, Paris, Éditions Stock, 1998, c1894. Lagacé ne précise pas que Zola a été fortement critiqué pour son incrédulité en regard du miracle de Lourdes.

107. L'ajout du mot *même* est nôtre. Dans B, le *s* conditionnel a disparu, la phrase se lisant ainsi: « Le surnaturel les gêne et, comme au fond ils sentent bien qu'ils ont tort et qu'à travers leurs yeux fermés la lumière pénètre encore, ils se détournent et continuent à mentir à la vérité. »

Ce qui me frappe en arrivant à Bétharram, c'est la vue du vieux pont qui traverse le Gave d'un[e] seul[e] arche [au masc. dans A et B], autour de laquelle retombent en lourdes cascades des lierres et des pampres qui s'unissent à des parterres de roses pyrénéennes, délicieusement groupés alentour.

En face de la montagne, se détachent les murs blancs de l'église et du monastère.

Le sanctuaire de Notre-Dame remonte au moyen âge et fut, de tout temps, en grande vénération parmi la population de Béarn. J'ai cherché à découvrir l'origine de ce lieu de pèlerinage et voici ce que j'ai trouvé.

« De jeunes bergers gardaient leur troupeau sur le bords du Gave, lorsqu'ils aperçurent une lumière brillante à l'endroit où est aujourd'hui la chapelle latérale nommée au "Del Pastoure". En s'approchant, ils virent une statue de la Sainte Vierge et furent d'abord terrifiés ; mais ils sentirent bientôt une joie surnaturelle, et, dans leur pieuse excitation, coururent avertir les villageois de leur découverte ; bientôt toute la population fut rassemblée en cet endroit. Le curé s'y rendit en habits sacerdotaux, et l'on se prosterna devant cette sainte image qui semblait indiquer la volonté de Dieu qu'un oratoire fût construit à cette place en l'honneur de sa sainte mère. Cependant, comme l'emplacement était peu propre à une construction, étant un roc très escarpé, on transporta la statue sur l'autre rive, où elle fut révérencieusement déposée dans une niche provisoire. Quel ne fut pas l'étonnement général, le lendemain, de retrouver la statue où elle avait été vue d'abord. On crut devoir, cette fois, la transporter dans l'église, et on en ferma la porte avec soin ; mais le lendemain encore elle avait repris la place de sa première apparition. Il devenait impossible de résister plus longtemps à des indications si miraculeuses, et, malgré la difficulté du travail, on construisit un oratoire à l'endroit même où les bergers avaient aperçu la statue et où se trouve actuellement l'église. La dévotion s'étendit rapidement, et ce lieu fut renommé pendant tout le moyen âge. Du plus loin qu'on apercevait la chapelle, on se jetait à genoux. On ne devait approcher du sanctuaire qu'avec un cierge allumé dans la main. Si un voyageur traversait le pont, il descendait de sa monture et se prosternait. » – (*Les Sanctuaires des Pyrénées* – [traduction] De Lawlor[108].)

Les huguenots incendièrent l'église et le monastère et ce n'est qu'après l'abjuration d'Henri IV[…] qu'on les releva de leurs ruines. Au XVIIe siècle,

---

108. Comtesse L. de l'Écuyer, *Les Sanctuaires des Pyrénées, pèlerinage d'un catholique irlandais*, traduction en anglais de l'ouvrage de [s. p.] Lawlor, Tours, Rousseurs Alfred Mame et cie, 1875. Selon une autre légende datant du XVIIe siècle, un petit berger du village de Lestelle aurait découvert une image de la Vierge et reçu la mission de lui faire construire une chapelle à cet endroit, A. Garreau, « Bétharram », dans G. Jacquemet (dir.), *Catholicisme...*, tome 1, 1527.

Hubert Charpentier conçut le dessein de construire un calvaire sur le versant de la colline et, avec l'aide du roi et des princes, il fit élever huit stations et trois grandes croix, qui dominaient toute la campagne béarnoise[109]. Mais la révolution éclata et des jours malheureux se levèrent sur ce petit coin paisible de France. Les religieux furent chassés de leur monastère et des hordes furieuses saccageaient les chapelles – de véritables chefs-d'œuvres [*sic* (dans A seulement)] – et l'église dût [*sic* (dans A et B)] de n'être pas également détruite de fond en comble[…] qu'à l'intervention du maire de Lescines, qui obtint qu'elle fût respectée au nom de l'Art.

C'est seulement de nos jours que cette sainte montagne du calvaire, qui avait subi tant de dégradations pendant la Terreur, a été complètement restaurée. Neuf chapelles représentent les différentes scènes de la Passion. Les statues sont de grandeur naturelle. Elles sont l'œuvre d'un élève de Pradier, M. Alexandre Leloir[110], qui, pour accomplir ce travail, vécut en ermite à Bétharram et consacra les plus belles années de sa vie à ce monument de l'art chrétien. Au sommet de la montagne, la représentation du crucifiement est admirable. Le cimetière catholique de Montréal en possède une reproduction parfaite[111].

Dans l'église de Bétharram, j'ai également admiré une magnifique statue de la Vierge, tenant entre ses bras l'enfant Jésus, exécutée par le même artiste.

Les pèlerins qui vont à Lourdes ne devraient point partir[…] sans aller se prosterner dans le sanctuaire de N.D. de Bétharram. Outre l'agrément d'une charmante promenade, ils y trouveraient encore un sujet d'exciter leur dévotion envers la Vierge, qui semble aimer, d'un amour tout particulier, ces vallées heureuses du Lavedan.

✳
✳ ✳

---

109. Détruite en 1569, la chapelle fut reconstruite en 1615, date à laquelle on fonda aussi un institut des prêtres du Calvaire de Notre-Dame de Bétharram, dont le supérieur, Hubert Charpentier, fonda par la suite le Calvaire du Mont-Valérein à Paris, A. Garreau, 1527.

110. Lagacé fait sans doute référence ici à Jean Jacques, dit James Pradier (1792-1852), sculpteur et peintre né à Genève et nommé professeur à l'École des beaux-arts de Paris en 1827; voir *Statues de chair: sculptures de James Pradier (1790-1852)*, exposition tenue du 17 octobre 1985 au 2 février 1986 au Musée d'art et d'histoire, Genève, et du 28 février au 4 mai 1986 au Musée du Luxembourg, Paris, Éditions de la Réunion des musées nationaux, 1985. En ce qui concerne Alexandre Leloir, il s'agit peut-être d'André-Alfred-Alexandre Lenoir, sculpteur né à Paris au XIXe siècle, Emmanuel Bénézit, vol. 6, 580.

111. Dans la section nord-ouest du cimetière, elle est remplacée aujourd'hui par un Christ en croix entouré de Jean et de Marie.

Je suis revenu à Lourdes par le même chemin que j'avais suivi en venant.

Nous traversons de pittoresques villages ; une vieille[,] tenant sa quenouille d'une main, roule entre ses doigts la laine blanche ; des enfants courent derrière notre voiture ; les dames qui m'accompagnent leur jettent des dragées et nous assistons à une lutte homérique. Une petite place, entourée d'une colonnade, s'étend devant la vieille église de Saint Pré ; une fontaine chante au milieu et des femmes[,] portant sur leur tête des cruches de terre, y vont puiser de l'eau.

Nous reprenons la campagne. À notre gauche s'étend un vaste champ de blé. Des femmes coupent les gerbes avec des faucilles et laissent tomber sur le sol des épis dorés. Sur la route, nous rencontrons un lourd charriot traîné par des bœufs, aux poils blonds ; d'un mouvement rythmé, ils inclinent et relèvent leurs longues cornes blanches. Une douzaine d'hommes, de femmes et d'enfants, passent près de nous, portant sur leurs épaules d'immenses fagots de charbon de bois ; de petits ânes succombent presque sous la charge qu'ils ont sur le dos. Et tout ce monde a le visage noir, les habits en haillons... Ces diverses scènes éveillent en moi de lointains souvenirs. Combien de fois, enfant, en lisant la description de ces scènes étranges dans de grands livres d'images, je suis resté rêveur... Aujourd'hui je vois ces scènes pittoresques et, comme autrefois, je laisse mon imagination suivre son vol capricieux... Il fait si bon rêver dans un beau soir, regardant d'un œil distrait le soleil dardant ses rayons embrasés sur les nuages, qui se roulent au front des montagnes mauves.

*
* *

21 juillet.

Ce matin, la communion a été faite par tous les pèlerins. Après la messe, nous nous sommes formés en procession pour accompagner le S. Sacrement, que l'on transportait de la grotte à la chapelle du Rosaire. Sur le parcours, les malades se soulevaient sur leurs grabats et tendaient vers l'ostensoir leurs mains suppliantes ; de toutes ces âmes angoissées[,] le cri que les enfants d'Israël faisaient entendre sur le chemin du Christ[...] semblait sortir : « Jésus, fils de David, guérissez-nous ! » Qui pourrait rester impassible en face d'un tel spectacle ? Et, oubliant mes propres misères, je joignis ma prière à celle de ces malheureux et, pour eux, je demandai que les yeux s'ouvrissent à la lumière, que les oreilles entendissent, que les membres paralysés retrouvassent leur agilité, qu'en un mot, comme autrefois, tous se soulevassent [dans B, se lit *levassent*] de leur lit de misère et, par leur chant de reconnaissance, acclamassent le « Sauveur du monde. »

*

*   *

Lourdes, ai-je appris aujourd'hui, en langue romane, est l'équivalent de château fort. Je sais bien que ce nom lui vient de la forteresse qui domine la vallée; mais, par un rapprochement naturel, il n'est pas moins vrai de dire que c'est bien ici, le château fort de la Sainte Vierge[112]. Dès le moyen âge, nous l'avons vu, elle avait voulu être honorée à Bétharram; mais, comme ce siècle semblait vouloir tout nier et tout oublier, la vérité et le devoir, il lui sembla que ce n'était pas assez de ce gage d'amour, et de nouveau elle se montra dans ces vallées heureuses, prêchant la vérité qui ne meurt pas et les devoirs imprescriptibles de la vie chrétienne. Et l'univers écouta les paroles de vie qu'elle confiait à une pauvre petite bergère pour les lui transmettre.

Aussi du haut du donjon de la citadelle, en remuant ces pensées, je promenai longuement mes regards sur l'incomparable panorama du Lavedan et il me sembla voir, par toutes les routes qui rayonnent vers la grotte miraculeuse, comme vers le centre du monde, des processions interminables, en marche, bannières au vent, lançant dans les airs leurs chants d'amour et de réconciliation. Oui, il me sembla, tant mon rêve s'affirmait dans mon esprit, que c'étaient des délégations de tous les peuples de la terre qui se rendaient au rendez-vous que l'humanité rachetée s'était donn[é] au pied de la grotte de Massabielle. Quand les délégations se rencontraient, je croyais voir les bannières s'incliner en signe d'alliance et[,] dans cet embrassement, le drapeau de la France, de l'Angleterre, de l'Espagne, de l'Allemagne et de l'Amérique[…] mêler leurs couleurs et former dans le ciel un immense arc-en-ciel. Au-dessus du remous des foules[,] devant la grotte, rayonnait le symbole de l'alliance des peuples, la croix qui « a sauvé le monde »… Mais soudain, du fond de la plaine, une plainte sourde, une clameur lamentable s'éleva et je compris que ce que mon imagination me montrait[…] n'était qu'un rêve et que, malgré tout, la misère humaine demeurait la même et que l'union entière était un problème impossible à résoudre. Car toujours les ambitions, les haines, les préjugés diviseront les hommes et si les âmes [se (dans B)] cherchent et s'unissent, surmontant ces obstacles, jamais les peuples, que tant d'intérêts de commerce ou de frontières liguent les uns contre les autres, ne connaîtront le bonheur de s'aimer dans une communion parfaite de foi et de charité… En effet, même à l'heure où la « grande foire de la paix » bat son plein, le sang coule

---

112. La légende veut qu'une jeune fille tombée dans le Gave ait été sauvée de la noyade par Notre-Dame, qui lui tendait un rameau. En reconnaissance, la demoiselle déposa dans la chapelle, au pied de la statue, un rameau d'or, *Beth arram*, qui en patois signifie beau rameau, A. Garreau, 1527.

à flots en Afrique, en Chine, aux Philippines[113]. Les canons tonnent dans le lointain et les magasins des citadelles regorgent d'armes meurtrières et d'engins de destruction. Que signifient, à tout prendre, ces congrès où l'on prêche l'union, la concorde et la fraternité? N'est-ce pas au lendemain de ces agapes au champagne[…] que les gouvernements se font les gros yeux et penchent aux bords des créneaux de leurs forteresses la gueule hideuse de leurs canons?

Ah! le règne de la paix, comme il est loin encore!

Et cependant, si tous les cœurs venaient puiser ici, à la fontaine miraculeuse, cette eau pure et suave de l'amour divin, si au pied de cette grotte, les intelligences entendaient et comprenaient le sens profond des paroles de la Vierge : « Pénitence, Pénitence » ; si tous les peuples, une bonne fois, reconnaissaient que les préceptes de la sagesse et de la vraie politique sont enfermés dans cet Évangile qu'on proscrit des écoles[114] et que le modèle de la vraie « philanthropie » est le Crucifix, qui apprend aux hommes à s'immoler et à ne compter pour rien une vie dont l'unique préoccupation n'est pas le triomphe de la vérité et de la justice, comme l'union serait facile et comme les grands mots de « Liberté, d'égalité et de fraternité » auraient une portée qu'ils n'ont pas en réalité!

Mais non, c'est un rêve inutile! Car, qu'importe aux philosophes, aux historiens, aux politiques, aux meneurs de l'opinion, aux manifestations de la chose publique, le triomphe de la vérité et de la justice? Ne doivent-ils pas à leur abaissement, à leur déchéance dans les esprits, leur renommée, leur triomphe, leur puissance et leurs richesses? Et tous ceux qui ont des hontes à cacher, des scandales à justifier, des bassesses à oublier ou à faire oublier, se pressent autour de ces histrions et l'on assiste à la conjuration des plus misérables passions qui soient dans l'homme. Sans frein, sans digue pour arrêter ses ravages, la vague impure traverse le monde et l'on ne voit plus que des malheureux qui ont leur raison pour haïr la morale divine, des érudits qui gagnent leur vie au métier de la corrompre et de la

---

113. Sur la grande foire de la paix et la situation en Afrique et en Chine, voir ci-dessus, notes 102, 9 et 53. En ce qui concerne l'histoire moderne des Philippines, elle se caractérise par une série de colonisations, d'abord britannique (1762-1764), puis espagnole (1837-1899) et enfin américaine (1898-1934), les États-Unis ayant écrasé la résistance philippine qui avait proclamé la Première République en date du 23 janvier 1899, *PRNP*, 1621-1622.

114. Avec la nomination en février 1879 de Jules Ferry comme ministre de l'Instruction publique, le système d'éducation français entame une période de changements importants, qui culmine en 1905 avec l'adoption de la loi de séparation de l'Église et de l'État. Entretemps, l'une des réformes promulguées par la loi du 28 mars 1882, concernant la laïcisation du système scolaire, déclenche de nombreuses protestations de la part du clergé; le commentaire de Lagacé est sans doute en lien avec ces événements, alors relativement récents, P. Chevallier et autres, *L'enseignement français de la Révolution à nos jours*, Paris, Éditions Mouton, 1968, 112-125.

flétrir dans les âmes jeunes et inexpérimentées. Et quel spectacle présente la société universelle ? Partout des ruines, partout des clameurs de haine, de vengeance, un immense champ de carnage où se traînent les mourants au pied des croix renversées.

Mais, tandis que la cohue hideuse poursuit son œuvre de destruction et de démoralisation, ici, l'œuvre de la régénération et du salut s'opère discrètement, sûrement dans les âmes. La source, jaillie à Lourdes, est descendue vers le Gave, et, le Gave purifié, sanctifié, s'en est allé par les vallées, portant à toutes les rives la consolation et la paix ; les bons et les fidèles se sont penchés sur les fleuves, qui, à leur tour, avaient reçu du Gave[…] l'eau de grâce et de tous les rivages consolés[;] un chant d'espérance est monté vers le ciel. Ainsi s'étend l'œuvre de Dieu, ainsi l'eau de Lourdes[…] est venue à toutes les plages apporter la force qui donne aux faibles des cœurs de lion. Et à cette vue, l'erreur, l'impiété, la libre-pensée, le mensonge et le blasphème ont reculé, refoulés dans les plaines, laissant libre l'approche du fleuve dont le cours large et profond conduit les âmes nobles et généreuses à la mer de la Vérité et de l'Idéal divin[115].

Oh ! Lourdes, je ne m'étonne plus que mon cœur se serre à la pensée de te quitter, et du haut de la tour crénelée de ta citadelle, je te salue comme le berceau de la régénération de ce siècle qui expire, en regrettant ses erreurs, et comme la coupe qui devra verser[,] sur le front du siècle qui commence, le baptême de la foi recouvrée…

Ainsi mon rêve s'évanouit dans une suprême espérance !

J.-B. Lagacé

Huitième et dernière lettre

[parue dans *La Vérité* le samedi 3 novembre 1900, 4-5]

Paris, 10 août, 1900.

Avec ma dernière lettre devait se terminer ma tâche de chroniqueur : car ma relation, commencée à Paray-le-Monial, devait s'arrêter à Paris ; or

---

115. C'est sur cette envolée que culmine le récit à la fin de sa septième lettre (la huitième est consacrée à ses réflexions), Lagacé fluctuant entre l'espoir et la désillusion, cette dernière émanant de sa confusion entre le salut chrétien et la paix universelle. Dans ce sens, sa description du processus de purification, par l'eau de Lourdes et par le regard que l'on y porte, lorsque la mer de la Vérité – en l'occurrence – et de l'Idéal divin repoussent les vices de ce bas monde, est tout à fait intéressante dans la manière dont elle mêle le tangible à l'allégorie, et la politique à la foi. Cette contraction entre le destin de la chrétienté et celui de l'humanité, entre l'universel et l'international, constitue une de ses ambiguïtés, qui tendra toutefois à s'estomper dans ses écrits ultérieurs.

depuis le 23 juillet je suis dans les murs de la capitale… J'ai donc rempli mes obligations. Mais, il me semble qu'un dernier chapitre est nécessaire pour donner à ces notes incohérentes un peu d'unité, pour les résumer en une formule claire et précise.

*

*   *

Les impressions que j'ai essayé de décrire dans mes diverses lettres ont été de trois ordres différents : des impressions de nature, des impressions d'art et des impressions d'histoire. C'est, en effet, par ces différentes impressions que passent tous ceux qui vont en Europe dans le but de s'instruire et de se laisser vivre un peu librement. Car, qu'est-ce qu'un voyage, sinon une reprise de possession de soi-même, la pensée[…] retrouvant[,] dans le mouvement et l'action, de nouvelles énergies et de plus larges envolées ! Cette sensation de liberté et de soulagement qui ne l'a éprouvée ? Quand à l'horizon disparaît la terre de la patrie, il se fait autour de nous un grand vide et comme l'immensité de la mer, qui déroule à perte de vue ses flots monotones, ainsi notre âme s'aplanit et sent sur sa parfaite quiétude se répandre un grand silence. Notre esprit se détache peu à peu des misères et des ennuis qui l'assaillaient tout le jour, les devoirs austères qui le retenaient captif dans le cercle étroit de l'habitude[…] se brisent et, comme s'il venait de reconquérir sa liberté, il ouvre les ailes toutes grandes et se livre aux souffles qui l'invitent. Et parce qu'il s'est fait ainsi[,] autour de notre âme, comme un recul d'horizon, nos aspirations vers la beauté augmentent et s'épanouissent et nous ne pouvons nous lasser d'admirer l'immensité des flots qui mettent, au bord du ciel infini, une frange d'écume et de lumière.

Ainsi toujours, sur le pont du bateau qui nous emporte sur un lac d'azur aux pieds des montagnes admirables et grandioses de la Suisse ; dans la voiture qui nous conduit par les routes ensoleillées au sommet de la colline qui domine Florence, la ville rose ; dans la gondole qui, sans bruit, glisse comme une ombre entre deux rangées de palais de marbre ; dans les rues étranges des vieilles cités, retrouvant[,] à chaque pas, l'empreinte des siècles passés ; ainsi toujours, dis-je, nous nous sentons seuls et libres, libres de flâner, à notre guise, obéissant aux caprices de nos rêves nouveaux, libres de suivre le fil de nos idées à travers le dédale de nos sentiments, libres, enfin, de courir là où nous portent nos goûts et nos préférences, de chanter, de crier, de pleurer parfois.

La « lutte pour la vie » distrait des spectacles de la nature ; le voyage, en nous arrachant aux soucis, aux ennuis de l'existence affairée et quotidienne, nous rend, en quelque sorte, à la nature, et c'est[,] pour ceux qui ont su conserver, malgré la desséchante ardeur des ambitions et des passions humaines, intacts et entiers leur enthousiasme et leur délicatesse, une ivresse dont on garde, au plus intime de l'âme, l'impérissable souvenir.

*
*   *

Les impressions d'art ne sont pas[,] comme les impressions de nature, également à la portée de tous. La bonne volonté et l'abandon complet de nos facultés n'y suffisent plus, il faut que des études préalables aient établi, pour ainsi dire, un fil conducteur entre l'âme des siècles passés et notre propre âme.

Aussi bien, c'est une grave erreur de croire[…] qu'il suffise d'acheter, chez le libraire du coin, un Baedeker ou un Joanne[116], pour pénétrer le sens profond de ces œuvres immortelles « en qui se montre la beauté [absolue et pure, beauté (dans B seulement)] qui est de tous les temps et de tous les pays et qui réunissent dans une communion admirative le passé, le présent et l'Avenir » (T. Gau[t]ier)[117]. Ici, les commentaires peuvent aider l'intelligence dans la recherche de la beauté, mais ne sauraient suffire à la lui révéler, si notre goût ne s'est formé au sein d'une société d'élite, si par des lectures sérieuses, nous n'avons appris à en connaître [dans B, se lit *reconnaître*] les qualités essentielles et primordiales. En plus, les œuvres de maîtres veulent, pour être comprises dans l'endroit où elles ont été composées, sous le ciel qui les a vues naître, ce recueillement profond, absolu, de la pensée, que l'on parvient si difficilement à obtenir au sein des cités. L'histoire également doit, de sa lumière, faire un cadre à ces œuvres en qui revit toute une époque, toute une civilisation.

---

116. Pour Baedeker, voir note 97. Les Guides-Joanne, rédigés par le géographe français Adolphe Joanne (1813-1881), commencent à paraître à partir de 1841, avec un premier volume intitulé l'*Itinéraire descriptif et historique de la Suisse*. Publiés par Hachette à Paris, ils comprennent des informations archéologiques, historiques et touristiques et gagnent en popularité durant la seconde moitié du XIXᵉ siècle ; au cours de la Première Guerre mondiale, ils deviennent la collection des « Guides bleus », Daniel Nordman, « Les guides-Joanne, ancêtres des Guides Bleus » dans Pierre Nora (dir.), *Les lieux de mémoire : la nation*, Paris, Gallimard, 1986, 529-567. En somme, les guides touristiques modernes tendent à remplacer les lettres de voyage du genre de celles de Lagacé. Pour un récapitulatif de leur émergence, voir Roy Malkin (cf. note 97).

117. Majuscule dans A seulement ; citation non identifiée. Théophile Gautier (1811-1872) a effectué de très nombreux voyages, en Europe, en Afrique du Nord et au Moyen-Orient, financés par des directeurs de journaux en échange d'une correspondance régulière. Pour Gautier, la mission du voyageur consiste à être un « touriste descripteur » et un « daguerréotype littéraire », lequel substitue le langage à l'art pictural, Claudine Lacoste, « Gautier, Pierre Jules Théophile », *DLLF*, 955 ; Marc Eigeldinger (dir.), introduction à l'ouvrage de Théophile Gautier, *Impressions de voyages en Suisse*, Lausanne, Éditions l'Âge d'Homme, 1985. Au sujet d'une similaire mutation des genres chez Lagacé, voir notre introduction.

Or, si l'histoire est nécessaire à la compréhension des œuvres d'art, de quelle importance n'est-elle pas, en face des monuments où s'est concentrée, pour ainsi dire, la vie des siècles passés, où plus d'une fois se sont jouées les destinées du monde ?

Rome, sans la connaissance approfondie de son histoire, qu'est-elle ? Elle possède assurément de beaux monuments qui frappent [dans B, se lit *frapperont*] le regard du touriste le plus novice ; mais n'est-ce pas par ses ruines qu'elle demeure la ville la plus captivante, la plus riche en souvenirs glorieux ?

Ces colonnes qui ont triomphé du temps et des révolutions et qui ont gardé, dans leur délabrement et leur solitude, quelque chose de leur austère grandeur ; ces dalles rongées par les eaux et les roues des chars romains ; ce colisée superbe où tant de sang a coulé ; ces tombeaux vides, sur lesquels nous nous penchons avec un respect mêlé de crainte ; toutes ces ruines mériteraient-elles l'attention des esprits sérieux, si au-dessus de leur misère, l'histoire n'étendait comme un immense linceul de gloire ? Il s'attache à la matérialité des pierres quelque chose, que sais-je, un rayon ou une ombre, un frisson de gloire ou de deuil qui nous pénètre et dont nous ne pouvons nous défendre.

J'ai ressenti cette étrange impression, plus d'une fois ; mais d'une manière plus pénétrante encore, le jour[…] où, sous la conduite de M. Marucchi, j'ai fait la visite du Forum Romain. Le moindre fragment de corniche, de bas-relief ou de tombeau, sous la parole de feu du célèbre archéologue, s'animait, devenait vibrant et jetait une lumière nouvelle sur l'histoire de la Rome antique.

Mais ce qu'il importe de posséder par-dessus tout, c'est la « philosophie de l'histoire ». Car ce n'est pas tout de pouvoir reconnaître les œuvres d'art, de savoir s'arrêter devant les monuments historiques, évoquant la beauté et les souvenirs du passé, il faut encore pouvoir, des unes et des autres, dégager la vérité et tirer une morale de l'ensemble de ces différentes impressions[118].

Le penseur s'élève au-dessus des événements et cherche l'action de Dieu sur les choses humaines.

La vague des Barbares passe, comme un fléau dévastateur, sur Rome que tant de siècles de gloire ont placée à la tête du monde ; ses monuments « pleurent » au bord des routes solitaires ; ses dieux gisent parmi les colonnes brisées de leurs temples et l'antique civilisation sombre dans un soir ensanglanté. Les peuples vont-ils retourner à la barbarie, à la sauvagerie ? Mais sur les ruines de la capitale du monde païen, s'élève la capitale du monde chrétien. Hier, elle était sous Rome ; aujourd'hui, elle monte à la lumière du jour et c'est son étendard qui maintenant brille au front du capitole…

---

118. Voir note 115.

Ainsi, toujours et partout, la poussée imprimée par Dieu aux choses humaines est sensible, évidente, et, en cherchant bien, c'est son retentissement, son choc initial que l'on retrouve dans les moindres événements de l'heure actuelle. Est-il travail plus digne d'une noble intelligence[…] que d'en rechercher, dans le présent, la vibration extrême?

*

*   *

Sentiment des beautés de la Nature, connaissances esthétiques, souvenirs d'histoire et surtout ce sens philosophique qui ne se contente pas d'effleurer les choses, mais qui les approfondit, qui les retourne, en quelque sorte, pour en tirer le plus de lumière possible, voilà le bagage indispensable de tout voyageur sérieux.

Je ne veux pas dire que j'étais suffisamment muni de ces connaissances humaines et que grâce à elles, j'ai pu pénétrer le sens intime des œuvres sublimes et des pages laissées par les siècles évanouis… Oh! non. Que de fois, n'ai-je pas senti combien était mince mon savoir, combien, dans la nuit qui les environne, les hommes et les choses demeuraient enveloppés de mystère. Mais c'est assurément une généreuse tentative, un noble effort que d'amasser ces connaissances qui sont indispensables à l'intelligence pour comprendre la nature, l'art et l'histoire[119]. Ces impressions profondes ne pénètrent que les cœurs qui gardent, avec la foi, l'amour de ce qui est beau et qui est bien. Si tous ceux qui rêvent un voyage en Europe[…] faisaient ce travail préparatoire, et dans leur esprit, opéraient [le verbe est au sing. dans B] ce miracle de résurrection, nous n'aurions pas le triste spectacle[…] – que j'ai eu trop souvent là-bas[…] – de gens, ayant de l'argent et des loisirs, qui parcourent l'Europe, sans ne rien voir, ne rien goûter, ne rien comprendre, cueillant sur leur passage, aux angles des carrefours, les fleurs empoisonnées des fausses idées, des vices éhontés et des trahisons infâmes[120]. Ici, que de tristes choses nous pourrions raconter. Mais, tirons le voile et contentons-nous de dire, que pour une personne qui revient d'un voyage en Europe, emportant avec elle un peu de lumière, combien nous arrivent avec des vices plus développés, plus raffinés, rapportant au foyer de la famille le mauvais exemple et souvent le déshonneur. Ah! «étude de mœurs», dit-on! En effet, c'est ainsi que l'on a fait la réputation de la France et plus particulièrement de Paris. Parce qu'on a, un mois durant, couru toutes les guinguettes, tous les lupanars et les trous sales de la capitale – que font vivre d'ailleurs les

---

119. Ainsi, ce sont la nature, l'art et l'histoire qui constituent le centre d'intérêt de Lagacé, fût-il historien ou historien de l'art.

120. Il y a donc un ennemi qui engendre le mal, alors que la nature, préservée par la morale, engendre et promeut le beau et le bien.

étrangers – l'on croit bonnement avoir saisi sur le vif l'état d'âme de la nationalité française ! Pensez-vous vraiment que Paris serait le foyer de science qu'il est, s'il n'était composé que de jouisseurs et de noceurs ? Non, Dieu merci ! pour l'honneur de la France, il y a encore, à Paris, des honnêtes gens, des penseurs, des chercheurs et des travailleurs, qu'on ne voit pas, il est vrai, aux avant-scènes des « Folies-bergères » ou de « l'Olympia », qui font de bonnes besognes et pour qui la vie a des devoirs austères et imprescriptibles. Les autres, ceux que l'on voit et qui se montrent, sont des papillons de nuit, qui font beaucoup de bruit avec leurs ailes noires, et qui donnent le vertige aux naïfs et aux débauchés, qui vont brûler à la flamme des plaisirs parisiens le peu d'ailes qui leur restent. Ceux-ci perdent la réputation de la France... Fréquentez donc ceux-là de préférence à ceux-ci et vous verrez comme vous rapporterez d'un séjour à Paris des impressions bien différentes. Ce n'est pas dans les ruisseaux qu'on cherche les étoiles ; à Paris, comme à Londres, comme à New York, comme partout, elles brillent dans la pureté des soirs embaumés...

Qu'on aille en Europe, soit ! Mais qu'on y aille pour rapporter des connaissances d'art et d'histoire, des souvenirs heureux, des impressions de lumière, de vérité et de force, en un mot, pour revenir « meilleurs ». Car, comme le dit si bien P. Bourget : « Quand vous avez laissé, pendant des semaines, ces trois courants (La nature, les arts, l'histoire) déborder, jouer à leur gré sur vous, il se produit dans votre être intime un phénomène particulier qui explique pourquoi chaque long voyage se termine sur un changement secret de notre personne, presque toujours améliorée, devenue plus grave, plus résolue à la tâche du travail intérieur, plus religieuse enfin, si l'essence de la religion consiste dans la bonne volonté [121]. »

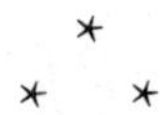

Hier, je venais de quitter l'Exposition et, à petits pas je m'acheminais vers mon hôtel[122]. Devant mes yeux passait et repassait la vision merveilleuse de l'immense Foire. Je revoyais la grandiose perspective du pont Alexandre III,

---

121. Il s'agit de Paul Bourget (1852-1935), romancier prolifique, nommé à l'Académie française en 1894. Décrit d'abord comme « un jeune dandy élégant et inquiet, épris de dilettantisme et de voyages », Bourget deviendra un auteur traditionaliste, hostile au naturalisme d'Émile Zola, défendant une idéologie étroitement nationaliste, royaliste et catholique. Il connut un important succès auprès de la bourgeoisie très conservatrice, M.-O. Germain, « Bourget, Paul », *DLLF*, 321-323. Paul Bourget était également populaire au Canada français. La citation n'est pas en retrait dans A et B.

122. Lagacé n'en parle pas ici, mais ses promenades parisiennes incluent, en ce mois d'août 1900, une visite à l'École des beaux-arts de Paris dont il rend compte dans « Le Grand-prix de Rome : à l'École des Beaux-Arts », *RC*, 1901, n° 2, 97-112.

les magnifiques proportions du palais des Arts, l'aspect féerique du Trocadéro et du Château d'Eau, les amusants profils des palais de la rue des Nations et je me disais : Que d'efforts de pensées et d'énergies, que de nuits de travail et de recherches, que de sueurs, de sang même, il a fallu pour conduire l'humanité à ce degré de bien-être, de richesse et de splendeur… Mais, comme une ironie, à travers mon rêve, passèrent les sons aigres et barbares de la flûte et le bruit monotone du tambourin du théâtre égyptien, le tapage des orchestres au seuil des restaurants et des salles de spectacles, les boniments des pitres, les sons des castagnettes des danseuses ; et cet immense brouhaha se changea en un grand éclat de rire qui résonnait étrangement parmi les pensées sérieuses qui agitaient mon esprit…

J'arrivai donc ainsi, en suivant le cours de la Seine, jusqu'à l'île de la cité. Dans l'aveuglante lumière du soleil couchant, Notre-Dame dressait ses deux tours massives et sa flèche élégante et svelte. J'entrai. Les ombres flottaient sous les voûtes élevées ; les colonnes, éclairées à leurs bases par la lumière qui pénétrait par les portes ouvertes, devenaient de plus en plus sombres à mesure qu'elles s'élevaient et finissaient par se perdre dans la nuit. Le silence le plus solennel régnait dans le vaste monument ; on se serait cru dans une forêt tant le calme était parfait. La grande rose, derrière laquelle le soleil se couchait, semblait être le soleil lui-même, prêt à disparaître à la lisière de cette forêt merveilleuse. Quelques personnes priaient à genoux dans les coins sombres ; la lumière des cierges vacillait dans les ténèbres et comme le grondement lointain d'un ouragan, le bourdon faisait vibrer l'énorme masse de pierre. Et je pensais qu'ainsi, au milieu des fêtes, des espérances folles des peuples, la cathédrale garde son impassible beauté, son recueillement mystique, regardant passer les flots tumultueux des siècles, impassible, immuable, comme la Vérité dont elle est le temple, comme la foi dont est le symbole.

Quand je sortis de l'église, la nuit était venue. À l'horizon une bande d'or flottait, comme si le soleil avait laissé, accroché aux dômes et aux clochers, le voile léger dont il enveloppe la douce aurore. Sur ce fond éblouissant[,] la masse imposante de la cathédrale se détachait pure et nette, avec ses clochetons festonnés et ses arcs-boutants gracieux.

Je tournai la tête et là-bas, dans le brouillard qui s'élevait de la Seine, la blanche Exposition, noyée dans un nuage bleu, s'entourait de pâles lumières pour éclairer sa beauté. Bientôt elle disparut dans les ténèbres, tandis que la tour Eiffel, comme un phare, quand la nuit s'étend sur la mer, promenait dans les airs son jet lumineux.

De nouveau, mes yeux se reportèrent sur Notre-Dame ; les ombres l'entouraient de leurs voiles funèbres ; mais je vis que la croix[,] qui domine sa flèche ajourée, avait gardé, comme une espérance, le dernier rayon du jour expirant.

Ainsi sur le fond d'or de ce siècle qui s'évanouit, ce qui demeure debout, pur, intact, souverain, c'est encore et toujours la Vérité éternelle. Que de fois le mensonge, l'erreur, la trahison, la lâcheté et la libre-pensée ont tenu des « expositions » à la lumière artificielle de la fausse science, et toujours elles furent un fiasco, une banqueroute morale, et tandis qu'elles s'éteignaient dans le dédain universel, l'Église, qui a les paroles de la vie, gardait à son front la lumière impérissable et vraie de la certitude et de la foi et guid[ait] [au pluriel dans A et B] les hommes vers leurs destinées éternelles. Il n'est donc pas étonnant que, comme les hirondelles que je voyais hier au soir, tourbillonner autour des tours de Notre-Dame, les plus grands génies de ce siècle, après avoir hésité autour des bazars de la pensée et des théâtres des passions, se soient sentis saisis de frayeur, quand vint le soir, et qu'ils aient ouvert leurs ailes meurtries et soient venus demander à l'Église un peu de cette lumière qui sauve, un refuge contre les désespérances qui traversaient la nuit de leurs erreurs et leur fol orgueil...

C'est en formulant cette profession de foi que je termine ces « Lettres de voyage », dans lesquelles je me suis efforcé de faire passer quelque chose de mon âme et de mon cœur.

J.-B. Lagacé.

Chapitre 7

L'*Initiation à l'Histoire de l'Art* de Jean-Baptiste Lagacé

Jean-Baptiste Lagacé.

Initiation à l'Histoire de l'Art.
Édition critique

« Il faut comprendre un peu pour admirer beaucoup »°
Pierre [*sic*] Miller*

Olga Hazan

avec la collaboration de
Guillaume Sirois

---

* Il s'agit fort probablement, non de Pierre mais d'Émile Miller, né en 1884 et décédé en 1922, noyé dans le Saint-Laurent, à Contre-Cœur, en tentant de sauver l'un des fils de son ami Adélard Desrosiers. Lagacé a sûrement connu Miller à l'Union Catholique, au Monument national, à la Société Saint-Jean-Baptiste ou à la CECM. Son ouvrage, intitulé *Mon voyage autour du monde*, publié à Montréal en 1923 par la Bibliothèque de l'Action française, un an après sa mort, porte d'ailleurs en page couverture une illustration de Lagacé (merci à Jasmin Miville Allard, d'avoir trouvé un exemplaire de cette publication). Sur Émile Miller, voir : www.histoirequebec.qc.ca/publicat/vol8num3/v8n3_3em.htm.

Avant-propos

Caractéristiques éditoriales

Outre la prise en compte, signalée dans nos notes, des dernières corrections manuscrites que Lagacé apportait à son *Initiation à l'Histoire de l'Art* dactylographiée, nos interventions dans le corps de son texte se limitent à quelques ajouts informatifs [présentés entre crochets] et à des modifications d'ordre technique, qui se résument à des corrections de coquilles ou à des modifications minimes de la ponctuation. Dans les listes des illustrations, le nom de famille a été replacé après le prénom de l'artiste et les tirets ont été changés pour des virgules. Comme pour les *Lettres de voyage*, des virgules ont été ajoutées entre crochets[,] et d'autres éliminées et remplacées par des points de suspension entre crochets[…]. Les soulignements ont été changés pour des italiques et deux types de guillemets ont été utilisés pour différencier les sources identifiables [«source identifiable»] des courtes citations anonymes ou des expressions communes ["le Grand-père"]. Les mots soulignés par l'auteur, mis ici en italiques, sont indiqués spa, sauf pour les noms des artistes que nous avons italisés sans rien indiquer.

Sources monographiques
sur les historiens de l'art cités par Lagacé

Outre celles de Lagacé, les sources que nous avons utilisées pour une mise en contexte factuelle et concise de son *Initiation à l'Histoire de l'Art* incluent:

- Lyne Therrien, *L'histoire de l'art en France, genèse d'une discipline universitaire*, préface de Gérard Monnier, Paris, Éditions de CTHS, 1998 (ici LT).
- Germain Bazin, *Histoire de l'histoire de l'art, de Vasari à nos jours*, Paris, Albin Michel, 1986 (ici GB).
- Udo Kultermann, *The History of Art History*, USA, Abaris Books, 1993 (ici UK).
- *Dictionary of Art Historians Search*, site numérique constitué sur la base d'informations biographiques recueillies à partir de 1986 dans: Eugene Kleinbauer, *Research Guide to the History of Western Art* (1982) et *Modern Perspectives in Western Art History* (1971); Heinrich Dilly, *Kunstgeschichte als Institution* (1979) et Udo Kultermann, *Geschichte der Kunstgeschichte* (1966 ff.), ces informations ayant été compilées et informatisées à Duke University Libraries, *Dictionary of Art Historians Search*, site web (ici DAHS).
- *Le Petit Robert des noms propres* (même édition que pour les *Lettres de voyage*, ici PRNP).

- *Larousse-Bordas*, version cédérom, 1998 (ici L-B).
- Joseph Gauthier, *Graphique d'histoire de l'art*, 2ᵉ édition, Paris, Librairie Plon, 1911, utilisé surtout pour sa bibliographie (233-239), voir ci-dessous.

Outils de référence

utilisés pour la vérification des informations de Lagacé :

- *Catholic Encyclopedia* (site numérique)
- *Encyclopædia Universalis* (même édition que pour les *Lettres de voyage*)
- *Encyclopédie de l'art*, Milan, Garzanti et Pochothèque, 1991, c1986
- Emmanuel Bénézit (même édition que pour les *Lettres de voyage*)
- la série des volumes *Histoire de l'art* publiée par Flammarion

Histoires générales de l'art,
les auteurs nommés par Joseph Gauthier en 1911

- Bayet, Charles Marie Adolphe *Précis d'histoire de l'art* Paris, Quantin, Bibliothèque de l'Enseignement des Beaux Arts, 1888, nouvelle édition (1908 chez Gauthier).
- Benedite, L[eonce ?], *Histoire des Beaux-Arts.*
- Deshairs, Leon, *L'art de l'origine à nos jours* (2 vol.), Paris, Larousse, 1932.
- Faure, Elie, *Histoire de l'art*, 4 vol., Paris, Cres, 1920.
- Guillaume, Ed., *Histoire de l'art et de l'ornement.*
- Hourticq, *Histoire de l'art*, France, 1911.
- Magne, L[ucien ?], *Leçons sur l'histoire de l'art.*
- Michel, André, Ed., Paul Vitry, Ed., Louise Pillion Lefrançois, *Histoire de l'art depuis les premiers temps chrétiens jusqu'à nos jours*, Paris, André Colin, 1905-1929.
- Peyre, Roger Raymond, *Histoire des Beaux Arts*, s. l., s. n., s. d.
- Réau, L., *Histoire universelle des arts* (3 vol.).
- Roux, A., *Précis d'Histoire de l'art et de la Civilisation.*
- Seroux D'Agincourt, J. B. L. G., *Histoire de l'art par les monuments, depuis sa décadence au* IVᵉ *siècle jusqu'à son renouvellement au* XVIᵉ, 6 vol., Paris, 1823.

Dédicaces

[Parmi des papiers glissés entre les pages du dernier journal intime de Lagacé, on trouve, outre cette autobiographie, cinq dédicaces rédigées en petits caractères, sur un petit papier rose :]

- [Gérard] Morisset[1] qui déterre une à une les vieilles pierres d'un passé qui [mot illisible] une âme, l'hommage de ce livre.
- [Alfred] Laliberté, sculpteur, en souvenir des heures mémorables passées dans son atelier [quelques mots barrés] ce livre lui apporte un écho mourant.
- [Olivier] Maurault, recteur de l'Université de Montréal et [mot illisible] de notre Renaissance artistique un respectueux hommage de ce livre.
- à [Maurice] Lebel qui, ramassant le flambeau tombé de mes mains, continue la course, l'hommage de ce livre.
- [Maurice] Gagnon, professeur de l'histoire de l'art, l'hommage de ces « fleurs desséchées » dans un sentier *qui fut* [inséré au-dessus de la ligne] solitaire.

---

1. Morisset est également mentionné dans le dernier journal intime de Lagacé.

Sur le seuil, un mot, s'il vous plaît...

J'avais jusqu'ici résisté victorieusement à la tentation de publier le cours plusieurs fois remanié que j'ai professé durant des années à l'Université de Montréal, au Monument national, ailleurs encore ; car j'estimais qu'il contenait trop de "tout le monde" et pas assez de "moi" pour mériter l'honneur de faire gémir les presses... et le reproche d'avoir ajouté un livre de plus à la collection suffisamment considérable de ceux qui ne sont pas lus[2]. Si encore il eût été impossible de trouver en librairie des manuels répondant aux besoins du moment, je me serais peut-être cru excusable de suppléer à cette carence ; mais tel n'était pas le cas. Alors, à quoi bon ?

Ce ne fut pas l'avis de beaucoup de mes anciens élèves, demeurés mes amis, qui prétendaient que la publication de ce cours, même privé des "projections[3]" commentées qui l'accompagnaient et le complétaient, ne pourrait manquer d'être bienfaisante en facilitant aux jeunes[,] dont la curiosité s'éveille aux choses de l'art, l'accès aux ouvrages d'érudition par un exposé synoptique des grandes divisions et des grands faits de l'histoire de l'art. Au surplus, ajoutaient-ils, ce serait un témoignage rendu en faveur d'une époque qui valait mieux que la "légende[4]". J'ai eu la faiblesse de céder à leurs instances.

Quoiqu'il en soit, *L'Initiation à l'Histoire de l'Art* n'est pas l'une de ces œuvres originales qui apportent quelque nouvelle contribution aux matériaux artistiques déjà amassés et pas davantage une philosophie qui remet en discussion les principes fondamentaux de l'Esthétique ; elle est tout au plus une sorte de vaste mosaïque composée de pièces rapportées, empruntées aux nombreux auteurs que je pris pour guide, et qui dans une succession de tableautins raconte les expériences artistiques des siècles passés. Les cubes de marbre rare, les pierres précieuses et les émaux qui lui donnent quelque prix – je tiens à le déclarer – appartiennent à ces maîtres à qui, malheureusement, je ne puis après tant d'années attribuer à chacun, à l'aide de guillemets, sa part légitime. Je le confesse et je m'en excuse. Quant à moi je n'ai fait que fournir le grossier ciment dans lequel ils sont incrustés. J'y ai mis toutefois quelque chose de plus : mon cœur et mon grand désir de servir.

Un cours de *vulgarisation* [spa] – mon ambition n'alla jamais plus loin – n'a pas les exigences et les prétentions d'un cours didactique qui d'une vaste matière entend ramasser toute la substance ; il n'est pas tenu ni à une correction littéraire aussi sévère, ni à une précision historique aussi rigoureuse.

---

2. L'expression *que j'ai professé durant des années* remplace *que depuis quarante ans j'ai professé*, barré par l'auteur, et les expressions *trop de "tout le monde"* et *pas assez de "moi"* sont soulignées comme si Lagacé se promettait d'en changer la formulation.

3. Sur l'usage des projections, voir notre chapitre 1, note 125, LT, 397-407 et notre chapitre 3.

4. Cette phrase est écrite à la main (dorénavant ms).

Se limitant à l'essentiel, il fait bon marché des dates, des événements et des idées; quelques détails lumineux lui suffisent pour éclairer le sujet qu'il traite et lui donner de la couleur, du relief, de la vie. Synthèse ordonnée en tableaux vivants, il offre d'un drame humain à grand spectacle[…] le panorama contemplé de haut, à vol d'oiseau ou d'avion, comme on voudra. Son but, pour modeste qu'il soit, est de servir de préparation, d'introduction, d'*initiation* [spa] aux études fouillées et minutieuses auxquelles devra par la suite se livrer l'élève consciencieux, déterminé à aller jusqu'au bout de son effort. « *Verba volant, exemplum manet.* » [Les paroles s'envolent, les écrits restent!]

Or, les auditoires successifs réunis à l'Université, composés de jeunes gens sortis de nos écoles supérieures, n'avaient aucune sorte de préparation artistique; ceux du Monument national recrutés parmi les classes laborieuses, pour touchant que fut leur zèle à vouloir s'instruire, ne possédaient tout de même que de vagues notions sur l'art qu'ils révéraient d'instinct. Seulement, tous[,] ayant deviné l'art sous le fatras des connaissances historiques ou littéraires, venaient me demander les rudiments d'une science qu'ils pressentaient indispensable à leur culture générale.

Je n'avais donc pas à faire étalage d'un savoir encyclopédique, encore moins à chevaucher les nues de la métaphysique. À des simples, il fallait parler le langage des simples.

L'important me parut de leur inspirer tout d'abord le goût, le respect et le culte de la Beauté; puis, de leur communiquer quelque chose de mon enthousiasme pour l'œuvre d'art de toutes les époques. C'est ce à quoi je me suis employé dans toute la mesure de mes moyens et surtout avec une "affection" poussée au dévouement.

Cet office d'initiateur, d'éveilleur d'esprits, paraîtra peu reluisant aux yeux des jeunes maîtres qui, instruits dans les écoles européennes, auront le privilège de faire jouer les grandes orgues de l'érudition, assurés d'être écoutés et entendus. Mais il fut un temps où leurs brillantes "variations" auraient retenti sous les voûtes d'un temple déserté. Aussi bien, dûmes-nous[,] pour faire accepter notre message, nous contenter de l'humble rôle du ménestrel d'autrefois qui allait de bourg en bourg, de château en château, chanter les exploits de l'amour, aux grêles accords de la viole. Si jamais pour eux le moment vient – il est peut-être venu – où ils pourront aborder les problèmes les plus ardus de l'esthétique, de l'archéologie et de la philosophie de l'art, sans s'exposer à se voir jeter des gros sous, comme il m'advint au début de ma carrière de conférencier, j'aurai été, dans une certaine mesure[,] l'artisan de leur bonne fortune car il n'est point de chemin conduisant à quelque site de beauté qui n'ait été d'abord un sentier solitaire.

Table des matières*

I.

Sur le seuil, un mot s'il vous plaît…

II.

---

*La pagination est celle du tapuscrit de Lagacé

1. L'art égyptien

L'art ne remonte pas seulement aux origines de la civilisation; on en peut suivre la trace jusque dans les régions obscures de la préhistoire. Ce n'est pas une simple hypothèse que de prétendre qu'il est apparu sur la terre avec l'humanité elle-même.

En effet, dès la plus haute antiquité, à l'âge de pierre, de bronze ou de fer, s'est manifestée chez l'homme la préoccupation de plaire, le besoin d'enjoliver les objets qui servaient à son usage journalier, de décorer et d'orner la caverne ou la hutte qu'il avait élue, en un mot, d'ennoblir d'un peu de fantaisie le cadre misérable d'une vie sans cesse menacée.

Mais ce que la critique trouve dans les vestiges de ces lointaines époques, c'est moins l'art au sens strict du mot, qu'une sorte de disposition et de tendance à créer. Les armes en silex, les fragments de poteries, les pierres éclatées et polies, tous ces précieux témoignages de ces siècles reculés, si intéressants soient-ils pour l'historien et l'archéologue, ne nous apparaissent que comme les timides essais, les premières ébauches de l'art véritable. Ce ne sera qu'après d'innombrables reprises, de successives et persévérantes expériences, que l'homme passera de ce qui lui était tout d'abord un jeu à l'industrie utilitaire, pour aboutir finalement à l'art, c'est-à-dire à la conquête de la Beauté.

L'Art n'a vraiment existé que le jour où l'homme, à l'aide d'instruments perfectionnés, trouva le moyen de reproduire la vie, non plus sous des symboles grossiers et obscurs, mais dans la libre expression de la pensée et de l'action. Déjà, à l'époque quaternaire, nous nous plaisons à le reconnaître, certains dessins gravés sur les parois des cavernes annoncent le réveil de la sensibilité humaine. Mais, en thèse générale, on peut dire que jusqu'au jour où s'organisa et se constitua l'ordre social, ce que l'on prend pour de l'art n'est que le balbutiement d'une pensée confuse, incohérente, encore inconsciente des ressources dont elle disposera plus tard pour exprimer en des formes de plus en plus parfaites l'image idéalisée du monde pittoresque, intellectuel et moral.

- . - - - - - - - - - - - - - - - - - - - . - - - . - - -

Lorsqu'on entreprend de grouper et de présenter dans l'ordre de leur développement historique les grands peuples de l'antiquité, lorsqu'on cherche à déterminer la part qui revient à chacun d'eux dans l'œuvre commune de travail et de progrès qui s'est continuée par leurs efforts concentrés et successifs, de l'origine de la société humaine jusqu'à l'avènement du christianisme et jusqu'à la formation du monde moderne, on se sent comme contraint de commencer par l'Égypte; car elle est l'aïeule des nations policées, l'aînée de la civilisation (A. Michel) [5].

Quatre-vingt siècles avant notre ère, sûrement cinq mille ans avant Jésus-Christ, on voit l'Égypte faire intervenir l'art comme l'un des facteurs essentiels de son organisme social, comme l'éducateur chargé d'enseigner sur les places publiques et à l'intérieur des temples les dogmes de la religion, les hauts faits de l'histoire, les devoirs des différentes castes; bref, de mettre en lumière les bienfaits des institutions, les souvenirs susceptibles de grandir la fierté des peuples et, par la perfection des œuvres exécutées, de consacrer à jamais une forme de beauté. Grâce aux confidences des monuments encore debout dans les plaines sablonneuses que sillonne le Nil, nous savons aujourd'hui quelle fut la religion pratiquée en Égypte; nous savons aussi les guerres, les habitudes, les travaux des Pharaons, et ce qui nous intéresse encore davantage, les moindres particularités de l'existence que menait le peuple sous la loi rigide de ses maîtres. Tout cela, les architectes, les sculpteurs et les peintres l'ont écrit à leur façon, sur une matière plus durable que le papyrus; chaque pierre scellant un souvenir. Les tombeaux eux-mêmes éternisèrent de la vie.

Je dispose de trop peu de temps pour vous dire comment le peuple égyptien, parti de je ne sais quelle steppe de l'Asie, fut conduit par les hasards de sa vie nomade à venir planter sa tente sur les bords du Nil. Ce qui est certain, c'est qu'il s'y trouva dans des conditions d'existence singulièrement favorables. Le Nil et le soleil travaillèrent pour lui, le premier en couvrant les terres avoisinantes, à l'époque des grandes crues, d'un limon nourricier qui les fertilise, le second, en faisant germer toute semence confiée au sol ainsi fécondé. S'il est vrai qu'une certaine sécurité contre les forces hostiles de la nature est la condition essentielle du passage de la barbarie à la civilisation, de l'état nomade à celui d'une société qui a fait le choix d'une demeure définitive, on ne s'étonne pas que cette transformation se soit accomplie en Égypte plus tôt qu'ailleurs et que le peuple qui y vécut offrit le premier spectacle

---

5. André (Paul-Charles) Michel (1853-1925) – à ne pas confondre avec André Michel (1876-1948) auteur de *Sur la peinture française au XIXe siècle* (1928), tous deux spécialistes, d'ailleurs, non pas de l'Égypte ancienne mais de l'art du XIXe siècle français – n'est probablement pas l'auteur de cette citation. Conservateur des musées nationaux et titulaire d'une chaire au Collège de France (1896), André (Paul-Charles) Michel était critique et historien de l'art, directeur de publication d'une imposante *Histoire de l'art: depuis les premiers temps chrétiens jusqu'à nos jours*, 18 vol., Paris, Librairie Armand Colin, 1905-1929 et de *L'École française de David à Delacroix* (1892). Sur André Michel, voir LT, 148-151; GB, 373 et *DAHS*.

d'une organisation politique complète, avec un code de lois, une tradition gouvernementale, une croyance commune et surtout avec la persistante volonté de parer sa vie et, par des monuments d'une incomparable majesté, de survivre à son destin.

Les manuels et vos lectures[6] vous ont appris quelle forme de gouvernement s'était donné le peuple égyptien : la monarchie la plus absolue qui fut jamais ; vous savez également que de nombreuses dynasties s'en transmirent les pouvoirs souverains ; l'histoire, d'autre part, vous a raconté les conquêtes de ce peuple toujours en guerre avec ses voisins, les travaux gigantesques qu'il entreprit, ses fêtes religieuses, ses plaisirs et ses deuils. Mais ce qui domine cette grande fresque, c'est la figure démesurée, multiple et toujours identique, du Pharaon, fils de dieu, dieu lui-même, maître de la terre « renversée sous ses sandales »[°]. Qu'il se nomme Séti, Ramsès ou Toutankamen, c'est toujours celui qui commande, pour qui les peuples travaillent, inventent, combattent, celui qui est pour tous la divinité faite homme. Il n'est pas étonnant que ce soit son image que l'on retrouve partout, au seuil des temples, dans la tapisserie continue qui recouvre les murs des salles hypostyles et des hypogées. Il semble que toute activité artistique n'ait eu de raison d'être qu'en fonction de sa gloire. Ce trait de l'art égyptien est unique dans les annales de l'histoire.

Le second caractère de l'art égyptien, c'est d'être profondément religieux, comme nous le dirons dans un instant. Mais ce qui est particulier à la religion

---

6. Hormis les citations et deux indications de textes à lire (voir notes 64 et 125 sur Huysmans et Bertrand), il ne reste de traces ni des lectures suggérées par Lagacé à ses étudiants ni des livres qui constituaient sa bibliothèque personnelle. Cependant, quelques listes d'ouvrages commandés d'Europe entre 1926 et 1931 par l'École des beaux-arts de Montréal en guise de récompenses annuelles attribuées aux étudiants (fonds de l'ÉBAM, tiroir 1, biblioth. des arts, UQAM), et dont on peut imaginer qu'elles étaient constituées, au moins en partie, par Lagacé, en tant que professeur d'histoire de l'art de l'école, témoignent de l'éventail des ouvrages accessibles aux premières générations d'historiens de l'art montréalais. Parmi les auteurs cités ou mentionnés par Lagacé, on retrouve dans la commande de 1927 la série presque complète de l'*Histoire de l'art* d'André Michel, sept ouvrages d'Élie Faure publiés dans trois collections différentes (*Rome, Aux lacs italiens, Aux pays de Saint-François d'Assise* et *La route des Dolomites*, dans « Les beaux pays » ; *Velázquez*, dans « Les grands artistes » ; *Histoire de l'art : l'esprit des formes* et *P. Cézanne*, dans « La grammaire des styles ») et un ouvrage de chacun des Louis Gillet (*La peinture [en Europe], xviie et xviiie s.*), Louis Hourticq (*La peinture des origines au xvie siècle*) et Charles Diehl (*Constantinople*). Concernant la recherche sur l'Égypte ancienne à l'époque de Lagacé, les noms de Champollion et Maspero témoignent ici de l'intérêt que la France a manifesté relativement tôt pour l'étude de l'archéologie égyptienne (au Collège de France, la chaire d'archéologie orientale créée pour Champollion en 1831 est une des premières du genre ; voir LT, 255-258, incluant deux titres de Maspero sur l'égyptologie française), cet intérêt s'inscrivant fatalement dans le prolongement de la Campagne d'Égypte par Napoléon (1798-1801). Pour une bibliographie récente sur l'art de l'Égypte ancienne, voir Alain Schnapp (dir.), *Préhistoire et Antiquité*, Paris, Flammarion, coll. « Histoire de l'art », 1997, 557-559.

pratiquée par le peuple égyptien, c'est qu'au culte des dieux était associé le culte rendu aux morts.

On a dit que l'idée est la source de toute grandeur et de tout progrès. Il semble bien, en effet, que les peuples, dominés par une idée souveraine, tyrannique, en quelque sorte fatale, sont entraînés dans le courant d'une destinée qui leur assigne un rang et une moralité au regard de l'histoire. L'Égypte n'a pas échappé à la commune loi. Elle fut hypnotisée, comme le seront plus tard la Grèce et Rome, par le prestige d'une grande idée, astre merveilleux qui marche devant elle et qui lui traça la voie à suivre pour atteindre à son complet développement intellectuel et moral. Cette idée[,] féconde en ses résultats, fut celle de l'immortalité de l'âme qui ne fut jamais pour elle l'objet d'un doute.

En effet, les Égyptiens croyaient que dans l'homme existait une partie sur laquelle la mort n'avait pas de prise. Ils l'appelaient le "double", nous le nommons "l'âme". Cependant, tout immatérielle que fut cette ombre spirituelle, elle pouvait retomber dans le néant si elle perdait tout contact avec son habitacle terrestre, c'est-à-dire la momie enfermée dans la tombe, ou si, à défaut du corps momifié, elle ne pouvait s'unir tout au moins à son image peinte ou sculptée. La grande préoccupation de l'[É]gyptien était de sauver de la destruction, par tous les moyens imaginables, ce frêle soutien du "double" errant, d'abord par l'embaumement, ensuite par la multiplication de son effigie. Mais le "double" avait d'autres exigences en sa précaire éternité; il lui fallait encore[,] pour continuer de subsister, trouver à sa portée tout ce qui avait servi à satisfaire ses besoins terrestres, êtres et choses. Naturellement ici, il s'agit des grands du royaume dont la survivance par delà le tombeau conditionnait l'existence des autres humains éternellement asservis à leur sort.

Voilà ce qui explique la quantité de victuailles que l'on trouve répandues autour des sarcophages, les meubles, les vêtements – et pour les rois et les princes –, les trônes, les lits incrustés d'or et d'ivoire, les armes, les bijoux, etc… Mais quelles que fussent les précautions prises pour la conservation des corps momifiés et de leur mobilier funèbre, galeries souterraines coupées de herses, cuve de granit énorme recouvrant le gisant, etc., il pouvait arriver – et cela arrivait souvent – que les ennemis du mort ou ces pilleurs de tombes[,] qui ne reculaient devant aucun obstacle, parvinssent à anéantir la momie et à disperser les offrandes. Alors, qu'advenait-il du double incapable de s'assurer un renouveau d'éternité, si tous les vestiges de son passage ici-bas étaient effacés de la mémoire du tombeau? Pour conjurer un tel malheur, on imagine de figurer sur les murs des chapelles non seulement le défunt dans le cadre habituel de sa vie, tant privée que publique, mais encore les provisions répandues autour de sa tombe, les domaines qui lui donnaient des moissons, les animaux, le lin de ses vêtements, etc., et – retenez bien ceci – tous les objets ainsi représentés avaient la vertu de la réalité.

C'est à ces coutumes observées durant des siècles que la sculpture et la peinture durent la perfection d'une technique que seuls les Grecs arriveront à surpasser. Il n'est pas étonnant pour tous ces motifs que la tombe ait été la grande préoccupation du peuple égyptien ; qu'elle en ait été aussi la plus importante industrie. C'est à la construire, à la décorer et à la meubler qu'il se familiarisa avec la pratique de tous les arts plastiques.

Lorsque les Égyptiens songèrent à élever à leurs dieux un temple digne de leur majesté et de leur puissance, ils conservèrent à l'œuvre architecturale les caractères de solennelle grandeur imprimés aux tombeaux des rois, comme vous le constaterez par les tableaux qui passeront sous vos yeux dans un instant.

C'était bien, assurément, d'avoir réussi à assurer aux pauvres mortels une éternité par delà le tombeau, mais auparavant, il fallait procurer aux vivants l'espérance, à défaut d'assurance, d'échapper aux innombrables maux dont était menacée leur misérable existence.

Or, la seule ressource dont pouvaient disposer les humains pour détourner de leurs têtes la menace toujours présente, c'était de parvenir par l'adoration et le sacrifice à se rendre favorables les esprits chargés de présider au fonctionnement de l'univers visible. Et une seconde fois, les Égyptiens trouvèrent une solution à cet angoissant problème en instituant le culte des dieux.

Les Égyptiens étaient très religieux, comme je l'ai dit. Ils voyaient Dieu partout et tout leur était dieu. Mon intention n'est pas de vous exposer la théologie professée par les prêtres égyptiens. Qu'il vous suffise de savoir que l'élite, le roi, les prêtres, les scribes, les grands du royaume, pour peu qu'ils eussent des lettres, si j'ose dire, à tout le moins quelques convictions, adoraient Ammon et Phtah, Chôns et Mouth, Osiris et Horus, Secket et Isis et bien d'autres encore, toutes divinités plus ou moins abstraites, chargée chacune d'un ordre spécial de phénomènes. Le peuple, moins imaginatif et plus superstitieux, accordait des préférences aux dieux concrets dont la généalogie était moins compliquée. Et c'est aux autels des animaux sacrés les bœufs Apis et Mnévis, au bouc Mendès, à l'ibis, l'épervier, le crocodile, qu'il portait ses offrandes ; car il pensait dans son incurable candeur que, pour affermir l'homme dans la pratique de la piété et de la justice, les dieux s'étaient incarnés d'abord dans le corps des humains, au temps des dynasties divines, et que lorsque l'humanité put se passer de leur intervention directe dans l'administration des affaires terrestres, les dieux s'étaient dissimulés dans le corps des bêtes d'où ils surveillaient les événements sans y prendre part.

Lorsque les artistes furent invités à traduire pour les yeux l'idée que les prêtres et les fidèles se faisaient des puissances divines, ils s'inspirèrent à la fois de la mythologie savante et des superstitions populaires et adoptèrent, comme fond de toutes les personnifications, celle des formes vivantes qui a le caractère le plus noble, la forme humaine qu'avaient revêtue, à l'origine, les dieux bienfaisants ; mais comme il fallait d'autre part marquer les différences qui distinguaient les unes des autres ces personnes imaginaires et imprimer à chacune d'elles une physionomie qui lui fût propre, qui permît à première vue de le reconnaître et de l'appeler de son nom, ils se souvinrent de la considération dont jouissaient auprès du peuple les animaux sacrés et ils imaginèrent un type, où, à l'élément constant de la forme humaine, s'allierait un élément variable fourni par la faune du pays.

Et c'est ainsi qu'à côté d'Ammon et de Phtah[,] qui conservèrent intégrale la figure humaine, on vit apparaître un Horus avec une tête d'épervier ou un Anubis avec une tête de chacal. Grâce à ce stratagème, à cet amalgame, chaque divinité est une physionomie bien à soi qui empêchait le fidèle de la confondre avec une autre personnalité divine, tant les caractères spécifiques de l'animal étaient accusés avec brutalité. Entre Secket, la déesse au museau de lionne et Hathor, la déesse aux cornes de vache, l'œil d'un enfant pouvait aussitôt établir la différence.

L'emploi d'un pareil procédé, pour ingénieux qu'il fût, avait l'inconvénient de mettre l'artiste trop à l'aise en lui donnant d'avance la certitude d'être compris ; car il ne faut pas l'oublier, le résultat en art est toujours proportionné à la difficulté vaincue. Or, il n'y avait ici que la difficulté de la matière à assouplir, l'imagination n'ayant plus aucune participation dans l'œuvre à créer. Le besoin de faire mieux, d'inventer de nouvelles combinaisons, d'affirmer les formes, de les spiritualiser, est pour l'artiste le plus puissant des aiguillons. Privé de cette féconde ressource, condamné à suivre servilement les tracés sacramentels, si je puis dire, l'art égyptien se figea, se momifia précisément au moment où quelque chose de complet et d'achevé, succédant aux longues heures de recherches et de tâtonnements, aurait dû lui ouvrir toute large la voie des sublimes créations. Mais arrêtés dans leur essor, les ailes coupées, les artistes n'aboutirent qu'à entasser des œuvres mortes, des cadavres de toutes dimensions, depuis les statuettes et les bas-reliefs jusqu'aux colossales statues des Pharaons et des dieux, jusqu'au Sphinx lui-même, image troublante, symbole mélancolique de l'art asservi et dompté, qui renferme en lui le bouillonnement d'une vie sans objet et dont les yeux éteints tournés vers quelque vision intérieure et lointaine se refusent à s'ouvrir sur les beautés resplendissantes du monde visible, images trompeuses, reflets déformants de l'éternelle vérité.

Ce fut un malheur pour l'Égypte assoupie au seuil de ses tombeaux, comme on l'a justement remarqué, que ni Thèbes, ni Saïs n'aient vu naître dans leurs murs un Platon et un Phidias qui, stimulés par l'acquit des siècles antérieurs et entraînés par le courant des idées en marche, eussent secoué le joug du dogme oppresseur et orienté la philosophie et les arts vers des horizons nouveaux.

Les Grecs[,] que les Égyptiens considéraient comme des enfants, furent mieux inspirés en rejetant de bonne heure le symbole énigmatique pour la vivante représentation de l'Idée faite homme ; aussi créèrent-ils ces types immortels de force, de beauté et de sagesse chantés par Homère, Jupiter, Vénus et Minerve, humains par le port et la figure, divins par la dignité de leur attitude et la placidité sereine de leur front plein de pensées.

Mais il ne faut pas oublier que l'Égypte[,] ployant sous le lourd fardeau de dix siècles de traditions, n'était[,] géographiquement parlant, qu'une oasis de vie « entre deux infinis désertiques d'ardente stérilité »°, tandis que la Grèce, c'était la jeunesse d'un monde ivre de liberté pour qui la nature avait préparé le plus séduisant des cadres, montagnes perdues dans la nue, s'étageant en collines aux pentes douces ombragées d'oliviers, de platanes et de cyprès, véritables cascades de verdure déferlant jusqu'aux flots caressants de la plus bleue des mers sous le plus lumineux des ciels.

S'il est vrai, comme l'a prétendu Barrès, que le paysage modèle les hommes, cela suffit à expliquer déjà bien des choses[7].

- . - . - . - . - . - . - . - . - . - . - . - . - . - . - . -

Plus heureuse d'inspiration fut l'architecture égyptienne du fait que, devant exprimer par sa forme le sens philosophique de la religion, instinctivement elle choisit le caractère qui répondait le mieux à l'idée panthéistique dont le temple devait être l'expression. La hauteur, contrairement à ce qui se faisait

---

7. L'idée que le climat influe sur le tempérament des peuples n'est pas étrangère à l'époque de Lagacé, qui s'inspire ici de Maurice Barrès (1862-1923), écrivain et homme politique français dont les premiers ouvrages préconisent l'affirmation d'un individualisme moral et social (trilogie sur *Le culte du moi*, 1888-1891), tandis qu'une deuxième trilogie expose les principes de son nationalisme (*Le roman de l'énergie nationale*, 1897-1902 : *Les déracinés*, *L'appel au soldat*, *Leurs figures*). Antidreyfusard, défenseur de l'armée, préoccupé par la menace germanique, Barrès exalte un patriotisme de la revanche jusqu'à la guerre qui fait de lui l'un des champions de l'Union sacrée ; en 1906, il devient député de Paris et entre à l'Académie française avec *Mes cahiers* (posth., 1930-1956), qui reflètent ses complexités intimes (« un sang qui demande l'action, un esprit qui veut rester libre », H. de Montherlant, cité dans le *PRNP*, 195). Quant à Lagacé, malgré le caractère déterministe de ses sources, il n'en reconstitue pas moins ici une histoire dynamique de la production artistique de l'Égypte ancienne en ce qu'il l'associe aux pratiques politiques, aux rituels religieux et à l'organisation sociale qui y sont alors en cours, et ce, en accordant toute leur importance aux fonctions de l'art en regard de ce contexte et à son utilité ultérieure en tant que source d'information.

dans le même temps à Ninive et à Babylone, fut sacrifiée à la largeur et à la profondeur, ce qui donna au temple ainsi conçu quelque chose de puissant, de ramassé, de trapu qu'on ne rencontre qu'en Égypte et qui éveille dans l'esprit l'idée d'une stabilité absolue, d'une durée sans bornes.

Voilà ce qui explique le déploiement extraordinaire des grands temples de Karnak et de Louqsor, leurs dimensions incroyables, la surabondance de leurs colonnes et l'étendue invraisemblable de leurs salles hypostyles : toutes choses qui confondent l'imagination. Ouverts par les tremblements de terre, plus sûrement encore renversés par la colère et la vengeance des hommes, leurs ruines écrasent de leurs masses solitaires le promeneur moderne dépaysé parmi l'amas des pierres disjointes et croulantes. Il a beau interroger le guide qui le conduit, rassembler ses souvenirs livresques, il se sent perdu au milieu de la futaie touffue des colonnes brisées, inexistant, en quelque sorte supprimé, dans la vastitude des cours et des salles sur lesquelles plane le mystère… Et il renonce à comprendre, tant tout lui semble confusion, enchevêtrement inextricable.

Et cependant le tout peut se ramener à quelques éléments essentiels ; car, un temple, pour être complet, devait au moins posséder, sauf de rares exceptions : un pylône majestueux, porte monumentale ouverte dans le mur d'enceinte, une cour encadrée de portiques pour recevoir la foule des adorateurs, une salle hypostyle où s'assemblaient, aux jours de fête, les prêtres et les grands dignitaires ; enfin, le sanctuaire proprement dit, entièrement isolé du reste du monument par un couloir ; au delà, ce n'était qu'un fouillis de salles, grandes ou petites, servant aux besoins multiples du culte.

Ce qui frappe le visiteur qui s'aventure dans les ruines d'un temple égyptien, c'est, après les proportions gigantesques des colonnes et l'étendue invraisemblable des salles hypostyles, l'ordonnance des tableaux et des bas-reliefs qui recouvrent de la base au faîte toutes les surfaces des murailles, des pylones et des colonnes, la pierre disparaissant en quelque sorte sous les ornements dont elle est surchargée.

Le principe de cette décoration diffère entièrement de celui dont devait s'inspirer le clair génie grec. En Grèce, en effet, l'architecte réserve au statuaire certaines places, tels les frises et les frontons, pour y déployer ses broderies et ses symboles. En Égypte, au contraire, la sculpture se répand sans choix sur toutes les surfaces. À Kons aussi bien qu'à Karnak, nous trouvons la même continuité de la décoration figurée. Il semble au premier abord que le sculpteur ait semé au hasard les scènes qu'il avait à représenter. Et cependant, une étude attentive nous montre que bien au contraire, il a obéi à d'invariables prescriptions. Ces scènes juxtaposées qu'aucun lien apparent ne semble relier les unes des autres, s'enchaînent pourtant, se déduisent les unes des autres, formant comme les feuillets d'un livre mystique où les relations officielles des dieux avec les hommes et des hommes avec les dieux sont clairement exprimées et commentées. Comme l'a si bien démontré le célèbre égyptien [égyptologue] Maspero :

> Le temple était bâti à l'image du monde tel que les Égyptiens le connaissaient. La terre était pour eux une sorte de table plate et mince, plus large que longue. Le ciel s'étendait au dessus, semblable, selon les uns, à un immense plafond de fer, à une voûte surbaissée, selon les autres. Comme cette voûte pesante du poids de ses étoiles ne pouvait rester suspendue dans l'espace sans être appuyée sur quelque support, ils avaient imaginé qu'elle était maintenue en place au moyen de quatre étais ou piliers gigantesques[8].

Or, le temple était la représentation plastique de l'univers ainsi conçu. Le dallage du temple symbolisait la terre, les colonnes des angles, les piliers qui supportaient le dôme du ciel figuré par le plafond criblé d'étoiles et traversé du vol des éperviers sacrés. Mais, comme tout de même, il fallait clore le monument de murailles, ils eurent l'ingénieuse idée, pour compléter le symbolisme des grandes lignes du monument, de représenter sur ces vastes panneaux l'image de l'humanité dans un acte continuel d'adoration ; et comme personne n'était plus digne de servir d'intermédiaire entre la divinité et l'humanité que le roi, fils du soleil, c'est lui qui nous est montré, son image cent fois, mille fois répétée, accomplissant les rites sacrés, présentant l'offrande, égorgeant les victimes, récompensant les plus dignes parmi les fidèles adorateurs de son père céleste, écrasant sous les roues de son char ou perçant de ses flèches les blasphémateurs de son nom ou les ennemis de sa gloire. Sans doute, autour de Pharaon, dans des dimensions moindres, se groupent tous ceux qui l'assistent dans son ministère, mais par sa taille égale à celle des dieux, il apparaît comme le grand prêtre de son peuple, celui-là seul qui ose regarder le soleil face à face et communier à toutes ses perfections.

Il serait intéressant – mais beaucoup trop long – de vous indiquer la destination et de vous dire la signification des différents objets qui servaient

---

8. Gaston Maspero (1846-1916), égyptologue français, professeur au Collège de France et successeur de Mariette à la direction du musée du Caire, a dirigé le musée Boulaq en Égypte et organisé de nombreuses fouilles (momies royales de Deir el-Bahari en 1886, le sphinx de Gizeh en 1888 et le temple de Louksor) ; il a aussi recopié des textes trouvés dans des chambres de pyramides royales (*PRNP*, 1335). La citation provient de l'*Histoire ancienne des peuples de l'Orient classique*, Graz, Akadenische Druck Verlagasanstalt, 1968, vol. 1, 16 (vol. 1 : *Les origines. Égypte et Chaldée*, vol. 2 : *Les premières mêlées des peuples* et vol. 3 : *Les empires*), c1894-1899. L'idée du temple bâti à l'image du monde tel qu'il est connu par les Égyptiens est un ajout de Lagacé, chez Maspero ce passage se lisant comme suit : « Notre terre […] était une sorte de table mince, oblongue, légèrement concave dont l'Égypte occupait le milieu. Le ciel s'étendait au-dessus, pareil à un plafond de fer, plat selon les uns, voûté selon les autres. La face qu'il tourne vers nous était semée capricieusement de lampes suspendues à des câbles puissants, et qui, éteintes ou inaperçues pendant le jour, s'allumaient la nuit ou devenaient visibles à nos yeux. » Sur Maspero, voir LT, 257, incluant des réf. bibl. ; parmi ses nombreux ouvrages, on compte *L'archéologie égyptienne* (1887) et l'édition des quarante premiers titres de la *Bibliothèque égyptologique* (LT, 257).

au culte, de vous introduire dans la société des prêtres chargés du service du temple, de vous décrire les fêtes magnifiques qui réunissaient dans les vastes cours et les salles hypostyles des foules énormes accourues des coins les plus reculés du royaume… Tout cela, sans doute, les lectures vous l'ont appris. Quoiqu'il en soit, qu'il me suffise de dire que chaque temple était une véritable ville enclose en une ville plus étendue encore qui lui servait d'enceinte, grouillante de peuples, éblouissante de vie et de couleurs.

Tout ruinés qu'apparaissent aujourd'hui ces temples fameux, ils arrachent un cri d'admiration au visiteur le plus dénué d'histoire et d'esthétique. On comprend à plus forte raison l'émotion de celui qui, sensible aux beautés de l'art, sait entendre la voix de l'histoire qui, de cette grandeur humiliée, raconte les gloires oubliées. En parlant de Karnak, le plus justement célèbre de ces temples, Champollion écrivait : « Je me garderai de rien décrire, car, ou mes expressions ne vaudraient que la millième partie de ce qu'on doit dire en parlant de tels sujets, ou bien, si j'en traçais une faible esquisse, même fort décolorée, on me prendrait pour un enthousiaste, peut-être même pour un fou[9]. »

L'enthousiasme du savant archéologue n'était pas le fait d'un exalté, lorsque l'on sait que la seule salle hypostyle que vous verrez dans un instant[…] couvre une superficie de 15,000 pieds carrés, que les vingt-quatre colonnes de l'allée centrale ont une hauteur de 75 pieds et plus de 10 pieds de diamètre, par suite égalent la colonne Vendôme de Paris et la colonne Trajane de Rome. Les dimensions de cette salle sont telles que Notre-Dame de Paris [y] tiendrait à l'aise, sinon en hauteur, du moins en surface.

- . - . - . - . - . - . - . - . - . - . - . - . - . -

9. Tiré d'une lettre du 24 novembre 1828 que Jean-François Champollion adressait de Thèbes à son frère Jacques, dit Champollion-Figeac ; elle fait partie d'un corpus de lettres publiées par ce dernier en 1868 et rééditées en 1909 par Gaston Maspero dans la série Bibliothèque égyptologique, tome 31. La citation diffère de la version consultée, qui se lit plutôt : « Je me garderai bien de vouloir rien décrire ; car, de deux choses l'une, ou mes expressions ne rendraient que la millième partie de ce qu'on doit dire en parlant de tels objets, ou bien si j'en traçais une faible esquisse, même fort décolorée, on me prendrait pour un enthousiaste, tranchons le mot, – pour un fou. » Jean-François Champollion, *Lettres et journaux écrits pendant le voyage d'Égypte*, recueillis et annotés par H. Hartleben, introd. de Richard Lebeau, Paris, Christian Bourgois éditeur, 1986, XXI et 160-161, c1868. Rappelons que Jean-François Champollion (1790-1832), égyptologue français, a déchiffré l'écriture hiéroglyphique grâce à sa passion pour la langue copte. Après avoir étudié la pierre de Rosette et l'obélisque de Philae, il présentait en 1822 ses résultats à l'Académie des inscriptions et belles-lettres dans sa « Lettre à M. Dacier » relative à l'alphabet des hiéroglyphes phonétiques (L-B). En 1926, il fut nommé conservateur du Département d'égyptologie au Musée du Louvre (*PRNP*, 419) et, en 1831, le Collège de France créait pour lui une chaire d'archéologie orientale (*LT*, 255). Sa *Grammaire égyptienne* et son *Dictionnaire égyptien*, inachevés au moment de sa mort, ont été publiés par son frère en 1836 et 1841.

C'était aux jours de sa splendeur qu'il eut fallu contempler le grandiose panorama de toutes ces merveilles et, pourtant, malgré dix-neuf siècles de dévastation, Karnak est encore sublime de grandeur et de majesté. On ne peut aujourd'hui se faire une idée du spectacle que devait présenter l'opulente Thèbes qui avait pour couronnement ce temple sans rival. Autour de ses murailles écroulées, il faudrait répandre la rumeur et l'agitation d'une grande capitale, faire renaître de leur poussière les maisons que l'archéologie a réussi à reconstituer dans leurs moindres détails, depuis la hutte du fellah aux palais des rois avec leurs portiques de façade, leur double ou triple atrium, leurs jardins de palmiers et de sycomores, ornés de pièces d'eau et peuplés d'animaux domestiques. Et pour achever le tableau, faire déferler la grande vague de la vie, vague figée, pétrifiée aujourd'hui aux murailles des hypogées et des temples.

Mais ce sont là d'inutiles regrets.

Il n'en reste pas moins vrai pour cela que Karnak tel que l'ont fait les Pharaons peut être regardé comme le chef-d'œuvre de l'architecture égyptienne ; c'est d'ailleurs le plus prodigieux ensemble de constructions que l'antiquité nous ait laissé. Et cependant, nous pourrions par la pensée l'agrandir et l'étendre au delà de l'espace qu'occupent ses ruines sans nuire à l'unité du plan initial ; car, le temple égyptien – et c'est la pensée qui doit résumer la substance de cette leçon – par cela même qu'il incarne l'idée panthéistique dans ce qu'elle a d'immense et de vague, n'était jamais achevé et pouvait s'accroître, comme cela s'est produit maintes fois, de nouvelles émanations, c'est-à-dire de portiques, de cloîtres, de salles d'adoration, de pièces de toutes sortes sans que le caractère du temple n'en fût chargé.

Contrairement au temple grec qui d'un seul bloc, d'un seul élan, découpe sur le ciel la pureté de ses lignes ordonnées en syllogisme, le temple égyptien semble n'être soumis à aucune loi, poussant ses tentacules dans toutes les directions comme s'il voulait étreindre le monde ; il rampe, il s'allonge dans tous les sens, déroulant ses anneaux géants, tel un serpent qui à bout de se traîner sur le sol brûlant du désert, plonge, comme à Deir-el-Bahari[10] ; sa tête dans les entrailles de la montagne pour y vivre le sommeil promis au dieu incarné en son corps incorruptible et lentement, ainsi que le dit le poète,

Le sable a recouvert son corps plus qu'à demi.
Enseveli dans la poussière,
Il ne soupçonne plus, depuis qu'il a dormi
Le temps qu'il a vécu sur la terre.°

---

10. Lagacé fait référence, sur le site de Deir-el-Bahari, au temple funéraire de la reine Hatshepsout, œuvre de l'architecte Sen Mout (v. -1500) dont les trois étages en terrasses sont en partie taillés dans la montagne, *PRNP*, 571.

Quoiqu'il en soit, il faut reconnaître que de tous les peuples de la primitive antiquité, le peuple égyptien s'est révélé le plus épris de grandeur et de beauté. Et ce n'est que parce qu'il était possédé d'un idéal d'immortalité qu'il a réussi à élever des monuments d'éternité. Tandis que Ninive et Babylone, les grandes prostituées de l'histoire, ne sont plus que des amas de briques émiettées, que du fameux temple de Salomon, il ne reste qu'un misérable pan de mur qu'arrose de ses pleurs un peuple sans patrie, les temples de Karnak et de Louqsor, tout remplis de l'âme mystique qui les habite, sont toujours debout au bord du désert comme des sentinelles oubliées à la frontière d'un monde aboli… et les caravanes viennent comme autrefois se reposer et méditer à l'ombre de leurs colonnes brochées d'histoire, dévorées de soleil, nimbées de gloire. Et les siècles, avec les errantes caravanes, passent et s'écoulent sans que le Sphinx, le génie de ces lieux hantés de fantômes, n'interrompe pour si peu sa rêverie éternelle.

L'art égyptien
Transparents

1. Paysage du Nil
2. Forêt de palmiers inondée, crue fin de juin et nov.
3. Tombeaux, les mastabas
4. Mastaba, portiques
5. Mastaba, coupe
6. Mastaba, chapelle et puits
7. Pharaon visitant sa tombe
8. Le Sphinx et la pyramide [de] Kheops
9. Pyramide [de Kheops?] à degrés - 445 pieds
10. Le Sphinx
11. Tombeau d'Abydos
12. Hypogée, portes
13. Tombeau de Séti I (plan)
14. Chapelle tombeau de Séti I
15. Sarcophage
16. Momie
17. Statue de Ramsès II
18. Statue de Chéphren
19. Statue d'Aménophis
20. Hathor et Pharaon
21. Séti sacrifiant aux dieux
22. Dieux et déesses (dessin)

23. Temple primitif en bois
24 [a]. Temple de Horus et le Sphinx
24 [b]. Temple de Horus (plan)
25. Temple de Horus (coupe)
26. Avenue de Sphinx
27. Façade de Louqsor
28. Salle hypostyle de Karnak (134 colonnes) 65 pi. hauteur
29. Salle hypostyle (reconstitution, état actuel)
30. Muraille sculptée, Edfou
31. Tabernacle
32. La "bari"
33. Le grand Spaos [Spéos?]
34. Abou-Simbel
35. Deir-el-Bahari
36. Les colonnes de Memnon

2. *L'art chaldéo-assyrien*

L'Égypte, dont la supériorité demeure incontestable[11], n'a pas été le seul pays de la primitive antiquité qui ait possédé un art original. Elle eut pour émules les peuples de l'ancienne Mésopotamie. Sur les rives du Tigre et de l'Euphrate, s'est constituée une civilisation complète qui a rayonné sur les pays voisins et dont l'action s'étendit si loin qu'elle devint par l'intermédiaire des Ioniens l'un des principaux facteurs de la civilisation grecque.

L'empire chaldéo-assyrien eut pour berceau la partie inférieure d'un grand bassin fluvial, une région dont le sol[,] formé d'alluvions, ne cesse de s'accroître aux dépens de la mer. Dans la vallée du Tigre et de l'Euphrate, tout comme dans celle du Nil, ce furent d'abord les plaines du bas pays qui virent l'homme se dégager par degrés de la barbarie et s'essayer à la vie policée; puis, avec le temps, dans l'une et l'autre contrée, cette culture s'étendit et gagna de proche en proche le long de ces fleuves, les remontant de leur embouchure à leur source.

À l'origine, le siège de la royauté chaldéenne fut donc dans les villes voisines de la mer; il fut, dans la suite, porté plus loin dans l'intérieur du continent, à Babylone. De Babylone, l'importance et l'ascendant passèrent à une capitale située plus haut encore, à Ninive.

---

11. Initialement, cette phrase se lisait comme suit: « L'Égypte, dont je vous ai entretenus dans la dernière leçon… ».

Deux royaumes se constituèrent dans la vaste plaine mésopotamienne autour de ces villes florissantes. Ils menèrent d'abord une existence politique distincte, toute de bonne entente ; mais bientôt les rivalités nées de l'envie les amenèrent l'une contre l'autre. Et cependant, dans l'un et l'autre royaume, c'était la même langue que l'on parlait, la même écriture dont on se servait, le même art enfin que l'on cultivait. Fils tous deux d'une même civilisation, ils auraient dû, ce semble, partager les mêmes travaux et vivre dans une communion intime d'idées et d'intérêts ; et cependant, ce ne furent que des frères ennemis qui ne manquèrent aucune occasion de se porter des coups terribles.

Les maîtres de ce pays, en dépit de leur ardeur guerrière et de leurs criminelles rivalités, accomplirent des travaux comparables à ceux exécutés dans la vallée du Nil pour répandre, par une distribution intelligente des eaux, la fécondité dans les coins les plus reculés de la contrée. Ainsi ils transformèrent la plaine mésopotamienne, en faisant l'une des terres les plus fécondes du monde. Cette vaste vallée, aujourd'hui si désolée, si lamentablement brûlée et desséchée, présentait un tout autre aspect sous Nabuchodonosor [Ier, roi -1146 à -1123]. De beaux palmiers décoraient les rives des fleuves et les berges des canaux qui s'entrecroisaient en tout sens ; des moissons abondantes mûrissaient sous un ciel incomparable. « Il a suffi de quelques siècles d'ignorance et de stupide oisiveté pour changer ce merveilleux pays en un morne désert[12]. »

---

12. Citation non identifiée, comme la plupart dans ce chapitre (elles ne proviennent ni de l'*Histoire ancienne des peuples de l'Orient classique*, où Maspero traite des mondes assyrien et chaldéen, ni de l'*Histoire de l'art dans l'Antiquité : Égypte, Assyrie, Phénicie, Judée, Asie mineure, Perse, Grèce* de Georges Perrot, indirectement cité plus loin par Lagacé – voir LT, 237-239 et notre note 29). Dans ce chapitre, Lagacé situe les œuvres architecturales et sculpturales de la Mésopotamie dans un contexte religieux et politique, ici guerrier, en dressant le portrait de deux villes en compétition, et en assimilant donc, pour une longue période de temps, au nord l'histoire de l'Assyrie, ici personnifiée par Ninive, et au sud celle de la Chaldée, personnifiée ici par Babylone (sans ses consœurs Sumer et Akkad), assimilation qui lui permettra par la suite d'opposer l'Orient à la Grèce ; notons toutefois que les transparents qui accompagnent ce chapitre incluent la Perse, Jérusalem et un Arabe et que, dans son programme des années 1920, Lagacé traitait en outre de l'art persan et de l'art phénicien ; alors qu'en début de carrière il avait réuni l'Égypte et l'Assyrie en un seul cours, évasivement décrit dans l'*AG* de 1906-1907 en fonction d'un aboutissement en Grèce, chacun de ces pays se voit assigner ici un chapitre complet, le second en un amalgame cette fois-ci « chaldéo-assyrien ». À l'époque de Lagacé, la recherche sur l'Orient ancien se porte bien si l'on en croit la bibliographie de Joseph Gauthier qui, à lui seul et dès avant 1911, énumère plusieurs monographies : Babelon, *L'archéologie orientale* ; E. de Sarzec, *Découvertes en Chaldée* (1834) ; Heuzez, *Un palais chaldéen* ; E. Botta, *Monuments de Ninive* (1849) ; Place & Thomas, *Ninive et l'Assyrie* (1867) ; F. Lenormand, *Manuel de l'histoire ancienne de l'Orient* ; Dieulafoy (dont on retrouve le nom sur une des diapositives de Lagacé), *Art antique de la Perse* (1885) ; Sayce, *The Monuments of the Hittites* ; Ceccaldi, *Monuments antiques de Chypre et de Syrie* ; Cleront-Ganneau, *L'imagerie phénicienne* (1880) et de Saulcy, *Histoire de l'art judaïque* (1858), JG, 234. Pour un historique, voir

Les maîtres prévoyants[,] qui avaient présidé à toutes ces importantes entreprises d'utilité publique, ne déployèrent pas un moindre zèle à doter leurs capitales de temples somptueux et de riches palais.

Ninive[,] qui eut d'abord la prépondérance sur Babylone, sa rivale, s'était enrichie par l'énorme butin rapporté des expéditions lointaines de ses armées victorieuses; elle était devenue une ville incomparable de grandeur et de beauté. Construite sur la rive du Tigre, elle était, au dire de Diodore, moins une ville qu'une contrée environnée de murs. Déjà, du temps de Jonas, il fallait trois jours pour la parcourir[13]. Ses murailles avaient cent pieds de hauteur et leur largeur permettait à trois chars d'y passer de front. On comptait dans son enceinte quinze cents tours hautes de deux cent pieds; il y avait[,] à l'intérieur des places, de vastes jardins et des temples sans nombre. Une partie des trésors de l'Asie y était entassée. On a évalué sa population à deux millions [c. 300 000].

Et pourtant, rien n'était plus précaire que cette prospérité qui insultait aux malheurs des peuples asservis; car, les campagnes les plus meurtrières, les représailles les plus cruelles, ne parvenaient jamais à dompter le courage des vaincus. Aussi bien, aucune question n'était définitivement résolue; au lendemain des victoires les plus chèrement achetées, il fallait recommencer à vaincre. Les plus intrépides et les plus tenaces finissent par s'user à ce jeu. Il arriva donc une heure de lassitude où la haine devint la plus forte et comme la corruption avait amoindri les caractères, la somptueuse capitale assyrienne se trouva sans défenseurs contre l'envahisseur babylonien; ses murs et ses tours ne purent résister à l'assaut de ses ennemis. De la ville orgueilleuse, il ne resta que des ruines calcinées. C'est le tableau de sa chute que les anciens ont tracé dans la légende de Sardanapale.

Ninive toutefois se releva de cette épouvantable épreuve; à force de souplesse, de ruse et de persévérance, les Sennachérib [fils de Sargon II et roi d'Assyrie de -705 à -681], les Ass[a]r-Haddon [fils Sennachérib et roi d'Assyrie de -681 à -669] et les Assour-Ba[ni]pal [fils d'Assarhaddon et roi

---

Brunilde Sismondo Ridgway, «The State of Research on Ancient Art», *Art Bulletin*, March 1986, 7-23 (suivi d'une critique de William Hood, Sept. 1986, 480-481, et de la réponse de Ridgway, 481-482); pour une bibliographie récente sur le monde oriental, incluant l'Égypte, la Mésopotamie, le Levant, l'Anatolie, l'Indus et l'Asie centrale (dont il n'est pas question dans l'article de Ridgway, consacré essentiellement à la Grèce), voir Alain Schnapp (notre note 6), 559-563.

13. Diodore de Sicile, historien grec né à Agyrion vers -90 et décédé en Sicile vers -20, est l'auteur de la *Bibliothèque historique*, une histoire universelle depuis les origines jusqu'à la conquête de la Gaule par César, compilation «sans originalité» mais qui donne des renseignements précieux sur la Rome antique. Des quarante livres qu'elle comprenait, il reste les livres 1 à 5, consacrés à la période d'avant la guerre de Troie, en Égypte, Chaldée et autres, auxquels réfère Lagacé, et les livres 11 à 20 qui portent sur l'histoire de l'an -480 à l'an -302 (*PRNP*, 598). Quant à la référence au livre de Jonas, elle se trouve au chapitre 3, verset 3.

d'Assyrie de -669 à -627] parvinrent à raffermir sa puissance en écrasant de nouveau les Babyloniens. Mais comme le malheur n'est un grand maître que pour ceux qui n'ont plus rien à perdre, Ninive, enorgueillie de sa récente victoire, se livra à toutes les licences de l'esprit et de la chair, s'appliquant à chasser de sa mémoire « la menace encore écrite en langue de feu sur la plupart de ses monuments »°. Cette fois, la mesure était pleine et la prophétie allait s'accomplir à la lettre. Les Scythes, comme un torrent dévastateur, traversèrent la plaine mésopotamienne, renversant tous les obstacles et brisant toutes les digues.

Ninive et Babylone, menacée comme elle, ne durent leur salut qu'à l'intervention inespérée des Mèdes qui refoulèrent les barbares dans leurs steppes de l'Asie ; mais profitant de l'isolement où se trouvait Ninive, les Mèdes conclurent une alliance secrète avec les Babyloniens et décrétèrent la perte de leur ennemie séculaire. Nous connaissons mal les péripéties de la lutte suprême ; nous savons seulement que longue fut son agonie, terrible sa résistance ; enfin, prise d'assaut, elle fut ruinée de fond en comble.

Quelles qu'aient été les fautes de cette ville fameuse, nous ne pouvons nous empêcher d'en admirer l'incontestable génie ; elle a beaucoup écrit sur l'argile et sur la pierre, bâti beaucoup de palais et ciselé d'innombrables bas-reliefs ; les ruines de ses monuments, les débris de ses sculptures et surtout les briques couvertes d'inscriptions cunéiformes qui formaient jadis la bibliothèque d'Assourbanipal suffisent à nous inspirer une haute idée de sa culture et de sa puissance.

O o O o O o O o O o O o O o O o O o O o O o O o O o O o O o O

Débarrassée d'une rivale encombrante, Babylone recueillit une partie de l'héritage que lui donnait la victoire et reprit sa place véritable dans l'histoire. Je dis sa place véritable, parce que sa civilisation ayant toujours été plus raffinée que celle de Ninive, elle ne songea pas qu'à jouir de son immense fortune, mais fit large la part de l'étude et de la science ; d'instinct elle se tourna vers l'analyse et la spéculation. Aussi bien, peut-on dire, sans crainte de se tromper, que Ninive n'a rien inventé et que c'est à Babylone que revient l'honneur et le mérite de l'étonnante civilisation qui rayonna sur toute la Mésopotamie et dont l'influence se fit sentir sur la Perse et sur une grande partie de l'Asie mineure.

Résidence des vices-rois pendant les siècles de la prépondérance assyrienne, elle devint dès le lendemain de la chute de Ninive la métropole du Nouvel-Empire, ou pour être plus explicite, du second-empire chaldéen. Mais elle sortait bien meurtrie de ce long duel. C'est Nabuchodonosor [II, roi de Babylone de -605 à -562], le vrai héros du second empire chaldéen, qui entreprit l'œuvre de sa reconstruction, œuvre qu'il poursuivit pendant toute la durée d'un règne long et glorieux. Infatigable dans ses entreprises, il fut pour la Chaldée ce que Ramsès II avait été jadis pour l'Égypte, le roi constructeur par excellence. Il travailla sans relâche à réparer les monuments délabrés et à en construire de nouveaux plus magnifiques encore que ceux que ses prédécesseurs avaient élevés à la gloire des dieux et à l'exaltation de leurs propres exploits. Il n'y a pas un endroit autour de Babylone où l'on ne retrouve son nom et la trace de sa dévorante activité.

De ses expéditions en Judée et en Égypte, il avait rapporté des richesses énormes et traîné à la suite de son char les peuples qu'il avait domptés. Il employa l'or, l'argent et le bronze arrachés aux autels des temples ennemis à l'embellissement de son palais et les captifs aux travaux exécutés dans les chantiers royaux. En peu d'années, Babylone devint la ville la plus riche et la plus somptueuse qui fut alors sous le soleil. Elle avait, racontent les historiens, une enceinte de vingt-deux lieues dont la hauteur était de 350 pieds. L'épaisseur des murs était de quatre-vingt-dix pieds ; deux cent cinquante tours, disposées deux à deux et en face l'une de l'autre, lui faisaient comme une ceinture de forteresses ; cent portes d'airain donnaient accès aux foules fanatiques qui venaient assister à ses fêtes et à ses sacrifices impurs. De quelque côté que se portât le regard, il n'apercevait que tours et coupoles, jardins suspendus et terrasses étagées ; un pont[,] dont les piliers étaient en pierre de taille unie par des crampons de fer soudés avec du plomb, réunissait les deux rives de l'Euphrate. On dit même qu'un tunnel était creusé sous le lit du fleuve faisant communiquer deux palais situés sur les rives opposées. Deux millions d'ouvriers, assure-t-on, la plupart des captifs de guerre, furent occupés à construire cette ville, que l'on voulait rendre imprenable. Et cependant, Babylone a été « la plus grande des illusions de l'antiquité sous tous les rapports et elle a bien mérité de donner son nom à une forme artistique qui signifie entassement confus, opulence indigeste d'idées, absence d'ordre et de goût, gigantesque et fastueux amas de matériaux, en un mot pandémonium de l'intelligence humaine »°.

Tant de magnificence et de puissance étaient bien de nature à tourner la tête aux princes qui présidaient à de si orgueilleuses destinées. On connaît l'histoire, vraie ou légendaire, de Nabuchodonosor [II]. Ses successeurs[,] qui n'avaient ni son génie, ni son inlassable activité, oublièrent bientôt dans la mollesse et les plaisirs à quel prix avait été acheté tant de prospérité et ce fut au milieu d'un festin voluptueux que la main de Dieu traça sur la muraille de la salle des fêtes l'arrêt qui condamnait à mort la ville scandaleuse. Avant l'aurore, Cyrus [II le Grand, fondateur de l'empire perse achéménide] se chargea d'exécuter la sentence divine. Le réveil fut épouvantable. Babylone s'abîma à son tour dans un nuage de flammes et un lac de sang. Ceci se passait en l'an 538 [539] avant Jésus-Christ.

Elle se releva toutefois de ce coup terrible ; mais ne recouvra jamais son ancienne splendeur. « D'ailleurs, la malédiction divine était en elle ; Darius rase ses murailles ; Xerxès pille ses temples et ses palais ; Alexandre, frappé des avantages de sa situation, forme le projet de la restaurer et d'en faire sa résidence habituelle, mais il meurt avant d'avoir pu donner suite à son projet. »° Maintenant, la décadence s'accentue et Babylone[,] de plus en plus dépouillée de ses richesses et de sa puissance, disparaît lentement de l'histoire. Les Turcs achèvent l'œuvre des siècles et Bagdad[,] construit[e] sur ses ruines, n'existe que par le prestige de son nom.

De ce grand passé dont l'histoire a brossé la fresque monumentale, il ne reste que des ruines qui n'ont rien de la grandeur ni de la majesté des temples égyptiens ; point d'énormes pans de murs formés d'assises de granit, point de superbes colonnades, de hauts pylônes, d'obélisques géants. L'architecture chaldéenne faite de limon est retournée au limon. La matière première en était la terre humide des marais moulée en larges briques séchées au soleil ou cuites au four que l'on superposait, couchées entre deux lits de roseaux ou de bitume. Faute de pierre de taille à leur portée, les Assyriens furent contraints de construire en briques leurs vastes palais composés de salles rectangulaires et de longs couloirs entourant une série de cours intérieures. Le plus grand ennemi de ces colossales constructions, si l'on excepte la pioche du démolisseur, c'était la violence des orages et le caractère diluvien des pluies d'hiver. Pour lutter contre les dégâts causés par les eaux, il fallait un entretien continuel et de fréquentes réparations ; dès que la surveillance se relâchait, pour peu que quelques briques du pavement extérieur se fussent détachées, la pluie pénétrait sans obstacles jusque dans le monceau d'argile tendre qui formait le corps même de l'édifice ; elle dissolvait, elle entraînait la terre ; elle avait bientôt creusé de profonds sillons qui s'élargissaient d'année en année. Ainsi s'explique l'aspect lamentable que présentent aujourd'hui toutes ces ruines, comme l'attestent les voyageurs, elles ont l'aspect de tertres irréguliers que les eaux ont profondément ravinés.

Malgré leur état de délabrement, les savants ont réussi, grâce à des fouilles intelligemment conduites, à reconstituer les célèbres monuments de l'antique Assyrie et à nous donner une idée approximative de leur forme architecturale et de la richesse de leur décoration.

La religion pratiquée par les Assyriens explique dans une certaine mesure le plan adopté dans l'érection de leurs temples. Ils se représentaient l'univers comme peuplé d'esprits sans nombre dont les uns habitaient les profondeurs de la terre ou celles des eaux, tandis que les autres volaient sur l'aile des vents, chargés du soin d'allumer dans le ciel les feux du jour et les clartés de la nuit. Tels de ces esprits passaient pour bienfaisants et tels autres pour malfaisants ; certains étaient tantôt utiles, tantôt nuisibles, suivant qu'on se les était rendus favorables par ses offrandes ou qu'on les avait irrités par sa négligence. Ce qui importait aux hommes pour vivre en paix avec ces esprits exigeants et capricieux, c'était de trouver le moyen d'apaiser la colère des uns et de conserver la bienfaisance des autres. Le roi de ce monde était donc celui qui, mis dans le secret des dieux, pouvait par un signe, une incantation, une formule sacramentelle, se faire obéir des esprits et cet homme était le SORCIER.

La plus haute science était par conséquent la magie. L'astrolâtrie ou le culte des astres dériva de cette conception religieuse; on ne manqua pas, en effet, de prêter aux grands luminaires du jour et de la nuit des âmes fortes et puissantes entre toutes, auxquelles on se sentait subordonné par le lien d'une étroite dépendance. Mais on ne fut pas lent, du moins dans la caste des savants et des penseurs, à constater que malgré tous les appels qui leur étaient adressés, si la lune ni le soleil n'avaient encore à la voix du sorcier interrompu ou seulement modifié leur course éternelle. À mesure que l'on espéra moins exercer une action directe sur les astres, davantage on inclina à étudier la régularité de leurs mouvements. Il y eut là, comme on l'a fait remarquer, l'une de ces surprises auxquelles l'humanité a dû beaucoup de ses progrès. Ce que l'on cherchait, on ne le trouva pas, par contre, l'on trouva ce que l'on ne cherchait pas, c'est-à-dire les lois fondamentales de l'astronomie. En quelques siècles les Assyriens poussèrent cette science beaucoup plus loin que ne le firent jamais les Égyptiens.

Il ressort donc de ce que nous venons de dire qu'en Assyrie la religion se compliqua de science. On n'est donc pas étonné de trouver dans le temple une construction qui pût servir à la fois d'autel gigantesque et de tour d'observation. C'était, en effet, une tour colossale formée de plusieurs prismes quadrangulaires dont le volume diminuait à mesure qu'ils étaient placés plus haut, présentant l'aspect général de plusieurs étages ou d'une suite de terrasses en retrait les unes sur les autres, le tout reposant sur une plateforme de briques décorée de peintures et de sculptures. Le monument se terminait par une chapelle placée dans l'axe de l'édifice et recouverte d'une coupole.

Mais les Chaldéens n'ont pas excellé que dans la construction de leurs temples; leurs palais étaient de véritables villes entourées d'une enceinte formidable et couronnées de tours à étages. Et ce qu'il y a peut-être de plus intéressant dans cette architecture – et cela constitue une nouveauté dans l'art de bâtir à l'époque – c'est l'emploi intelligent que les architectes ont fait de la voûte. Les Égyptiens ne l'avaient pas complètement ignorée, mais ils n'en avaient fait qu'un usage restreint et encore avec assez de gaucherie. Au contraire, les Assyriens ont construit non seulement des voûtes, mais des coupoles en briques lancées hardiment au-dessus de salles carrées. C'est donc une erreur que d'attribuer aux Romains cette invention qui est bien et dûment d'origine orientale.

L'art grec de la belle époque dédaigne de s'en servir ; mais il semble établi que les Lydiens l'adoptèrent et en révélèrent l'importance aux Étrusques qui, à leur tour, par l'emploi qu'ils en firent dans leurs monuments, en transmirent les lois aux Romains. C'est de ces derniers que l'art byzantin reçut le goût des coupoles audacieusement jetées dans l'espace.

Ce que nous venons de dire de l'architecture chaldéo-assyrienne suffit à démontrer que si les architectes du Tigre et de l'Euphrate avaient pu employer la picrrc et le granit dans leurs constructions, ils auraient peut-être égalé les Égyptiens ; ils n'avaient pas moins qu'eux l'instinct et le goût du grandiose ; leur sentiment religieux n'était pas moins exalté pour leurs dieux, Mirodach et Assour. Leur infériorité n'eut d'autre cause que la mise en œuvre de matériaux périssables dont la nature du sol qu'ils habitaient ne leur laissait pas le choix.

La sculpture chaldéenne nous est mieux connue que l'architecture grâce aux trouvailles faites à Tello et que possède le musée du Louvre.

L'ensemble de ces œuvres embrasse une période de plusieurs siècles, dans laquelle il est facile de distinguer trois époques ; une époque de rudesse et de naïveté primitives, une époque de sobriété déjà savante dans la technique et dans le style, une époque enfin de recherches gracieuses et d'exécution raffinée.

Mais à toutes ces époques, la statuaire, malgré d'incontestables mérites, a été la moins expressive des œuvres sorties du ciseau du sculpteur. On y voit la forme humaine se dégager avec peine de la matière ; raide, massive, presque cylindrique, elle donnerait une bien pauvre idée du génie assyrien, si seules les statues des dieux et des héros étaient parvenues jusqu'à nous. Ce qui a empêché les sculpteurs de ne jamais acquérir la précieuse qualité d'élégance déjà si séduisante dans certaines statues égyptiennes, c'est le peu d'attention qu'ils accordèrent à l'étude raisonnée de l'anatomie humaine. Ils se contentèrent de formules apprises dans les ateliers, n'ayant pas la curiosité de consulter directement la nature.

D'ailleurs, le rôle du spectateur assyrien ne consistait pas à faire œuvre de beauté, mais à compléter par l'image le récit des chroniqueurs. Voilà pourquoi là où il excelle, c'est dans le bas-relief qui est comme l'illustration du texte gravé sur les murailles et les stèles. Il rédige à sa manière, comme on l'a dit avec esprit, les « bulletins de grande armée » assyrienne, le « journal officiel » des conquêtes d[u]es à sa valeur°.

Aussi l'intérêt se concentre-t-il tout entier sur les innombrables bas-reliefs qui recouvrent les murs des temples et des palais comme d'une tapisserie gigantesque. Et ce qui dans ces bas-reliefs mérite une admiration sans mélange, ce sont les silhouettes d'animaux, chevaux richement harnachés, lions et lionnes bondissant ou tombant frappés, où l'on retrouve toutes les fortes qualités de claire vision et d'absolue fidélité que la sculpture moderne n'a pas réussi à surpasser. Il est vrai qu'à côté de ces scènes pittoresques, on découvre des scènes révoltantes de carnage, de supplices affreux infligés à des vaincus sous les yeux du roi et que les inscriptions cunéiformes qui les accompagnent célèbrent comme des exploits dignes de l'histoire.

Un autre mérite des artistes assyriens, c'est d'avoir tiré un parti merveilleux de la décoration polychrome grâce à la découverte de la brique émaillée qui fit la fortune de l'art persan et donna naissance aux merveilles arabes qu'on retrouve jusqu'en Espagne.

En somme, l'art assyrien fut avant tout un art monarchique et guerrier ; il respire partout le sentiment de la force et de la domination ; les formes accusent la violence et la force brutale ; la tension des muscles et la saillie des os, chez l'homme comme chez l'animal, ont la rigidité du métal ; la physionomie des dieux et des héros ont une gravité telle qu'elle semble le masque d'âmes sans pitié. Et ce qui ajoute encore à cette dureté continue, c'est l'absence, dans toutes les scènes représentées, de l'image de la femme. Sa grâce et son élégance eussent mis comme un rayon de tendresse dans tous ces tableaux macabres, embués de sang. Sans doute, il ne nous reste que des épaves des monuments artistiques qui faisaient l'admiration d'Alexandre, mais elles suffisent à caractériser une civilisation établie sur la force et maintenue par la force.

--- . -- . - -- . - -- . - -- . - -- . - -- . - -- . - -- . - --

Les Égyptiens et les Assyriens ne furent pas les seuls peuples artistes de la primitive antiquité ; il y eut aussi les Perses dont il faut au moins dire un mot. C'était un peuple d'une rare gravité ; doué d'un sens délicat de la décoration, il ne s'inspira des modèles qui lui étaient proposés que pour inventer à son tour. Dans ses temples – dont on n'a pas trouvé de vestiges jusqu'ici – sûrement dans ses palais, tel celui de Persépolis, il cherche à introduire une note de sérénité souriante, ce qui est nouveau, et qui marque un premier pas en sens opposé à la voie suivie jusque là. Obéissant à son génie, il enleva aux formes empruntées à l'Égypte et à la Chaldée[...] ce qu'elles avaient de lourd, de pesant, de colossal, pour ne garder que ce qu'elles avaient de délicat, de svelte, de dégagé. Leurs monuments gagnèrent ainsi en élégance ce qu'ils perdaient en grandeur.

D'autres peuples encore jouèrent un rôle important dans la civilisation naissante ; mais la nuit qui les enveloppe[,] et que l'histoire n'a pas encore réussi à percer, nous les fait pressentir dans l'ombre sans que nous parvenions à retracer la courbe de leur évolution aux pierres laissées en chemin. Ainsi, il y a les Hittites dont parle la Bible et dont les quelques œuvres connues sont fortement imprégnées d'influence assyrienne.

Il y a surtout les Hébreux dont le rôle fut si considérable dans l'histoire du monde, mais dont l'action fut à peu près nulle sur les destinées de l'art. Et cela demande explication. On sait que[,] par une loi promulguée par Jéhovah [remplace *Déborah*, barré], il était interdit aux Hébreux de représenter la forme vivante[14]; or tous les arts se tiennent; l'un d'eux vient-il à dépérir qu'aussitôt tous les autres s'anémient, s'atrophient. Tel fut le cas en Judée. Les artistes, exilés de la vie, n'eurent d'autre ressource que de se rabattre sur les arts improprement appelés mineurs; l'orfèvrerie, la céramique, la fabrication des tissus, tous arts de luxe et d'ameublement. Même le fameux temple de Salomon, dont rêvent toujours les Juifs, n'était à tout prendre, abstraction faite de ses dépendances, qu'un bâtiment d'assez petite dimension: un tabernacle au cœur d'une citadelle. En tout cas, il ne saurait être comparé aux temples de Karnak et de Louqsor et pas davantage aux tours à étages de la Chaldée.

     - . - . - . - . - . - . - . - . - . - . - . - . - . - . - . -

En conclusion, disons avec A. Michel, dont je me suis largement inspiré dans cette leçon [*sic*, voir notre note 5], que deux foyers d'art dans la primitive antiquité, l'un en Égypte, l'autre en Assyrie, ont, pour ainsi dire, croisé leurs feux à travers la Syrie pour gagner de proche en proche, par l'intermédiaire des Phéniciens, les rivages orientaux et occidentaux de la Méditerranée. Comme on le voit, les peuples anciens n'ont pas vécu isolés les uns des autres; chacun d'eux [a] eu des voisins sur lesquels il a agi par la conquête ou le commerce; chacun a pris quelque chose à ses devanciers, comme il transmettait à ceux qui héritaient de sa puissance le résultat de son effort et de son expérience. Et c'est ainsi que l'Idée de l'Art, victorieuse du temps, miraculeusement sauvée de la tourmente qui balayait les trônes et ébranlait sur leurs bases les monuments d'orgueil ou de piété, s'est envolée, tel un oiseau mystique, des sables brûlants de l'Orient aux plaines radieuses de l'Occident, de Memphis et de Babylone à Athènes et à Rome.

Et maintenant le monde primitif[,] qui avait réuni tous les matériaux nécessaires à l'élaboration de l'Œuvre sublime, s'évanouit et disparaît derrière la gloire naissante de la Grèce. Le grand fleuve de l'art, dont la source avait jailli du cœur même du premier homme, pendant des siècles a parcouru d'abord les forêts obscures et les terres incultes de la préhistoire, puis les riches et luxuriantes vallées de l'Égypte et de la Chaldée avant de

---

14. À ce sujet, voir Olga Hazan, « La morphologie du sacré, de l'incarnation à l'*infiguration*: quelques réflexions sur le statut de l'art juif dans la discipline de l'histoire de l'art », dans Michel Carrier (dir.), *Le sacré en question*, *Religiologiques*, 30, automne 2004, 63-98, et « La figuration interdite et les pouvoirs de l'image », dans Alexis Nouss (dir.), *Poésie, terre d'exil. Autour de Salah Stétié*, Montréal, Trait d'union, 2003, 95-114.

venir baigner de ses ondes chargées d'idéal le rivage hellénique[15]. Mais dès qu'il l'a effleuré, ses eaux jusque là calmes et stagnantes, frémissent et s'agitent, telles les eaux de Bethsaïda sous la main de l'ange. C'est ainsi qu'en suivant son cours à travers les vieilles civilisations orientales, nous arrivons, sans heurt et sans secousse, au pied de l'Acropole qui domine l'Attique et couronne le monde. Ici, nous sentons que tout est changé autour de nous, qu'un idéal jeune, joyeux et débordant de vie, éclipse l'idéal vieilli et mort des peuples que nous avons rencontrés au hasard des courbes du fleuve parcouru, que l'antiquité classique absorbe et dévore la primitive antiquité, que l'humanité prend conscience de sa dignité et fait du temple de la divinité non plus un tombeau au seuil duquel elle tremble et s'effraie, mais un asile sacré, tout rempli de la bonté des dieux, où elle pénètre la tête couronnée de roses en s'accompagnant du chant de la lyre.

« Le monde sourit au monde », dira Marot en parlant de la Renaissance[16]. Combien plus vrai nous semble le mot du poète appliqué à la Grèce archaïque ; car elle fut la jeunesse du monde et l'aube de notre civilisation.

L'art chaldéo-assyrien
Tableaux (transparents)

1. Travaux des fouilles à Suse
2. Travaux des fouilles à Suse
3. Ruines de Babylone
4. Ruines de Ninive
5. Vestiges de l'enceinte de Babylone
6. Route de la procession du dieu Murdock
7. Temples chaldéo-assyriens (Zigurat)
8. Temples chaldéo-assyriens (reconstitution)
9. Temples chaldéo-assyriens (reconstitution)
10. Temples chaldéo-assyriens (reconstitution)
11. Palais de Sargon (reconstitution)
12. Palais de Sargon, porte S.E.
13. Khorsabad, porte armée
14. Palais de Sargon (roi d'Assyrie, xxie s. av. JC)
15. Taureau ailé androcéphale
16. Palais de Sargon, chambre du harem
17. Statue de Assournazirhabal [Assurnazirpal dans le *PRNP*]

---

15. La métaphore fluviale permet à Lagacé de présenter l'art et son développement, de l'Orient à l'Occident, comme une force en mouvement, traversant l'espace et le temps, fluide et transparente, libre et vivante, mais soumise à la destinée des peuples et à la fatalité du temps.
16. Il s'agit sans doute de Clément Marot, poète français (1496-1544) dont les *Œuvres poétiques complètes* sont parues dans une édition critique de Gérard Defaux, Paris, Bordas, 1993.

18. Frise des Immortels (Archés [?])
19. Le roi Sargon et ses ministres
20. Assourbanipal faisant une libation
21. Assourbanipal sur son char
22. Chasse au lion
23. Assourbanipal chassant
24. Scènes de chasse (bas-relief)
25. Lion de pierre (British museum)
26. La lionne blessée
27. Génie à tête d'aigle
28. Génie gardant l'arbre sacré
29. Fouilles à Suse
30. *Perse* [spa], tombeau de Darius
31. Palais de Persépolis
32. Chapiteaux persans
33. Mauvais génie (taureau ailé)
34. Palais blanc des rois de Perse, 140 av. JC
35. *Jérusalem* [spa], Le mur des lamentations
36. Arabe en prières

3. *L'art grec*[17] *: Les ordres*

Le voyageur qui descend sur le rivage hellénique ne peut résister au charme qui se dégage du tableau qui s'offre à sa vue. Est-ce le mirage de ses souvenirs, la splendeur du décor qui lui donne l'immédiate sensation de fouler la terre privilégiée de la beauté et de la liberté, de la poésie et de

---

17. Le modèle qui domine la narration de Lagacé, ici comme dans l'ensemble de l'ouvrage, est celui d'une opposition entre deux races telle que conçue notamment par Augustin Thierry (notre note 60), un antagonisme entre les « races » dorique et ionienne se voyant en outre transposé ici aux deux républiques de Spartes et d'Athènes, comme aux artistes, dont les biographies font ici leur première apparition. Notons aussi que, pour chacun de ses quatre premiers chapitres, Lagacé fait remonter l'histoire à ses origines, et ce, en vertu de l'importance qu'il accorde, dans la dynamique historique, à la mentalité, au tempérament et à l'âme de chaque peuple. Pour ce qui est de ses sources identifiées – P. Monceaux, A. Lefèvre, C. Blanc, J. Ruskin, Vitruve, H. Taine, É. Faure et V. Hugo pour l'architecture ; Pline, G. Perrot et Crates pour la sculpture –, soit des contemporains de l'époque traitée, des auteurs de monographies historiques, ou encore, hormis Perrot, des historiens de la Grèce ou de la Rome antique mais dont les champs de recherche sont plus étendus, elles témoignent de l'intérêt grandissant que suscite l'archéologie depuis le XVIIIe siècle. Voir « Le tournant de l'archéologie », GB, 94-109 et LT, chap. 1. Pour une bibliographie récente sur l'art et l'architecture de la Grèce antique, voir Alain Schnapp (notre note 6), 560-561.

l'art? Il y a peut-être un peu de tout cela; mais il est certain que la Grèce[,] par la pureté et la profondeur de son ciel, la magie de sa lumière et la variété de ses paysages, sans autre[s] *considérations, suffit*[?] [ms] à subjugue[r] dès le premier instant. L'atmosphère y est si chaude et si vibrante que les contours de tout ce qui se profile sur l'horizon, montagnes ou monuments, n'ont rien de la netteté violente observée dans les pays de brûlante stérilité; ils sont au contraire comme enveloppés d'une buée[…] légère et transparente qui semble en augmenter les proportions sans nuire à leur impeccable harmonie, condition extrêmement favorable au déploiement des œuvres d'architecture.

Les Grecs en eurent la divination dès le début de leur histoire. Est-il étonnant qu'ils se soient révélés les plus grands architectes du monde. La calme et radieuse beauté de leur patrie développa chez eux l'instinct et l'ordre, l'amour des belles formes, le goût de tout ce qui est noble et délicat. C'est, sans doute, ce que voulaient nous faire entendre les auteurs anciens lorsqu'ils déclarent qu'eux, les Grecs, ils ont tout inventé en tout genre, n'ayant jamais eu d'autre maître que la nature. La fierté nationale trouvait son compte à de tels discours; mais la vérité a ses droits, même en Grèce. En effet, il est prouvé que l'art y a débuté, comme partout ailleurs, par l'imitation. Seulement, à la différence des autres peuples, les Grecs se sont promptement affranchis de l'esprit d'imitation et de routine, du joug du dogme qui avait pétrifié l'art en Égypte et en Assyrie et, par une étude approfondie de la nature, créé un art d'une puissante originalité. Des enseignements qu'ils allèrent demander aux maîtres de Memphis et de Thèbes, des modèles qui leur furent proposés, ils ne retinrent que ce qui répondait à leurs secrètes aspirations.

Néanmoins[,] si libre qu'il ait été dès ses premiers essais, l'art grec s'est longtemps traîné terre à terre avant de prendre son essor; mais du moment qu'il put briser les entraves qui le retenaient esclave de la matière rebelle, il s'éleva à grands coups d'ailes, emporté par l'irrésistible force de son génie. Et c'est peut-être ce qui frappe le plus d'admiration que cette continuité de l'effort qui l'a porté toujours plus haut, sans chute, sans arrêt ni réactions violentes; chaque poète, chaque artiste, architecte ou sculpteur, acceptant comme point de départ les résultats acquis par ses devanciers, appliquait toute son intelligence non pas à détruire pour édifier, mais à enrichir l'héritage pieusement recueilli par l'addition de nouveaux procédés et une recherche plus passionnée de la perfection.

L'effet de ces habitudes présentait l'avantage d'imposer un frein à l'imagination et de proposer à l'esprit des thèmes qui, jamais épuisés, l'orientaient et le maintenaient dans le sens de son innéité. Cette contrainte, loin de contrarier l'élan du génie, lui était un stimulant qui l'élevait malgré lui tout en l'empêchant de s'égarer dans d'impossibles aventures. Et, c'est ainsi que le progrès[18] sous toutes ses formes s'est opéré en Grèce avec une logique qui ne s'est rencontrée à aucun autre moment de l'histoire humaine.

Mais pour produire le beau dans sa perfection, ce n'est pas assez des conditions organiques et intellectuelles d'une race, il faut encore le concours de circonstances extérieures qui permettent à l'esprit de s'avancer sans heurt et sans retour dans la voie lumineuse[19].

La Grèce nous offre ce phénomène unique d'une « sève abondante et même surabondante qui circule dans toutes les ramifications du corps social et d'une gloire, ou pour mieux dire, de tous les genres de gloire qui favorisent dans tous les sens l'épanouissement du génie national »°.

Au reste, il était dans le plan divin de confier au peuple grec la mission de réhabiliter la nature humaine tant dans ses facultés que dans ses formes, tout comme le peuple juif avait reçu celle de sauver du naufrage universel le principe de la vérité intégrale. Aux Grecs revient le mérite d'avoir introduit dans le monde la notion vraie de l'Idéal et ils ont accompli ce miracle à une heure ou l'humanité en avait perdu le souvenir avec le goût.

- . - - - - - - - - - - - - - - - - - - -

Bien des siècles avant l'époque où commença à se révéler l'art grec proprement dit, deux civilisations s'étaient succédé autour de la mer Égée ; d'abord, une première civilisation indigène dite : "pro hellénique" ou "grec-pélasgique", puis, une civilisation beaucoup plus développée, déjà puissante et originale bien qu'à demi-orientale [!], la civilisation dite "mycénienne".

La Grèce primitive n'a pas connu cet âge d'or dont *devaient* [illisible] plus tard ses [illisible] *et ses poètes* [ms]. Comme les autres pays, elle a été livrée d'abord aux tâtonnements et aux brutalités de l'âge de pierre. Ses premiers habitants durent faire la conquête du sol, se défendre contre les bêtes fauves, habiter des cavernes avant de songer à se construire des demeures et à travailler l'argile, le cuivre, l'or et l'argent, enfin le fer. C'étaient des

---

18. En bref, la supériorité de l'art grec pour Lagacé s'explique par la douceur de la géographie et du climat, par la beauté des lieux et par la volonté des Grecs d'imiter la nature. Sur cette question, voir Olga Hazan, « L'émergence de l'histoire de l'art à Montréal au début du xxe siècle », dans Hazan (dir.), *Construire l'histoire de l'art aux xixe et xxe siècles : entre l'université et le musée*, numéro thématique, *VISIO, revue internationale de sémiotique visuelle*, vol. 4/3, automne 1999-hiver 2000, 39-50, et *Le mythe du progrès artistique : étude critique d'un concept fondateur du discours sur l'art depuis la Renaissance*, préface de Nicole Dubreuil, Montréal, Les Presses de l'Université de Montréal, 1999. Cet ouvrage offrant une étude critique étoffée du discours de l'histoire de l'art, notamment dans les histoires générales de l'art (voir la section II, « Les survols historiques », chap. 3 à 5), l'approche préconisée ici consiste davantage à situer le survol de Lagacé dans une perspective historique.

19. Comme le résume bien cette phrase, pour Lagacé, un peu comme pour Taine (notre note 25), les conditions de production de l'art relèvent à la fois de l'essence d'un peuple, des conditions matérielles de son existence et de son évolution.

Cariens, des Lelèges, des Crétois, des Tyrrhéniens qui en bandes couraient les aventures le long des côtes, pillant et rançonnant. Ces antiques populations de race pélasgique finirent par se fixer et prendre racine; ce sont elles sans doute qui « ont bâti un peu partout, du Taurus à l'Apennin, des acropoles et des forteresses dont les fouilles mettent au jour les formidables assises; ce sont elles sans doute qui ont aussi desséché les marais, endigué les fleuves, fondé les anciens cultes et creusé les vieux temples-cavernes de Délos et du Mont-Ocha »°.

Mais du chaos des races primitives ne tardèrent pas à se dégager les tribus proprement helléniques. Elles s'éveillèrent vite au contact de l'Orient, et Mycènes, centre de leur activité, étendit son influence tout autour de la mer Égée. C'est, comme l'a écrit M. Monceaux, « la Grèce de l'âge héroïque, celle des épopées et de la légende des Argonautes, du cycle Thébain et de la guerre de Troie… Les souvenirs de ces temps héroïques ont fasciné plus tard l'imagination des Hellènes : inépuisable trésor de légendes chères aux poètes et aux artistes[20] »°.

Cette vieille civilisation féodale revit tout entière dans les épopées homériques, cette Bible de l'âme hellénique. Mais elle nous a laissé bien des témoins authentiques de sa splendeur : vases de terre cuite[,] ivoires et pierres gravées, petits bronzes, armes et bijoux, trouvés dans la plupart des pays grecs. Les reliques les plus précieuses qui nous restent de cette époque lointaine, ce sont à coup sûr des ruines de palais à Tyrinthe et à Gnosse et presque partout d'antiques acropoles dont les murailles composées de blocs énormes, solidement encastrés sans ciment d'aucune sorte, résistent aux assauts des hommes et du temps.

Toute brillante qu'elle ait été, cette première civilisation disparut sous les flots de l'invasion dorienne, ne laissant de son existence que des monuments en ruines et un souvenir d'autant plus cher qu'aux héros chantés par Homère s'étaient substitués des hommes qui n'avaient rien de l'antique magnanimité hellénistique. Ils venaient du nord et étaient presque des barbares et cependant les plus hautes destinées les attendaient sur la terre hellénique. Comme plus tard les Francs en Gaule ou les Vandales en Afrique, ils avaient commencé par anéantir la brillante civilisation des pays conquis. Mais au lendemain de leur victoire, considérant les ruines encore fumantes de tant de monuments qu'ils avaient réduits en cendres, ils se prirent du désir de

---

20. Il s'agit sans doute de Paul Monceaux (1859-1941), auteur de *La Grèce avant Alexandre : étude sur la société grecque du VIe au IVe siècle*, Paris, Maison Quantin, 1892 ; *Histoire littéraire de l'Afrique chrétienne depuis les origines jusqu'à l'invasion arabe*, 7 vol., Paris, E. Leroux, 1901 et, avec Victor-Alexandre Laloux (1850-1937), *Restauration d'Olympie : l'histoire, les monuments, le culte et les fêtes*, Paris, Maison Quantin, 1889.

laisser à l'avenir quelques vestiges de leur puissance et on les vit enrichir leurs villes de temples magnifiques et de somptueux palais.

Bientôt cependant, menacés à leur tour dans leur conquête, les Doriens comprirent que sans une entente entre les différentes tribus qui se partageaient l'Hellade, tout établissement était incertain et tout progrès impossible. Par des traités, elles se rendirent solidaires les unes des autres et une organisation nouvelle[,] dont la "Cité" fut le principe, fit naître l'espoir et la conception d'une "Grande Grèce". Rassurés de ce côté, les Hellènes renouèrent des relations avec l'Asie. Et c'est ainsi qu'ils s'initièrent aux secrets des belles œuvres égyptiennes, encore dans toute leur splendeur. Du coup, ils eurent la révélation de la beauté et de leur génie. Aussi, au VIIIe siècle, vit-on de toutes parts s'organiser des écoles qui rivalisèrent d'enthousiasme et d'ardeur; mais elles se détournèrent vite des conceptions colossales et énigmatiques de l'Orient; car avec ce sens délicat qui ne les a jamais abandonn[é]s, les architectes comprirent que ce qui était admirable dans la vastitude des plaines sablonneuses de l'Égypte[…] ne produirait qu'un effet minable dans un pays de hautes collines et de montagnes comme la Grèce. En effet, devant ces masses imposantes, que deviendraient les masses d'une architecture colossale? Ne pouvant songer à lutter contre la majesté du gigantesque décor naturel, ils s'appliquèrent à trouver des formes architecturales qui s'harmoniseraient avec les lignes générales du paysage. Tel fut l'objet de leur continuelle ambition, le but constant de leurs efforts; tel fut aussi le secret de leur écrasante supériorité sur tous les peuples qui les avaient précédés.

Avec leur intelligence vive et alerte, éprise de clarté, comme leur œil de pureté, ils recherchèrent donc en tout les justes proportions, la vérité, l'harmonie, la simplicité des moyens et c'est ainsi qu'ils arrivèrent à constituer cet art sublime qui répond à toutes les nécessités de la logique et du goût et qui est pour l'esprit aussi bien que pour le regard un éternel sujet d'étonnement et d'admiration. Ils furent les premiers à plier l'architecture aux besoins et aux sens de l'homme et à tenir compte de la portée des yeux humains. «Leurs monuments, a dit M. Lefèvre[21], ressemblent à l'homme que le rare accord d'un esprit noble et d'un corps sain élève au-dessus de ses semblables. Avec des proportions ordinaires, ils font naître en nous le sentiment de la majesté.»

Ils sont arrivés à ce résultat plus encore par l'observation et l'étude que par les secrètes inspirations de leur instinct et ce qui le prouve, c'est

---

21. André Paul Émile Lefèvre (1834-1904), *Les merveilles de l'architecture*, illustrées de 66 vignettes sur bois par Thérond, Lancelot etc., 5e éd. corrigée et notablement augmentée par l'auteur, Paris, Librairie Hachette et Cie, 1880, 56, c1865. Du même, voir *Les Gaulois, origines et croyances*, Paris, C. Reinwald, 1900.

le sacrifice qu'ils firent toujours de la variété à l'unité, comprenant que la variété, nécessaire à toute œuvre magistrale

> ne produit son effet que par degrés, par une discrétion voilée qui se montre peu à peu pour éclater enfin dans l'ensemble comme les sonores accents d'une puissante dissonance. En effet, ce qui fait les grandes beautés, c'est lorsque quelque chose, simple dans le début, se soulève et augmente, excite progressivement la surprise et conduit insensiblement à l'admiration et à l'enthousiasme (C. Blanc).[o22]

Cette loi ne souffre pas d'exception ; elle s'applique à tous les arts ; elle triomphe dans les œuvres de Phidias et d'Ictinos aussi bien que dans celles de Michel-Ange, de Raphaël et de Beethoven. C'est à cette marque que se reconnaissent les véritables chefs-d'œuvre.

Un effet aussi puissant ne s'obtient que par une disposition harmonieuse de toutes les parties, chacune jetant sa note modeste ou brillante dans l'accord parfait de l'ensemble. Sans ordre, en effet, il ne saurait y avoir de beauté. Or, l'ordre qui engendre *les ordres*, c'est tout l'architecture grecque.

— · — · — · — · — · — · — · — · — · — · — · — · — · — · — · — · — · —

À l'origine [ms, remplace *aux débuts* (barré)] des sociétés helléniques, le temple n'était qu'un simple abri offert à l'image du dieu non moins grossière que lui. Les procédés de construire étaient on ne peut plus rudimentaires — on plantait en terre et debout des troncs d'arbres formant un carré long ; sur les deux faces allongées on posait transversalement une poutre qui soutenait les solives inclinées du toit. Tel fut le point de départ de l'architecture grecque. L'architecte grec, fidèle à la tradition, ne se risqua jamais à modifier la physionomie générale du temple. Seulement, dès que les circonstances le permirent, il substitua au bois, matière inflammable, la pierre d'abord, puis le marbre. Mais quel[le]que soit la nature des matériaux employés, l'ossature du monument resta invariable : sur des rapports verticaux, colonnes, piliers et murs, se déploient des poutres horizontales et un large toit à deux

---

22.Charles Auguste-Alexandre-Phillipe Blanc (1813-1882), critique d'art français et italien et auteur d'une *Histoire des peintres français du xixe siècle* parue en 1845, a dirigé l'administration des beaux-arts de 1848 à 1850 (c'est lui qui envoie à Chabert des objets pour son école en 1871, notre note 73, chap. 1). Élu à l'Académie des beaux-arts en 1868, et à l'Académie française en 1876, il a occupé une chaire en histoire de l'art au Collège de France à partir de 1878 et s'est consacré à la rédaction d'une *Histoire des peintres de toutes les écoles* (14 vol., 1848-1876), *PRNP*, 262 ; *LT*, 137-143 et *DAHS*. Selon Lyne Therrien, Charles Blanc, fondateur de la *Gazette des Beaux-Arts* en 1859, «appartient à cette génération de pionniers qui ont contribué au développement de "manières de faire" en histoire de l'art au moment où très peu de références existaient», *LT*, 140. Sur Charles Blanc, voir Tullio Massarani, *Charles Blanc, et son œuvre...*, Paris, J. Rothschild, 1885, introd. d'Eugène Guillaume, *LT*, 137.

pentes. Voilà toute l'économie du plan de l'édifice. Ce qui en déterminera l'ordre, autrement dit le style, ce sera la forme des supports et la proportion adoptée entre les parties verticales et les parties horizontales.

Sur ce type primordial, demeuré immuable, furent construits tous les temples de la Grèce qui ne se différencièrent les uns des autres que par les dimensions variées et le degré d'ornementation. Trois formes furent chères aux Grecs dans la construction de leurs grands monuments et ces formes reçurent le nom d'*ordres* [en maj. et spa]. Sans entrer dans les détails qui relèvent plus particulièrement d'un cours d'architecture, essayons au moins de marquer le caractère de chacun des trois ordres qui furent en faveur en Grèce et dont Rome accueillit les lois admirables pour le plus grand profit de la Renaissance italienne et française.

L'ordre dorique [en maj. et spa], c'est l'ordre grec par excellence, le plus magistral, le plus parfait de style, aussi le plus ancien. Il fut apporté en Grèce, selon toute apparence, par la race dorienne, qui était la race hellénique pure tandis que les races ioniennes et archéennes étaient mélangées de sang pélasge. Descendus des montagnes de la Thessalie où on les trouve établis dès le xvie siècle [...] avant notre ère, les Doriens s'étaient emparés du Péloponnèse. C'était une race grave et mâle dont les mœurs rigides, la religion austère, le rude dialecte, le goût de l'agriculture, la passion de la gymnastique et de la guerre [...] offraient le contraste le plus frappant avec la race ionienne dont les mœurs étaient faciles et élégantes, l'esprit mobile ouvert à toutes les jouissances morales, le goût délicat et sûr et la passion du beau élevée à la dignité d'une religion. Cette opposition des deux races fut représentée historiquement par l'antagonisme des deux républiques à jamais illustres, Sparte et Athènes, artistiquement par deux monuments d'une beauté sans égale, le Parthénon et l'Érechthéion. [Voir nos notes 17 et 60.]

L'œuvre d'art est un miroir où les peuples laissent en passant l'empreinte, l'image de leur beauté morale; le grand architecte d'une nation est son état social. L'architecture des Doriens devait donc refléter le caractère de ses auteurs; elle accusa sa puissance comme un athlète qui tend ses muscles dans un grand effort. Tels sont les traits distinctifs de l'ordre dorique. Son véritable mérite consiste dans la simplicité majestueuse et la signification symbolique de ses lignes, dans l'impeccable unité des parties constituantes et surtout dans la raison d'être des moindres détails qui répondent non seulement aux besoins esthétiques, mais encore aux besoins de la nécessité et de la convenance. C'est à la fois une œuvre d'art et une œuvre de science. En effet, lorsqu'on analyse l'ordre dorique, on voit toutes les parties s'agencer, se pondérer, se soutenir, se compléter avec une logique rigoureuse, chaque pierre disant sa fonction, chaque moulure, son emploi. Et le tout monte, grandit et se précise dans la lumière comme une vision de la vérité éternelle.

Les fortes qualités de l'ordre dorique ne reflètent cependant qu'un aspect du génie grec. Il restait en effet aux artistes tout un monde d'idées à exprimer et ils ne pouvaient le faire qu'en mêlant[,] à l'austère idéal dorien, la grâce et la délicatesse de la pensée ionienne. Cette évolution s'accomplit à Athènes, foyer de l'atticisme et se traduisit par l'apparition d'un ordre nouveau qui, sans changer le thème architectonique consacré par la tradition, l'enrichit cependant d'une parure d'ornements qui en transforma entièrement le caractère au point de « donner l'illusion d'une création nouvelle n'ayant que de lointaines ressemblances avec le vieux dorique jusque là en faveur dans la Grèce entière »°.

L'ionique [spa] correspond donc à ce second état de croissance de tout art qui[,] au lieu de se figer en des formes surannées, évolue et se pare de nouvelles combinaisons et de plus gracieuses fantaisies. Il est le comparatif, alors que le dorique était le positif, comme demain le corinthien sera le superlatif. Au fond le thème est toujours le même, de l'architecture en plate-bande, la seule qu'aient connue les architectes grecs. Mais l'ionique[,] en adoptant la grâce et l'élégance, les préférant à la simplicité et à l'austérité, ouvre des voies nouvelles à l'imagination et ferme, pour ainsi dire, le cycle des siècles superstitieux, tremblants au seuil des temples. Il est[,] de toutes les formes employées en Grèce, sinon la plus pure et la plus importante, celle du moins qui répond le mieux à l'idée de l'hellénisme, mot dont il est plus facile de concevoir le sens que d'en fournir une définition exacte, tant il exprime des qualités rares et variées.

L'ordre dorique, par sa majesté simple et sévère, s'adressait moins aux yeux qu'à l'intelligence ; cramponné au sol d'où il s'arrachait avec effort, il conservait quelque chose de la grandeur des hautes montagnes, ces cathédrales de la terre, comme les appelle Ruskin[23]. L'ordre ionique, lui aussi repose sur le sol ; mais il ne s'y cramponne pas comme l'ordre précédent ;

---

23. On retrouve cette idée, formulée différemment par Lagacé, dans John Ruskin, *Sept Lampes de l'architecture*, avec dessins de l'auteur, trad. de l'anglais par G. Elwall, suivi de *John Ruskin* par Marcel Proust, Paris, Denoël, 1987, 104-105, c1849. John Ruskin (1819-1900), écrivain, critique d'art et sociologue britannique, alliait la prédication morale et les initiatives pratiques à la réflexion sur l'art. Amoureux du passé médiéval, il exaltait l'architecture gothique, la préférant à l'architecture classique (sur les tensions entre l'archéologie médiévale et classique en France à la même époque, voir LT, 49 et notre note 58), et a soutenu le mouvement préraphaélite et la renaissance des métiers d'art. Professeur d'histoire de l'art à Oxford à partir de 1869, il y a laissé une marque notable, ayant été l'un des écrivains les plus influents de son époque (UK, 84-86 et L-B). Durant les quarante dernières années de sa vie, Ruskin a défendu avec passion des idées sociales ; hostile au machinisme et à l'essor de la société industrielle, il n'a jamais pris le chemin de fer (Bazin, 132). Ses principaux ouvrages sont *The Seven Lamps of Architecture* (1849), *The Stones of Venice* (1851-1853), *Giotto and his Work* (1853-1860), *The Political Economy of Art* (1857) et *Mornings in Florence* (1957-1877). Sur Ruskin, voir Robert de La Sizeranne, consulté par Lagacé au sujet de la peinture anglaise, *Ruskin et la religion de la beauté*, Paris, Hachette, 1897 (notre note 173) ; voir aussi *John Ruskin and the Victorian Eye*,

il semble ne s'y appuyer que pour prendre son élan et déployer dans le ciel le rayonnement de ses frontons et le faisceau festonné de ses colonnes ; ses racines ne plongent pas au cœur de la terre hellénique pour y puiser la sève [voir notre note 66] généreuse des nobles traditions et des croyances séculaires ; on dirait que c'est d'en haut que lui viennent toute pensée et toute lumière. Il est le symbole des aspirations inassouvies, des espérances et des rêves sans fin ; il ne nous donne pas l'impression de l'immuable, de l'irrévocable et de l'achevé, mais celle de la transformation, de l'évolution progressive, en un mot, de l'éternel devenir.

L'ordre corinthien, manifestation ultime de l'architecture grecque, fut une splendide floraison où le marbre sous le ciseau du sculpteur prit les formes les plus gracieuses et se couvrit d'une flore merveilleuse de souplesse et d'élégance.

Il fit son apparition vers la 85e olympiade, 440 ans avant JC soit donc au IVe [ici *4ème*] siècle, époque très brillante pour ses créations artistiques, mais qui annonce déjà le déclin de l'hellénisme ou du moins l'avènement d'une [*sic*] hellénisme nouveau. L'art d'ailleurs suit les destinées de la Grèce. L'unité nationale est compromise à jamais par l'âpre rivalité de Sparte, d'Athènes et de Thèbes, qui s'efforcent simultanément ou tour à tour à se tailler un empire. La guerre du Péloponnèse fait de la Grèce une proie facile pour ses ennemis ; le roi de Perse subjugue toutes les cités grecques ; la Macédoine en achève la conquête, en dépit de la résistance d'Athènes réveillée à la voix de Démosthène [orateur et politicien athénien, -384 à -322]. Enfin Philippe [II, roi de Macédoine, v.-382 à -336] reçoit, au congrès de Corinthe [-337], les hommages de toute la Grèce et c'est Alexandre [III le Grand, roi de Macédoine de -356 à -323] qui, conduisant les Hellènes à la conquête de l'Asie, achève d'en faire des sujets, d'alliés qu'ils se croyaient demeurés.

Malgré les troubles et les inquiétudes de cette époque tourmentée, l'art continue comme la vie, à croître et à produire jusqu'à l'épuisement de sa sève et de sa fécondité ; ce qui le caractérise, c'est un effort souvent heureux pour ouvrir des voies inexplorées, le dédain et l'oubli des traditions, la recherche de la grâce, du mouvement, de la vérité familière ; ce n'est pas tout à fait la décadence, mais c'est la pente qui y conduit infailliblement. C'est à ce moment qu'apparut un ordre nouveau, le corinthien, inventé, dit Vitruve[24],

---

with essays by Susan P. Casteras et autres, New York, Harry Abrams, 1993, exposition tenue en 1993 au Phoenix Art Museum et à l'Indianapolis Museum of Art.

24. Marius Vitruvii Pollionis, *Les dix livres d'architecture – De Architectura*, trad. de Claude Perrault, revue par M. Nisard, Paris, Éditions Errance, 1999, c1584 pour la première trad. française, 52 (chap. 1, livre 4). Le traité de Vitruve (ingénieur militaire et architecte romain du 1er s. av. J.-C.) dont est tirée cette citation, largement copié et adapté, a nourri l'évolution du classicisme européen à partir du xve siècle, L-B.

par Callimaque, sculpteur de Corinthe, que les Athéniens tenaient en haute estime à cause de son extrême habileté à tailler le marbre.

Le dernier venu des ordres grecs, le corinthien[,] est donc une sorte de compromis entre le dorique et l'ionique. Il répond à l'idée de la magnificence et de la grandeur, au sentiment de la somptuosité et de la pompe.

Malgré les incontestables mérites de cet ordre, il faut bien reconnaître qu'il n'incarne pas, comme les deux ordres précédents, la vraie, la pure pensée hellénique; on sent qu'un idéal nouveau et étranger s'est substitué à l'antique idéal inspirateur de tant de merveilles humainement conçues, que la grandeur et la richesse ont détrôné l'austère simplicité et la gracieuse harmonie du début. Au reste, c'est l'héritage que la Grèce léguera à Rome, ayant gardé pour elle le meilleur du trésor d'art amassé par son génie. L'ordre corinthien, c'est déjà de l'art gréco-romain.

Avec lui l'éloquence fait place à la déclamation. Les grands artistes grecs, ceux de la bonne époque, n'avaient pas eu besoin[,] pour se faire entendre, des grands gestes et des phrases soufflantes, bourrées de fleurs et de rhétorique; il leur avait suffi de traduire en marbre la langue simple d'Homère pour être compris de leurs contemporains. Il leur avait suffi surtout de prêter une oreille attentive aux enseignements de la nature. D'elle, ils avaient tout appris, principalement cette loi que nous oublions si souvent: que les êtres et les choses doivent toujours être vus par ce côté de synthèse et d'abstraction des détails qui seul permet d'en déterminer le caractère. Ce fut en se conformant à cette loi infaillible qu'ils s'étaient élevés par degré à la perfection, délaissant tout ce qui était inutile, superflu ou accidentel, pour ne s'attacher qu'à l'essentiel, au nécessaire, au permanent. « Dans un splendide effort l'esprit humain » par eux avait pu, au moins une fois dans son histoire, « rejoindre la sagesse divine et de son art faire une pensée vivante ».°

Aussi tout dans les œuvres purement grecques, tels le Parthénon et l'Érechthéion, a un sens et répond à une nécessité, à ce point qu'on ne saurait y faire aucun changement sans qu'aussitôt l'harmonie en soit troublée, l'unité rompue et la physionomie transformée, comme il advint lorsque le rude génie de Rome entreprit d'y apporter des altérations de forme et de proportions. « Besoin de clarté, sentiment de la nature, haine du vague…, dédain du monstrueux et de l'énorme, goût pour les contours arrêtés et précis, voilà », a dit Taine, « ce qui conduisit le Grec à enfermer ses conceptions dans une forme aisément perceptible à l'imagination et aux sens, partant à faire des œuvres que toute race et tout siècle puissent comprendre[25] » et qui, étant humaines, sont éternelles.

---

25. Hippolyte Taine, *Philosophie de l'art : leçons professées à l'École des Beaux-Arts*, Paris, Librairie Hachette et Cie, 1906, tome 2, 128, c1865. Par rapport au texte de Taine, chez Lagacé : *sentiment de la mesure* devient *sentiment de la nature*; les trois points de suspension remplacent *et de*

C'est ce que M. Élie Faure a magistralement fait ressortir dans une page que je vous demande la permission de citer en finissant. Que le temple

soit petit ou grand, on ne pense jamais à sa taille. La loi du nombre, qu'il observe avec une telle aisance, on la dirait innée en lui, jaillissant du sol même comme les fûts qui s'élancent, arrêtant leur vol vertical entre le stylobate et l'architrave, les suspendant par le fronton dans une sorte de bercement immobile, le met sans effort à l'échelle de l'univers matériel et spirituel dont il est le résumé. Il est au plan du golfe pur qu'arrondit à ses pieds sa courbe où la lame vient, en cadence, balayer le sable blond. Il est au plan du promontoire qui le porte, violet ou mauve selon l'heure, mais toujours défini sur l'espace par une ligne continue, que l'ossature de la terre accuse avec netteté. Il est au plan du ciel diurne, qui sentit la régularité de son rectangle dans la ronde circulaire des horizons marins. Il est au plan du ciel nocturne qui tourne autour de lui selon le rythme musical et monotone où l'architecte a découvert le secret de ses proportions. Il est au plan de la cité dont il réalise, avec une mesure étrange, l'équilibre parfait que poursuivent vainement ses citoyens dans l'antagonisme nécessaire des classes et des partis. Il est en plan de l'âme des poètes et des penseurs, qui cherchent l'accord absolu du cœur et de l'intelligence dans la tragédie et le dialogue qu'il rejoint par le drame de sa décoration sculpturale inscrite irrévocablement dans son ordre définitif. Sur les acropoles simples, il est une harmonie qui couronne une autre harmonie. Après vingt-cinq siècles il est resté ce qu'il était, parce qu'il a gardé ses proportions, son élan soutenu, son assiette puissante sur les plateaux de pierre qui dominent la mer, entourés de collines d'or.

On dirait que les années l'ont traité comme elles ont traité la terre, en le dépouillant de ses statues, de ses couleurs, en même temps qu'elles entraînaient

---

l'abstrait ; la virgule après *partant* a disparu ; *ce qui le conduit* devient *ce qui conduisit le Grec* et la fin de la phrase, qui se lisait *et qui, étant humaines, soient éternelles,* a disparu. Hippolyte Taine (1828-1893), critique littéraire, historien de l'art et philosophe français, est reçu à l'Académie française en 1878. La cohérence de son œuvre abondante réside dans son recours à une méthode de recherche rigoureuse, influencée par les idées du philosophe et mathématicien Auguste Comte, ainsi que par une formation de biologiste qui l'incite à adopter une perspective darwinienne, notamment dans ses *Essais de critique et d'histoire* parus en 1857 (voir LT, 104-105). Se fondant sur un déterminisme strict et des théories positivistes, que l'on retrouve chez Lagacé, il reconstituait tout le domaine de la connaissance en cherchant dans la race, l'environnement (social, géographique et climatique) et l'époque les facteurs susceptibles d'expliquer la production littéraire et artistique, le développement des fonctions mentales et les faits historiques, et ce, suivant ce qu'il appelait «la loi des dépendances mutuelles» (cité dans GB). Ses cours à l'École des beaux-arts, où il succède à Viollet-le-Duc en 1864 en tant que professeur d'esthétique et d'histoire de l'art, réunis en 1882 dans *Philosophie de l'art*, traduisent le même souci de méthode (voir *Philosophie de l'art* ; *Voyage en Italie* ; *Essais de critique et d'histoire*, textes réunis et présentés par Jean-Francois Revel, Paris, Hermann, 1964), *PRNP*, 2008 ; GB, 136-141 ; LT, 99-112 et UK, 104. De Taine, voir aussi son *Essai sur Tite-Live*, présentation de Jérôme Grondeux, Paris, Économica, 1994, c1856.

385 LA CULTURE ARTISTIQUE AU QUÉBEC AU SEUIL DE LA MODERNITÉ

les forêts à la mer avec l'humus des montagnes et desséchaient les torrents, qu'elles l'ont brûlé avec le squelette du sol effleurant partout sous l'herbe rousse, que huit cent mille journées de flamme l'ont pénétré pour le faire monter dans l'incendie des soirs à mesure que le soleil descend[26].

Aussi, dans la solitude dévastée de l'Acropole, se découpant en lyre d'ivoire aux cordes d'or tendues sur la splendeur du ciel où s'allument les étoiles, le Parthénon qui les résume tous apparaît aux générations qui en flots ralentis s'écroulent à ses pieds, ainsi qu'en rêve l'avait vu V. Hugo, comme

« la vérité bâtie en marbre blanc »°.

- . -

26. Élie Faure, *Histoire de l'art. L'art antique*, Paris, Poche, 1976, 226-227, c1909. Quelques détails différencient la version de Lagacé de celle de Faure: après *une sorte de bercement immobile*, Lagacé omet *la loi du nombre*; ce qui chez Faure se lit comme *au plan du golfe pur qui arrondit* se lit *qu'arrondit* chez Lagacé; il n'y a pas de changement de paragraphe chez Faure après *collines d'or*. Élie Faure (1873-1937), critique et historien de l'art français et italien, chirurgien de formation et officier médical durant la Première Guerre, a continué à pratiquer la médecine toute sa vie (il était également embaumeur, GB, 360). En 1902, il commence une carrière littéraire dans *L'Aurore*, journal dreyfusard, et collabore à d'autres périodiques « anarchisants » ou « socialisants ». De 1905 à 1909, il donne des conférences sur l'histoire de l'art à l'Université populaire La Fraternelle, compilées dans son *Histoire de l'art* en quatre volumes (1909-1927): *L'art antique* (1909); *L'art médiéval* (1911); *L'art renaissant* (1914) et *L'art moderne* (1921), suivis de *L'esprit des formes* (1927). Il réunit aussi des essais sur Cézanne, Michelet, Nietzsche, Lamarck et Dostoïevski, dans *Les Constructeurs* (1914) et publie plusieurs ouvrages d'inspiration nietzschéenne. En 1926, paraît *Montaigne et ses trois premiers-nés: Shakespeare, Cervantes, Pascal*, sur les origines de l'esprit moderne (site livrenpoche.com). Il publie aussi des monographies de Paul Cézanne (1913), André Derain (1923) et Chaïm Soutine (1929), ainsi qu'une biographie de Napoléon (1921). Entre 1931 et 1932, il fait le tour du monde et s'arrête chez Diego Ribera à Mexico (*DAHS*), puis, avec la crise économique et la montée du fascisme, il reprend ses activités militantes. En 1934, lors de la répression contre les mineurs des Asturies, il est l'un des fondateurs de l'Association des Amis de l'Espagne et publie un livre de philosophie sociale, *Regards sur la terre promise* (1936), puis un recueil de textes sur la guerre d'Espagne, *Méditations catastrophiques* (1938) paru peu après sa mort (site livrenpoche.com). « Recourant aux analogies et aux vastes synthèses, accordant une large place à l'intuition, Faure voyait dans chaque œuvre d'art, qu'il tentait de replacer dans son contexte historique et culturel, un lieu de rencontre entre l'homme et le monde, entre l'individu et la société », *PRNP*, 719. Le profil de Faure se démarque par rapport aux autres émules de Lagacé, à la fois par sa formation autodidacte, son engagement politique dreyfusard ou en faveur des républicains espagnols et par son lyrisme débridé dans son *Histoire de l'art*. Voir aussi UK, 186-187 et GB, 180-181.

L'art grec
Tableaux (transparents)

1. Mur d'Orchomène (VIIIe siècle)
2. Trésor d'Athrée (roi mycréen) [Atrée, ou Atreus, roi de Mycènes, *PRNP*, 140]
3. Trésor de Cnide (VIIe siècle)
4. Les Ordres
5. Plans de temples
6. Petit temple *dorique* [spa]
7. Chapiteau dorique
8. Entablement, triglyphes[,] métopes
9. Entablement, fronton - couleurs
10. Acropol[e] d'Athènes
11. Les Propylées
12. Le Tynacothèque
13. Le Parthénon (19)
14. Le Parthénon (18)
15. Le Parthénon, façade occid. (17)
16. Temple de Thésée
17. Temple de Thésée, intérieur
18. La statue de Zeus à Olympie (Cataigne)
19. Paestum, temple de Neptune
20. Ordre ionique, colonnes
21. Chapiteau ionique
22. Entablement ionique
23. Temple de la Victoire Aptère
24. L'Erectheion [L'Érechthéion selon le *PRNP*, 670]]
25. L'Erectheion (28) [idem]
26. Le temple d'Éphèse (Cataigne)
27. Corinthien, chapiteau
28. Corinthien, entablement
29. Temple de mars, Rome
30. Temple de Jupiter olympien, Athènes
31. Porte de l'Agora
32. La tour des vents, Athènes
33. Le monument Lysicrate, Athènes
34. Le théâtre de Bacchus, Athènes

4. L'art grec: La sculpture

Les progrès des Grecs dans la voie du perfectionnement artistique furent si rapides qu'il s'écoula à peine deux siècles et demi entre les débuts de la sculpture et son apogée. Jusqu'à l'avènement de Phidias (ve siècle), deux grandes écoles s'étaient partagé le monde hellénique : l'école dorienne et l'école ionienne, et de même que chacune de ces écoles, ainsi que nous l'avons vu précédemment, avait eu son ordre d'architecture, de même et pour les mêmes causes, elles eurent chacune son ordre préféré de sculpture. Ainsi, à l'architecture dorique dont nous avons montré les fortes qualités, correspond une sculpture sévère, moins soucieuse du charme que de la force et de la netteté ; elle domina dans la partie occidentale du monde grec et plus spécialement dans le Péloponnèse, terre d'élection du monde dorique en architecture et en musique. L'ordre ou le mode ionique s'est développé et propagé dans la Grèce d'Asie. À cette architecture plus élégante et plus parée correspond une sculpture animée, aux formes coulantes, variées d'imagination, éprise de mouvement et de vie, préoccupée de séduire dès le premier aspect.

Tandis que les sculpteurs doriens accordaient leurs préférences au type de l'athlète nu, de l'homme qui par l'exercice et le jeu est arrivé à obtenir l'équilibre parfait de toutes ses facultés, les sculpteurs ioniens[,] qui faisaient surtout usage du marbre, affectionnaient le type gracieux de la "coré", jeune femme souriante, coquettement drapée, gaiement couverte de couleurs chatoyantes, avant-courrière des vierges radieuses que le ve siècle allait révéler aux regards émerveillés des contemporains de Périclès.

Ces deux courants de la pensée esthétique de la Grèce archaïque forment comme deux grands fleuves qui, partis de points opposés, tendent de plus en plus à se rapprocher et à confondre leurs eaux dans le bassin de l'Attique destiné, semble-t-il[,] à recueillir le meilleur et le plus pur du génie grec. En effet, c'est dans Athènes, passionnée du culte de la beauté, que ce génie devait produire la fleur ultime et suprême d'un art nourri de la sève puisée au cœur même des deux grandes races qui se partageaient la Grèce. Une éclatante victoire navale (Salamine, 480 av. JC)[,] un homme d'état cultivé et enthousiaste (Périclès), un grand architecte et un sculpteur inspiré (Ictinos et Phidias), feront de cette ville la capitale du monde intellectuel et artistique.

Jusqu'à l'avènement du ve siècle qui vit le triomphe définitif de l'art athénien, ce que l'on découvre, c'est l'effort collectif de chaque école et de toutes les écoles ensemble ; on suit pas à pas la rapide croissance de la sculpture et l'on constate les progrès qu'elle accomplit chaque jour à mesure qu'elle se rompt à toutes les difficultés du métier. Les deux maîtres de cette époque de patientes et fructueuses recherches, sont *Polyclète* et *Myron*.

Le premier était un pur péloponnésien[,] non seulement par la naissance, mais par les qualités de l'esprit. Le bronze fut sa matière favorite et le type athlétique eut ses préférences. Il chercha à donner au type traditionnel de son école toutes les apparences de la plus grande simplicité sous les dehors d'une anatomie savamment construite d'après d'immuables mesures, comme si la forme humaine pouvait être ramenée à un exemplaire unique, en quelque sorte mathématique.

Aussi[,] au "traditionalisme" de Polyclète, Myron opposa-t-il l'individualisme, c'est-à-dire, l'esprit d'indépendance à la discipline sévère, la liberté du mouvement à la correction de la forme. Myron s'attacha, lui aussi, au type de l'Athlète; mais il ne le conçut pas à la manière de Polyclète, dans une attitude immobile, mais lancé en quelque sorte dans l'action violente du «Discobole» balançant le disque ou du «Pugiliste» levant le poing, au risque de compromettre l'équilibre de la statue et d'en rompre la ligne rythmique.

C'est ainsi que par deux voies opposées l'art s'acheminait vers ce sommet qui devait couronner les pentes ascendantes des siècles laborieux et c'est sur ce sommet «d'où l'horizon devait apparaître de toutes parts dégagé et large»° que se dressa la haute stature de *Phidias*, dominant toutes les écoles qui lui avaient préparé ce piédestal géant et qui d'en bas faisaient monter vers lui l'hommage de leur admiration.

- . - . - . - . - . - . - . - . - . - . - . - . - . - . - .

Cette merveilleuse fusion des énergies jusque là dispersées du génie grec s'effectua dans une âme assez vaste pour en contenir tout l'idéal. En effet, Phidias, ami et conseiller de Périclès, n'entreprit pas, comme ses devanciers, d'accommoder l'art à une conception préconçue; bien loin de là; il se haussa à la divination du sublime, sans demander aux traditions des écoles l'appui d'une doctrine ou d'une esthétique. Il lui suffit d'écouter l'appel de son génie pour se trouver d'accord avec le sentiment du peuple dont il devenait l'interprète éloquent. Arrivé à l'heure marquée par le destin, il trouva la moitié de la besogne faite et n'eut qu'à l'approprier à son tempérament en parfaite harmonie avec les secrètes aspirations de sa race, c'est-à-dire orienté dans le sens de la simplicité et de la beauté sereine.

De sa vie on sait peu de choses: la légende y tient plus de place que l'histoire. Pline nous apprend qu'il vécut vers la 83ᵉ olympiade, soit donc vers 448, avant notre ère; son enfance fut bercée des récits de la lutte contre l'invasion persique et sa jeunesse connut toutes les ivresses de la victoire et du triomphe[27]. Sculpteur à peine connu sous Cimon, il fut distingué par Périclès qui lui confia tous les travaux de décoration du Parthénon. La réputation qu'il y acquit ne le mit pas toutefois à l'abri des intrigues et de la calomnie, si bien que dégoûté, il se réfugia en Élide où il sculpta sa fameuse statue de Jupiter pour le temple d'Olympie. Voilà tout ce que nous savons de la carrière du plus illustre des artistes, tandis que de son œuvre tant vantée, il ne nous reste que les quelques marbres du Parthénon, sauvés miraculeusement de la destruction et aujourd'hui exilés dans l'une des salles du British Museum. Et cela suffit pour une gloire immense.

Phidias ne fut si grand que parce qu'il conçut et réalisa les types surhumains des dieux de cet Olympe chanté par Homère. Pour nous, il apparaît sans rival parce qu'à la perfection de la forme il sut allier le sentiment de l'idéal.

Il ne fut pas un théoricien comme Polyclète et pas davantage un réaliste comme Myron ; de l'expérience de ses devanciers, il se composa une esthétique de simplicité sévère, de dignité solennelle, de divin naturel. Voilà ce qui explique l'admiration et l'enthousiasme que suscita chez ses contemporains une œuvre telle que l'Athéna du Parthénon et[,] ce qu'ils prenaient pour une fleur miraculeuse tombée de l'Empyrée pour la plus grande joie de l'âme, n'était comme je l'ai dit, au vrai, que la fleur suprême de la plante grecque parvenue au point culminant de sa croissance et de sa fécondité.

Ce serait une erreur de croire que Phidias fut un isolé dans son temps, un miracle inexplicable de la nature. Bien loin de là ; il est l'aboutissement, le terme d'une longue expérience esthétique. Tout le passé semble converger vers lui, n'avoir cherché et peiné que pour lui apporter la matière de ses incomparables chefs-d'œuvre. Je veux bien que ces chefs-d'œuvre, comme certains le prétendent, ne soient faits que de réminiscences et d'emprunts ; on dit la même chose des créations de Raphaël ; mais les uns et les autres se fondent si bien en son œuvre qu'on perd toute trace de leurs origines diverses dans le résultat total où ne demeure que l'impression de l'achevé et de l'accompli, sans la trace d'un effort ou l'ombre d'une inquiétude. Et cependant, la perfection de la forme ne saurait nous apprendre rien d'autre que ce que nous en connaissions déjà, sans l'espèce de lumière émanée de l'âme enclose en la précieuse matière qui la spiritualisait et lui créait comme

---

27. Pline l'Ancien, né à Côme en 23 et décédé à Stabies en 79, naturaliste romain, auteur de nombreux traités et surtout connu pour son *Histoire naturelle*, vaste encyclopédie des connaissances de son temps (L-B, 1998 et *PRNP*, 1646), mentionne effectivement le fait que Phidias a vécu durant la 83e olympiade, *Histoire naturelle* (livre XXXVI), texte établi par J. André, traduit par R. Bloch, commenté par A. Rouveret, Paris, Société d'édition « Les belles lettres », 1981, 53. Pline l'Ancien était amiral de la flotte de Misène lorsque survint l'éruption du Vésuve en 79.

une atmosphère olympienne ; car au marbre froid et mort, Phidias avait insufflé une âme divine.

Faut-il s'étonner que, lui vivant, les œuvres qui naissent en foule[,] sur toute l'étendue de la Grèce, conservent, malgré la différence des matériaux et des sujets, un même caractère de noblesse aisée et franche, de libre sincérité, d'élégance sévère, de simplicité dans la grandeur ; mais dès qu'il disparaît de la scène attique, le niveau de l'art baisse sensiblement ; la noblesse tourne à l'emphase, à la recherche de l'effet ; sous prétexte d'être sincère, on copie servilement la nature, on tombe dans la manière, la mollesse et les procédés expéditifs ; ce qui n'empêchera pas l'art grec de se maintenir sur les hauteurs plus longtemps que partout ailleurs. Mais il faut bien se résoudre à reconnaître qu'en dépit de la profusion et de l'excellence de la production, la décadence était commencée[28].

*   *   *

Avec le siècle commençant les idées prennent un autre cours et si la sculpture ne participe pas encore à la caducité manifestée dans tous les arts d'imagination, notamment dans la poésie, c'est que la tradition fut plus forte que les caprices de la mode. Mais il n'en est pas moins vrai que l'idéal de la divinité, symbole de la beauté morale, ne séduit plus l'artiste. Il en a dans la pensée une autre conception plus en rapport avec les sentiments désabusés de la collectivité. C'est que l'heure des sublimes héroïsmes était passée ; la richesse, la jouissance et l'égoïsme avaient amolli les plus fiers caractères. D'autre part, Sparte, Thèbes et Athènes se livraient à des luttes fratricides qui les affaiblissaient et en faisaient des proies faciles pour les Macédoniens d'abord, les Romains ensuite, si bien qu'à la fin, selon le mot de Perrot[29], Athènes ne fut plus qu'une grande cité, cité qui avait pris sa retraite, une ville de plaisir et d'étude.

---

28. Ici un peu plus d'une ligne barrée est illisible.
29. Il s'agit sans doute de Georges Perrot (1832-1914), premier titulaire de la Chaire d'archéologie grecque à la Sorbonne en 1876. Élève de l'École normale supérieure (1852), puis membre de l'école d'Athènes (1855-1858), il est agrégé des lettres en 1859 et docteur en 1867. Membre de l'Académie des Inscriptions et Belles-Lettres à partir de 1874, il est nommé directeur de l'École normale supérieure en 1883, ce qui le contraint à abandonner l'enseignement (sur Perrot, voir LT, 234-244). On lui doit de nombreuses publications dont un ouvrage en dix tomes en collaboration avec Charles Chipiez, *Histoire de l'art dans l'Antiquité : Égypte, Assyrie, Phénicie, Judée, Asie mineure, Perse, Grèce*, Paris, Hachette, 1882-1914 ; sur la Grèce, voir le tome VIII, *La Grèce archaïque. La sculpture*, 1903 (LT, 448), dans Georges Perrot et Maxime Collignon, *Études d'archéologie grecque*, précédé de *L'archéologie grecque en Sorbonne de 1876 à 1914*, par Philippe Bruneau, Paris, Picard éditeur, 1992, 7-9 ; de Perrot, voir aussi « L'histoire de l'art dans l'enseignement secondaire », la *Revue des Deux Mondes*, 1899, 285-319, cité par A. Leglaneur dans la *Revue Canadienne*, 1899, 267.

On conçoit que dans de telles conditions, l'art, partant les recherches de la beauté, cessa d'être la préoccupation dominante de ceux qui présidaient aux destinées de la Cité. D'autre part, il n'est pas étonnant que les architectes qui n'avaient plus de souvenirs à transmettre à la postérité, n'aient pas fait montre de beaucoup d'invention dans les monuments exécutés pour le compte de leurs ennemis d'hier, devenus leurs maîtres d'aujourd'hui. Le sort des sculpteurs n'était pas plus enviable. Pour vivre, la plupart d'entre eux n'eurent d'autre ressource que de s'exiler et d'aller mettre leur ciseau au service des riches amateurs de la Macédoine et de Rome. Expulsés du domaine des hautes spéculations, sollicités par le goût perverti et plus souvent dévoyé de leurs patrons ils se tournèrent avec passion vers la nature et inaugurèrent la souveraineté du nu. Sans doute, cela aussi n'était pas nouveau dans l'école grecque ; les athlètes, depuis l'époque archaïque, et souvent Apollon lui-même, étaient représentés sans aucun vêtement ; mais l'image de la femme, prêtresse ou déesse, était toujours apparue enveloppée de peplum aux plis savamment ordonnés ou de la chlamyde délicieusement chiffonnée. Avec le IVe siècle, ces scrupules tombent et la « Vénus de Milo » n'a qu'un geste à faire pour n'être plus que l'« Aphrodite de Cnide ».

Comme on le voit, bien des choses étaient changées en Grèce ; mais ce qui ne changeait pas, cependant, c'était ce goût exquis qui jusqu'à la fin dicta au monde les lois de l'ordre et de la mesure.

Les deux grands artistes de cette époque de transition furent *Praxitèle* et *Scopas*. Le premier aurait été un pur athénien de naissance, appartenant à une famille de sculpteurs. Les années les plus fructueuses de sa vie, il les aurait passées dans sa ville natale. C'est là qu'il eut cette fameuse liaison avec Phryné dont non seulement il fit plusieurs fois l'image, mais dont il ne craignait pas de dresser la statue dans l'enceinte même du temple de Delphes ; ce qui faisait dire au philosophe Cratès et non sans raison : « Voilà un étrange monument de l'incontinence des Grecs. »[°]

De la vie de Scopas, il n'y a pas même un petit scandale à raconter ; on sait seulement qu'il florissait en plein IVe siècle et qu'il s'acquit une réputation sans égale par les travaux exécutés au célèbre monument funèbre d'Halicarnasse.

Quelle conception nouvelle de la beauté apportèrent ces deux génies ; voilà ce que je voudrais vous dire en peu de mots.

Tandis que Phidias, dans ses statues de dieux, traduit toujours l'idée la plus générale, celle qui répond à la conception la plus abstraite et la plus haute, Praxitèle et Scopas imaginent les dieux comme des êtres qui possèdent une force et une beauté que ne sauraient jamais atteindre les fils de la race mortelle, mais très voisins de nous par les passions qui les agitent, accessibles qu'ils sont à nos sentiments et à nos faiblesses, par conséquent fragiles comme nous. Cette double conception de la divinité devait engendrer deux formes d'expression. En effet, tandis que l'on voit[,] dans l'œuvre de Phidias, la plus petite parcelle de matière, les plus petits détails imprégnés de l'idée, dans celles de Praxitèle et de Scopas l'on voit que c'est le sentiment qui domine, qui met des frissons à la surface du marbre. Aussi les types qui tentent ces deux grands artistes sont précisément ceux des divinités qui, en raison du caractère que le mythe leur prête, paraissent être les plus enclins à la passion ; c'est Bacchus avec son cortège de Silènes et de Satyres ; ce sont Apollon, le dieu de la lumière et des arts, Ar[t]émis, la beauté qui fascine et Aphrodite, la volupté qui perd. Sans doute, la tentation était grande[,] dans la reproduction de ces aimables déités, de les dépouiller de cette placide et calme sérénité qui était la marque extérieure de leur divinité. Praxitèle, quant à lui, ne consentit jamais sur ce point à rompre avec la tradition. Le visage de son « Hermès » ou de son « Aphrodite » ne révèle aucune émotion vive et troublante ; au contraire, leurs yeux tendres et songeurs, leur bouche où le sourire s'esquisse[,] plutôt qu'il ne s'épanouit, donnent l'impression de sentiments fins et tempérés, d'une intime joie de vivre, « tout au charme des longs loisirs et des délicats plaisirs de la rêverie »°.

Mais si la passion demeure contenue et comme voilée dans l'œuvre de Praxitèle, elle éclate avec force, avec une sorte de frénésie dans celle de Scopas. Non seulement les corps apparaissent frémissants de vie, mais les figures sont comme illuminées de la flamme que l'on devine au fond des yeux brûlants de désirs.

Le danger d'un tel idéal ne se trouvait pas uniquement dans le choix de la forme expressive, mais encore dans l'instrument même que ces grands artistes étaient parvenus à manier avec une aisance, une dextérité consommée. Or, il est d'expérience que dès qu'en art la partie matérielle a atteint la perfection technique, la décadence commence. Cette heure était déjà sonnée pour la Grèce.

La seule ressource dans une telle éventualité, c'est de revenir sur ses pas, de remonter aux origines pures de la tradition, de se refaire au moins pour un temps une âme de primitif. Les artistes alarmés du péril que court alors leur art peuvent bien, réagissant contre leurs propres inclinations, s'essayer à la simplicité, à la naïveté sincère des débuts ; mais que peut cet effort isolé contre l'entraînement général, contre l'espèce de vertige qui entraîne tous les esprits à l'abîme. Cette tâche est au-dessus des forces d'un seul ou de quelques hommes généreux. Aussi bien, il ne faut pas faire un crime à Praxitèle et à Scopas de n'avoir pas tenté l'inutile expérience ; mais au contraire, il faut hautement les louer d'avoir sauvegardé jusqu'à la fin, autant qu'il fut en leur pouvoir, la dignité de l'art en ne contribuant pas à le dégrader : ce qui lui permit au moins de mourir en beauté.

Comme je l'ai dit précédemment, la conquête de la Grèce par Alexandre de Macédoine eut pour l'hellénisme les plus graves conséquences. Athènes cessant d'en être le foyer, ce furent Alexandrie, Antioche et Pergame qui recueillirent l'héritage de sa gloire. Déraciné, devenu quasi universel, l'art grec perdit peu à peu en pureté ce qu'il gagnait en étendue.

Les artistes, sans emploi dans leur patrie, durent se résigner à s'exiler et à offrir leurs services à des maîtres fastueux, désireux d'embellir leurs nouvelles capitales. Transporté de Grèce en Syrie et en Asie mineure, l'art se plia donc aux goûts et aux caprices des rois parvenus qui y régnaient ; aussi fut-il condamné à éblouir par la grandeur matérielle et la recherche du grandiose. Mais tout asservi qu'il fut, il ne pouvait se soustraire complètement à l'autorité d'une tradition qui avait été de tout temps sa sauvegarde et son inspiratrice. En tout cas, il y a un sculpteur qui eut le mérite d'échapper, dans la mesure du possible, au courant qui entraînait le goût public loin des nobles exemples du grand siècle et ce fut *Lysippe*, le sculpteur favori d'Alexandre. « Il est compté au nombre des cinq ou six maîtres de premier rang qui jalonnèrent brillamment la courte période qui vit l'art grec atteindre à la complète perfection. Mais il faut ajouter qu'il est le dernier en date. »°

Non pas que la production artistique ait cessé après lui ; bien au contraire, le nombre des artistes se multiplia par suite d'une production et d'une demande sans cesse augmentées ; mais on ne vit pas plus, après Lysippe, de ces génies extraordinaires qui font les vrais chefs d'école et que consacre l'unanime admiration.

Il naît dans une ville du Péloponnèse, Sicyone, considérée comme la seconde patrie de l'art grec tant à cause du grand nombre d'artistes qui y virent le jour que pour la renommée de leurs ouvrages. Ses débuts furent modestes ; ouvrier obscur, il exerçait le métier de forgeron, sa vocation lui fut révélée, dit-on, par le peintre Eupompos qui lui dit un jour qu'il ne fallait imiter que la nature et jamais un artiste, fut-il le plus grand de tous. Contemporain de Praxitèle et de Scopas, mais plus jeune qu'eux, il se soumit, lui aussi, à la tradition qui voulait que sur des thèmes anciens, on adapte des formes nouvelles. C'est donc à tort qu'on l'a représenté comme un révolutionnaire, un iconoclaste. Seulement, obéissant à l'appel de son génie, il résolut de se frayer sa propre voie et de pousser plus loin et plus avant l'expérience de ses aînés.

Après la calme sérénité avec Phidias, la grâce langoureuse avec Praxitèle, et la passion frémissante avec Scopas, il ne lui restait plus, s'il voulait innover, qu'à exprimer la souffrance physique, l'angoisse, les mouvements désordonnés et tumultueux de l'âme et du corps, thème qui n'avait été jusque là exploité par personne. C'est ce qu'il fit et après lui, avec une liberté plus grande, les écoles de Rhodes et de Pergame.

On conçoit que cette tendance naturaliste de violence et de virilité l'ait détourné de la grâce et de la délicatesse et qu'à Vénus et à Éros, chers à Praxitèle, il ait préféré la dolente personnalité d'Héraclès – l'Hercule des Romains – dont l'étrange destinée pouvait offrir le saisissant contraste de la vigueur physique domptée par la lassitude morale.

Sous ce rapport, il a un trait de parenté avec Michel-Ange. Tous deux entreprirent la tâche écrasante de recréer l'humanité d'après un concept de force et de douloureux accablement.

Dans le corps phénoménal d'Héraclès, Lysippe fit descendre une âme tragique, sœur de celle que Sophocle prêtait à son Œdipe-roi. C'est ainsi qu'il révéla à la sculpture l'émotion pathétique dont s'emparèrent et abusèrent les écoles de Pergame, de Rhodes et de Tralles. Des œuvres d'une puissance dramatique, telles que le colossal autel de Zeus à Pergame (la gigantomachie), le « Gaulois mourant », et surtout le « Laocoon », toutes émouvantes qu'elles soient, ne laissent pas moins apparaître, à l'examen, des défauts communs d'exagération et de monotonie dans l'agitation et la violence.

La sculpture grecque si timide, si réservée à ses débuts, s'était enhardie avec l'âge ; au seuil de la jeunesse, elle s'était passionnée pour la vie dont un beau rêve inspire toutes les actions. Mais l'existence lui fit sentir l'aiguillon de la douleur ; de ce jour, elle déserta le rêve pour se mesurer avec les réalités adverses, et elle se complut à scruter le mystère de l'âme crucifiée en la chair[30].

Comme on le voit, l'histoire de l'art grec, réalisée en marbre, n'est pas seulement l'histoire d'un grand peuple ; mais celle de l'humanité qui, jamais guérie de ses trompeuses illusions, trouve la douleur au bout de tout.

– · – · – · – · – – · – · – · – · – – · – · – · – · –

Il me resterait, avant de finir, à vous entretenir de la peinture grecque qui joua un rôle pour le moins égal à celui de la sculpture ; malheureusement, aucune œuvre authentique n'est parvenue jusqu'à nous. Le souvenir qu'on en a gardé se résume à des noms d'artistes et notamment à celui d'Apelle, le peintre favori d'Alexandre, et dont les anciens ne se lassaient de proclamer les mérites.

À défaut de peinture, nous avons de multiples objets qui témoignent de l'habileté et du goût accompli du simple artisan qui n'était pas un inculte manœuvre appliqué à une besogne de routine – ce qu'il est devenu de nos jours, mais un artiste dans toute l'acception du mot. Qu'il s'ag[î]t pour lui

---

30. Notons la personnification du médium de la sculpture, si vivante ici qu'elle devient apte à la souffrance.

de tourner un vase et de le couvrir de peintures, de modeler une figurine en terre cuite (Tanagra)[,] de ciseler un trépied ou un miroir, de graver une médaille, il mettait toute sa conscience à l'œuvre qu'il exécutait, poussé par le désir de réjouir les yeux par la vue d'une jolie chose, et surtout de se montrer supérieur au modeste métier qu'il exerçait. Et chose étrange, ce sont encore ici les tombeaux dont le rôle semble de conserver de la vie, les tumuli difficiles à explorer et les cachettes en hâte pratiquées dans le sol qui nous ont restitué tous ces petits "chefs-d'œuvre" que se disputent les musées.

Si j'ai tenu à attirer votre attention sur ces produits variés de l'industrie grecque, c'est que je voulais vous fournir la preuve complète que le génie grec a été universel, que la matière et la dimension de l'œuvre n'étaient pas son seul souci et qu'il apportait autant de soin à façonner un fragile objet de luxe et d'agrément qu'à sculpter des statues de dieux et de héros; en un mot, que le génie grec a laissé sa marque, son empreinte partout où s'est exercé la main du plus grand comme du plus humble des artistes, tous étant également possédés de l'amour désintéressé de la beauté et de la perfection.

- . - . - . - . - . - . - . - . - . - . - . - . - . - . - . - . - . - . -

L'art grec : la sculpture
Tableaux (transparents)

1. L'Acropole
2. Statue de Millet (époque archaïque)
3. Trésor de Cnide
4. Apollon Didynéen
5. L'archer du temple d'Égine
6. Frise d'Halicarnasse (Scopas)
7. Buste d'*Homère*
8. Le triomphateur du temple (Cataigne) ; rôle de la gymnastique
9. Statue archaïque (Ionie)
10. La Coré, signé : Antinos
11. La Coré, Acropole
12. La Coré, La « Madone »
13. Ve siècle, Périclès (Buste)
14. *Phidias*, Athéna Lemnia [de Lemos?]
15. Le Parthénon (métopes)
16. Combat de Lapithes et de Centaures
17. Thésée (fronton du Parthénon)
18. Les Parques (fronton du Parthénon)

19. Fête des Panathénées (Cataigne)
20. Procession des [c]avaliers
21. L'assemblée des dieux
22. Athéna Parthénos (Simard)
23. Statue de Zeus à Olympie (Simard)
24. Une des Nikes (attachant sa sandale)
25. La Victoire de Samothrace
26. La Vénus de Milo
27. L'Apollon du Belvédère
28. *Praxitèle*, Diane de Calie
29. Le Satyre versant à boire
30. L'Apollon Sauroctone
31. L'Hermès 1 – 2
32. L'Aphrodite de Cnide 1 – 2
33. *Lysippe*, Tête d'Alexandre
34. Alexandre à cheval
35. Athlète
36. Héraclès attachant sa sandale
37. La grande Herculanaise
38. *Pergame*, Hercule Farnèse
39. L'esclave scythe
40. Le Gaulois mourant
41. L'autel de Pergame
42. Le « Laocoon »
43. Le taureau Farnèse
44. Le « Nil »
45. Stèle d'un tombeau
46. La Vénus de Milo au Louvre

Tableaux (clichés)

Du VIIIe siècle au Ve siècle

1. Homère (buste)
2. Statue trouvée à Millet
3. Bas-relief de *Thésos* [spa]
4. Trésor de Cnide (reconstitution)
5. Trésor de Cnide
6. Statue archaïque
7. Le vainqueur d'Olympie (Cataigne)   dorique
8. Apollon, bronze (athlète)   dorique
9. Archer (fronton d'Egine)   dorique
10. Statue de femme signée Anthenos   Ionie

11. « Madone » du Parthénon   Ionie

Ve siècle : Phidias

12. Périclès (buste)
13. Le Parthénon
14. Athéna
15. Métope : Lapithe et Centaure
16. Les Panathénées (Cataigne)
17. La Cavalcade (frise)
18. L'assemblée des dieux
19. Les Parques
20. Thésée (fronton)
21. Tête de femme (Acropole)
22. Athéna Varvakcïon
23. L'une des Nikes
24. Statue de Jupiter à Olympie   Cataigne
25. Statue de Jupiter à Olympie   Cataigne
26. Apollon du Belvédère   (déc. 1940[)]
27. Vénus de Milo   Transition
28. Victoire de Samothrace

IVe siècle : Praxitèle

29. Statue d'Éros
30. Satyre versant à boire
31. Apollon Sauroctone
32. Apollon Sauroctone
32. Diane de Gabies, Hermès
33. Aphrodite de Cnide
34. Aphrodite de Cnide (tête)

IIIe siècle et IIe siècle : Lysippe

35. Buste d'Alexandre
36. Athlète
37. Héraclès (tête)
38. Hermès attachant sa sandale
39. Hercule Farnèse (Glycon)
40. Le remouleur
41. Le gaulois mourant
42. Le grand autel de Pergame
43. Laocoon (Ier siècle av. JC)

44. Le Nil
45. Stèles funéraires
46. Céramique (tableau)
47. Galerie des Antiques (Louvre)

5. L'art romain

Pour comprendre la différence fondamentale qui existait entre la mentalité des Grecs et celle des Romains, il suffit d'opposer l'un à l'autre l'acte de foi de Périclès à son ami Thucydide et le mot d'orgueil blessé que Cicéron laissait tomber de ses lèvres dédaigneuses. Le premier, convaincu de l'excellence des œuvres exécutées sur l'Acropole et dans Athènes, s'écriait : « Nous serons à l'avenir comme maintenant l'objet de l'admiration du monde. »° Le second[,] affectant un souverain mépris pour les objets d'art dont pourtant regorgeait sa ville de Formies, écrivait : « Nous méprisons ces futilités, nous les abandonnons aux peuples tributaires pour leur servir de consolations et d'amusements dans leur esclavage. »° Et Cicéron n'était pas seul à penser ainsi. Virgile, le doux, le suave poète des « Georgiques », déclarait de son côté : « D'autres modèleront avec plus de grâce le bronze qui respire ; ils tireront du marbre des visages plus vivants ; ils plaideront avec plus d'éloquence ; toi, Romain, occupe-toi de gouverner les peuples°[31]. »

Ces témoignages suffisent à expliquer déjà bien des choses. L'Art pour les Grecs était avant tout une jouissance de l'esprit, pure de tout alliage d'intérêt mercantile, tandis qu'il n'était pour les Romains qu'un objet de luxe dont la rareté constituait tout le prix. Aussi cachaient-ils sous des airs de supériorité hautaine – car ils étaient intelligents – l'humiliation qu'ils ressentaient de ne pouvoir rivaliser avec ces Grecs arrogants qui, même asservis à la condition d'esclaves, demeuraient leurs maîtres dans un domaine où la valeur guerrière et l'habileté politique restaient sans effets. Le mépris peut parfois n'être que de l'admiration contrariée.

---

31. Après une comparaison entre Grecs et Romains, suivie d'un retour aux origines, Lagacé associera dans ce chapitre les productions architecturale, sculpturale et picturale des Romains à leur attitude vis à vis de leurs émules, le peuple conquérant s'avérant avoir été lui-même conquis… par la beauté ! Comme pour la Grèce, les sources de Lagacé (L. Hourticq, C. Blanc, G. Boissier, H. de Balzac, Tite-Live, Cicéron et M. de Vögüé) comptent ici, hormis celles non identifiées, des ouvrages de l'époque, des monographies et des études consacrées à des sujets connexes. Pour une bibliographie récente sur l'art et l'architecture du monde romain antique, voir Alain Schnapp (notre note 6), 562-563.

Quoiqu'il en soit, l'esprit qui a présidé à l'érection des somptueux monuments d'Athènes et de Rome, pour différent qu'il soit d'inspiration, continue de rendre témoignage, et l'estime que nous en concevons n'est, ni de même ordre, ni de même qualité dans l'un et l'autre cas. C'est ce qu'exprime excellemment Louis Hourticq dans son *Encyclopédie des Beaux-Arts* :

> Devant les chefs-d'œuvre de la Grèce, écrit-il, notre contemplation nous fait vite oublier les circonstances d'où ils sont nés ; devant les monuments romains, au contraire, c'est l'histoire qui est évoquée immédiatement. À Athènes, il nous faut faire un effort sur nous-mêmes pour rattacher les restes du Parthénon aux événements que content Plutarque ou Thucydide. À Rome, toutes les vieilles pierres et jusqu'à la poussière des chemins nous paraissent comme les cendres d'un foyer à peine éteint. Ce n'est pas l'exaltation de la beauté qu'il faut chercher ici ; mais la grave rêverie qui nous donne une brève révélation sur les hommes d'autrefois. L'art romain reste comme un témoignage innombrable de l'Histoire de l'humanité, celui où la civilisation Antique vint se ramasser puissamment à Rome pour de là rayonner sur toute l'Europe méditerranéenne avant la nuit du haut moyen âge[32].

32. Louis Edmond Joseph Hourticq et autres, *Encyclopédie des Beaux-Arts. Architecture – Sculpture – Peinture – Arts décoratifs*, Paris, Librairie Hachette, 1925, 204. Dans sa préface, Hourticq signale que son étude regroupe trois ouvrages qui « se pénètrent sans se mêler » : un dictionnaire alphabétique, une histoire générale des arts, encadrée dans le coin supérieur de la page, et un album de gravures intercalées dans le texte. De la citation, tirée du chapitre 6 de la section sur l'histoire de l'art consacré à l'art romain, Lagacé a éliminé *sur un des moments les plus décisifs* qui aurait dû se trouver entre *innombrable* et *de l'Histoire* en fin de citation. Louis Edmond Joseph Hourticq (1874-1944), professeur à l'École nationale des beaux-arts de Paris en 1919, agrégé de lettres, inspecteur des Beaux-Arts de la ville de Paris et membre de la Commission des monuments historiques (LT, 306), joue un rôle important dans l'univers de Lagacé puisque, lors de la construction de l'École des beaux-arts de Montréal, Hourticq, délégué par le gouvernement français pour livrer une série de conférences, en même temps qu'un « cadeau princier » devant servir de « noyau » au Musée de l'École de Montréal (voir notre chapitre 3), sera reçu par Lagacé. Rappelons que Lagacé est nommé professeur à l'ÉBAM en 1923, à l'époque où Hourticq se voit refuser un poste auprès d'Émile Mâle, devenu directeur de l'école française de Rome en 1923, ce poste ayant été attribué à Henri Focillon (LT, 306). Parmi les très nombreuses publications de Hourticq, dont quatre titres figurent déjà dans la bibliographie de JG (notamment *La peinture des origines au xvie siècle*, coll. « Manuels d'histoire de l'art », 1908), on compte des albums d'images commentées à l'usage des classes de seconde (*xvii et xviiie siècles*, 1927) et de troisième (*La Renaissance*, 1926) du secondaire ; des monographies sur l'art français, la France, la Hollande, la Renaissance et sur l'histoire de la sculpture et de la peinture ; un guide du Louvre et des études sur Titien (celle-ci tirée de sa thèse de doctorat), Rubens, Giorgione et Poussin. Dans *L'art et la littérature* (Flammarion, 1946), Hourticq marque les liens entre la littérature et les beaux-arts, plus particulièrement le dessin et la peinture (*Dictionnaire international des termes littéraires*, site numérique). De Louis Hourticq et Gabriel Jaray (maître des requêtes au Conseil d'État français, voir notre chapitre 2), voir aussi *De Québec à Vancouver : à travers le Canada aujourd'hui*, Paris, Hachette, c1924.

L'histoire ethnographique de l'Italie ne diffère guère de celle de la Grèce; seuls les résultats en sont différents. En Italie, comme en Grèce, nous rencontrons tout d'abord un peuple aborigène, les Étrusques, d'origine asiatique. Attachés au sol, ils s'étaient fortifiés dans les travaux de la paix. Entre le Tibre et l'Arno, ils menaient une existence partagée entre la culture de la terre et cette autre culture des arts dont ils avaient appris les rudiments de l'Égypte lointaine, puis plus tard, les premiers principes d'un art vivant, de la Grèce plus voisine. Leurs villes étaient protégées par des citadelles et leurs temples ne manquaient pas de grandeur. Dans le domaine de la sculpture, ils rivalisaient avec les Eginètes pour la fonte du bronze.

Ce fut en face de ce peuple doux et hospitalier que Romulus, vers 654 avant notre ère, ouvrit dans un sombre marécage, si malsain que toute l'industrie humaine n'a pu réussir à le préserver de la fièvre, un asile aux vagabonds et aux esclaves fugitifs; mais dans cette sorte de caverne de brigands régnait une discipline impitoyable. Originairement, Rome fut donc une ville étrusque dont rien ne faisait prévoir l'étonnante destinée[33].

En somme, les Étrusques s'étaient donné des voisins peu commodes. En dépit de leur bonne volonté à leur venir en aide dans leur établissement et à faire leur éducation dans tous les domaines et plus spécialement dans celui des beaux-arts, ils ne tardèrent pas à s'apercevoir que ces soi-disant agriculteurs, querelleurs et prompts à croiser le fer, nourrissaient à leur égard de noirs desseins. Et l'événement le prouve bien, puisqu'en 283 avant notre ère, s'élançant de leur nid du Palatin, comme des vautours assoiffés de sang, ils foncèrent sur les hôtes d'hier, traités aujourd'hui en ennemis. Ils s'emparèrent de l'Étrurie dont ils firent, si je puis dire, la première tranche de l'immense empire que leur avidité, autant que leur bravoure, devait étendre jusqu'aux extrémités du monde alors connu.

En venant en contact avec tant de civilisations diverses, les Romains ne purent cependant échapper au charme qui se dégageait des œuvres d'art qu'elles avaient conçues. Et plus leurs rapports devinrent étroits avec le monde hellénique de la Campanie, de l'Italie méridionale et de la Sicile, plus profonde fut l'emprise de la beauté sur leurs âmes sans pitié.

Si les Romains, comme en fait foi le témoignage de Cicéron et de Virgile, affectaient de faire peu de cas de ces artistes qui n'étaient souvent que des esclaves, par contre ils prisaient bien haut les œuvres artistiques. Et comme ils avaient peu d'imagination, mais la passion de la richesse et de la magnificence, ils se dédommageaient de leur impuissance à créer, en volant, en

---

33. Suivi d'une ligne effacée, qui commence par *si ce n'est…* et dont le reste est illisible.

pillant les plus belles œuvres des peuples conquis; ce qui, pour commode qu'en fût le procédé, n'était pas d'une impériale élégance. C'est ainsi que Rome devint en quelque sorte l'entrepôt des trésors du monde entier.

La vue de tant de merveilles accumulées dans leurs temples et leurs palais ne pouvait manquer de provoquer à la longue le goût d'abord, l'amour ensuite de la beauté pour elle-même. Cependant, l'esprit fort et pratique de Rome était trop dominé par le souci de la politique pour qu'il ne s'employât pas à faire servir les ressources de l'art à l'œuvre de conquête et de gouvernement qu'il poursuivait avec une clairvoyance et une méthode dont l'histoire n'offre pas d'autre exemple. En effet, Rome en fit un instrument de séduction et de discipline. Partout où passaient ses légions, des monuments surgissaient du sol pour témoigner de la puissance de la ville fabuleuse et de l'excellence de ses lois; les lendemains de bataille étaient des jours d'apothéose.

On peut encore aujourd'hui suivre à la trace la marche des conquérants aux ruines des monuments qu'ils ont semés sur leur passage. Les chemins qu'ils ouvraient ainsi à travers l'univers, avec les bornes géantes qui les encadraient, ne se refermaient pas sur leurs pas; c'étaient comme autant d'avenues qu'ils traçaient et qui formaient en quelque sorte les rayons d'une roue immense dont Rome était le moyeu, le centre organique d'où irradiaient toute grandeur et toute gloire.

Peuple de politiciens, de soldats et d'ingénieurs, les Romains ont donc façonné à leur image le monde ancien et partout des temples, des thermes, des théâtres attestent de leur puissance à concevoir et de leur habileté à exécuter. Devant les pierres dispersées du Forum, devant la coupole du Panthéon, devant les ruines colonnales du temple de Jupiter à Athènes, et de celles plus grandioses encore de Palmyre et de Baalbek[,] l'on demeure confondu; ce n'est pas, il est vrai, la sensation tranquille et sereine qu'on éprouve en présence des merveilles de l'Acropole, mais une surprise mêlée de stupeur, une impression de grandeur et de majesté, augmentée de la révélation d'une force, d'une puissance presque surhumaine. Même lorsque dans les pauvres quartiers de Rome, tel dans le Tanstévère [Trastevere?], l'on découvre un fragment d'antique architecture noyé dans d'ignobles taudis, on demeure frappé de la beauté du monument ancien, rendue encore plus sensible par le contraste entre cette majesté humiliée et la misère sordide des masures modernes qui la profane et qui la déshonore.

Rome, et c'est peut-être son plus grand titre à l'universelle admiration, a été la première à donner au monde l'exemple de l'union, sinon toujours harmonieuse, du moins étroite, indissoluble de l'art et de la civilisation. Et c'est ainsi que par l'intermédiaire de l'art, Rome parvint à faire oublier aux peuples la perte de leur liberté, en les admettant aux bienfaits de la paix, tout en les éblouissant par le prestige d'une gloire qui semblait ne devoir jamais connaître de déclin.

De ce que je viens de dire vous avez sans doute tiré une première conclusion, à savoir : que l'imitation a dû jouer un grand rôle dans l'art romain. Et de fait, il en fut ainsi. Mais ce serait une erreur de croire que les Romains agirent ainsi par un manque absolu d'imagination ; ils en manifestèrent trop dans tous les autres domaines pour s'en être trouvés tout à fait dépourvus, dès qu'il s'agissait d'architecture. Mais, je l'ai dit, l'art, pour eux, ne trouvait pas en lui-même sa propre fin ; il devait, comme les armes et les lois, servir les intérêts supérieurs de l'Empire. Aussi, avec un bon sens un peu court, si l'on veut, mais combien pratique, ils voulurent s'épargner la perte de temps d'une invention déjà faite, estimant que ce qui était bon pour la Grèce et l'Étrurie devait l'être également pour eux et ils adoptèrent les modèles qu'ils avaient sous les yeux, se contentant de les plier à leur convenance sans se soucier autrement des raisons esthétiques qui avaient présidé à l'élaboration de leur plan et au choix des matériaux employés et d'où leur venait leur beauté caractéristique.

Cette grave erreur ne fut commise ni par ignorance, ni par absence de goût, mais bien plutôt par la nécessité où ils se trouvèrent de faire face à des besoins impérieux qui demandaient de promptes résolutions. Au reste, pouvaient-ils prétendre, dans leur inexpérience[,] faire montre de plus de respect envers les œuvres de la grande époque classique que les Grecs eux-mêmes qui leur donnaient le spectacle d'une rapide décadence ? Où et comment auraient-ils pu acquérir les connaissances nécessaires pour apprécier à leur juste valeur les œuvres de sublime beauté d[u]es au génie inspiré d'un Phidias et d'un Ictinos ?

De ce legs magnifique ils ne retinrent que les avantages immédiats de la vanité satisfaite. Il n'est donc pas étonnant qu'ils aient déformé les "ordres" dont ils étaient incapables de comprendre toute l'harmonieuse beauté. Poursuivant un idéal étranger à l'esprit grec, fait d'ordre et de mesure, ils brouillèrent les lignes des modèles les plus parfaits, en changèrent les proportions, en brisèrent l'unité raisonnée, pour finir par le mélange des genres et des styles. Ainsi, en pliant à leur usage personnel les admirables créations du génie grec, ils leurs firent perdre leurs véritables caractères et les rendirent méconnaissables.

Mais, heureusement, l'invasion de l'Italie par l'art grec n'empêcha pas le développement parallèle et simultané d'une architecture purement romaine, dérivée du système en honneur chez les Étrusques. Et c'est ici que se révèle la vraie pensée esthétique du peuple romain, encore qu'elle soit demeurée incomplète en sa formule latine bourrée d'hellénismes. Sans doute, on peut lui reprocher de n'être, à tout prendre, qu'un amas de scories noyées dans du ciment et que pour ce grand effort des bras suffirent. Mais a-t-on suffisamment remarqué que si l'architecture en plate-bande l'emporte en légèreté, en majesté et en unité sur l'architecture en arc, du moins telle que conçue par les Romains, plus pesante, plus tourmentée, plus diffuse, cette dernière conserve toutefois le précieux avantage d'être à la portée de tous les pays, d'être en quelque sorte internationale, quasi démocratique. Car son vrai mérite est précisément de pouvoir s'adapter à toutes les conditions et à tous les milieux, de rendre possibles des œuvres monumentales là où manquent le marbre et la pierre que requiert le système de la plate-bande.

Rome donna donc la mesure de son génie inventif en découvrant le secret de couvrir de grands vides avec de petits matériaux et d'espacer les supports non plus selon la grandeur des pierres employées, mais selon les convenances de l'architecture et la destination de l'édifice. De ce jour commença pour l'architecture une ère nouvelle ; car sans rien ôter à la sereine beauté de la plate-bande grecque, dont le Parthénon demeure le modèle accompli, on peut dire qu'au point de vue utilitaire aussi bien qu'au point de vue de la majesté monumentale, l'arc et la voûte sont des inventions de génie.

L'erreur capitale des architectes romains, ce fut bien moins l'emploi courant de leur procédé expéditif autant que peu coûteux, que l'étrange accolage qu'ils firent de l'arc et de la plate-bande, ne remarquant pas ce que cette alliance avait d'illogique et d'irrationnel.

En résumé, le peuple romain[,] qui a sinon créé, du moins perfectionné le système des voûtes, qui a ainsi assuré l'éternité à de simples constructions de briques[…] condamnées, semblait-il, à une prompte destruction, a bien mérité des arts en donnant à une foule d'édifices d'utilité publique, ignorés de leurs devanciers, une forme nette et pure, en parfaite harmonie avec les exigences nouvelles d'un empire immense. *(C. Blanc)* [ms]

Rome ne fit donc pas que restituer au monde ce qu'elle avait reçu en dépôt des mains de la Grèce ; elle enrichit l'héritage classique des ressources de son propre génie, rendant ainsi possibles les rêves grandioses de l'Avenir.

- . - - . - . - - . - . - . - . - . - . - . ◡ - . . - . - . - . - . - - . -

Plus encore que l'architecture[,] les arts plastiques pratiqués à Rome furent tributaires de la Grèce. Les Romains, peu imaginatifs dès qu'il ne s'agissait plus de pourvoir à des besoins nouveaux ou de répondre à d'impérieuses nécessités, restaient à court, comme paralysés, dès qu'ils abordaient le domaine de la spéculation intellectuelle et de l'invention artistique. Aussi les arts plastiques[,] dont le rôle est de parer et d'embellir d'un peu de beauté le cadre banal de l'existence, n'éveillaient chez eux que la facile admiration sans que l'idée leur p[û]t venir qu'ils étaient aussi l'expression et l'aliment spirituel d'une vie supérieure. Ils recherchaient et collectionnaient les statues et les tableaux bien plus à cause de leur rareté et de leur valeur commerciale que pour les jouissances désintéressées que leur beauté procure à l'âme avide de perfection. De là, leur peu de zèle à les cultiver ; ils en laissaient le soin aux peintres et aux sculpteurs grecs, réfugiés en Italie, continuateurs des procédés de leurs écoles. Aussi bien, les riches patriciens, plus occupés de leurs plaisirs que des hautes spéculations de l'esprit, s'embarrassaient peu de savoir si, dans la décoration de leurs jardins et de leurs somptueuses demeures, les peintres et les sculpteurs à leur service faisaient œuvre originale ; il suffisait à leur vanité tapageuse de pouvoir éblouir par l'étalage d'un luxe de parvenu et de faire montre d'un savoir de commande en exhibant des œuvres sorties des célèbres ateliers d'Alexandrie ou de Pergame, et, à défaut d'œuvres authentiques échappées à leur rapacité, des copies aussi fidèles que le permettait le talent de l'artiste chargé de leur exécution. On le voit, le snobisme ne date pas d'hier. Empressons-nous d'ajouter que tous les riches Romains n'étaient pas de cette sorte ni de cette trempe. Dans ce nombre, il se rencontrait des hommes d'une vaste culture pour qui l'art était autre chose qu'une volupté ajoutée à beaucoup d'autres d'un caractère moins recommandable, tels furent, en tout cas, les Mécènes et les Pétrones.

Soit donc par eux-mêmes, soit par ces réfugiés réduits à la condition de simples artisans, les Romains ne firent d'autres images en sculpture qui trahissent un peu d'originalité que les statues et les bustes de leurs Césars, de leurs héros et de leurs penseurs. Sous ce rapport, la sculpture romaine offre un intérêt exceptionnel. « Jamais peuple, en effet, n'avait encore donné[,] en une aussi splendide galerie, toutes les supériorités dont il s'enorgueillissait. L'éconographie [sic] romaine est assurément la plus riche, la plus complète qui existe. »° Mais cette contribution inédite à l'œuvre d'art ne nous empêche pas de trouver dans toute la production, tant picturale que sculpturale, exécutée à Rome, les thèmes et les procédés en honneur dans les ateliers d'Athènes, d'Alexandrie et de Pergame, si bien qu'on a pu dire qu'elle ne formait qu'un chapitre détaché de l'histoire de l'art grec et que si le pinceau ou le ciseau était manié par une main romaine, c'était le génie grec qui la dirigeait et qui dans la forme naissante faisait descendre un peu de cette beauté idéale dont le monde rêve encore.

- . - . - . - . - . - . - . - . - . - . - . - . - . - . -

Vous avez sans doute remarqué que dans nos études sur l'art grec, nous n'avons fait qu'une brève mention de la peinture qui pourtant ne dut être ignorée des artistes dont la curiosité était sans limites. Et de fait, il en fut ainsi. Seulement aucun de leurs ouvrages n'est arrivé jusqu'à nous. S'exerçant sur des matériaux plus périssables, la peinture n'a pu survivre aux tempêtes qui ont englouti l'ancienne civilisation tout entière. Mais nous savons par le témoignage des contemporains que la peinture en Grèce ne jouissait pas d'une moindre estime que l'architecture et la sculpture. Les noms d'Apelle, de Zeuxis, de Polygnote, de Pamphile, et de Nicomaque, pour ne citer que les plus célèbres, n'étaient pas moins honorés que ceux de Phidias et de Praxitèle, d'Ictinos et de Callicrates.

Rien ne peut nous faire soupçonner les anciens d'exagération lorsqu'ils décrivent les merveilles sorties du pinceau des maîtres de Sicyone, d'Athènes et d'Alexandrie. Est-ce que l'enthousiasme qu'ils professaient pour les œuvres sculpturales du ve et du ive siècle n'a pas été justifié par les débris de marbre que la vague des siècles a jetés au rivage de notre temps? Et cependant, toutes ces statues sauvées du naufrage de la civilisation grecque, devant lesquelles les plus ignorants se sentent saisis d'admiration, ne sont-elles pas, pour la plupart, que des copies merveilleusement exécutées, si l'on veut, mais des copies tout de même, nécessairement d'une moindre perfection que les originaux que les anciens avaient sous les yeux?

Toutefois, à défaut d'œuvres de la bonne époque, nous avons les peintures découvertes à Rome et à Pompéi et elles nous fournissent des indices suffisants pour nous permettre de nous faire une idée assez fidèle de ce que fut l'art de peindre dans l'antiquité classique.

Je sais bien que les artistes qui ont décoré les villes pompéiennes n'étaient pas les inventeurs de ces fresques charmantes, qu'ils n'en imaginèrent ni les sujets ni l'ordonnance; et ce qui le prouve, c'est que dans les scènes de quelque importance l'idée vaut toujours mieux que l'exécution. Élèves formés à l'école des grands maîtres, ils puisaient constamment dans le bagage de leurs souvenirs, se contentant le plus souvent de reproduire les œuvres les plus connues, les appropriant tout au plus aux lieux auxquels elles étaient destinées. Ils peignaient donc de "chic", sachant bien que leurs patrons n'y verraient que du feu. Ce n'est donc pas sans raison que Pétrone et Pline gémissaient sur l'état de la peinture de leur temps et qu'ils déclaraient qu'elle était morte et qu'il n'en restait plus de trace.

En descendant des originaux aux copies et en constatant la pauvreté de ces dernières, ces sévères censeurs avaient raison sans nul doute de regretter l'âge d'or du grand siècle, alors que les arts brillaient dans tout leur éclat. Mais nous, nous ne sommes pas dans la même situation qu'eux; aujourd'hui que les modèles n'existent plus, ils ne peuvent nuire par la comparaison aux imitations qu'on en a faites. Ces copies[,] qui choquaient tout le goût attique de Pétrone, nous permettent de remonter aux originaux perdus et nous aident à nous figurer ce qu'ils pouvaient être; d'où leur prix. En se contentant de reproduire les inventions des autres, les artistes de Pompéi nous reportent donc aux œuvres des grands maîtres dont ils ont retenu[,] à tout le moins, l'idée générale de la composition et les détails de la mise en scène.

Derrière la facture parfois élégante et la légèreté avec lesquelles sont traités les plus graves sujets mythologiques, l'on pressent[,] plus que l'on ne découvre, la pureté et la sévère ordonnance des maîtres de Sicyone, la puissante expression, la vie et l'émotion dramatique des artistes de l'Attique et de Thèbes et surtout la spontanéité, le réalisme et la virtuosité des maîtres de l'Asie mineure[,] dont la curiosité avait été sans égale et dont Apelle avait été le plus illustre représentant, parce qu'en lui étaient venus se fondre les efforts successifs des diverses écoles helléniques. Au reste, il couronne l'art antique comme Raphaël la Renaissance… Mais après lui, la décadence s'est précipitée; transporté à Rome l'art alexandrin acheva de perdre ce qui lui restait encore des traditions du passé. Il se plia avec une facilité et une souplesse peu communes « aux caprices de cette société amie du repos, riche, heureuse, assurée du lendemain par un pouvoir redouté et qui aimait à se représenter sous la figure de ses dieux et à idéaliser ses plaisirs en les prêtant aux habitants de l'Olympe »° (Boissier)[34]. Voilà ce qu'un monde élégant et futile avait fait de la vieille et grave mythologie qui sous des fables charmantes cachait tout de même un fond substantiel de vérités élémentaires.

- . - . - . - . - . - . - . - . - . - . - . - . - . - . - . - . - . -

Les restrictions que nous venons de faire et qui portent principalement sur les conceptions esthétiques des Romains ne nous empêchent toutefois pas d'admirer l'imposante majesté de leurs monuments et de reconnaître les importants progrès qu'ils ont réalisés[,] ne serait-ce que par leur utilité et leur variété[,] à une heure où les formes architectoniques grecques commençaient à s'épuiser.

Au reste, qui songe à faire le pédant lorsqu'il se trouve par exemple au milieu de l'amas de décombres qui recouvrent ce qui fut autrefois le Forum romain. Nulle part comme là on éprouve cette impression d'angoisse qui saisit l'esprit au spectacle d'une grandeur qui[,] plus forte que le destin acharné à la détruire, continue, toute humiliée, toute dégradée qu'elle soit, de parler éloquemment à l'âme penchée sur sa déchéance et sa misère. Aussi loin que porte le regard, ce ne sont que des ruines délabrées et souillées d'où surgit la fine silhouette d'une colonne portant jusque dans le ciel sa corbeille de feuilles et de roses. Et il semble que de là[,] comme des chambres vides du Palatin et des Thermes, s'élève une plainte, la plainte étouffée des choses blessées et expirant qui[,] lentement[,] un peu plus chaque jour[,] se désagrègent et s'effritent sous l'action du temps. Et cependant[,] cette vue est salutaire; elle inspire[,] comme le disait Balzac le vieux, quelque chose

---

34. Source non identifiée. Gaston Boissier (1823-1908), titulaire d'une chaire en études épigraphiques et antiquités romaines à l'École pratique des hautes études à partir de 1886 (LT, 259), est l'auteur de *Promenades archéologiques*; voir par exemple *Nouvelles promenades archéologiques: Horace et Virgile*, nouv. éd., Paris, Hachette, 1899, et *L'Afrique romaine: promenades archéologiques en Algérie et en Tunisie*, 6e éd., Paris, Hachette, 1901.

de grand et de généreux° ; car il n'y a pas de lieu sur la terre où l'on échappe aussi complètement à son siècle[,] où[,] selon la belle expression de Tite-Live, « il soit aussi aisé à l'âme de se faire antique[35] » et de devenir contemporaine des monuments dont les pierres disjointes et croulantes pleurent le deuil des gloires d'antan au bord de cette "voie sacrée" rongée, labourée par les roues des chars qui apportèrent à Rome les dépouilles de l'univers vaincu[36].

Cicéron avait raison d'affirmer que jusque dans la mort, Rome demeure la terre de la dignité et de la magnanimité°. Et Melchior de V[ö]gu[é][37] d'ajouter : « Rome, comme tout ce qui est éternel, échappe au présent ou plutôt elle est toujours le présent en qui se fondent le passé et l'avenir. »°

- . - - . - . - - . - . - - . - - . - . - - . - - . - - . - . - - . - . - . . -

L'art romain
Tableaux (transparents)

[Architecture]

1. Le forum romain (les ordres)
2. Le temple de Mars
3. Voûte romaine
4. La Basilique constantine
5. Le Forum, 1-2-3- (reconstitution)
6. L'Arc de Septime-Sévère
7. L'Arc de Titus
8. L'Arc de Constantin

---

35. On retrouve l'expression de Tite-Live chez Gaston Boissier (notre note 34), *Nouvelles promenades archéologiques : Horace et Virgile*, 360-361 (« […] l'esprit […] avait tant de plaisir à se faire antique… »), que Lagacé a peut-être consulté.

36. La phrase se poursuivait sur cinq lignes qui ont été barbouillées : « [trois mots illisibles] […] les ruines majestueuses du palais de César, des termes de Caracalla, de la Basilique constantine, du tragique Colisée et des aqueducs rompus témoignent de l'étonnante fécondité du génie de Rome… Les siècles et les hommes ont épuisé sur eux leur rage sans réussir à en disperser les pierres qui éternisent de l'histoire. »

37. Eugène Marie Melchior, vicomte de Vögué (1848-1910), était écrivain et diplomate à Saint-Pétersbourg. Ayant fait connaître en France les écrivains russes du XIXe siècle (*Le roman russe*, 1886), il suscita un mouvement néo-chrétien en réaction à la fois au réalisme et au scientisme, *PRNP*, 2181. Parmi ses ouvrages, on compte des essais, dont *Syrie, Palestine, Mont Athos, voyage aux pays du passé*, Paris, E. Plon, 1876 (LT, 455), *Architecture civile et religieuse dans la Syrie centrale*, paru de 1865 à 1877 (GB, 135) et *Histoire et poésie*, Paris, A. Colin, 1898, ainsi que des romans, dont *Les Morts qui parlent*, introd. par Victor Giraud, Paris, Nelson, 1910, Académie française, 1888. Voir aussi Georges Goyau, Eugène Marie Melchior, vicomte de Vogüé, André Perate et Paul Fabre, *Le gouvernement de l'Église* […] : *les palais apostoliques, congrégations, secrétaireries, bibliothèques*, suivi de *La bibliothèque vaticane* par P. Fabre, Paris, F. Didot, 1901.

9.   Le palais des Césars (Palatin)
10. Le Panthéon, élevé sous Adrien
11. Le temple de Vesta
12. Le colisée, 1-2-3- (80,000 spectateurs)
13. Le théâtre Marcellus
14. La porte St-Sébastien
15. Le tombeau de Cestius
16. Le tombeau de Coccilla Metella [Caelius Metellus]
17. L'aqueduc de Claude
18. *Nîmes* [spa], Maison carrée
19. Le pont du Gard
20. Arles, les Arènes
21. Arles, le Théâtre
22. Orange, le Théâtre
23. Ruines de Palmyre

Sculpture

24. Minerve
25. Vénus
26. Victoire ailée
27. Statue de Marc-Aurèle
28. La Pudicité
29. Junon
30. Triomphe de Titus
31. La colonne Trajane
32. Le char (La biga)
33. Statue de Proserpine
34. Buste de Romaine
35. Buste de Caracalla
36. Maison romaine (peinture)
37. Maison pompéienne
38. Le sacrifice d'Iphigénie
39. Médée
40. La Bataille d'Arbelles [?]
41. Les noces d'Artobrandini [?]
42. Portrait de Paquinus
43. Petits amours
44. Le musée du Vatican
45. Le musée du Vatican
46. St-Pierre

6. *L'art byzantin et l'art arabe*

Longtemps avant l'invasion des barbares, l'art gréco-romain, incapable de se renouveler, penchait de plus en plus vers l'irrémédiable décadence.

Ayant annexé, outre l'Europe, une partie de l'Afrique et de l'Asie, Rome avait cru de sage politique d'élever à la dignité de citoyens tous ceux qu'elle avait courbés sous sa loi. Or, ces étrangers, esclaves affranchis pour le plus grand nombre, ne pouvaient manquer, admis aux affaires publiques, de corrompre à la longue non seulement les institutions et les mœurs déjà fort relâchées, mais encore la langue et les arts[38]. La barbarie pour opérer son œuvre de revanche et de destruction, n'avait pas attendu, on le voit, les incursions des Goths, des Huns et des Vandales.

Un autre agent de dissolution contribua à ce résultat et ce fut le dogme chrétien. Sous son humble attitude, le [c]hristianisme[,] par la doctrine qu'il prêchait, travaillait à détruire la civilisation antique dont il était la condamnation. En effet, le paganisme étant charnel et matérialiste, le christianisme chaste et spiritualiste, aucune entente n'était possible entre la vieillesse gâteuse du monde païen et la jeunesse saine et enthousiaste de la société chrétienne. Il n'est pas étonnant de voir le christianisme s'acharner

---

38. Dans la phrase précédente, la section à partir de *non seulement* a été réécrite à la main et le mot *institution* n'est pas absolument sûr. Dans la phrase annotée, *opérer* remplace *accomplir*, et *de revanche et de destruction* est ajouté à la main. Notons que ce que Lagacé appelle l'art arabe, et qui inclut surtout l'art islamique (palestinien, hispanique et ottoman), comme en témoigne sa liste d'illustrations, ne faisait pas partie de son programme des années 1920, puisque ce chapitre remplace un cours qui s'intitulait alors « L'art chrétien des Catacombes à Sainte-Sophie »; par ailleurs, la première phrase du chapitre semble trahir une présence vasarienne (voir Vasari/Chastel, vol. 1, 223 et notre note 69), ce qui expliquerait que Lagacé ne fasse pas ici l'éloge du christianisme à tout prix. Au corpus d'auteurs invoqués ici (Eusèbe de Césarée, C. Diehl, J. Hubert, A. de Lamartine, V. Hugo et F.-R. de Chateaubriand), dont Diehl est le seul spécialiste, joignons les noms de Louis Bréhier (1868-1951) et de Gabriel Millet (1867-1951) qui, avec Charles Diehl, sont selon Bazin les trois byzantinistes français les plus éminents (GB, 171), et celui d'André Grabar (1896-1990). Sur l'art islamique, mentionnons deux articles de Louis Massignon (1883-1962) parus dans *Syria. Revue d'art oriental et d'archéologie*, 1921, ainsi que *L'art musulman*, Henry Marie Radegonde Martin éd., coll. « La grammaire des styles », c1926, dont le titre figure dans les listes de l'ÉBAM (notre note 6), mais que Lagacé ne semble pas avoir utilisé. Parmi les travaux plus récents, signalons ceux de Peter Brown sur l'Antiquité tardive, occidentale et orientale, et ceux d'Oleg Grabar sur les études islamiques. Pour une bibliographie, voir Christian Heck (dir.), *Moyen Âge : chrétienté et islam*, Paris, Flammarion, coll. « Histoire de l'art », 1996, 564-566 pour l'art de l'islam et 556-557 pour l'art byzantin. Notons, puisque avec ce chapitre Lagacé quitte définitivement les cultures orientales, que l'ÉBAM, entre 1926 et 1931, commandait des ouvrages portant sur diverses cultures que l'on qualifie aujourd'hui de « non occidentales », incluant, dans la collection « La grammaire des styles », des monographies sur l'art égyptien; l'art indien et chinois; l'art japonais et l'art musulman, ouvrages concis de type informatif et où le concept de race et la métaphore organique articulent quelquefois le récit.

à la destruction d'un édifice dont les murs crevassés et branlants étaient une menace pour l'humanité régénérée; il n'est pas davantage étonnant qu'il ait conçu de l'horreur pour les œuvres d'art qui, sous leurs formes séduisantes, incarnaient la pensée impure de la mythologie païenne. Ce sentiment fut à peu près général parmi les pères de la primitive église; ils ne virent dans la sculpture et la peinture que des invitations aux plus basses passions.

Au lendemain de ses triomphes, le [c]hristianisme, en haine du paganisme, fit une guerre active aux arts antiques, brisant les statues et renversant les monuments consacrés au culte des dieux. Comme on le voit, les barbares ne sont pas les seuls responsables des dépravations commises en Grèce et en Italie; car

> les hordes germaniques ne firent que traverser les deux métropoles de la civilisation païenne; elles les pillèrent sans doute, mais n'eurent pas le temps de renverser leurs édifices. Pourquoi les barbares se seraient-ils acharnés sur les œuvres de la peinture et de la sculpture? L'amour du butin et la soif des voluptés grossières leur ménageaient d'autres occupations!°

Cependant, la violence même que les premiers chrétiens apportèrent à la destruction des œuvres païennes devait les ramener au calme et à la réflexion. Les esprits apaisés comprirent que[,] sans idéal et sans l'art[,] qui en est la présence réelle parmi les hommes, la vie demeure sans charmes et que quelque chose manque au bonheur des peuples. Au reste, les traditions étaient trop fortes; l'imagination populaire habituée aux images aspirait à voir ses dogmes, ses croyances et ses souvenirs figurés dans des formes concrètes et cela était très naturel. C'est ainsi qu'en dépit des condamnations, l'art chrétien se constitua par degrés. Commencé par le raisonnement et la dialectique, le christianisme triomphant ne pouvait manquer de célébrer par des monuments sa victoire définitive sur le paganisme et il organisa à son tour les fêtes de l'imagination.

- . - . - . - . - . - . - . - . - . - . - . - . - . -

Ce fut dans le silence et les ténèbres des catacombes que débuta l'art chrétien. Tout d'abord timide et gauche, l'art s'essaya à de modestes images d'une signification toute mystique, tel le poisson, symbole du Christ, ou la colombe, symbole du fidèle. Puis, s'enhardissant, il représenta le Sauveur sous les traits du Bon Pasteur et aborda la production de quelques épisodes des livres saints. Mais les peintres qui couvraient de ces fresques naïves les murs et les voûtes des galeries souterraines[,] aussi bien que les sculpteurs qui ornaient de bas-reliefs les faces des sarcophages, demeuraient païens, ou[,] si le mot paraît choquant, classiques par l'éducation et par la tradition. Il leur était, en effet, plus facile de changer de croyance que de style. Voilà pourquoi nous retrouvons si souvent dans leurs œuvres de ces formules à double entente, de ces sujets mythologiques sous lesquels se cachent des allusions aux mystères du christianisme. Par sa forme, sinon par son esprit, l'art chrétien primitif procède donc directement de l'art antique ; seulement « il a toute la maladresse qui distingue un art en décadence et un art à ses débuts »°. L'art chrétien ne s'est donc pas constitué de toutes pièces, comme on serait tenté de le croire ; sa transformation fut l'œuvre des siècles ; mais ses racines plongeaient au cœur de l'art antique, j'allais dire au cœur même de l'humanité.

Au commencement du IV[e] siècle, sous le règne de Constantin [270/288-337], une grande révolution s'accomplit dans l'histoire du [c]hristianisme ; longtemps persécuté et proscrit, il sort des oubliettes des catacombes et[,] en possession de la faveur impériale, il s'établit publiquement dans les monuments mêmes du paganisme, dans les basiliques civiles de tous les monuments romains les mieux appropriés aux besoins du culte chrétien. Mais bientôt la nécessité s'imposa de nouveaux bâtiments pour y abriter la foule grandissante des fidèles. « Dans chaque ville, nous apprend l'historien Eusèbe, ont lieu des fêtes pour les dédicaces d'églises, pour la construction d'oratoires nouvellement construits[39]. »° Constantin[,] non seulement encourageait ce magnifique mouvement de foi par les marques d'une sympathie hautement déclarée, mais encore mettait à la disposition de l'Église les richesses de l'État.

Le type de toutes ces églises était celui de la basilique profane ; mais à côté de ce type en quelque sorte classique de l'Architecture chrétienne, apparaissaient déjà des églises circulaires couronnées d'une coupole, visiblement inspirées du Panthéon et qui devaient[,] en se développant, opérer une révolution dans l'art de bâtir.

Mais ce qui devait par dessous tout hâter cette rénovation de l'art, ce fut la transformation de l'antique Byzance en Constantinople [devenue capitale de l'empire en 330]. Ce grand événement de l'histoire du monde eut pour conséquence de diviser l'ancien empire romain en deux parties dont les destinées ont été diverses ; mais la conséquence la plus considérable, ce fut de créer sur les bords du Bosphore le foyer d'une civilisation brillante, où

---

39. Il s'agit sans doute d'Eusèbe de Césarée (Palestine c. 260 - id. 340), écrivain grec chrétien considéré comme le père de l'histoire religieuse, auteur d'ouvrages apologétiques et de la première synopse du Nouveau Testament (*Chroniques* ou *Canons chronologiques de l'histoire universelle* ; *Histoire ecclésiastique*). À Césarée, il travailla dans la bibliothèque laissée par Origène et fut prêtre puis évêque (313) ; il se montra conciliant à l'égard d'Arius, *PRNP*, 705. Précisons qu'à l'époque de Constantin le christianisme est reconnu mais pas encore si ouvertement déclaré (voir John W. Eadie, *The Conversion of Constantine*, New York, Krieger, 1977), et que Constantin accorde la liberté de culte aux chrétiens en 312 (édit de Milan) et aux donatistes en 321 (*PRNP*, 503).

les influences orientales devaient se mêler à l'hellénisme et renouer une fois de plus la chaîne brisée de la tradition classique.

Il n'entre pas dans le cadre de cette étude de vous faire l'historique de Constantinople et du Bas-Empire grec. Les annales du temps ne sont qu'un inextricable enchevêtrement d'intrigues *et de conjurations d'où émergent quelques fortes personnalités dignes de retenir l'attention.* Sous la magnificence de la cour et la pompe des cérémonies se cache un scandaleux mélange de mollesse et de cruauté; la vie journalière se complique d'une étiquette minutieuse et tyrannique et dans la superposition des castes circule un courant *de révolte qui mine sourdement l'autorité des chefs et compromet la sécurité de tous*[40].

Et cependant[,] au milieu de ce chaos[,] l'art grandit; il élargit le cadre de son action, se hausse au style noble et puissant; pendant la période qui s'étend de Constantin à Justinien[,] il est encore dans un âge de formation, mais sous ce dernier empereur, il atteint son apogée et élève Sainte-Sophie, cette merveille de l'art byzantin (532 à 537). Anthemius de Tralles et Isidore de Milet en furent les architectes.

L'activité des artistes byzantins ne se borna pas aux seules œuvres d'architecture; elle s'exerça dans toutes les branches de l'art et y produisit des œuvres sinon toujours d'un goût très sûr, du moins d'une richesse inouïe. Les peintres se complurent dans de vases compositions dont les détails sont nettement arrêtés d'un trait dur et brutal; les personnages mis en scène apparaissent raidis en des gestes hiératiques; mais leur gaucherie et leur impassibilité disparaissent dans l'ensemble du décor et par l'équilibre des groupes acquièrent même une majesté impressionnante.

Si on y regarde d'un peu plus près, on constate qu'à cette impression générale de glaciale uniformité, les peintres ont tout sacrifié: forme, volume, modèle; ils ne conçoivent et ne s'expriment plus qu'à la manière du mosaïste pour qui le relief et la profondeur de l'espace n'existent pas; comme lui ils mettent toute leur attention et tout leur art à bien "meubler" le champ qui leur est confié, à inventer des combinaisons et des arrangements inédits de lignes et de couleurs et ils s'absorbent si complètement dans ce travail de géomètre et d'ornemaniste qu'ils en oublient les accents vrais de la vie, jusqu'à la vraisemblance des êtres et des choses.

Le système de la symétrie rigoureusement appliqué sauva cependant les peintres byzantins de la vulgarité barbare et donna à leur art dénué de vie et d'expression toutes les fortes qualités qui conviennent à la décoration des grands édifices.

Aussi bien, le véritable triomphe de l'art byzantin, ce fut la mosaïque. En adoptant ce procédé à l'exclusion presque totale de la fresque, les artistes

---

40. Écrit à la main par-dessus des sections dactylographiées à présent illisibles.

sacrifièrent la noblesse des formes et la délicatesse du dessin à l'impression générale d'une décoration faite des matériaux les plus précieux ; ils perdirent ainsi le sens des nuances et peu à peu tombèrent dans le convenu, la répétition incessante des mêmes motifs, la consécration de modèles imparfaits, mais devenus classiques dans les écoles des mosaïstes. Faite pour durer indéfiniment, la mosaïque devait mieux que la fresque répondre aux aspirations de ce monde oriental si épris de la richesse et de la splendeur. Aussi devint-elle le procédé de décoration par excellence, celui qui recouvrit les vastes murailles des basiliques orientales comme d'une tapisserie continue. Il faut reconnaître cependant que la mosaïque, telle que la pratiquèrent les Byzantins, malgré sa grandeur sauvage, son impassible majesté et l'éclat de ses couleurs, n'a pas la vivante expression de la fresque qu'elle a détrônée ; à l'encontre de cette dernière, elle dit directement, brutalement ce qu'elle veut dire, sans élégance, sans recherche ; mais comme le mot brut éclate puissant et sonore sous les arceaux immenses, comme il roule et se prolonge dans les profondeurs mystérieuses de la coupole suspendue dans l'espace.

Dans la demi-nuit du monument byzantin elle était en quelque sorte inévitable ; elle s'imposait de préférence à la fresque dont les couleurs fondues et mates absorbant la lumière au lieu de la diffuser ; sans elle le monument byzantin serait sombre et lugubre ; mais, comme parée de cette splendide tapisserie, ses murailles s'éclairent, s'animent et s'étoilent de feux ardents. De la rotonde rayonnante descend une mystérieuse lumière, si chargée de rêve que la prière alanguie, impuissante à s'élever, flotte mollement dans l'espace qui se referme sur elle, ne lui laissant aucune issue pour s'évader du cercle magique ; car ce ne sera que sous l'ogive qui pointe le ciel que la prière pourra d'un bond s'élancer jusqu'à Dieu[41].

Chose étrange ! Tandis que l'architecture et la peinture s'épanouissent sous des formes de plus en plus originales, la sculpture décline et se désintéresse de la vie. En effet, le sculpteur délaisse ou ne traite qu'accidentellement la figure humaine ; il n'est plus qu'un ornemaniste au service de l'architecte ; mais dans ce genre de travail il montre, il est vrai, de remarquables qualités ; il fouille le marbre en tout sens, le pliant aux motifs les plus compliqués ; parmi les enroulements géométriques, il fait courir les feuillages les plus délicats, s'épanouir la flore la plus capricieuse ; ce ne sont que chapiteaux enveloppés de plantes fleuries au milieu desquelles apparaissent des agneaux, des colombes, des paons, des vases, des monogrammes et des croix groupées de cent matières et toujours avec un très grand amour de la symétrie.

À la sculpture il semble que les artistes aient préféré l'orfèvrerie. S'agissait-il pour eux de fondre les métaux précieux, l'or et l'argent, ils conservèrent dans cet ordre de travaux une habileté technique qui n'a pas

---

41. Lagacé trahit ici ses préférences pour l'architecture gothique.

été surpassée. D'autre part, leur passion du luxe ne pouvait [pas] ne pas les pousser à cultiver avec une tendresse particulière les arts industriels : croix d'autel cloisonnées de pierres précieuses, candélabres d'or incrustés d'émail, lampes de sanctuaire ciselées, autels décorés de mosaïques ; c'est un ruissellement des matières les plus rares qui[,] sous la lumière, scintille, s'ébroue en une pluie d'étincelles, comme du soleil dans de l'eau clapotante. Vous parlerai-je encore des admirables sculptures sur ivoire demeurées des modèles de délicatesse et de finesse, de la fabrication des tissus historiés que les musées se disputent ; des voiles à trame d'or que l'on suspendait aux portes, des nappes d'autel et des vêtements sacerdotaux aux broderies pittoresques, des manteaux brochés, enluminés de scènes tirées du Nouveau Testament, que les grands seigneurs revêtaient les jours de fêtes, ces gens frivoles et orgueilleux qui, selon le mot d'un contemporain, portaient l'Évangile sur leur manteau au lieu de le porter dans leur cœur. Mais à quoi bon poursuivre cette fastueuse énumération.

Ce que vous devez retenir de cette brève étude d'un art dont l'influence a été si grande non seulement sur l'Orient, mais encore sur toutes les écoles de l'Occident, c'est qu'au cours de sa longue histoire[,] il a connu bien des renaissances imprévues et éclatantes, qu'il ne fut pas, comme on l'a cru longtemps, un art mort-né, figé en tout cas dès sa naissance en une hiératique et solennelle immobilité ; mais bien au contraire, un art très vivant, épris de beauté et de lumière, fastueux et pompeux, pour tout dire d'un mot, un organisme complet qui s'est développé progressivement et a évolué avec les siècles. À l'heure où la chaîne semblait rompue, il a été le génie ordonnateur qui souda le premier anneau de l'art moderne au dernier anneau de l'art antique et seul[,] au moyen âge[,] l'art gothique du xIIIᵉ et du xIVᵉ siècle sera capable d'une expansion aussi vaste, aussi féconde.

Du xIᵉ au xVIᵉ siècle, dit M. Diehl, les architectes et les peintres russes ont conservé, comme un legs précieux, les idées religieuses, les thèmes iconographiques, le système de décoration, les procédés techniques de Byzance... D'un bout à l'autre de l'[O]rient orthodoxe les traditions de l'iconographie byzantine inspirent toujours les compositions et guident la main des artistes. Les plus beaux édifices de l'architecture turque – ainsi que nous le dirons dans un instant – offrent avec les monuments de l'époque byzantine les plus évidentes analogies. L'Italie du Sud[,] dont Byzance avait fait une nouvelle Grèce, a gardé jusqu'au xIVᵉ et au xVᵉ siècle la langue, la religion, les mœurs et les traditions artistiques de Byzance, et le rayonnement que, de là comme de Venise, l'art byzantin exerça par toute la péninsule permet de croire que les plus anciens maîtres de la Toscane, un Cimabue, un Duccio, un Memmi, ont dû bien des enseignements à cette influence[42].

Ce n'est pas à dire toutefois que les arts de l'Occident n'en aient été que le prolongement et le développement. Certains critiques soutiennent, au contraire, que :

l'art roman (dont il sera question dans notre prochain chapitre) est un original et que l'influence de Constantinople sur lui n'a été ni générale, ni indispensable. Cependant, on ne peut nier que les [O]ccidentaux qui, par le commerce, les pèlerinages et les croisades, avaient des relations multiples et constantes avec l'Orient chrétien, en aient tiré parti pour leurs constructions comme pour leurs arts industriels[43].

Au reste, on sait qu'à la suite de la persécution des iconoclastes, au viiie siècle, une foule d'artistes grecs vinrent chercher asile et fortune en Occident et ce seul fait doit nous avertir que l'art byzantin ne fut pas complètement ignoré des constructeurs qui à cette époque élevaient ces superbes églises romanes d'où devait sortir la cathédrale gothique. Un livre récent [1938] de M. Jean Hubert semble avoir dissipé tous les doutes à cet égard (« L'Art pré-roman »)[44].

---

42. Tiré de Charles Diehl, « La civilisation byzantine », *Revue encyclopédique*, 21 juillet 1900, reproduit dans *Études byzantines*, New York, Burt Franklin, 1963, 180, c1905. Lagacé a éliminé deux sections dans ce passage, ses points de suspension remplaçant : « … fresque de Novgorod, de Néréditzi, de Pskof (xiie siècle), peintures des églises du Ladoga, de Vladimir, de Jaroslavl, de Moscou (xviie siècle). Dans la péninsule des Balkans, en Serbie et en Bulgarie, chez les Roumains comme chez les Grecs, les monuments de l'architecture et le système de la décoration sont nettement marqués du caractère byzantin ; aujourd'hui encore… », tandis que les quelques mots entre tirets remplacent *construits d'ailleurs par des artistes grecs*. Il a aussi remplacé *a fait* par *avait fait*, a supprimé *Grande* dans l'expression *la nouvelle Grande Grèce* et a ajouté le nom de Memmi à ceux de Cimabue et Duccio. Charles Diehl (1859-1944), agrégé d'histoire et membre de l'école française de Rome et d'Athènes (1881-1883), maître de conférences d'histoire ancienne et d'archéologie à la Faculté des lettres de Nancy en 1888 et professeur d'histoire en 1891 (LT, 301), s'est consacré à l'étude de l'art de la civilisation byzantine, sujets qui ont fait l'objet de nombreuses de ses publications, dont *L'Afrique byzantine* (1896), *Justinien et la civilisation byzantine au vi[e] siècle* (1901), *Ravenne* (1903), *Manuel d'art byzantin* (1910), *Byzance : grandeur et décadence* (1919) et *Histoire de l'Empire byzantin* (1919) (*PRNP*, 594). Pour d'autres titres voir LT, 300-302 et 432.

43. Source non identifiée, il ne s'agit pas de Jean Hubert, cité plus loin.

44. Jean Hubert, *L'art pré-roman*, dessins de Joséphine Hubert, Paris, Les Éditions d'art et d'histoire, 1938. Jean Hubert (1902-1994) est mentionné par Bazin comme l'un des premiers titulaires d'une chaire d'esthétique en archéologie médiévale à l'École des Chartes, à la suite de Jules Quicherat (notre note 61), Eugène Lefèvre-Pontalis et Marcel Aubert (Bazin, 468) ; notons que Marcel Aubert est invité comme conférencier à l'ULàM par l'Alliance française en octobre 1935 et durant l'année académique 1936-1937 (voir notre chapitre 2). De Jean Hubert, voir « Archéologie médiévale », dans Charles Samaran (dir.), *L'histoire et ses méthodes*, Paris, Gallimard, Bibliothèque de la Pléiade, 1961, 275-328 (LT, 437) ; du même, avec Wolfang

Quoiqu'il en soit, le grand mérite de l'Art byzantin, ce fut d'avoir renoué, je le répète, la chaîne brisée de l'art antique, d'en avoir retrouvé l'originalité oubliée, d'avoir délaissé le symbolisme obscur pour la réalité historique, enfin d'avoir cherché[,] par une étude de plus en plus attentive de la nature, à redonner à l'art les accents de la vérité et de la vie.

Il a été dans la nuit du haut moyen âge la colonne ardente qui indiqua aux hommes le chemin perdu de la Beauté.

Vous parler de *l'art arabe* [en maj. et spa], c'est encore vous entretenir de l'art byzantin.

Lorsque Mahomet se proclama prophète, en l'an 620 de notre ère[45], le christianisme[,] qu'il voulait détruire, avait durant plusieurs siècles couvert de ses églises la Syrie et l'Égypte et même après avoir élevé la magnifique basilique de Constantinople, il continua encore longtemps à doter l'Asie de monuments merveilleux.

L'islamisme[,] n'ayant pas de passé, parlant de tradition, n'eut pas au début d'art propre et distinct. Ses premiers chefs, manquant totalement d'imagination, durent se résigner à convertir en mosquée les églises chrétiennes dont ils avaient chassé ou massacré les ministres et les fidèles. Lorsqu'ils tentèrent à leur tour de faire œuvre originale, ils n'obtinrent que d'assez pauvres résultats, tel qu'il advint au Calife Omar en Égypte. En effet, l'un de ses généraux, Amrou, voulant élever une mosquée au centre de la ville qu'il venait de fonder, Fostat, ne réussit qu'à construire un édifice de si basse élévation que l'on dut soixante ans plus tard, d'après l'historien Makrisi [Ahmad ibn Ali Makrisi, 1364-1442, auteur de *Essulouk li Mariset il Muluk* («The Road to Knowledge of the Return of Kings»)], en surélever la toiture. Quoiqu'il en soit des débuts modestes et hésitants de l'Architecture arabe, il faut reconnaître qu'avec le temps et l'expérience elle se précisa en une forme caractéristique, sinon foncièrement originale, du moins suffisamment marquée pour la différencier de toute autre.

Au reste, tous les traits caractéristiques des mosquées élevées aux différentes époques se retrouvent dans la mosquée d'Omar, érigée à Jérusalem sur l'emplacement du temple de Salomon et qui peut être considérée comme

---

Friedrich Volbach et Jean Porcher, voir *L'Europe des invasions* et *L'empire carolingien*, Paris, Gallimard, Coll. «L'univers des formes», 12, 1967 et 13, 1968.

45. Muhammad reçut ses révélations à partir de 610; la date officielle du début du calendrier islamique est 622, date de l'Hégire, c'est-à-dire de l'exil de Muhammad vers Yathrib, devenue depuis la ville du Prophète, Janine et Dominique Sourdel, *Dictionnaire historique de l'islam*, Paris, PUF, «Quadrige», 1996, 345-346. *L'islamisme*, terme utilisé par Lagacé dans ce chapitre, désignait jadis l'islam, sans les connotations politiques qu'il a prises depuis.

le monument type de l'architecture arabe. Imaginez une haute coupole centrale tapissée d'une merveilleuse mosaïque à larges motifs décoratifs vert et or, que soutien dans l'espace une colonnade concentrique formée de colonnes antiques de marbre vert et de porphyre rouge à chapiteaux dorés. Cette colonnade circulaire est doublée d'une autre, non moins richement décorée, qui encadre une enceinte octogonale. Rien de véritablement inédit dans ce monument, tout somptueux qu'il soit. Sous le rideau de ses mosaïques de marbre, de nacre et d'or, c'est le plan de l'église byzantine que l'on découvre. La tradition en restera si persistante au cœur de l'islamisme que de nos jours encore les plus récentes mosquées ne peuvent se soustraire au souvenir lointain de Byzance.

Ce fut beaucoup plus par indigence d'imagination que par un choix réfléchi que les architectes adoptèrent cette forme architectonique, aveu implicite de l'inhabilité des conquérants, le cimeterre déposé, à faire œuvre constructive. Il n'est pas étonnant de les voir[,] en Syrie, en Mésopotamie, en Égypte et même en Espagne, faire appel à la science éprouvée des architectes de Byzance pour dresser[,] au cœur des villes conquises[,] des monuments dignes de la puissance d'Allah et de la gloire de son prophète. Comme plus tard les Vénitiens, ils se formèrent donc à l'école de Byzance et leur architecture ne fut que la continuation, le prolongement en quelque sorte de l'art resplendissant des bords du Bosphore.

Cependant, ils l'enrichirent d'une telle profusion de détails fins et gracieux qu'ils donnèrent l'illusion d'une création nouvelle; de l'immense et sévère rotonde byzantine, ils firent une vaste grotte d'or dont les parois disparaissent en partie sous les lianes flexibles qui les tapissent et qui de leurs fleurs éclatantes enguirlandent les innombrables stalactites qui pendent de la voûte criblée d'étoiles. L'impression qu'en reçoit un esprit habitué à la discipline classique est telle qu'il lui semble être transporté dans le monde de la féerie. Lamartine, séduit comme les autres, a pu écrire que cet art, tout de grâce et de fantaisie, «ressemble à un rêve brillant, au caprice des génies qui s'est joué dans ces réseaux de pierre, dans ces délicates découpures, ces franges légères, ces lignes volages, dans ces lacis où l'œil se perd à la poursuite d'une symétrie qu'à chaque instant il va saisir, qui lui échappe toujours par un perpétuel mouvement[46]».

En effet, aucun art comme celui-ci[…] n'a fait aussi large la part de la fantaisie. Art de luxe et d'ameublement, il para de tentures de stuc, si j'ose dire, les mosquées et les palais comme[,] auparavant, il avait dissimulé sous de riches tapis de laine la grossièreté de la tente du désert.

---

46. Alphonse de Lamartine (1790-1869), la citation est sans doute tirée des *Souvenirs, impressions, pensées et paysages pendant un voyage en Orient, 1832-1833* ou *Notes d'un voyageur*, nouv. éd. rév., Paris, Hachette, 1856, dans *Œuvres complètes de M. de Lamartine*.

Dans cet art somptueux, la multiplicité des détails abolit le sens spirituel des lignes ascendantes ; elle les dénature, les fractionne, les creuse d'alvéoles ou les festonnes de stalactites, perpétuel mensonge poussé, telle une plante grimpante, au pied du mur de l'église byzantine qu'il a fini par recouvrir et cacher tout entier ; art compliqué et délicieusement berceur qui convient admirablement à une religion sans culte [*sic*] et dont l'oraison n'est qu'une silencieuse et *vague* [remplace *voluptueuse*] rêverie.

Comme vous l'ont appris vos lectures, c'est en Espagne que l'art musulman [voir notre note 125], livré à lui-même, a déployé le plus d'invention originale et s'écarta davantage de la tradition byzantine. Parmi les monuments les plus célèbres, il faut placer au premier rang la Mezquita ou mosquée de Cordoue. C'est une construction d'assez faible élévation, 29 pieds du sol à la charpente, divisée en dix-neuf nefs par une véritable forêt de piliers de toutes formes, au nombre de 1200, qui supportent des arcades en fer à cheval. Au temps de sa splendeur, elle était pavée de plaques d'argent et les sanctuaires étaient lamés d'or incrusté de pierres précieuses. Plusieurs coupoles se dressent au-dessus de ce splendide édifice dont l'extérieur ne montre que des murs maussades flanqués de tours carrées. Toute pillée et mutilée qu'elle soit, cette antique mosquée désaffectée n'en demeure pas moins une œuvre superbe, d'une étrange grandeur.

La cathédrale de Séville[,] élevée sur l'emplacement d'une ancienne mosquée, a conservé quelques parties remarquables de l'œuvre primitive[,] la porte du Pardon, la cour des orangers… Mais ce qui attire surtout l'attention, c'est le minaret devenu le clocher de l'église et qui est aussi célèbre dans le monde que la « Tour penchée » de Pise. La « Giralda », comme on la nomme, fut construite au XIIe siècle ; elle aurait eu pour architecte le fameux Mahomet Geber à qui l'on fait l'honneur de l'invention de l'algèbre[47].

---

47. Il n'est pas sûr que Abu Abdallah Jaber ben Hayyam (Geber en latin), figure quasi légendaire du VIIIe ou du IXe siècle à qui l'on attribue un important ensemble de textes alchimiques et philosophiques (32.1911encyclopedia.org/Geber et *PRNP*, 815), soit l'inventeur de l'algèbre, dont la première mention paraît, selon Alain Rey, dans un ouvrage d'Al-Huwarizmi du IXe siècle (Alain Rey, dir., *Le Petit Robert*, Paris, Le Robert, 1991, 48 et *Dictionnaire historique de la langue française*, Paris, Le Robert, 1992, 44). Geber n'est en tout cas pas l'architecte de la Giralda, minaret construit à la fin du XIIe siècle, en même temps que la mosquée du Vendredi de Séville, et transformé en clocher après l'invasion des Espagnols. La porte du Pardon et la cour des orangers se trouvent en fait, non pas à la cathédrale de Séville, construite sur les vestiges d'une mosquée détruite au XVe siècle (*Guide de l'Andalousie*, 2e éd., Barcelone, Editorial Escudo de oro, 1984, 4), mais à la mosquée de Cordoue, mentionnée un peu plus tôt par Lagacé. Il existe, dans l'histoire, de nombreux exemples de conversions de lieux de culte, à Séville, à Cordoue ou à Istanbul, mais aussi, à l'occasion, des occurrences de partage de lieux de culte, par exemple lorsque les chrétiens de Jizan prient dans la mosquée du prophète Mohammad, ou les musulmans dans la basilique byzantine de Damas (merci à Salah Basalamah pour ces deux exemples). Sur cette question, voir Dionigi Albera (dir.), *Religions traversées. Lieux saints partagés entre Chrétiens, Musulmans et Juifs en Méditerranée*, Paris, Actes Sud, 2009.

Mais le morceau de choix, ai-je besoin de le dire, est l'Alhambra

… palais que les génies
Ont doré comme un rêve et rempli d'harmonies,
Forteresse aux créneaux festonnés et croulants,
Où l'on entend la nuit de magiques syllabes,
Quand la lune, à travers les mille arceaux arabes,
Sème les murs de trèfles blancs (V. Hugo)[48].

Lorsqu'on a franchi les murs sinistres qui emprisonnent la merveille et que sous nos regards se déroulent et se déploient les perspectives variées des cours et des chambres, on reste ébloui comme si l'on pénétrait dans l'un de ces palais enchantés que décrivent les contes des « Mille et une nuits ». De tous côtés, ce ne sont que galeries ajourées, canaux de marbre et fontaines jaillissantes, cours solitaires dévorées de soleil, mystérieux labyrinthes qui s'enfoncent dans des profondeurs sombres traversées de traînées de lumière.

L'ensemble constitue, comme l'a décrit Chateaubriand, « [Q]uelque chose de voluptueux, de religieux et de guerrier… espèce de cloître de l'amour, retraite mystérieuse où les rois maures goûtaient tous les plaisirs et oubliaient tous les devoirs de la vie[49] ».

Toute la décoration de l'Alhambra, et on peut ajouter de tous les monuments mauresques, y compris l'Alcazar, consiste principalement dans l'emploi ingénieux des combinaisons géométriques ; mais aux lignes droites se substituent les lignes courbes qui dans un mouvement continu se dénouent, tel dans les tapis d'Orient, en merveilles de fleurs, de feuillages et d'étoiles, s'enlevant sur des trames savamment brochées où s'inscrivent en lettres d'or des sentences tirées du Coran.

En résumé, le style mauresque[…] se distingue par le choix de l'Arc outre-passé et de l'ogive, par les pendentifs en stalactites, les chapiteaux ornés d'entrelacs et de reliefs en stuc, les tympans percés à jour, le mensonge aimable des voûtes fictives, la sévérité militaire de l'extérieur, la magnificence de l'intérieur, l'absence de tout signe rappelant l'homme et la vie, si l'on excepte les sentences du Coran brochant les murailles damassées.

- . - . - . - . - . - . - . - . - . - . - . - . - . - . -

48. Tiré du poème de Victor Hugo (1802-1885) intitulé *Grenade*, dans *Odes et ballades. Les Orientales*, Paris, Nelson, s. d., 507.

49. François René, vicomte de Chateaubriand (1768-1848). La phrase complète se lit comme suit : « Quelque chose de voluptueux, de religieux et de guerrier semblait respirer dans ce magique édifice, espèce de cloître de l'amour, retraite mystérieuse où les rois maures goûtaient tous les plaisirs et oubliaient tous les devoirs de la vie. » *Les Aventures du dernier Abencerage*, éd. Fernand Letessier, Paris, Garnier, 1958, 284-285, c1826.

On l'a dit avec beaucoup d'esprit [*sic*] : « l'art des Arabes ressemble à un paradoxe qui étonne, à un sophisme qui éblouit. Il ne se raisonne pas ; il échappe à l'esthétique. »° Voilà peut-être la raison de la faible influence qu'il a exercée sur l'architecture occidentale ; tout au plus en retrouve-t-on la trace à Venise dans la basilique St-Marc et les palais du Grand Canal.

Même aux Indes, où l'islamisme triomphant imposa sa loi, le style arabe ne put se soustraire aux données de l'art indou ; il produisit un mélange hybride de tourelles et de minarets avec les lourdes coupoles des pagodes et des tombeaux.

Puis, il s'est immobilisé et s'est momifié dans les formes consacrées : les coupoles bulbeuses, les arcs en fer à cheval et les murs historiés comme des missels. Il est resté étranger à toute transformation, image brillante d'une civilisation qui n'est qu'un matin resplendissant et qui, grisée par cette aube brûlante, s'endormit profondément, ne demandant à connaître rien de plus de la vie[50].

- -

L'art byzantin et l'art arabe
Tableaux (transparents)

1. Basilique civile (plan)
2. Basilique St-Pierre (reconstitution)
3. St-Paul-hors-les-murs (Rome)
4. Église à arc annulaire
5. Coupole sur pendentifs
6. Chapiteau byzantin
7. Ste-Sophie de Constantinople
8. Ste-Sophie (intérieur)
9. Ste-Sophie (galeries)
10. St-Apollinaire (Ravenne)
11. La cathédrale de Palerme
12. Église de la Martorana [Mar Torana ?] (Palerme)
13. Plafond (mosaïques)
14. Mosquée d'Omar (Jérusalem)
15. Cathédrale de Périgueux
16. Cathédrale de Marseille
17. Coupole arabe
18. Mosquée de Cordoue

---

50. La dernière phrase du chapitre a été barrée : « *Cet art merveilleux ne fut qu'un nuage d'or et de pourpre traversant un ciel lourd de lumière et de volupté.* »

19. La cour des lions (Alhambra)
20. Le salon des ambassadeurs (Alcazar)
21. Cours mauresques, Alger
22. Salon, Archevêché
23. St-Marc (Venise)

7. L'art roman

En dépit de l'originalité dont il avait fait preuve, l'art byzantin était demeuré toutefois le vassal de l'art antique et la faute en fut attribuable au milieu où s'était accomplie l'évolution des formes gréco-romaines. Par atavisme, même après qu'elle eut été régénérée par le baptême, l'âme romaine[,] fortement imprégnée d'hellénisme, était restée attachée à ses préférences séculaires et toujours elle évoquait le brillant mirage des siècles disparus dont tant de ruines majestueuses attestaient de la souveraine grandeur. D'ailleurs, sous le beau ciel italien et oriental, parmi les enivrements d'une terre qui ne respire que la joie et la volupté, le génie de cette race sensuelle ne pouvait imaginer que des monuments où éclatât toute la fête de la vie dans la profusion des mosaïques et des marbres précieux.

La Rome chrétienne rêva toujours d'une Renaissance future.

Pour que le [c]hristianisme parvînt à secouer ses habitudes plastiques et à s'arracher aux souvenirs de l'antiquité, il fallait que l'Évangile pénétrât dans les forêts du Nord. Là, sur cette terre vierge, parmi des populations qui ne savaient rien ou peu de chose des arts anciens, sous un ciel mélancolique où les tempêtes et les vents semblent imprégner les âmes d'une poésie mêlée de réflexion, l'œuvre commencée par les méridionaux allait être couronnée par des barbares inspirés.

C'est donc dans les forges féodales[,] en même temps que se façonnaient pièce à pièce les divers éléments qui composeront les grands peuples de l'Europe, que s'ébaucha un art qui devait devenir la plus haute expression de la pensée de l'Église. Mais ici encore[,] la forme symbolique ne naquit pas spontanément. À la longue chaîne de l'art, composée de matériaux divers et sans soudure apparente qui reliait l'Égypte à la Grèce et la Grèce à Rome, le moyen âge n'arrivera pas sans de pénibles efforts à river l'anneau qu'il aura forgé. En effet, pour réaliser leur rêve mystique[,] les hommes du haut moyen âge ne pouvaient dans leur inexpérience ne pas puiser à la mine des formes, des recettes et des idées plastiques que l'Orient chrétien leur avait léguée; mais ils n'entendirent user de ces richesses que pour constituer un art conforme à l'idéal qu'ils portaient en eux, bien différent de l'art byzantin qui était resté comme « superposé au fond, plaqué sur des thèmes traditionnels, sans arriver jamais à l'expression spontanée et directe ».

« La pénétration féconde de la forme et du fond, la fusion merveilleuse de la matière docile, de la pensée inspiratrice et de l'émotion intérieure », tel deviendra le caractère de l'art occidental qui révélera au monde une conception nouvelle de la beauté°.

Le [c]hristianisme ne naquit vraiment à l'art qu'avec la naissance de l'architecture romane[51].

- . - . - . - . - . - . - . - . - . - . - . - . - . - . - . - . - . - . -

L'art étant d'abord la fleur d'instinct, puis le fruit de réflexion d'une pensée claire et disciplinée, [il] ne peut véritablement naître et se développer que dans une société ordonnée. Il ne commence qu'avec la civilisation dont il suit les progrès et partage la fortune. Or, la première civilisation qui rayonna sur l'Europe avait été celle de Rome. Il n'est pas étonnant que l'art occidental s'en soit tout d'abord inspiré. Mais au IIIe siècle, les frontières de l'Empire furent subitement envahies par les hordes barbares ; ni le Danube, ni le Rhin ne furent des barrières capables d'arrêter la marche en avant de ces véritables migrations de peuples : Franks, Alemans, Burgondes, Goths et Karpathes se répandirent comme une coulée de lave dans l'Europe occidentale, s'amassèrent dans le creux des vallées et finirent par s'y figer. Tous ces peuples venus de rivages différents, ayant chacun ses mœurs propres, ses qualités distinctes, sa conception particulière, se mêlèrent aux populations autochtones, leur infusant un sang nouveau. Par des pénétrations réciproques, des influences complexes, des tâtonnements et des amalgames, ils renouvelèrent la société dont ils étaient venus troubler l'existence et détruire les institutions. Le chaos commençait à s'ordonner, lorsqu'au IXe et au Xe siècle, à la veille de ce qu'on a appelé les temps romans, une autre coulée de barbarie descendit du nord et remit tout à feu et à sang. Ce sont cette fois les Normands qui se précipitent dans le creuset et apportent leur part d'éléments à ceux qui étaient déjà en fusion. À la matière morale et plastique du monde romain[,] chaque peuple barbare est donc venu mêler la sienne, quelque primitive et grossière qu'elle fût, et c'est de ce mélange des idées, des aptitudes et des aspirations que seront faits l'art occidental et la société moderne.

---

51. Pour l'art roman, présenté ici suivant l'ordre habituel, c'est-à-dire avec un historique, suivi d'informations techniques ou stylistiques sur les divers médiums en usage, les sources identifiées de Lagacé (F. Guizot, H. de Saint-Victor et L. Hourticq) comptent deux historiens et un auteur d'une histoire générale de l'art. Pour l'historiographie médiévale, voir notre note 58 ; pour une bibliographie récente sur l'art roman, voir Christian Heck (notre note 38), 559-560.

Cependant[,] l'édifice de la civilisation romaine n'avait pas été entièrement renversé sous la poussée de la barbarie acharnée à le détruire; le prestige de ses institutions continuait d'agir comme ses monuments civils et religieux continuaient d'enseigner les grands principes d'ordre et de beauté. Les barbares, leur fureur apaisée, ne pouvaient [pas] ne pas s'éprendre d'admiration pour ces nobles exemples et on les vit, cédant au secret appel d'un génie qui s'ignorait encore, essayer de reconstituer l'unité de l'Empire, en même temps que de remettre en place les pierres qu'ils avaient eux-mêmes dispersées.

Ce fut la vaine tentative de Charlemagne [roi des Francs, 768-814 et empereur d'Occident, 800-814]. Mais trop de causes rendaient impossible ce chimérique retour à un ordre de choses qui ne pouvait s'adapter aux conditions nouvelles de la société moderne. Et pourtant les hommes d'alors, quel que fût le degré de leur ignorance et de leur cruauté, étaient impatiens de secouer le joug de la barbarie et de goûter aux bienfaits de la civilisation; mais ils étaient impuissants à rompre la chaîne qui les tenait rivés à leurs habitudes d'anarchie. Ce fut le [c]hristianisme qui joua ce rôle émancipateur; car il ne faut pas craindre de le dire, ce fut l'Église qui arracha laborieusement le moyen âge à son passé de sauvage brutalité, qui le fit sortir des ténèbres de la superstition et de l'ignorance pour l'admettre au grand jour de la foi et de la science. «Jamais dans l'histoire humaine la souveraineté de l'idée sur le fait n'apparut avec un tel éclat[52].» Mais dans l'Église, les véritables artisans de la fortune et de la grandeur future du moyen âge ont été les moines; non seulement, selon l'expression de Guizot, les moines ont été les «défricheurs de l'Europe[53]», ils en ont été également les premiers savants et les premiers artistes.

---

52. Lagacé oublie qu'après l'époque de Charlemagne (du XIe au XVe siècle) se sont succédé de nombreuses croisades sanglantes (notre introduction/n15).

53. Il s'agit sans doute de François Guizot (1787-1874), homme politique et historien français, professeur titulaire en 1812 de la Chaire d'histoire moderne à la Sorbonne. Secrétaire du ministre de l'Intérieur, puis secrétaire général du ministère de la Justice lors de la première Restauration (1814), il s'affirme dans ses premières publications comme un royaliste constitutionnel. Successivement ministre puis ambassadeur, il devient le chef effectif du gouvernement sous la monarchie de Juillet, proposant une politique intérieure conservatrice favorable à la bourgeoisie d'affaires. Durant le Second Empire, il se consacre à ses travaux historiques à l'Académie française, qu'il intègre en 1836, et à l'Académie des sciences morales et politiques. Ses publications comprennent une *histoire de la civilisation en Europe* (1828) et une *histoire de la civilisation en France* (1830), constituées à partir du contenu de son enseignement, François Guizot, *Histoire de la civilisation en Europe depuis la chute de l'Empire romain jusqu'à la Révolution française*, suivi de *Philosophie politique de la souveraineté*, Pierre Rosanvallon éd., Paris, Hachette, 1985, c1828, 19-23. Pour des références à Guizot, voir LT, 59, note 54 et notre chapitre 1, note 25.

Ce n'est pas le lieu de dire ce que leur doivent les lettres et les sciences. On sait que loin de les repousser de leurs seuils, les monastères mettaient un soin pieux à recueillir toutes les épaves de la culture antique. Ce que nous savons moins bien, c'est que l'art eut également pour asiles ces «thébaïdes» encloses de hautes murailles: musique, peinture, sculpture et surtout l'architecture, prirent leurs premiers ébats, si je puis dire, sous les arcades ombreuses des cloîtres. Au reste, dans quel autre endroit l'art eut-il pu trouver cette atmosphère de paix tranquille aussi nécessaire à son épanouissement que la lumière à la croissance de la plante? En dehors du monastère, ce n'était que le chaos.

Aussi faut-il interroger les chroniques du temps pour se faire une idée de ce qu'était une grande abbaye bénédictine. C'était moins un couvent, au sens d'aujourd'hui, qu'une cité, un organisme complet qui répondait à toutes les nécessités de l'existence. En effet, pour vivre et prospérer, une abbaye devait trouver dans ses murs tout ce qui était indispensable à sa subsistance et qui lui permit de se suffire à elle-même. De là, la multiplication des emplois et la diversité des fonctions; tous les talents, les plus humbles aussi bien que les plus rares[,] étaient mis à contribution. Elle avait ses forgerons, ses charpentiers, ses orfèvres, ses enlumineurs, ses verriers, ses sculpteurs et ses architectes, pour ne mentionner que les métiers qui par quelque côté se rattachent à l'œuvre d'art. Or, comme, de la fin du monde païen jusque vers le milieu du XIIe siècle, il n'y eut d'autres écoles d'art que les monastères, il n'est pas étonnant que le caractère de toute la production artistique de l'époque soit essentiellement monastique. Et toujours elle témoigne d'une conscience scrupuleuse, d'une application soutenue, d'une aspiration constante, comme si la pensée de chaque artiste avait été portée sur l'aile de la prière. Et de fait, pour le moine, le travail, de quelque nature qu'il f[û]t, était-il autre chose que de la prière continuée? Il suffit pour se convaincre de cette vérité de voir les admirables sculptures du cloître de Moissac, les ivoires ciselés du musée de Cluny, les lourdes broderies des portails de Notre-Dame la Grande, à Poitiers, et de l'église de Vézelay. Sans doute l'art du XIIe siècle est infiniment plus vivant et décèle plus de science et d'habileté, mais il est moins parfait; on sent que le premier est le jet spontané d'une imagination enthousiaste, tandis que le second est le fruit de la méditation d'un esprit discipliné, volontairement asservi à un plan qui conditionne la nature de son effort.

Les moines ont donc bien été les véritables ordonnateurs de la société moderne, les pionniers dans tous les domaines de la science et de l'art. Il n'y eut d'art digne de ce nom, à ces heures de confusion et d'anarchie, que celui qu'ils cultivèrent pour la réalisation de leurs vastes projets[,] pour l'érection et la décoration de leurs chapelles et de leurs salles communes, pour la fabrication et l'ornementation des objets du culte, pour l'exécution de leurs figurines d'ivoire et l'enluminure de leurs missels et de leurs évangéliaires, pour la ciselure de leurs châsses, de leurs tabernacles, de leurs ciboires et de leurs ostensoirs rayonnants. Du cloître s'envolèrent, matérialisées en beauté, toute pensée et toute prière ; du cloître également s'évadèrent toute harmonie et toute poésie : plantes des mélopées des chants liturgiques et joyeux appels des cloches dans les tours et les clochers.

On conçoit que ce dut être à la construction et à l'embellissement de l'église abbatiale que les moines accordèrent le meilleur de leur activité et de leurs ressources ; aussi ne tardèrent-ils pas à devenir d'habiles architectes. Mais les nombreux incendies qui détruisirent au IXe et au Xe siècle la plupart de ces églises[...] leur démontrèrent l'inconvénient de la couverture en bois, jusque là en usage, tradition persistante de la basilique romaine. L'idée maîtresse d'où est sortie l'architecture romane fut précisément de remplacer le plafond en bois, proie facile pour la foudre, par la voûte de pierre en forme de berceau, autrement dit en plein cintre. Mais cette voûte, nécessairement d'un poids énorme, exerçait sur les murs qui la soutenaient une terrible poussée, inconvénient qui n'existait pas dans les constructions à plafond de bois. C'est alors que pour conjurer le danger d'un écrasement toujours à craindre, les prévoyants architectes donnèrent aux murs de soutènement une épaisseur capable de supporter la charge de pierre qu'ils avaient à maintenir dans l'espace.

L'épaisseur impressionnante des murs est donc le premier trait caractéristique et le premier inconvénient de l'église romane et cette nécessité s'imposait par suite du voûtement de pierre. Cependant des écroulements répétés firent comprendre aux architectes que l'épaisseur des murs n'offrait pas toute la garantie qu'ils espéraient et qu'il devenait nécessaire de leur adjoindre un élément d'épaulement qui leur permit de résister à la poussée oblique des voûtes et ils imaginèrent de renforcer les murs par des étais de pierre, nommés en architecture, des contreforts. Pour plus de sûreté encore, ils cherchèrent le moyen de diminuer la pression de la voûte en la divisant en travées par des arcs engagés, appelés arcs doubleaux qui soulagèrent d'autant les murs menacés d'écrasement. Toutes ces précautions ne leur semblèrent pas suffisamment rassurantes. Comme la nef principale était accotée de bas-côtés, ils se servirent des voûtes latérales pour compléter leur ingénieux système de résistance.

Mais la conséquence de toutes ces innovations, ce fut de supprimer les fenêtres ouvrant directement sur la nef principale et de la plonger dans une obscurité à peu près complète, puisque ce n'était plus que par les petites ouvertures des bas-côtés que la lumière parvenait à y répandre un peu de jour. Cet état de choses devait durer jusqu'à l'invention de la *voûte d'arêtes* [spa] qui rendra possibles les merveilles gothiques.

Ainsi donc, massive, trapue, noyée de ténèbres, l'église abbatiale donnait l'impression d'une caverne mystérieuse et les sculptures barbares qui ornaient ses porches ajoutaient encore à cette impression de sauvage grandeur.

Sans doute, dans les quelques monuments romans qui ont été épargnés par le temps et les révolutions, on ne retrouve qu'un pâle reflet des splendeurs dont les avait revêtus le zèle pieux de tant d'artistes inconnus; ils nous apparaissent aujourd'hui sombres et lugubres dans leur nudité et leur délabrement; mais tels qu'ils sont, avec leurs voûtes fumeuses, ils impressionnent encore fortement.

Bâtie pour des ordres austères, l'église abbatiale est l'image de ce monde à demi-sauvage du début du moyen âge où les âmes étaient ployées sous la constante menace de terreurs réelles ou imaginaires; mais dès que ce monde put connaître un peu de paix et de tranquillité, comme l'église abbatiale, tel à Jumièges, s'employa à secouer la fatalité de la pesanteur et des ténèbres, comme elle tendit à s'alléger en poussant plus haut le faisceau de ses colonnes et à s'égayer de plus de lumière, en crevant de larges fenêtres ses murs devenus de moins en moins indispensables à la sécurité du monument. C'est que déjà l'idée gothique, comme une vigne grimpeuse s'agrippait à toutes les saillies de ses pierres, festonnant ses corniches et ses clochetons, s'enroulant autour de ses chapiteaux, laissant pendre ses grappes de fleurs ou de fruits à toutes ses clefs de voûtes. La physionomie du monument, lentement, méthodiquement se transformait, se métamorphosait. Déjà la cathédrale se dessinait dans le plan de l'antique abbaye et cela dès la première moitié du XIIe siècle. Au siècle suivant, il ne restera à l'église de France aucun vestige de l'austérité sauvage de ses débuts. Elle sera devenue un poème de pierre sculpté jusque dans ciel,

> Prière qui plane et foi qui s'envole
> Dans l'azur . . . .°

- . - . - . - . - . - . - . - . - . - . - . - . - . - . . - . -

Je n'entreprendrai pas de vous promener d'[a]bbaye en [a]bbaye, non seulement en France, mais encore en Allemagne, en Italie, voire même en Angleterre. Ce serait refaire la "marche à l'étoile" de la civilisation à travers les siècles obscurs du haut moyen âge. Un aussi long "pèlerinage" à tous les foyers de foi allumés par les moines exigerait des développements qui dépasseraient le cadre de cette étude.

Retenons seulement que ces missionnaires de la lumière, conscients de leur mission, ne se contentaient pas de la sécurité que leur offraient les villes fortifiées ou les grandes voies à peu près sûres qui les reliaient les unes aux autres ; bien au contraire, entraînées par je ne sais quelle charité chevaleresque, ils s'enfonçaient dans les solitudes les plus hostiles, au cœur même de la barbarie, pour s'y établir à demeure, défricher le sol et semer le christianisme. Non seulement, selon le témoignage d'Hugues de Saint-Victor[54], ils peuplaient les déserts de leurs perfections et de leurs exemples, ils y faisaient aussi œuvre de vie en enseignant aux hommes, avec les douceurs évangéliques, l'art de bâtir, de sculpter et de peindre°. Or, c'est ce dispersement et cet éparpillement de leur apostolat qui expliquent l'originalité de leurs conceptions et la variété de leurs créations. La formule esthétique adoptée par tous n'empêchait pas cependant chaque artiste d'imaginer et d'inventer à sa guise. Voilà pourquoi[,] à Toulouse, à Vézelay, à Poitiers, à Caen, à Mayence, à Durham ou à Pise, l'impression que nous éprouvons n'est jamais de même nature, toujours il s'y mêle un élément de surprise. Sans doute nous retrouvons partout le même plan, les mêmes dispositions générales, mais la décoration de chaque monument est conditionnée aux influences et aux possibilités locales ; on dirait qu'il ne fait que continuer les lignes du paysage et ne se parer que de la flore des champs avoisinants.

Ce qui étonne cependant[,] dans la plupart des cas, se sont les dimensions, semble-t-il, exagérées de ces monumentales églises souvent perdues au fond d'une vallée déserte ou juchées sur des hauteurs à peu près inaccessibles ; car, visiblement, leur déploiement dépasse de beaucoup les besoins des humbles monastères dont elles étaient l'orgueil et cela demande explication.

Vous savez sans doute pour l'avoir lu quelque part que l'architecture romane est née tout entière du culte des reliques. Chaque abbaye, en effet, honorait un saint dont les ossements enfermés dans une riche châsse était l'objet de la dévotion des pèlerins qui accouraient de fort loin pour se racheter des fautes graves ou pour implorer des faveurs célestes. À certaines dates – comme la chose se passe encore en Bretagne aux jours de pardon –, l'affluence des fidèles était telle qu'elle débordait les nefs de la petite église primitive et se répandait sur le parvis. Pour accommoder ces foules toujours grandissantes, il fallut bien songer à agrandir le monument, à élargir ou à multiplier les nefs et les déambulatoires qui facilitaient la circulation. C'est donc avec raison que l'on a dit que ce furent « les guérisons et les miracles qui payèrent ces coûteuses églises, leurs sculptures, leurs orfèvreries, leurs ivoires et leurs tissus précieux »°. Le surplus des sommes requises pour les

---

54. Hugues de Saint-Victor (1096 ?-1141), théologien et philosophe français, défendait l'éducation humaniste dans son monastère, tout en la maintenant au rang de servante de la théologie. Il aborde ce problème dans ses *Commentaria in hierarchiam caelestem*, où il distingue la philosophie mondaine et la théologie divine, et dans l'*Eruditio didascalica* (*PRNP*, 989). Voir *Six opuscules spirituels*, texte latin, introd., texte critique, trad. et notes par Roger Baron, Paris, Cerf, 1969 et *Hugues de Saint-Victor et son école*, introd., choix de texte, trad. et commentaires par Patrice Sicard, Turnhout, Belgique, Brepols, 1991.

travaux d'agrandissement était consacré à l'embellissement de l'intérieur, à l'ameublement du sanctuaire et à la fabrication de tous les objets du culte. N'est-ce pas le même miracle qui s'accomplit présentement[55] sur le versant du Mont-Royal, à l'Oratoire Saint-Joseph qui lentement se transforme en une grandiose basilique?

— . — . — . — . — . — . — . — . — . — . — . — . — . — . —

D'ordinaire[,] lorsque l'on parle d'art roman, on se contente de décrire les œuvres d'architecture, faisant à peine mention de ce qui se produisait dans les autres domaines de l'activité artistique ; car il y eut aussi une peinture romane qui, contrairement à ce qui arrive d'habitude, précéda de beaucoup les timides essais de l'architecture et de la sculpture monumentale.

L'iconographie chrétienne débuta par les fresques touchantes des catacombes pour continuer avec les compositions déjà savantes de Byzance. De l'Orient[,] les traditions picturales se propagèrent de monastère en monastère pour former ce fond commun d'idées et de formes où, des siècles durant, puisèrent les artistes de toutes les écoles jusqu'à l'avènement de la Renaissance qui en dilapida le trésor[56].

Vous savez sans doute à quel degré de perfection fut poussé dans les monastères l'art de l'enluminure de manuscrits. Encadrant le texte gothique, ce sont de grandes lettres majuscules contournées de mille façons, enguirlandées de fleurs, hérissées d'animaux monstrueux, le tout rehaussé de filets d'or et de couleurs ch[a]toyantes ; parfois dans la majuscule s'inscrivent de petits tableaux d'une naïveté tout primitive qui racontent quelques épisodes des livres saints. Cette imagerie fantaisiste où entrent à parts égales des souvenirs de l'art classique et les fictions de l'art barbare n'est, pour ainsi dire, que la reproduction stylisée des heureuses inventions des artisans qui, dans le même temps, tissaient les étoffes précieuses, décoraient les armes, les meubles et les blasons, martelaient le fer des enseignes, des potences de puits et des girouettes à la pointe des tours… Toutes ces formes étranges, pittoresques, fantastiques, quelque peu diaboliques[,] se retrouvent dans les missels et les vespérales, les sculptures en bois, les châsses et les ivoires.

Ayant ainsi parachevé leur apprentissage dans l'illustration des parchemins, les peintres pouvaient se risquer à couvrir de fresques les murs nus

---

55. La basilique ayant été construite entre 1924 et 1937, on peut situer les propos de Lagacé peu avant 1937.

56. Avant les modifications manuscrites de l'auteur, la phrase se lisait comme suit : « Le temps ne me permet pas de faire l'histoire de l'iconographie chrétienne depuis les fresques touchantes des catacombes jusqu'aux compositions savantes de Byzance. Retenons seulement que de l'Orient, les traditions picturales […]. »

des abbatiales et ils n'apportèrent pas à cette nouvelle tâche une moindre conscience, une moindre candeur. Malheureusement, des tableaux dont ils avaient tapissé les églises romanes, il ne reste que des lambeaux échappés au vandalisme des siècles prétentieux. Il ne nous en faut pas davantage pour nous donner une idée à peu près exacte de ces ensembles décoratifs. Ces murs aujourd'hui nus et tachés de moisissures disparaissaient alors sous les vives couleurs des tableaux étagés, séparés les uns des autres par un fort trait noir. Et les histoires racontées n'étaient pas des portraits du monde, mais de froides reproductions des modèles reçus de Byzance et transmis d'atelier en atelier et dans tous, ce sont les mêmes lignes tourmentées, les mêmes contorsions des corps, les mêmes entassements de détails, distribués confusément sur le champ à couvrir, sans souci de la perspective et des proportions. En somme, ces enlumineurs, devenus des peintres décorateurs, ne faisaient qu'agrandir les vignettes dont ils ornaient leurs parchemins. Au reste, cet art très spécial devait trouver sa plus parfaite expression dans le vitrail qui a été la véritable peinture du moyen âge occidental, comme la mosaïque l'avait été à Byzance et dans tout l'Orient chrétien.

Les motifs fixés par l'iconographie monastique devaient être également exploités par les sculpteurs comme ils l'avaient été par les peintres. L'on retrouve dans leurs ouvrages les mêmes enlacements de lignes géométriques, les mêmes attitudes contournées des personnages, les mêmes monstres chimériques ; les tympans et les voussoirs des porches sont enluminés comme les majuscules des manuscrits et les vives couleurs dont ils étaient autrefois rehaussés devaient en augmenter encore l'impression. Ces lourdes et pesantes broderies encadrant des scènes de torture, si j'ose dire, nous semblent l'expression des folles terreurs qui hantaient l'esprit de ces chrétiens naïfs et superstitieux que l'an mil devait jeter à la panique de la fin du monde. Toutefois on ne peut nier qu'il y a de la grandeur dans cet art dépouillé des mensonges de la science.

Quant à la statuaire, elle existe à peine et ne se distingue pas du bas-relief dont elle a la faible épaisseur ; raide, tassée, rayée des plis symétriques des robes tombantes, elle ne se délivrera du bloc de pierre qui l'emprisonnait qu'au xiiie siècle, lorsque l'idée gothique, rompant avec la cangue romane, s'épanouira en fleur de vie dans la splendeur de la beauté reconquise.

En conclusion, rappelons que l'influence de l'art monastique n'a été aussi étendue et aussi féconde que parce qu'au lieu de s'exercer uniquement dans les centres urbains, elle a rayonné sur toutes les routes de l'Europe. Jamais art, comme celui du xiie siècle, n'a essaimé à de telles distances et dans des milieux aussi différents. Son grand mérite a été de s'adapter à toutes les conditions du sol et du climat et de se plier aux habitudes et aux traditions de chaque pays sans rien perdre de son caractère d'austère gravité.

Malheureusement, avec le XIIe siècle finissant, l'art, se soustrayant à l'influence des moines, se fit de moins en moins rural pour se concentrer de plus en plus dans les villes. À la fin, l'art communal prit une telle importance qu'il écrasa de la superbe de ses cathédrales les pittoresques églises campagnardes dont les tours basses et massives n'humiliaient pas les pauvres toits des chaumières blotties dans leur ombre. Brûlées par les soleils ardents, meurtries par la foudre et les colères qui les assaillirent, elles se penchent vers la terre comme courbées sous le poids des siècles et des souvenirs. Agenouillées et mains jointes, elles gardent l'attitude prostrée des moines dans leurs stalles. Oh! comme le temps et la misère ont rendues [*sic*] vénérables et touchantes ces vieilles églises, avec leur façade en fête sur une petite place déserte ou oubliées au milieu d'un champ que ne traverse pas même un sentier. Les pavés en sont usés, les angles se sont arrondis, la voûte s'est affaissée, cabossée par endroits. Sur la façade, la maçonnerie se délite, et dans le calcaire rongé par l'âge, il faut parfois insérer de la pierre neuve, comme un carré de grosse toile dans une guipure qui s'effiloche (Hourticq)[57].

Les touristes, fous de vitesse et de plaisir, ne les remarquent pas même dans le paysage qui se défile; mais parfois un rêveur, poète ou artiste, en franchit le seuil creusé par les pluies et les sabots et sous les voûtes fumeuses s'absorbe dans ses pensées… Et cela suffit à les consoler dans leur abandon et leur mélancolie.

O o O o O o O o O o O o O o O o O o O o O o O o O o O o O

L'art roman
Clichés

1. Église romane primitive (croquis)
2. Arc plein cintre
3. Voûte cylindrique, voûte d'arête
4. Église abbatiale, Mont St-Michel

---

57. Louis Hourticq, *Histoire générale de l'art: France*, Paris, Librairie Hachette et Cie, 1931, 40. Quelque peu modifié par Lagacé, le texte de Hourticq se lisait comme suit: «[…] leur façade de fête sur une place solitaire, et les pas des fidèles ne sont plus assez nombreux pour tracer dans l'herbe un chemin. Mais, comme l'âge a rendu vénérables ces églises de campagne! Les pavés se sont usés, les angles se sont arrondis, la voûte s'est affaissée, cabossée par endroits. Sur la façade, la maçonnerie se délite et, dans ce calcaire rongé par l'âge, il faut parfois insérer de la pierre neuve, comme un carré de grosse toile dans une guipure qui s'effiloche.»

5. Église romane (coupe)
6. Contre-fort
7. Saint-Necta[i]re (comm. du Puy-de-Dôme)
8. Notre-Dame de la Grande, Poitiers
9. Porches de différentes églises
10. Porches de différentes églises
11. Porche de St-Trophine [?] (Arles)
12. Tympan de l'église de Vézelay
13. Chapiteaux de colonnes
14. Chapiteaux de colonnes
15. Cloître d'Arles
16. Différents cloîtres
17. Abbaye de Worme [Worms] (Allemagne)
18. Cathédrale de Pise (Italie)
19. Cathédrale d'Ely (Angleterre)
20. Cathédrale de Durham (Angleterre)
21. Porte de la ville de Bristol (Angleterre)

8. *L'art gothique*

L'un des mérites de ce troublant xixe siècle qu'un grand écrivain français a qualifié de stupide – au vrai, le fut-il tant que cela ? – a été de débarrasser l'histoire des innombrables légendes et des non moins innombrables calomnies dont l'avaient affublée les *historiens* [remplace *les écrivains*] aussi mal renseignés que peu scrupuleux. Pour n'en citer qu'un exemple, est-il une époque qui ait été peinte de plus odieuses couleurs que le moyen âge chrétien ? Les historiens[,] se copiant les uns les autres, avaient propagé sur son compte de telles infamies qu'il était devenu synonyme d'*anarchie* [remplace *barbarie*] et d'obscurantisme[58].

Les meilleurs esprits du xviie siècle, on le croit à peine, professaient un souverain mépris pour ses monuments tant religieux que civils, lesquels[,]

---

58. Pour l'art gothique, Lagacé invoque A. Thierry, V. Hugo, Viollet-le-Duc, J. Quicherat, J.-K. Huysmans, É. Mâle, E. Corroyer, A. Michel et L. Hourticq, dont plusieurs ont tenté, comme Ruskin en Grande-Bretagne, de réhabiliter le Moyen Âge, notamment par l'étude de la cathédrale, personnifiée ici par Lagacé qui lui consacre presque tout son chapitre (voir aussi note 50 sur F. R. Lamennais dans les *Lettres de voyage* de Lagacé). Pour un historique des attitudes changeantes vis-à-vis de l'art gothique, voir LT, chap. 1 et GB, 110-113, ainsi que Herbert L. Kessler, « On the State of Medieval Art History », *Art Bulletin*, June 1988, 166-187 (avec la réponse de Lucy Freeman Sandler, *Art Bulletin*, sept. 1989, 506-507) ; pour une bibliographie récente, voir Christian Heck (notre note 38), 562-564.

prétendaient-ils, ne servaient qu'à porter témoignage de l'ignorance de ceux qui les avaient érigés et du crétinisme de ceux qui les admiraient encore. Le grand Molière ne qualifiait-il pas les cathédrales de « monstres odieux des siècles ignorants » et Fénelon[,] qui devait avoir le sommeil facile, osait comparer une cathédrale gothique à un mauvais sermon[59] ?

Cette haine du gothique avait originé avec la Renaissance[,] subitement engouée d'antiquité gréco-romaine. Pendant un siècle[,] les architectes s'étaient acharnés à défigurer les merveilles ogivales; puis ce furent les dépra[v]ations des guerres de religion et les brutalités de la Révolution; alors, toujours en haine du passé, on vit les foules fanatisées se ruer sur la cathédrale inoffensible, brisant les statues de ses porches et criblant de blessures le rideau lumineux de ses verrières.

La bourrasque passée, ce fut miracle de la retrouver encore debout, plus belle, plus radieuse que jamais, portant sur ses membres les stigmates de sa Passion.

Cependant, avec le temps et la réflexion, les esprits mieux informés eurent comme la révélation des sacrilèges commis et ce sera l'honneur d'un Thierry, d'un Victor Hugo et d'un Viollet-le-Duc, réagissant contre les préjugés de leur époque, d'avoir démontré que[,] selon l'heure et l'inspiration d'un haut idéal, l'art se manifeste en des formes diverses enfermant une égale part de savoir et de beauté[60]. Or, l'architecture ogivale – et le monde est unanime

---

59. Sources non identifiées pour Molière, Jean-Baptiste Poquelin (1622-1673), et pour François de Salignac de La Mothe Fénelon (1651-1715).

60. Augustin Thierry (1795-1856), historien et écrivain français, devient le secrétaire du comte de Saint-Simon avant de collaborer à des journaux libéraux. Son *Histoire de la conquête de l'Angleterre par les Normands* (1825) illustre sa théorie des races, conquérantes et conquises, dont l'antagonisme séculaire expliquerait toute l'histoire des peuples. La même opposition entre les Romains et les Francs, entre «l'esprit de discipline civile et les instincts des violents de la barbarie», apparaît dans les *Récits des temps mérovingiens* (1840), tableau évocateur de la Gaule au VIe siècle qui, par un mélange habile d'érudition et d'imagination, parvient à toucher un vaste public (cité dans le *PRNP*, 2047). De Victor Hugo (voir aussi notre note 48), Lagacé fait sans doute référence à la fresque romantique qu'il brosse du Moyen Âge dans *Notre Dame de Paris* (1831), roman dont Émile Mâle aura gardé un souvenir d'enfant des lectures que lui en faisait son père (*DAHS*). Quant à Eugène-Emmanuel Viollet-le-Duc (1814-1879), architecte et théoricien français autodidacte, il s'intéresse à l'architecture médiévale et, avec l'appui de Prosper Mérimée, alors inspecteur des monuments historiques, il dirige à partir de 1839 la restauration d'importants monuments civils et religieux du Moyen Âge (Saint-Germain-des-Prés, Saint Séverin, Notre-Dame de Paris, la cité de Carcassonne). Sa conception rationaliste de l'architecture gothique et ses déductions l'amènent pourtant à prendre parfois des initiatives (suppression ou ajout d'éléments de l'époque considérée comme la plus caractéristique) qui sont violemment critiquées. Parmi ses nombreux ouvrages, on compte le *Dictionnaire raisonné de l'architecture française du XIe au XVIe siècle* (1854-1868), où il affirme que la cathédrale est le symbole de la nationalité française (GB 292), et les *Entretiens sur l'architecture* (1863-1872) qui ont marqué la plupart des architectes novateurs des générations suivantes, *PRNP*, 2175. En 1862, il publiait dans la *Gazette des Beaux-Arts* une série d'articles sur l'étude archéologique de l'architecture religieuse médiévale, LT, 66; voir aussi GB, 126,

aujourd'hui à le reconnaître – est l'une de ces formes[…] sublime à l'égal de l'art grec. De nos jours, la Cathédrale ne compte plus un athée. Je n'en veux d'autre preuve que le cri d'indignation qui s'éleva de l'univers civilisé lorsque la nouvelle se répandit que la mitraille allemande s'acharnait à détruire la merveille de Reims, ce Panthéon de l'histoire de France.

La cause du magnifique élan qui poussa les populations à dresser au centre de leurs cités ce monument de foi et de civisme qu'est une cathédrale[…] se trouve dans l'importante et décisive transformation qui s'opéra dans la société féodale du XIIe siècle. Comme nous l'avons dit, jusque là les moines avaient couvert d'églises toutes les provinces livrées à leur apostolat, tandis que[,] de son côté, la caste militaire ou chevaleresque avait hérissé toutes les hauteurs des pays soumis à leur domination, tels des nids d'aigles ou de vautours, de ces châteaux-forts dont il ne reste aujourd'hui que des ruines. L'autorité spirituelle et l'autorité seigneuriale écrasaient donc de leur suprématie altière et envahissante les champs et les villes.

Mais voilà qu'un événement d'importance se produit qui change entièrement les conditions d'existence des populations urbaines. Échappant à la tyrannie du Seigneur, les communes organisent leur vie bien abritées derrière les hautes murailles de leurs enceintes ; dès lors, la bourgeoisie, délivrée de la crainte d'être rançonnée, se livre à l'industrie et au commerce, les corps de métier se constituent en corporations et l'activité artistique se manifeste avec une ampleur et un éclat inconnus jusque là. Une civilisation à la fois brillante et pittoresque naît de l'ordre nouveau inspirée par la foi, elle se maintiendra jusqu'à la fin du moyen âge.

À ces populations dévorées de zèle pour la gloire de Dieu, il faut un temple pour l'adoration et la prière ; aussi toutes les ressources de la cité s'emploient-elles à la réalisation de ce noble projet. Cette cathédrale à laquelle travaillent déjà les architectes, on l'imagine et on la veut vaste, immense pour que tous y trouvent place ; on la veut aussi élevée, vertigineuse, pour qu'elle soit le témoignage d'une foi fusant vers le ciel. L'enthousiasme gagnant de proche en proche, le roi, l'évêque, les corporations, les confréries, le riche et le pauvre, vident leurs bourses ou offrent leurs bras et l'œuvre sublime s'élabore, sort de terre et n'en finit plus de s'élever, de monter dans la lumière. L'extraordinaire phénomène n'est pas le fait d'une ou de deux communes plus fortunées que les autres ; mais toutes sont prises, si j'ose dire, de la

---

136-137, et 181-183 sur l'aptitude des peuples à franchir trois étapes historiques (imitation, époque archaïque et émancipation) en fonction de leur degré de civilisation (Rapport du 11 juin 1879 de Viollet-le-Duc à Jules Ferry au sujet de la création du Musée de sculpture comparée) et UK, 104-105.

fièvre de la cathédrale ; toutes rivalisent à qui possédera la cathédrale la plus belle, la plus riche, la plus altière, la plus décorée. Et c'est ainsi qu'il y eut au moins une heure dans l'histoire où l'humanité communia au divin par un acte d'amour et un coup de génie.

Cependant, cet enthousiasme fut d'assez brève durée, un peu plus d'un demi-siècle. En effet, dès la fin du XIIIe siècle, la société surmenée laissa relâcher son zèle, le travail collectif fut remplacé par le travail mercenaire ; d'autre part, l'argent manquant ou se faisant plus rare, on n'osa plus se lancer dans d'aussi formidables entreprises ; finalement la partie fut abandonnée et il en fut dès lors à peu près fini des vastes cathédrales.

Mais au XIIe et au début du XIIIe siècle, rien de tel n'existait encore et la société, jeune, généreuse, accessible aux rêves les plus fous, pouvait tenter l'impossible et même le dépasser. De leur côté, les architectes, délivrés des soucis d'argent, dressaient des plans, surveillaient les travaux en cours d'exécution, se tenaient à pied d'œuvre prêts à résoudre les problèmes imprévus qui se posaient et, désintéressés de leur gloire, ne vivaient, pour ainsi dire, que pour le chef-d'œuvre qui[,] chaque soir, semblait un peu plus proche des étoiles.

– · – · – · – · – · – · – · – · – · – · – · – · – · – · –

Ce qui constitue un style en architecture, ce ne sont point des proportions imaginaires et invariables dans leur application, mais un système organique, autrement dit, un certain nombre d'éléments fixes s'ordonnant d'une façon analogue. Telle fut dans l'antiquité l'architecture grecque. À vrai dire, depuis que les Grecs de l'époque archaïque avaient inventé les ordres dorique et ionique, c'était la première fois[,] avec l'invention du style ogival[,] qu'une société révélait au monde une forme d'architecture qui n'eut aucun lien de parenté avec un style déjà connu. Le moyen âge n'aurait-il que ce mérite qu'il aurait droit à une place d'honneur dans l'histoire. La preuve la plus évidente que le gothique possède toutes les qualités d'une architecture vraiment originale, c'est que du premier coup d'œil l'on distingue un monument de ce style ; bien plus, après un examen même superficiel, on en peut fixer exactement[,] ou de peu s'en faut, la date de son érection.

L'architecture ogivale, pour lui restituer son vrai nom, eut des commencements difficiles et lents et ce fut d'abord le style ou l'ordre « lancéolé » du XIIIe siècle ; puis, elle s'est ensuite épanouie avec grâce et légèreté et ce fut l'ordre « rayonnant » du XIVe siècle ; enfin, elle s'est compliquée de détails fins et délicats, mais touffus, parfois superflus, et ce fut l'ordre « flamboyant » du XVe siècle. Elle a donc eu, comme les arts antiques, une naissance laborieuse, une jeunesse radieuse, une vieillesse fleurie, par conséquent, comme toute forme de vie ou de pensée, elle a connu les trois évolutions par lesquelles passent les êtres ou les choses, pour accomplir leur destin. Ne sont-ce pas là le signe infaillible et le caractère indéniable d'un art complet, achevé ?

- . - . - . - . - . - . - . - . - . - . - . - . - . - . - . - . - . - . - . -

On peut considérer une œuvre d'architecture sous deux aspects différents : dans sa forme technique et c'est une œuvre de science ; ou dans sa forme esthétique, et c'est une œuvre d'art. Étudions tout d'abord dans la cathédrale l'œuvre de science.

Pour apprécier à sa juste valeur ce qu'apportait d'ingénieux et de hardi le système ogival, il faut se rappeler les innovations introduites par les moines-architectes dans l'art de bâtir. Résolus de remplacer le plafond de bois, cause d'ennuis renouvelés, par la voûte en pierre en quelque sorte indestructible, les moines n'y arrivèrent ni en une fois, ni du premier coup, tant nombreux et difficiles étaient les problèmes à résoudre. En effet, ce n'était pas une mince affaire que de faire tenir en équilibre dans l'espace une charge aussi lourde. Pour échapper au danger d'un écrasement toujours possible, ils durent donner aux murs[,] sur lesquels pesait de tout son poids cette charge de pierre[,] une épaisseur considérable, et pour plus de sécurité, ils bardèrent d'arcs-doubleaux la voûte en berceau et consolidèrent les murs par des piliers extérieurs que l'on nomme contreforts.

Le résultat de tant de précautions organiques fut, comme nous l'avons dit, de supprimer les fenêtres ouvertes directement sur la nef principale et ainsi de plonger le monument dans une obscurité à peu près complète[,] la lumière n'y arrivant plus que par les étroites ouvertures des bas-côtés. Cependant, il faut reconnaître[,] en toute justice, que les constructeurs romans ne se résignèrent à ces inconvénients que faute de pouvoir les supprimer. Aussi, dès que le principe ogival fut découvert – et il le fut dès la moitié du XIIe siècle – avec quel enthousiasme l'adoptèrent-ils, tel à Jumièges [en Seine-Maritime] où se dessinent déjà les grandes lignes ascendantes de la cathédrale.

Dès maintenant, nous pouvons tirer une première conclusion d'une réelle valeur historique, c'est que, contrairement à l'opinion courante, il n'y eut pas de solution de continuité entre l'art roman et l'art gothique et que ce dernier dérive directement du premier, comme autrefois, en Grèce, l'art ionique dériva de l'art dorique. Quicherat avait donc vu juste en soutenant, au siècle dernier, que toute l'histoire de l'architecture du moyen âge se résumait à la lutte engagée par les architectes contre la pesanteur et la poussée des voûtes[61]. Là, en effet, est le problème que la trouvaille d'un

---

61. C'est en tant que titulaire de la première chaire française en histoire de l'art que Jules Étienne-
Joseph Quicherat (1814-1882), membre de la Commission des monuments historiques,
donne à partir de 1847 (1846 selon GB, 467) le premier cours d'archéologie médiévale à

maçon devait solutionner. En quoi donc consiste cette trouvaille qui révolutionna entièrement l'art de bâtir ? [/] C'est ce que je vais essayer d'expliquer en me servant le moins possible des mots de métier.

Le tout se résume à un artifice architectonique. À l'aide d'arcs diagonaux jetés *hardiment* [remplace *harmonieusement*] sur le vide et maintenus en place par une clef de voûte, on constitue comme une succession de ponts volants sur lesquels la voûte s'appuie et pèse de tout son poids, se déployant comme une tapisserie continue. C'est sur ces arcs renforcés de doubleaux et de formerets déjà employés dans le roman que s'exerce la poussée à la fois verticale et oblique de la charge énorme qu'ils portent sur leurs reins. Par des calculs savants, on arrive à déterminer les points de retombée de la pesanteur et à la distribuer en partie sur les piliers ou faisceaux de colonnes dont les arcs ogifs ne sont en quelque sorte que la continuation et le prolongement ; mais la poussée oblique demeurerait une constante menace si au point précis où pourrait se produire la rupture, *l'arc-boûtant* [spa] – la véritable trouvaille du maçon [–] ne venait de l'extérieur, tel un bras tendu, opposer une poussée contraire qui, en neutralisant l'effet de la poussée oblique, assure ainsi la stabilité du monument. Dès lors, les murs n'ont plus d'autre fonction que de clore le monument ; ils ne sont plus, comme dans le roman, un élément essentiel, indispensable. On pourra à volonté en diminuer l'épaisseur au point d'en faire une mince cloison ; on pourra y ouvrir de hautes et larges fenêtres qui inonderont de lumière la nef principale si obscure dans l'abbaye. Et c'est ainsi que l'élévation et la légèreté du vaisseau gothique s'opposent à la lourdeur et à la timidité de l'église romane et que le riche éclairement du premier succède au petit jour funèbre du second, si bien que la cathédrale, *tel à Beauvais* [remplace *poussée à son dernier terme*], ne sera plus qu'une serre immense sertie dans une monture de pierre.

Quant à l'emploi généralisé de l'arc brisé – de forme ogivale [–,] il était en quelque sorte commandé par la nécessité d'alléger d'autant l'entrecroisement des nervures si lourdement chargées du poids de la voûte. Mais, c'est

---

l'École des Chartes, dont il devient le directeur en 1871 (1847 selon le *PRNP*, 1710-1711) et dont il fonde et dirige aussi la bibliothèque (LT, 67-72). Quicherat, dont Jean Hubert reconnaîtra qu'il a donné à l'archéologie médiévale ses fondements en tant que discipline (LT, 72), défend la nécessité de cet enseignement sur la base d'arguments qui « ne reposent ni sur la fierté nationale ni sur la protection des monuments, mais sur l'information historique que l'on peut tirer de l'étude matérielle des objets et des documents », LT, 67. Les écrits les plus importants de Quicherat comptent une *Histoire du costume en France depuis les temps les plus reculés jusqu'à la fin du XVIII*ᵉ (1875, c1845-1869), ainsi qu'une publication posthume en deux volumes, *Mélanges d'archéologie et d'histoire : archéologie du Moyen Âge*, mémoires et fragments réunis par Robert de Lasteyrie, Paris, Alphonse Picard éditeur, 1885-1886. C'est dans des *fragments d'un cours d'archéologie*, à la fin du volume consacré au Moyen Âge, que Quicherat explique les façons de bâtir les voûtes romanes puis les voûtes à ogives. Sur Quicherat voir aussi GB, 617, note 164.

une erreur de croire que la forme ogivale est la condition *primordiale* [ms], essentielle, du système gothique, puisque beaucoup de monuments de la bonne époque s'en sont passé.

Donc, la réunion dans un même édifice de ces trois éléments : voûte sur nervures, arc-brisé et arcs-boutants, auxquels il faut ajouter une plastique appropriée, caractérisent un monument gothique. À ces signes se reconnaît tout de suite cet ordre d'architecture, improprement appelé gothique, qui révéla au monde une forme nouvelle de beauté.

Maintenant[,] que ce style ait pris naissance ici ou là : c'est dispute entre archéologues. Ce qui est certain par exemple, c'est que la France a été la première à l'adopter. Durant trois siècles, il suivra une marche ascendante ; mais au xiiie siècle, il atteindra l'apogée. Dans la suite, il ne fera que pousser à l'extrême son étonnante facilité à se plier à tous les milieux et à répondre à toutes les nécessités.

- . - - - . - - - . - - . - - . - - . - - . - - . - - . - -

Une œuvre de science, parce que utile avant tout, peut se passer de beauté ; il n'en saurait être ainsi d'un ouvrage d'architecture monumentale qui doit non seulement satisfaire aux fins de sa destination, mais être en plus un objet de fierté pour la cité qui en fait les frais. Or, la cathédrale, témoignage de foi, ne pouvait dès le premier instant, à l'époque romane, ne pas revêtir un caractère de beauté spirituelle. Aspirant à matérialiser les certitudes et les espérances du peuple chrétien, elle fut pensée, élan, lumière ; bible, évangile, catéchisme ; châsse incrustée d'histoire, de légende, de poésie et de rêve. De la civilisation issue du christianisme, ne resterait-il que la cathédrale pour rappeler à l'avenir les merveilleux résultats auxquels elle pouvait aspirer, que cela suffirait à en faire un sommet d'intellectualité et de moralité, à l'égal du Parthénon dans le silence désolé de l'Acropole.

Tout cela et bien d'autres choses, exprimé dans un style éblouissant, vous le trouverez dans Victor Hugo, Viollet-le-Duc, Huysmans, Mâle, Corroyer, Michel, dans des milliers d'auteurs français, allemands, anglais. Vous n'avez que l'embarras du choix[62].

---

62. Parmi ces auteurs, dont certains déjà mentionnés par Lagacé (sur Hugo et Viollet-le-Duc voir notre note 60), le fait qu'Émile Mâle (1862-1954), professeur à la Sorbonne à partir de 1908, directeur de publication d'une importante *Histoire de l'art* et membre de l'Académie française en 1927 (*PRNP*, 1293) et cité dans Lagacé dans ses *Lettres de voyage* (notre note 96), n'ait droit ici qu'à une simple mention (par amitié pour Hourticq ? – notre note 32 –, ou parce que Lagacé, pour le Moyen Âge, s'intéresse davantage à l'architecture religieuse qu'à la peinture ?) peut paraître étonnant (son nom ne figure pas non plus dans l'*Histoire de l'histoire de l'art* de GB), vu l'importance des travaux d'Émile Mâle sur l'art du Moyen Âge tardif, dont ses quatre volumes sur l'*Art religieux* (Paris, Colin, 1902-1932) : vol. 1 : *L'art religieux du xiiie siècle en France*, c1902 (thèse 1898, LT, 332) ; vol. 2 : *L'art religieux de la fin*

Disons seulement pour les besoins de ma thèse que de même que le corps n'est qu'une matière assez misérable sans l'âme qui l'habite et la spiritualise, de même la cathédrale ne serait qu'un amas de pierres entassées à des hauteurs prodigieuses, mais sans signification morale, ainsi que tant de monuments de vanité, si de l'idée inspiratrice elle ne révélait le sens divin par l'élan de ses lignes qui se rejoignent et s'étreignent dans l'espace, telles des mains jointes pour l'acte de la prière et de l'adoration.

– . – . – . – . – . – . – . – . – . – . – . – . – . – . – . – . –

Dans la vastitude des plaines sans fin et des vallées spacieuses[,] l'horizon surgit de tous les côtés à la fois. Une chaumière n'est qu'une tache blanche dans l'immense tableau et les villes elles-mêmes font l'effet de grands vaisseaux à l'ancre sur une mer aux longues ondulations vertes. Or, ce que les architectes du XIIIe siècle voulaient exprimer dans ce décor tranquille de la campagne française, c'était la grandeur, l'incomparable sublimité de la pensée chrétienne. Pour remplir ce programme, ils ne songèrent pas un instant à donner au monument[,] que leur foi autant que leur civisme allaient faire jaillir du sol comme par miracle, les formes graves et sereines du temple païen, ils lancèrent, au contraire, dans les airs les flèches et les tours de leurs églises avec une hardiesse et une témérité stupéfiantes. Et justement[,] parce que ces jets de pierre ne sont dominés ni par des collines en amphithéâtre, ni par de hautes montagnes, mais qu'ils dominent tout, ils donnent une impression de grandeur souveraine, presque surhumaine.

Ils ont obtenu cet effet puissant par l'emploi d'un système de proportions qui fait aujourd'hui – car il n'en fut pas toujours ainsi – l'*unanime* [remplace *notre*] admiration. Contrairement aux anciens, esclaves de la règle de proportions, du module abstrait et invariable, ils prirent pour unité de mesure la taille humaine. Or, comme le point de comparaison n'est autre que nous-mêmes, il arrive que ces édifices d'une si impressionnante hauteur réalisent dès le premier coup d'œil leurs véritables proportions; en les contemplant, nous éprouvons le sentiment que les rapports entre eux et

---

du Moyen Âge en France. Étude sur l'iconographie du Moyen Âge et sur les sources d'inspiration, 1908; vol. 3: *L'art religieux du XIIe siècle en France. Étude sur les origines de l'iconographie du Moyen Âge,* 1922, et vol. 4: *L'art religieux après le Concile de Trente. Étude sur l'iconographie de la fin du XVIe siècle au XVIIIe siècle en Italie, France, Espagne et Flandres,* 1932. Diplômé en 1886 et s'apprêtant à poursuivre ses recherches en art ancien à l'École d'Athènes, en voyant les fresques d'Andrea da Firenze à Santa Maria Novella à Florence, il décide de se consacrer plutôt à l'art médiéval (*DAHS*), plus particulièrement à l'iconographie religieuse (UK, 186). Sur Mâle, voir LT, 332-344 (333 pour la réf. à deux articles de Mâle sur l'histoire de l'histoire de l'art parus en 1894 et 1902). Quant à Édouard Corroyer (1837?-1904), il a publié des ouvrages sur l'architecture gothique (*Gothic Architecture*, London, Seely and Co, 1893) et romaine (*L'architecture romaine*, Paris, s. n., 1900). Sur Huysmans, voir notre note 64.

nous sont ceux-là mêmes de la nature. Construits d'après l'échelle humaine, ils apparaissent toujours grands sans être jamais colossaux.

Convenance, unité, proportions et grandeur, tels sont les premiers caractères de la Cathédrale.

Après la grandeur, aucune qualité ne frappe plus vite les yeux dans une œuvre d'architecture que la variété de ses parties; à cet égard l'architecture ogivale est sans rivale.

Contrairement au temple grec dont l'étendue, le nombre des colonnes et l'importance de la décoration étaient variables, mais dont le plan restait immuable en son ordonnance majestueuse, la cathédrale[,] tout en gardant elle aussi ce que j'appellerai ses organes essentiels[,] n'était pas asservie à une sévère formule qui en fixait à jamais le type initial. Notre-Dame de Paris ne ressemble pas à Chartres et Chartres ne ressemble pas à Bourges. Chacune a sa physionomie et son caractère propres; ici elle est plus svelte, plus élégante, plus parée; là, plus ramassée, plus sévère, plus dépouillée. La différence est encore plus marquée si l'on compare, par exemple, une cathédrale de France à une cathédrale d'Espagne, d'Allemagne ou d'Angleterre, chaque pays l'ayant conçue selon son esprit, j'allais dire, selon son cœur. Plus évidentes – en quelque sorte tangibles – nous en apparaissent les divergences lorsqu'on étudie les divisions et les dispositions intérieures qui répondent à des exigences du culte, à des besoins particuliers. D'où le pittoresque imprévu de quelques unes d'entre elles.

L'intérêt toujours renouvelé et jamais épuisé grandit encore si l'on s'arrête aux multiples détails de la décoration tant extérieure qu'intérieure. C'est dans ce domaine que le génie inventif de ses auteurs, secouant toute contrainte, a pu se donner libre carrière : ce qui explique la profusion et la variété des ornements qui festonnent les portails, les colonnes, les voûtes[,] et qui, même dans l'ombre des chapelles, courent en lianes délicates sur les nervures incurvées.

Et ce qu'il faut le plus admirer dans la prodigieuse efflorescence de ces innombrables ornements fouillés comme des ivoires, c'est que l'artisan, artiste qui s'ignorait, n'a pas abdiqué sa personnalité dans le travail qui lui était confié, qu'il n'a pas été un simple ouvrier copiant éternellement des modèles consacrés, mais qu'il a fait, au contraire, œuvre originale, laissant sur chaque pierre que ses mains ont façonnée, le reflet de sa pensée créatrice et l'empreinte, la morsure de l'outil qu'il s'était forgé.

On serait tenté de croire qu'une telle liberté d'invention et d'exécution dût conduire à la confusion et à l'anarchie; loin de là, tous ces morceaux de bravoure, si je puis ainsi dire, où l'ingéniosité le dispute à la sûreté du métier, se confondent dans l'ensemble, sans qu'une dissonance ou un éclat trop bruyant en vienne rompre l'harmonie. Si bien que la Cathédrale apparaît comme l'image de l'univers multiple en ses manifestations, mais un dans son ordre définitif.

Voilà ce qui fait qu'elle n'est pas la masse muette, immobile, qu'aperçoivent les yeux des profanes. Elle vit, elle respire, elle parle ; elle raconte à l'avenir ce que les contemporains de sa naissance ont pensé, souffert, cru, espéré ; elle ramasse en elle toute la philosophie, toute l'histoire, toute l'érudition de son temps, véritable encyclopédie de pierre dressée au centre de la commune pour servir de lecture et de prédication au peuple qui vivait à l'ombre de ses tours ajourées.

En effet, il n'est rien dans la Cathédrale, si l'on y regarde d'un peu près, qui n'ait un sens caché, qui ne soit un langage chiffré. Le symbolisme y éclate partout : les personnages qui se tiennent droit et raides dans les niches des portails, les animaux étranges qui se penchent et grimacent aux angles des galeries, les couleurs des rosaces et des verrières, les fleurs et les fruits des chapiteaux et des pendentifs, les peintures et les bas-reliefs des retables, les fines et spirituelles sculptures des stalles, les émaux et les pierres précieuses des châsses [qui] font leur partie, jettent leur note ou leur accord dans ce merveilleux « cantique des cantiques ». Il n'est pas une pierre, pour me servir d'une autre comparaison[63] qui ne soit un mot, un verbe, un vers dans ce poème sculpté jusque dans le ciel (Lire à ce sujet : « La Cathédrale » de Huysmans[64]).

Cette symbolique souvent naïve ou captieuse fut l'humus fécond où l'art populaire puisa sa sève pour pousser si haut dans l'espace ce grand arbre mystique aux branches touffues d'enseignements, de prières et d'espérances.

On conçoit qu'un monument qui avait la prétention de résumer en une formule à la fois abstraite et concrète toute la science et les aspirations de son époque ne pouvait être le produit d'une idée solitaire, l'expression d'un sentiment exceptionnel ou le témoignage d'une volonté supérieure s'imposant à la veulerie ou à l'indifférence générale. Certains monuments ne sont pas autre chose. Mais la Cathédrale n'a rien de commun avec ces monuments d'orgueil ou de vanité ; elle est au contraire le triomphe magnifique d'une âme magnanime faite de toutes les émotions intimes, profondes, de la multitude humaine et surtout des nobles générosités qui germent au sein de la société chrétienne. Aussi bien, dans une telle œuvre, l'individu devait

---

63. Cette insertion a été déplacée ; elle se trouvait initialement dans la phrase précédente.

64. Cette note entre parenthèses est une des rares qui désigne directement des lectures suggérées, ici celle du roman de Joris-Karl Huysmans, *La cathédrale* (à ce sujet, voir GB, 358). Voir l'édition établie par Pierre Cogny, suivie de documents inédits, préface de Monique Cazeaux, Saint-Cyr-sur-Loire, Christian Pirot, 1986, c1898. Joris-Karl Huysmans (1848-1907), écrivain français d'origine hollandaise, ami de Zola, Académie Goncourt 1897, a publié *La cathédrale* après s'être converti au catholicisme (*En route*, 1895) au contact de « l'art qu'il avait fondé ». Ses écrits antérieurs dépeignent des existences ternes (*En ménage*, 1881 et *À vau-l'eau*, 1882) ; ils témoignent aussi de son dégoût du monde moderne composé de « sacripants et d'imbéciles » et dévoilent « son tempérament artiste » (*À rebours*, 1884), ou bien encore mêlent l'occultisme à la sensualité (*Là-bas*, 1891), cité dans le *PRNP*, 994.

disparaître pour ne laisser voir que la foule anonyme. Faut-il s'étonner que dans l'angle des tableaux, à la base des statues, sur les dalles des nefs, on ne relève aucun nom, aucun parafe, aucun signe conventionnel qui puisse en révéler l'auteur. Le peintre, le sculpteur, l'architecte se nomment "peuple" et son acte de foi est sa signature.

Mais quelle que soit l'éloquence extérieure de la cathédrale, c'est surtout en pénétrant sous ses voûtes d'une si prodigieuse élévation que l'on comprend le sens humanitaire de sa mystique et le caractère social de sa destination. Différente du temple grec qui, vu ses faibles dimensions, ne pouvait admettre dans sa cella qu'un petit nombre de fidèles à la fois, la cathédrale est si vaste qu'elle peut, dans son enceinte, accueillir et contenir la cité toute entière. Aux jours de fête ou de deuil, elle s'y trouvait assemblée pour exalter sa foi ou son espérance aux accords puissants des grandes orgues.

Ce qu'était la Cathédrale au moyen âge, elle l'est demeur[é] de nos jours. Cependant, de plus en plus se font rares les occasions, qui réunissent tout le peuple chrétien sous ses voûtes dans un même élan d'amour et de fraternité. On lui a si bien appris à déserter ses portiques qu'elle lui est devenue indifférente, quand elle n'est pas l'objet de sa haine, comme il advint en France aux heures sinistres de la révolution.

Aussi, il n'y a pas de cathédrale qui ne porte sur ses flancs quelques profondes blessures. Les plus anciennes et les plus vénérables en sont littéralement criblées.

- . - - - - - . . - - - . - - - - - . - -

Le génie inspiré[,] qui trouva pour exprimer sa foi et son rêve de beauté une forme aussi grandiose, fut si facile, si fécond, qu'il engendra les œuvres les plus variées. Débordant les nefs des cathédrales, il envahit la vie entière du peuple et trouva pour chacune de ses manifestations la forme la plus appropriée. Il n'est donc pas étonnant que le moyen âge, pour témoigner de son étonnante vitalité, ait jalonné la route qu'il prit quatre siècles à parcourir de monuments plus gracieux et plus ingénieux les uns que les autres où s'affirmèrent ses droits et privilèges : châteaux-forts, maisons communales, halles au blé ou au drap, hôtels princiers ou résidences bourgeoises, magnifique floraison de pierre qui couvrit comme par enchantement les terres de France, d'Allemagne, d'Angleterre, partout où la liberté à son printemps faisait, parmi ses fleurs d'aurore, un nid à la beauté.

J'ai consacré tant de temps à la Cathédrale qu'il ne m'en reste plus guère pour traiter un aussi vaste sujet. [/] Retenez seulement que l'architecture civile de l'époque ne le céda en rien à l'architecture religieuse ; elle en posséda toutes les fortes et brillantes qualités et, comme elle, se plia docilement aux nécessités de la convenance et de l'esthétique.

Il faudrait[,] pour vous en fournir la preuve, vous promener par les vieux quartiers de certaines villes qui, plus fortunées que d'autres, ont su se défendre contre les caprices de la mode et les entreprises des architectes et conserver leur attachante physionomie moyenâgeuse ; il faudrait vous arrêter en cours de route soit à Reims, à Strasbourg, à Berne ou à Nuremberg, devant ces pittoresques maisons à pignons, flanquées de tourelles surmontées de girouettes grinçant à tous les vents ; soit encore en face de ces somptueux hôtels, Cluny à Paris, le Palais de justice à Rouen, que les grands seigneurs se faisaient construire dans la ville voisine de leurs maussades châteaux, pour la plupart en ruines aujourd'hui sur quelque rocher des environs ; soit enfin au pied de quelques fiers beffrois pour en admirer la silhouette hardie, notamment devant celui de Bruges qui, à toutes les heures du jour et de la nuit, laisse pleuvoir sur la ville les gaies chansons de son carillon ; ainsi longtemps, au gré de son caprice et à la poursuite de son rêve, s'en aller par les rues étroites et tortueuses de Gand, de Carcassonne ou de Lisieux, et surtout escalader les pentes escarpées qui conduisent à la "Merveille" qui couronne le Mont Saint-Michel… Mais pour cela il nous faudrait des loisirs dont nous ne disposons pas.

Souhaitons au moins que vous ayez un jour – si la paix revenue, l'Europe présente au monde un autre spectacle que celui d'un vaste cimetière, – la grande joie d'entreprendre cet artistique et pittoresque pèlerinage.

Pour l'avoir accompli deux fois au cours de ma vie [1900 et 1922], j'en ai encore les yeux remplis de lumière et le cœur de nostalgie.

— · — · — · — · — · — · — · — · — · — · — · — · — · — · — · — · —

C'est donc par une telle efflorescence de chefs-d'œuvre dans tous les domaines que le moyen âge a participé au désir de créer et à la faculté de sentir le beau. Il a réussi à atteindre la perfection, parce que dans chaque membre de la communauté l'idée de la beauté était vivante, agissante. Aussi, lorsque nous considérons les merveilles qui furent accomplies par le concours unanime des populations d'alors, nous comprenons combien ces dernières « se sont montrées incomparables en toutes choses et nous avons la preuve une fois de plus, que l'universalité des aptitudes est le signe indéniable des grandes époques de l'histoire humaine » (Hourticq).

La Renaissance, dont je vous entretiendrai dans le prochain chapitre, en faisant de l'art l'apanage à peu près exclusif des riches et des savants, décréta à jamais le divorce du peuple et des artistes. De ce jour, les étoiles se multiplièrent peut-être dans le ciel de l'Art, mais il n'y eut plus de Soleil.

— · — · — · — · — · — · — · — · — · — · — · — · — · — · — · — · —

L'art gothique
Tableaux

1. Voûte gothique
2. B[e]rry-au-Bac, après le bombardement
3. Arc boûtant
4. Arc boûtant (Reims)
5. Arc boûtant (Beauvais)
6. Chapiteaux gothiques
7. *Notre-Dame de Paris*[65], commencée en 1163, terminée en 1245, du moins dans son ensemble, restaurée par Viollet-le-Duc (1845-1864)
8. Notre-Dame-de-Paris
9. Notre-Dame-de-Paris
10. Notre-Dame-de-Paris
11. Notre-Dame-de-Paris
12. Notre-Dame-de-Paris
13. Ste-Chapelle (Paris)
14. Ste-Chapelle (intérieur)
15. Ste-Chapelle (nef et rosace)
16. Chartres (L'Eure)
17. Chartres (vue générale)
18. Chartres (statue d'un portail)
19. Chartres (portail royal)
20. Cathédrale d'Amiens
21. Cathédrale d'Amiens
22. Cathédrale d'Amiens
23. Cathédrale d'Amiens
24. Cathédrale de Reims
25. Cathédrale de Reims (portail)
26. Cathédrale de Reims (statue de grand portail)
[27.]
28. Chartres et Reims (N° 1)
29. La cathédrale en ruines
30. St-Ouen, Rouen
31. St-Ouen, Rouen
32. Cathédrale de Bourges
33. Cathédrale de Strasbourg
[34.]
35. Cathédrale St-Pierre (Beauvais)

---

65. Souligné par l'auteur, les numéros des illustrations suivantes (8 à 13) étant tous réunis sous la même rubrique.

36. Cathédrale St-Pierre (Beauvais)
37. Cathédrale d'Albi
38. Cathédrale de Cologne
39. Cathédrale de Cologne
40. Abbaye de Westminster
41. Cathédrale de Wells
42. Cathédrale d'Exeter
43. Abbaye de Linten [Linton?] (ruines)

9. *La Renaissance italienne : xvᵉ siècle*

L'idée que j'ai cherché à mettre en relief en parlant de l'art médiéval, c'est
que la société féodale, fondée sur la soumission et l'obéissance, n'a réussi à
atteindre, à dépasser même son idéal qu'en groupant et en disciplinant les
énergies dispersées du peuple chrétien, en vue d'une action et d'une œuvre
communes. Tel fut le secret de sa grandeur. L'Art, quoique l'on prétende, y
trouva son compte. Il évolua dans le sens de la logique et de l'ordre, allant
jusqu'au bout de sa croissance, jusqu'à l'épuisement de sa sève. Il mourut,
si l'on veut, de l'excès de sa fidélité à des principes poussés à l'extravagance
des extrêmes ; mais, tout comme l'art grec, il légua au monde un ensemble
unique de chefs-d'œuvre qui va des timides essais des débuts aux audacieuses créations du déclin[66].

L'Italie, qui n'avait pas perdu le souvenir de son ancienne grandeur,
ne s'abandonna pas, comme les pays du Nord, à la fascination du style
gothique ; elle n'en prit tout juste que ce qui facilitait son programme : le
moyen d'élargir les nefs de ses églises et la nouveauté des combinaisons
décoratives, sans toutefois renoncer à ses traditions séculaires. Et cela s'explique facilement. Partout des ruines, jaillissant du sol, lui rappelaient son
glorieux passé. Faut-il s'étonner qu'au plus fort de son exaltation religieuse,

---

66. Pour Lagacé, qui fait ici un usage typique de la métaphore organique (voir Hazan, *Le mythe…*,
chap. 1), chaque style prend naissance, se développe et meurt, avant de laisser la place au
style suivant, qui, ici, le ramène en Italie, pour une époque qu'il aborde avec un regard neuf,
malgré sa préférence pour le gothique. Pour une récapitulation historiographique du sujet,
voir John Paoletti, « Renaissance and Mannerism in Italy », *Art Bulletin*, 1983, Supp., 145-160 ;
William Hood, « Italian Renaissance Art », *Art Bulletin*, June 1987, 174-186 et GB, 31-76 et
419-438 ; pour une bibliographie récente sur toute la période que couvre Lagacé à partir de
ce chapitre, voir Claude Mignot et Daniel Rabreau (dir.), *Temps modernes : xvᵉ-xviiiᵉ siècles*,
Paris, Flammarion, coll. « Histoire de l'art », 558-565. Lagacé, quant à lui, se réfère dans ce
chapitre à H. Taine, L. Viardot, [?] Broussolles, L. Gillet et A. Fabre.

elle ait rêvé d'une renaissance prochaine. Au reste, les circonstances la servaient à souhait.

Contrairement aux autres pays appauvris par les croisades, elle avait retiré de ces lointaines expéditions des avantages économiques qui avaient assuré la prospérité matérielle de ses principales villes; dans un autre domaine, celui du savoir, elle n'avait eu pour ainsi dire qu'à se pencher sur les vieux manuscrits conservés dans ses bibliothèques pour découvrir la clef de toutes les sciences jusqu'alors connues; même en matière de religion, elle n'avait pas cédé au courant d'ascétisme qui, au delà des monts, avait emporté tous les cœurs; prêtant une oreille distraite aux prescriptions sévères d'un St Dominique ou d'un St François, elle s'abandonna à la joie facile de vivre sous son ciel incomparable, sans renoncer toutefois à ce que j'appellerai la *sérénité* [remplace *volupté*] du remords, comme il advint de Florence à la voix de Savonarole. Ses jeunes républiques, Venise, Amalfi, Pise, Lucques, Gènes, Milan, trépignaient d'impatience et rivalisaient d'ardeur; avec la suprématie des Médicis, Florence prit la tête du mouvement et devint la cité du bon goût, du savoir et des suprêmes élégances.

Cependant, sous ces brillants dehors se cachait et se dissimulait une âme dure et cruelle; car il ne faut pas oublier que nous sommes au sortir du "siècle de fer". Ces lettrés amateurs de conversations érudites, ces raffinés fous d'art et de luxe, font, selon le mot d'Hippolyte Taine, "des actes de sauvages et des raisonnements de gens civilisés"[67]. Du choc violent de ces deux contraires devait résulter une puissance d'énergie qui ne pouvait manquer de projeter les âmes bien au delà de leurs habituelles capacités de penser et de sentir. Aussi voit-on de tous côtés réapparaître la belle émulation des temps anciens de la Grèce archaïque.

Les républiques, les villes libres ou coalisées, les petits états, tous les fragments de l'Italie morcelée, se disputent par tous les moyens la prédominance. Chacun d'eux veut l'emporter sur ses rivaux par l'importance des établissements, par la beauté des œuvres de ses artistes. D'autre part, les maîtres que se donnent la plupart de ces états, ou ceux qui s'y érigent en maîtres, se faisant de nouveaux Périclès et devançant les Médicis, veulent flatter aussi la vanité de leurs concitoyens, les occuper, les éblouir. On comprend ce que devait produire ce double sentiment, ce double besoin. De là, en effet, les vastes basiliques, les somptueux monastères, les palais, les maisons communes; de là, le goût général, l'émulation, l'ardeur passionnée, tous les stimulants et toutes les qualités d'un travail noble, fait au grand jour, qu'ambitionnent et que récompensent les suffrages publics (Viardot)[68].

---

67. Hippolyte Taine, *Philosophie de l'art*, Paris, Librairie Hachette et Cie, 1906, 178, c1865. Dans le texte se lit « des actions de sauvages et des raisonnements de gens civilisés ».

68. Il s'agit sans doute de Louis Viardot (1800-1883), auteur de *Les merveilles de la sculpture* et *Les merveilles de la peinture*, Paris, Hachette, 1869 et 1875. De Viardot, voir aussi *Histoire des*

Ce fut, à n'en point douter, une heure solennelle autant que délicieuse que celle où le génie de toute une race, bien plus[,] de tout une civilisation passionnée d'élégance et curieuse de toutes sciences, transforma en un large fleuve de poésie l'humble source qui n'avait jailli du cœur de la mystique que pour alimenter, semblait-il, la veine de quelques âmes contemplatives. Sans doute il promenait dans son cours tourmenté bien des immondices et des impuretés, mais tant d'étoiles s'accrochent à la crête de ses flots, que tout le reste est noyé et emporté dans ce large courant d'idéalité.

L'histoire de la Renaissance[,] et de la peinture italienne, a été pour ainsi dire refaite au XIXe siècle, grâce aux documents déterrés dans les bibliothè- ques, grâce surtout aux fresques à peu près intactes qu'un heureux hasard a permis de retrouver sur les murs des églises, sous la couche de chaux dont les avaient badigeonnées les vandales du XVIIIe siècle. Ce travail de révision a eu pour résultat de démolir grand nombre de légendes créées de toutes pièces, pour la plupart, par le peintre-écrivain Vasari qui avait de particu- lières raisons d'en agir ainsi. Écrivant pour exalter la gloire de sa patrie, et plus encore celle de Cosme Ier, il avait tout intérêt à faire le silence « non seulement sur les origines de la peinture en Ombrie et en Lombardie, mais même sur ce qui s'était passé à Sienne et à Pise, à l'époque où ces vieilles républiques toscanes n'appartenaient pas encore au duché de Florence[069] ». À l'en croire, ce fut cette dernière ville qui fut le véritable berceau de la Renaissance, comme c'est à Cimabu[e] que revient l'honneur d'avoir fait briller les premiers rayons de la peinture en Italie. Sans chercher à dépouiller ce maître de la part qui lui revient dans la réforme de la peinture italienne au XIIIe siècle, il faut reconnaître en toute justice qu'il ne fut ni le premier, ni le seul instigateur de la révolution inaugurée à cette époque dans tous les arts. À vrai dire, cette révolution fut provoquée bien plus par un changement opéré dans les esprits que par l'intervention d'un ou de plusieurs artistes de génie. En effet, ce qui devait arracher l'art à sa sauvage inertie et le mettre dans la voie du progrès, ce fut la connaissance de plus en plus éclairée de la culture antique. La littérature et la philosophie furent les premières à profiter des bienfaits de ces découvertes. Pour des raisons faciles à comprendre, les arts plastiques furent plus lents à se libérer des entraves du byzantinisme et des habitudes gothiques. Car les chefs-d'œuvre de l'antiquité païenne

---

Arabes et de Mores d'Espagne, trad. du turc par Ziya Pasa, 2 vol., Dersaadet, Takvimhane-i Amire, 1859 et *The Masterpieces of French Art Illustrated: Being a Biographical History of Art in France, from the Earliest Period to and Including the Salon of 1882*, by Louis Viardot and other Writers, edited by Wm. A. Armstrong, Philadelphia, Gebbie, 1883, 2 vol.

69. Parmi les éditions des *Vies* de Vasari disponibles à l'époque de Lagacé, signalons celle de Gaetano Milanesi (9 vol., 1878-1885) et la traduction française de Ch. Weiss (1903, rééditée en 1905 et 1913), Giorgio Vasari, *Les vies des meilleurs peintres, sculpteurs et architectes*, trad. et éd. commentée ss la dir. d'André Chastel, Paris, Berger-Levrault, vol. 1, 1981, 29, c1550 et 1568.

continuaient d'être ostracisées, alors que depuis longtemps les ouvrages d'Aristote et de Platon fraternisaient sur les rayons des bibliothèques avec ceux des Pères de l'Église. Ce scrupule dissipé, les artistes se ruèrent sur les statues sauvées miraculeusement de la destruction pour les interroger et leur arracher le secret de leur étonnante perfection. Giotto (1266-1336), l'un des premiers conquis, rompant avec la froideur byzantine, se risqua à introduire[,] dans sa peinture, l'expression [deux ou trois mots barrés et illisibles], la grâce et le mouvement, ayant compris que de l'alliance du beau naturel et de l'émotion individuelle devait naître le style. De ce jour[,] la déchéance de l'art purement symbolique était décrétée et la Renaissance commençait.

- . - . - . - . - . - . - . - . - . - . - . - . - . - . - . - . - . - . . - .

Jusqu'à la fin du xvᵉ siècle, les élèves et les disciples de Giotto défendirent et propagèrent les préceptes de leur maître.

Mais parallèlement à ce courant régulier et traditio[n]aliste, l'on voit tout à coup sourdre une source d'eau vive qui va rafraîchir l'art et renouveler ses forces un peu ralenties et diminuées.

Dès lors, deux écoles sont en présence : l'une qui se fait de l'art une idée toute morale, presque religieuse, qui sacrifie la vraisemblance à l'imagination ; c'est l'école spiritualiste, issue de Giotto, qui[,] par l'Angelico, Masaccio, Ghirlandajo et le Pérugin, doit aboutir à Raphaël ; l'autre, plus éprise de réalité que de symbole, curieuse et enthousiaste, passionnée de science anatomique et de beauté plastique ; c'est l'école naturaliste qui[,] par Ma[so]lino, Uccello, Castagno, Lippi, Botticelli et Signorelli, atteint à la sublimité de Michel-Ange.

Au commencement du xvᵉ siècle, la rupture n'est pas encore consommée entre les deux écoles rivales ; mais on sent que quelque chose est changé dans les habitudes des artistes, que de nouvelles tendances se font jour et qu'avec la richesse, le luxe, la soif des plaisirs, des besoins nouveaux sont nés que les artistes doivent satisfaire. L'art religieux lui-même subit le contre-coup de ces préoccupations profanes et l'on voit les images de la vie quotidienne envahir insensiblement les églises. Mais toutes ces transformations ne s'opéraient pas sans résistance, sans réaction et l'on ne s'étonne pas de voir, au plus fort de la lutte, alors que Ghiberti sculptait, ciselait (vaudrait mieux dire) [parenthèses ms] ses admirables portes du Baptistère de Florence, que Brunellescho régénérait l'architecture par l'étude raisonnée des monuments anciens, que Paolo Uccello redécouvrait une à une les lois de la perspective, que le moine camaldule Lorenzo[70] atténuait la fermeté de la ligne par la

---

70. «Camaldule : de Camaldoli, en Toscane. Religieux de l'ordre de Saint-Romuald», *Le Petit Robert*, 1991, 340-341.

finesse du coloris, apparaître un artiste de la grande lignée, un Dominicain, Fra Angelico, qui reprend en main la cause de l'idéal, dans un cadre élargi, baigné d'une céleste lumière, fait se lever au bord des âmes passionnées le rêve de piété et de tendresse religieuse dont avaient vécu les contemporains du génial Giotto[71].

Ce qui crée l'intérêt autour de ce solitaire qui dans l'ombre de son cloître travaillait sans souci de gloire, c'est que l'on a l'intuition qu'en lui vient se fondre, avant de se séparer *sans retour* [ms], le double courant des vieilles traditions giottesques prêtes à se dissoudre et les tendances nouvelles d'une naturalisme supérieur qui allait provoquer la révolution encouragée par les Médicis. En effet, Fra Giovanni, surnommé l'Angelico (1387 [c.1395]-1455), marque la transition entre le moyen âge finissant et la Renaissance à ses débuts. Ni réaliste, ni spiritualiste, Fra Angelico fait la part égale à la réalité et à l'imagination; son coloris, pour être de pure invention, n'en est ni moins riche, ni moins harmonieux; sa science anatomique est d'une sorte particulière et elle ne pouvait être autre, étant donné les habitudes de la vie monastique; dans l'anatomie des corps il ne voit que le côté statique, mais la mécanique du mouvement suffit à exprimer toute sa pensée. Et cette pensée est toujours poétique. Fra Angelico, en effet, est de la famille des lyriques; il possède le don de voir plus beau que les autres et comme cet artiste était un saint – de son vivant on l'appelait "Beato" – il revêtit la beauté du céleste manteau de la chasteté. On l'a dit avec raison: « Ici, mais ici seulement[,] la pureté est à la base de l'art°[72]. »

Cette courte halte sous les arcades ombreuses d'un cloître n'arrête pas l'art dans sa marche vers cette terre enchantée du naturalisme, objet de ses convoitises.

Le véritable chef et champion du naturalisme fut Filippo *Lippi* (1406-1469) qui rompit définitivement avec l'esprit chrétien sans cesser *toujours* [remplace *cependant*] de faire des tableaux de sainteté; peintre admirable, mais déplorable personnage. Fils d'un boucher, élevé par charité dans un couvent, il n'eut du moins que le froc qu'il s'obstina à porter comme pour donner plus d'éclat à sa vie *scandaleuse* [remplace *sacerdotale*]. Et cependant, ce dévoyé a exécuté quelques-unes des œuvres les plus savoureuses de la peinture italienne. À lui revient le mérite – si mérite il y a – d'avoir achevé l'émancipation de la peinture religieuse en substituant « toutes les variétés du type humain à l'uniformité du type divin »° adopté par ses devanciers. Sous son pinceau, les Madones deviennent des êtres vivants ayant toute la délicatesse et les tendresses des vraies mères. Son réalisme naïvement hardi

---

71. La fin de la phrase, à partir de *Fra Angelico*, comprend quelques modifications manuscrites qui rendent la version dactylographiée difficile à déchiffrer.

72. Cette citation figure déjà dans l'*Annuaire général* de l'ULàM, 1911-1912, 202, dans le résumé du cours de Lagacé sur la Renaissance.

ne va jamais jusqu'à la grossièreté et ce qui le sauva de cette faute, c'est la surabondance de vie souriante qui ennoblit les scènes les plus vulgaires et qui fait rayonner les figures les plus communes. Dessinateur viril[73], il n'est pas moins beau coloriste. Il est l'un des premiers à saisir la valeur des tonalités éclatantes, à en composer une harmonie soutenue. Aussi peu respectueux des traditions de son siècle que des lois morales dont il fait fi, il ne craint pas dans la représentation des scènes religieuses d'en transporter l'action dans le cadre même où s'écoule sa propre vie. Il fit davantage ; il eut l'impudence de placer au premier plan de ses tableaux de sainteté les portraits de ses contemporains qui n'étaient pas précisément des modèles de vertu[74]. Ce qui faisait dire à Savonarole que les artistes avaient commis le crime abominable d'avoir introduit « toutes les vanités dans l'église »°. Sans doute Lippi pouvait alléguer pour sa justification que Giotto et Fra Angelico lui en avaient donné l'exemple ; seulement ces derniers avaient su demeurer dans les limites de la discrétion et du bon goût. Lippi n'eut ni ce tact ni cette modération et procéda sans ménagement, avec une désinvolture qui frise l'indécence. Mais qui aujourd'hui songe à se formaliser de ces audaces en face de ses chefs-d'œuvre[75] ?

- . -

Parmi la foule des artistes qui marquèrent à Florence la fin du xve siècle par une succession d'œuvres où l'idéal poétique de la première Renaissance s'exprima sous des formes de plus en plus vraies et vivantes d'un naturalisme élevé, il faut placer au premier rang Sandro *Botticelli* (1444-1510) qui[,] longtemps relégué dans l'ombre, fut remis en lumière par Ruskin et les Pré-Raphaélites, au siècle dernier.

Dans cette Florence magnifique, érudite et brutale, il apparaît comme l'interprète le plus savant, le plus subtil, le plus profond de toutes les nuances du sentiment et de la pensée. [76] âme étrangement nerveuse et

---

73. Cet adjectif avait déjà été associé par Lagacé à Lysippe. Sur les oppositions entre dessin viril et couleur féminine, voir Philippe Junod, *Transparence et opacité* (Lausanne, Éditions l'âge d'Homme, 1976) qui cite à ce sujet Charles Blanc, dans la *Grammaire des arts du dessin* (1867, 22 et 24), Junod, 125.

74. Pour peindre la Vierge, Lippi avait emprunté les traits de son amante, Lucrezia Buti, une nonne qu'il avait fini par épouser avec la bénédiction de Cosme de Médicis et du pape Pie II Piccolomini. Sur Lippi, voir Vasari/Chastel, vol. 3, 417, et Hazan, « Les paramètres de l'interprétation et les amours de Fra Filippo Lippi », dans *Le mythe…*, chap. 11.

75. Les changements apportés à cette phrase visent à corriger l'emplacement d'une insertion entre deux lignes, et indiquent donc que le manuscrit a été dactylographié par une autre main que celle de l'auteur.

76. Le début de cette phrase, barré par l'auteur, se lisait comme suit : « À la fraîcheur délicieuse de la nature, il sait joindre les attraits d'une mélancolie voluptueuse autant que douloureuse, âme étrangement… »

sensible, passionnément épris de l'antiquité, jeté à l'extrême dévotion par le supplice de Savonarole, Botticelli, tout comme Michel-Ange et plus tard Watteau, ne révèle en son œuvre que le tourment secret d'un cœur simple et enthousiaste ; chaque ligne qu'il trace est comme un mot révélateur du drame intérieur qui se joue dans sa conscience inquiète et partagée ; car entre l'idéal antique et l'idéal chrétien, il ne sut jamais se décider. Aussi, est-ce avec la même tendresse, la même dévotion, si j'ose dire, qu'il exécuta « Le printemps » et la « Vierge du Magnificat ».

Ce poète et ce rêveur n'a vu l'antiquité et senti l'émotion religieuse qu'à travers le mirage de son imagination, ne retenant de l'une et de l'autre que les suprêmes harmonies. Et toute l'harmonie de ses admirables créations se résout en lignes savantes, ondoyantes et flexibles[,] qui donnent à ses personnages une grâce, une envolée, une "vaporosité" qui ajoute je ne sais quelle fragilité, quelle gracilité à la souplesse hardie des beaux corps, délicats et fins, qui ont des "balancements de fleurs". Nul n'a connu comme lui, la vérité de la ligne, l'esprit du mouvement, la grâce ailée de la pensée. Ces sortes de génies ne sont pas d'une école ni d'un siècle, mais de tous les temps et de tous les pays ; ils sont éternellement jeunes et séduisants comme la vie dont ils sont les chantres inspirés.

Cependant, le mouvement naturaliste inauguré par les artistes florentins n'avait pas été sans alarmer quelques esprits réfléchis qui dans ce soi-disant retour à l'antiquité voyaient une course folle à la décadence et à l'abîme. Une réaction se fit alors sentir au cœur même de Florence. Au reste, toutes les écoles italiennes n'avaient pas été contaminées par le paganisme élégant des humanistes. Ainsi à Sienne et dans les contrées environnantes, la résistance de l'idéal mystique à l'idéal naturaliste s'était manifestée ouvertement dès le début de la Renaissance.

Le siège le plus constant de cette hostilité aux innovations *naturalistes et païennes* [ms] se trouvait principalement dans les villes isolées d'Assise et de Pérouse, « dernier asile des artistes qui ne savaient pas faire autre chose que des peintures de dévotion »° (Broussolles) [ms].

L'Ombrie cependant n'était pas restée indifférente aux indéniables progrès réalisés à Florence[77], mais ses peintres n'avaient pris et retenu des recherches scientifiques et des découvertes techniques d'un Lippi et d'un Uccello que ce qu'il leur fallait pour donner à leurs pieuses créations les accents véritables de la vie.

---

77. *à Florence* remplace *en France*, ce qui semble confirmer que ce n'est pas Lagacé qui a dactylographié son texte.

Malgré la diversité de leurs talents, on peut dire que le *Pérugin* (1446-1524) [1445/50-1523][78], le plus illustre de tous, suffit à faire connaître l'école à laquelle il a donné ses caractères distinctifs et cette physionomie très spéciale qui empêche de la confondre avec les autres écoles italiennes. De lui, en effet, elle reçut cette orientation qui l'a conduite à ce qu'il y a de plus excellent et de plus élevé dans l'art, à la peinture d'extase et de ravissement.

Le Pérugin ne doit pas uniquement sa renommée à son titre de fondateur ou plus justement d'ordonnateur de son école ; il ne faut pas oublier qu'il fut l'artiste le plus populaire de son temps et ce qui nous touche davantage, le véritable créateur de la beauté moderne, c'est-à-dire de la beauté expressive. « Le monde du sentiment, les grands états lyriques de la contemplation et de la mélancolie, les vagues et suaves aspirations de l'âme, tel fut[,] au dire de Ls Gillet, le merveilleux royaume qu'il ajouta à l'art et qu'il peignit en formes inspirées[79]. »

---

78. Les dates sont ajoutées à la main.

79. Louis Gillet, *Raphaël*, Paris, Librairie de l'art ancien et moderne, s. d., 19. Lagacé a remplacé *liturgiques* par *lyriques* ; il a aussi changé le temps de conjugaison des verbes, Gillet écrivant plutôt « tel est le merveilleux royaume qu'il ajoutait à l'art et peignait en formes inspirées ». Louis Gillet (1876-1943), officier de la Légion d'honneur, croix de guerre 1914-1918, historien de l'art et historien de la littérature parisien, auteur de près de cinquante articles sur l'art italien, flamand, allemand, français et espagnol dans la *Catholic Encyclopedia*, condisciple de Romain Rolland, est entré à l'École normale supérieure en 1896. Un périple qu'il avait effectué enfant en Italie avec ses parents aura sans doute stimulé sa vocation d'historien de l'art (dont on retient qu'il y a adapté le concept d'empathie, ou *Einfühlung*, DAHS). Après avoir obtenu une chaire à l'Université Laval à Montréal, il se fixe dans l'Oise, à Chaalis-Ermenonville, où il devient conservateur du Musée Jacquemart-André. Ses nombreuses œuvres comprennent : *Nos maîtres d'autrefois : les Primitifs français* (1904) ; *Raphaël* (1907) ; *Histoire artistique des ordres mendiants* (1912) ; *La peinture en Europe au xviie et xviiie siècle* (1913) ; Watteau (1921) ; *Histoire des arts* (1922) ; *Trois variations sur Claude Monet* (1927) ; *La peinture française : Moyen Âge, Renaissance* (1928) ; *La Cathédrale de Chartres* (1929) ; *Rome et Naples* (1934) ; *Londres et Rome* (1935) ; *La cathédrale vivante* (1935) ; *Essai sur l'art français* (1937) et *Rayons et ombres d'Allemagne* (1937). Spécialiste des questions d'art à la *Revue des Deux Mondes* (voir son article du 15 sept. 1912, 357, sur « Chaalis », musée dont il est conservateur, DAHS), il s'intéresse à l'art italien et à la littérature anglaise ; notons également qu'il a traduit B. Berenson (GB, 363-364). Louis Gillet est élu à l'Académie française en 1935 au fauteuil d'Albert Besnard et avec pour successeur Paul Claudel (site numérique de l'Académie française). En 1908-1909, Gillet enseigne l'histoire de la littérature française à la Faculté des arts de l'ULàM, où il est le collègue de Lagacé (*Annuaire général*, 1909-1910, 43 et 260-293) ; cette proximité, ainsi que le fait que Gillet était historien de l'art, explique que Lagacé se soit servi de plusieurs de ses ouvrages, ceux signalés ici portant sur la Renaissance et Perugino, ainsi que sur Rubens, le xvie siècle hollandais, le Greco et Greuze ; à ce sujet, notons que l'ordre d'apparition des différentes écoles de peinture européenne chez Lagacé correspond à celui de Gillet dans sa monographie sur la peinture des xviie et xviiie siècles en France (Italie, Flandres, Hollande, Espagne, France et Angleterre). Avec Pline et Gautier, Gillet fait partie des trois seuls auteurs que Lagacé cite tant au début qu'à la fin de sa carrière (notre chapitre 3). De Gillet sur son séjour au Canada, voir « Vieille France d'outre mer », communication faite au Congrès des Sociétés normandes tenu à Sant-Lô en juin 1926, la *Revue trimestrielle*

Sans doute dans son œuvre on ne saurait trouver le rythme large et solennel de Raphaël, encore moins la puissante et claironnante orchestration de Michel-Ange; son art n'a ni cette ampleur ni cet éclat; c'est tout au plus une douce et mélancolique mélodie qui se déroule et flotte comme bercée par les brises ombriennes, languissante de sa suavité, défaillante de sa tendresse, chanson délicieuse murmurée plutôt que chantée, soupir du cœur ouvert à d'inaccessibles joies, plainte de l'âme qui aspire à je ne sais quel vol blanc dans la sereine splendeur des soirs religieux. Pérugin! mais c'est l'interprète discret des sentiments les plus délicats, les plus profonds et la passion de la souffrance devient même pour lui une céleste volupté. Ce voluptueux extasié demeure toutefois un solitaire, on serait tenté de dire un séquestré, tant pour goûter pleinement la quiétude ou l'amertume de son rêve, il se concentre et s'abîme dans le silence et le recueillement de sa méditation.

En effet, les personnages qu'il nous présente dans ses tableaux semblent étrangers les uns aux autres; réunis dans un même cadre, associés à une même action, ils nous apparaissent indifférents à tout ce qui les entoure, comme si le drame au lieu de se dérouler sous leurs yeux se jouait au plus intime de leur être; chacun d'eux est comme cloîtré dans sa contemplation propre, figé dans son attitude comme s'il avait peur de rompre le charme délicieux ou douloureux de sa vision intérieure. Tout au plus existe-t-il entre eux ce qu'on a appelé une "relation architecturale" qui ne fait qu'augmenter l'impression de l'isolement de chacun. Quant aux corps, ils sont réduits à leur plus grande simplification; ils ont tout juste assez de matière pour habiller magnifiquement de belles âmes.

L'art du Pérugin est donc tout ce qu'on peut imaginer de plus particulier. Inventeur de la peinture d'extase et de ravissement, il a donné la formule la plus complète, peut-être la seule complète de l'art religieux, dans l'incomparable fresque de [l'église] Sainte-Madeleine de[i] Pazzi, un « Crucifiement » [1495-1496], chef-d'œuvre incontestable de l'art chrétien.

Un tel artiste méritait bien l'honneur d'être le maître de Raphaël.

-.-

Mais en dépit des remarquables conquêtes accomplies par la peinture, il faut reconnaître que le XVe siècle a été surtout le siècle des sculpteurs, comme le XIVe avait été celui des architectes.

Tant que l'Italie avait érigé des édifices de style basilical, elle s'était adressée aux peintres pour en couvrir les vastes murailles de fresques et de tableaux;

canadienne, vol. 12, n° 46, juin 1926, 253-269. Voir aussi l'annonce de sa conférence du 24 avril 1908 à l'ULàM dans *La Patrie* du 15 avril 1908, 12.

mais dès qu'elle eut adopté le style ogival, elle dut appeler les sculpteurs pour parer d'ornements et de statues les énormes masses des portails et des piliers. C'est ainsi que le campanile et le Dôme de Florence suscitèrent une pléiade de sculpteurs d'une puissance inventive étonnante.

Déjà quelques-uns d'entre eux s'étaient essayés, dès la fin du XIVᵉ siècle, à s'inspirer de la statuaire romaine, mais ils l'avaient fait avec lourdeur et sans talent. Le concours institué pour les portes du Baptistère devait marquer le point de départ d'une ère nouvelle, en portant au premier rang des sculpteurs Lorenzo Ghiberti (1378-1448 [1455]) dont le génie divinateur allait opérer une véritable révolution. Proclamé vainqueur par ses rivaux eux-mêmes, cet artiste, presqu[e]un enfant – il n'avait que vingt ans – entreprit la tâche écrasante qui lui avait été confiée, ne soupçonnant pas qu'elle l'occuperait jusqu'au delà de la soixantaine, autant dire toute sa vie [il travailla avec ses apprentis à la porte Nord du Baptistère de Florence de 1403 à 1424 et à la porte Est de 1425 à 1452].

Ghiberti fit œuvre de novateur ; rompant avec la routine et les conventions de l'école, il élargit le cadre de la sculpture, en enrichit le décor et inventa des motifs de décoration qui rappellent beaucoup plus les gracieuses fantaisies des gothiques que les froides stylisations des anciens. Il renouvela aussi les données du bas-relief en coulant en bronze de véritables tableaux. Tout en s'inspirant des modèles gréco-romains, il ne brisa pas cependant avec ce qu'avait d'excellent la tradition et il conserva à ses créations la majestueuse ordonnance des fresques de Giotto. Le caractère dominant de son œuvre est la tendresse ; son âme s'enivre des sourires de la vie, de l'aube gracieuse qui se lève sur son siècle. Des spectacles qui s'offrent à sa vue, des idées qui s'agitent dans son esprit, il ne retient que les signes de jeunesse et de beauté. Adolescents pleins de fougue, jeunes femmes aux souples mouvements, chaque être qu'il crée[,] en ciselant le bronze ou en taillant le marbre et qu'il anime du souffle de son génie, semble fait pour vivre dans un monde d'où sont exclus la tristesse et la laideur.

Il est en sculpture le représentant de l'Idéalisme, celui qui à la hauteur de l'inspiration joint la perfection de la forme et de l'exécution.

- . -

Bien différente est la conception de *Donatello* (1386-1466) qui dans le même temps peuplait de statues les niches du Campanile de Sainte-Marie des Fleurs, la cathédrale de Florence. Celui-ci incarne toute la pensée naturaliste de son époque. Et cependant[,] au seul point de vue de la technique, il poussa plus avant que ses devanciers la recherche de l'expression et du mouvement ; il ouvrit toute grande la porte que Ghiberti n'avait fait qu'entr'ouvrir.

Son œuvre marche précédé de la surprise. Étranger à la tendresse et à la bonté, Donatello ne s'insinue pas dans notre âme pour la charmer et la séduire ; au contraire, il y pénètre avec effraction, l'emplissant d'une troublante agitation. Et cela étonne lorsqu'on connaît l'homme. Lui, si épris de l'antiquité, semblé par une étrange tournure de son esprit prendre le contre[-]pied des conseils et des exemples qu'il était allé demander à Rome ; par parti pris, il goûte un âpre plaisir à se composer une esthétique de la négation des grands principes de l'art classique ; il pousse même si loin le dédain de la belle forme, qu'il trouve de quoi l'inspirer dans la laideur la plus caractérisée. Autant Phidias était profondément généralisateur, autant Donatello est férocement individualiste. Toute la beauté de ses conceptions provient de leur véhémence concentrée, de leur grandeur sarcastique, de la flamme assombrie qui couve sous les rides des fronts et dans la fixité troublante des regards.

Il est inutile d'ajouter que plus qu'aucun de sa génération, Donatello a été éloigné de ce que l'on nomme le sentiment chrétien ; jamais il n'atteignit à l'idéal religieux, pris dans sa plus haute conception. Et cependant son influence a été énorme sur ses contemporains et sur ses successeurs. Si l'on peut dire – dans un sens – que Ghiberti a été le précurseur de Raphaël, on peut à meilleur titre encore regarder Donatello comme le héraut et l'avant-coureur de Michel-Ange.

- . -

C'est ainsi qu'en étudiant dans leur ordre chronologique les productions des maîtres du xve siècle – et je ne vous ai présenté que les plus célèbres – nous pouvons suivre dans ses méandres capricieux le cours des deux tendances qui, jaillies de la même source, se confondent d'abord, puis se divisent, se rapprochent encore une fois, pour finalement se séparer à jamais : le spiritualisme mystique et le naturalisme païen.

Les spiritualistes, Gérard Stamina, Gentile Fabriano, Vittore, Pisano, Fra Angelico et le Pérugin, conservent et perpétuent les traditions de la grande école du moyen âge. « Plus poètes qu'observateurs, se faisant de l'art une idée toute morale, presque religieuse, la beauté les préoccupe davantage que l'exactitude et ils sacrifient sans hésiter la vraisemblance à leur imagination[80]. » (Fabre) Leur idéal est placé quelque part en dehors de la réalité et de

---

80. Abel Fabre (1872-1929), *Pages d'art chrétien. Études d'architecture, de peinture, de sculpture et d'iconographie*, nouvelle éd. illustrée de 405 gravures, Paris, Bonne Presse, 1920, 451, c1902-1914. Lagacé change le temps de conjugaison des verbes de l'imparfait au présent et, tout en reprenant la distinction de Fabre entre deux écoles, y associe parfois différents noms, Masaccio, considéré par Fabre comme un « naturaliste païen », devenant « spiritualiste mystique » chez Lagacé. De Fabre, voir aussi *Manuel d'art chrétien : histoire générale de l'art*

la vie et la forme n'est pour eux qu'un voile transparent à travers lequel se laisse deviner sous ses plus tombants l'immatérielle splendeur de l'âme.

Les naturalistes, Masolino, Uccello, Castagno, Masaccio et Filippo Lippi – auxquels il faut joindre les sculpteurs [della] Quercia, Donatello et même les architectes Brunelleschi et Michellozzo – incarnent l'humanisme naissant; ils sont à l'aube de la Renaissance, ils sont l'aube elle-même et partagent tous les espoirs des matins heureux. Plus observateurs que poètes, « ils apportent à l'interprétation des sujets sacrés un amour de la réalité, un enthousiasme studieux pour la nature et la vie, une indépendance croissante qui leur fait substituer l'allégorie palpable au pur symbole » (Fabre)[81].

C'était donc la lutte éternelle de l'idéalisme et du réalisme, de l'idée et de la forme, qui recommençait, et qui se poursuit encore aujourd'hui dans l'apparente anarchie des écoles modernes.

De ces deux concepts de la beauté, l'un, le second, finira par triompher avec la génération des Pesellino, des Baldov[i]netti, des P[o]llajuoli, des Ver[r]occhio, des [Lorenzo di] Credi, qui plus curieux que penseurs s'attachent à résoudre les difficiles problèmes de la technique, préparant ainsi la voie aux grands génies du xvie siècle.

On le voit, longtemps avant de sortir de l'Église, l'art aspirait à se modifier, à se transformer, à s'émanciper; s'il continuait à interpréter le dogme et à retracer les grands faits de l'histoire religieuse, il se désintéressait de plus en plus des idées pures et des allégories et se tournait chaque jour davantage vers les réalités sensibles et les spectacles de la vie. Les images profanes envahissaient ainsi les églises et y apportaient des préoccupations étrangères à la pensée de Dieu.

Au reste, comment les artistes auraient-ils pu échapper au courant qui emportait tous les esprits et se refuser à prendre leur part de la fête étourdissante qui menait la société de Florence, entraînant dans son tourbillon de plaisir le reste de l'Italie? Et cet accès de folle griserie s'explique historiquement par la paix qui succède aux interminables querelles des républiques, l'afflux des richesses, le goût du luxe et le désir de la gloire; toutes ces causes suscitent une ardeur de créer inouïe, une recherche fiévreuse de toutes les formes de beauté. Les Médicis «qui ont réussi à écraser la classe guerrière des grands nobles et la classe énergique des artisans»° cherchent à se faire pardonner l'autorité qu'ils se sont arrogée sur leurs concitoyens en les éblouissant par leur faste et leurs générosités; ils accueillent les savants,

---

chrétien depuis les origines jusqu'à nos jours, Paris, Librairie Bloud et Gay, 1928, ainsi que ses articles dans *Le mois littéraire et pittoresque*.

81. En plus du temps des verbes, Lagacé modifie légèrement la phrase de Fabre («ils apportaient dans l'interprétation des sujets sacrés un amour de la réalité, un studieux enthousiasme...»).

achètent des statues, élèvent des palais, patronnent les jeunes artistes et dépensent joyeusement leur fortune. Les peintres devaient donc, comme les architectes et les sculpteurs, répondre aux caprices et aux goûts de leurs patrons; mais s'ils se complaisaient à décorer de scènes profanes et parfois licencieuses les palais des princes, des Mécènes et des riches négociants, tous amateurs du gai savoir, ils n'abandonnaient pas cependant le grand art populaire de la fresque qui dans l'église ou l'hôtel-de-ville, tel à Sienne, continue de produire des merveilles de foi et d'enthousiasme. Mais même ici, on constate le changement qui s'est opéré dans leur mentalité; leur belle candeur d'autrefois, leur naïve tendresse, leur calme sérénité ont fait place à la curiosité, à l'agitation, à l'irritante ambition d'égaler les nobles modèles antiques que le temps a épargnés. Se sentant devancés par les sculpteurs dans cette course vers l'imitation, ils vont puiser aux mêmes sources qui avaient alimenté et alimentaient encore le génie d'un Nicolas de Pise, d'un [della Q]uercia, d'un Ghiberti et d'un Donatello. Ils s'aperçoivent alors qu'il ne suffit pas de tracer un contour sur une surface plane pour animer la figure humaine, ainsi que l'avaient fait les byzantins et les gothiques; qu'il faut au contraire que cette figure «ait un dedans, comme un dehors, que derrière l'apparence extérieure et la couleur superficielle, le spectateur sente une profondeur et une plénitude, des chairs et des os, des seconds plans et des lointains, l'assiette ferme et les distances vraies, les proportions exactes des choses» (Taine)°. Pris d'une véritable rage de renouveau, ils bouleversent les lignes, les plient à leurs fantaisies, comme l'avait fait Botticelli; calculent les distances et découvrent une à une les grandes lois de la perspective, à l'exemple d'Uccello; consultent les traités d'anatomie et dissèquent même le cadavre, comme *s'y plia* [ms] L. de Vinci; instruits de ces expériences et en possession des procédés grâce auxquels la superficie colorée peut donner à l'œil l'illusion de la substance vivante, «ils posent l'art sur sa base définitive, l'imitation exacte et complète de la nature, telle qu'on la voit et telle qu'elle est» (Taine)°. Sans doute, occupés à résoudre tant de problèmes à la fois: perspective, anatomie, clair-obscur, ils perdent de plus en plus de vue la portée morale de l'œuvre, courant ainsi le risque de verser dans l'abîme du matérialisme, où sombrera un jour le beau rêve de la Renaissance; mais ce qui les sauve, dans ce xve siècle si débordant d'énergie et de courageuse initiative, c'est encore et uniquement leur jeune enthousiasme et la persistance des grandes traditions qui les maintiennent sur les hauteurs, au bord du précipice.

Mais tandis que le Pérugin en Ombrie et Francia à Bologne essayent par des œuvres d'un haut caractère d'arrêter la marche triomphante du naturalisme et de retarder le divorce inévitable de l'idée pure et de la forme plastique, à Venise la rupture était déjà faite. Cependant[,] Mantegna crut par un puissant effort de génie avoir trouvé la solution qui la rendrait ni durable, ni définitive. Il était « le dernier de cette génération d'artistes qui conservaient la même fierté héroïque et le même enthousiasme en présence des sujets religieux ou profanes »°; mais peu à peu il se laissa, lui aussi, gagner par la contagion, si bien qu'à la fin de sa vie, il ne professait plus d'autre culte que celui de la beauté pour elle-même. C'est à ce moment qu'il exécuta le « Parnas[s]e » d'une si poétique et si vivante grandeur. Avec cette œuvre puissante, la Renaissante triomphait… et c'en était fait à jamais ici-bas de la "communion des artistes et des humbles", j'allais dire "de la communion des saints".

Maintenant, c'est du côté de Milan que se tournent les regards. Un génie extraordinaire, l'un des plus complets qu'ait produit la nature, vient d'apparaître. Il semble que toutes les écoles qui ont jeté un éclat[…] n'ont existé que pour faire converger le faisceau de leurs rayons sur son auguste figure. C'est Léonard de Vinci qui par des œuvres sublimes ouvre l'ère des grandes productions, celui qui semble d'un geste majestueux écarter les voiles tendus par les préjugés et les craintes superstitieuses devant la cella mystérieuse ou trône la Beauté. Et dès qu'ils ont glissé sur leurs baguettes, ce sont Raphaël, Michel-Ange et Titien qui apparaissent debout et frémissants au pied de l'autel éblouissant[82].

La Renaissance italienne
Tableaux

1. Cathédrale de Pise (roman)
2. Ste-Marie des fleurs (Florence)
3. Chartreuse de Paris
4. Église San Lorenzo (Florence, Brunelleschi)
5. Église San Lorenzo (portique)
6. Le palais Ricardi (Médicis)
7. Le palais Ricardi, cour intérieure
8. Église d'André (Padoue, Alberti) [Sant'Andrea, Mantoue]
9. St-Pierre de Rome (Brannanti) [Bramante]
10. *Orcagna*, Tabernacle d'or San Michele
11. *Ghiberti*, Morceau du concours pour le baptistère
12. Porte du baptistère (Florence)
13. Porte du baptistère (détail)

---

82. Ce chapitre se termine sur une phrase, dans un paragraphe suivant, barrée par l'auteur et qui se lit comme suit : « Léonard de Vinci, Michel-Ange, Raphaël et Titien, tels sont les héros dont il me reste à vous entretenir et ce sera le sujet *écrasant* [?] que j'aurai le périlleux honneur de traiter dans la prochaine et dernière leçon » (voir notre note 100).

14. *Donatello*, Miracle du cœur de l'avare (St-Antoine)
15. Donatello, Christ en croix
16. Donatello, St-Marc (campanile) [plutôt Or san Michele]
17. Donatello, Jérémie
18. Donatello, La Cantoria (Cath. Florence)
19. *Luca della Robbia*, La Visitation
20. *Antonio Ro[s]sellino*, Tombeaux
21. *Pallaynolo* [*sic*], *Guidaretti* [*sic*], *Bendoja* [?][83]
22. *di Simone, G. della Roddia* [Robbia], [Giovanni Antonio] *Amadeo*
23. *Ver[r]occhio*, David
24. Ver[r]occhio, Colleone
25. *Cimabue*, Madone
26. *Duccio*, Crucifiement
27. Le lit des trois morts et des trois vifs (Pise)
28. Chapelle des Espagno[l]s, Florence
29. *Giotto*, Madone trônant
30. Giotto, Le mariage mystique de St-François
31. Giotto, Mort de St-François
32. Giotto, Le baiser de Judas
33. *Memmi*, L'Annonciation
34. *Orcagna*, Jugement dernier
35. Chaire de la cath. de Florence, Ni[c]olas de Pise
36. *Musolino* [Masolino], Baptême du Christ
37. Fra Angelico, Annonciation
38. *Fra Angelico*, Crucifiement
39. Fra Angelico, Couronnement de la Vierge
40. *Uccello*, Bataille
41. *Castagno*, Dernière Cène
42. *Filippo Lippi*, Nativité
43. Filippo Lippi, Funérailles de St-Etienne
44. *Gonzoli* [Gozzoli], Les Rois mages
45. *Ghirlandajo*, La Visitation
46. *Botticelli*, La Vierge du Magnificat
47. Botticelli, Le printemps
48. *Filipp[in]o Lippi*, St Bernard
49. *di Credi*, Adoration des mages
50. *Signorelli*, L'antéchrist
51. Gentile [da] Fabriano, Les rois mages
52. *Pérugin*, Crucifiement

---

83. Il s'agit de Pollaiuolo et de Guidetto, ou Guidetti, tous deux architectes; le troisième n'a pas été identifié. Les trois noms sont soulignés par l'auteur, comme le sont tous les suivants sur cette liste, hormis Gentile da Fabriano (n° 51).

53. *Pérugin*, St-Sébastien
54. *Gentile Bellini*, Miracle de la croix
55. *Giovanni Bellini*, Lorédan
56. Giovanni Bellini, St-Jérôme, St-Christophe
57. *Francia*, Piet[à]
58. *Mantegna*, Parnasse
59. *Ver[r]occhio*, St-Augustin

10. *La Renaissance italienne : XVIe siècle et XVIIe siècle*

Le XVIe siècle a été pour l'Italie ce que le Ve siècle avait été pour la Grèce : l'ère des grandes productions. Grâce au labeur soutenu et persévérant de plusieurs générations d'enthousiastes chercheurs, tous les problèmes techniques de l'art avaient été en partie résolus et les derniers maîtres de Florence et de Venise pouvaient avec une égale virtuosité aborder les sujets les plus variés, tant religieux que profanes[84]. La voie conduisant à la sublimité, débarrassée des obstacles qui en barraient l'accès, s'offrait maintenant large et rayonnante aux conquérants de l'Idéal. Ils n'avaient qu'à paraître ; tout était prêt pour les recevoir. Rarement, à de telles heures, la nature fait échec à la logique des événements ; alors, elle produit des êtres d'élection qui, tout en se manifestant, manifestent et magnifient la dignité de l'homme. Debout sur le sommet de la pensée, ils touchent presque du front l'infini.

Le premier en date de ces grands maîtres est Léonard de Vinci. Né, en 1445 [1452], au Château de Vinci, Léonard fut dès sa prime jeunesse passionné d'art et de science. D'une rare beauté [Vasari/Chastel, vol. 5, 31], excellent musicien, habile à tous les jeux, il devint le favori de la société florentine si brillante sous les premiers Médicis. Trouvant que le succès ne répondait pas assez vite à son attente, il passa à Milan où Louis-le-Maure [Ludovico

---

84. Sur la question du progrès technique, voir Hazan, *Le mythe…*, 99-105 et 71-80. Dans ce chapitre, qui incluait initialement le XVIIe siècle, si l'on en croit son titre et une référence ultérieure à l'école de Bologne, ajouts qui ont dû être faits tardivement puisqu'on ne les retrouve pas dans les deux programmes précédents de Lagacé, le recours aux *Vies* de Vasari (dont on ne sait pas si Lagacé le consulte directement) et à une monographie de Raphaël par Louis Gillet témoigne de l'importance que prend l'approche biographique à partir de la Renaissance, Lagacé l'adoptant lui-même pour le reste de l'ouvrage. Sur l'historiographie des XVIe et XVIIe siècles italiens (réunis ici à une époque où le concept d'art *baroque*, malgré les travaux de Heinrich Wölfflin, n'a pas encore l'acceptation qu'il a acquise par la suite), voir John Paoletti (notre note 66), ainsi que Elizabeth Cropper et Charles Dempsey, « Italian Painting of the Seventeenth Century », *Art Bulletin*, dec. 1987, 494-509. Pour une bibliographie récente, voir Mignot et Rabreau (notre note 66), 558-563.

Sforza, dit il Moro] le prit à son service. C'est là qu'il exécuta la fameuse « Cène » du Couvent Ste-Marie-des-Grâces. Revenu à Florence lorsque Louis XII s'empara de Milan, il y peignit ses plus admirables chefs-d'œuvre : « la Vierge au rocher[85] », la « Ste-Anne » et la « Joconde ».

Puis, sa vie vagabonde le promena de Florence à Rome, de Rome à Milan, de Mantoue à Venise, offrant son art et sa science à qui voulait les employer. Finalement, François I[er][,] qui venait d'entrer en Lombardie, l'attacha à sa personne et le ramena avec lui en France, où il mourut au château de Clos-Lucé, près d'Amboise, le 2 mai 1519.

Si dans Léonard nous ne connaissons le musicien, le sculpteur et le poète que par ce que nous en raconte la légende, le savant et l'artiste au moins nous sont parfaitement connus par les écrits[86], les nombreux croquis et les rares peintures que nous en possédons. Et ce modeste bagage suffit pour une gloire immense.

Lorsqu'on étudie un tableau de maître, on est étonné d'y découvrir la part considérable qu'y tient la science. C'est qu'en effet le savant et l'artiste sont chez lui inséparables. Le premier réunit et prépare la matière dont le second composera la substance de ses incomparables chefs-d'œuvre. Mais si Léonard procède à l'exécution de ses œuvres avec la lenteur et la patience d'un savant, s'il recueille avec méthode tous les éléments essentiels des images qu'il veut rendre plus vraies que nature, il ne sacrifie pas toutefois sa spontanéité d'artiste aux hésitations et aux tâtonnements du chercheur et du savant. Aussi, ne façonne-t-il pas un tableau en soudant ensemble des morceaux disparates et des pièces rapportées, à la manière des mosaïstes. Rien ne lui est plus étranger que cette façon de procéder. Au contraire, le choix des images qui s'offrent en foule à son attention une fois arrêté, il en dispose selon un concept d'ensemble depuis longtemps mûri en son esprit ; c'est ainsi que par l'épuration progressive de l'élément sensible il arrive à communiquer à la vie purement matérielle cette seconde vie de la spiritualité *émanée de l'âme* [ms], sans laquelle il n'est pas de beauté idéale, partant pas d'art véritable.

---

85. Léonard a peint deux tableaux sur ce thème, le premier à partir de 1483 pour la confrérie de l'Immaculée conception à San Francesco grande à Milan, et le second (aujourd'hui à la National Gallery de Londres) vers 1495 et à nouveau après 1506, John Hale (ed.), *A Concise Encyclopædia of the Italian Renaissance*, New York and Toronto, Oxford UP, 1981, 184.

86. Sur les écrits de Léonard, dont est paru un *Trattato della pittura* posthume et inachevé (*Trattato della pittura di Leonardo da Vinci, novamente dato in luce, con la vita dell'istesso autore*, Parigi, appresso Giacomo Langlois, 1651 ; *Traité de la peinture*, 7e éd., Paris, C. Delagrave, 1921, c1910), voir Edward MacCurdy (dir.), *Les carnets de Léonard de Vinci*, 2 vol., trad. de l'anglais et de l'italien par Louise Servicen, préface de Paul Valéry, Paris, Gallimard, 1942 ; voir aussi Alberto Lorenzi et Pietro Marani, *Bibliografia vinciniana, 1964-1979*, Firenze, Giunti-Barberà, 1982.

Cependant, il faut bien avouer que plus d'une fois le savant entrave la marche de l'artiste. Occupé à résoudre de difficiles problèmes de chimie, de physiologie, de géologie, d'astronomie ou de génie militaire, il détournait l'autre *lui-même* [ms] de ses occupations préférées. D'où le nombre si restreint de ses tableaux; neuf ou dix tout au plus peuvent lui être attribués sans conteste. De plus, sa manie expérimentale lui a joué de fort vilains tours; n'a-t-il pas presque ruiné des œuvres magnifiques, telle la « Cène », par l'emploi d'un vernis de son invention dont l'effet fut désastreux?

Par ailleurs, nous concevons que la science le servit admirablement dans la solution du problème du "clair-obscur" sur lequel avaient pâli ses devanciers[87]. Grâce à ses connaissances scientifiques, autant qu'à son sens d'observation, il devina que le "ton local", c'est-à-dire une surface délimitée également et uniformément éclairée, n'existait pas réellement dans la nature; qu'au contraire toute lumière est variable selon les accidents qu'elle rencontre, qu'elle se dégrade en des plans successifs à peine perceptibles à la vue et dont la valeur décroissante se dilue d'abord dans les teintes, ensuite dans les pénombres, pour finalement s'éteindre et s'évanouir dans les ombres qui ne sont jamais le noir, ce qui supposerait l'absence de toute vibration de l'éther, partant la négation absolue de la vie. C'est donc en appliquant ce principe, ne se contentant pas comme ses devanciers d'opposer la tache lumineuse à la tache d'ombre, qu'il réussit à donner à ses créations les accents véritables de la réalité.

Mais ce serait peu encore d'avoir surpris le secret de la vie, si à la respiration des êtres et des choses, si j'ose dire, il n'avait ajouté l'émotion profonde qui est l'âme manifestée. Plus que quiconque de son temps, il sut mettre de la clarté dans un regard et de la volupté dans un sourire. Ses figures de femmes surtout exercent sur le spectateur une attraction troublante. Leurs paupières baissées semblent l'écran à travers lequel transparaît le foyer d'une pensée ardente; leurs bouches prêtes à sourire répondent aux rêveries lointaines qui flottent par delà leurs fronts nimbés d'ombres; toute leur âme semble affleurer au visage sans en dépasser la blonde pâleur; ailleurs, leurs yeux aux inquiétantes lueurs se posent sur nous sans curiosité comme si une divine pudeur ne leur faisait chercher que la prunelle de notre âme.

Ainsi toujours derrière l'apparence, qu'il fixe de son œil de visionnaire, Léonard de Vinci allume et laisse transparaître ce qu'elle recèle de plus profond, de plus mystérieux; la force spirituelle, l'âme en exil de ses pensées et de ses désirs.

87.Ce que Léonard aura innové, c'est l'usage du *sfumato*, par lequel il estompe les contours et les traits de ses personnages. Quant à la perspective atmosphérique telle qu'elle est décrite ici, elle avait déjà été utilisée par Piero della Francesca (1474) dans les paysages que surplombent ses deux portraits de *Federico da Montefeltro* et *Battista Sforza* conservés à la galleria degli Uffizi.

Le principe de son art, en dernière analyse, est une extrême sensibilité ; mais cette sensibilité toutefois – et le cas est rare sinon unique – n'est jamais en désaccord avec sa raison. D'où le mot qu'on cite de lui : « Plus on connaît, plus on aime »° [cette citation ne provient pas de Vasari]. Cette profession de foi peut être tout autant celle d'un savant que d'un artiste. "Connaître et aimer", tout l'art de Léonard tient dans ces deux mots.

Aussi, la postérité[,] qui se trompe rarement dans ses jugements, considère-t-elle ce grand savant et cet éminent artiste comme l'un des plus beaux types humains que la nature ait produits.

✳ ✳ ✳

Si le calme et la réflexion sont les qualités dominantes du génie du maître de Milan, c'est au contraire le tumulte et l'emportement qui sont les caractéristiques du génie de Michel Ange.

Il naquit le 6 mars 1475, à Caprese, en Casentin. Élève de Ghirlandajo, il déserta bientôt l'atelier du peintre pour se consacrer exclusivement à la sculpture. Vite remarqué par Laurent-le-Magnifique, il fut logé au palais du Mécène Florentin ; dans ce milieu de "paganisme supérieur", il s'éprit d'enthousiasme pour l'antiquité classique. Ses premières œuvres en sont tout imprégnées. Mais son âme profondément chrétienne devait prendre le dessus et l'emporter le jour où, touchée par le malheur, elle ne trouva plus de refuge qu'en Dieu.

Quoiqu'il en soit, pour l'heure il est tout entier à son rêve païen. Mais la révolution [1ère république, 1494-1512] qui chasse les Médicis et disperse les humanistes[…] l'arrache à ses habitudes de travail et le jette dans la mêlée, le forçant à jouer un rôle politique[88] qui devait ajouter à ses déboires anciens l'amertume de voir sa patrie trahie, humiliée.

Appelé à Rome par le Pape Jules II, il inaugure la série de ses grandes œuvres de sculpture qu'il n'arriva jamais à terminer tandis que contraint de se consacrer à la décoration de la chapelle Sixtine [1508-1511], il parvient non sans peine à exécuter la périlleuse commande, se désespérant toutefois d'avoir laissé en chemin ses œuvres préférées de sculpture.

Ayant fui Rome à la suite d'un coup de tête – et ce n'était pas le premier – il se révèle architecte en se chargeant de la préparation des plans [pour la Nouvelle sacristie] de l'[é]glise San Lorenzo de Florence, sans cesser cependant de produire des chefs-d'œuvre de sculpture, tels les sublimes groupes des tombeaux des Médicis [1520-1527 ; 1530-1534] que pas plus que le tombeau de Jules II, du début de sa carrière, il ne réussit à terminer.

---

88. La question se pose bien en ces termes puisque Michel-Ange aura œuvré pour la plupart des représentants successifs des pouvoirs florentin et pontifical.

Chassé de Florence, il se réfugie à Rome où il reçoit la commande du « Jugement dernier » [1536-1541]. Ses dernières années furent consacrées à la construction du dôme de St-Pierre. Le 18 février [le 17 selon Vasari], il mourait. Son corps[,] furtivement transporté à Florence, reçut des funérailles triomphales. Son modeste tombeau se trouve dans l'[é]glise San[ta] Croce, le Panthéon de Florence[89].

✳ ✳ ✳

Michel-Ange fut un génie malheureux. D'une autre essence que ses contemporains, il ne trouva jamais le moyen de s'accommoder des hommes et des événements pour en tirer des avantages susceptibles de servir les intérêts de sa gloire.

Plus souvent qu'autrement on imagine Michel-Ange comme un produit étrange, inattendu et inexplicable de la nature, sorte de monstre génial qui vit le jour à Florence, mais qui aurait pu naître n'importe où, tant il paraît étranger à tout ce qui entoure son berceau. Rien de moins exact, de moins conforme à la vérité historique.

Michel-Ange n'est pas un miracle de la nature et pas davantage un phénomène qui bouleverse tous les calculs de la raison et de la logique. Le juger tel, c'est lui enlever, lui voler son véritable titre de gloire qui n'est pas d'écraser de sa sublimité solitaire ceux qui l'entourent, mais de couronner par sa sublimité resplendissante l'effort de ceux qui ont été les modestes artisans de sa haute destinée. En effet, lorsqu'on étudie avec attention l'histoire de la Renaissance italienne, on pressent dès la première page que le génie[,] qui se révèle en de naïves expressions, n'attend que le contact avec la vie pour s'enflammer et briller avec éclat. Il est étincelle avec Giotto, flambeau avec Fra Angelico, étoile avec Léonard de Vinci, soleil avec Michel-Ange ; mais c'est toujours la même lumière.

Mais il y a plus encore. Michel-Ange est non seulement l'héritier des deux siècles de recherche et d'enthousiasme qui ont préparé son avènement ; ses attaches filiales remontent bien plus haut ; il est le continuateur des maîtres de l'antiquité qui ont guidé ses premiers pas, sans cesser cependant de demeurer le disciple respectueux de Dante qui porta dans son cœur, comme on l'a écrit, « tout le trésor de l'idéal chrétien ». Mais justement parce que son génie est universel, Michel-Ange est aussi le plus modeste des artistes par ce qu'il a mis dans ses œuvres d'idées et de passion, par la somme de sentiments dont elles sont empreintes. À l'exemple des anciens,

---

89. À ce sujet, voir Vasari/Chastel, vol. 9, 318-340 et Blue Guide, *Florence*, 4ᵉ éd., 1988, 155. Comme il le fait à plusieurs reprises dans ce chapitre, Lagacé ajoute ici une petite croix (traduite ici par trois *** espacés) pour indiquer qu'il faut insérer là, soit un espace, soit une section qui aurait été mal placée (notre note 98).

il crée des types, mais ces types[,] s'ils ont les traits de la beauté antique, ont un accent qui est bien celui de l'âme que nous a faite le christianisme. La vie s'y manifeste avec moins de calme et d'harmonie que dans les sereines créations sorties du ciseau du sculpteur antique, mais si on y remarque une agitation plus tumultueuse, si le mouvement y a quelque chose de violent, de tragique même, la forme au moins conserve tous les caractères de la beauté parfaite. Sous le galbe impeccable respire une âme profondément humaine. Voilà pourquoi ses héroïques figures, éclatantes de puissance musculaire, dans dés poses d'une hardiesse et d'une nouveauté déconcertantes, nous apparaissent-*elles* [ms] comme les représentants d'une race à la fois humaine et surhumaine. C'est le « Laocoon »[,] non plus criant sa souffrance physique, mais exhalant la plainte tragique d'une détresse morale infinie. Il n'est pas étonnant qu'ainsi frémissantes de passion et de colère, les œuvres de Michel-Ange soient tristes, même lorsqu'elles figurent ce qui est le charme et la lumière du monde, la beauté et la grâce de la jeunesse, tels les « ignudi » du plafond de la Sixtine, ou l'« Aurore » du tombeau de Laurent de Médicis [non pas le Magnifique, mais le Capitaine, 1492-1519]. C'est que seul, parmi ses contemporains, il a su comprendre que si « les anciens avaient pu représenter des hommes arrivés à l'immortalité, les modernes n'avaient à représenter que des mortels militants »°. Ce sublime et farouche misanthrope a deviné le mal de notre siècle, sa mélancolie, ses angoisses, ses doutes et ses révoltes et plus justement, plus énergiquement qu'aucun artiste de notre temps, il l'a exprimé avec une véhémence, une violence concentrée qui n'appartient qu'à lui.

Seul de son espèce, comme j'ai dit, au milieu d'une société grisée de luxe, de volupté et de plaisir, Michel-Ange ne pouvait s'accommoder d'une existence aussi frivole, aussi dispersée : il était trop différent. Aussi n'en connut-il que les déboires et les désenchantements ; le renoncement, qui est la grande expérience de la vie, devint son suprême refuge. Ses révoltes apaisées, son orgueil dompté, il conforma sa conduite au conseil du sage antique : « Rentre en toi-même et fais comme le sculpteur à l'œuvre qu'il veut rendre belle. Retranche tout ce qui est superflu, rends net ce qui est obscur, porte la lumière partout et ne cesse de ciseler ta propre statue. »° Aussi, ce n'est pas assez d'admirer en Michel-Ange la puissance de l'inspiration et la noblesse du caractère ; à l'admiration doivent s'ajouter le respect et la vénération d[u]s au génie dont le front garde sous le nimbe d'or la trace sanglante de l'épine.

Et cependant la grandeur solitaire de Michel-Ange fut funeste à l'art italien ; il exerça sur ses contemporains et ses successeurs une troublante et pernicieuse fascination. Autour du colosse[,] dont la taille démesurée se dressait pleine de colère dans le crépuscule de la Renaissance, se groupèrent d'aveugles disciples, des enthousiastes de la force et de la brutalité qui se grisèrent de ses audaces et qui tentèrent d'en renouveler les exploits. Michel-Ange avait prévu à quels excès se porteraient ses imitateurs. «Ma science, avait-il dit, enfantera des maîtres ignorants[90].»°

Quoiqu'il en soit, non seulement Florence fut dévorée de la fièvre Michelangelesque, mais Venise, mais les Flandres, mais l'Europe tout entière fut bouleversée par l'orage de sa pensée et ne vécut plus que du tourment qu'elle avait déchaîné. C'est l'ordinaire rançon de ces sortes de génies : Soleils dévorants qui traversent le ciel de l'art en le vidant de toutes ses étoiles.

* * *

Autant avait été orageuse et tourmentée la vie de Michel-Ange, autant fut calme et radieuse celle de Raphaël. Sa brève et miraculeuse carrière fut parcourue sans une hésitation, sans un arrêt, dans la douceur et l'enchantement d'un rêve sans pareil.

Il naquit le 6 avril 1483, à Urbino ; son père[,] qui était peintre en même temps que poète, lui apprit les rudiments de l'art. Orphelin de bonne heure, il entra dans l'atelier du Pérugin, à Pérouse, où il s'identifia si bien avec la tradition de l'école que bien avisé eut été celui qui aurait su établir la part du maître de celle de l'élève dans les tableaux exécutés en commun. Appelé à Rome par Bramante, il se plaça au premier rang des artistes de son temps par les incomparables fresques qu'il peignit dans les appartements de Jules II [1509-1517 pour les *stanze* et 1516-1518 pour les *logge*]. Il n'avait que vingt ans.

La suite de sa vie ne fut qu'un constant triomphe. Son nom[,] acclamé par toute l'Italie, franchit les frontières et de tous les points de l'Europe les élèves accourent pour lui demander des conseils et se mettre à son école. Il ne traverse plus les rues de Rome qu'escorté, comme un prince, d'une foule d'admirateurs ; la fortune et les honneurs achevèrent d'en faire un grand seigneur.

Sa fin est entourée d'obscurité. Vasari, cette mauvaise langue, l'accuse d'avoir succombé à de fâcheux excès. C'est une odieuse calomnie ; car Raphaël ne connut d'autre excès que celui du travail[91]. La vérité est beaucoup plus

---

90. La citation n'est pas tirée des *Vies...* de Vasari. Notons que Lagacé n'utilise pas encore le terme *maniériste* et que son programme d'histoire de l'art des années 1920 comptait un cours de 2ᵉ année sur «La décadence italienne et la peinture espagnole», disparu ici, alors que sa liste des transparents inclut les noms de Tiepolo, Guido Réni et le Corrège, qui sont absents du corps du texte ; pour une étude historique et historiographique d'une œuvre maniériste, voir Olga Hazan, «An Analysis of Gombrich's Writings on the Palazzo Tè», *Rutgers Art Review*, 1988-1989, 43-59, et *Giulio Romano et Federico Gonzaga au Palazzo Tè*, mémoire de maîtrise, Université du Québec à Montréal, 1986.

91. Les «fâcheux excès» renvoient à un passage de la Vie de Raphaël de Vasari : «Cependant Raphaël, toujours attaché à sa passion, continuait en secret à se livrer sans mesure aux plaisirs amoureux. Une fois il s'y adonna avec plus d'ardeur encore que d'habitude ; il rentra chez lui

simple: il fut emporté en quelques jours par l'une de ces fièvres pernicieuses si fréquentes à Rome. Quoi qu'il en soit, le vendredi saint [6 avril] de l'année 1520, le divin Sanzio rendait à Dieu son âme harmonieuse. Il avait 37 ans. Son très humble tombeau se trouve au Panthéon de Rome.

Il n'est pas facile de parler de l'œuvre de Raphaël, surtout[…] lorsque le temps nous est si parcimonieusement mesuré. L'abondance même de la matière en complique la tâche, d'autant qu'aux éloges dithyrambiques de ses admirateurs s'opposent les critiques acerbes et le plus souvent injustes de ses dénigreurs. Essayons de nous tenir dans les limites d'une sage modération.

L'œuvre de Raphaël ne s'impose pas à nous avec la violence de celle de Michel-Ange; elle s'insinue en nous comme une douce mélodie qui emplit l'âme d'harmonie et de lumière. C'est que Raphaël n'est pas venu au monde pour y jouer le rôle d'un juge impitoyable, mais plutôt pour apporter à la terre un message d'amour; ce qui faisait dire à Mme de Staël que « si Michel-Ange est le peintre de la Bible, Raphaël est le peintre de l'Évangile[o92] ».

La difficulté de porter un jugement impartial sur l'œuvre du peintre des « Madones » et des « Chambres » provient de sa constante perfection. Elle charme, elle séduit, mais ne passionne pas. Il en est ainsi de Mozart qui enchante et captive par sa grâce, sa douceur, par le rythme berceur de sa phrase musicale, au contraire de Beethoven et de Michel-Ange qui déchaînent dans l'âme de tels orages qu'elle en demeure toute meurtrie. Or, Raphaël ne connut rien de la détresse morale d'un Beethoven et des humiliations d'un Michel-Ange; la passion fut pour lui la plus fructueuse des expériences[93].

D'autre part, rien n'est plus contraire à son tempérament que l'ostentation et l'étalage de *son* [ms] « moi ». Toujours il se dérobe dans son art. Respectueux du passé, il l'incorpore en quelque sorte dans son œuvre, ne dédaignant pas de faire sienne[s] les trouvailles de ses devanciers; ce qui le fait accuser de plagiat. Non moindre est son intérêt pour les ouvrages de ses contemporains dont volontiers il s'inspire; ce qui fait dire à [*M.* barré] L. Gillet que « ce que représentai[en]t les syllabes du nom de Raphaël, c'est une faculté indéfinie de comprendre et d'aimer, une générosité d'admiration

---

extrêmement fiévreux […]. » Selon Vasari, c'est à la suite de cet épisode que Raphaël mourut « le jour de son anniversaire, le Vendredi-Saint, à trente-sept ans », Vasari/Chastel, tome 5, 222-223.

92. Par l'exemple de sa vie passionnée et par ses ouvrages prônant la rénovation des genres et l'exaltation de la sensibilité et de l'individualisme, Germaine Necker, baronne de Staël Holstein (1766-1817), illustre l'idéologie romantique (*PRNP*, 1967) et l'idée d'une nature parfaite telle qu'elle apparaît chez Johann Joachim Winckelmann (cité par Madame de Staël, UK, 57). Voir les *Œuvres complètes de Madame la baronne de Stael-Holstein*, Paris, F. Didot frères, 1836.

93. *des humiliations* est rajouté à la main et, plus loin, *la plus fructueuse des expériences* remplace *la plus délicieuse des voluptés*. Le terme *volupté* a été souvent remplacé par Lagacé, sans doute à cause de la fréquence de son utilisation.

toujours fraîche, un don délicieux d'abandon et d'oubli, une bienveillance intellectuelle qui ne connaît en art ni étrangers ni ennemis[94] ». Toutes ces hautes et rares vertus donnent à la physionomie de son génie «un tel caractère d'universalité qu'il devient presqu[e]impossible d'en définir les traits essentiels[95] ».

Raphaël n'est pas, comme Michel-Ange, un astre égaré, aspiré par je ne sais quelle force fatale qui l'entraîne loin de sa constellation. Bien au contraire ; son doux génie évolue dans l'orbe régulier de son école et rien ne le mettrait en évidence si de son œuvre n'émanait un éclat tel que tout ce qui se trouve dans son entourage ne disparaissait dans son rayonnement.

Au reste, Raphaël est une synthèse. En lui se retrouve la suavité de Fra Angelico et la *tendresse* [remplace *volupté*] de Lippi. En effet, ses "Madones" sont sœurs des Vierges timides que la main du pieux solitaire traçait sur les murs de San Marco, comme ses nymphes sont sœurs des mondaines florentines que le pinceau du moine dévoyé brossait dans l'ombre des chapelles. Du premier il a gardé l'or de ses ciels et la pompe de ses assemblées séraphiques ; du second il a retenu *l'arabesque de la ligne et l'éclat des couleurs* [remplace *la ligne rigoureuse et l'éclatante couleur*] ; du paradis révélé par le Saint, *il s'est approprié* [remplace *il a pris*] toutes les puretés et les tendresses ; des riantes réalités terrestres représentées par le libertin, toutes les harmonies et toutes les voluptés. Et c'est ainsi qu'en consommant l'union de l'idéal chrétien et de l'idéal païen, en fusionnant ensemble les élans mystiques de l'âme et les transports passionnés du cœur, il a donné au monde l'illusion d'avoir réconcilié le ciel et la terre en plaçant la beauté comme une borne de lumière aux confins de deux infinis. Il semble que cette conception de la mission qu'il se croyait appelé à remplir[...] l'ait préoccupé dès le premier instant, comme en fournirait la preuve le « Songe du Chevalier » qu'il peignit tout enfant[96].

---

94. Louis Gillet, *Raphaël*, 146. Lagacé a quelque peu modifié la phrase de Gillet, qui se lisait plutôt : «Une faculté indéfinie de comprendre et d'aimer, une générosité d'admiration toujours fraîche, un don délicieux d'abandon et d'oubli, une bienveillance intellectuelle qui ne connaît en art ni étrangers, ni ennemis ; toutes ces hautes vertus qui étaient déjà, on l'a vu, en germe chez Giovanni Santi, voilà, plus ou moins consciemment, ce que représentent les syllabes à jamais adorables de ce nom : Raphaël. »

95. Dans la monographie qu'il lui consacre, Gillet, après avoir comparé Raphaël à plusieurs maîtres de la peinture occidentale, le décrète comme universel parce qu'irréductible à une catégorie (Gillet, *Raphaël*, 146-150). Notons que la portion de phrase citée par Lagacé ne figure pas dans le texte de Gillet.

96. Ni Vasari ni Bénézit (Emmanuel Bénézit, *Dictionnaire critique et documentaire des peintres, sculpteurs, dessinateurs et graveurs de tous les temps et de tous les pays*, par un groupe d'écrivains spécialistes français et étrangers, nouvelle édition entièrement refondue, revue et corrigée ss la dir. des héritiers de E. Bénézit, Paris, Gründ, 1976) ne nous éclairent à ce sujet ; peut-être s'agit-il du *Songe de Scipio* de c. 1505 conservé à la London National Gallery.

On conçoit que[,] poursuivant un idéal fait du meilleur des aspirations des deux écoles rivales qui depuis trois siècles se disputaient la suprématie, il ait emprunté à chacune d'elles quelque chose de leur langue et de leur style. Aussi bien, ce n'est pas par cela qu'il a réussi à conquérir l'universelle admiration. Sous ce rapport, il n'est en rien supérieur à Léonard de Vinci, à Michel-Ange ou à Titien. Comme ces derniers, il dessine à la perfection. Le clair-obscur, sans avoir à ses yeux l'importance que lui accordait le peintre de la « Joconde », le sert admirablement dans ses grandes compositions des « Chambres ». Même il se révèle, quand il le veut, coloriste brillant, à preuve « La Vierge à la chaise » et le si vivant portrait de « Castiglione ». Mais ce n'est pas non plus par la connaissance approfondie de son art qu'il s'élève au dessus de ses émules.

Serait-ce alors par ses qualités de cœur? On ne se lasse de parler du charme incomparable qui se dégage de son œuvre et l'on a raison. Raphaël est un séducteur, c'est entendu; mais l'est-il plus que Fra Angelico dont le savoir était certes moins étendu, mais dont l'âme rend un son autrement pur, autrement cristallin.

On parle encore de sa douceur et elle est débordante dans son œuvre; mais cette précieuse qualité, est-ce que le Corrège ne la possède pas à un degré encore plus éminent? Sans doute, de rencontrer réunis en un même être tant de dons si exceptionnels, voilà de quoi justifier l'enthousiasme de ses contemporains et le culte dont son nom est encore entouré. Raphaël, comme l'a écrit quelqu'un, est une "légende". Ce n'est pas toutefois par une formule heureuse que le génie s'explique. L. Gillet, en cherchant à désigner l'élément nouveau que Raphaël a introduit dans l'art, rejette le mot "arabesque", puisqu'il s'agit de choses vivantes, pour adopter celui de la "ligne" […?] qu'on peut définir l'esprit de la forme[97]. Raphaël, d'après le savant critique, dédaignant l'exacte ressemblance des choses, a cherché avant tout la vraisemblance qui est la véritable vérité artistique, car comme tous ceux qui possèdent une imagination qui va bien au delà des réalités, il a eu cette intuition[,] qui permet à l'artiste et au poète de penser la nature au lieu de la percevoir uniquement dans ses fuyantes apparences, c'est-à-dire cette disposition de toutes choses selon un concept de mesure et d'harmonie qui fait concourir les ressources dont dispose l'artiste – et elles sont innombrables – à une impression de plénitude tellement rare qu'on en subit l'emprise sans en deviner la cause secrète. Celui-là avait raison qui appelait Raphaël « le peintre des équilibres »°. Dans l'art, comme dans la nature, la force la plus réelle n'est pas toujours la plus manifeste. C'est précisément parce que Raphaël est le plus compréhensif, en même temps que le plus mystérieux des peintres[,] que la postérité l'a placé au premier

---

97. Il semble manquer une portion de phrase chez Lagacé, Louis Gillet, *Raphaël*, 155.

rang des dieux de l'art. Il en est le plus jeune, le plus beau, le plus heureux ; il apparaît « comme l'Apollon qu'il a assis au sommet du Parnasse, entouré du chœur des Muses[98] ».

✶ ✶ ✶

C'est en 1564, c'est-à-dire 44 ans après la fin prématurée de Raphaël, que mourut Michel-Ange[,] laissant, ainsi que nous l'avons dit, l'art italien voué à la plus incurable des décadences. Ce qui ne veut pas dire qu'il n'y eut plus d'art, après lui, en Italie ; au contraire, jamais époque n'en fit une telle consommation. Tous les artistes qui ont l'art au bout de leurs pinceaux[…] ne rêvent que des tâches les plus extravagantes. Papes, rois, princes, riches bourgeois nourrissent l'ambition de faire crouler les coupoles des églises et les plafonds des palais sous le poids des géants batailleurs qui[,] en grappes convulsives[,] se roulent ou se débattent dans des cieux bourrelés de nuages, à défaut de remords.

À part quelques œuvres d'exception, le « Persée » de Cellini, « L'enlèvement des Sabines » de Jean de Boulogne, la « Descente de la Croix » de Daniel de Volter[r]a, tout le reste n'est qu'improvisation et boursouflure. Partout ailleurs qu'à Gênes et à Parme[,] où triomphe le Corrège, ce n'est que désordre et démence. Telle fut « la rançon dont l'Italie payait la grandeur d'un seul homme »°.

Cependant, il y a une école qui échappa, jusqu'à un certain point à l'affolement général et c'est l'école vénitienne dont il me reste à vous entretenir brièvement.

Elle d[u]t à la puissance et à la permanence d'une longue tradition[,] mise en valeur par un génie extraordinaire, contemporain de ceux qui à Rome et à Florence dictaient la loi au monde, de rester dans sa vérité propre.

Milan avait eu Léonard de Vinci ; Florence : Michel-Ange ; Rome : Raphaël ; Venise eut le Titien.

✶ ✶ ✶

Tiziano Vicelli [Vecellio] naît en 1477 et meurt entre 1562 et 1578 [c. 1490-1576] ; c'est donc une carrière de près d'un siècle, si brillante, si féconde, qu'on ne prononce le nom de ce grand peintre que comme celui d'un monarque.

La nature le combla de ses dons les plus rares et il traverse la vie en triomphateur. Il vit dans le plus grand apparat, reçoit royalement à sa table les

---

98. La section à partir de *c'est-à-dire* ayant été mal insérée dans la page dactylographiée, Lagacé indique son emplacement par des x et des flèches.

cardinaux, les seigneurs, les artistes et les écrivains les plus renommés de son temps. Les rois, les doges, le pape Paul III et les princes italiens sollicitent l'honneur de visiter son atelier et si par hasard le pinceau s'échappe de sa main, on verra Charles-Quint se pencher pour le ramasser [cette légende n'apparaît pas dans *Les vies* de Vasari]. Et lorsqu'il meurt à Cadore, terrassé par la peste, l'État, mettant de côté ses mesures sévères, lui fera des funérailles somptueuses.

Le Titien, Raphaël et Rubens forment l[a] triade des peintres heureux.

On a dit que la santé parfaite n'est que l'absence de toute sensation nuisible et la vertu, la juste proportion entre deux écarts opposés. Ces deux définitions peuvent s'appliquer à l'art du Titien. C'est une "moyenne dorée" que ne vient briser aucun choc, aucune dissonance; une harmonie bien balancée dans laquelle aucune note trop élevée ou trop basse ne vient rompre la ligne, l'arabesque de la mélodie. Et de fait, ses tableaux nous font irrésistiblement songer à la musique[,] et ce qu'elle chante[…] ce sont, tour à tour, les légendes chrétiennes et les mythes païens; même[,] il lui arrive[,] dans sa joie de peindre, de mêler les genres, de donner à ses tableaux de sainteté des allures de fêtes mondaines, comme à ses scènes mythologiques l'ordonnance et la gravité des cérémonies religieuses.

Ses portraits, tels «l'Homme au gant» et le «François Ier» du Louvre, révèlent[,] en même temps que le coloriste savoureux, le profond psychologue qui se dissimulait sous les dehors d'un dilettantisme supérieur. Mais ce sont là d'heureuses exceptions; car Titien est avant tout l'ordonnateur de grandes scènes théâtrales où l'élégance et la distinction des acteurs, dans des décors de *magnificence* [remplace *splendeur*], constituent tout l'intérêt, la qualité de l'exécution mise à part. Supérieur à Raphaël sous ce rapport, il lui est inférieur par la quantité d'âme qu'il met dans son œuvre. Il ne faut pas oublier que le premier était romain, par conséquent tout proche de la culture antique, tandis que le second était vénitien, c'est-à-dire voisin de Constantinople et du *fastueux* [remplace *voluptueux*] Orient. Cela suffit à expliquer bien des choses.

✶   ✶   ✶

De la mort du Titien date, si l'on ose dire, la décadence de l'école vénitienne, comme il advint de celle de Rome au lendemain de la fin prématurée de Raphaël; mais elle se prolonge en un crépuscule d'une si éblouissante splendeur qu'on ne s'en rend compte que par l'excès de sa virtuosité et de sa production.

Je ne puis songer à dresser la liste des nombreux artistes qui continuèrent [?] le grand maître disparu. Il en est trois, toutefois, dont on ne saurait se dispenser de mentionner les noms à défaut des commentaires que mériterait l'excellence de leurs œuvres.

Tout d'abord Paul Véronèse, le plus célèbre, dont les pompeuses « Noces de Cana » vous sont bien connues ; puis le Tintoret, dont l'austérité dramatique tranche quelque peu sur le ciel en fête de son école ; enfin, Tiepolo, dont on a dit qu'il était le dernier peintre ancien et le premier des modernes. En effet, si Tiepolo a gardé du passé la sereine grandeur, il a donné à la lumière une place si importante dans ses peintures murales que tous les grands décorateurs du xixᵉ siècle se sont inspirés de lui.

Et maintenant[,] pour finir, quel jugement porter sur cette Renaissance dont nous n'avons fait, pour ainsi dire, que soulever un coin du voile *brodé d'or et d'argent* [ms]. La chose est d'autant plus délicate que la tendance à peu près générale des écoles contemporaines est d'en nier les merveilleux résultats. Quoi qu'il en soit, on peut appliquer à toute la Renaissance les dernières lignes du beau livre que L. Gillet a consacré à Raphaël :

« Peut-être le jour n'est-il pas loin », écrit-il, « où la démocratie croissante, la ruine des études classiques, le triomphe des appétits, feront perdre le sentiment de ce qu'on appelait les "belles humanités" et où le ventre seul parlera… Peut-être viendra l'heure où, si les révolutions en laissent subsister quelque reste, personne ne se trouvera pour entendre Raphaël » — et j'ajouterai : tous ces vieux maîtres qui révélèrent l'idéal au monde. « Elles s'éteindront peut-être » une à une ces grandes lumières. Un lointain avenir en réserve d'autres, qui sait ?, pour les siècles futurs. Malgré cet incertain espoir, *ajoute le savant critique* [ms], « il est permis, sans trop de présomption ou d'attachement aux formes passagères de la vie », d'affirmer que le jour où « ces incomparables génies cesseront d'être compris, sera pour l'univers celui d'un immense désastre ; il marquera la perte, non seulement, d'une forme d'art, mais d'une civilisation entière, l'oubli d'un des plus heureux points de vue d'où l'homme ait contemplé le monde et un appauvrissement irréparable de la beauté[99] ». Il y a des sommets que l'esprit humain n'atteint qu'une fois[100].

---

99. Louis Gillet, *Raphaël*, 162. Lagacé modifie un peu le texte de Gillet qui se lit comme suit : « Peut-être le jour n'est-il pas loin où la démagogie croissante, la ruine des études classiques, le triomphe des appétits, feront perdre le sentiment de ce qu'on appelait les "belles humanités", et où le ventre parlera seul. Peut-être une nouvelle invasion menace-t-elle notre monde de la périodique barbarie jaune [?]. Peut-être viendra l'heure où, si les révolutions en laissent subsister quelque reste, personne ne se trouvera plus pour entendre Raphaël. Tout meurt. Les mânes les plus précieux n'échappent à ce sort commun. Elles s'éteignent une à une, ces grandes lumières du passé. Un lointain avenir en réserve d'autres, qui sait ? pour les siècles futurs. À ce grave "peut-être", il est permis, sans trop de présomption ou d'attachement aux formes passagères de la vie, de répondre que le jour où Raphaël cessera d'être compris sera pour l'univers celui d'un immense désastre : il marquera la perte, non seulement d'une œuvre d'art, mais d'une civilisation entière ; l'oubli d'un des plus heureux points de vue d'où l'homme ait contemplé le monde, et un appauvrissement irréparable de la beauté. »

100. La phrase est manuscrite et remplace une section à présent barrée : « Ce jour là, sur la terre, il y aura encore des [mot illisible] qui penseront ; mais ils auront cessé de penser humainement, c'est-à-dire, en accord avec la connaissance profonde de l'humanité » et qui constituait

[10. La Renaissance italienne : XVIᵉ et XVIIᵉ siècles]
Clichés

1. Jules II entouré des grands artistes de la Renaissance (au Vatican)
2. Monument de L. de Vinci, à Milan
3. Baptême du Christ, Ver[r]occhio
4. L. de Vinci, la Vierge au rocher
5. L. de Vinci, Ste-Anne et la Vierge
6. L. de Vinci, La Joconde (Monna Lisa)
7. L. de Vinci, La Cène (Ste-Marie des Grâces, Milan)
8. L. de Vinci, St-Jean-Baptiste
9. L. de Vinci (portrait de l'artiste)
10. Jules II et l'Apollon du Belvédère, découvert à St-Pierre-aux-liens
11. Michel-Ange (son portrait par François de Hollande)
12. Michel-Ange, David, [place de la S]eigneurie de Florence
13. Michel-Ange, La piet[à], chapelle des Français, St-Pierre
14. Michel-Ange, Le tombeau de Jules II, Le Moïse
15. Michel-Ange, Moïse
16. Michel-Ange, L'esclave (Louvre)
17. Michel-Ange, La [c]hapelle Sixtine
18. Michel-Ange, Détails du plafond
19. Michel-Ange, La création de l'homme
20. Michel-Ange, La Sybille de Delphes
21. Michel-Ange, La Sybille de Cumes
22. Michel-Ange, Le prophète Jérémie
23. Michel-Ange, Les Ignudi
24. Michel-Ange, Chapelle des Médicis, St-Laurent, Florence
25. Michel-Ange, Tombeau de Julien, Le jour et la nuit
26. Michel-Ange, Tombeau de Laurent, L'aurore et le crépuscule
27. Michel-Ange, Tombeau de Michel-Ange (San[ta] Croce)
28. Raphaël (portrait)
29. Raphaël, maison natale à Urbino
30. Raphaël, intérieur
31. Raphaël, Le rêve du Chevalier
32. Raphaël, Le mariage de la Vierge
33. Raphaël, Les Madones ; La Vierge de la Maison Tempi, au musée de Munich
34. Raphaël, La Vierge à la Chaise (Palais Pitti)

---

sans doute les dernières paroles que prononçait Lagacé à la fin de la première année de son programme en histoire de l'art.

35. Raphaël, La Vierge de St-Sixte, Dresde
36. Raphaël, Les chambres: La S[e]gnatura
37. Raphaël, La dispute de S. Sacrement
38. Raphaël, L'école d'Athènes
39. Raphaël, La messe de Bolsène, Jules II
40. Raphaël, L'incendie du Bourg
41. Raphaël, Le Parnasse (dans la chambre de la S[e]gnatura)
42. Raphaël, Les loges
43. Raphaël, La pêche miraculeuse
44. Raphaël, Via Dolorosa
45. Raphaël, Ste-Cécile (Bologne)
46. Raphaël, Villa [Farnesina] de Chigi, Salle de Psyché
47. Raphaël, Le Thabor [la *Transfiguration*, à présent attr. à Giulio Romano]
48. Raphaël, Raphaël dans son atelier
49. Le Palais des doges, cou[r] intérieure
50. Le Titien, Mise au tombeau
51. Le Titien, L'homme au gant
52. Le Titien, Alphonse de Ferrare et Laure Dijoti [?]
53. Le Titien, «Flore», portrait
54. Paul Véronèse, Les Noces de Cana
55. Tiepolo, Histoire d'Alexandre
56. Guido Reni, L'Aurore
57. Le Corrège, Gênes, Le Mariage mystique de Ste-Catherine
58. Venise, Ziem [Zecca?]

11. La peinture flamande

La Renaissance, tel un jour glorieux, s'éteignait dans la splendeur mourante des horizons méditerranéens hérissés de dômes et de campaniles. L'école italienne, conformément aux lois de la vie, disparaissait dans le crépuscule de la décadence avec les derniers maîtres de Bologne [voir notre note 84]. Puis, ce fut la nuit de deux siècles sans histoire.

Le magnifique rôle joué par l'Italie, du XIIIᵉ au XVIIᵉ siècle, ne doit pas nous faire oublier que dans le même temps, sous d'autres cieux et dans des conditions différentes, les autres peuples de l'Europe, tout en subissant son autorité, ne mettaient pas un moindre zèle, une moindre ardeur à faire de l'art l'expression de leurs sentiments profonds et[,] par des voies encore inexplorées, à s'élever jusqu'à la Beauté. Tel fut[,] en tout cas, l'ambition que nourrirent et le but que s'assignèrent la France, l'Espagne, l'Allemagne et[...] également les Flandres qui feront l'objet de cette étude.

Vos études historiques[101] vous ont appris qu'antérieurement au xviiie siècle, les Flandres[,] qu'on appelait alors les Pays-Bas, étaient composés de ce qu'est [*sic*] aujourd'hui la Belgique, la Hollande, le duché du Luxembourg et certaines provinces du nord de la France. Il n'entre pas dans le cadre de cette étude de vous dire les causes, tant religieuses que politiques, qui fragmentèrent ce grand tout. Qu'il nous suffise de savoir pour l'instant qu'au xive siècle[,] Bruges[…] alors à l'apogée de sa prospérité, ayant été le premier foyer d'art des Pays-Bas, c'est son influence qui s'exerça d'abord sur toute l'étendue du royaume, pour de là rayonner sur la France et l'Allemagne, puis sur l'Italie avec laquelle elle resta toujours en étroites relations. Et cela est si évident qu'on a pu dire que l'Italie avait reçu beaucoup plus des Flandres qu'elle ne leur avait donné. Quoiqu'il en soit, il est certain qu'elle n'aurait pas joué le rôle prédominant que l'on sait sans les enseignements et les exemples reçus des écoles néerlandaises. De ces dernières[,] elle apprit à exprimer la vie ; cette conception d'un art vivant[,] ajoutée à l'austère idéal greco-romain, composa le meilleur de l'art de la Renaissance italienne. En Flandres[,] où rien ne subsistait des époques classiques, l'art eut toute la fraîcheur et l'éclat de la flore des champs ; il fut flamand, exclusivement flamand, du moins jusqu'à l'avènement des artistes du xvie siècle, qui, séduits par le prestige de l'art italien, faillirent en compromettre à jamais la prenante originalité et la foncière honnêteté. Cela demande quelques explications.

La peinture, tout comme la poésie, ainsi qu'on l'a toujours enseigné, prend pour but la vérité ou l'idéal. Si elle choisit l'idéal, elle adapte ses moyens au but convoité ; elle cherche la pureté des lignes, la noblesse des types, la grâce de l'expression, la majesté des attitudes, l'élégance des draperies, la force de la conception et la grandeur du sujet. De la nature qui lui sert de modèle, elle ne retient que les formes les plus caractéristiques de la beauté parfaite. Tel fut en tout cas l'art pratiqué par les Grecs et que remirent en honneur les grands génies de la Renaissance italienne.

Mais la peinture choisit-elle la vérité, aussitôt sa méthode change et c'est d'un autre côté qu'elle tourne ses ambitions. Elle n'aspire plus à s'élever

---

101. Lagacé différencie peut-être les études historiques des monographies sur l'art, ses sources identifiées (S. Reinach et E. Rostand pour les Flandres ; H. Taine pour la Hollande et E. Fromentin et L. Gillet pour les Flandres et la Hollande réunies) portant quant à elles sur des périodes artistiques. Pour une récapitulation récente de l'historiographie de l'art des Pays-Bas, voir Egbert Haverkamp-Begemann, « Northern Baroque Art », *Art Bulletin*, Dec. 1987, 510-519, et Mariët Westermann, « After Iconography and Iconoclasm : Current Research in Netherlandish Art, 1566-1700 », *Art Bulletin*, June 2002, 351-372. Pour un historique du développement de l'histoire de l'art dans les Pays-Bas, voir GB, 497-506 ; pour une bibliographie récente, voir Mignot et Rabreau (notre note 66), 561-562. À partir de ce chapitre, Lagacé modifie son approche pour se consacrer (sauf pour la France) à la peinture européenne du xve au xixe siècle, resserrant ainsi son spectre historique, géographique et artistique.

au-dessus de la nature, à la dominer, à l'embellir, à la nettoyer de ses tares et de ses imperfections; plus modeste dans ses visées, elle se contente de la copier sans la juger, de la représenter dans l'épanouissement de sa force et de sa vitalité, de rendre sa physionomie expressive sans se soucier de sa moralité.

La peinture flamande prit pour objet de ses recherches la vérité. Se pliant docilement à l'appel de son génie, elle se tourna vers les spectacles de la vie, sans chercher, comme la peinture italienne, à transporter dans le ciel la matière humaine; raisonnable et pondérée, elle se montre [si] satisfaite de son effort du moment que d'un trait incisif elle arrive à faire le portrait vrai et ressemblant de l'univers pittoresque. Aussi[,] les peintres flamands nous apparaissent-ils comme les moins dégoûtés des artistes; sans haute visées vers les sommets de l'art, on les voit heureux dès qu'ils peuvent sur leurs toiles emprisonner un pan de ciel ou un coin de terre. Tout est pour eux sujet de tableaux; les scènes les plus humbles et les plus communes prennent sous leurs pinceaux la valeur de documents humains; car ils se sont faits, à leur manière, les historiographes de leurs pays et ce qu'ils représentent, ce sont toutes les joies modestes ou opulentes que le soleil verse à la terre néerlandaise sillonnée de canaux, hérissée de tours et de moulins à vent. Cette tendance à poétiser la vérité, plutôt qu'à réaliser un idéal de convention, se constate dans toute l'histoire de l'art flamand. L'unique préoccupation des petits maîtres aussi bien que des grands, de Memling à Rubens, c'est de raconter et de s'amuser de leur faconde; c'est aussi de jongler avec les difficultés à seule fin de s'en jouer; au reste, jamais émus au point d'oublier qu'ils peignent, ils laissent couler leur verve à pleins bords, sans s'embarrasser d'inutiles subtilités, se grisant de belles formes et de couleurs savoureuses, de clarté et de force plutôt que de distinction et de profondeur. Sensuels beaucoup plus qu'intellectuels, ils n'imaginent pas le paradis autrement. Tel est le caractère complexe de cette peinture bruyante où chaque tache donne tout son éclat, d'autant plus juste qu'elle est plus éclatante. Les écoles postérieures n'iront pas même jusque là; car, comme l'a écrit Fromentin, « il semble que sous le pinceau d'un Van Eyck, l'art de peindre ait dit son dernier mot et cela dès la première heure[102] ».

---

102. La phrase ne se trouve pas dans *Les maîtres d'autrefois*, cité plus loin par Lagacé. Eugène Fromentin (1820-1876) était à la fois peintre, écrivain et critique d'art. De ses voyages en Orient, notamment en Afrique du Nord en 1846, 1848 et 1852, il rapporte des tableaux aux couleurs vigoureuses ainsi qu'un livre, *Une année dans le Sahel* (1858), qui lui attire les éloges de George Sand, Michelet et Sainte-Beuve. Après un voyage en Belgique et en Hollande (1876), il révèle ses talents de critique d'art dans *Les maîtres d'autrefois* (*PRNP*, 789) où, selon Bazin, plutôt que de constituer une histoire des écoles de peinture, il raconte ses visites dans les grands musées de Flandres et de Hollande; pour fixer ses impressions, Fromentin compose d'admirables descriptions qui « ne seront jamais dépassées, car elles supposent l'œil d'un peintre qui regarde intensément comme s'il avait le pinceau à la main », GB, 359-360.

En Flandres, comme partout ailleurs, l'art naquit de la nécessité ; on ne peint, on ne sculpte d'abord que pour cacher la nudité d'un mur ou pour remplir une niche vide ; puis l'artisan passe sans s'en rendre compte d'un travail utilitaire à un travail de fantaisie ; il met de côté les modèles usuels pour faire œuvre d'imagination ; de ce jour l'art apparaît et l'artiste se révèle.

Au XIVe et au XVe siècle, au moment où s'éveille le génie flamand, les arts se confondent avec les grandes industries. Le peintre et le sculpteur sont encore des artisans dans toute l'acception du mot et rien ne les différencie du joallier et du copiste de manuscrits ; ce qui explique pourquoi les seigneurs et les souverains les considéraient comme de simples manants, les traitant selon leur rang social, c'est-à-dire comme des valets.

Louis de Mâle fut un des premiers à étendre sa protection sur les artistes en fondant la première gilde ou corporation de peintres, ce qui eut pour résultat d'attirer à Bruges de nombreux artistes assurés de tirer parti de leurs talents. Aussi bien, l'on peut regarder Bruges comme le berceau de l'art flamand.

Cependant, bien avant la naissance des frères Van Eyck, Hubert et Jean, l'école brugeoise avait attiré sur elle l'attention. Nombreux étaient ses peintres et ses sculpteurs ; mais c'étaient de purs mystiques, continuateurs de la tradition gothique dédaigneuse de la beauté physique. Seulement, ils étaient Flamands, c'est-à-dire réalistes. Au lieu d'idéaliser, comme Giotto ; au lieu de mettre tout en âme les saints personnages qu'ils représentent, à la manière de Fra Angelico, ils prennent indifféremment autour d'eux les types les plus ordinaires, parfois les plus vulgaires, pour figurer les saints personnages introduits dans leurs triptyques. Les Madones et les enfants Jésus ne sont pas mieux traités que les adorateurs qui leur font la cour. *Aussi* [ms][,] le premier mouvement en présence de ces tableaux est un mouvement de recul comme devant une chose barbare et, cependant, lorsqu'on se donne la peine de les examiner avec attention, oubliant tout de notre science des êtres et des choses, on y découvre *une si franche* cordialité et *une si touchante* candeur, qu'on croi[t], selon l'expression de Fromentin, entendre un acte de foi[103]. Tels étaient les caractères de la peinture flamande lorsque parurent les Van Eyck.

L'histoire de leur vie est assez mal connue ; la légende y tient plus de place que la vérité. Il est probable que l'aîné, Hubert, naquit à Maeseyck, dans le Limbourg, vers 1370 et[…] Jean, plus jeune de dix à vingt ans, vers 1380 ou 1390 [c. 1390]. Le premier fit ses études à Maestrick ou à Cologne, voyagea beaucoup et finit par s'établir à Gand où il passa le reste de sa vie. C'est

---

103. Les expressions *une si franche* et *une si touchante* remplacent *une telle cordialité et une telle candeur*, comme si Lagacé était retourné vérifier sa source (que nous n'avons pas pu retracer).

dans cette ville qu'il reçut la commande du fameux polyptyque «l'Ado-ration de l'agneau» qui devait consacrer à jamais la réputation des deux frères. Hubert mort en 1426, Jean fut chargé de terminer le travail à peine esquissé, disent les uns, presqu[e] achevé, disent les autres. Quoiqu'il en soit, le chef-d'œuvre terminé[...] fut placé dans l'église St-Bavon, à Gand, où il se trouve encore, mais incomplet, puisque quelques panneaux[,] ayant été détachés, sont aujourd'hui exposés dans les musées de Bruxelles et de Berlin [confirmé par Louis Gillet, *Catholic Encyclopedia*].

On sait que c'est au cours de leurs travaux que les deux frères firent une découverte qui devait révolutionner l'art de peindre, je veux dire le moyen de peindre à l'huile. En effet, jusque là on avait peint à la détrempe, c'est-à-dire à l'eau, au blanc d'œuf, à la colle, puis on recouvrait la peinture d'un vernis à l'huile visqueux et coloré. Les Van Eyck trouvèrent le secret de mêler l'huile aux matières colorantes, en composant un siccatif pratique servant à délayer les couleurs. La peinture obtenue par ce procédé était enduite, une fois séchée, d'un vernis fluide, incolore, qui mettait en valeur les couleurs sans les altérer ou les salir. C'est encore ainsi que l'on peint de nos jours. Cette découverte eut un tel retentissement que toutes les écoles voulurent s'approprier une recette qui doublait les ressources de la peinture. Toutefois, c'est moins par cette découverte, toute importante qu'elle soit, que les frères Van Eyck sont célèbres. Ce qui consacra leur réputation, comme je l'ai dit, ce fut l'admirable polyptyque : «l'Adoration de l'agneau», qui est regardé par tous les critiques comme le chef-d'œuvre de l'art mystique. Seulement, aux certitudes de foi du moyen âge expirant on voit s'ajouter les élans passionnés du XVe siècle que l'on considère comme l'aurore des temps modernes.

Tant que Jean Van Eyck vécut – il mourut en 1441 – son génie illumina tout le ciel flamand ; mais il ne faudrait pas croire qu'il y fut seul. Autour de lui fourmillent des œuvres qui, sans attribution d'auteurs, ne se distinguent pas les unes des autres tant elles s'évertuent à rivaliser d'éclat et d'inspiration. Cependant, du milieu des artistes qui composent cette brillante pléiade, un peintre paraît qui les éclipse tous et les entraîne dans le remous de sa renommée. Étrange caprice de la destinée ! Quarante ans après la disparition du dernier Van Eyck, après que l'école de Bruxelles eut recueilli l'héritage de gloire laissé en déshérence par l'école dispersée de Bruges, après qu'Anvers eut donné le jour à Quentin Metsys, un artiste paraît qui renoue la trame rompue de la tradition brugeoise et qui continue si bien la grande et noble matière des Van Eyck qu'il semble leur disciple de prédilection, à tout le moins le fils spirituel en qui revit leur idéal de foi, de grâce et de fraîcheur. Il s'appelait Hans Memling. Né vers 1430 [1435/40], dans le voisinage de Mayence [à Seligenstadt], il passa la plus grande partie de sa vie à Bruges où il mourut en 1478 [1494]. C'est dans cette ville qu'il exécuta l'œuvre qui devait immortaliser son nom : les peintures de la «Châsse de Sainte-Ursule.»

Tout l'art des Van Eyck se retrouve dans ces tableautins d'une si profonde poésie. On dirait que Memling, ayant ramassé le pinceau tombé de la main de Jean Van Eyck, ait [*sic*] continué l'œuvre interrompue et repris la narration au point où l'avait laissée le maître au soir de sa vie. Et ce qu'il nous raconte, ce sont les mêmes choses augustes rendues avec la même candeur et la même somptuosité. Seulement, comme il possède une nature plus fine et plus délicate, comme cela arrive aux fils spirituels d'un grand esprit, il laisse transparaître sous l'enveloppe des corps un foyer plus ardent d'intelligence et de sensibilité. Il fut le premier de son école à interroger et à scruter l'âme combien mystérieuse de la femme et à en rendre le rayonnement sur un beau visage. Personne n'a possédé comme lui le don de transposer le réel en vision de paradis. Et cela s'explique du fait que Memling n'était pas un pur flamand. Il était né près de Mayence dans le village de Memling d'où probablement son nom. La légende qui fait de lui un éclopé de la bataille Nancy, recueilli par charité à l'Hôpital St-Jean, a perdu tout crédit depuis que des documents nous ont apporté la preuve qu'il avait vécu à Bruges en bourgeois aisé, jouissant de la considération de tou[s] ses concitoyens. Il fut plutôt attiré dans l'opulente cité par l'espoir d'y faire sa vie. Il devint donc flamand comme le Greco devint [e]spagnol, Véronèse [v]énitien. Le miracle, c'est qu'il ait su si bien s'adapter aux goûts de la société qui l'avait accueilli avec faveur. Seulement[,] au réalisme pittoresque et fastueux de l'école[,] il joignit l'émotion, la douceur et la tendresse de son âme méditative. De Bruges[,] il ne prit que sa palette, mêlant aux couleurs flamandes quelques gouttes de son sang, quelques rayons de son âme profondément mystique. Avec Memling, la brillante école des gothiques disparaît et est remplacée par celle des romanistes.

La Renaissance italienne avait étonné le monde par sa prodigieuse fécondité. L'antiquité[,] remise en honneur, ne pouvait manquer[...] d'exercer une véritable fascination sur les esprits fatigués de l'austère idéal du moyen âge et aspirant à plus de liberté. La Flandre[,] qui depuis longtemps entretenait d'étroites relations avec l'Italie, fut conquise par la vue des merveilles de l'antiquité chaque jour tirées du sol romain ; elle ne fut pas moins séduite par les œuvres éblouissantes des maîtres de Florence, de Rome, de Milan, de Parme et de Venise. Et se détournant des exemples de son passé, elle se mit à l'école de l'Italie.

On vit alors les artistes flamands déserter en masse leurs foyers et prendre le chemin de la péninsule italienne. La liste en serait trop longue s'il me fallait énumérer tous ceux qui, de Van Orley à Mart[e]n de Vos et jusqu'à Rubens, allèrent demander des conseils aux maîtres italiens. Qu'il me suffise de dire que ce qu'ils s'approprièrent de ces virtuoses de la palette, ce furent surtout leurs défauts, les payant de leurs belles qualités d'enthousiasme et de sincérité. On dirait que[,] pour avoir trempé leurs lèvres dans les eaux troublantes de l'Arno et du Tibre, ils ont contracté une fièvre brûlante qui consume et mine sourdement la florissante santé de leur jeunesse; car en dépit de leur fureur à s'italianiser, ils ne peuvent arriver à renier leur âme et il y a comme du remords dans leur belle bravoure.

Au reste, tout désacclimatés qu'ils fussent, il leur fallait bien rentrer dans leurs foyers où rien n'était changé dans les habitudes de vie et de pensée. Qui, parmi les bons bourgeois flamands[,] soupçonnait que la Renaissance avait conquis le monde? Au surplus, les sociétés ne se résignent que difficilement à des nouveautés qui bouleversent leur train habituel; les traditions en art, comme dans le reste, opposent une opiniâtre résistance aux modes nouvelles, souvent éphémères, sinon toujours néfastes. Les porteurs de l'idéal nouveau ne furent pas lents à le constater et ils durent en prendre leur parti. Les uns, après un moment de révolte, se remirent dans la tradition; ce furent les plus sages; les autres, plus roués, sans renoncer à la culture italienne, essayèrent de concilier leurs secrètes préférences avec leurs intérêts et mêlèrent les genres. Les plus intéressant[s] cependant ce furent sûrement les intransigeants qui, faisant bon marché des découvertes italiennes, continuèrent à marcher dans les chemins battus, tout en poussant leur pointe vers l'originalité pittoresque. Tels sont Brueghel, un génie du terroir, et Henri Blès qui, par leurs audaces ingénieuses révèlent leur impatience de tout joug et leur ardeur à découvrir des voies nouvelles.

Pendant que les artistes, tout à leurs disputes et à leurs rivalités, compromettaient l'avenir en brisant avec le passé, une vague de sang s'abattait sur les Pays-Bas. Je n'ai pas à raconter les horreurs de la guerre de religion provoquée par les idées en marche de Luther et de Calvin. Rappelons seulement que lorsque la bourrasque fut passée, la nation flamande se trouva coupée en deux: catholique et légitimiste avec la Belgique, protestante et républicaine avec la Hollande. Cette dislocation d'une société si longtemps unie[…] dédoubla l'art et donna naissance à deux écoles de peinture qui eurent une conception différente de la vie. Nous n'avons à nous occuper, pour l'instant, que de l'école flamande; nous verrons dans le prochain chapitre ce qu'il advint de l'autre.

Au lendemain de la crise qu'elle venait de traverser, la Flandre n'offrait plus qu'un spectacle lamentable de ruines; mais l'intelligence des archiducs Albert et Isabella trouva le moyen de réparer les maux de la guerre et de provoquer à l'action les énergies des populations justement découragées. La civilisation s'épanouit donc de nouveau, une civilisation ample et fastueuse, bien flamande. Au besoin de vivre joyeusement, après les craintes de la mort, vint s'ajouter le besoin de parer l'existence et l'art, secouru et soutenu par les princes et les ministres de l'Église, se reprit à créer.

Mais quelque chose était changé dans la conception que les artistes se faisaient de l'art et de la vie. Au reste, le centre de l'activité artistique n'était plus à Bruges qui, déjà à cette époque (c'est-à-dire au milieu du XVIᵉ siècle), était la « Ville-Morte » que devait chanter Rodenbach. La prédominance appartenait maintenant à Anvers où l'art, grâce à un concours de circonstances heureuses, avait fini par se libérer de l'emprise italienne pour arriver à sa décisive et dernière incarnation dans un homme, né pour comprendre les besoins de son siècle et se plier aux exigences de son milieu. « Nourri de la moelle de toutes les écoles et respectueux de la tradition°¹⁰⁴ », cet artiste extraordinaire, le plus peintre des peintres, devait résumer en une œuvre immense[…] toutes les conquêtes de l'art de son époque[…] en se révélant le plus [f]lamand des Flamands ; j'ai nommé Pierre-Paul Rubens.

Il naît à Cologne [à Siegen] en 1577 ; la guerre en chasse sa famille qui se réfugie à Anvers ; après de sérieuses études chez les Jésuites, il entre en qualité d'apprenti dans l'atelier de Van Noort, puis dans celui de Voenuis [Voenius]. À vingt[-trois] ans, déjà célèbre, il part pour l'Italie [1600-1608] se mettre à l'école des grands maîtres de Florence, de Rome et de Venise. Revenu dans sa patrie, comblé d'honneurs, il se retire à Anvers où il mène la vie d'un prince. Chargé de missions diplomatiques en Espagne et en Angleterre, il est fêté partout, insensible aux flatteries des hommes, incorruptible au milieu des tentations des cours. Il fait soleil dans sa vie comme dans ses tableaux. Sous le peintre on découvre un homme. Il meurt âgé de soixante-trois ans [1640], laissant plus de deux mille tableaux dont l'importance, les dimensions et la variété confondent l'imagination.

Rubens est l'un des rares artistes de qui l'on peut dire qu'ils furent heureux. Le spectacle de cette longue carrière est de ceux qui font aimer la vie. Il honore comme on l'a dit non seulement l'homme, mais encore l'humanité.

Et maintenant que dire de son art ? Oserais-je, après les pages si vivantes écrites sur le sujet par Fromentin (« Les maîtres d'autrefois ») tenter même une timide appréciation ? Et cependant[,] sans prétendre l'expliquer en homme du métier, on peut toujours essayer de dire ce par quoi cet art[,] éblouissant de couleurs et étourdissant de verve, attire l'attention et l'impose à ceux qui ont pris au sérieux le mot des rapins en rupture d'école : « On salue, quand on passe, mais on ne regarde pas¹⁰⁵. » Quiconque traverse la galerie des Médicis, au Louvre, ou encore la salle flamande de la Pinacothèque de Munich sait bien que devant Rubens on ne passe pas sans s'arrêter et que bon gré mal gré il faut le regarder ; car il n'y a pas à se le dissimuler, partout où Rubens figure, « il se pose en conquérant »°. Sans doute, comme tous les conquérants, il a quelque chose de violent, de provoquant, d'irritant même ;

---

104. La citation ne figure pas dans *Les maîtres d'autrefois*.

105. La première partie de l'ouvrage de Fromentin est presque entièrement consacrée à Rubens (27-141 ; 52 pour la citation), Eugène Fromentin, *Les maîtres d'autrefois*, Paris, Plon, 1904, c1876.

mais comme eux aussi, il ne laisse personne froid, distrait, indifférent. La vue de l'un de ses tableaux produit l'effet d'un coup de soleil dans ses yeux ; il éblouit, il étourdit. Le ruissellement de toutes ces lumières blondes, de toute cette poussière d'or fin, de tous ces chatoiements de soies et de satins froissés, de tous ces reflets de glaces polies et de chairs veloutées, trouble le regard, verse l'ivresse et grise comme le feraient plusieurs coupes de champagne. Et cependant, toutes ces taches claironnantes forment la plus suave des harmonies. Leur accord bruyant provient d'un savant mélange de nuances savoureuses, fondues, baignées dans une atmosphère de cristal.

À mesure que l'on pénètre plus avant dans son œuvre, on voit que les ombres s'éclairent de plus en plus au point de sembler disparaître, tant elles deviennent fluides, en quelque sorte translucides. Les rouges triomphants, les jaunes somptueux qui vibraient comme des éclats de fanfare[…] dans les premiers tableaux, s'atténuent graduellement et viennent mourir en de suaves modulations de gris et de rose dans les derniers.

Pour Rubens l'intérêt de la peinture n'est jamais en dehors de la couleur et de la vie. Quant il peint, comme le disait Guido Reni, il mêle du sang à sa couleur.

Chose digne d'attention, Rubens obtient les effets les plus puissants par les moyens les plus simples ; chez lui rien de compliqué, rien des subtilités de nos écoles dites impressionnistes. C'est un régal sain et robuste qu'il nous offre, un régal bien flamand où tout l'être est de la fête, les sens comme l'esprit.

Ce qui, après la magie de la couleur, frappe le plus visiblement dans les œuvres du maître, c'est son incroyable maîtrise de soi. Tous les grands coups qu'il porte n'ont rien d'impulsif, d[e]hasardé, d'irréfléchi. Toujours maître de sa pensée et de son pinceau, il conserve en toute occasion sa parfaite lucidité. On croirait qu'il s'emporte, qu'il perd le contrôle de son imagination galopante ; les gestes semblent déments, les yeux lancent des éclairs, les chevelures dénouées claquent dans le vent ; ce n'est que confusion d'êtres qui s'étreignent, de bouches qui crient, de bras qui menacent ; par de larges trouées de lumière les rouges et les verts ruissellent et se répandent en nappes aveuglantes ; toutes les couleurs, les lignes, les masses[,] se heurtent, s'affrontent, se confondent en une mêlée indescriptible… et cependant, c'est avec la plus parfaite sérénité d'esprit, sans fièvre comme sans hâte[,] que le maître a jeté là tant de passions, de joies folles et de délire. Ce qu'il faut encore mentionner, en parlant de ce peintre admirable, c'est sa prodigieuse facilité à aborder tous les sujets, grands ou petits ; il passe de l'un à l'autre avec l'aisance d'un virtuose qui sait modifier son jeu selon le thème à interpréter : portraits, paysages, scènes religieuses, historiques, allégoriques ou familières, chasses, tournois, kermesses, quel[ ]que soit le sujet, il en tire les effets les plus inattendus et ce avec une dextérité de magicien. Son goût du pittoresque et de la décoration grandiose élargit l'exiguïté des cadres et par l'éclat des couleurs élève le moindre sujet à l'héroïcité, à l'épopée. « Même ses petits tableaux[,] qui sont relativement rares, semblent des réductions de toiles énormes[106]. » (Reinach)

L'essence de son art est donc la sensualité et c'est ce par quoi il est foncièrement flamand. Rubens est un visionnaire et non un penseur; son œuvre n'est que le reflet de sa joie de vivre; il se grise des apparences qu'il pare d'un voile de lumière si éblouissant que le regard subjugué en oublie d'aller au delà pour y découvrir l'âme exilée en ses lointaines pensées. C'est dire qu'il n'a rien de la profondeur d'un Léonard de Vinci, de l'exquise douceur d'un Raphaël, de la sobre puissance d'un Titien, encore moins de la concentration troublante d'un Rembrandt; mais il y a un point, un seul, sur lequel il l'emporte sur tous ces génies; c'est ce que Rostand a désigné d'un mot: le « *panache*[107] », que l'on peut définir [par] "l'esprit de la bravoure".

Enfin, il ne faut pas oublier que Rubens a été l'homme de l'heure et des circonstances. Dans la croisade entreprise par l'Église pour sauver les plus hautes valeurs humaines dans le naufrage de la Renaissance, assaillie par la tempête déchaînée de la Réforme, il a joué un rôle essentiel. Comme l'écrivait Louis Gillet[108], Rubens a été le grand ouvrier de la Contre-Réforme, c'est-à-dire de ce mouvement magnifique qui a réussi à accorder l'antiquité et le christianisme, la raison et le sentiment, la nature et la foi, la fable et

---

106. Salomon Reinach, *Apollo. Histoire générale des arts plastiques professées à l'École du Louvre*, Paris, Librairie Hachette, 1924, 260-261, c1904. Philologue, archéologue (en 1881, il contribue à la découverte de la cité éolienne de Nimrud Kalassi, *DAHS*) et historien de l'art français, Salomon Reinach (1858-1932) préconise une approche ethnologique et la prise en compte de la fonction symbolique du caractère sacré des œuvres d'art. D'abord assistant au Musée des Antiquités nationales à Saint-Germain-en-Laye en 1886, il en devient conservateur en 1893, puis directeur en 1902. De 1890 à 1892, et de 1895 à 1918, il enseigne à l'École du Louvre, puis il est nommé professeur de numismatique au Collège de France et devient directeur et propriétaire de la *Gazette des Beaux-Arts*. En 1902, grâce à la popularité de son cours *Antiquités nationales*, il devient professeur à l'École du Louvre, où il donne des cours sur la peinture et la gravure entre 1905 et 1910. Parmi ses innombrables écrits (des milliers d'articles et une centaine d'ouvrages), son *Histoire générale des arts*, aussitôt traduite en anglais, constitue le premier survol historique amplement illustré et connaîtra de nombreuses éditions (*DAHS*); Reinach constituait aussi des *Répertoires* illustrés de dessins pour ses étudiants. Dreyfusard et personnellement engagé dans la colonisation juive en Palestine, Bazin dit de lui qu'il « scandalisa les milieux catholiques par sa manière de comparer les religions », GB 477-481. Voir aussi LT, 210-212 et UK, 187.

107. *Le panache* souligné par l'auteur. Il s'agit sans doute d'Edmond Rostand (1868-1918), poète et dramaturge français à qui l'on doit notamment *Cyrano de Bergerac* (1897) et qui, de fait, se distingue par son panache et sa virtuosité verbale à une époque où le romantisme resurgit en opposition au naturalisme, *PRNP*, 1798-1799.

108. On ne retrouve ce passage ni dans le chapitre que Gillet consacre à Rubens (59-86) dans sa monographie sur *La peinture en Europe au xviie et xviiie siècle*, auquel Lagacé a recours plus loin, ni dans l'article de Gillet sur Rubens dans la *Catholic Encyclopedia*.

l'Évangile, dans cet équilibre complexe qui s'appelle l'humanisme, et qui depuis trois siècles est la formule de la civilisation[109]. Rubens a été celui à qui il devait être donné de fournir un corps.à ces idées, de leur prêter la vie spirituelle par la toute-puissance de son imagination et ainsi de consolider notre ciel dont les colonnes avaient été ébranlées par le séisme du doute et de la négation.

Plus heureux que Raphaël[,] qui ne se survécut en aucun de ses élèves, Rubens se continua en un artiste qu'il avait formé et qui, pour la gloire de son école, sut cueillir sa part de lauriers ; je veux parler d'Antoine Van Dyck (1599-1641). Celui-là fut un être d'élite que la nature semble s'être complu à parer de tous les avantages physiques et intellectuels. En effet, il eut tout pour lui : beauté, élégance, génie précoce, éducation unique. La vie le combla de faveurs. Il débuta par des chefs-d'œuvre ; ses désirs se changèrent toujours en réalités, comme dans les contes de fées. Il souhaite voir l'Italie, aussitôt il s'y voit transporté comme par miracle[110]. Dès son arrivée, sa bonne mine de prince charmant lui ouvre toutes les portes et lui livre tous les cœurs ; pour maintenir son luxe et satisfaire à ses fantaisies dispendieuses, il lui faut beaucoup d'argent, l'Angleterre l'appelle et le traite en idole. Toujours ainsi il entra d'emblée dans les choses les plus vantées de la terre : le succès, la renommée, les honneurs, la richesse, la passion, les aventures… Il eut toutes les grandeurs qu'un artiste épris de son art peut ambitionner ; mais aussi toutes les défaillances d'un fils de famille, d'un enfant gâté. Il traversa les salons les plus aristocratiques de l'Angleterre plus semblable à un Don Juan qu'à un héros, y promenant la mélancolie d'un cœur trop souvent donné, et trop souvent repris, si bien qu'à trente-deux ans, il ne restait plus de ce beau jeune homme qu'une ruine lamentable (Fromentin)[111].

Cependant, jusqu'à sa dernière heure, la fortune lui fut fidèle, car il eut, comme on l'a justement remarqué, le bonheur le plus précieux pour un artiste, celui de conserver sa grandeur et sa noblesse lorsqu'il peignait. Mauvais sujet adoré, décrié et calomnié peut-être, qui en tout cas valait mieux que sa réputation et à qui tout fut pardonné parce qu'il avait du génie et qu'il laissait une œuvre presqu[e]égale à celle de son maître, soit mille cinq cents tableaux de toutes dimensions.

---

109. Dans cette emphatique énumération d'harmonies des contraires, Lagacé tend à doter généreusement la Contre-Réforme des caractéristiques de l'humanisme. Pour une mise en perspective de la civilisation et de l'humanisme tels qu'ils sont associés à l'Occident, ici chrétien, voir Sophie Bessis, *L'Occident et les autres. Histoire d'une suprématie*, Paris, La Découverte, 2001.

110. Rappelons que Lagacé lui-même a intensément rêvé de se retrouver en Europe et qu'il a mis longtemps avant de réaliser ce rêve.

111. Lagacé emprunte à Fromentin des expressions telles que *génie précoce* et *éducation unique*, de même que la comparaison à Don Juan que l'on retrouve dans l'ouverture du chapitre 9 des *maîtres d'autrefois* (1re partie, 143 et 144) entièrement consacré à Van Dyck.

Tel fut l'homme. L'artiste au moins n'a pas connu de déchéance et se montra digne des dons dont Dieu l'avait comblé.

Sans doute, Van Dyck n'a pas la grandeur épique ou oratoire, l'aisance incomparable et le flot d'idées de Rubens ; mais il le dépasse en sensibilité, en délicatesse et en élégance ; on dirait qu'un trait féminin s'est ajouté aux traits énergiques de son père spirituel, comme il arrive aux fils de la nature ou de la pensée. Et c'est précisément cette distinction légèrement maniérée, cette grâce touchante, cette élégance innée, ce charme séducteur émané de toute sa personne et qu'il faisait passer en quelque sorte dans les portraits des nobles seigneurs et des grandes dames qui posèrent devant lui, qui font l'essence rare de son génie et de son art.

L'école anglaise se réclame à juste titre de lui. Reynolds, Gainsborough, Lawrence et les paysagistes Constable et Turner sont issus directement de lui. Voilà, certes, un titre qui à la rigueur pourrait suffire à assurer la gloire d'un artiste.

Mais Van Dyck n'est pas le seul qui ait gravité autour de l'astre éblouissant qu'a été Rubens ; il y a encore Jacob Jordaens (1593-1678) qui hérita de la verve du maître et qui commit bien quelques tableaux religieux où s'affirmèrent ses précieuses qualités de penseur et de coloriste ; mais Jordaens ne se sent vraiment à l'aise que dans les scènes où il peut étaler sa belle humeur tapageuse et rutilante. On a dit que si Van Dyck est Rubens en ambrassade [ambassade], Jordaens, c'est Rubens à la kermesse.

Il me faudrait encore pour être complet vous parler de David Téniers (1610-1694 [1690]) qui est assurément le plus grand parmi les peintres de paysanneries, de fêtes villageoises, de buveries, de drôleries et de diableries innocentes. Celui-là passa son existence dans les cabarets où il choisissait ses types et ses sujets de tableaux. Sa vulgarité est relevée toutefois d'une pointe d'ironie qui en corrige le côté déplaisant. Et la probité de son art, ajoutée à la richesse de sa palette, achève d'en faire le peintre le plus populaire et peut-être bien le plus aimé de la Belgique.

Enfin, faire l'énumération en serait longue des innombrables artistes en tous genres qui achevèrent d'épuiser la source merveilleuse que le génie de Rubens avait fait jaillir du cœur même de la Flandre : paysagistes, animateurs, peintres de marines, de natures mortes, de fruits et de fleurs ; mais cette simple énumération, sans la reproduction des œuvres, ne marquerait pas d'un trait de plus le caractère de l'école dont nous avons dit les titres à l'universelle admiration.

Ajoutons cependant, avant de finir, que la Flandre, dès alors connue sous le nom de Belgique, ne cessa pas au cours du XVIIIe siècle de produire de nombreuses et remarquables personnalités artistiques ; mais aucune de la trempe d'un Rubens ou d'un Jordaens. Au surplus, devenue le champ de bataille où *se vivent* [ms, remplace *veillaient*] toutes les querelles de l'Europe, la Belgique n'avait pas trop de toutes ses énergies et de ses ressources pour réparer ses monuments en ruines et panser ses blessures. Française de 1795 [1794] à 1815, elle retomba sous le joug de l'Autriche ; enfin, en 1830, après une longue lutte, elle parvenait à conquérir sa liberté. Mais il ne lui restait qu'un souvenir de ses anciennes traditions ; au reste, en tant que nation[,] elle faisait ses débuts[…] dans un monde étrangement métamorphosé. C'en était fini de l'isolement des groupements humains si favorable à l'éclosion d'un art qui en exprimait toute la conception esthétique[112]. Le télégraphe, le rail et la route, sans parler du livre et de la revue, avaient singulièrement rapproché les frontières et multiplié de peuple à peuple les échanges intellectue[l]s.

La Belgique, quant à elle, ne put échapper à l'empire de la France dont les communes frontières, spirituellement parlant, étaient purement imaginaires ; aussi ses artistes furent-ils tour à tour académiques, romantiques, naturalistes, symbolistes, réalistes, impressionnistes, etc… Ce phénomène ne fut pas propre qu'à la Belgique, car on peut dire sans exagération qu'à ce moment l'Europe entière ne formait déjà qu'un vaste atelier où, dans la confusion des langues et des idées, s'élabora l'art de l'avenir, expression problématique d'un "ordre nouveau" plus problématique encore. Il est certain, soit dit en passant, que plus l'art s'uniform[is]era[…] en s'universalisant, plus il perdra de cet intérêt, de cette variété et de ce pittoresque qui faisaient le charme des écoles d'autrefois.

Quoiqu'il en soit, l'activité artistique de la Belgique, au cours du XIXe siècle, s'est brillamment manifestée dans tous les domaines et l'on sait la part importante qui revient aux artistes belges dans le renouveau de l'art religieux. Mais quelque remarquables qu'aient été ses peintres, il faut reconnaître que ce fut surtout par ses sculpteurs que la Belgique s'est imposée à l'attention. En effet, un Van der Slapper [Stappen], un Lambeaux, un Wolfers [Wolfaerts], et surtout un Constantin Meunier qui le premier consacra son art à la glorification du travailleur de la mine, du chantier ou de l'usine, peuvent supporter la comparaison avec les plus renommés sculpteurs de l'époque.

Et cependant[, partant] de l'excellence de cette production, lorsqu'on parle d'école flamande, la pensée aussitôt se reporte à l'époque où florissaient ses "petits maîtres", si grands de cœur si émouvants de candeur et de sincérité, et peut-être encore davantage à la brillante et fastueuse époque ou Rubens, cet ambassadeur de la beauté, promenait de cour en cour moins sa propre gloire que celle de la Flandre dont le génie avait trouvé sa suprême expression dans l'œuvre magistrale du grand Anversois.

---

112. L'art aurait donc la faculté d'exprimer l'essence d'un peuple lorsque celui-ci parviendrait, grâce à son isolement, à préserver son identité sinon sa pureté.

12. La peinture hollandaise

Dans la rapide esquisse que nous avons brossée de l'histoire de la peinture des Pays-Bas, nous avons montré que durant les xve et xvie siècle, ce sont les écoles de Bruges et d'Anvers qui occupent le devant de la scène, sans que nulle part en Hollande n'apparaissent de fortes personnalités qui forcent l'attention et laissent présager les surprises du siècle suivant. En effet, absorbée dans son négoce et ses pêcheries, la Hollande se contentait d'avoir des peintres sans se soucier autrement d'avoir une école de peinture.

Mais voilà qu'au début du xviie siècle, les Pays-Bas depuis si longtemps soumis au joug étranger, autrichien ou espagnol, entreprirent la tâche héroïque de reconquérir leur indépendance. La lutte fut longue et difficile. Mais au lendemain de la victoire, les provinces jusque là unies entendirent disposer chacune d'elle-même et vivre sa propre vie. Dès lors, se constituè-rent deux nations distinctes, monarchique et catholique avec la Belgique, républicaine et protestante avec la Hollande.

Nous avons également dit comment au sortir de la crise qu'elle venait de traverser, la Belgique s'était retrouvée elle-même, avec ses habitudes de penser et de sentir. Rubens pouvait paraître ; son génie était d'accord avec les aspirations de son milieu et de son temps.

Mais en Hollande il en fut tout différemment. Du jour au lendemain tout s'y trouva transformé de fond en comble. En changeant de forme de gouvernement, la Hollande confiait à la bourgeoisie la direction des affaires ; en embrassant le protestantisme comme religion d'état, elle mettait les consciences dans l'obligation de briser avec des traditions séculaires et d'adopter des pratiques étrangères à leurs instincts profonds. De la lutte, la Hollande sortait donc métamorphosée, méconnaissable. Du même coup, les conditions de l'art se trouvèrent entièrement modifiées. Le catholicisme proscrit, [...] c'était les églises dépouillées de leurs tableaux, de leurs statues, de tous les objets du culte. Au reste, le premier acte de bravoure des icono-clastes protestants avait été de faire un feu de joie de toutes ces prétendues reliques de la superstition. Les artistes, de leur côté, s'alarmaient avec raison ; car ils savaient trop bien que le temple protestanisé jamais plus ne se parerait de la riche robe de peintures et de sculptures dont le catholicisme avait habillé ses merveilleuses cathédrales. Probablement, ils en auraient pris leur parti si cet ostracisme ne leur avait enlevé le plus clair de leurs revenus.

Pouvaient-ils au moins compter sur la libéralité de l'État ? Mais ils n'étaient pas sans savoir que le goût bourgeois est à l'antipode du goût artiste. Avec la république, plus de cour, plus de luxe, plus de palais princiers, partant plus de lambris à couvrir de compositions historiques, plus de niches à peupler de statues. On le voit, de ce côté[,] la vie probable de ces républicains de fraîche date n'offrait pas plus de garanties pour l'avenir que la froide religiosité des ministres du culte. Tel était pourtant le régime promis aux futurs artistes, si seulement l'espèce s'en perpétuait. Mais ceux qui n'avaient jusque là vécu que de la magnificence des grands et de l'Église, de quoi allaient-ils subsister en attendant? Sur quels motifs, s'ils ne consentaient à briser leurs pinceaux, leur imagination allait-elle s'exercer? Voilà justement où éclate le miracle; en dépit d'obstacles apparemment insurmontables, en dépit d'un culte sans images, d'un peuple sans poésie [*sic*], d'un ciel maussade et triste, les artistes devinèrent le parti qu'ils pouvaient tirer de la médiocrité du milieu dans lequel ils étaient condamnés à vivre et ils inventèrent un art qui ne pouvait manquer de séduire les bourgeois, gens pratiques et peu rêveurs, plus occupés de commerce que de mysticisme, ennemis de l'exaltation latine et se complaisant dans la tiède chaleur de leurs foyers puritains, curieux d'eux-mêmes et des sites enchanteurs de leur pays.

En effet, la Hollande eut le rare bonheur, à ce moment critique de son histoire, de voir naître en moins d'un quart de siècle, de 1606 à 1630, toute une pléiade d'artistes de premier ordre qui, doués d'un esprit pittoresque remarquable[,] agirent en commun sur les destinées de l'art. On les voit sortir des ateliers de Dordrecht, d'Amsterdam, de Leyde et de H[a]arlem: Frans Hals, Albert Guyp [?], Terburg [Terborch], Both, les deux Van Ostade, Potter, Rydael [Salomon van Ruysdael], Hobb[e]ma et Rembrandt, le plus illustre de tous. Il ne fallait rien moins que la rencontre fortuite d'artistes aussi magnifiquement doués pour triompher de la situation précaire dans laquelle se trouvait placé l'art dépouillé des trésors spirituels où puisaient depuis des siècles les grandes écoles du continent. C'est alors qu'instinctivement ils firent cette chose très simple et pourtant très hardie, la seule qui eut chance de réussir: ils firent le portrait de la Hollande, son image vivante et parlante, non point idéalisée et embellie, mais ressemblante et vraie. Dès lors la formule de l'école fut de montrer la nature néerlandaise telle qu'elle s'offre, sans fard, sans choix, sans omissions: le ciel, la terre, la mer[;] les fleurs, les oiseaux, les animaux domestiques; la ferme, les hameaux, les villes: la nature humaine, elle-même, ou pour mieux dire, le peuple hollandais tout entier. Tout y passa. Ce fut un art de tout le monde et pour tout le monde; car tout le monde y pouvait trouver de quoi satisfaire ses goûts préférés.

Les artistes sentant qu'ils avaient découvert une mine précieuse mirent toute leur ardeur à l'exploiter. Sans sortir de la Hollande et sans sortir de l'histoire locale, ils n'eurent que l'embarras des sujets à traiter; car il ne s'agissait pas pour eux de penser, d'abstraire et d'ennoblir, à la manière des Italiens et des Flamands, leurs voisins; ils n'avaient qu'à ouvrir les yeux et à peindre ce qui s'offrait à leur vue. Aussi, le moindre coin de terre, avec ses plaines couvertes de moissons ou balayées de neige, ses villages coquets, ses moulins aux ailes tournoyantes, ses villes aux rues étroites coupées de canaux et hérissées de tours, ses fêtes villageoises et ses kermesses, ses mœurs honnêtes ou crapuleuses, ses tavernes remplies de buveurs tapageurs et de filles peu farouches, ses boudoirs parfumés et ses cuisines pleines de victuailles, offrirent à l'observation sagace des artistes l'occasion et le prétexte de mille sujets de tableaux. Les choses et les hommes scrupuleusement observés devinrent pour eux un répertoire inépuisable, fourmillant de vie, offrant à chacun un spectacle conforme à ses instincts ou à ses préférences, des sensations délicates pour les raffinés, grossières pour les esprits vulgaires, joviales pour ceux qui aimaient à rire, idylliques pour ceux qui aimaient à rêver; bref, c'était l'image de tout un peuple que ces artistes s'étaient donné mission de composer; bien plus, c'était la chronique de tous les menus faits et gestes de la commune existence qu'ils inscrivaient dans leurs tableautins; en un mot, à leur manière qui était la bonne, ils firent de l'histoire anecdotique, c'est-à-dire de la petite histoire, abandonnant aux écrivains et aux penseurs l'ennui d'écrire l'autre. Et cela est parfaitement exact. En effet, tandis que partout ailleurs on se bat, eux[,] bien tranquillement dans le petit coin qu'ils se sont choisi, font le portrait des hommes de guerre, des riches bourgeois, d'eux-mêmes et de leurs amis, à moins qu'ils ne dessinent des champs, des arbres, des canaux, des troupeaux ou des natures-mortes. À ne consulter que leurs œuvres, on croirait que le xvie siècle a été pour la Hollande une époque de douceur, de paix et de bonheur, pour tout dire d'un mot: l'âge d'or. Malheureusement, la vérité apparaît toute autre dès que l'on interroge les chroniques du temps.

Quoiqu'il en soit, de tout ce qui précède il résulte que l'art, chassé des demeures princières et des églises, chercha un asile dans les habitations étroites et uniformes des petites gens et des bourgeois cossus; ce qui inévitablement le condamna à un seul genre: le tableau de chevalet. Sauf en de trop rares occasions, les maîtres hollandais ne produisirent que de petites toiles qui pouvaient se placer partout et convenir à une clientèle qui ne considérait l'art que comme un objet de luxe et d'ameublement. En effet, si l'on met à part les grandes toiles destinées à décorer les salles de réunion des riches corporations des drapiers, des médecins ou des archers, toute la production artistique consiste dans la représentation de paysages, de scènes de mœurs, de drôleries diaboliques et de natures-mortes; en un mot, comme l'a écrit Ls. Gillet, « des sujets vieux comme le monde et l'occasion d'un art qu'on ne reverra plus »°.

On peut donc pour la commodité de l'exposition diviser les peintres hollandais en quatre grandes catégories.
1° Les peintres de portraits grands ou petits.
2° Les peintres de société ou de "conversation".
3° Les paysagistes et les animaliers.
4° Les peintres de fleurs et de natures-mortes.

Reste Rembrandt qui excella dans tous les genres et à qui il faut faire une place à part, comme il convient à un génie universel.

Je ne saurais[,] dans ce raccourci d'une aussi vaste matière, passer en revue les uns après les autres les nombreux "petits maîtres" qui composent l'école et qui se sont essayés dans les quatre genres mentionnés plus haut.

Tout au plus puis-je vous entretenir brièvement des plus célèbres.

S'il est un genre de peinture qui en Hollande ne connut pas de déclin, c'est assurément le portrait. La manie de transmettre ses traits à la postérité n'est pas uniquement vanité de grands seigneurs ou de puissants capitaines. Le bourgeois, enrichi dans le commerce ou le négoce, ne se croit pas moins de droit à se survivre. À l'époque, cette inoffensive manie avait au moins l'avantage de donner de l'ouvrage aux artistes. Comme les commandes affluaient, ils ne tardèrent pas à devenir des maîtres dans un genre aussi difficile.

Le plus célèbre portraitiste hollandais, avant Rembrandt, est assurément Frans Hals, un grand peintre, surnommé le peintre de la réalité, mais de la réalité vue à travers le tempérament d'un humoriste. Sa vie est vite racontée. Né à Anvers, en [c.] 1580 [1581 ou 1585 selon le *PRNP*, 921], il s'établit à H[a]arlem, le pays des tulipes, où il passa sa vie. C'était un gaillard d'un sans-gêne et d'un aplomb imperturbables, viveur et débauché, que les désord[r]es et les prodigalités conduisirent à l'Asile des Vieillards où il mourut, pauvre et délaissé, à l'âge de quatre-vingt-six ans [en 1666].

Le peintre cependant est extraordinaire. Il débuta à trente-six ans [vers 1610] par une série de vastes toiles représentant les banquets des *dolens* [les officiers de la garde municipale] de St-Adrien et de St-Georges[,] où il se révéla tout entier, sinon avec cette grâce aisée et cette haute coloration qu'il devait acquérir par la suite, [du moins] avec cette puissance de l'artiste-né qui sait élever «la moindre scène de la vie réelle à la vie du beau»°. Les têtes y sont vivantes, les attitudes naturelles, les objets mêmes[,] sous la lumière qui en caresse les formes, semblent participer à l'expression de la vie manifestée… Et tout cela sort, s'évade de la réalité du monde contemporain avec déjà le charme et l'intérêt de l'histoire. Une dernière fois, au soir de sa pauvre vie, il reprit le thème qui avait établi sa réputation ; mais à ce moment, épave d'hospice, il était vieux, sa main était tremblante et ses yeux voyaient à peine. Aussi, dans cette œuvre ultime, ce ne sont que des lambeaux de ses anciennes illuminations qui se traînent sur des fonds sombres où vont s'évanouir ses derniers souvenirs et ses dernières pensées.

Il fallait rien moins que l'énorme talent, pour ne pas dire le génie, dont était doué Frans Hals pour faire de ces "grandes machines" autre chose que d'ennuyeux tableaux d'histoire où rien ne se passe ; il fallait sa science de metteur en scène, sa bonne humeur d'artiste[…] et probablement beaucoup de souplesse et de bagout pour satisfaire les caprices et apaiser les prétentions de ces hommes ou de ces femmes réunis dans un même cadre et exigeant tous d'être placés en bonne posture et en pleine lumière. Il en coûtera cher à Rembrandt, comme nous le disions, pour n'en avoir pas tenu compte. Frans Hals plus souple que celui-ci arrivait à contenter tout le monde, seulement il se vengeait du mensonge des vanités par la cruelle vérité des ressemblances.

Pour grand que l'on tienne Frans Hals dans un genre aussi faux, il faut bien reconnaître que c'est dans ses tableaux de chevalet qu'il se montre au naturel. Ici encore il se révèle un portraitiste impitoyable, à la différence toutefois qu'au lieu de prendre ses modèles dans la haute société, c'est dans les classes populaires qu'il va les chercher ; il ne dédaigne même pas de les aller ramasser dans la crasse et le ruisseau. Alors ce qu'il peint, c'est le boire, la bonne chère, le plaisir ; c'est la revanche de la nature humaine débarrassée de la cangue du puritanisme et de l'hypocrisie de surface imposée à un peuple qui aime la ripaille, les buveries et les kermesses. Un grand éclat de rire retentit dans ces œuvres brossées à larges coups et débraillées parfois comme les individus qu'elles nous montrent. Tout le monde y rit plus ou moins et chacun à sa manière, tristement, fourbement, royalement, du coin de la bouche ou à pleine gorge. Et cela est si vrai qu'on a pu dire qu'avec ses seuls tableaux on pourrait illustrer une monographie du rire.

Le danger était de verser dans la trivialité ; Frans Hals fut sauvé de cette faute de goût par la connaissance approfondie de son métier. Il ouvrait ses tableaux avec une conscience et une probité qui l'apparentent aux peintres mystiques. Qui a jamais su comme lui rendre avec des couleurs la vivacité d'un regard, l'incarnat ou la paleur d'une lèvre, le réseau des rides à l'encoignure des yeux et à la commissure de la bouche, le tuyauté d'une coiffe ou d'une passe empesée, la souplesse d'une dentelle, les feux d'un bijou, le miroitement d'une robe de drap ou d'un justaucorps de velours noir, le luisant d'un meuble poli par les ans, l'éclair accroché à une aiguière ou au paumeau d'une épée ? Chaque tache que pose sur la toile son pinceau magique crée de la vie ou allume de la joie…

Incontestablement, Frans Hals serait le plus grand maître de l'École hollandaise, s'il n'y avait Rembrandt… mais il y a Rembrandt.

Ce maître robuste forma de nombreux élèves, entre autres deux peintres de paysanneries qui joignirent à une technique impeccable des dons rares d'imagination et de finesse : Adria[e]n Brouwer ([160[5/]6-1638) et Adri[a]en Van Ostade (1610-1685). Cette école de H[a]arlem produisit également des prestigieux paysagistes dont le plus célèbre fut Jacob Van Ruisda[e]l (16[28/]29-1682) que l'on peut regarder comme le plus grand paysagiste de Hollande ; d'aucuns le considèrent comme le véritable créateur du paysage moderne. Il a été le premier en tout cas à comprendre l'importance du ciel dans un paysage ; avant lui on s'imaginait que le ciel dans un tableau n'avait d'autre fonction, par le contraste de sa clarté, que de servir de repoussoir aux objets placés au premier plan. Ruisda[e]l devina que c'est du ciel que vient toute lumière et que les objets – et par objets j'entends la terre, l'eau, les arbres, les maisons, etc… [–] doivent être modelés en pleine lumière; aussi le plus humble sujet prend une élévation et une ampleur subites; car le tableau ne se compose plus seulement en hauteur et en largeur, mais se creuse en une perspective qui se prolonge jusqu'aux horizons lointains.

La Hollande a produit bien d'autres paysagistes dont la nomenclature vous paraîtrait fastidieuse et ennuyeuse. Il en est un cependant dont il faut dire au moins un mot, c'est Hobb[e]ma, le rival de Ruisda[e]l. Tandis que ce dernier pense un paysage, Hobb[e]ma le vit et cela suffit à le ravir. Il ne cherche pas à exprimer l'impression que produit sur la sensibilité la vue des beautés pittoresques et [à] faire du paysage "un état d'âme"; plus véridique et moins émotionnable, il se contente de reproduire textuellement ce qui s'offre à sa vue, sans se demander si la nature serait plus belle autrement. Son influence fut énorme sur les peintres anglais du XVIIIe siècle et sur les peintres naturalistes français de 1830.

Pour vous donner une faible idée de la fécondité de l'École hollandaise, il me faudrait dresser la liste des innombrables "petits maîtres" raffinés de joliesse, de politesse ou de polissonnerie qui dans tous les genres ont épuisé, si je puis dire, toutes les ressources de la peinture à cette époque. Il me faudrait vous parler par exemple de Pieter de Hooch[,] qui dans des intérieurs cossus fait descendre une lumière dorée qui accroche des rayons à toutes les saillies des meubles et des bibelots; du prodigieux Vermeer, ce magicien de la couleur, dont chaque tableau est un poème de vie intime; de [van] Goyen et de Van der Neer, paysagistes gracieux, qui enveloppent d'une buée d'argent les vieux moulins aux ailes tournoyantes; de Potter et de Guyp [?], peintres animaliers; des nombreux peintres de scènes galantes et familières, tel Ter Borch, Metsa [Metsu?] et le spirituel et railleur Steen, qui, parmi les petits maîtres sont les plus grands; de Gérard Dow [ou Dou] et de Mieris[,] qui dissimulent sous une aisance charmante le plus grand savoir; enfin des nombreux peintres d'intérieurs d'églises, tel Bosboom, des peintres de fleurs, de natures-mortes et de basses-cours.

Mais lorsqu'on parcourt[,] à Amsterdam, la suite de galeries où sont exposées des centaines de toiles de ces aimables et féconds narrateurs de la réalité, on éprouve une sensation de lassitude et d'ennui. Ils sont trop et se ressemblent trop. Il faut bien se résigner à reconnaître qu'un peintre hollandais n'a jamais aucune sorte de raison de faire un tableau; il ne cherche ni à émouvoir ni à instruire, encore moins à donner des leçons de grandeur ou de générosité; ce n'est pas son affaire. Il peint, comme d'autres chantent[,] pour le seul plaisir et si la chose est bien peinte, elle se suffit à elle-même. Profondément, uniquement réaliste, cette peinture[,] aux dehors séduisants, ne va jamais au delà des apparences et n'accorde aucun intérêt aux faits humains en tant qu'expression de moralité ou de sensibilité ; et pas davantage aux choses qui pourtant[,] en plus de leur valeur pittoresque, expriment des pensées et des sentiments lorsqu'elles sont interprétées avec cœur et intelligence. Le résultat d'un tel parti pris fut d'abord un extraordinaire développement de l'habileté technique. Aucune école, en effet, n'est arrivée comme l'école hollandaise à rendre les nuances les plus fugitives de la lumière solaire, tamisée en une pluie d'or pâle par une atmosphère toujours humide ; le second résultat fut une indifférence complète pour le choix et la signification des sujets. Tout l'esprit de cette peinture est dans l'exécution, dans le rago[û]t de la peinture elle-même ; à la différence des peintres naturalistes français de 1830, les Rousseau, les Corot, les Millet, ils ne cherchent pas sous les apparences la poésie des choses ou le mystère des âmes ; mais on peut se demander[,] avec Fromentin[113], s'ils n'ont pas été meilleurs peintres[…] que ces derniers. En somme, la Hollande a doté le monde d'admirables images, mais elle n'a guère ajouté au bagage intellectuel et moral de l'humanité. Mais pour être aussi éloignée que possible des hautes pensées qu'éveillent dans les esprits les créations des grandes écoles italiennes, elle n'en est pas moins un témoignage de probité et de sincérité en présence de la nature passionnément admirée, ce n'est que par un choc en retour qu'elle émeut, qu'elle parle à l'intelligence ou au cœur ; mais ce n'est jamais dans la pensée de celui qui tient le pinceau. Il peint et cela l'absorbe entièrement. Ce qui a manqué à cette école, c'est en définitive[…] ce qu'on appelait autrefois le style, c'est-à-dire un certain reflet idéal, un parfait rayon de céleste beauté devant lequel pâlit la plus parfaite image des beautés de ce monde. Et pourtant, elle [cette école] eut un moment ce rayon, fugitif et unique, qui[,] dans la nature si fidèlement peinte par un Frans Hals ou un Ruisda[e]l, répandit la splendeur d'un jour surnaturel, une lumière de l'au-delà qui[,] passant par une intelligence avant de se déverser sur les êtres et les choses[,] en transforma l'aspect vulgaire et pauvre en leur prêtant une âme et c'est *Rembrandt*, chez qui fut si vif le sentiment de la misère humaine et l'instinct des tendresses chrétiennes, qui[,] dans l'œuvre naturaliste de son temps et de son école, alluma ce rayon d'idéalité qui perça la froide densité des horizons fermés par le puritanisme protestant. On conçoit alors la sourde hostilité qui l'accompagna au cours de sa vie tourmentée ; incompris de ses contemporains, persécuté, réduit à la plus

---

113. Fromentin consacre le chapitre 9 de la deuxième partie des *maîtres d'autrefois* à la question de l'influence de la peinture hollandaise sur le paysage français. Bien qu'il salue les efforts de l'école paysagiste française – en nommant plus spécifiquement Corot et Rousseau, lequel aura su créer un « genre exclusivement français » –, Fromentin clôt son chapitre en souhaitant que ces peintres reviennent à l'enseignement des Hollandais, 271-289.

lamentable pauvreté, il chercha un refuge et la consolation dans l'Évangile dont jamais cependant il ne comprit le message divin.

Sa vie serait banale sans les légendes et les commérages qui lui donnent du ton et du relief.

Fils d'un meunier, il naît à Leyde, le 15 juillet 1607 [1606]. Mauvais écolier, il ne fut pas meilleur apprenti dans les ateliers de [Pieter] Lastman et de Pinas [? Il doit s'agir de Jacob van Swanenburgh]. Impatient de tout joug, il s'enfuit et ouvre un atelier dans sa ville natale ; il peint du petit jour à la nuit tombante ; trop pauvre pour se payer un modèle, il brosse le portrait de ses proches et de ses amis[,] et lorsqu'il n'en a pas sous la main, il fait le sien, face au miroir. Il s'est peint ainsi plus de deux cents fois. Accablé de travail, de deuils, d'embarras de toutes sortes, il passa la plus grande partie de sa vie, à Amsterdam, dans une maison noire et humide sur le quai des Roses[114]. Ce que lui rapportaient ses tableaux, il le dépensait en achats de vieilles défroques, de friperies orientales, de bijoux, de casques, d'épées et de tapis. Il appelait ce bric-à-brac ses « antiques ».

Chose étrange, ce génie extraordinaire semble avoir passé sans avoir été remarqué de ses contemporains. La médiocrité apparente de l'homme le retint en bas dans les couches obscures et l'y noya. De ceux qui l'ont connu, quelques uns le représentent comme un être fantasque, tout en dedans, hargneux et cherchant la solitude ; d'autres l'accusent de cupidité, voire d'avarice, à moins qu'ils ne nous le montrent au contraire dissipateur, désordonné dans ses dépenses, à preuve la banqueroute qui termina sa vie.

La vérité est que Rembrandt fut tout simplement un brave homme, besogneux et casanier, qui aimait le coin du feu, mais non l'isolement, puisqu'il courut les risques de trois mariages consécutifs. Artiste, il eut été plutôt étonnant que la prévoyance et l'économie aient été ses vertus de prédilection. Exploité par les brocanteurs juifs [*sic*], il n'hésitait pas à vider sa bourse pour l'acquisition de bibelots rares ou précieux, qui flattaient son goût du faste et de la richesse. Mauvais administrateur et pitoyable comptable, il s'attira des ennuis sans fin, notamment par suite de la mauvaise gestion de l'héritage de son fils. Les libertés qu'il prit avec la tradition – principalement dans son chef-d'œuvre : « La Ronde de Nuit » – et ses multiples démêlés avec les hommes de loi[…] expliquent suffisamment l'enchaînement des malheurs qui l'accablèrent ; mais, chose digne d'attention, plus le sort s'acharnait à vouloir le perdre, plus il opposait de résistance à ses coups. Il se retrempait dans le courage par un redoublement de travail et ses œuvres les plus fameuses coïncident avec les époques les plus troublées de son

---

114. En 1639, il achète une maison dans la Sint Anthoniebreestraat à Amsterdam (rue des Juifs) ;
     en 1656, sa maison et sa collection d'œuvres d'art sont mises aux enchères et ce n'est qu'en
     1664 qu'il s'installe au Rosengracht, puis au Lauriergracht, *Florilège des collections artistiques
     de l'Université de Liège*, Galerie Wittert, site numérique.

existence. Il mourut en 1669, «toujours insolvable, malgré une production incessante et malgré les puissantes ressources que devaient apporter dans son intérieur le prix de ses leçons et l'abondante collaboration de ses élèves» (Fromentin°).

Contrairement à Rubens[,] qui fut le plus [f]lamand des Flamands, Rembrandt est le moins [h]ollandais des Hollandais. Il est la contre-partie des tendances et des affinités que l'on remarque dans les nombreuses personnalités qu[i]illustrent son temps et son école. Sans doute[…] lui aussi – car il faut vivre – brosse des paysages, fait des portraits, dessine des scènes d'intérieur, voire des moulins aux ailes tournoyantes ; mais il ne se résigne pas à toujours évoluer dans le cercle étroit de la convention et de la routine. Il y a la terre défendue de la légende et de l'histoire dont il veut à son tour, à l'instar des maîtres italiens, explorer les avenues, d[û]t-il encourir les foudres de son entourage. Et il ouvre la Bible, moins pour y chercher des raisons de croire que pour y découvrir des sujets de tableaux. Et voilà que ce misanthrope exilé de l'idéal, avec les pauvres éléments que lui fournit le cours banal dans lequel s'écoule sa vie, compose, comme l'avait fait Raphaël dans les «loges» du Vatican, les pages d'un nouvel Évangile qui ne parle pas qu'à l'intelligence, mais qui s'adresse directement à la sensibilité humaine. Sous le Dieu, il montre le thaumaturge qui console, guérit ou ressuscite : Évangiles pour les pauvres et les humbles que reprendront au xixe siècle […] les Van Hude, les Brown et les Béraud.

Mais cette révolte de l'idéaliste, prisonnier de son milieu, était vite supprimée au profit du réaliste qui assurait la pitance journalière. Alors, fermant sa fenêtre ouverte sur le rêve, il se condamnait aux besognes traditionnelles de son école et il exécutait des portraits qui sont des chefs-d'œuvre de véracité. Cependant, en dépit de sa bonne volonté à copier son modèle, il ne peut s'empêcher d'imaginer, d'idéaliser, comme le fait le compositeur qui de la plus banale mélodie tire la substance de ses brillantes variations symphoniques. À défaut des notes de la gamme il avait des couleurs.

C'est une banalité de dire que Rembrandt est un coloriste sans égal, un magicien de la lumière qui «dans la nuit enferme l'essence du soleil»°. Il est le maître par excellence du clair-obscur, plus grand même que Léonard de Vinci. Mais contrairement à ce qui se faisait avant lui, ce ne sont pas les lumières qui[,] se diluant graduellement dans les teintes, s'éteignent et meurent dans les ombres ; mais au contraire, il semble que c'est de l'opacité des ombres que jaillit la lumière pour atteindre par un crescendo abrupt et violent au maximum de son éclat et de son rayonnement. Il serait trop long de montrer comment ce parti d'opposition des valeurs dans le luminaire [*sic*] se retrouve dans le groupement de ses personnages et les mises en scène. Son art est fait de contrastes comme sa vie, comme son génie. On peut dire de Rembrandt qu'il fut guidé dans la route solitaire qu'il s'était tracée, par «cette clairvoyance propre aux cerveaux illuminés par leurs intuitions» (Taine)°. Tous ses tableaux et ses eaux-fortes sont consumés d'un foyer ardent que j'appellerai l'âme des choses et qui n'est toujours que la somme de rêve que nous leur prêtons.

Admiré dans le monde entier, Rembrandt occupe une place d'honneur dans tous les musées. Qui[,] en contemplant ses ouvrages[,] se souvient de l'agitation, de l'inquiétude, des déboires, même du débraillé de sa vie? Parmi les primitifs d'une si naïve candeur, les Italiens magnifiques d'intelligence, les Espagnols vibrants de passions, les Flamands fous de luxe, parmi les Botticelli, les Raphaël, les V[e]lasquez et les Rubens, il fait figure d'un cavalier qui n'a combattu pour le compte de personne autre que lui-même – ce qui explique sa solitude. Contrairement à ses illustres rivaux si accueillants, pour ainsi dire debout au bord de leurs toiles, campés dans un décor d'apothéose, il semble qu'il cherche à se dissimuler, à se dérober dans l'ombre de ses tableaux pour mieux échapper à l'indiscrète curiosité. Il ne vient pas à nous, comme les autres; il faut l'aller chercher, le tirer de sa retraite et encore se défend-il de toute confidence. Il est énigme, il est mystère. C'est peut-être le secret de l'admiration qui lui est vouée. Même sa « Ronde de Nuit», la plus célèbre de ses œuvres, n'est aussi impressionnante que parce que les personnages issus de sa pensée sortent, comme lui, de la nuit pour faire triompher une tache de soleil ou pour immortaliser une minute de vie et de beauté[115].

Avec le XVIIe siècle finissant, l'école hollandaise épuisée vivotait avec les derniers petits-maîtres, les Gérard Dow et les Miéris. En vain[,] pour lui redonner quelque vigueur, s'ingéniait-on à lui proposer les exemples des écoles italiennes encore fécondes, mais déjà défaillantes. Le résultat ne fut autre qu'un retour à l'académisme; on se serait cru revenu à l'époque de Mabuse et de Voenius.

C'est alors, vers 1830, que les peintres hollandais se tournèrent vers la France dont l'école naturaliste, avec Rousseau, Corot et Millet, désertant l'atelier et ses plâtres, allait planter ses chevalets en rase campagne ou en forêt, inaugurait l'ère du plein airisme. Ce fut pour eux une révélation. Un groupe de brillants artistes, Noris [?], Israel [Israëls], Bosboom, Mauve, Maris et Weissembruch, rajeunissant leur technique, se remirent à peindre des champs, des canaux, des hameaux, des intérieurs de fermes ou d'églises… et des moulins à vent.

Un peu plus tard naissait Jongking [Jonkind], un maître incontesté, à qui on attribue le mérite d'avoir été l'initiateur de l'impressionnisme.

---

115. Sur la restauration du tableau, voir le vidéo *Rembrandt Painter of Man and the Restoration of* The Night *Watch, Kultur, Art Series, 1992.*

De plus en plus les peintres[,] non seulement de Hollande, mais on peut dire de l'Europe entière, se passionnaient pour les "nouveautés de Paris". C'est ainsi que Van Gogh, dont les tenants de "l'Art vivant" font grand état, vint s'établir en France, pour vivre dans le voisinage de Manet et de Gauguin.

La Hollande nous apporte la preuve que l'art, lorsqu'il s'est enraciné si profondément dans le cœur d'un peuple, peut pendant un temps plus ou moins long paraître s'étioler et dépérir, mais qu'il suffit d'une subite poussée de sève pour se couvrir d'une nouvelle brillante floraison qui rappelle les heures les plus glorieuses de son histoire.

Quoiqu'il en soit, la Hollande n'aurait-elle produit qu'un Frans Hals et un Rembrandt que son nom resterait à jamais imprimé dans la mémoire des hommes.

13. La peinture allemande

Pas plus en Allemagne que dans les Flandres et en Espagne, l'art ne fut le fruit d'une génération spontanée. Sorti des couches profondes de l'âme populaire, il a longtemps dans l'humus fécond des idées et des aspirations cherché son chemin avant de paraître au grand jour des réalisations. Il en fut ici comme partout ailleurs et ce serait le répéter que de raconter les divines évolutions par lesquelles il a dû passer pour parvenir à la maturité. Qu'il nous suffise de savoir que ses débuts furent modestes, sa croissance laborieuse et qu'il ne brilla d'un vif éclat qu'au xvie siècle, pendant les quelques années qui précédèrent les malheurs de la guerre de Trente Ans; puis, ce fut pendant tout le xviie et le xviiie siècle une lente décadence, une époque d'imitation et de pédantisme qui acheva d'étouffer ce qui lui restait de véritablement allemand. À proprement parler, ce fut la Réforme iconoclaste qui porta le coup fatal au vieil arbre germanique au moment où ses branches rugueuses commençaient à se couvrir d'une opulente ramure; la blessure fut si profonde que par là s'échappa le plus précieux de sa sève[116]. Au reste, il faut bien convenir que ce ne sont pas les arts plastiques qui placèrent l'Allemagne aux premiers rangs des peuples artistes, mais bien plutôt la musique; c'est par elle que son âme s'est le plus complètement

---

116. Voici un bel exemple de métaphore organique, plus précisément botanique, et qui permet à l'auteur de considérer l'art de chaque culture comme un organisme autonome et vivant, qu'il voit éclore, s'épanouir et mourir, l'art allemand ayant ici disparu sans même avoir eu le temps de vivre son déclin.

exprimée. Mais l'Allemagne donna le jour à deux grands peintres et c'est d'eux dont je veux plus particulièrement vous entretenir.

Mon intention n'est pas de m'étendre longuement sur les diverses écoles qui, de Prague à Nuremberg, ont produit des personnalités artistiques remarquables à divers degrés. D'ailleurs[,] tous ces primitifs[,] dont le plus grand nombre portent, faute de mieux, le nom de leurs tableaux : le maître de la Passion, le maître de la Vie de la Vierge, etc…[,] ont des traits de ressemblance qu'il suffit de réunir pour composer la physionomie de l'école entière. Ce qui frappe tout d'abord dans leurs œuvres et plus particulièrement dans celles de ce maître Guillaume dont il est fait mention dès 1380, c'est le charme du coloris et la fraîcheur exquise de l'inspiration ; mais ces qualités sont déparées par la gaucherie du dessin et l'insuffisance du modelé ; leurs madones ont des têtes rondes au front bombé, à la bouche mignonne, aux yeux noyés de langueur, à la chevelure d'un blond de miel [;] le trait en est minutieux, la couleur étale et brillante, l'inspiration si voisine de la réalité qu'elle se vide parfois de tout mysticisme. Comme ces maîtres, si attentifs à exprimer tous les dehors des êtres[,] sont éloignés des méditatifs Flamands qui n'aspiraient, avec les réserves dont ils disposaient, qu'à représenter moins la vérité physique des êtres, qu'à incorporer dans la couleur et la forme l'harmonie d'une vie pénétrée de pensée, modelée d'âme[117].

Lorsque paraît le plus célèbre des maîtres de Cologne, St[e]phan Lochner[,] que les critiques allemands opposent à Fra Angelico, un progrès sensible s'accomplit dans l'art de peindre ; la composition devient plus ample, plus solennelle et les figures dégagent un délicieux parfum de jeunesse et de candeur, les couleurs y sont brillantes sans atteindre cependant la finesse du pinceau flamand ; car la coloration en général y est crue et souvent lourde. On dirait que les peintres ont scrupule à s'écarter de la tradition gothique qui a paralysé jusque là l'essor de l'école et on les voit, alors que le plus petit maître flamand trône pour ainsi dire sa toile pour ouvrir en arrière des personnages en scène des échappées sur la vie et la nature, conserver des fonds d'or plus séduisants pour des esprits incultes et plus faciles à exécuter. Nous trouvons ici la raison pour laquelle la perspective aérienne a tant tardé à se développer en Allemagne.

Si nous comparons Lochner à Fra Angelico dont on le rapproche si souvent outre-Rhin, on constate qu'il y a entre eux toute la différence qui sépare le type allemand du type latin, une race lymphatique d'une race de

---

117. La phrase serait plus juste formulée comme suit : « Comme ces maîtres, si attentifs à exprimer tous les dehors des êtres, sont éloignés des méditatifs Flamands qui aspiraient moins, avec les réserves dont ils disposaient, à représenter la vérité physique des êtres qu'à incorporer dans la couleur et la forme l'harmonie d'une vie pénétrée de pensée, modelée d'âme. »

passionnels[118]. Seule l'inspiration dérive d'une même pensée élevée; dans ce monde idéal, fait de poésie autant que de piété, il ne pouvait y avoir de place, en effet, que pour les sentiments purs et nobles. Toutes les madones sublimées, italiennes ou germaniques, [s]ont filles d'un même idéal; ces vierges "en cordes de harpe" rendent le même son de cristal; seulement en Allemagne la corde résonnante est d'un métal moins délié et plus rude que le doigt qui la fait vibrer.

Il en sera de même de maître S[c]honngauer ([mort en] 1491) qui vécut à Colmar, véritable centre artistique de l'école du Haut-Rhin et qui, tout en se conformant aux traditions locales, s'inspira visiblement de Van der Weyden. Au reste, à ce moment l'influence des Flandres est générale en Allemagne.

Mais de toutes les écoles qui fleurirent au xve siècle, celle qui assurément exprima le mieux et le plus complètement l'âme allemande, ce fut celle de la Franconie dont Nuremberg fut le foyer le plus ardent. Son art est avant tout réaliste; il ne se cantonne pas dans les scènes mystiques, [pour n'être] attentif qu'à l'extase des regards; il a le sens de la vie et du drame et parcourt toute la gamme des sentiments humains. Il met toute son application à exprimer les fortes vibrations de l'âme et la mêlée des passions, le mouvement intérieur et extérieur de la vie contemplative et de la vie active, la complexité puissante des caractères et la variété des physionomies. Lorsqu'il se livre à la fantaisie créatrice, il ne perd jamais entièrement pied et il se maintient dans les limites du vrai, à tout le moins du vraisemblable et si par hasard il lui arrive de déformer la réalité, c'est moins par un effet de son impuissance à faire mieux que par un excès d'exubérance, d'énergie et de vitalité. Ce surcroît de force laisse espérer pour l'avenir des résultats merveilleux.

Ces personnes n'ont pas été trompées; car c'est cette école qui engendra le génie le plus essentiellement allemand, le représentant le mieux équilibré de cette race plus tournée vers les abstractions philosophiques que vers les sensualités de la forme et qui ne se servit de cette forme que pour communiquer plus aisément ses conceptions métaphysiques: Albert Dürer.

Ce qui donne à cet artiste éminent une place d'élection dans l'histoire de l'art, c'est sa haute culture à la fois flamande et italienne; voilà ce qui fait de lui, non seulement un intermédiaire entre les Flandres, l'Italie et sa propre patrie, mais encore un intermédiaire entre le moyen âge et les temps modernes. Placé à la lisière du mysticisme expirant et de l'humanisme naissant, il a comme la divination des hautes destinées auxquelles le mouvement de l'esprit humain va conduire l'art qu'il pratique[,] soit par le pinceau, soit par le burin[,] et déjà l'on sent brûler en lui la flamme de ce

---

118. *Sic* pour le terme race. Lagacé fait référence ici aux quatre tempéraments de l'ancienne médecine des humeurs (bile, atrabile, flegme et sang), le tempérament lymphatique étant caractérisé par la lenteur, le flegme ou l'apathie, tandis que le type «latin» s'apparenterait au sang, humeur qui commande les passions. *Le Petit Robert 1*, 1991, 1121, 1937, 945 et 1760.

tourment du savoir qui sera l'une des caractéristiques de notre époque ; et ce qui le prouve, c'est que le tourment de sa pensée a agi beaucoup plus sur l'art et les artistes modernes, quatre siècles après sa mort, que sur l'art et les artistes de son temps qui n'admirèrent en lui que le peintre et le graveur, mais qui ne soupçonnai[en]t ni le poète ni le penseur.

Né à Nuremberg le 21 mai 1471, Albert Dürer grandit dans l'atelier paternel – son père était orfèvre – s'initiant aux délicats travaux de l'art professé dans sa famille, destiné lui-même à en continuer la tradition ; mais ses goûts le portant plutôt vers la peinture, il entra comme apprenti dans l'atelier de Michel Wolgemut où il se distingua par son zèle à l'étude.

Les années d'apprentissage terminées, il entreprit[,] selon la coutume du temps, son tour d'Allemagne. D'aucuns prétendent qu'il se rendit jusqu'en Italie. Quoiqu'il en soit, on le retrouve à Nuremberg, en mai 1494, où deux mois après son arrivée, il épousait Agnes Frey de qui il n'eut pas d'enfants et pas davantage de consolations, à ce que racontent les mauvaises langues[119]. Travailleur acharné, il ne se contente pas de brosser de grandes toiles religieuses, mais il grave sur cuivre et sur bois des scènes tirées de l'Évangile et de l'Apocalypse.

La peste sévissant à Nuremberg (1505), Dürer passa en Italie où sa réputation l'avait précédé. Il est accueilli par les artistes, notamment Raphaël et Bellini [probablement inexact] qui contre de ses estampes échangent des tableaux. Même la république de Venise veut l'attacher à son service ; mais il repousse ces avances et reprend tristement le chemin de Nuremberg. « Comme j'aurai froid là-bas, après tant de soleil », écrit-il°.

L'Italie avait eu une influence salutaire sur son âme méditatrice et sauvage ; elle s'était épanouie à la chaude lumière du ciel méditerranéen ; elle s'était aussi humanisée[120] dans le commerce d'une société policée et d'un art délicieux.

Durant les cinq années qui suivirent son retour, Dürer accomplit toute [*sic*] son œuvre de peintre, poursuivant le rêve de jouer à Nuremberg le rôle de Bellini à Venise ; mais Nuremberg n'était pas Venise. Aussi, est-ce au milieu des mille ennuis causés par la mesquinerie bourgeoise qu'il mena ses travaux de peintre et de graveur.

Il serait trop long de raconter comment[,] pour faire confirmer par Charles-Quint une pension de cent florins [?] accordée par l'empereur

---

119. Nous n'avons pas identifié les « mauvaises langues », ni leurs propos… Le premier séjour de Dürer en Italie, où il visite Venise et l'Italie du Nord, date de 1494-1495 ; en 1505, il retourne à Venise où il demeure pendant deux ans, Garzanti, 324-327. Au sujet de Dürer, nous n'avons pu confirmer le montant de la pension de Maximilien, ni sa mort d'une maladie du cœur, mais ces informations pourraient se trouver dans le journal de Dürer, Bénézit, vol. 4, 57.

120. Sachant que Lagacé a tendance à voir le Moyen Âge d'un point de vue relativement positif, on peut s'étonner de ce qu'il utilise ici le terme *humanisée*.

Maximilien, il dut entreprendre une longue randonnée à travers l'Allemagne pour contracter en fin de compte une maladie de cœur [?] qui devait le conduire au tombeau. Ses dernières années furent assombries par les combats qui se livrèrent dans sa conscience avant d'opter pour la Réforme qui avait gagné tous ses amis. [/] Il s'éteignit le six avril l'an 1528, à l'âge de cinquante-sept ans.

Albert Dürer, comme peintre, occupe assurément dans l'histoire de l'art un rang très élevé ; mais non le premier ; comme graveur cependant il est incontestablement sans rival.

Le peintre n'a pas connu cette valeur harmonique des tons si remarquable chez les Italiens et pas davantage cette orchestration des couleurs que nous avons trouvée si admirable chez Rubens. Le dessin, il faut le dire immédiatement, est le vrai langage de Dürer. La simplicité du moyen employé pour exprimer sa pensée l'a libéré des préoccupations secondaires et l'a porté à la limite extrême de sa passion des vérités essentielles. Son style impétueux et serré, aussi éloigné que peut ce [se] faire de la manière de voir et de sentir des artistes italiens et flamands, déconcert[e] de prime abord ; car ce qui frappe avant tout, c'est sa bizarrerie pittoresque et ce n'est qu'après avoir longuement étudié ses œuvres qu'on est pris au charme qui s'en dégage. Sans être étranger à la grâce, il lui préféra la violence et la rudesse, il possède plutôt les fortes que les douces qualités. Voilà ce qui explique la place très à part qu'il occupe dans l'histoire de la Renaissance.

De même dans la manière de traiter la figure humaine, il n'a jamais cherché l'élégance ni la beauté ; son effort tend uniquement à rendre avec fidélité la physionomie du modèle qui pose devant ses yeux. Profondément pénétré du génie de sa race [*sic*], il s'attache aux détails et par les détails minutieusement rendus il arrive aux grandes vues d'ensemble. Il ne conçoit pas que par l'élimination des accidents l'on puisse atteindre à ce qui est essentiel et directement au caractère des êtres et des choses. Sa méthode est toute autre et ce n'est pas à moi qu'il appartient de dire si elle est défectueuse [voir notre note 121] ; mais ce qui est indéniable, c'est qu'elle a suffi à durer pour lui faire accomplir des chefs-d'œuvre.

Cette recherche scrupuleuse du détail a du moins fourni à l'artiste les moyens de faire l'exacte peinture de son temps. À l'aide de ses études et de ses estampes on peut reconstituer le cadre dans lequel s'écoula sa vie. L'Allemagne de l'époque revit tout entière dans son œuvre : ses paysages, ses villes, ses intérieurs, ses fêtes, ses costumes. Nous y voyons défiler les cavaliers bardés de fer, les nobles seigneurs et les grandes dames, les riches bourgeois et les rudes paysans ; ils défilent, comme par un jour de carnaval, la flamme aux yeux ou le sourire aux lèvres, entraînés par je ne sais quelle musique apocalyptique, mêlant à leurs groupes tournoyants les fantômes du temps et de la mort. Et c'est aussi, en substituant à l'idéal des fonds d'or et à la représentation d'êtres qui ne vivent que d'une existence artificielle et précaire[…] une humanité pleine de frissons et de désirs[,] se détachant sur cet autre monde de l'au-delà qui est le décor fixe et éternel sur lequel se projettent l'ombre de nos mouvements et le néant de nos puériles agitations, que le maître allemand a symbolisé le drame de l'existence humaine qui se joue à la fois dans la lumière des apparences et dans le mystère ténébreux de l'inconscient.

Dürer a donc été en peinture l'interprète du lyrisme de l'âme allemande qui déjà avait trouvé son expression dans le *leid* [le chagrin, la souffrance] populaire. Ce que chantait la voix du peuple dans ces tristes et tendres mélodies, le peintre a voulu le rendre par le burin ; l'amour passionné de la nature[,] qui s'exprime dans ces mélancoliques mélopées, se retrouve dans les charmants croquis qu'il dessinait au cours de ses promenades solitaires dans la campagne dont aucune de ses beautés n'échappait à son attention. On le voit apporter autant de soin à copier une fleur, un brin d'herbe, qu'un arbre ou une belle tour gothique se profilant sur la limpidité du ciel. C'est que le peintre chez lui est doublé d'un naturaliste et d'un géologue. Le mystérieux trésor annexé dans le fond de son cœur et répandu dans ses œuvres en vérités élémentaires[…] n'en était pas moins une création de son âme profondément contemplative. « L'art, écrivait-il, est caché dans la nature ; qui peut l'en tirer le possède. »° Faut-il encore pour l'en tirer avoir la puissance de transposer sur le plan idéal les réalités, non seulement les plus pittoresques, mais les plus indigentes, les plus médiocres ; car dans la pensée d'un grand artiste l'idéal et la réalité, la science et la poésie, ne sont pas des termes opposés, mais des éléments inséparables, qui s'équilibrent et se complètent. Dürer l'avait si bien compris qu'il ne faisait jamais de différence entre vivre et rêver la vie ; sous ce rapport, il est peut-être le plus humain des artistes.

Cet éminent artiste[,] de qui les Italiens disaient qu'il [aurait] été le plus grand des peintres, s'il avait vécu dans le voisinage des chefs-d'œuvre de l'antiquité – ce qui est discutable –[,] est l'objet en Allemagne d'une véritable idolâtrie. Et cela se comprend. De tous les artistes qu'a produits l'Allemagne, aucun n'a[,] comme lui, exprimé aussi complètement sa conception de la beauté. Tel en un miroir fidèle, elle se revoit, dans son œuvre, avec ses qualités et ses défauts.

Cependant, l'étranger[,] qui a hérité d'une autre culture[121], lui préfère un autre peintre, moins mystique, qui, à son avis, possède un don qui lui manque

---

121. Lagacé cache à peine son manque d'enthousiasme pour la peinture allemande dont il rudoie les représentants, ici Dürer, Holbein et Grünewald, cet "étranger", pour qui l'Europe avait incarné tant de rêves au temps de sa jeunesse, évoquant en dernière phrase de ce chapitre la guerre qui se joue là-bas, et à laquelle il ne survivra que peu de temps puisqu'il meurt en 1946.

presque totalement, le don de la clarté, de l'élégance et de l'harmonie, et ce peintre est Holbein, le jeune, dont il me reste à vous parler.

Au moment où Nuremberg, siège d'une riche bourgeoisie, jouait en Allemagne le rôle de Florence, en Italie – à la différence toutefois que l'art qu'on y pratiquait était plus vide, moins épris de beauté pure que celui qui faisait les délices de la Ville-des-Fleurs –[,] une autre école se fondait dans la Souabe qui devait tenir une place d'honneur dans l'histoire de la civilisation germanique. Ulm, Colmar et Augsbourg en devinrent les foyers les plus ardents.

C'est dans cette dernière ville que s'opéra la transformation de l'idéal moyen-âgeux en celui de la Renaissance et ce fut le père de Holbein qui, le premier, en rompant avec le style gothique, prépara l'émancipation de l'art que devait consommer son illustre fils.

Hans Holbein naquit en 1497, dans la ville impériale d'Augsbourg où l'art[,] par suite de ses rapports fréquents avec l'Italie, avait atteint un haut développement. Il débuta dans l'atelier de son père, peintre et décorateur, apportant sa part au travail collectif. Mais la famille Holbein, criblée de dettes et réduite aux abois, émigra en Suisse, à Bâle, où l'industrie locale, le vitrail et le livre, requerrait la coopération intelligente des dessinateurs et des graveurs. Holbein eut tôt fait d'y conquérir la première place, ce qui lui permit, en 1520, d'épouser une veuve plus âgée que lui et mère d'un jeune garçon. Les biographes de l'artiste ont fait à cette dernière la réputation peu enviable de femme acariâtre et méchante. C'est à voir. Lorsqu'on sait quel homme dénué de scrupules était Holbein, on hésite à charger de tous les torts celle dont il nous a transmis l'admirable portrait. Sur sa figure sans beauté, main empreinte d'une profonde mélancolie, on chercherait en vain la trace de cette dureté des traits qui trahit la sécheresse du cœur; c'est plutôt celle d'une femme, comme dit Victor Hugo, qui « a beaucoup souffert et beaucoup pleuré »°.

Quoiqu'il en soit, Holbein[,] à ce moment de sa vie, jouissait de la célébrité dans la société des grands humanistes, notamment d'Érasme, qui par leurs écrits préparaient les désordres qui devaient accompagner la victoire de la Réforme. La crise qui suivit réduisit le peintre presqu[e] à la mendicité. Lâche devant l'épreuve, il abandonna sa famille et s'enfuit à Londres où il fonda bientôt un nouveau foyer au large du premier.

Accueilli avec faveur par la société anglaise, il fut nommé "peintre du roi" grâce à la haute protection de Thomas Morus et de l'archevêque de Cantorbe[r]y: ce qu'il s'empressa d'oublier lorsque l'adversité accabla ses généreux bienfaiteurs. Une fugue en Suisse, en 1528, lui permit d'y étaler sa bonne fortune. C'est durant ce court séjour à Bâle que se produisit la rupture entre Rome et Henri VIII. De retour à Londres, Holbein ne manqua pas de se ranger du côté de la Réforme dont il avait, par ses gravures satiriques et licencieuses[,] hât[é] l'avènement en Suisse et en Allemagne. Cette trahison lui mérita la faveur du roi. Il était maintenant riche, choyé par la société anglo-protestante, s'habillait en "gentleman", montait à cheval…; bref, il était devenu un grand seigneur sans en avoir acquis toutefois les qualités d'intelligence et de cœur.

Sa fin est enveloppée de mystère. Tout ce que l'on sait, c'est qu[e,] en 1543, la peste faisait à Londres des ravages épouvantables, que le 7 octobre, il dictait son testament et que le 29 novembre, il était compté au nombre des morts[122].

L'homme, comme on le voit, est assez médiocre; par contre, l'artiste est extraordinaire.

Tous les critiques s'accordent à considérer Holbein comme un très grand peintre de portraits et c'est ce par quoi il se recommande à l'admiration universelle. Et cependant, l'estime que mérite ce titre n'est pas proportionnée à l'effort de son génie. Il faut se souvenir que le vandalisme des réformateurs a détruit la plus grande partie des tableaux qu'il avait peints sur les murs des palais et des églises. Aussi bien l'œuvre picturale d'Holbein ne nous est-elle connue que par les portraits qui ont échappé à la fureur des iconoclastes et par cette merveilleuse « Madone de la famille Meyer » [la *Madone du bourgmestre Meyer*, château de Darmstadt] qui nous donne une idée de ce dont il était capable dans ce genre. Les dessins qui nous ont été conservés, tel son « Triomphe de la Richesse » du Louvre[,] nous montrent assez à quel degré il possédait le goût des belles allégories.

Dans les scènes compliquées[,] qu'il brosse avec une vigueur toute germanique, il laisse transparaître sa sympathie persistante pour les maîtres du passé, mais aussi son engouement pour les peintres italiens contemporains dont il a cherché à s'approprier les précieuses qualités de clarté, de grâce et d'harmonie. Sans doute à certains détails, le ramassis de ses figures, les larges plis de ses draperies, on reconnaît son origine allemande; mais il faut aussi reconnaître que plus il s'éloigne de son berceau, à Bâle d'abord, à Londres ensuite, plus il se libère des habitudes de son école et se complique d'italianisme, tout en gardant, ce par quoi il demeure foncièrement de son pays, l'amour raisonné de la vérité.

Ce serait assurément se tromper d'étrange façon que d'espérer trouver en Holbein un homme « tourmenté de la soif de l'idéalité »°. Rien n'est plus contraire à son tempérament. C'est dans la plus complète maîtrise de son esprit et de son pinceau qu'il conçoit et exécute ses œuvres et jamais le rêve ne se lève au bord de sa toile. Le monde qu'il habite est celui de la réalité et il n'est dans son véritable élément que là. À ce point de vue, il offre le plus

---

122. Holbein est bien mort de la peste en 1543, mais nous n'avons pas pu confirmer l'existence d'un testament, ou la date exacte de son décès, ni la présence de son *Triomphe de la Richesse* au Louvre (Bénézit, vol. 5, 588-590, et 587 au sujet des dettes de son père).

complet contraste avec Dürer[,] qui par delà la réalité découvre des ouvertures sur le mystère par où s'évade son âme méditative. Holbein n'a pas de telles "ouvertures"; sans passion, mais l'esprit rempli de joyeuses fantaisies, il se contente de promener un regard amusé autour de lui, acceptant le monde tel qu'il est, sans chercher à découvrir sous les apparences les essences lointaines, épris seulement de beautés sensibles et gourmand [seulement] des joies qu'elles contiennent. Voilà ce qui l'a conduit, lorsque l'espoir des vastes projets ne lui fut plus permis, à s'enfermer dans l'étude consciencieuse de la nature et plus particulièrement dans celle de la figure humaine dont il devait rendre la changeante physionomie avec un art consommé.

Peu d'artistes, en effet, ont su comme lui reproduire les formes individuelles; ce sont des êtres vivants que les images qui naissent sous son pinceau; elles nous conservent non seulement les traits et les moindres particularités des personnes qui ont posé devant le peintre attentif à tout saisir et à ne rien laisser échapper, mais encore tous les signes qui indiquent l'énergie ou la faiblesse du caractère, les passions bonnes ou mauvaises, les souffrances ou les joies passé[e]s, les habitudes et les goûts, l'éducation et le rang social. Pas même le plus insignifiant détail du décor au milieu duquel se meut le sujet n'est omis ou rejeté dans l'ombre; et cependant[,] cette recherche de tout ce qu'un œil exercé peut enregistrer[,] ajoutée à la minutie de l'exécution[,] ne trouble en rien l'harmonie de l'ensemble. Tout au plus peut-on s'étonner de l'uniforme mélancolie que l'on découvre sur toutes les figures qu'il modèle avec force. Serait-ce un parti pris de sa part? Holbein n'en connut aucun. La raison en est plutôt que dans le temps où il vivait, les hommes étaient angoissés par les grands problèmes politiques et religieux qui désorganisaient la société et divisaient les familles. C'est quelque chose de ces sombres préoccupations qui jette comme un voile de tristesse sur tous ces fronts faits pour respirer la santé et la joie de vivre. Et comme son seul principe esthétique, adopté d'instinct plutôt que par un li[b]re choix, consistait à suivre servilement les indications de la nature sans aller au-delà des dehors visibles, il peignit les hommes de son temps tels qu'il les vit sans leur poser de questions. On ne saurait trop le répéter, Holbein est un observateur plutôt qu'un visionnaire, un confesseur plutôt qu'un juge. Ce qu'il cherche à surprendre, c'est moins le caractère moral que la ressemblance exacte; il ne ment jamais à son modèle et ne prend de lui que ce qu'il veut bien lui abandonner; le portrait est tellement fidèle que l'homme intérieur ne se trahit que par la trace que la pensée a laissée dans une ride qui laboure le front, dans un pli amer creusé au coin de la bouche.

On conçoit que ce besoin passionné de la vérité l'ait éloigné de la recherche de la beauté pour elle-même. Il ne connut pas cette volupté toute intellectuelle de modifier la forme, de l'affiner, de la dépouiller de ses imperfections pour la rendre impeccable, plus voisine de l'exemplaire divin.

Élargir un front, aviver la flamme d'un regard, arrondir l'ovale d'une joue, mettre un peu de rouge sur l'ivoire d'une peau satinée, dorer une chevelure ou lui donner le noir de l'ébène, quel peintre n'a pas eu recours à ces petites tricheries, à ces aimables mensonges, pour embellir son modèle. Toutes les merveilleuses créations des écoles italiennes n'ont-elles pas été réalisées ainsi et n'est-ce pas ce qui en constitue l'essence rare? Holbein n'éprouve pas ce besoin de racheter par l'aumône d'une générosité la pauvreté par trop évidente de la réalité. Il n'est pas non plus assez poète ni assez psychologue pour saisir au vol, si je puis dire, ces subtiles illuminations qui jaillissent parfois des profondeurs des yeux pleins d'ombres, de la fascination d'une lèvre qui sourit, de la lumière d'un front plein de pensées ou de rêves. Lorsque la beauté a posé pour lui – il l'a vue quelquefois debout devant son chevalet – il s'est contenté de la peindre telle qu'elle s'offrait sans chercher à faire deviner sous le masque indifférent ou volontairement durci la présence d'une âme secrète et silencieuse. Et cependant[,] à sa manière[,] il a été aussi véridique que ses rivaux. Seulement au lieu d'exprimer tout le rêve dans un sourire, tel que le fit Léonard de Vinci, ou le tourment secret d'une âme fermée aux confidences, tel que le fit Rembrandt, il résume toute une vie dans le récit fidèle d'une figure que les années ont sculptée et pétrie. Il ne cherche pas à soulever le voile qui dérobe à la vue l'homme intérieur; il se contente de montrer de lui ce que les contemporains en ont connu. Aussi lorsqu'on compare une telle image aux indications de l'histoire, on peut être sûr que le peintre a eu la même impression que l'historien qui, omettant les intentions, ne retient que les faits. Holbein est le chroniqueur de la peinture, l'historiographe de son temps; c'est le Froissart de son école.

A proprement parler, Holbein n'eut pas d'élèves, mais beaucoup d'imitateurs. «Son style, tout de simplicité et de franchise, exempt de manières et d'artifice, ne contenait rien qui fut matière à enseignement.»° Mais l'ascendant de sa supériorité influença fortement les portraitistes d'Allemagne, de France et d'Angleterre, par les exemples de soumission à la nature qu'il leur avait légués. Plus que Dürer il a réalisé le prodige d'unir la vérité absolue à la beauté parfaite et c'est surtout en face de ses œuvres que juste semble l'antique adage: Le Beau est la splendeur du vrai[123].

Si Dürer se présente à nous comme le peintre énergique et Holbein comme le peintre véridique de la vieille Allemagne, Lucas Cranach, fondateur de l'école saxonne, peut en être regardé comme le peintre gracieux. De celui-ci il faut au moins dire un mot. Le fond de son talent, comme on l'a dit, est la rusticité allemande frottée de littérature et de mythologie, éprise d'élégance, mais à la façon d'un paysan parvenu [!]. Il s'attaque volontiers au type

---

123. On retrouve cette citation associée à saint Thomas dans le compte rendu de son premier cours officiel, dans l'*Annuaire général* de l'ULàM, 1905-1906, 173.

féminin et il se risque à faire du nu. Faute d'une connaissance suffisante de l'anatomie du corps humain, il n'arrive qu'à représenter des femmes courtes, aux formes grêles et aux poses affectées. Au surplus, il manque de goût[,] s'il sait peindre et poser un ton.

Après ces trois grands maîtres, Dürer, Holbein et Cranach qui résument la Renaissance allemande, il faudrait, si l'on voulait être complet, énumérer les artistes secondaires qu'ils ont formés ou inspirés, mais cette liste de noms, et pas davantage leurs œuvres, ne vous apprendrait rien de plus sur cette école d'Outre-Rhin qui eut son heure de célébrité et qui n'eut pas de déclin, tant sa fin fut précipitée et sommaire.

Il y a un artiste, toutefois, qu'on ne saurait ignorer lorsqu'on parle des écoles allemandes, Mathias Grünewald, génie sauvage, abrupt et farouche qui, selon le mot de Haymans[124], vibre, pleure, hurle même, mais prie. Sur celui-là la Renaissance n'eut aucune prise. Comme Brughel le vieux[,] qui s'entêta à demeurer flamand, alors que l'idéal italien eut éclipsé l'antique idéal gothique, Grünewald garda jusqu'à la fin sa primitive rudesse, peignant avec du sang, des larmes et des cris de douleur. Il faut voir ses Christs sanglants et défigurés qui comme des vers se tordent cloués à l'arbre de la croix ; ils sont là, tout contre vous, la poitrine lacérée de blessures, piquées d'épines, la chair bleuie et meurtrie, les jointures des bras et des jambes disloquées, les pieds tuméfiés, les doigts crispés, tout le corps secoué des derniers spasmes de l'agonie, loques lamentables et profanées qui se profilent sinistrement sur des ciels noirs d'orages, suprême misère divine déshonorée et prostituée en la chair humaine. Les terribles, les terrifiantes crucifixions ! Qui les a vues n'en peut perdre l'affreux souvenir. Et cependant[,] cette fureur à froisser notre délicatesse et à provoquer notre dégoût a quelque chose de la grandeur tragique des mythes anciens ; c'est sauvage, barbare, révoltant, si l'on veut, mais en même temps grandiose d'horreur. Grünewald a osé faire ce que nul n'avait tenté avant lui et que personne ne voulut répéter après lui.

Voilà, en quelques pages, les grands titres de gloire de l'école allemande. [/] Tandis que l'art italien aspirait à la beauté et s'élevait de plus en plus vers son haut idéal ; tandis que de son côté l'art flamand, passionné de naturalisme, se complaisait dans le pittoresque des conceptions familières, l'art allemand s'abîmait dans son rêve austère et de ses vieux souvenirs et de ses antiques duretés se composait un monde ou le fantastique se mêlait à la réalité. De ces éléments rudes et élémentaires il se fit de la beauté.

Des écoles illustres se fondèrent qui, chacune selon ses aptitudes, exprimè-rent l'idée que l'âme germanique se faisait de la beauté plastique. L'influence italienne, comme partout où elle s'exerça, transforma à la longue leur

---

124. Haymans : auteur non identifié, et qui est le seul que nomme Lagacé pour la peinture allemande. Pour un historique du développement de l'histoire de l'art en pays germaniques, voir GB, 519-535.

manière de penser et leur façon de peindre, si bien que les derniers maîtres allemands ne sont reconnaissables des maîtres italiens que par certaines loc[u]tions locales et un accent de terroir qui de-ci de-là altèrent la pureté de leur verbe et rappellent leur origine germanique.

Que reste-t-il à ajouter? La fin lamentable d'une belle histoire. [/] Dès la moitié du XVI[e] siècle, l'art allemand est mort. Un orage d'une violence extrême ébranle et renverse le vieux chêne germanique et c'est la guerre de « Trente Ans » qui fauche toutes les espérances de la nation. Des troupes de forcenés parcourent le pays en tous sens, incendiant les hameaux et les villes, les châteaux et les églises; l'art est noyé dans le sang des citoyens… Lorsque la tourmente fut apaisée, l'Allemagne était appauvrie, ses artistes dispersés, ses traditions perdues. Il fallut, avant de rêver d'une nouvelle renaissance, donner aux hommes le temps de réparer ces maux et de reconstituer l'unité allemande… Je n'ai pas à vous rappeler ce que ce grand effort orienté vers la force et la domination a coûté et coûte encore de sang, de deuils et d'angoisse à l'humanité.

14. La peinture espagnole

L'Espagne, plus encore que l'Allemagne, a dû à des influences venues de l'extérieur[…] de pouvoir s'évader du cloître de la tradition byzantine, de découvrir et [de] parcourir la voie lumineuse qui devait la conduire jusqu'aux sommets de la pensée esthétique. Ainsi au XVe siècle, les exemples reçus des Flandres – car on sait que Jean Van Eyck, à cette époque, séjourna à Lisbonne et visita les différents royaumes de la péninsule ibérique – lui révélèrent la vie esthétique en même temps que la formule d'un art susceptible d'en exprimer la vérité de son âme ardente et passionnée. Les peintres firent même de si rapides progrès dans ce domaine, qu'on les voit, tel à l'Alhambra, exécuter des scènes de chasse et des mêlées de bataille où les chevaliers chrétiens sont aux prises avec des princes arables.

Ce rapprochement inattendu de l'élément arabe et de l'élément ibérique qui apparaît non seulement dans les peintures, mais encore dans les monuments civils et religieux, nous dit assez ce que la civilisation espagnole a emprunté aux Nassérides [?] pour tempérer la rudesse de ses institutions[125].

---

125. Note de Lagacé: « *Lire sur la part de l'islam dans le développement intellectuel de l'Espagne: Ls. Bertrand – Revue des Deux Mondes (fév. 1932).* » Hormis quelques insertions entre parenthèses dans le corps du texte, il n'y a, dans l'ouvrage de Lagacé, que cette seule note, dont l'appel figure sous la forme d'un X majuscule en exposant. Notons que l'article en question, intitulé « L'Espagne musulmane », est farouchement anti-islamique et dénonce l'attitude des

En effet, c'est de ce mélange de langueur orientale et d'énergie castillane qu'est fait le meilleur du génie de l'Espagne; des heurts et des oppositions prolongés[…] est résultée une souveraine harmonie, caressant[e] et âpre[,] qui donne «une impression de fruit sauvage aux arts plastiques, à la littérature et à la musique »°. Longue avait été cependant la lutte entre la sévérité du christianisme et la mollesse de l'Islam, entre le rude climat du nord et la clémence du midi; mais enfin, l'Occident finit par dompter et chasser l'Orient; seulement le vainqueur demeura pénétré du génie du vaincu et son âme passionnée et violente garda à jamais le goût du sang et de la volupté[126]. Ce contraste de cruauté et de sensibilité[,] qui apparaît à toutes les pages de l'histoire du peuple espagnol, est encore plus sensible, plus manifeste dans les œuvres de ses artistes.

Sans doute, ce mélange obscur de passions contraires prit des siècles à s'opérer; car l'Espagne[,] avant de s'assagir et de songer à s'illustrer par les arts, devait dans des actions d'éclat[…] employer le trop plein de ses énergies et faire sa part dans l'œuvre commune de la civilisation. Elle devait «découvrir un nouveau monde, subjuguer l'Allemagne et l'Italie, humilier la France, arrêter à Lépante le flot oriental et opposer à la Réforme la rigidité de son ascétisme »°. Mais son ardeur belliqueuse tomba peu à peu et[,] gorgée de gloire et de richesse[,] elle dépose le glaive pour se livrer aux douceurs d'une vie purement intellectuelle avec Lope de V[e]ga et Cervantès.

Cependant[,] plus lente que la littérature fut l'éclosion de la peinture[,] par suite du mépris dans lequel étaient tenus les artistes du terroir. Feignant d'ignorer leur existence, on voit Charles-Quint et Philippe II appeler des artistes italiens pour décorer leurs palais. N'e[û]t-été l'Église qui leur livrait les murs de ses chapelles, ils se fussent découragés et auraient abandonné la partie; mais en dépit des résistances des grands, l'irrésistible génie de l'Espagne finit par s'imposer et par jeter dans la nuit de l'histoire «embuée de sang, rayée d'éclairs d'épée et d'or »°, la lumière resplendissante d'un idéal nouveau. À Valence, en Aragon, en Catalogne — tout comme à Sienne, en Ombrie et en Toscane — fleurissent des écoles; mais elles sont

---

historiens qui «assouvissent sur le dos des Espagnols contemporains les rancunes des Juifs contre Isabelle la Catholique et celle des protestants contre Charles-Quint et Philippe II », 318. En ce qui concerne l'histoire de l'art en Espagne, il semble que, malgré le nombre d'auteurs invoqués par Lagacé dans ce chapitre (L. Bertrand, M. Barrès, L. Gillet, [s. p.] Geoffroy, J. A. C. Bermudez, Ch. Yriarte, Molière, M. Dieulafoy et T. Gautier), Bazin considère l'art espagnol comme «le mal aimé de l'histoire de l'art ». Voir GB, 439-447; pour une bibliographie récente, voir Mignot et Rabreau (notre note 66), 561 et 562.

126. L'image que Lagacé se fait de l'Orient n'a pas dû être flattée ni par sa lecture du texte de Louis Bertrand (notre note précédente) ni par son interprétation des comportements humains par la médecine humorale (notre note 118); son allégeance à l'Église colore sûrement aussi le regard qu'il porte sur l'histoire, comme jadis son prédécesseur l'abbé Gustave Desmazures (chapitre 1, note 110).

si profondément imprégnées de mysticisme, si préoccupées des choses de l'au-delà qu'elles n'ont pas un regard pour ce qui se passe sur terre. Dans leur voisinage immédiat chrétiens et Maures se livrent un combat sans merci qui décidera des destinées futures de l'Europe et cependant pas un artiste n'a l'idée de brosser, pour le bénéfice de la postérité, un tableau où serait relaté un fait d'éclat de cette gigantesque épopée.

Ce qui devait les arracher à l'attrait de la souffrance et de l'extase, ce furent quelques toiles rapportées d'Italie. À cette vue, ils eurent la révélation d'un art nouveau. Désormais ils n'auront qu'un désir, une ambition : franchir les monts et aller se mettre à l'école des maîtres italiens. Joannès [Vicente Joanes, voir Masip dans Bénézit], Becerra, Navarette, Orrente, Vergas [?], Coello et Moral[e]s s'arrachent à leurs foyers et l'on ne voit plus qu'eux sur les routes qui conduisent à Florence et à Rome. Leur séjour en Italie se prolonge et lorsqu'ils la quittent ils rapportent avec eux, ainsi qu'on la dit, toute la peinture italienne, lourd fardeau qu'ils se partagent, l'un prenant à son compte Michel-Ange, l'autre [fra] Bartolommeo, Le Titien, Raphaël ou le Caravage. Jetés brusquement hors de leurs traditions, ils font de grands efforts pour égaler leurs modèles, efforts qui restent sans résultats ; ils se découragent, ils se désespèrent de n'être toujours que des reflets.

De toutes les personnalités de cette époque fiévreuse où l'ascétisme le plus sombre se mêle au naturalisme le plus provocant, l'élan de la pensée à la sécheresse de l'exécution, aucune n'offre plus de contrastes que celle de Dominico Théotocopuli [Domenico Theotokopoulos], surnommé le Gréco. On a fait tant de bruit autour de cet étrange peintre, découvert et mis à la mode par Barrès[127], qu'il faut bien que je vous en dise quelques mots.

Né, entre 1545 et 1550 [en 1541] – dans l'île de Crète, son enfance s'écoula en Grèce. Amené à Venise, il entra dans l'atelier du Titien (on le suppose du moins [confirmé dans Garzanti, 451]), qu'il abandonna pour se rendre à Tolède [1577] où il espérait faire sa vie. Dès qu'il se trouve dans ce milieu fier et austère, il en saisit toutes les nuances et en comprend[,] en même temps que l'orgueilleuse poésie, la grandeur dramatique. Habitué aux intonations chaudes, opulentes de Venise et de Rome, il modifie sa palette, dès qu'il aperçoit les collines grises et brûlées qui encadrent Tolède et ne manie plus que des tons pâles et argentés. Bien plus, gagné par le charme étrange de l'âme dure et mystique de l'Espagne de Philippe II, son génie s'exaspère, est pris de vertige ; il n'aspire plus qu'à exprimer en des pages exaltées les spasmes de la vie contemplative, suprême refuge de l'âme castillane. La sensation devient chez lui si aride qu'il ne se sert plus que d'une gamme violacée et cadavérique ; bien plus[,] la forme se dissout ; les corps affectent

---

127. Maurice Barrès, *Greco ou le secret de Tolède*, c1911. Voir l'édition Complexe préfacée par Jean-Marie Domenach, Bruxelles, 1988.

d'abord des formes grêles, émaciées, anémiées, puis bientôt, on les voit s'amaigrir davantage, se vider de chair et de matérialité pour n'être plus que des fantômes qui s'effilent et s'allongent comme des flammes ou des fumées qui montent de la terre, attirées, aspirées par l'abîme du ciel entrouvert.

[«]Le cas de Greco, a dit L. Gillet, est un chapitre, le premier, de la pathologie de l'art [»][128]. De son vivant, on l'appelait: *"il demente"*. C'était plus un maniaque qu'un "fou", à moins que ce ne f[û]t tout simplement un habile homme qui pour se mettre en évidence s'appliquait à faire tout le contraire de ce que les maîtres avaient fait avant lui. De tels exemples foisonnent dans les temps d'anarchie et de décadence.

Si le Gréco est un chevalier errant qui parcourt les chemins de l'art, les yeux perdus dans les étoiles, Rib[e]ra, surnommé l'Espagnolet, nous apparaît comme l'un de ces brigands de la Renaissance qui le soir se glissaient dans les ruelles sombres, le manteau sur la bouche, la guitare suspendue à une écharpe de soie et la dague au côté.

Où il naquit, où il mourut? On n'en sait rien [Jose ou Jusepe de Ribera, Játiva 12 janvier 1588 – Naples 1656, selon la *Catholic Encyclopedia*, et 1591-1652 selon Garzanti]. L'histoire de sa vie fourmille de contradictions: elle est tantôt baignée de lumière, tantôt enveloppée de ténèbres; elle ressemble à ses tableaux plaqués de vives clartés et d'ombres opaques.

Il débuta dans l'atelier de Michel-Ange de Caravage, artiste violent et dénué de scrupules[,] qui n'y allait pas par quatre chemins pour se débarrasser d'un rival gênant. Après la mort de son maître, emporté par la fièvre, l'Espagnolet se rend à Rome où il mène une véritable vie de bohème. Retiré de la purée par un cardinal compatissant, il ne peut se plier aux exigences de sa nouvelle situation et il échange le pinceau contre l'épée. Il guerroye, court les aventures, est fait prisonnier et enfermé pendant cinq ans dans un bagne d'Alger. Il s'échappe et le voilà à Parme, puis à Modène. La vue des toiles du Corrège corrige en lui la rudesse contractée dans le commerce du Caravage et à Naples[129] où il échoue, il exécute des œuvres où passe quelque chose de la grâce de l'Allegri. Mais ce calme subit ne pouvait durer longtemps; le bandit réapparaît bientôt et le voici lancé dans des intrigues ténébreuses contre Carrache et le Dominiquin; on l'accuse même de les avoir attirés dans un guet-apens et de les avoir assassinés. Mystère et mafia.

---

128. Louis Gillet, *La peinture en Europe au XVIIe et XVIIIe siècle*, Paris, Librairie Renouard, H. Laurens éditeur, 1913, 213.

129. Avant son arrivée à Naples en 1516 (Caravaggio, qu'il n'a pas pu connaître, est alors décédé depuis dix ans), on ne sait rien de la vie de Ribera. Après son retour à Naples en 1526, Velasquez lui rend visite à deux reprises, en 1630 et en 1649. Sa fille aurait effectivement été séduite par Don Juan d'Autriche et il serait mort de chagrin. Les dates que donne Lagacé pour Ribera correspondent à celles de Louis Gillet, dans la *Catholic Encyclopedia*, où l'on retrouve aussi, comme chez Lagacé, les dates précises des naissances et décès des artistes.

Mais avant de disparaître, il eut son heure de célébrité. Le vice-roi de Naples le remarque, l'attire à la cour et le loge au palais. Maintenant riche et honoré, il fait comme tous les fougueux domestiqués, il produit des œuvres pondérées et solides où flottent de la grâce et de la bonté. Mais sa "conversion" dure tout juste le temps de sa première ivresse. Sa nature farouche réveillée par le vin généreux de la prospérité lui remet aux lèvres le goût amer de sa jeunesse douloureuse, de son amour propre humilié et[,] comme s'il voulait se venger de la fortune si tardivement rencontrée, il entreprend de mettre sous les yeux de ses contemporains toutes les horreurs de la souffrance morale et physique. Il a la rage du sang et il ne peint plus que des martyres ; il fait l'image, comme le dit Geoffroy, « de tous ceux qu'on a grillés, fustigés, cuits au four, décapités, lapidés, écorchés, punis, dépecés, tenaillés, étripés, crucifiés°[130] ». Il se délecte de toutes ces scènes de carnage… Son œuvre ténébreuse est traversée, comme sa vie, de traînées de lumière ; mais ce ne sont que des éclairs qui, en s'éteignant, laissent apparaître plus sombre et plus sinistre la nuit d'où ils ont jailli.

La fin d'un tel aventurier ne pouvait être celle de tout le monde. Un malheur, l'enlèvement de sa fille par don Juan d'Autriche, le rejette dans sa misère première où il alla cacher sa honte et son déshonneur. Il disparaît mystérieusement et l'on perd sa trace ; il tombe, comme on l'a dit, dans un de ces trous de ténèbres qu'il creusait dans ses tableaux. C'était aux environs de 1656.

Il me faut bien, avant de vous parler des deux grands maîtres de cette école, vous dire au moins un mot de Zurbaran (1593 [1598]-1662 [selon G. Sortais, *Catholic Encyclopedia*, 1664 selon d'autres sources]), contempo-rain de Rib[e]ra et qui offre avec celui-ci le plus violent contraste. « C'était une grande figure grave, austère, recueillie, imprégnée jusqu'au moelles du mysticisme espagnol, aussi éloigné des brutalités de Rib[e]ra ou de Herrera-le-vieux que des gentillesses prochaines de Murillo[131]. » Le regard plonge dans son âme comme dans un monde de cristal. On n'y découvre ni le tourment de Moral[e]s, ni l'extase du Gréco. Sa foi est tranquille comme sa vision est limpide. Il vit dans la société des moines dont il raconte la vie méditative et cachée et lorsqu'il fait l'image d'une sainte, il s'oublie dans sa candide ferveur à la parer de tous les agréments physiques et de toutes les

---

130. Le nom de Geoffroy figure, sans prénom, dans un article de Georges Goyau, «Periodical Literature (France) », *Catholic Encyclopedia*, où il est question de son influence d'un point de vue religieux, en tant qu'auteur de feuilletons littéraires « où il traite de toutes les questions philosophiques et mène une campagne des plus intelligentes contre le voltairianisme » (notre trad.).

131. Le découpage de la citation n'est pas clair, le second guillemet figurant après le point final, au début de la phrase suivante et en début de ligne.

élégances mondaines des belles Andalouses qui ont gardé quelque chose de la grâce alanguie des sultans d'autrefois.

On peut le considérer comme le poète le plus sincère de la peinture espagnole. En lui on retrouve, le plus fortement accusé, le trait original de sa race : « l'ascétisme poussé jusqu'au dédain de tout ce qui est humain, jusqu'au néant, mêlé au goût du réel que ne féconde aucune grande idée »°. Voilà pourquoi on a pu dire avec raison que Zurbaran était toute la peinture espagnole, bien plus, toute l'Espagne.

Mais l'art espagnol "nationalisé" par Zurbaran n'en évoluait pas moins dans le cercle étroit de l'imitation italienne. Pour lui donner une valeur universelle, il fallait l'avènement d'un génie qui, en combinant le naturalisme indigène et l'impressionnisme de Gréco, allait lui révéler[,] au-delà de ses frontières, la terre promise de la vie avec la luxuriante floraison de ses réalités et de ses symboles.

Ce fut la destinée de Vélasquez [dorénavant Velasquez].

Don Diégo Velasquez de Silva, issu d'une noble famille portugaise, naquit à Séville, le 6 juin 1599. Dès ses premières années, il se révéla tel qu'il devait être toute sa vie : simple, docile et patient. À l'âge de treize ans [date non confirmée] il entra dans l'atelier de Herrera-le-vieux, génie brutal et magnifique qui exerçait une véritable tyrannie sur ses apprentis. Velasquez, pourtant de nature douce et paisible, ne put se plier aux exigences et aux duretés d'un tel maître et il passa dans l'atelier de Pacheco, peintre médiocre, mais qui eut le bon sens de laisser son élève – qui devait devenir plus tard son gendre – choisir librement sa voie sans chercher à lui imposer ses propres idées sur l'art.

Il débuta par une série de tableaux religieux qui n'ont aucune des qualités que requiert le genre. C'est que Velasquez était tout l'opposé d'un mystique. Cependant, ce médiocre succès avait attiré sur lui l'attention d'Olivar[e]s, ministre de Philippe IV ; présenté au roi il en reçut quelques commandes. La satisfaction de Philippe IV fut telle qu'il l'attacha à sa personne en qualité de valet de chambre, avec des appointements mensuels de vingt ducats, à peu près dix piastres de notre monnaie d'avant-guerre[132].

Ici se termine la première partie de la vie de l'artiste. Les œuvres de cette époque, qui constituent ce que l'on appelle sa "première manière", nous laissent voir l'effort prodigieux d'un peintre de vingt-quatre ans, déjà en possession de son métier, capable d'écrire une page sans faute ; mais cette première manière n'est que le prélude, comme la préface des œuvres de la maturité. S'il y fait preuve d'une attention appliquée et d'une scrupuleuse probité, il lui manque encore ce que lui apportera l'expérience, cette divination lente

---

132. Notons que le terme « d'avant-guerre » date les propos de Lagacé d'après 1939. Ce montant est indiqué dans un article de Louis Gillet sur Velasquez dans la *Catholic Encyclopedia*, qui indique aussi que Velasquez serait né le 5 juin 1599 et baptisé le lendemain.

des harmonies que le génie lui-même doit découvrir une à une en consultant les lois de la nature et les lois correspondantes de sa sensibilité.

En 1623, Velasquez terminait son premier portrait de Philippe IV qui déclarait, tant son contentement était complet, ne plus vouloir à l'avenir d'autre peintre que celui-là. En effet, il n'en eu pas d'autre et ce fut pour Velasquez le commencement d'une existence de mercenaire à la solde d'un maître exigeant. Il n'eut plus une minute à lui pour la méditation et la libre fantaisie. Le roi l'accapare tout entier, l'accablant de besognes ingrates et surtout des importunités de ses caprices et de ses lubies ; car il avait la manie de multiplier ses portraits dans toutes les poses, en buste, en pied, dans l'intimité, à la chasse, revêtu de ses armes, en habits de cour, en prière… que sais-je encore. À toute heure il pénétrait dans l'atelier du peintre pour y tromper l'ennui de ses jours sans emploi, soit en posant lui-même soit en assistant à la pose de son épouse, des infants et des infantes, des courtisans, et à défaut d'eux, de ses chiens et de ses bouffons. Et le grand artiste brossait de grandes toiles, une pointe de malice au coin des lèvres, professant sans doute qu'il valait mieux sourire que de se brûler les paupières à pleurer. Moraliste un peu blasé, il estimait que les spectacles qui lui étaient offerts ne méritaient ni un geste de dédain ni un mot de colère et, avec sérénité, de ses yeux chargés de rêve, il regardait passer la comédie humaine.

Dans cette cour étroite, ennuyée, rigoriste, fermée à toutes les joies du dehors, souffrit-il de se sentir ainsi le prisonnier volontaire d'une bienveillance qui en le comblant d'honneurs l'astreignait à des tâches si étrangères à ses préoccupations intimes ? Nulle part dans son œuvre il ne nous en a fait la confidence.

Au reste, sa vie, toute monotone qu'elle p[û]t être, lui ménageait parfois des joies qui comptent tout de même dans l'existence d'un artiste. Il eut d'abord le bonheur d'avoir pour hôte le grand Rubens, en mission diplomatique à la cour d'Espagne ; puis[,] sur ses conseils et par son intervention, il obtint un congé qui lui permit de passer en Italie [en 1629] où son enthousiasme ne connut plus de bornes à la vue des merveilles entassées dans les églises, les palais et les musées de Venise, de Bologne, de Florence et de Rome [Gêne, Milan, Venise, Parme, Bologne, Rome et Naples selon Garzanti, 1045]. Mais Philippe IV qui, depuis une année [plus de deux selon Garzanti], n'avait pu se faire portraiturer, lui intima l'ordre de rentrer à Madrid…

Que lui importait maintenant sa prison dorée ! Il avait vu, il avait interrogé, il avait compris. Une grande lumière était descendue dans son intelligence ; il y faisait plus clair et plus beau. Sa technique s'en trouva transformée et ce fut dès lors ce que l'on a appelé sa "seconde manière" où triomphent les tons gris, dorés, argentés ; une coloration limpide, brillante, profonde comme l'onde pure d'une source. Et le reste de sa vie, exception faite d'une courte vacance en Italie, s'écoula sans accident, simple et grave dans le fastueux et ennuyeux Alcazar de Madrid, toujours accablé de commandes, jusqu'au jour, au lendemain des fêtes organisées à l'occasion des fiançailles de l'infante Marie-Thérèse et de Louis XIV, où « harassé de voyager la nuit et de travailler le jour », il rentra brûlant de fièvre dans son vaste atelier pour y mourir. Il expira entre les bras de cette Juana Pacheco, véritable femme d'artiste, qui avait joué dans son ombre « ce grand rôle muet de celles qui savent partager et choyer la vie d'un homme de génie »°. C'était le 6 [ou le 7] août 1660. Quelques jours plus tard la noble femme descendait elle-même au tombeau.

Velasquez a rapproché, confondu et réconcilié en son œuvre les deux courants de sentiments et d'idées qui depuis des siècles se combattaient dans l'âme espagnole. Des envolées mystiques il a gardé toute la lumière ; des réalités momentanées et des passions qu'elles provoquent il a dégagé les éléments essentiels et les caractères permanents.

Exécutée en dehors de la vie commune, dans une sorte de cloître royal, son œuvre reste cependant dans le cours de l'histoire un épisode isolé, une réussite merveilleuse, presque un accident. Depuis que nos modernes sont partis à la conquête de la lumière et de l'atmosphère, ils ont reconnu en Velasquez un guide, un maître, celui qui plus que tout autre a fixé l'insaisissable, faisant de la peinture – peinture sans un sujet, sans une idée, sans une émotion, il faut le reconnaître – un jeu élégant où la lumière dissipant ou nuançant les ombres est tout le « drame », toute la poésie, toute la beauté.°

Pour une fois, la peinture n'a été que cela, de la lumière cristallisée, une joie plus physique encore qu'intellectuelle, une joie nature, si j'ose dire, qui apporte avec elle une telle plénitude de repos, de sérénité et de paix que l'esprit s'y abandonne sans souci de littérature ou de philosophie. C'est de la musique en couleurs dont la science harmonique constitue tout l'intérêt.

Si le Gréco exprime l'âme violente et mystique de l'Espagne, Velasquez, pourtant si sombre et si grave, nous en montre le visage aux grands yeux brûlants et à la lèvre charnue et voluptueuse. La vie toute simple, toute unie, telle que la lui avait offerte Velasquez, ne pouvait suffire à l'exaltation passionnée de l'Espagne. Le calme des œuvres de ce maître hautain était trop contraire à ses habitudes séculaires pour qu'elle s'y compl[û]t longtemps. Elle se lassa bientôt du spectacle d'une réalité vidée de romantisme et de nouveau se tourna vers l'ascétisme pour lui demander de nouvelles ivresses et Murillo, dont il me reste à vous parler, la ramena vers le cloître qu'il emplit d'un vol de blonds chérubins.

Murillo naquit à Séville, le 31 décembre 1617. Orphelin de bonne heure, il fut recueilli par son oncle [barbier, J. A. Lagarès, puis confié à un peintre médiocre du nom de] Juan del Castillo, peintre d'une certaine habileté, qui l'initia à la technique de l'art[133]. Mais en 1640, son protecteur obligé d'aller habiter Cadix, le jeune artiste se voit voué à cette vie de privations et d'expédients qui est trop souvent celle des débutants. Pour se procurer quelques ressources, il loue une bicoque sur la place de l'église de Tous-les-Saints et les jours de marché, il s'installe devant son chevalet et brosse des toiles sous les yeux ébahis des badauds. Mais les clients, on l'imagine, étaient plutôt rares ; aussi employait-il ses loisirs à regarder, à observer ce qui se passait autour de lui. C'est de cela dont il s'est souvenu lorsque, parvenu aux honneurs, il composa ces tableaux charmants qui nous montrent les gamins de Séville, joueurs et voleurs, dévorant à belles dents les jolies grappes de raisin et les savoureuses tranches de melon dérobées à l'étalage de quelque fruitière distraite.

Ayant entendu vanter devant lui la merveilleuse puissance de Rubens et l'exquise virtuosité de Van Dyck, il n'a plus qu'une pensée, passer en Flandres pour de là se rendre en Italie. Dans le but de défrayer les dépenses d'un aussi coûteux voyage, il achète une pièce de toile qu'il divise en carrés de différentes dimensions et qu'il couvre de tableaux [peintures] dont les sujets pouvaient tenter les acheteurs. Son ballot sous le bras, il part pour Madrid. Parvenu au terme du voyage, il alla frapper à la porte de Velasquez, son compatriote, non pour lui emprunter sa bourse, mais pour lui demander des lettres de présentation pour les artistes de Rome. Velasquez comprit, à ce qui lui était raconté, que ce dont le jeune audacieux avait surtout besoin, c'était de manger, et il lui offrit l'hospitalité dans son atelier… Murillo y demeura trois ans à travailler sous l'œil du maître. Le croyant suffisamment préparé, Velasquez s'offrit à lui payer un séjour en Italie ; mais Murillo n'en avait plus l'envie ; il demanda qu'il lui f[û]t plutôt permis de retourner dans sa ville natale, où à peine arrivé[,] il accepta la décoration du cloître d'un couvent de Franciscains, dont aucun artiste ne voulait tant la rémunération était dérisoire. Pendant trois ans il s'acharna à cette œuvre et avec un tel succès qu'on ne parla plus bientôt à Séville que des merveilleuses peintures du cloître franciscain.

Une ère nouvelle s'ouvrait donc pour lui ; les commandes commencèrent d'affluer, les portes de la société lui furent ouvertes ; un riche mariage lui donna un foyer et lui assura l'aisance… Le reste de sa vie s'achève en conte de fée.

---

133. En confondant les deux noms de l'oncle et du peintre, Lagacé a dû sauter une ligne en consultant sa source, qui pourrait bien être l'article rédigé par son collègue Louis Gillet dans la *Catholic Encyclopedia* (c1911) que nous avons consulté, et qui signe aussi les articles sur les frères van Eyck, Ribera et Velasquez, ainsi que quarante-trois autres articles (sur Gillet voir notre note 79). Notons que la date de naissance que donnent Lagacé et Gillet (1617) ne correspond pas à celle que donnent Garzanti, 710 et le *PRNP*, 1446 (1618).

Le nombre des tableaux qu'il exécuta pour les églises et les couvents est incalculable, il n'était de chapelle qui n'eut son Murillo. Bermudez va jusqu'à dire que la plus pauvre maison de Séville possédait au moins une toile signée de sa main[134].

C'est ainsi que dans un labeur continuel il coula ses jours sans quitter sa ville natale. Une seule fois il s'en éloigna pour aller à Cadix peindre un retable d'autel pour des frères Capucins et ce voyage lui fut fatal. En effet, on raconte qu'étant sur son échafaudage et ayant voulu atteindre le haut du panneau qu'il était à peindre, il perdit l'équilibre et fit une chute qui l'empêcha de se servir de ses pinceaux dans la suite.

Quoiqu'il en soit, en 1682, à l'âge de soixante et quatorze [soixante-cinq] ans il mourait subitement alors qu'il était à dicter son testament[135]. On lui fit des obsèques somptueuses et son corps fut déposé dans l'église de Santa Cruz, au pied du célèbre tableau de Campagna : « Une descente de la croix » que de son vivant il ne se lassait d'admirer.

Murillo est de tous les peintres qui ont laissé un nom dans l'histoire[,] Raphaël excepté, celui qui compte le plus d'admirateurs, celui aussi, il faut bien le reconnaître, qui est le plus maltraité par les critiques. Ces derniers, pour des motifs pas toujours avouables, lui ont fait un grief, presqu[e]un crime de sa prodigieuse production religieuse comme si Murillo au service des couvents et des églises avait eu le libre choix des sujets à traiter. Au surplus, qu'a-t-il fait d'autre, je vous le demande, qu'un [d]el Sarto, un Bartolom[me]o, un Lippi, sans parler de Fra Angelico que ces mêmes critiques couvrent de fleurs et portent aux nues ?

Non, le tort de Murillo, encore qu'il n'y ait été pour rien, ce fut uniquement de naître et de vivre du temps de Velasquez[,] auquel on l'oppose toujours sans tenir compte des conditions très spéciales et fort différentes dans lesquelles travaillèrent l'un et l'autre. Celui-ci a été contraint en quelque sorte de se faire l'historien scrupuleux du monde tel qu'il se révélait à la cour de Philippe IV ; tandis que celui-là au contraire transporté hors du réel devait donner une forme à ce que l'œil de l'homme n'a jamais vu ; la transfiguration de la matière humaine sur quelque Thabor de rêve.

---

134. L'Espagnol Juan Agustin Cean Bermudez (1749-1829) est l'auteur d'un dictionnaire très vasarien d'artistes espagnols, *Diccionario historico de los mas illustres professores de las bellas artes en España*, 6 vol., Madrid, 1800, *DAHS*; GB, 56.

135. Information non confirmée au sujet du testament. À titre d'exemple, voici les sources que donne Gillet à la fin de son article sur Murillo dans la *Catholic Encyclopedia*: PALOMINO, *Noticias, Elogios y Vidas de los Pintores* (Madrid, 1715-24) ; CEAN BERMUDEZ, *Diccionario histórico de los más ilustres profesores* (Madrid, 1800) ; VIARDOT, *Notices sur les principaux peintres de l'Espagne* (Paris, 1839) ; PASSAVANT, *Die christliche Kunst in Spanien* (Leipzig, 1853) ; TUBINO, *Murillo, su época, su vida, sus cuadros* (Seville, 1864) ; CURTIS, *Velasquez and Murillo* (London, 1883) ; JUSTI, *Murillo* (Leipzig, 1892) ; KNACKFUSS, *Murillo* (Leipzig, 1897) ; CALVAERT, *Murillo* (London, 1908).

Seulement, on oublie intentionnellement qu'une partie considérable de l'œuvre de Murillo n'a absolument rien à voir avec la mystique, tels ses groupes de gamins, ses moines en prière, ses lumineux paysages, ses pompeuses architectures où il sait comme pas un respecter la vérité des êtres et des choses et donner l'illusion de la réalité. Ses personnages sont criants de ressemblance et ses madones sont d'authentiques Espagnoles qui, en dépit de leurs yeux baissés et de leurs mains jointes, sont les sœurs des belles manolas qui, le soir, vont faire leurs dévotions dans la cathédrale de Séville.

Murillo, lorsqu'il le veut ou le peut, est aussi réaliste que Zurbaran, que Velasquez lui-même.

Ce qui a le plus nui à sa renommée, c'est moins le choix de ses sujets et la qualité de son exécution, que l'ardeur qu'il mit à multiplier les tableaux et la facilité avec laquelle il se répéta sans chercher, par l'étude et l'observation, à varier ses types et ses effets d'illumination. N'est-ce pas le juste reproche que l'on adresse à Pérugin[,] qui n'en est pas diminué pour si peu ?

Murillo que l'on doit considérer, quoique l'on dise, comme un peintre de premier plan a été tout simplement la victime des circonstances. Il ne faut pas oublier que depuis longtemps déjà l'ère des grands contemplatifs était close ; l'exaltation de la souffrance d'un Jean d'Avila et l'extase de la douleur d'une Sainte-Thérèse étaient désormais du domaine de la légende. Les Espagnols se faisaient maintenant une toute autre idée de la religion qu'ils voulaient souriante et aimable, n'admettant plus que la sainteté proprement vêtue, avec, si j'ose dire, de belles relations à la cour céleste… Murillo partagea les goûts et les enthousiasmes de son milieu et de son heure ; seulement il a ce trait de commun avec le Bernin « de n'avoir rien fait pour modérer les uns et épurer les autres »°.

Mais ces réserves n'empêchent pas Murillo d'être un peintre magnifique, un improvisateur d'une rare puissance. Comme Velasquez, il jongle avec la lumière ; il enveloppe ses personnages d'une atmosphère vaporeuse, tantôt argentée, tantôt dorée, toujours suave et caressante. En tout cas, il a été – et cela mérite quelque considération – le dernier interprète du vieux mysticisme demeuré, vivace, malgré les apparences contraires, au fond de l'âme espagnole et qui n'est toujours qu'un mélange de douceur et de violence. Dans cette âme étrangement contrastée où la passion s'allie le besoin de prier et de faire souffrir, à la foi exaltée [de] la fureur du plaisir et de la volupté, il a des abîmes traversés d'éclairs. Ce sont ces deux aspects de l'âme espagnole que nous révèlent les œuvres de Velasquez et de Murillo. Le premier nous a montré des hommes de son temps, avec la fidélité d'un historien, ce qu'eux-mêmes voulaient laisser paraître ; mais tels qu'ils sont, on [le] devine[,] sous leur masque dur et fermé, les passions qui les agitent et qui les brûlent et qui en font les héritiers d'un long passé de violence. Mais de ce brasier s'élançaient aussi de grandes flammes qui montaient vers le ciel et l'on découvre chez ces mêmes hommes de violence la même impétuosité vers les sommets de la mystique et ce sont ces aspirations et ces bonds, si je puis dire, vers Dieu que Murillo, de son pinceau lumineux, nous a révélés dans ses tableaux inondés d'une céleste splendeur.

Aussi donc Murillo a complété Velasquez, unissant par la magie de ses couleurs[…] les deux pôles de l'âme humaine, l'un orienté vers les réalités passagères et périssables et l'autre vers les réalités éternelles[,] les seules, après tout, qui méritent d'être rêvées avant l'instant de les vivre dans la splendeur de la vérité et de la beauté. Rib[e]ra y avait plongé son regard et n'y avait vu que de sanglantes lueurs; Velasquez, penché à son tour sur ce gouffre inquiétant, n'y avait découvert que la joie et plus encore peut être l'ennui sinon la résignation de vivre. Murillo enfin, plus heureux, y contempla dans une traînée de lumières toutes les splendeurs et les félicités du ciel, mais de ce ciel très spécial, dont on rêve en Andalousie et dont l'Alhambra est l'antichambre parfumée.

L'art espagnol mieux défendu que celui de l'Allemagne n'a pas rompu le fil de ses traditions; il devait cinquante ans plus tard, après avoir été, comme dirais-je, confié aux doigts d'artistes qui ne firent autre chose que de l'empêcher de se rompre, être manié de nouveau par un ouvrier de génie qui[,] dans son chanvre allait ajouter une fois de plus l'or et l'argent de la palette de Velasquez. Et c'est Francisco de Goya (1746-1828) qui fera ce miracle. Je sais bien que ce peintre remarquable appartient plus encore à notre époque qu'à la Renaissance; mais il continue si bien les traditions de la grande école espagnole et se réclame à si juste titre de Velasquez, qu'il semble que la Renaissance ne finit véritablement qu'avec lui.

Cet éminent artiste réussit[,] par les ressources de sa puissante imagination, à plier la rigidité traditionnelle de son école aux élans et aux aspirations de son époque. Et il le fit avec un tel éclat et une telle maîtrise[…] que son influence fut décisive non seulement sur les jeunes peintres espagnols, mais encore sur ceux de France, notamment, dont la curiosité, vers la fin du siècle dernier, était à l'affût de toutes les nouveautés esthétiques.

Sur sa vie tourmentée, aventureuse et désordonnée, il vaut mieux tirer charitablement le rideau. À Madrid, à Rome, partout où il passa, il fit des siennes. C'était un type dans le genre de Cellini, grimpeur de balcons, et donneur de coup de stylet ou d'épée. Enfin, en 1775, on le retrouve à Madrid, sinon corrigé, du moins assez civilisé pour pouvoir vivre à la cour de Charles IV et s'accommoder de la licence qui y régnait[136].

---

136. En 1789 il est nommé *pintor de camera* de Louis IV et en 1795 il est élu directeur de l'Académie de Madrid, Leigh Hunt, *Catholic Encyclopedia*.

Devenu vieux et sourd, ne maniant plus le pinceau qu'avec une sorte de rage, il se rendit à Paris où il comptait de nombreux amis ; mais l'activité et l'air de fête de la grande ville[,] loin de le distraire[,] ne firent qu'augmenter sa mélancolie ; alors il se retira à Bordeaux où il s'éteignit lentement entre les bras du seul fils qui lui restait des vingt enfants qu'il avait eus de sa femme, Josefa Bayeu qui a été ou une sainte… ou une sotte.

Goya fut tout l'opposé de Murillo, comme on doit s'y attendre. Dénué de tout sens religieux, il n'entendait rien à la mystique. Cependant le hasard des commandes l'obligea plus d'une fois à interpréter le dogme et la légende chrétienne[137] ; mais il le fit à la manière d'un païen. Ses tableaux sont peuplés de petits anges au visage délicat, au teint fardé, qu'il étudia d'après les comédiennes réputées pour leur beauté. Ce n'est donc pas dans ce domaine que l'on a chance de trouver le vrai Goya ; car, en dépit de sa bonne volonté, il ne parvint à voir et à imaginer le ciel qu'à travers le théâtre ; aussi n'y plaçait-il que les délicieuses Espagnoles qu'il eut souhaité y rencontrer dès le seuil pour lui souhaiter la bienvenue.

Là où, cependant, il déploie avec une sérénité sans pareille les merveilles de son imagination, c'est dans le portrait de l'Espagne de son temps[,] bien différente de celle de Ferdinand et d'Isabelle, avec ses gentilshommes dissipateurs et ses grandes amoureuses, ses moines et ses chanoines fourrés, ses toréadors arrogants, ses majos langoureuses, ses voleurs, ses sorciers et ses gueux. De cette Espagne tour à tour joyeuse et morose, galante et brutale, en dentelles et en guenilles l'œuvre de Goya est l'image magique. D'un pinceau toujours élégant, tantôt d'une tendresse caressante, tantôt d'une brusquerie déconcertante, il fait le procès de la société au milieu de laquelle il vit. Il est dans son art ce qu'il a été dans sa vie, audacieux jusqu'à la témérité, sans respect comme sans pitié, follement épris de liberté et plein de défiance, parfois de mépris pour tout ce qui est étranger. L'Espagne demeure pour lui environnée d'une haute muraille et de même qu'il ne conçoit pas sa patrie autrement qu'avec ses traditions et le pittoresque de ses costumes, de même aussi, il ne conçoit pas, dans son orgueil d'hidalgo, que son génie puisse se plier à l'autorité d'un autre idéal que le sien. Dès son séjour en Italie, il s'était entêté à ne se laisser séduire par aucun des grands maîtres dont le monde raffolait ; plus tard lorsque l'art néo-césarien de David donna le ton et dicta la loi, il feignit de n'en rien savoir et s'enferma dans sa volonté d'être lui-même, c'est-à-dire férocement Espagnol.

Est-ce à dire qu'il ne subit aucune influence et qu'il se déroba entièrement à toute emprise ? Il l'a dit lui-même : « Je n'ai connu que trois maîtres : la nature, Velasquez et Rembrandt. »°

---

137. Le terme *légende*, ainsi que la remarque concernant Ferdinand et Isabelle dans le paragraphe suivant, montre que Lagacé a pris quelque peu ses distances avec l'univers catholique auquel il s'identifiait fortement dans sa jeunesse.

La nature et plus spécialement la nature espagnole fut sa première école : elle lui apprit la sincérité. Velasquez lui révéla les grandes lois de l'art en lui faisant comprendre qu'un artiste, quelle que soit sa tentation à la virtuosité, ne doit conserver des êtres et des choses que ce qu'ils ont de permanent et d'éternel ; et c'est cette vérité que Goya condensait dans cette courte phrase : « Je ne compte pas les brins de la barbe d'un homme qui passe ; mon pinceau n'en voit pas plus que moi. »°

Enfin Rembrandt lui révéla les ressources merveilleuses du clair-obscur ; aussi s'employa-t-il au cours de sa longue carrière à rendre toujours plus éclatante la tache lumineuse et plus profonde l'ombre qui en accentue l'éclat ; il était convaincu que l'intensité de l'illumination picturale réside dans l'étendue du clavier que parcourt l'artiste, des notes les plus hautes aux notes les plus basses ; il répétait : « Il n'y a que le soleil et les ombres. Avec un morceau de charbon je ferais un tableau. Toute peinture est dans les sacrifices et les partis-pris. »° La couleur qu'il mania avec tant de souplesse n'était que l'accompagnement harmonieux ou tourmenté d'une idée ou d'un sentiment formulé en quelques traits hâtivement jetés sur la toile ; ce qui formait pour ainsi dire le leitmotiv de ses tableaux, ce n'était que la modulation de la tache lumineuse, son crescendo et son decrescendo.

Or, comme il était réfractaire à toute contrainte extérieure, il n'est pas étonnant que sa manière se soit modifiée ou changée complètement selon qu'il était impressionné de telle ou telle façon. De là ces traits de ressemblance non seulement avec les peintres qui l'ont précédé, mais encore avec ceux qui l'ont suivi ; ici l'on croit reconnaître Velasquez, Watteau, Rembrandt ou Reynolds, là Greuze ou Fragonard. Charles Yriarte se risque même à démêler en lui un air de famille avec Voltaire, Diderot et d'Alembert : c'est pousser un peu loin le jeu des analogies[138]. Mais quels que soient les traits de ressemblance que l'on peut relever dans son œuvre, il faut bien reconnaître qu'il a été le seul à la faire et de la façon qu'il l'a voulue.

Une autre erreur, plus grave celle-là, c'est de vouloir faire de Goya un moraliste à la Hogarth[,] dont le crayon ou le pinceau vengeur se serait employé à bafouer les vices de son temps et à réformer les mœurs de ses contemporains. Et d'abord il n'en est rien et ensuite pour jouer pareil rôle, il faut avoir ni colère au bout de son pinceau, ni rancune au fond du cœur ; il faut de plus avoir au moins l'estime, sinon l'amour des vertus opposées aux vices que l'on veut corriger ou comme le déclare Célimène dans le « Misanthrope » :

---

138. Lagacé fait sans doute référence à l'ouvrage de Charles Émile Yriarte (1832-1898), *Goya, sa biographie, les fresques, les toiles, les tapisseries, les eaux-fortes et le catalogue de l'œuvre*, avec 50 planches inédites d'après les copies de Tabar, Bocourt et Charles Yriarte, Paris, Henri Plon, imprimeur-éditeur, 1867.

Qu'on doit se regarder soi-même un fort longtemps,
Avant que de songer à condamner les gens;
Qu'il faut mettre le poids d'une vie exemplaire
Dans les corrections qu'aux autres on veut faire[139].

Or, nous savons que Goya avait le cœur ulcéré de misanthropie et qu'en fait de vertu, il n'était pas précisément un modèle à proposer à l'imitation.

Mais si nous ne pouvons trouver dans les tableaux, les eaux-fortes et les crayons de Goya cette profondeur de pensée qui est le propre du moraliste, nous y trouvons par contre une philosophie qui est précisément celle de l'histoire. En effet, dans ses œuvres se reflètent deux périodes opposées de l'existence politique de l'Espagne. Au début de sa carrière, il rend à miracle la douceur de vivre que connut l'Espagne durant les règnes de Charles III [1759-1788] et de Charles IV [1788-1808]. Mais soudain l'horizon s'obscurcit, l'orage gronde, éclate et tantôt avec le pinceau, tantôt avec la pointe, Goya raconte les tragédies qui depuis l'émeute d'Aranjuez [17 mars 1808] jusqu'à la fin de 1814 ensanglantèrent sa patrie et soit qu'il peigne ou qu'il grave, il n'atténue ni la férocité sauvage, ni l'héroïsme sombre de l'âme épique de l'Espagne. Les tableaux dits du « 2 mai », tels que « les [F]usillades sur la montagne del Principe », la « [C]harge des Mamelucks »; témoignent, ainsi que l'a écrit M. Dieulafo[y], que « du paradis, il est descendu aux enfers sans transition ni retour vers un passé évanoui[140] ».

Goya a été le dernier représentant de l'Espagne "classique", si je puis dire [;] depuis qu'il est disparu, quelques personnalités remarquables ont surgi: Zuloaga, [La] Bastida, Vasquez, Cardona [Cardenas], Mezquita, etc. Ces peintres, outre d'être magnifiquement doués, ont fait preuve d'une originalité étonnante. Ils forment un groupe homogène, très caractéristique, imprégné du mysticisme de Greco, de la froide grandeur de Velasquez, de la fougue et de la passion de Goya. Dans un temps de révolte contre toute discipline, ils composent une véritable école, tel qu'on l'entendait à l'époque de la Renaissance.

Quoiqu'il en soit c'est avec Goya que nous fermons le livre, parce qu'il fut le dernier maître dont l'influence rayonna bien au-delà des frontières

---

139. Réplique de Célimène, scène 4, acte III du *Misanthrope* (dont la première représentation au Palais royal date du 4 juin 1666) de Jean-Baptiste Poquelin (1622-1673), dit Molière; voir l'édition de Jacques Chupeau, Paris, Gallimard, 2000, 119, 178-188, c1666.

140. Marcel Dieulafoy (et non Dieulafoye), *Histoire générale de l'art: Espagne et Portugal*, Paris, Librairie Hachette, 1913, 306 (soit la même série d'Histoire générale que celle où publie notamment Louis Hourticq). Marcel Dieulafoy (1844-1920), archéologue français, a entrepris à partir de 1881 des missions archéologiques en Perse, en Espagne et au Maroc. Il est l'auteur de nombreux ouvrages, dont *L'art antique de la Perse* (1884-1885), où il étudie les origines iraniennes de la voûte (GB, 168), *L'Acropole de Suze* (1890-1894), *La Bataille de Muret* (1899) et *La bataille d'Issus* (1912).

espagnoles. Delacroix, Regnault et Manet s'inspirèrent de lui, et, l'école impressionniste, pourtant si impatiente de tout joug, se réclamait de ses exemples et de son autorité.

Théophile Gau[t]ier avait raison de dire que « dans la tombe de Goya l'art de l'*Ancienne* Espagne était descendu[141] ».

En effet, avec lui disparaît le dernier représentant de la brillante lignée des grands visionnaires, frères des sombres mystiques, des intrépides découvreurs, des chevaliers errants, et des décrocheurs d'étoiles : tout un passé merveilleux que l'Espagne pas plus [que] le reste du monde ne connaîtra plus jamais.

15. *La Renaissance et le XVIIe siècle français*

Du XIIe au XVIe siècle, l'architecture gothique a régné sur toute l'étendue de la France, variant à l'infini ses pittoresques créations. La même inspiration se manifesta dans ce que l'on nomme les arts mineurs ; annexes de cette architecture de rêve, fresques, tapisseries, émaux, orfèvreries se modelèrent sur elle et la complétèrent. Mais elle triompha surtout dans les féeriques vitraux irradiés de toutes les splendeurs du prisme et dans cette sculpture expressive, émouvante, qui à la noblesse et à la pureté de la sculpture grecque ajouta le rayonnement d'une vie intérieure profonde[142].

Mais comme le changement est un besoin de notre nature, il advint de l'architecture ogivale ce qui était advenu autrefois de l'architecture grecque, gréco-romaine ou byzantine : elle tomba peu à peu et descendit, en dépit de la floraison luxueuse et chatoyante dont elle recouvrait les monuments de leur base à leur faîte. Pour lui restituer son antique vitalité, les artistes auraient dû, remontant aux traditions du XIIIe siècle, se retremper aux

---

141. Le mot *ancienne* est souligné par Lagacé, qui ajoute un *h* au nom de Gautier, dont la phrase originale se lit comme suit : « Dans la tombe de Goya est enterré l'ancien art espagnol [...] », Théophile Gautier (1811-1872), *Voyage en Espagne* [effectué au cours de l'été 1840], suivi de *España*, édition présentée, établie et annotée par Patrick Berthier, Paris, Gallimard, 1981, 165, c1843.

142. Ce chapitre et le suivant diffèrent de tous ceux qui constituent la deuxième partie de l'ouvrage de Lagacé, consacrée exclusivement à la peinture, en ce qu'il inclut de brefs passages sur l'architecture et la sculpture, comme pour l'Italie, à laquelle Lagacé consacre également deux chapitres. Quant aux auteurs invoqués ici (Ph. de Comines et L. Hourticq), ils se font rares, Lagacé puisant sans doute dans ses propres souvenirs de voyages, en 1900 et 1922 ; pour un historique du développement de l'histoire de l'art en France, voir Lyne Therrien, *L'histoire de l'art en France, genèse d'une discipline universitaire*, et GB, 466-496 ; pour une bibliographie récente sur l'art français, voir Mignot et Rabreau (notre note 66), 562-563.

sources de l'enthousiasme qui avait rendu possibles les merveilleuses cathédrales; mais ils en avaient perdu, avec la foi, le goût et l'envie. C'est que déjà la Renaissance italienne, comme un soleil resplendissant, éblouissait tous les regards, abolissant pour ainsi dire dans le flot de sa chaude lumière les sombres et mystérieuses avenues du moyen âge chrétien [voir notre note 137].

L'expédition de Charles VIII en Italie, en 1494, contribua pour une large part à ce résultat. Qu'on imagine l'étonnement et la surprise des gentilshommes de la suite du roi, habitués à vivre entre les murs humides et sombres de leurs châteaux-forts, à la vue des riants palais florentins avec leurs vastes salles somptueusement meublées et dont les larges fenêtres s'ouvraient sur des jardins débordants de fleurs et décorés de portiques, de statues et de bassins; non moindre était leur ravissement à la vue des riches églises couvertes de peintures, lambrissées de marbres précieux et qui offraient un si violent contraste avec les églises gothiques aux murailles de pierre nues et froides, les seules qu'ils connussent. Philippe de Comines, pourtant élevé au milieu des splendeurs de la maison de Bourgogne, ne pouvait s'empêcher dans sa relation de crier, pour ainsi dire, son émerveillement et il qualifia de "triomphantes" les cités italiennes qu'il rencontre en chemin[143].

On comprend que le premier soin d'un Louis XII [1498-1515], et même d'un Charles VIII [1483-1498], ait été, dès leur retour dans leur royaume, de chercher à s'attacher quelques uns de ces artistes dont les ouvrages les avaient si vivement impressionnés. Mais ce qu'ils souhaitaient avant tout, c'était d'améliorer les conditions de la rude existence qu'ils avaient jusque là menée; en conséquence, ils firent tout d'abord appel aux artisans et aux ouvriers d'art dont la fonction ou le métier consiste à embellir la vie quotidienne et à la rendre plus facile et plus confortable: jardiniers, menuisiers, décorateurs, orfèvres et ingénieurs.

François Ier [1515-1547][,] qui fut le vrai roi de la Renaissance française, mieux inspiré que ses prédécesseurs, commença par faire venir en France et à grands frais des œuvres d'art tant antiques que modernes; plusieurs des plus précieux tableaux du Louvre ont été acquis de cette façon. Mais François Ier ne se contenta pas que des œuvres, il voulut encore posséder à sa cour les artistes les plus renommés de la péninsule. Mais ses offres

---

143. Philippe de Commynes ou Comines (v. 1447-1511), homme politique et historien français, très influents auprès de Louis XI et plus modestement auprès de Charles VIII et Louis XII, chargé de nombreuses ambassades, notamment auprès de cités-États italiens, a écrit plusieurs livres de *Mémoires* où il brosse un portrait des mœurs européennes de son temps; voir Philippe de Commynes, *Mémoires*, présentation Philippe Contamine, Paris, Imprimerie nationale éditions, 1994; Joël Blanchard, *Commynes et les Italiens. Lettres inédites du mémorialiste*, Paris, Klincksieck, 1993. Notons que John Ruskin cite longuement Comines dans le premier chapitre de *Pierres de Venise* (1851-1853).

ne furent pas toujours accueillies avec faveur ; ni Raphaël ni Michel-Ange ne prêtèrent une oreille complaisante à ses propositions. Il est vrai qu'il ramena Léonard de Vinci ; mais parvenu à un âge avancé le grand artiste ne joua qu'un rôle assez effacé ; au reste il s'éteignit bientôt au château de Clos-Lucé, près d'Amboise, où se trouve son tombeau. Le roi galant ne fut pas plus heureux avec Andr[e]a del Sarto qui séjourna en France tout juste le temps de se charger d'une commande d'œuvres antiques [?] dont il empocha le prix sans rien donner en retour[144]. Condamné à se rabattre sur des artistes de second plan, il n'en persista pas moins à vouloir implanter dans le royaume l'art qui l'avait séduit pendant son séjour en Italie. C'est ainsi que les peintres Rosso et Primatice appelés en France, vers 1530, groupèrent à Fontainebleau un certain nombre d'artistes italiens et français qui décorèrent les salles et les galeries du château, formant ce que l'on a appelé "l'école de Fontainebleau".

Les travaux exécutés par Primatice et ses élèves ont contribué à développer en France le goût de la peinture décorative en proposant comme thèmes à exploiter[…] des sujets mythologiques ou les nudités s'étalent sans vergogne. Comme on le voit, c'en était fait des naïves effusions confiées aux ors des miniatures et aux éclatantes mosaïques des verrières. Se détournant des mystères de la religion, les artistes croient découvrir dans les allégories du paganisme renaissant une nouvelle source d'inspiration ; dans leur inexpérience, ils copient les exemples qui leur viennent des maîtres italiens, si bien que, comme les Flamands[,] qui ont tenté la même aventure, ils ne sont que des imitateurs, de pâles reflets des grands créateurs qui de Florence et de Rome dirigent, parfois en le détournant de son cours naturel, le mouvement artistique de l'Europe. Aussi voit-on, en France comme partout ailleurs où l'influence italienne s'est fait sentir[,] les sculpteurs[,] notamment dans la composition et l'exécution des tombes royales, et les peintres dans la décoration des palais, s'efforcer de se hausser au style noble et pompeux des célèbres tailleurs de marbre de Florence et des magiciens du pinceau du Vatican.

Il est un genre cependant où la tradition française se conserva dans son intégrité et c'est celui du portrait. En effet, les personnages illustres de l'époque nous sont heureusement connus grâce aux innombrables effigies peintes ou dessinées par les artistes lorsqu'ils daignaient oublier leurs prétentions au grand art [et] se livraient à leur penchant naturel. Les plus connus de ces habiles et sincères portraitistes sont les Clouet (Jean, le père

---

144. Voici ce qu'en dit Gaston Sortais, qui brode, dans la *Catholic Encyclopedia*, à partir de sa lecture de Vasari (voir Vasari/Chastel, vol. 6, 67-70) : «Obtaining permission to visit Florence, he [Andrea] departed, with money to collect works of art for Francis I ; but, being of weak character and dominated by his wife, a beautiful and unscrupulous coquette, he squandered the money and did not return to Paris.»

et son fils[…] François dit Jannet) et Corneille de Lyon, ainsi nommé parce qu'il habita longtemps cette ville.

Mais l'ensemble de la production – exception faite de celle de *Jean Gougon* [Goujon] qui annonce le génial Rude – nous donnerait une assez médiocre idée du génie français de cette époque de transition, si nous n'avions la bonne fortune de posséder, en dépit des dépradations [dépravation, ou dégradation] des guerres et de la Révolution, les magnifiques châteaux qui sont l'une des gloires de la France.

Les changements apportés à l'architecture ogivale ne furent pas bien sensibles au début. Jusqu'à la fin du XVIᵉ siècle, les formes gothiques rivalisèrent avec les nouvelles adaptations rapportées d'Italie. Ainsi des monuments civils, tels le palais de justice de Rouen et l'hôtel de Jacques Cœur à Bourges, conservent le caractère ogival tout en s'accommodant de la donnée nouvelle des fenêtres divisées en croisées rectilignes ; on y retrouve les dentelles des balustrades, les clochers festonnés des angles et des lucarnes, les capricieux enroulements des plantes stylisées.

Mais il n'en était pas ainsi partout. Et pour n'en citer qu'un exemple ; ne voit-on pas dans le même temps les Mécènes que furent les seigneurs d'Amboise[,] dont le plus célèbre fut le cardinal de Rouen, céder à l'engouement du moment et chercher à donner au fameux château qui porte leur nom la froide ordonnance et l'imposante majesté des palais florentins.

Au reste, les grands du royaume sont pris véritablement d'une fringale de construire ; lorsqu'ils n'élèvent pas des habitations de plaisance dans le style nouveau, ils s'ingénient à donner à leurs maussades châteaux la physionomie aimable et accueillante de résidences princières. Dans les murs pleins d'autrefois ils pratiquent de larges ouvertures par où pénètrent à flots l'air et la lumière ; ils éventrent les tours massives pour y ménager des fenêtres à double rang ; ils jettent bas les murs d'enceinte pour dégager les approches du château, ils dessinent des jardins à l'italienne, les peuplent de statues, les décorent de balustrades et de fontaines ; enfin de belles avenues prolongent la perspective des parcs qui vont mourir en terrasses au bord de la Loire ou du Cher. À proprement parler, il ne reste plus rien de l'aspect sauvage du château-fort moyen-âgeux qui perchait sur une hauteur comme un nid d'aigle ou de vautours.

On imagine à quelles combinaisons originales le génie aimable et inventif des architectes dut recourir pour résoudre le problème difficile d'aménager aux besoins d'une aristocratie fastueuse ces sombres et inconfortables bastilles où le soleil ne pénétrait que par d'étroites meurtrières grillagées. Voilà la raison pour laquelle il est si difficile[,] pour ne pas dire impossible, de les ramener à un style unique comme par exemple le palais florentin ou vénitien.

Les rois, et en particulier François Ier, furent les premiers à donner l'exemple de la transformation des châteaux en résidences riantes et confortables. Amboise, Bois, Chambord, Fontainebleau, le Louvre, pour ne citer que les plus connus, furent ainsi remaniés par eux. Les grands seigneurs, rivalisant de magnificence avec le roi, se construisirent dans le style nouveau des demeures princières, tels Langeais, Chenonceaux, qui furent parfois cédé[e]s au roi. Les plus brillants architectes de cette époque de transition furent assurément *Pierre Lescot*, *Jean Bullant* et *Philibert Delorme*.

Ce qui constitue la nouveauté de cette architecture, c'est surtout l'originalité du plan et la sobriété élégante de la décoration; on n'y voit pas encore apparaître les colonnes et les frontons greco-romains, mais par contre l'arabesque et le médaillon[,] si prodigués par la sculpture italienne, ornent les pilastres et décorent les panneaux moulurés. L'imitation italienne est encore plus visible dans les églises qu'on édifie; la voûte d'ogive est remplacée par une voûte romaine et déjà dans les façades les colonnes corinthiennes et les frontons triangulaires font leur apparition entre les lignes ogivales des tours.

Quoiqu'il en soit, lentement, avec quelques remords semble-t-il, les architectes et les sculpteurs mieux renseignés sur l'antiquité se détournent de plus en plus des conceptions gothiques pour s'engouer de cet art pseudo-classique qui suppose non seulement un goût raffiné, mais encore la connaissance de lois qui ne laissent rien à l'improvisation ni à la fantaisie. Il devint ainsi l'art de l'élite; de l'aimer et de l'adopter, c'était se ranger dans la classe des érudits et des "honnêtes gens". Dès lors, il devint de mode de considérer le gothique comme un art barbare, bon tout au plus pour le peuple ignare et crédule et dont un homme averti rougissait comme d'une faute de goût. Ce qui explique le vandalisme exercé contre tant de merveilles gothiques[145].

Quoiqu'il en soit, avec Henri IV et Louis XII, la France[,] soumettant à sa propre inspiration et à son sens de la mesure les importations ultramontaines, finit par fonder dès le début du XVIe siècle, «un classicisme national, plus austère et plus passionné sous Louis XIII, mais qui deviendra sous Louis XIV plus opulent et plus majestueux, mais toujours différent du classicisme italien par une sensibilité discrète et parfois une profonde émotion»° (Hourticq).

La sculpture et la peinture, cédant à l'engouement général, brisèrent leurs dernières attaches avec leur passé flamand et se mirent à la remorque de l'Italie. Les ateliers se vidaient; maîtres et apprentis ne rêvaient que d'un séjour prolongé au pays classique de la beauté; et ils partaient, le bâton du pèlerin à la main, le baluchon sur le dos, ignorant tout des difficultés

---

145. Concernant la réhabilitation du Moyen Âge, voir notre note 58.

des chemins à parcourir. Beaucoup succombèrent avant d'atteindre le but tant convoité. Ceux qui en revinrent, ayant perdu toute originalité, ne se révélèrent que de pâles imitateurs des maîtres de Rome et de Bologne.

Il en est deux[,] cependant[,] qui tout en se soumettant à la discipline classique conservèrent assez de caractère et d'indépendance pour demeurer eux-mêmes. Fidèles à la tradition flamande, dont l'art italien était la négation, ils s'intéressèrent à la vie contemporaine sans chercher à la revêtir de la défroque des allégories mythologiques.

Le premier en date est *Jacques Callot* (1592-1635) qui avec le burin raconta l'agitation des foules grouillantes, le pittoresque des haillons et des équipements militaires, les brutalités de la guerre, les chapelets de pendus le long des routes, les caravanes errantes des comédiens et des gueux, en un mot, toutes les horreurs et les misères de son étrange époque. Par ce côté, Callot s'apparente aux peintres et aux miniaturistes du moyen âge.

Le second, ou plutôt les seconds, furent les frères *Le Nain* qui, en marge des machines officielles, mirent le meilleur de leur art à retracer de petites scènes familières qui dégagent une émotion touchante que l'on retrouvera deux siècles plus tard sous le pinceau de François Millet.

Tous les autres, y compris *Le Sueur*[,] pourtant d'une rare sensibilité, cherchent à se hausser au style noble, préparant l'avènement de ce froid "académisme" qui au XVIIe siècle s'imposera à toutes les formes de l'activité intellectuelle.

Mais entre cette aube aimable et souriante de la Renaissance et la splendeur prochaine du règne de Louis XIV, il y eut une heure de candeur et de sérénité, dont les historiens ne tiennent pas assez compte et dont l'action cependant fut décisive sur les destinées de l'art français. Ce fut celle où Poussin restitua à l'art français italianisé la pleine conscience de ses ressources intellectuelles et morales, tout en lui révélant son génie.

Nicolas Poussin (1593 [1594]-1665) naquit dans une humble chaumière à une lieu[e] du grand Andelys [Villers], en pays normand. Son père était un soldat retraité; c'est dire que son enfance s'écoula dans une extrême pauvreté. L'envie de peindre lui vint en regardant Quentin Varin, un peintre assez quelconque, décorer les murs de l'église Notre-Dame du grand Andelys. Ayant reçu quelques leçons de ce maître d'occasion, il le suivit à Paris. Poussin avait alors seize ans. Mais ce qui devait l'éclairer sur sa véritable vocation, ce fut la belle collection des gravures de Marc-Antoine, d'après Raphaël, que lui fit admirer le mathématicien [peintre, Jacques] Courtois. De ce moment, il ne rêva plus que de s'en aller travailler en Italie, à portée de Raphaël, parmi les restes de l'antiquité. Après trois tentatives infructueuses, il réalisa enfin son dessein et le voici à Rome [en 1624]. Bientôt sans ressources, il se débrouille pourtant ; à défaut de pain, il se nourrit d'archéologie et d'enthousiasme.

Ce rêveur normand, habitué au froid climat du nord, se sent pénétré jusqu'aux moelles par la chaude lumière du ciel italien; en lui pousse et s'épanouit une âme romaine. Tout le séduit, tout l'enchante. Il parcourt en tous sens la campagne romaine qu'encadrent des horizons dépouillés, il erre parmi les ruines qui tendent vers le ciel leurs masses festonnées de lianes flottantes; de partout, autour de lui, s'élèvent de grands souvenirs qui, comme des oiseaux mystérieux, passent dans la splendeur du soir en battant des ailes.

Livré à son rêve antique, il ne s'aperçoit pas que les ateliers italiens sont devenus des nids de chicane; il suit son rêve, avec la naïveté sérieuse, la candeur neuve de son âme étonnée et conquise. [/] Le succès couronne son effort. [/] À l'avocat Bonaventure d'Argonne qui s'informe par quelle voie il est arrivé à ce point d'élévation qui lui donne un rang si considérable entre les grands peintres de l'Italie, il répond par ce mot qui est tout un programme: « Je n'ai rien négligé. »°

Le reste de sa biographie est presque sans importance; les admirateurs et les protecteurs naissent dans son entourage; Rome est remplie de sa réputation; Richelieu a les yeux sur lui. Enfin Louis XIII l'appelle à la cour; mais Poussin résiste à l'invitation et ce n'est que trois ans [un an] plus tard qu'il consent à rentrer en France [1640]. Mais le Louvre l'ennuie et le glace, au propre et au figuré; les courtisans l'importunent et les intrigues le dégoûtent. Il sollicite alors du roi un congé et il s'enfuit à Rome [1642] pour n'en plus sortir. Il meurt en 1665. Son tombeau se trouve dans l'église San Lorenzo.

Ce traditionniste obstiné, fondateur en France de l'école classique, fut cependant à son heure, comme l'a fort bien observé Delacroix, « l'un des novateurs les plus hardis de l'histoire de la peinture »°. [/] Réagissant à la fois contre la banalité académique des Carrache et le brutal réalisme du Caravage, il a voulu communiquer à l'art antique ces puissances d'émotion dont le christianisme avait doté l'âme humaine. En prenant pour thème l'histoire, la religion ou la mythologie, il a cherché à rendre à la peinture contemporaine, par la pureté des lignes expressives et l'ordonnance des masses, la plastique sculpturale des maîtres de Rome et d'Athènes, et il créa ce qu'on a appelé le "rythme", c'est-à-dire un rapport constant, lié, harmonieux entre l'idée et la forme, si bien que la plus petite parcelle de matière est comme imprégnée de pensée.

A ce point de vue, il mérite[,] plus encore que Raphaël, le titre "d'ordonnateur des équilibres". Dans son œuvre, la loi, l'ordre et la mesure dominent; ses tableaux sont des œuvres d'architecture comme les tragédies de Racine ou les oraisons funèbres de Bossuet.

On le voit, Poussin n'est pas un imaginatif, un improvisateur. Sa sensibilité est toujours soumise à sa raison et cependant cette soumission n'a rien de servile : elle est une force harmonique, ce qui explique qu'on n'y découvre ni dissonance, ni contre-sens dans son poème de lumière où tout est clair, limpide, musical, comme dans l'Illiade et le Parthénon.

Je sais bien que Poussin n'a pas été ni le seul, ni le premier[…] à mettre d'accord sa sensibilité et sa raison. Il y avait eu avant lui Léonard de Vinci; mais chez ce dernier le mariage de la raison et de la sensibilité n'avait pas toujours été sans orage. Chez Poussin, il n'en fut pas ainsi; l'union fut complète, indissoluble, et c'est là le miracle qui jeta son siècle dans l'émerveillement.

Si par ce côté, Poussin s'apparente à [de] Vinci, si d'autre part, par son rythme dansant et musical il est de la famille des Titien et des Giorgione, il s'éloigne d'eux et les surpasse par la nouveauté qu'il a introduite dans l'œuvre picturale en faisant jouer au paysage un rôle moral, de simple décor théâtral qu'il avait été jusque là. En effet, il fut le premier, vers la fin de sa carrière, à associer la nature à l'agitation humaine, devançant d'un siècle et demi les Romantiques qui du reste eurent la probité de le reconnaître. Sans doute, le paysage, tel qu'il le comprend, n'est pas la fidèle imitation de la nature, mais pour être imaginé et composé selon les exigences du sujet, il n'en est pas moins véridique, à tout le moins vraisemblable et cela suffit à créer l'atmosphère morale dans laquelle se joue le drame humain.

Cette manière d'interpréter le paysage et la vie qui s'y manifeste est bien différente de celle de *Claude Lorrain*, un contemporain, dont il me faut bien vous dire quelques mots.

Claude[,] dit le Lorrain (1600-1682), ainsi nommé de son pays d'origine, passa à Rome, comme Poussin, la plus grande partie de sa vie.

Petit mitron au service d'un peintre romain, il sentit naître sa vocation en regardant travailler son maître. Remarqué par le cardinal Bentivoglio, il fut présenté au pape Urbain VIII qui le prit sous sa protection, qui lui fit conservé[e] sous les deux pontificats suivants. On conçoit que dans ces conditions et avec le talent dont il était doué, il ait vite fait son chemin. Cependant, comme sa première éducation avait été manquée et que d'autre part, il était d'esprit simple, il n'est pas étonnant qu'il ne se soit pas passionné, comme Poussin, son aîné, de méditer sur les souvenirs historiques qui montaient de partout du sol romain. Sa curiosité le portait ailleurs dans cette campagne chargée d'histoire, mais si bien faite également pour tenter le pinceau d'un amant de la nature. Aussi la parcourt-il en tous sens, multipliant les esquisses. Chose étonnante, dans ses tableaux d'une si prodigieuse splendeur, ce n'est pas cette nature si scrupuleusement observée que l'on découvre, mais une nature ennoblie, transfigurée, en quelque sorte héroïcisée. Il fut le créateur de ce qu'on a appelé le "paysage italien". Ce sont tantôt des ports de mer encadrés d'architectures féeriques, inondés de la lumière resplendissante du soleil près de disparaître à l'horizon; tantôt, c'est une plaine légèrement vallonnée dont la masse sombre des arbres rend plus vaporeux les lointains bleuissants et plus vibrant de lumière le vaste ciel traversé de nuages légers.

On le voit[,] Lorrain est un luministe, non pas à la manière de l'impressionniste pour qui toute lumière est un émiettement de rayons. Au contraire, c'est par larges coulées d'or et de pourpre qu'elle se répand sur les colonnades et les frontons des palais enchantés.

Ce magicien, le premier du genre, a cependant cela de commun avec Poussin qu'il ne conçoit le paysage que comme le cadre grandiose de quelques scènes historiques, ou mythologiques, mais ces scènes occupent si peu de place dans le tableau que cette rhétorique n'ajoute pratiquement rien à la signification de l'œuvre.

L'influence de cet artiste remarquable fut énorme sur ses contemporains et davantage peut-être sur les peintres modernes. Turner[,] le grand paysagiste anglais[,] ne se proclamait-il pas l'élève de Lorrain? Son influence ne se serait-elle exercée que sur celui-là, qu'elle suffirait à immortaliser son nom.

Une question, sans doute, vous vient sur les lèvres: comment[,] vous demandez-vous, ces artistes d'un si grand mérite, mais volontairement exilés en Italie, ont-ils pu exercer d'aussi loin sur les peintres demeurés en France une influence aussi décisive et déterminer ce puissant courant d'idées qui devait donner tant de grandeur et de majesté au siècle de Louis XIV?

La réponse en est facile.

C'est qu'à cette époque, quelque mauvaises que fussent les routes, primitifs les moyens de transport, infectes les hôtelleries échelonnées sur le parcours, on voyageait beaucoup plus qu'on est porté à le croire. Ambassadeurs, seigneurs, grandes dames, écrivains, artistes étaient sans cesse par monts et par vaux. Ceux qui poussaient jusqu'à Rome, en revenaient avec des caisses remplies d'œuvres d'art. Les Poussins surtout était fort recherchés par les princes, et comme rarement on collectionne des merveilles pour sa seule satisfaction, les heureux possesseurs invitaient les artistes – c'est-à-dire des connaisseurs – à venir les admirer. Et les artistes accouraient, ceux surtout qui n'avaient pu faire le pèlerinage à la Mecque du "Grand Art". C'est ainsi, par une sorte de contagion propagée d'atelier en atelier, que se constitua progressivement un classicisme d'inspiration italienne[,] si l'on veut, mais qui[,] clarifié, épuré par le génie français, revêtit un caractère de gravité et de solennité qu'il n'avait pas sous le pinceau facile et léger des artistes italiens.

Mais cette transformation prit du temps à s'opérer pour la bonne raison que la majorité des artistes trop pauvres pour entreprendre le pèlerinage de Rome, par conséquent soustraits à l'autorité immédiate des maîtres italiens, étaient bien forcés, faute de pouvoir en changer, de continuer les traditions des écoles qui les avaient formés. Aux Français de naissance étaient venus se joindre de nombreux étrangers partis de leurs patelins pleins d'enthousiasme et de courage pour la terre promise qu'était à leurs yeux l'Italie, [et qui] avaient dû, à bout de ressources, s'arrêter en chemin, faisant un peu de tout pour ne pas mourir de faim, indifféremment des portraits et des tableaux de sainteté.

C'est surtout à Paris, à Lyon, en Provence et notamment à Avignon que nous retrouvons leurs traces. La plupart, oubliant le but de leur voyage, s'établissaient dans le pays qui les avait adoptés et facilement y gagnaient leur vie. Quelques uns même finirent par acquérir une réputation méritée. Si dans leurs œuvres de quelque importance ils témoignent d'une politesse un peu froide, par contre ils se révèlent d'excellents portraitistes. Parmi ces habiles exécutants il faut mentionner *Nicolas Mignard* [Pierre Mignard] qui brossa beaucoup de tableaux d'église d'un sûr métier, mais où la grâce l'emporte sur l'émotion. On a attaché son nom aux œuvres que l'on juge doucereuses quoique charmantes et l'on dit : des "mignardises".

Le plus célèbre de ces peintres [*sic*] échoués en France est assurément *Philippe de Champaigne* (1602-1674) qui, mêlé au monde des Jansénistes imprégna ses œuvres de la gravité de leur doctrine et de l'austérité de leur vie. Ses portraits principalement sont de précieux documents historiques, tels ceux de la Mère [Catherine-]Agnès Arnaul[d] et de Richelieu. Quant à sa peinture religieuse, on y retrouve l'influence des Bolonais avec la brutalité de leurs accents et leur parti[ ]pris des ombres opaques. On pourrait en citer beaucoup d'autres, par exemple : *La Hire, Vouet, Bourdon*, etc… mais ils se ressemblent par tant de côtés qu'ils forment une famille dont Philippe de Champaigne demeure le représentant le plus justement célèbre.

Quant aux sculpteurs, ils l'emportent sur les peintres par l'originalité et parfois par une robuste sincérité qui ajoute je ne sais quelle mesure au brillant idéalisme florentin. *Jean Warin* dans son buste de Richelieu, *Barthélémy Prieur* dans sa belle et noble figure de « l'Abondance » [fronton de l'édifice de la Bourse de commerce, Châtelet-Les Halles, Paris], *Simon Guillain, François Anguier, Michel Bourdin* et *Jacques Sanasin* [Sarazin] inauguraient ainsi la théorie des œuvres sculpturales qui feront demain la gloire de la France. Ce sont surtout dans les monuments funèbres qu'ils ont fait preuve de plus d'originalité et l'on doit reconnaître qu'ils en ont fait de fort beaux, à en juger par ceux que les vandales de la Révolution ont épargnés dans la crypte de St-Denis. Mais il ne faudrait pas croire qu'ils se soient limités à ce seul ordre de travaux ; ils exécutèrent beaucoup d'œuvres dans tous les genres[,] qui disparurent dans la tourmente révolutionnaire ; en tout cas c'est à ces probes et consciencieux sculpteurs que revient le mérite – si mérite il y a – d'avoir été les premiers, du moins à Paris, à ériger sur les places publiques les statues des rois régnants.

On le voit par ce bref exposé, le XVIIe siècle à ses débuts possédait toutes les ressources artistiques nécessaires à l'accomplissement d'un noble dessein. Paris était devenu l'un des foyers artistiques les plus actifs qui fussent au monde. Les artistes ne pouvaient suffire à répondre aux demandes des grands seigneurs, des riches bourgeois et des non moins riches ordres religieux.

Tout était prêt pour l'avènement d'un grand roi.

On a tendance à croire sur la foi des manuels scolaires que dès que Louis XIV prit les rênes du gouvernement[,] la France passa d'une morne inertie à un réveil inattendu de toutes ses énergies, si bien que la fête de l'esprit éclata sur le royaume comme au printemps [;] en une nuit l'on voit la nature se parer de verdure et de fleurs. De tels miracles sont rares, sinon introuvables dans l'histoire. La vérité est beaucoup plus simple. À la mort de Louis XIII, Versailles n'était qu'un modeste rendez-vous de chasse dont rien ne faisait présager l'étonnante destination et Louis XIV un enfant rêveur dont on n'attendait pas grand' chose. De résultat spontané, il n'y en eut pas ; le siècle commençant était au contraire l'aboutissement, le couronnement logique d'une idée diffuse, dispersée, qui ramassée et disciplinée par la volonté royale devait répéter les merveilles du XVIe siècle italien, Raphaël et Michel-Ange en moins.

Louis XIV [1643-1715] n'a donc pas fait à lui seul son siècle ; il eut des collaborateurs zélés qui, subjugués par la grandeur de ses desseins, mirent leur génie au service de la monarchie et de la patrie française. Le premier en date fut Colbert, politique clairvoyant, colonisateur patient et organisateur prévoyant ; ce qui ne l'empêchait pas d'être un homme de goût. Aussi comprit-il l'importance du rôle que l'art est susceptible de jouer dans une société parfaitement organisée et surtout devina tout le prestige qu'apporteraient au règne commençant les artistes si, s'arrachant à l'emprise italienne, ils réunissaient et employaient leurs efforts concertés à la glorification du roi. Protecteur de l'Académie de peinture et de sculpture, il commença par réformer l'enseignement qui y était donné ; puis faisant un choix parmi les élèves, il les envoya à Rome, à l'Académie de France, pour y terminer leur apprentissage avec la consigne d'employer leurs loisirs à copier les plus beaux chefs-d'œuvre de l'antiquité et de la Renaissance dans le but d'en orner les appartements et les jardins de la résidence royale.

Mais la gloire du roi exigeait des chefs-d'œuvre immédiats. C'est alors qu'il jeta les yeux sur *Charles Lebrun* [Le Brun] (1619-1690), directeur de la manufacture des gobelins et le chargea d'organiser "la fête des arts". Sous sa dictature l'art classique devint l'un des services de la monarchie. Sur les entrefaites Louis XIV[,] désertant le Louvre, entreprit de faire de Versailles sa demeure de prédilection [1672]. À Levau d'abord, puis à Mansard[,] il confia la préparation des plans ; mais il faut ajouter que le principal architecte du monument fut Louis XIV lui-même, car aucun devis, aucun détail même d'architecture n'était adopté sans son approbation préalable. Mais pour ce qui regardait la décoration du palais il s'en remettait à Le [B]run. Tous les modèles pour les peintures, les sculptures, le mobilier, les boiseries, jusqu'aux serrures des portes furent exécutés par Le [B]run[,] si bien que l'on peut dire que si Versailles est la pensée de Louis XIV, la splendeur décorative est celle de Le [B]run.

Je sais dans quel discrédit est tombé dans l'esprit des modernes ce peintre qui fut avant tout un décorateur. Mais la cause en est moins dans la qualité de sa peinture que dans les idées esthétiques qu'il professait. Pour lui, comme pour Raphaël et davantage pour Poussin, la peinture devait être une œuvre de raison plutôt qu'une œuvre d'imagination et de sentiment. Toute idée plastique devait[,] à son sens, revêtir les voiles plus ou moins transparents de l'allégorie. Conformant sa pratique à ses théories, c'est en exploitant le thème d'Apollon, dieu de la lumière, qu'il raconta les grands faits du règne. Louis XIV apparaît partout dans les plafonds des salles d'apparat sous les traits du Roi-soleil; peintures, sculptures, tapisseries, toute la décoration du palais n'est en somme que le développement de cette idée[ ]maîtresse et c'est ce qui donne tant d'unité à ce somptueux ensemble.

On le voit, Le[B]run mérite mieux que le coup de chapeau cérémonieux que les critiques lui accordent en passant. Pour porter un jugement équitable sur un art aussi spécial, il faut faire taire ses préférences et essayer par l'histoire de se faire une idée du monde exceptionnel dans lequel il s'est développé et ce ne sont pas les touristes qui visitent Versailles au pas de course qui peuvent se livrer à ce petit exercice de mémoire.

Au reste, que reproche-t-on à cet art somptuaire, son luxe pesant, sa richesse écrasante, son emphase tapageuse? Peut-être a-t-on raison si on l'évalue à la mesure de notre goût bourgeois dénué de grandeur. Mais il en va différemment si[,] par un effort d'imagination, à ces splendeurs ternies et inutiles on restitue la vie brillante, éblouissante, qui en grâce et en beauté se déployait dans ces galeries et les salles de réception, sous la lumière des milliers de bougies que versaient les appliques de bronze et les lustres de cristal.

Aussi était-ce au temps du Roi-soleil qu'il e[û]t fallu voir Versailles… Mais où sont les fastes d'autrefois? La Révolution a passé par là, brisant les statues et les meubles, arrachant les tentures et les tapisseries, si bien que le Palais n'est plus qu'une acropole où survit un grand souvenir.

Tous les artistes de quelque talent avaient été appelés par Le[B]run à collaborer à l'œuvre royale, tous s'absorbant dans l'anonymat d'un travail collectif et désintéressé. Aussi, vainement chercherait-on à découvrir à Versailles de ces expressions individuelles qui trahissent une forte personnalité; au contraire, on n'y découvre qu'une inspiration diffuse, multiple, ramenée par la discipline d'une volonté inflexible à l'interprétation d'un thème, toujours le même, mais qui repris en chœur par tous les instruments s'achève en un largo vraiment impressionnant.

Pourtant je m'en voudrais de vous laisser sous l'impression qu'il n'y eut d'autre art en France, au xviie siècle, que celui pratiqué au Louvre d'abord, à Versailles ensuite.

Paris, en dépit de l'éloignement de la cour, n'avait pas cessé d'être un atelier bourdonnant d'activité où s'élaboraient tous les arts et toutes les sciences modernes. Paris était toujours Paris. Les arts y fleurissaient comme au temps de François Ier [1515-1547] et d[']Henri IV [1589-1610]. Soustraits à l'autorité ombrageuse de Le[B]run, les artistes pouvaient imaginer librement, se montrer aimables, attentifs à satisfaire les goûts raffinés d'une noblesse et d'une bourgeoisie qui se reposaient de leurs devoirs de cour ou de leurs travaux coutumiers par la construction et la décoration de jolis hôtels où la vie mondaine n'était pas soumise à la tyrannique étiquette de Versailles. *Desportes, Rigaud* et *Largillière* brossent des portraits ; *Pierre Mignard* décore la coupole du Val-de-Grâces ; *Claude Lefebvre*, trop oublié aujourd'hui, continue la tradition flamande ; les sculpteurs de leur côté, quoique très pris par les commandes royales[,] ne consentent pas à être noyés dans l'anonymat de Versailles et ils sculptent des bustes, des « Dianes », des nymphes, d'un charme exquis. *Boulle*, le célèbre ébéniste, multiplie les meubles élégants, enrichis d'incrustations et de bronzes dorés ; tandis que la manufacture de la Savonnerie tisse des tapis qui peuvent rivaliser avec ce que la Perse a fait de plus beau.

Parmi tous ces artistes qui partageaient leur temps et prodiguaient leur talent entre le palais et la ville, il en est un cependant – et c'était un sculpteur – qui resta à l'écart de toute cette agitation, sans relation avec l'école de Le [B]run. Ce remarquable artiste fut *Pierre Puget* qui ne quitta guère Toulon et dont le meilleur de la production est perdu pour nous, puisqu'il avait été chargé par Colbert de sculpter les figures symboliques qu'il était de mode de placer à la proue des galères royales. Son génie s'apparente par certains côtés à celui du Bernin ; parfois même, tel dans son célèbre « Milo de Croto[n]e », crispé par l'effort de la douleur, le seul envoi qu'il ait fait à Versailles, il se rapproche de Michel-Ange par sa sombre énergie et le tumulte de son anatomie.

Les architectes d'autre part, quoique requis par les travaux de Versailles, n'en continuaient pas moins à Paris la série de leurs constructions. *Salomon de Brosse, Pierre le Muet, Mansart,* [les] *Gabriel, Louis, Perraud* élèvent les « Invalides » [le dôme, par Jules Hardouin-Mansart], la chapelle de la Sorbonne [par Jacques Le Mercier à partir de 1627], l'église du Val-de-Grâces, la colonnade du Louvre, des arcs de triomphe, etc. De toutes manières, Paris se transformait, perdait sa physionomie maussade, s'aérait de parcs, se parait de jardins que dessinait *Le Nôtre*, le plus célèbre des architectespaysagistes. Déjà dans le plan[,] chaque jour remanié, apparaissait le Paris d'aujourd'hui. (Hourticq)

Bien que l'on sache tout ce qui précède, lorsque l'on parle du grand siècle, c'est à Versailles cependant et à ses merveilles que l'on songe tout d'abord, comme l'image de l'Acropole et du Parthénon se présente à l'esprit dès qu'il est question de la Grèce antique.

Vous pensez bien que je ne vais pas avoir l'outrecuidance d'essayer de vous faire même une pâle description de cet ensemble unique au monde. Comment[,] avec ma pauvre palette de mots, oserais-je vous décrire l'imposante majesté de la façade du palais qui surgit toute blanche du massif des bosquets d'arbres et de fleurs encadrant des bassins en cascade, tandis que la plus riante simplicité accueille le visiteur qui vient de la ville? Comment arriverais-je à vous donner même une idée de la magnificence des salles d'apparat, telle l'incomparable galerie des glaces, avec leurs plafonds surchargés de moulure dorées, leurs peintures fourmillantes d'allégories et de symboles? Comment[,] par la seule vertu des mots[,] pourrais-je invoquer à vos yeux le décor féerique qui du haut de la terrasse du palais s'offre à la vue du visiteur subjugué: ces bois magnifiques, ces quinconces peuplés de statues et surtout ces tapis de verdure et ces bassins superposés, où des nymphes et des dieux s'ébrouent dans l'eau jaillissante fusant vers le ciel pour se déployer en dômes de couleurs et retomber en une fine "poudrerie" de cristaux? Il faudrait aussi vous promener de merveille en merveille, d'étonnement en étonnement, escortés par le souvenir, bien plus par la présence invisible et pourtant obsédante du grand roi que les révolutions n'ont pas plus réussi à chasser de son palais profané et violé que de l'histoire de France falsifiée et tronquée. Il y a, a-t-on dit, des gloires dont le souvenir s'accommode du seul silence. Versailles est de celles-là.

«Aujourd'hui pourtant, écrit M. Hourticq, ces immenses galeries assombries, ces allées aux statues rongées de rouille, aux membres désoudés, ne montrent plus qu'un temple déserté et les accessoires d'un culte disparu.»° Mais, ajoute-t-il, [«]il n'est de faux dieux que celui dépourvu de fidèles. Aussi pour apprécier à sa juste valeur cet art somptueux, qui étonne notre bourgeoise et démocratique simplicité, il faut penser comme la France monarchique d'autrefois qui se reconnaissait dans l'image de son roi» et qui [ne] souleva Louis XIV sur un socle aussi colossal que pour le trouver plus grand – à la mesure de son admiration. À un monde de féerie, il fallait un palais enchanté.

Le ridicule de toutes ces magnificences – si ridicule il y a – vient bien moins, croyez-moi, de leurs provocantes richesses, comme le proclament les dénigreurs du passé, que de la pauvreté des vestons, du grotesque des chapeaux[ ]melons ou des casquettes faubouriennes qu'avec insolence les touristes mal[…]appris promènent sous les lambris dorés de la salle des glaces et jusque dans la chambre à coucher du roi, sans remarquer le regard amusé et le sourire narquois des jolies déesses qui tout là haut planent dans des nuages roses.

On aura beau dire et beau faire, Versailles demeurera, si les guerres et les révolutions ne le réduisent en cendres, l'un des hauts plateaux de l'histoire humaine.

Ici, un grand rêve a été réalisé.

16. *L'art français : Le XVIIIe siècle*

Les dernières années du règne de Louis XIV ne furent qu'une lente décadence. La France impatiente de ce long crépuscule salua avec une joie mal dissimulée la chute du Roi-Soleil. La noblesse[,] ennuyée de la protocolaire existence qu'il lui avait fallu mener dans les somptueux et froids appartements de Versailles, s'empressa de reprendre ses habitudes de plaisir si longtemps contrariées par le rigorisme de la cour du vieux roi et la chose lui en fut d'autant plus facile que le Régent tout le premier donnait l'exemple du laisser-aller et du libertinage.

L'art[,] soumis par Le [B]run à la tyrannie de l'antiquité, suivit l'exemple des grands ; il secoua un joug qui lui pesait et rentra dans les voies de sa vocation originelle, retrouvant son langage naturel tout de grâce et de fine ironie que l'hellénisme de Ronsard pas plus que le dogmatisme de Malherbe n'avaient réussi à corrompre dans sa source.

L'esprit reprenait ses droits. Or, comme à aucune autre époque[…] la société française ne fit preuve d'autant de grâce et d'esprit qu'au XVIIIe siècle, il n'est pas étonnant que l'art[,] dont le rôle est de retenir de la vie ce qu'elle a de pittoresque, de subti[l], parfois même de profond, en ait gardé l'essence rare et précieuse[146].

Pour bien comprendre la signification de cet art[,] dont une étude superficielle ne fait voir que les dehors frivoles et malsains, il faut se souvenir que cette société galante et spirituelle dont il a conservé l'image[…] s'est

---

146. Hormis le fait que les auteurs invoqués par Lagacé dans ce chapitre (G. Lanson, J. Lespinasse, les frères Goncourt, D. Diderot, N. Boileau, L. Gillet, Ch. M. de Talleyrand et de R. de la Sizeranne) sont nombreux, notons au sujet de l'histoire de l'art français du XVIIIe siècle que le terme *rococo* n'est pas plus utilisé, encore, par Lagacé que le terme *baroque* pour le siècle précédent (notre note 84) ; à ce sujet voir GB, 193-195 et notre note 147 ci-dessous. Pour une historiographie de l'art du XVIIIe siècle, voir Barbara Maria Stafford, « The Eighteenth Century : Towards an Interdisciplinary Model », *Art Bulletin*, March 1988, 6-25. Pour une bibliographie récente, voir Mignot et Rabreau (notre note 66), 563-565.

accommodée d'une morale facile et [qu'elle] crut atteindre au bonheur par la poursuite du plaisir sensuel, à la condition toutefois de rester dans les limites des convenances, singulièrement élargies, il en faut convenir[,] et qu'au fond[,] malgré sa frivolité, elle se mourait de sécheresse et d'ennui.

L'art passivement a enregistré toutes les nuances de ces vagues rêveries suivies de désenchantements ; voilà pourquoi on le trouve tour à tour souriant et mélancolique, spirituel et ironique, amoureux et sceptique, libertin et sermoneur. Il s'éleva, selon l'expression de Lanson, au maximum de puissance émotionnelle[,] uni au minimum de détermination intellectuelle, parce que la conception qu'il se faisait de la vie est celle-là même que Mlle Lespinasse résumait en cette formule : « Il n'y a que la passion qui soit raisonnable[147]. »

Mais la passion est un grand acteur ; elle trouve dans l'art un théâtre où elle peut aller jusqu'au bout de ses caprices et même de ses emportements. Et cependant il lui faut, quels que soient le désordre et la violence de ses emportements, garder en son langage, en ses gestes, même en ses audaces, une certaine mesure, une certaine retenue sans quoi elle apparaîtrait basse et vulgaire. L'esprit du xviiie siècle était trop bien élevé, trop plié aux exigences mondaines pour applaudir un rustre. L'art sut lui éviter cet affront. Voilà pourquoi dans les admirables tableaux de Watteau, de Boucher, de Greuze et de Fragonard, ce que nous trouvons, c'est l'image idéalisée de la société française grisée de plaisir et de vie élégante, mais gardant[,] jusque dans la débauche, ce cachet de grâce et de distinction qui lui donne un irrésistible attrait.

Le plus séduisant de ces peintres aimables et précieux, celui qui[,] avant même l'émancipation de Louis XV, donna pour ainsi dire le signal de la "fête galante", fut *Antoine Watteau*.

Il naquit à Valenciennes (Flandres françaises) le 10 octobre 1684 ; il était fils d'un couvreur d'une certaine aisance. Sa curiosité s'éveilla aux spectacles de la place publique où se tenaient les foires avec leur accompagnement ordinaire de comédiens et de charlatans. Cette tendance bien flamande devait trouver à se traduire plus tard dans la reproduction des spectacles d'un monde dont alors il ne soupçonnait pas même l'existence.

Il commença ses études artistiques dans l'atelier d'un peintre local nommé Gérin. Celui-ci étant décédé, Watteau se laissa embaucher dans

---

147. Cette phrase de Julie Lespinasse (1732-1776), femme de lettres qui tenait un salon où se réunissaient notamment Jean Le Rond d'Alembert, Étienne Bonnot de Condillac et Marie Jean Antoine Nicolas de Caritat, marquis de Condorcet, et dont la correspondance laisse voir une sensibilité déjà romantique (*PRNP*, 1208), est citée par Gustave Lanson dans son *Histoire de la littérature française : le Moyen âge ; du Moyen âge à la Renaissance ; le xvie siècle ; le xviie siècle ; le xviiie siècle ; époque contemporaine*, Paris, Librairie Hachette, 2e éd., 1923, tome II, 162 et 182.

une troupe d'artistes qui allaient travailler à l'Opéra de Paris. Ce fut son premier contact avec le théâtre. Dès ce moment il se sentit conquis par l'art des féeriques mises en scène, et déjà dans sa pensée se précisait le cadre idéal dans lequel il allait introduire son expérience de la comédie humaine.

Seul et méconnu dans ce grand Paris, indifférent et magnifique, il doit pour vivre accepter toutes sortes de besognes; il peint[,] au hasard des commandes, des enseignes de boutiques et des tableaux de sainteté. Remarqué par Gillot, peintre très en faveur, il devient son élève [1704] et son ami. Ce n'est certes pas Gillot qui le dota de son génie; mais c'est sûrement lui qui lui révéla les limites de ses possibilités artistiques.

Un séjour [1708] dans l'atelier de Claude Audran[,] qui avait mis à la mode les grotesques et les arabesques italiennes, développa chez lui le sens de la décoration. Comme Audran habitait le palais du Luxembourg, Watteau put tout à son aise admirer et copier les fameux Rubens de la collection Médicis. Mais le palais ne possédait pas que cet avantage, il était de plus entouré d'un vaste parc, plein de coins d'ombre et de fraîcheur, où le jeune rapin pouvait à loisir promener sa rêverie. C'est là, comme plus tard chez son protecteur Crozat, à Montmorency, qu'il se mit «à étudier les arbres et le jeu de la lumière à toutes les heures du jour, composant ces hauts ombrages, pleins de mystère»°, qu'il devait répandre sur ses scènes champêtres.

Surnommé le peintre des scènes galantes, il ne put réussir cependant à remporter le prix de Rome – ce qui prouve[,] soit dit en passant, que les succès d'école ne sont pas un viatique indispensable – mais cet échec lui enleva toute confiance en lui-même; car comme tous ceux de son temps, il s'imaginait qu'on ne pouvait acquérir la renommée qu'en composant à la manière de Le[B]run de grandes machines historiques ou allégoriques; il croyait qu'il n'y avait pas d'art en dehors de cela. Pour tromper l'ennui des heures, il se mit à exécuter des petits tableaux de mœurs, ce qu'un de ses amis appelait des "bambochades". L'idée de ces charmantes fantaisies lui était venue à Montmorency[,] en regardant passer dans les allées fleuries du parc les couples charmants des marquis et des marquises, élégants et cérémonieux[,] qui représentaient pour lui l'image parfaite du bonheur humain.

Mais Watteau, d'un naturel sauvage, au point de cacher à ses amis l'adresse de son domicile [confirmé dans Bénézit, vol. 10, 652], prêtait à ces scènes mondaines une âme qui n'était autre que la sienne propre attachée à je ne sais quel rêve d'un paradis perdu. Et c'est ainsi que par la magie de son art il donna du cœur à la passion et de l'esprit au plaisir.

Au reste, miné par la consomption, «aussi honteux de son mal que de sa tendresse poétique»°, il savait trop bien qu'il n'y avait pas pour lui de place au banquet de la vie. Aussi bien, se contentait-il[,] du dehors de la salle des fêtes[,] d'en contempler l'éclat trompeur, et de laisser les accords des violons bercer et endormir sa mélancolie et ses regrets… Il fit de la beauté d'un désir inassouvi ; à ce compte on meurt jeune. Aussi, en pleine jeunesse, et sans avoir connu la gloire, il s'éteignit [1721] à l'âge de trente-sept ans… l'âge de Raphaël !

Ce doux génie était doué d'une sensibilité exquise, presque exceptionnelle à son époque. Au milieu des scènes de sensualité dont la société de la Régence le rendait témoin, il rêva de délicatesse, de douceur, de tendres causeries et de discrets aveux dans le silence et le mystère des grands parcs aux horizons troublants. Bien avant Chateaubriand[,] il devina l'instinct moderne qui porte l'âme à prêter à la nature indifférente la puissance de s'émouvoir comme elle et de s'associer à ses joies et à ses tristesses. Aussi, au lieu de la représenter en ses lignes précises, en quelque sorte définitives, il en brouilla les masses, en faisant une sorte de vague rumeur harmonique qui annonçait déjà les interprétations musicales du paysage romantique. Une "poésie d'avenir" chantait donc au cœur de ce solitaire qui, témoin attendri des « embarquements pour Cythère », regardait dans la sérénité des matins printaniers s'éloigner, sans lui, la galère aux voiles de soie d'où s'échappaient avec des parfums de roses les tendres accords de la guitare nostalgique.

Watteau, c'est déjà le Musset des « Nuits » et le Chopin des « Noctures ».

À mesure qu'avance le XVIIIe siècle, l'art devient plus libre, plus familier ; il se "déguinde" et perd de plus en plus le respect des convenances. Se détournant des spectacles historiques ou mythologiques qui avaient fait les délices des classiques, il ne se passionne que pour la fête de la vie, telle du moins que l'entendait une société aimable, lettrée, frondeuse et tapageuse qui[,] faisant banqueroute à ses devoirs, jouissait de l'heure qui passe, sans se soucier autrement du lendemain : "Après nous, le déluge".

François Boucher (1703-1770) est le peintre le plus représentatif de la brillante génération des Voltaire [1694-1778], des Bernis [François Joachim de Pierre de Bernis, homme politique, 1715-1794] et des Marmontel [Jean-François Marmontel, écrivain, 1723-1799]. Il est le peintre de la grâce, d'une vie tendre et facile, sans contemplation et sans haut idéal, le décorateur d'une époque de luxe et d'élégance, pour tout dire d'un mot, le peintre préféré de Madame de Pompadour.

Enfant de la balle, fils d'un graveur [Nicolas Boucher était peintre], d'une souplesse admirable, Boucher a vu Rome, mais ne s'est pas laissé séduire par ses pompeuses traditions artistiques. Watteau décide de sa vocation. Mais comme il [Boucher] n'a pas l'âme sentimentale et poétique de celui-ci, il sacrifie l'harmonie générale de son œuvre à l'intérêt d'un minois rose et satiné. Un tableau de Boucher n'a de place que dans un coquet boudoir rempli de fleurs et de jolies femmes. Il n'est pas étonnant qu'il soit devenu le peintre de la société de son temps, passionnée d'élégance un peu libertine et même d'élégance pure, qui ne supporte plus la monotonie des cérémonies royales ni la pompe ennuyeuse de Versailles. « Pour cette société qui n'aime que le luxe, l'anecdote pittoresque, le bel esprit et les lettres, pourvu qu'elles n'aient rien de pédant ni de trop grave, il crée ce que l'on a appelé la "Pastorale", fusion de genre et de tableau mythologique, illustration exquise de petites pièces d'anthologie, d'une innocence affectée, d'un sous-entendu »° indiqué par un sourire ou un geste à peine esquissé.

Les héros de ces nouvelles "bucoliques" sont des bergers et des bergères, les amoureux de la tradition française, qui[,] dans une nature infiniment complexe, sous les ombrages d'un beau parc que traverse un ruisselet jaseur, échangent des propos d'amour tandis que les blancs moutons broutent à l'aventure et que les oiseaux familiers s'ébattent dans la lumière ou se précipitent, pour y boire un peu d'eau de pluie, au creux de quelques vieux troncs d'arbres que Boucher appelle gentiment des « abreuvoirs d'oiseaux ».

De ces évocations de l'Âge d'or à la mythologie il n'y avait qu'un pas à faire, j'allais dire un coup d'aile à donner. Boucher n'y manqua pas. Vous pensez bien qu'il n'alla pas choisir[,] dans le panthéon mythologique, les Jupiters aux fronts pleins de pensées ou les Minerves, inspiratrices des sages et nobles entreprises ; tout comme Praxitèle succédant à Phidias, il célébra le triomphe de Vénus, mère des petits chérubins qui suivent son char comme une troupe de tourterelles. Tel fut le motif général de sa peinture, l'objectif quelque peu frivole de ses grands efforts de peintre.

Boucher a été l'Anacréon de son siècle ; mais à la grâce d'Anacréon il ajoute l'élégance et la clarté ; d'un trait habilement mené, il exprime la mollesse douce, caressante de la forme et la grâce ingénue de la physionomie. Malgré ses précieuses qualités, l'œuvre de Boucher ne saurait être une école de moralité. Diderot l'avait condamnée bien avant les Goncourt qui lui trouvent un caractère "canaille[148]". C'est assurément être bien sévère ; car si les "joliesses" de Boucher méritent ce terme énergique, de quels qualificatifs devrons-nous nous servir pour définir les plats épicés qui nous sont servis dans nos expositions modernes ?[149]

---

148. On trouve ce jugement d'Edmond (1822-1896) et Jules (1830-1870) de Goncourt dans *L'art du dix-huitième siècle et autres textes sur l'art*, textes réunis et présentés par J.-P. Bouillon, Paris, Hermann, 1967, 104, c1873 (c1866 sous forme d'articles, GB, 481). Quant à Diderot, plusieurs de ses comptes rendus des Salons offrent une critique en effet très négative des œuvres de Boucher, celle du Salon de 1765 étant particulièrement virulente, voir Denis Diderot, *Salon de 1765*, édition critique annotée et présentée par Else Marie Bukdahl et Annette Lorenceau, Paris, Hermann, 1984. Rappelons que les frères Goncourt, écrivains, peintres, collectionneurs, historiens de l'art et romanciers, ont contribué avec cet ouvrage à rendre positive l'image du style rococo, GD, 194-195, *PRNP*, 848 et UK, 149.

149. Lagacé est ambigu vis-à-vis de l'art de son époque ; notons toutefois qu'entre 1901 et 1908, dans la *Revue Canadienne*, il consacre quelques articles assez courts à des artistes nés vers la fin du XVIIIe siècle ou au début du suivant, et une étude plus importante sur « Louis-Philippe Hébert et son œuvre », ainsi qu'un article sur « Le Monument de Mgr de Laval à Québec » (*RC*, 1901, vol. 1, 7-68 et 1908, vol. 1, 15-22).

Si Boucher et ses imitateurs travaillèrent en général pour l'aristocratie emportée dans un tourbillon de plaisir, la bourgeoisie forte et sage eut aussi son artiste favori en la personne de [Jean-Baptiste] *Siméon Chardin* (1699-1779), l'un des grands peintres du XVIIIᵉ siècle.

Fils d'un meunier du roi, sans éducation académique, mais merveilleusement doué, Chardin débuta par une série de natures mortes d'une exécution étonnante et par un certain nombre de tableaux d'intérieur d'une observation remarquable. Diderot[,] qui n'avait pas assez d'injures pour Boucher et ses élèves, salua l'avènement de Chardin du ton de Boileau jetant son fameux : « Enfin, Malherbe vint ! » Et il écrit : « C'est celui-là qui est un peintre[150] ! », ce en quoi il ne se trompait pas, mais non pas pour les raisons qu'il en donnait.

Chardin qui s'écriait : « Que c'est bon de la bonne peinture »°, n'entendait pas, en exécutant sa « Pourvoyeuse » ou son « Benedicite », prêcher les vertus qui manquaient le plus à ses contemporains. Son esprit était loin des préoccupations chères aux moralistes.

Peintre, il se contentait de représenter ce qu'il voyait, comme il le voyait, comme il le sentait ; et comme sa vie s'écoulait parmi les humbles, ce fut l'histoire des humbles qu'il raconta sans préoccupation de littérature où de philosophie. À défaut du bel esprit à la mode, il y mit beaucoup de son cœur. Il avait coutume de dire : « On se sert de couleurs, on peint avec le sentiment. »° Cette brève formule définit tout son art. Au reste, Chardin était la "douceur" même. Or, la douceur est la sœur de la charité et c'est parce que Chardin était bon et généreux qu'il fut si compatissant, si secourable à autrui. Au lieu d'exalter[,] comme ses heureux rivaux, son orgueil à l'esthétique frivole, factice et superficielle des boudoirs et des salons ; au lieu de se réfugier, comme en un sanctuaire interdit aux profanes et aux publicains, dans cette mythologie galante qui servait de retraite au libertin Boucher, il assagit son âme à l'école de la vie et ne chercha pas à dénaturer son génie en le forçant à parler une langue qui n'était pas la sienne et à exprimer par des énigmes les simples vérités dont le monde a besoin pour continuer à vivre. Et ces vérités, il les trouva sans peine dans le milieu bourgeois qui était le sien. Aussi goûtait-il un égal plaisir à peindre un coin

---

150. C'est par cette phrase que s'ouvre le commentaire de Diderot sur les œuvres présentées par Chardin au Salon de 1763. Chez Diderot, on lit *celui-ci*, plutôt que *celui-là*, Denis Diderot, *Essais sur la peinture*, texte établi et présenté par Gita May ; *Salons de 1759, 1761, 1763*, textes établis et présentés par Jacques Chouillet, Paris, Hermann, 1984, 219. Quant à Nicolas Boileau-Despréaux (1636-1711), issu de la bourgeoisie parlementaire parisienne, il est décrit comme un écrivain moraliste appartenant à un cercle littéraire fidèle au primat cartésien de la raison et à la tradition malherbienne en poésie, mais hostile à l'égard du romanesque, de la galanterie et de la préciosité, A. Rey « Boileau Nicolas, dit Boileau-Despréaux », dans J.-P. de Beaumarchais et autres, *Dictionnaire des littératures de langue française*, Paris, Bordas, 1987, 295-298.

de table de cuisine encombré d'ustensiles et de victuailles et une scène de vie familiale de la plus banale mais aussi de la plus touchante intimité. Bien vulgaires devaient apparaître ces pauvretés bourgeoises aux belles dames et aux galants enrubannés qui venaient parader dans le riche atelier de Boucher. Mais pour nous qui savons que la vie est autre chose qu'une course effrénée aux plaisirs, nous sommes reconnaissants à Chardin d'avoir dissipé le mensonge des allégories chères à Le[B]run et à Boucher et de nous avoir révélé l'honnêteté et la solidité de la famille française qui devait sauver la société après que les grands eurent tout fait pour la perdre.

À la fin du XVIIIe siècle le public des salons commençait à manifester quelque ennui de retrouver à chaque exposition les mêmes sujets greco-romains et les mêmes scènes galantes, pastiches des maîtres qui s'étaient illustrés dans le genre. L'ennui et la lassitude s'étaient emparés de tous les esprits; on vivait dans l'expectative de quelque événement imprévu, extra-ordinaire, qui allait changer le cours des choses et tout remettre dans l'ordre et la justice. L'on s'attendrissait à cette seule pensée. Comme on s'aimait à la veille de s'entr'égorger.

Quoiqu'il en soit, il y a un artiste qui eut comme la divination de ce qu'attendait la foule déjà inclinée à l'émotion et à l'attendrissement par le théâtre de Diderot et les rêveries romanesques de J. J. Rousseau, et il inventa le "drame sentimental" en peinture. Cet artiste assurément éminent fut J. B. Greuze qui se mit en évidence en 1755 par son tableau représentant « un père lisant [le *Père de famille expliquant*] la Bible à ses enfants ».

Diderot[,] dont toute l'esthétique se résumait à faire de l'artiste une espèce de prédicant méthodiste chargé de faire régner la moralité et l'honnêteté parmi les humains, ne manqua pas de porter aux nues le nouveau venu. Cependant, ce ne fut que six ans plus tard que Greuze conquit définitivement la célébrité avec le tableau qui porte pour titre : « l'Accordée de village » [exposé en 1561] que la gravure a fait connaître dans le monde entier. Du coup, il devint l'enfant gâté de Paris; ses tableaux se vendaient au prix de l'or.

Quelle était la cause réelle de cet engouement? Lorsque parut « l'Ac-cordée de village », les jolies et fraîches bergères de Boucher, histoire de changer leurs amusements, passaient des sérénades sous l'ombrage des grands chênes aux occupations et aux travaux de la ferme. Les plus grandes dames de France, jouant les paysannes, ne dédaignaient pas de chausser de mignons sabots pour aller lever les œufs de leurs poules dans la paille des poulaillers. Rappelez-vous Marie-Antoinette à son coquet hameau suisse de Versailles.

On conçoit que tout sujet agreste, pourvu qu'il fut bien rendu, avait toutes les chances du monde [...] de plaire et de séduire. Et c'est parce que Greuze avait su le comprendre qu'il avait fait la conquête de la cour et de la ville. Et ce lui fut facile; car il ne lui avait suffi que de montrer, ainsi que l'écrit L. Gillet, l'intérieur modeste d'une ferme « avec ses bahuts, ses solives, sa planche à pain, son mobilier dont on ferait l'inventaire et qui définit si nettement les mœurs de la maison ; avec ses jolis types, leurs pantomimes si parlantes, leurs physionomies si fines, leurs rôles si simples et pourtant parfois si pleins de grandeur[151] » : il se dégageait comme une vertu de ces vieilles choses, de ces antiques gestes, de toute cette tradition qui existe vivante au fond du cœur de l'homme même le plus oublieux.

Les frères Le[ ]Nain, un siècle plus tôt, avaient déjà compris toute la poésie de la vie paysanne et l'avaient exprimée avec une émotion sincère, quoique avec froideur.

Le tort de Greuze ne fut certes pas d'avoir suivi leur exemple, d'avoir dramatisé leurs tableaux rustiques et d'en avoir fait des scènes d'Opéra Comique : « la Malédiction d'un Père », « le Fils Puni », etc[,] [t]out le naturel, tout le pittoresque de l'action représentée[...] étant sacrifié à un besoin d'émotion, qui conduit tout droit à la plus factice et la plus conventionnelle des rhétoriques.

Cependant je m'empresse d'ajouter que lorsque Greuze[,] échappant à ses préoccupations oratoires, s'oublie à n'être qu'artiste, alors il est aussi beau peintre que quiconque de son temps. On lui doit les plus beaux portraits de femmes du xviiie siècle et n'aurait-il [...] tracé que l'incomparable portrait de Sophie Arnould, même sans sa merveilleuse « Cruche Cassée »[,] que cela suffirait à défendre son nom contre l'oubli.

La fin de la vie de Greuze fut triste et misérable. Entraîné dans la déb[â]cle de la Révolution, il perdit tout ce qu'il possédait et fut presque réduit à la mendicité. Il mourut en 1805 entre les bras d'une de ses filles qui avait veillé sur sa vieillesse découragée et misérable.

Il est assez curieux de constater au soir de ce siècle frivole – surtout lorsque l'on sait ce qui devait suivre – que partout, à la cour comme à la ville, courtisans et bourgeois lettrés ne parlent que de réconciliation et de fraternité ; dans les salons et les cénacles, on ne s'entretient que de retour à la nature, de simplicité champêtre et de candeur amoureuse ; mais qu'on ne s'y trompe pas, ce n'était qu'un engouement sans lendemain, une mode lancée par les disciples de Rousseau, une façon inédite d'apprêter la vie et d'en varier les plaisirs.

---

151. Louis Gillet, *La peinture en Europe au xviie et xviiie siècle* (nos notes 79 et 128), 364. La citation de Lagacé est tronquée et complétée, Gillet écrivant : « Rien que l'intérieur de ferme, avec ses bahuts, ses solives, sa planche à pain, son mobilier dont on ferait l'inventaire et qui définit si nettement les mœurs de la maison, avec ses jolis types, *sa peinture lisse et propre, lisible dans le dernier détail et d'une précision de gravure, avec sa clarté d'arrangement, sa* pantomime si parlante, *les* physionomies si fines, *les* rôles *si nettement écrits, tout cela produit et ne cesse pas de produire un effet infaillible...* » Voir aussi l'article de Gillet sur Greuze dans la *Catholic Encyclopedia*.

La nature qu'aimaient tous ces mondains, la seule qu'ils connussent était celle que Boucher avait peuplée de petits amours tapageurs et de tendres tourterelles et vous croyez bien que ce n'est pas Chardin avec ses scènes bourgeoises et Greuze avec ses sages paysanneries qui pouvaient convertir ces galants pèlerins de Cythère à l'idée d'accomplir le voyage à "l'Île fortunée" sans la compagnie des jolies marquises qui faisaient tout l'intérêt de leur dévotion.

Au reste, c'est un temps où l'on effleure tout sans se poser nulle part, où l'on volette à la cime des choses et des idées sans en approfondir la signification ni en chercher les causes lointaines, o[ù] la suprême occupation de l'esprit est d'extraire ce qu'ont de plus subtil et parfois de plus délicat les sentiments nés d'un caprice ou d'un rêve. Tout cela est fort artificiel, très libertin, mais aussi, il faut le reconnaître, très spirituel, très spécieux, suprêmement raffiné.

L'art fut le miroir de ces aimables mensonges ; tombé des mains des coquettes marquises, il ne fut plus que quelques fragments de verre maculés de sang. Toutefois[,] avant que n'éclatât la tourmente, il y eut en France une heure inoubliable de calme sérénité : ce qui faisait dire à Talleyrand que celui qui ne l'a vécue, ne sait ce que c'est que la douceur de vivre[152]. Nous pouvons cependant en goûter le charme exquis et la grâce perverse dans l'œuvre voluptueuse de Fragonard qui a été le dernier peintre galant. Avec lui tout un monde finit.

Elève en passant de Chardin, puis de Boucher, pensionnaire de Rome, doté d'une forte éducation académique, *Jean-Honoré Fragonard* (1732-1808 [1806]) abandonne, dès son retour d'Italie, les thèmes antiques et pendant plus de vingt ans, jusqu'à la révolution, peint sans se lasser des scènes légères, pleines de sous-entendus et de malices, ne cherchant dans la nature que de quoi exciter sa délicieuse fantaisie.

On l'a dit avec beaucoup de vérité, Fragonard a été un grand peintre de petits sujets. Ce par quoi il se distingue de Boucher, c'est par la passion qu'il introduit dans l'art raisonneur et sensuel de son temps. Voilà précisément ce qui fait de ce peintre magnifique un "représentant", l'expression vivante du siècle finissant, par là même, une "force bien française".

---

152. Il s'agit sans doute de Charles Maurice de Talleyrand-Périgord, prince de Bénévent (1754-1838). Issu de l'ancienne noblesse française, il est ambassadeur français lors de la Révolution, puis ministre des Relations extérieures sous le Directoire. Soutenant Bonaparte, il devient grand chambellan sous le Premier Empire. Après quelques années d'une semi-retraite, qu'il doit à un différend avec Napoléon, il refait surface, militant pour le retour des Bourbons à Paris, ce qui lui vaut d'être nommé ministre des Affaires étrangères sous Louis XVIII, Pascal Simonetti, « Talleyrand-Périgord », dans Benoît Yvert, dir., *Dictionnaire des ministres du 1789 à 1989*, préface de Jean Tulard, Paris, Perrin, 1990, 85-87. De Talleyrand-Périgord, voir *Mémoires : 1754-1815*, Paul-Louis et Jean-Paul Couchoud éd., Paris, Plon, 1982.

Comme l'a très bien fait ressortir M. de la Sizeranne dans une page éblouissante de verve et de couleurs, Fragonard a été le dernier des "improvisateurs" de la longue période artistique comprise entre les débuts de la Renaissance et l'aube ensanglantée du XVIIIe siècle°[153].

En effet, il a tout improvisé, sa vie comme son art. Destiné à être un gantier ou un parfumeur de Grasse°, un hasard l'amène à Paris; il court les rues et les ateliers; voit Watteau [impossible, puisque Watteau est mort en 1721, tandis que Fragonard est né en 1732] et Boucher [dont il devient

---

153. Le 27 novembre 1924, la candidature de Robert de la Sizeranne (1866-1932) à l'Académie française est refusée au profit de celle de Georges Lecomte, à qui il aura fallu six tours de scrutin pour obtenir avec quinze voix le fauteuil de Frédéric Masson, de la Sizeranne n'en ayant récolté que neuf (site numérique de l'Académie française). Parmi les ouvrages de Robert-Henri-Marie-Bénigne de Monier de la Sizeranne, tous publiés par Hachette à Paris, on compte: *La peinture anglaise contemporaine*, 1895; *Ruskin et la religion de la beauté*, 1897 (1899 pour la version anglaise); *La photographie est-elle un art. Esthétique de la photographie*, de la Sizeranne éd., ss la dir. de Paul Bourgeois, 1899 (c1897 dans la *Revue des Deux Mondes*); *Les aveugles par un aveugle*, 1889; *Les sœurs aveugles*, 1901; *Le miroir de la vie: essais sur l'évolution esthétique*, 1902; *Les questions esthétiques contemporaines*, 1904; *Les masques et les visages à Florence et au Louvre: portraits célèbres de la Renaissance italienne*, 1913; *L'art pendant la Guerre. 1914-1918*, 1919. Sur de la Sizeranne, voir les hommages posthumes de René Doumic puis de Louis Gillet dans la *Revue des Deux Mondes*, 1er et 15 octobre 1932, 720 et 936-947, revue où de la Sizeranne publie à partir de février 1893, et où il tiendra régulièrement une chronique du Salon. Gillet, l'homologue littéraire de Lagacé à l'ULàM en 1908-1909 (notre note 79), brosse un portrait coloré de ce châtelain aristocrate, solitaire et célibataire, critique d'art érudit, *connoisseur* par excellence (l'expression est nôtre), allergique au jargon des théoricens de la modernité, fréquentant musées et bibliothèques, ami de Paul Bourget (*Lettres de voyage*, notre note 121) et adorant: Töpffer (idem, notre note 40), Ruskin et Fromentin. Voici comment Gillet esquisse le personnage: «C'était plutôt du militaire que tenait, dans son apparence, Robert de la Sizeranne: assez grand, mais le torse épais, ce qui lui donnait l'aspect trapu, comme s'il portait un plastron d'escrime, la jambe sèche, le poil en brosse, le nez tranchant, la barbiche à la Lesdiguières, il eût fait, en fraise et en cuirasse, dans une toile de Pourbus ou un crayon de Dumonstier, la figure parfaite d'un capitaine du Royal-Dauphin. Il aimait à parler debout, le dos à la cheminée, en se grillant les mollets, une main dans la poche du pantalon (une poche horizontale placée à la ceinture), ce qui lui remontait une épaule et inclinait la tête légèrement en avant, dans l'attitude d'un violoniste qui se prépare à jouer et prend l'accord, la joue appuyée à la mentonnière de l'instrument. Mais le trait essentiel de la physionomie, c'était ce nez capital, busqué, paradoxal et péremptoire, qu'il relevait brusquement, d'une vive secousse en arrière, lorsqu'il allait lancer quelque saillie, et qui empanachait son profil comme un moulinet préalable et décoratif de clairon.» Gillet, 937. Pour cette piste, merci à Stephan Bann, de qui l'on peut lire: «Robert de la Sizeranne, médiateur de Ruskin et de la peinture anglaise», dans *Relire Ruskin*, ss la dir. de Mathias Waschek, Louvre, conférences et colloques, du 8 mars au 15 avril 2001, Paris, École nationale supérieure des beaux-arts, 2003, et son entrée dans le *Dictionnaire critique des historiens de l'art* (en ligne sur le site de l'Institut national d'histoire de l'art), où Bann rappelle que de la Sizeranne, homme de lettres, critique d'art et historien de l'art, est le fils d'un peintre paysagiste (qui lui-même exposait au Salon entre 1858 et 1878) et que, licencié en droit, il devient avocat en 1895, à l'âge de 29 ans. Voir aussi Carmine Zeppieri, «Robert de Sizeranne fra Ruskin e Proust», *Studi Urbinati di Storia, Filosofia e Litteratura*, 45, 1971, 1137-1150.

l'apprenti] et du coup s'improvise peintre. En quatre années il conquiert le prix de Rome [1752]; il traverse l'Italie, visite les musées, regarde les chefs-d'œuvre et il s'improvise peintre d'histoire [*Le Grand Prètre Corésus se sacrifiant pour sauver Callirhoé*, morceau de réception à l'Académie, *PRNP*, 755]. Mais comme il n'est pas l'homme de l'effort soutenu et qu'il a horreur de la contrainte et de la bonne tenue, il tourne bientôt le dos à l'histoire et s'improvise le narrateur spirituel des fêtes galantes.

Au lendemain du coup de tonnerre de 89, il s'improvise républicain et « ne peint plus que des choses tricolores »°. Pour l'Empire, il cherche une nouvelle improvisation; mais il n'a pas l'âme romaine et il ne réussit qu'à être ennuyeux. Enfin, il improvise jusqu'à sa mort; il est emporté par une congestion qu'il n'avait sûrement pas désirée, mais qui lui épargna les formalités de la porte de sortie.

Ce qu'il a surtout improvisé, c'est sa peinture. Il compose ses tableaux de l'impression première qui se présente à son esprit; en quelques coups de pinceau, en pleine pâte, il la jette sur la toile, sans en rien retrancher; une ébauche suffit à exprimer la plénitude de sa pensée. Et c'est précisément ce mélange d'espièglerie et de passion, d'inspiration et de légèreté qui fait de Fragonard un maître si spécial, qu'on l'imagine plus encore de notre temps que de celui de Louis XVI. La souplesse rare de son esprit, la virtuosité de son pinceau, la spontanéité de son émotion, toutes ces précieuses qualités l'apparentent aux maîtres d'aujourd'hui; car, comme l'a écrit Mauclair[154], sa vision, son sentiment de l'atmosphère, son observation précise des harmonies complémentaires, sa faculté de comprendre le dessin des mouvements, enfin son pittoresque, son sens du caractère intime, ses dons d'historiographe des mœurs, tout cela, à cause de sa jeunesse et de sa fraîcheur, le mêle aux vivants, l'installe pour ainsi dire dans notre vie passionnée et trépidante et en fait le plus moderne des modernes.

---

154. Camille Mauclair, *Fragonard*, coll. « Les grands artistes », Paris, H. Laurens éditeur, s. d. Camille Mauclair (1872-1945) est l'auteur de nombreux ouvrages sur l'art, ainsi que de textes de chansons, composés pour Ernest Amédée Chausson (3 Lieder Op. 27), Ernest Bloch ou Charles Bordes; en lice pour le premier prix Goncourt attribué en 1903 à John Antoine Nau, à six voix contre trois pour *La Ville lumière* de Mauclair (voir Alain Barbier Sainte Marie, « Le centenaire du prix Goncourt ou Les pérégrinations culinaires des académiciens Goncourt », *Actualités et trouvailles*, 8 oct. 2003, et Frédérique Roussel, « Un siècle de Goncourt... » *Libération*, vendredi 17 octobre 2003), Mauclair a également préfacé (1923), entre autres, une édition luxueuse des *Fleurs du mal* de Baudelaire avec illustrations et eaux-fortes originales de Lobel-Riche. Sur Mauclair, voir Remy de Gourmont, « Camille Mauclair », *Mercure de France*, 1898; de Mauclair, sur le corpus de Lagacé, voir notamment: *De Watteau à Whistler*, Paris, Bibliothèque-Charpentier, 1905; *Greuze et son temps*, Paris, A. Michel, 1926; *Un siècle de peinture française: 1820-1920*, Paris, Payot, 1930; *Le Greco: étude critique*, Paris, H. Laurens, Coll. « Les grands artistes », 1931; *Turner*, London & Toronto, W. Heinemann, 1939 et *Le secret de Watteau*, Paris, A. Michel, 194; notons que Mauclair signait également, en 1905 et 1906, des biographies de Watteau et de Greuze.

Mais à côté de ces quelques peintres officiels qui avaient à la cour leurs grandes et petites entrées, il y avait beaucoup d'autres artistes qui dans leur modeste coin pratiquaient leur art avec cette conscience et ce soin du "fini" que l'on apportait alors à tout ce que l'on faisait. Je voudrais en dresser l'incomplète liste, avant de tirer le rideau sur les horreurs qui marquèrent les dernières années de ce siècle qui avait fait naître tant d'espoirs à ses débuts.

S'il est vrai, comme on l'a prétendu, que le XVIIIᵉ siècle a été le siècle de la plume, il serait plutôt étonnant qu'il n'ait pas été aussi celui du portrait. Mais rassurez-vous, il l'a été. En effet, s'il y a un genre qui, au XVIIIᵉ siècle, n'a cessé de produire des chefs-d'œuvre, c'est bien celui-là. Comme alors on savait l'art de vieillir, on ne craignait pas de se confier à un peintre, assuré qu'étant du monde, il saurait garder le secret d'une ride ou d'un cheveu blanc. Je n'entreprendrai pas d'énumérer les noms de tous ceux qui excellèrent dans cet art difficile ; mais il faut au moins connaître les plus justement renommés ; ainsi : *Nattier*, un peu monotone dans son maniérisme ; *Tocqué*, plus savant et plus profond et qui par son fameux portrait de Mari[a] Leczinska s'est placé au premier rang des artistes de son temps ; madame *Vigée-Lebrun* qui appartient surtout au règne de Louis XVI et qui a peint avec tendresse des beautés sensibles et minaudières ; enfin, il y a David… mais celui-ci, c'est déjà le XIXᵉ siècle et nous le retrouverons plus loin[155].

Mais on doit faire une mention spéciale à *Quentin de La Tour* dont les merveilleux pastels, poudrés d'esprit et de grâce, font revivre tout son siècle. Et ce qui en fait l'intérêt, en dehors de leur qualité d'art, c'est qu'ils laissent transparaître sous la poussière colorée la respiration de l'âme. « Mes modèles, disait le grand confident, s'imaginent que je ne vois que leur extérieur, mais je descends à leur insu au fond d'eux-mêmes et je les rapporte au dehors tout entiers. »°

L'activité qui régnait dans les ateliers de peintres n'était pas moindre dans ceux des sculpteurs. Au début du siècle, les *Girardon*, les *Coysevoux* [Coysevox] et les *Coustou* continuent les traditions des *Goujon* et des *Puget* ; mais ils sont bientôt remplacés par une école enthousiaste qui[,] tout en gardant le caractère noble de la grande sculpture décorative qui avait peuplé les jardins et les places publiques de majestueuses statues, introduit un genre plus libre, plus familier, allant parfois jusqu'à l'affectation et au maniérisme. Ce sont *Bouchardon*, avec ses bas-reliefs de la fontaine de la rue Grenelle et son Louis XV ; Falconet, avec son colossal Pierre-le-Grand ; *Pigalle* avec son tombeau du maréchal de Saxe à Strasbourg et son merveilleux Mercure [il en existe plusieurs]. Malgré leur technique parfaite, ils ne peuvent cependant échapper à l'emphase et à la déclamation ; mais ils cessent d'être gourmés

---

155. En fait on ne le retrouvera pas, puisque cette section a dû être sacrifiée pour la publication.

et solennels dès qu'ils s'essaient à rendre les grâces minaudières[156] des jolies femmes qui posent devant eux. *Pajou, Vassé, Delaistre* excellent dans ces sujets légers où la fantaisie se donne libre cours ; au reste, la sculpture, comme la peinture, accorde des préférences au "joli" devenu la préoccupation dominante de l'art. Cependant, le genre se relève et atteint jusqu'au sublime avec le « Corneille » de *Rotrou* [il s'agit sans doute du *Corneille* de Caffieri] et le « Molière » de *Caffieri*. *Houdon* surtout arrive à symboliser avec une force insurpassable l'œuvre des hommes et les hommes eux-mêmes et son « Voltaire » du Théâtre-français, pour ne parler que de celle de ses créations qui réunit tous les suffrages, est pénétré d'une telle intensité de vie qu'on oublie le statufié pour ne regarder que la statue. Ici, l'artiste a été plus grand que son modèle.

Dans les "arts mineurs"[,] le génie inventif du siècle créa également des merveilles qui restent comme des modèles de grâce et d'élégance[,] si bien qu'à aucune autre époque un style d'ornementation [ne] sut unir tant de sobriété à tant de caprices. Il semble même[,] pour ce qui est de l'ameublement, que le style Louis XV en dépit des tentatives faites dans la suite pour le supplanter demeure l'expression la plus parfaite du goût français.

Et tandis que la sculpture, de la statue monumentale au bibelot d'étagère[,] et que la peinture, de la décoration des palais à l'ornementation des boudoirs, multipliaient les œuvres de goût et d'élégance, l'architecture de son côté élevait de somptueux monuments dont un seul, le Panthéon de *Soufflot*, suffirait à assurer la gloire d'un siècle ou d'une école.

L'art français du XVIIIe siècle a donc été l'interprète d'une société aimable, élégante, lettrée et spirituelle, mais désabusée et sceptique. S'il n'a pas la vigueur et la profondeur que nous avons observées à d'autres époques, c'est qu'il a manqué de foi en l'idéal et que son attention s'arrêta à la surface de toutes choses qu'il effleura d'une aile de papillon sans se poser nulle part. Mais tel qu'il est, il possède d'assez rares qualités et une façon si nouvelle de sentir la vie avec cœur et de l'exprimer avec esprit qu'il demeure le symbole même du génie français.

David[,] qui considérait cet art pétillant de verve comme une indignité[,] devait lui porter le coup de grâce en poussant la génération issue de la Révolution « dans la voie d'une antiquité postiche et d'un classicisme rectiligne »°.

Avec Fragonard, mort obscurément en 1808 [1806], disparaissait pour longtemps le type de l'artiste grisé de liberté, la tête pleine de chansons, le cœur rempli de caprices charmants ; avec lui également s'éteignait dans le ciel de Versailles la dernière fusée de la fête galante… et peut-être bien aussi de la vieille galanterie française.

---

156. Ce terme avait été associé deux paragraphes plus haut à "Madame Vigée-Lebrun".

17. La peinture anglaise[157]

Si étrange que cela puisse le paraître, de toutes les manifestations artistiques celles qui nous sont les plus étrangères[,] et dont nous nous désintéressons avec le moins de remords, ce sont précisément les manifestations de l'Angleterre. Cela n'est pas sans causer quelque surprise à l'observateur peu au fait de notre histoire (ou qui a des raisons de feindre n'en rien savoir), genre professeur français de littérature française dans une université anglaise. Ne paraît-il pas anormal, en effet, que vivant sous la domination britannique, soumis aux lois et aux institutions anglaises, contribuant pour plus que notre part à la grandeur et à la richesse de l'empire – avec un grand G et un soupir… d'orgueil –, nous ignorions à ce point ce que le génie a créé de véritablement supérieur dans le domaine de la pensée et du sentiment? Sans doute, il est facile de donner les causes et les raisons de l'ignorance dans laquelle nous nous prélassons, mais elles n'ont plus aujourd'hui, et par notre faute, la même valeur qu'autrefois. En façonnant leur vie selon leur propre idéal et en continuant sous l'œil méprisant du vainqueur à parler la langue de leur âme préservée de tout al[l]iage étranger, nos pères avaient adopté la vraie, la seule politique d'un peuple faible mais conscient de sa force future. Hélas! Des arrivistes élégants, pour se hausser dans l'estime des distributeurs des faveurs officielles, se mirent à prêcher l'évangile de la conciliation et des compromissions. Et l'on vit l'égoïsme[,] faisant alliance avec la peur[,] s'acharner à ébranler la pierre fondamentale du mur moral et intellectuel que l'atavisme et l'histoire avaient élevé autour de notre peuple. Tout l'œuvre du passé fut compromis par ce coup de sape. Il le devint encore davantage le jour où des hommes dont on ne peut suspecter les intentions[,] aussi pures que naïves, introduisirent l'anglais comme matière seconde dans les programmes scolaires, ajoutant ainsi la servitude intellectuelle à notre servitude économique et politique. Cette criminelle erreur nous a enlevé notre meilleure arme de défense.

Désormais pour maintenir une paix éviteuse [?] nous sommes tenus de vivre avec nos maîtres sur un pied de fraternité hypocrite qui ne leurre personne. Puisqu'en dépit des mamours des arrivistes et des profiteurs, nous ne parviendrons jamais, quoiqu'on dise ou qu'on fasse, à nous aimer, le mieux est de

---

157. Ayant eu accès, pour ce chapitre seulement, au manuscrit original de l'auteur, nous avons réintégré la première de trois parties qui en avaient été éliminées (trois pages au début du texte, présentées ici en italiques, cinq au milieu et une douzaine à la fin) ; nous avons également signalé par une* les endroits où il y avait des coquilles dans la version dactylographiée, mais non dans le manuscrit original, pour montrer qu'une grande part des coquilles dans l'ensemble de l'ouvrage ne sont pas attribuables à l'auteur. En ce qui concerne le regard que porte Lagacé sur « la race » des Anglais, il est politique, mais témoigne aussi de ses priorités en tant qu'amoureux de l'art et de la culture ; à ce sujet, voir « Vieux péché », *Revue Canadienne*, 1902-2, 523-542, un article enflammé où Lagacé dit la difficulté à pratiquer un métier d'artiste ou d'écrivain et déplore la jalousie et le manque de coopération des Canadiens francophones.

chercher à nous estimer par la connaissance de ce que le génie des deux races a créé de véritablement supérieur dans le domaine des lettres, des sciences et des arts, seul terrain où nous ayons quelque chance de nous rencontrer sans nous entredévorer.

Un préjugé persistant nous fait dire souvent que les Anglais sont dénués de tout sens esthétique, que non seulement ils sont incapables de créer de la beauté, mais que leur engouement pour les arts n'est qu'un snobisme de bon aloi. Eh bien, cela n'est ni équitable ni généreux. Nous avons pris trop au sérieux les boutades des écrivains français sur le compte de leurs voisins d'outre-Manche. Il n'y a pas un pays, la France exceptée, où l'art est environné de plus de respect qu'en Angleterre. Je sais bien que les vocations artistiques y sont moins nombreuses qu'en Italie et qu'en France; mais cela tient à de multiples causes qui seraient trop long d'énumérer. Il nous suffit de savoir que l'Angleterre a eu la rare et bonne fortune de donner naissance à une brillante école de peinture, quelque tardif qu'en ait été l'avènement, pour que nous soyons tenus en toute équité de lui en savoir gré et de lui restituer une gloire sur laquelle elle a des droits légitimes cette fois.

C'est au XVIIIe siècle, à proprement parler, que naquit l'école de peinture anglaise. Pour être la plus jeune des écoles européennes, elle n'a pas tardé cependant à récolter une abondante moisson de chefs-d'œuvre. Avec la patience et la ténacité qui caractérisent leur race, les artistes anglais, à défaut de traditions, élaborèrent toute une esthétique où entrèrent à parts égales le mysticisme de l'âme celtique et le réalisme de l'âme saxonne. Si féconde a été cette union spirituelle qu'elle a donné naissance à un art assez riche pour prêter aux vieilles écoles épuisées du continent un froment de vitalité. N'est-ce pas, en effet, l'exemple d'un Reynolds, d'un Gainsborough, d'un Constable et d'un Turner qui en France provoqua en grande partie le mouvement naturaliste de 1830, mouvement qui devait détrôner l'art académique en faveur et rendre à l'art la liberté qu'il avait perdue avec Le [B]run et David?

Cependant, lorsque nous disons pour faire court que l'art anglais se constitua véritablement vers 1730, nous n'énonçons qu'une demi-vérité.

En Angleterre, comme ailleurs du reste et plus qu'ailleurs peut-être, les diverses tentatives d'un art national [...] furent contrariées par les événements politiques, les guerres étrangères et les troubles civils; il s'écoula des années avant que le cours de la production, sans cesse entravé, reprit sa marche lente et régulière; mais il n'en est pas moins vrai pour cela que l'histoire de l'art en Angleterre remonte bien plus haut que le XVIIIe siècle et que l'on peut en retracer les différentes étapes jusqu'à l'arrivée des Normands sur l'île[158].

---

158. Lagacé remonte jusqu'au Moyen Âge pour reconstituer une histoire nationale qu'il insère ici dans son tableau des principales écoles de peinture des XVIIe et XVIIIe siècles européens, tel que réduit ici par rapport à son programme des années 1920. En sus des auteurs anglophones

Ainsi, durant le moyen âge l'on voit l'Angleterre[,] tout la première, se couvrir d'abbayes et de cathédrales, si bien qu'en dépit d'un climat rongeur et des violences de plusieurs révolutions, la Grande Bretagne est encore aujourd'hui l'un des plus riches musées d'architecture médiévale qui soit en Europe. On y vit ensuite apparaître le "style Tudor", puis le "style Elizabeth". Plus tard Inigo Jones eut la gloire d'y introduire l'architecture de la Renaissance.

D'autre part, les rois se firent toujours un point d'orgueil de protéger les arts. Il suffit de citer les noms d[']*Henri III, le fondateur de Westminster, d'Édouard III, souverain fastueux et paradeur, d'Henri V, lettré et magnifique, d'Henri VIII, prodigue et cultivé, fou de luxe et curieux d'art, enfin de Charles Ier, le véritable mécène anglais, collectionneur passionné, connaisseur averti, protecteur bienveillant et éclairé des artistes.

À l'exemple des rois, l'aristocratie prodigua les richesses acquises par les guerres et les confiscations de la Réforme, en achat d'œuvres d'art, témoignant ainsi de sa culture et de son bon goût ; il n'y e[u]t* pas jusqu'à la bourgeoisie[,]* enrichie par le commerce de la laine et le négoce maritime, qui ne rivalis[ât]* avec la noblesse pour le luxe de ses demeures.

Sans doute, après que fut épuisée la lignée des miniaturistes et des enlumineurs du moyen âge, un vide se creusa que n'arrivèrent pas à combler les quelques personnalités artistiques qui apparurent de loin en loin sans laisser de disciples ; mais à défaut de génie original, l'Angleterre e[u]t* le rare bon sens et l'esprit pratique de faire un accueil presque royal aux nombreux artistes étrangers qui descendirent sur ses côtes. Cette généreuse hospitalité ne manqua pas d'attirer non seulement ceux qui végétaient chez eux, mais encore les plus en faveur, les plus renommés ; si bien qu'à la fin cela ressembla à une véritable invasion. L'Italie y délégua ses architectes et ses sculpteurs ; la Flandre et la Hollande ses peintres les plus habiles. Nous savons que Holbein y vécut jusqu'à sa mort, prodiguant les chefs-d'œuvre, que Rubens y promena sa gloire et que Van Dyck y établit sa demeure, y fit fortune et y vécut princièrement. Les Français eux-mêmes franchirent le détroit pour y faire de "fructueuses tournées", tels Largillière, Watteau, [de] La Tour, Van Loo et Le Nôtre, ce dernier appelé par le roi pour remanier les jardins de St-James, de Whitehall et de Hampton Court.

De ce commerce suivi avec tant de maîtres, des personnalités artistiques se révélèrent, un Dobson, un Walker, un Lely et un Richardson qui inaugurèrent un mouvement national destiné à faire baisser les parts des artistes étrangers qui jusque là avaient considéré l'Angleterre comme « une

---

invoqués ici, dont la plupart sont spécialistes du sujet traité (R. de la Sizeranne, E. Burke, les Richardson, Thoré-Bürger, E. Chesneau, J. Ruskin et W. Morris), pour un historique du développement de l'histoire de l'art en Grande-Bretagne, voir GB, 507-518.

Californie ou un Klondyke où il suffisait de venir de loin pour ramasser les guinées à pleines mains »°.

On le voit, le champ de l'art, au commencement du XVIIIe siècle, était à la veille de rendre en moissons les semences de tant de maîtres généreux[159]. Ces promesses ne furent pas déçues et c'est à Hogarth, à Gainsborough et à Reynolds que revient l'honneur d'avoir déluré leur pays des influences étrangères et de l'avoir doté d'une école vraiment nationale.

Quels sont au vrai les caractères distinctifs de cette école ? C'est à quoi je veux répondre avant de vous entretenir des maîtres qu'elle a produits.

C'est une banalité de dire que les Anglais sont des gens pratiques avant tout. Obstinément tournés vers les réalités absolues, ils s'inquiètent peu des conquêtes idéales. Et comme si ce n'e[û]t pas été assez de ce dénuement imaginatif, la Réforme[,] en dépouillant les temples de leur riche décoration de tableaux et de sculptures, en condamnant les nudités, les fables et la libre fantaisie, ferma[,]* pour ainsi dire, les avenues ouvrant sur le monde des idées et des sentiments, si bien que, comme en Hollande, les artistes furent séduits à un seul genre : le portrait. Mais dans ce genre, ils se révélèrent des maîtres de premier ordre. Avec les seuls portraits exécutés au cours des deux derniers siècles par les artistes nationaux[,] ajoutés à ceux des artistes étrangers, on pourrait reconstituer toute l'histoire de l'Angleterre. Tout aussi sûrement, sinon davantage qu'un [de] La Tour, ils savent descendre au plus secret de l'être et ramener à la lumière tout l'homme caché. De là l'exactitude expressive de ces portraits. Sans flatterie comme sans exagération, ils concentrent leur effort à faire vivre sur la toile le modèle qui pose sous leurs regards. Ils ne font pas[...] comme le Français ou l'Italien[,] qui trop souvent s'applique à poétiser, à parer de grâce et d'élégance les traits plus ou moins réguliers qui s'offrent à son attention, dissimulant les défauts sous l'étalage du costume, l'éclat des draperies ou la richesse du décor. Bien loin de là ; ils peignent ce qu'ils voient tel qu'ils le voient, se permettant tout au plus un détail typique qui ajoutera à l'expression du sujet ou qui en indiquera la situation sociale ou les occupations préférées. Ils enferment dans une tête la plus grande somme possible de vie physique ; ce qui est, vous le sentez, essentiellement anglais. À cette fin, ils emploieront des procédés jusque là inédits : tout d'abord ils abandonneront le rendu lisse et brillant, si longtemps en faveur dans les écoles du continent ; aux coulées léchées et fondantes, ils préf[é]reront la pâte épaisse, cassée, rugueuse[,] qui donne à l'œuvre quelque chose de l'âpreté d'une esquisse ; le dessin lui-même cessera d'être le fil t[é]nu qui se plie aux sinuosités de la forme pour s'estomper et se diluer dans les ombres, à la manière de Rembrandt, ce qui les obligera à

---

159. Notons ici l'usage d'une métaphore organique.

faire du clair-obscur une étude approfondie. D'autre part, ils se révélèrent des coloristes de premier ordre.

La recherche des valeurs des formes et des couleurs ne pouvait manquer d'en faire de remarquables paysagistes. Et cela leur fut d'autant plus facile que l'Anglais[,] peu rêveur par tempérament, est cependant grand amateur de belle nature. Son éducation, ses voyages, son habitude de vivre au grand air et sa passion du sport l'ont habitué à voir et à observer. Et comme il aime à se remémorer les sites qui l'ont charmé, les paysages témoins de ses exploits ou les pittoresques contrées qu'il a visitées ; et que sa sensibilité est sans expansion, toute intérieure, il trouve dans les tableaux qui ravivent ses souvenirs une source toujours nouvelle de plaisir délicat. Voilà pourquoi il professe pour la nature une tendresse mêlée de respect ; il veut que son "home" se blottisse dans un berceau de verdure l'été et que l'hiver des fleurs enchantent et parfument les chambres où s'écoulent des heures de repos et de flânerie. Ce n'est pas lui qui se plaindra du voisinage d'un arbre ; bien au contraire, il en plantera et de toutes les essences pour jouir de leur vue et de leur ombrage ; ce n'est que forcé par la nécessité qu'il consentira à en abattre un[,] et encore[,] pour l'épargner[…] il brisera s'il le faut la ligne d'un mur ou modifiera l'architecture de la villa qu'il se construit ; de vertes pelouses entretenues avec soin tapissent l'espace qui s'étend de son seuil à la chaussée et jamais pour abréger son chemin il ne consentira à fouler aux pieds une plate-bande que ne défend aucune sorte de clôture ; il aime les animaux et[,] celui qui n'a pas un cheval, possède un élégant lévrier ou un "amour" de bouledogue.

On a beau les blaguer, les Anglais sous ce rapport pourraient nous donner – le bouledogue en moins – de profitables leçons. Nous aurions tout à gagner à les imiter, à nous ingénier, comme eux, à parer notre vie, à l'entourer de bien-être et de pittoresque, cela constitue déjà une dignité et une distinction.

Vous le voyez, il eut été plutôt étonnant que les Anglais[,] avec de telles dispositions, n'eussent pas excellé dans le paysage ; mais ils ne l'entendent pas de la même manière qu'un R[u]ysda[e]l ou un Lorrain. Ils ne détaillent pas, ils n'analysent pas davantage ; ils se contentent d'indications sommaires, suffisantes toutefois à rendre leur impression et même, pour arriver plus sûrement à cette fin, ils ont créé une technique spéciale où la rapidité du faire est la condition du succès ; ils ont inventé l'aquarelle, genre dans lequel ils sont demeurés sans rivaux.

Un troisième genre dans lequel les peintres anglais excelleront également, ce sera la peinture de mœurs, habituellement satirique ; cela est aussi traditionnel à la race. La littérature anglaise est à fonds de prêche et de satire. Il suffit pour s'en convaincre de parcourir les innombrables journaux du Royaume[-]Uni* et d'y constater la place qu'y tient la caricature. Sans doute l'artiste ne possède pas la souplesse du crayon, le léger coup de griffe, le sourire malicieux du caricaturiste français ; mais pour y aller plus durement, plus cruellement, il n'en est pas moins un vigilant vengeur de la morale, un ironiste sans merci et un rude redresseur des travers et des ridicules de son époque.

Ainsi donc tout le développement de l'Art anglais tient dans ces trois genres : le portrait, le paysage [et]* le tableau d'histoire et de mœurs. C'est le cham[p]* limité dans lequel il évolue ; tel il se montre aux expositions de Londres, tel il apparaît à celles de Montréal ou de Toronto. Ce sont toujours où qu'il soit et quoiqu'il fasse les mêmes caractères que nous lui retrouvons. Un tableau anglais se reconnaît du premier coup d'œil comme le "co[c]kney" de Londres se trahit partout à la casquette carreautée et au bord du pantalon retroussé (De la Sizeranne)[160].

Le fondateur de l'école anglaise, avons-nous dit, a été Van Dyck qui, comme le Greco en Espagne, avait fait de l'Angleterre une seconde patrie. Ses élèves, notamment Lely, prolongèrent en quelque sorte son rêve de beauté comme le crépuscule continue en de mourantes clartés le jour disparu. Mais le crépuscule, ce n'est que de plus en plus de la nuit. L'application et la bonne volonté ne réussirent pas plus à rallumer le flambeau mourant de l'art, que le crépuscule à ranimer le jour.

En effet, faute d'encouragement et de sympathie, l'art languit [et]* finit par agoniser ; il y eut même un moment où aucun peintre ne fut capable de tenir un pinceau. À la longue, cela devenait décourageant. Mais, heureusement, après cette période de malaise, une ère nouvelle s'ouvrit pour le pays avec le règne de la maison d'Orange. Londres, rasée en 1661 par l'incendie, renaît de ses cendres ; une fièvre d'architecture s'empare du peuple anglais ; St-Paul lance dans les airs son dôme majestueux. Cette renaissance engendre le "style-Ann" si particulier et si pittoresque.

L'Angleterre, comme enivré[e]* d'un succès inespéré, se passionne pour tous les ou[v]rages*[161] de l'art et de l'esprit ; la société et plus spécifiquement l'aristocratie[,] grâce à ses voyages sur le continent, s'affine rapidement et s'essaie à la vie policée des salons, consentant à déserter le jeu ou la débauche pour faire cercle autour des femmes cultivées et spirituelles.

Il semblait que le mauvais sort était enfin conjuré tant nombreux étaient ceux qui attendaient une direction pour servir utilement leur pays par la plume, le ciseau ou le pinceau. Pour ce qui regarde les peintres, cette direction leur vint de [William] Hogarth (1697-1764) qui, le premier s'affranchissant de la tutelle de l'étranger, lança l'art dans la voie de sa véritable vocation.

---

160. Cette citation ne figure pas dans *La peinture anglaise contemporaine* de Robert de la Sizeranne.

161. *ages* est ajouté à la main après *œuvres* ; dans la version dactyliographiée, se lisait outrage.

Fils d'un typographe [d'un maître d'école et auteur de manuels scolaires, selon la *Wikipedia*], Hogarth début[e]* dans la carrière par des gravures héraldiques et commerciales; mais il a le don et sait regarder. Comme les loisirs ne lui manquent pas, il en profite pour battre le pavé de Londres; il explore la grande ville en tous sens et pousse surtout ses découvertes dans les "saloons", les tripots et les bouges[,]* curieux de la comédie humaine qui se joue dans les bas-fonds et les sentines du vice. Telle fut sa première école.

Harcelé par la pauvreté qui marcha toujours sur ses talons, il se mit en tête un jour de devenir un peintre. Trouvant la porte de l'atelier de James Thornhill ouverte, il entra, barbouilla quelques toiles, arracha en quelques semaines à son maître d'occasion les conseils et les recettes dont il avait besoin et pour l'en remercier lui enleva sa fille qu'il épousa clandestinement. Avec cette expérience de la vie et de l'art, Hogarth est armé pour la lutte.

Comme le public était alors engoué des romans de Poe et de Richardson, il eut l'idée ingénieuse de transporter l'étude des mœurs dans la peinture; il n'avait qu'à fouiller dans ses souvenirs pour trouver un sujet qui eût chance de frapper l'attention, à l'amusement des uns et au scandale des autres et il brossa six tableaux où sont raconté[e]s les différentes et successives étapes de la vie d'une prostituée, depuis ses débuts dans la galanterie jusqu'à sa déchéance et sa mort. Le succès fut prodigieux. Hogarth avait découvert là une mine qu'il n'eut garde de ne pas exploiter jusqu'à l'épuisement. Coup sur coup il donna de nouvelles suites ou séries de tableaux où il bafoue et montre à vif les ridicules, les travers et les tares de son époque. Dans ces tableaux que la gravure vulgarise, Hogarth présente tous les spectacles que peut offrir dans une ville comme Londres la corruption sous toutes ses formes[,] dorées ou misérables. Voilà le domaine de Hogarth et dans la peinture de genre il n'en est point qui soit aussi vaste, aussi complet de vérité.

Ce qu'il y a de particulier chez cet étrange artiste, c'est qu'il ne se contente pas[,] à la façon des Flamands et des Hollandais, de narrer et de raconter; mais il a la prétention de faire œuvre de moraliste; le chroniqueur des vices se double d'un prédicant qui possède, comme on l'a dit, « le cynisme de la vertu dans toute sa candeur »°.

Il y aurait lieu de se demander s'il n'existe pas d'autres moyens d'inspirer la vertu; on pourrait aussi contester la l[o]gique* de ces drames, car il n'est pas prouvé que les vices mènent toujours à l'hôpital, à la potence ou à l'asile de fous. Mais nous n'avons pas à discuter ces questions. Ce qui nous intéresse davantage, c'est que dans ses tableaux débordants "d'humour", Hogarth se révèle un peintre d'une invention extraordinaire et d'une science psychologique inégalée.

Ce génie fantasque, tout en brousse, «*tombeur*»[162] d'autorités, plein de mépris pour les grands maîtres, pour Raphaël qu'il qualifiait de «stupide» et Rembrandt de bonhomme «ridicule», qui disait qu'un peintre d'enseignes en remontrerait à Corrège, qui crut inventer un nouveau code de beauté dans la "ligne serpentine", a pourtant été un grand artiste, et comme nous l'avons dit, le véritable fondateur de l'école nationale.

Grâce à des œuvres facilement compréhensibles, il tira le public amateur et acheteur de son engouement pour l'étranger et de son indifférence pour les produits du terroir et prépara du même coup une matière immense pour ses successeurs.

« Hogarth[,] avec sa verve géniale et son nationalisme étroit, a donc rendu à l'école la fierté d'être elle-même, le fécond sentiment de son indépendance ; il restait à lui donner une méthode, une discipline, surtout la notion de l'art ; c'est ce à quoi s'appliquèrent Reynolds et Gainsborough. [»]°

Devançant le jugement de l'histoire, Burke a écrit en parlant de Reynolds : « C'est le premier Anglais qui ajouta le mérite d'un art élégant aux autres gloires de la patrie. Par le goût, la facilité, le bonheur de l'invention, comme par la richesse et l'harmonie de la couleur, il est l'égal des plus grands maîtres dans les écoles les plus fameuses[163]. » À cet éloge, il n'y a rien à changer ; qu'y pourrait-on ajouter ? Peut-être quelques détails sur la noblesse de sa vie et la sereine beauté de son œuvre.

Sir Joshua Reynolds naquit en 1723, dans le Devonshire ; son père était un simple directeur d'école. La vocation lui vint à la lecture du «[T]raité de la peinture» de Richardson[164]. Il exécuta son premier portrait à l'âge de treize ans. De bonne heure il se rendit en Italie. Deux ans durant [1750-1752] il visita les trésors antiques que possède Rome ; mais plus tard il eut la franchise et la probité d'avouer le désappointement que lui avaient causé les chefs-d'œuvre de Raphaël et de Michel-Ange à sa première visite au Vatican[165].

---

162. La version dactylographiée comporte un espace vide là où figurent entre guillemets le terme *tombeur* (?) dans la version manuscrite.

163. Cette citation est déjà dans l'*Annuaire général* de l'ULàM de 1914-1915, 228. Edmund Burke, *A Philosophical Enquiry into the Origin of our Ideas of the Sublime and Beautiful*, ed. with an Introd. and Notes by J. T. Boulton, reprint of the 1759 ed., London, Routledge & Kegan Paul, 1958, c1757. Edmund Burke (1729-1797), homme politique et écrivain britannique, se fit le défenseur des colonies américaines et des catholiques irlandais. Adversaire résolu de la Révolution, il publia des *Réflexions sur la Révolution française* (1790) dénonçant, au nom du libéralisme, un bouleversement qui selon lui ne pouvait que conduire à la tyrannie, *PRNP*, 338.

164. Jonathan Richardson père (1665-1745) et Jonathan Richardson fils (1694-1771), tous deux peintres, publient *The Theory of Painting* en 1715, puis *Essay on the Art of Criticism* en 1719, UK, 28.

165. Au sujet des premières manifestations artistiques de Reynolds, voir Bénézit, vol. 8, 715 ; nous n'avons pu en confirmer la date, ni la véracité des propos de Reynolds concernant Raphaël et Michel-Ange.

S'avisant que seule l'ignorance était cause de son désenchantement, il se mit alors à étudier avec méthode d'abord, avec passion ensuite, les œuvres des grands maîtres non seulement à Rome, mais à Florence, à Parme[, à Bologne] et à Venise [puis à Paris].

De retour à Londres, il ne se rebuta pas au premier échec; il travailla, multiplia les études, apportant toute sa science et son instinct d'artiste à rendre la plénitude de vie de ses modèles; chaque jour il s'avançait plus loin dans la voie triomphale ouverte à son ambition. Le succès finalement vint couronner ses efforts et il connut alors la gloire. Nommé président de l'Académie Royale, tout récemment fondée [1768], il exerça pendant vingt ans une véritable magistrature sur l'art de son temps. Créé baronnet, son atelier devint le rendez-vous de l'Angleterre intellectuel : Burk, Garrick, Goldsmith et Smith en étaient les familiers. Dans ce vaste atelier orné de tableaux de maîtres et meublé somptueusement défilèrent encore toutes les aristocraties du sang, de la fortune et de la gloire. Les plus grandes dames y posèrent ainsi que les plus beaux enfants du royaume, si bien que Reynolds pouvait se vanter d'avoir peint "deux générations de beautés".

Cette vie magnifique d'honneur et de probité eut un soir sombre et mélancolique. En pleine activité, à soixante-cinq ans [soixante-six selon d'autres sources], le grand artiste perdait la vue. D'une âme sereine il accueillit cette avant-coureuse de la mort qui ne tarda guère; le 23 avril 1793 [le 23 février 1892], en effet, il expirait. Avec une pompe presque royale son corps fut déposé dans la crypte de la cathédrale Saint-Paul.

Quel[ ]que puisse être le mérite de ses tableaux d'histoire, c'est incontestablement par ses portraits que Reynolds a conquis l'estime universelle. Au reste, les neuf[ ]dixièmes* des sept cents tableaux qu'il a exécutés[…] sont des portraits. L'Angleterre de son temps, on peut le dire[,] revit tout entière dans cette merveilleuse galerie. C'est dans ce genre qu'il a fait preuve d'une concentration de pensée et d'une virtuosité d'exécution qui eussent suffi à suppléer au génie. On peut, en le comparant aux grands interprètes de la figure humaine, le trouver inférieur à quelques uns dans l'expression subtile et toute de nuances de la vie "intérieure", mais si l'on ne perd pas de vue que Reynolds est un Anglais pour qui l'exubérance de vie met comme un écran entre l'acte et la pensée, on doit convenir que la manière robuste et simplifiée dont il s'est servi est justement celle qui pouvait le mieux exprimer l'énergie hautaine, en même temps que l'extrême réserve de l'âme saxonne.

Dans ce « Panthéon des gloires nationales »°, comme on a appelé la riche collection de ses portraits, l'élément masculin tient certes une large place; mais ce sont surtout ses portraits de femmes et d'enfants qui ont la faveur du plus grand nombre de ses admirateurs. Et c'est justice; car ce sont autant de poèmes de grâce et d'élégance, de distinction raffinée et de naturel abandon.

Les figures sont jolies, quelques unes d'une véritable séduction, telle cette Nelly O'Brien qui apparaît dans un demi-jour flottant et mourant, comme « l'âme invitante de la solitude »°.

L'un des contemporains de Reynolds, un génie de tout premier ordre, contribua pour une large part à établir la royauté du portrait sur tous les autres genres et ce fut Gainsborough qui, par le don d'une sensibilité rare, ajouta à l'art de Reynolds ce qui lui manquait encore pour le hausser au degré de perfection des plus belles productions des écoles rivales. En effet, en associant le paysage à la figure humaine, en cherchant à les fondre ensemble dans une harmonie naturelle, profonde et musicale, il s'éleva au grand style et réconcilia l'homme avec la nature dont le divorce avait été décrété par la Réforme. Aussi dans son œuvre, encore grave et solennelle, on perçoit comme un sourire voilé, l'aveu aux lèvres d'un amour caché. Voilà pourquoi on a dit que si Reynolds est une intelligence, Gainsborough est une sensibilité.

Il [Thomas Gainsborough (1727-1788)] naît à Sudbury, en Su[f]folk*, y grandit, y sent naître sa vocation; il s'en éloigne quatre ans [huit selon Garzanti, 392] pour se familiariser avec la technique de son art dans les ateliers de [Hubert] Gravelot et de [Frank] H[a]yman, y revient [en 1746]) pour se marier avec une jeune fille de dix-sept ans (il en avait dix-neuf) qui devait faire le bonheur de sa vie. Il parcourt la campagne et peint des ciels, des arbres et des torrents, se grisant de grand air, de soleil et de liberté. Ainsi, il préludait à l'art si difficile du portrait en faisant celui de son pays natal qu'il traite avec l'émotion et la tendresse scrupuleuse qu'il apportera plus tard à l'expression d'un visage, à la pensée d'un regard, à la grâce d'un sourire.

Le succès le contraignit vers la cinquantaine [à 47 ans, en 1774] à venir habiter la capitale. Célèbre presqu[e]en même temps que Reynolds, il fut compris au nombre des fondateurs de l'Académie Royale [1768] avec laquelle du reste il demeura en froid jusqu'à sa mort.

Sa vie s'écoula limpide et calme comme les eaux d'un beau lac; une force saine, une énergie harmonieuse en dirige le cours. Les triomphes et les honneurs ne changèrent ni ne troublèrent ses mœurs simples et paisibles. Au milieu des élégances et des plaisirs de la cour, il demeura pareil à l'homme et à l'artiste de ses débuts, gardant ses habitudes d'indépendance, de franchise, de travail et de fidélité. Sur le point de mourir, il se souv[i]nt* qu'il n'avait pas toujours rendu justice au noble caractère de Reynolds et il le manda à son chevet. Le grand portraitiste accourut à son appel. Longue et difficile fut cette suprême conversation – Reynolds entendant avec beaucoup de difficulté – mais elle fut touchante par l'hommage que ces deux créateurs de la peinture anglaise rendirent à celui qui en avait été le premier inspirateur. « Nous irons tous au ciel, s'écriait Gainsborough, et Van Dyck sera de la partie.» [citation légèrement différente dans Bénézit, vol. 4, 583.] Le 2 avril [le 2 août]* 1788, il expirait; il était âgé de [presque] soixante-deux ans.

Gainsborough s'est peint tout entier dans ces paroles qui nous ont été conservées: «Je fais des portraits pour vivre, des paysages parce que je les aime et de la musique parce que je ne peux m'en empêcher°[166].» Laissons de côté le violon d'Ingres pour ne nous occuper que de la palette et des pinceaux.

Nous avons dit que Gainsborough avait débuté par le paysage. D'un esprit peu inventif, il trouva dans la nature rustique un inépuisable sujet d'impressions et de rêves. De la campagne anglaise il aima tout et jamais il ne se lassa d'en raconter les humbles, mais pittoresques aspects; dans ce cadre tranquille et recueilli il se plut à placer ses scènes de la vie rurale et enfantine; ses paysannes, avec cette beauté de type et cette fraîcheur de teint particulières aux Anglaises, ont une grâce sentimentale qui leur vient de l'imagination et de la sympathie de l'artiste.

Amené par les hasards de sa carrière à peindre surtout des portraits, il conserva toutefois l'habitude d'associer le paysage à la figure humaine. Sans doute, le problème devenait plus difficile et se vidait à demi de poésie lorsqu'il était condamné à rendre les traits peu séduisants de ses contemporains; mais avec l'enfant et la femme, il pouvait donner libre cours à sa fantaisie et composer le décor idéal qui convenait le mieux à leur beauté.

Impulsif comme il était, il exprimait sans recherche, sans artifice, j'allais dire sans composition, l'impression qu'il éprouvait et cette impression était toujours poétique. «Dès que je raisonne, disait-il, je me sens perdu.»°

Voilà pourquoi il sacrifiait les idées à l'émotion et quoique son dessin soit flottant et parfois négligé, il charme le plus souvent, intéresse et retient toujours; car on sent que la nature[167] est l'élément essentiel de son inspiration et que, comme Watteau, il ne concevait la femme que telle que la lui montrait sa vision intérieure. Et la femme qui posait devant ses yeux se transfigurait ainsi de toute l'affection respectueuse dont il l'entourait. En effet, on a pu dire qu'il avait été, dans un sens honorable, amoureux de tous ses modèles.

Mais à vouloir de la figure féminine ravir tout le charme séducteur, il se désespérait [de ce]* que son pinceau f[û]t parfois impuissant à en rendre l'indéfinissable expression. Il disait à une jolie femme: «Votre sourire est trop difficile pour moi»°, voulant faire entendre par là que sa manière et ses moyens se refusaient à matérialiser l'essence rare de ce sourire qui

---

166. Cette citation se trouve déjà dans l'*Annuaire général* de l'ULàM, 1914-1915, 228-229.

167. Depuis au moins la Renaissance, le concept de nature a été abondamment utilisé, par les artistes puis par les historiens de l'art, sans que ne soit toujours précisée la signification qui lui est accordée, le terme pouvant désigner un paysage champêtre, la nature humaine, le monde visible, le Beau suprême, ou tout cela à la fois.

l'éblouissait et dont le rayonnement[,] pensait-il, se serait éteint en passant de son pinceau sur la toile.

Voilà la raison de la séduction qui se dégage de ses portraits de femmes; tous révèlent une âme et éternisent un peu de beauté et de jeunesse.

C'est également l'âme éternellement jeune et poétique de la nature que nous révèlent ses paysages; sans doute, il ne les traite pas à la façon minutieuse et soignée des Hollandais, loin de là; au contraire d'eux, il néglige le détail et compose par masses; il ne jette pas les notes les unes après les autres pour former la mélodie aérienne; il les lance toutes à la fois dans une succession d'accords qui ont l'ampleur majestueuse d'un "largo" de Ha[e]ndel.

Reynolds et Gainsborough devaient être suivis d'une pléiade d'enthousiastes disciples qui unirent leurs efforts pour débarrasser l'art anglais de ses dernières attaches continentales et lui restituer son insulaire indépendance.

Quelques uns de ces artistes[168] méritent d'être connus, entr[e] autres: Romney, Ho[p]pner*, Raebu[rn] et Lawrence dont il me faut dire au moins un mot. Tous se sont fait une spécialité du portrait et plus particulièrement du portrait de femme. [Georges] *Romney* [1743-1802], hanté par l'ensorcelante beauté d'Emma Lyon, devenue plus tard Lady Hamilton, en fit revivre les traits charmants dans toutes les femmes qu'il a peintes. [John] Hoppner [1758-1810], caractère plus énergique, mais d'une sensibilité plus délicate, peignit avec attendrissement les enfants et avec une respectueuse sympathie leurs mères; il fut le premier à débarrasser ses modèles des laideurs imposées par la mode et la nature, des conventions du "paysage italien". Henry *Roebum* [Raeburn (1756-1823)] est un fantasque qui manque parfois de goût, mais qui peint avec une largeur et une audace qui le firent souvent comparer à Velasquez dont il ne posséda pas cependant[...] la science des harmonies.

Enfin, parut Thomas Lawrence (1769-1830) qui termine la série ou la lignée des grands portraitistes anglais. Comme Van Dyck, avec un parti pris plus évident, il aristocratise tous ses modèles, rois, princes et princesses, actrices, hommes d'état et en fait des types racés d'une rare distinction; autour de leurs personnes, ce ne sont que soies chatoyantes, velours cassants, colliers rutilants, rubans et décorations. Il idéalise inlassablement. C'est le portraitiste de style, de cour et d'apparat de l'Angleterre, le dernier des grands maîtres du xviiie siècle qui se soit élevé aussi haut. Au reste, le cycle se ferme avec lui; car il meurt en 1830, au moment où une véritable révolution se fait dans l'art et dont l'Angleterre, en dépit de son traditionnisme obstiné[,] ne put entièrement défendre son école de peinture.

---

168. Ce paragraphe et le suivant remplacent une première version de ce passage longue de cinq pages, manuscrites.

En effet, ce fut précisément à ce moment que la peinture iconographique fut éclipsée par la peinture de paysage enrichie subitement d'une gloire encore inconnue, grâce au génie d'un Constable et d'un Turner.

John *Constable* (1776-1837), natif du Sul[f]olk*, tout comme Gainsborough, est le premier peintre non seulement anglais, mais européen qui, osant briser avec les fausses traditions de l'école classique, se plaça résolument devant la nature pour l'observer avec attention et la copier avec une scrupuleuse fidélité. Laissant de côté tout ce que contenait de conventions et de littérature le "paysage italien", il s'exerça par une étude approfondie à rendre sur la toile les effets changeants de l'atmosphère et les contrastes d'ombres et de lumières que la nature multiplie dans un désordre apparent qui est le comble du pittoresque artistique ; les plus modestes motifs ne lui paraissaient pas indignes de l'art, du moment que par l'art ils devenaient l'expression d'une sensibilité. Voilà pourquoi Constable est regardé comme le créateur du paysage moderne, l'initiateur d'une façon humaine, entièrement neuve[,] d'observer, de sentir et de reproduire la nature inanimée.

En exposant, en 1824, quelques unes de ses œuvres au Salon de Paris, il était loin de se douter qu'il allait déchaîner le mouvement qui transformerait entièrement l'école française. Thoré[-]B[ü]rger a raison de dire que là est l'origine de la métamorphose du paysage en France°[169]. En effet, la révolution artistique de 1830, comme nous le dirons plus tard, fut provoquée en grande partie par l'exemple de Constable qui aux mensonges de l'art académique opposait le dogme de la liberté et de la sensibilité individuelle. « Eh ! quoi, s'écriait-il, regarder toujours de vieilles toiles enfermées et crasseuses et jamais la campagne, la verdure[,]* ni le soleil. »° C'était donc l'école ouverte du plein air qu'il préconisait à la place de l'école fermée de l'atelier. Son amour de la nature était si grand qu'il disait encore : « Je n'ai jamais vu une chose laide dans ma vie. »°

Méconnu dans son pays jusqu'au jour où sa réputation fut consacrée par le succès de Paris, il eut au moins la consolation de voir en France triompher ses idées, s'il n'eut pas celle de guérir l'art anglais de son engouement pour les recettes traditionnelles enseignées à l'Académie Royale. Cela n'était pas sans alarmer son patriotisme. « Dans trente ans, écrivait-il, l'art anglais aura cessé d'exister. »° Sa prophétie se serait accomplie à la lettre si un événement[,]

---

169. Théophile Thoré, dit Thoré-Bürger (1807-1869) – il utilise aussi le pseudonyme de William Bürger (GB, 237) – est un critique français dont l'appréciation de peintres tels que Millet, Courbet et Manet (Salon de 1868) a été décisive, trois articles qu'il a publiés dans la *Gazette des Beaux-Arts* en 1886 ayant également permis que la peinture de Jan Vermeer soit réévaluée (UK, 117). Selon Bazin, Bürger, farouche républicain, avait fait un an de prison sous Louis-Philippe et échappé par la fuite à la déportation sous la IIe République. En 1842, avec Paul Lacroix, il avait fondé L'Alliance des arts, une agence pour l'expertise, la vente et l'achat de bibliothèques et de galeries de tableaux, GB, 237-238.

dont je parlerai plus loin, n'avait mis tous les ateliers en ébullition et tiré de leur léthargie les vieux maîtres qui cette fois se sentirent menacés dans leurs confortables sinécures.

Plus prodigieux encore fut *William Turner* (1775-1851) qui selon l'expression de M. de la Sizeranne, « est le seul de son espèce, aussi peu invité dans son pays que partout ailleurs, n'appartenant pas plus à une région de la terre qu'une comète n'appartient à une région du ciel[170] ». En effet, Turner est un inspiré, un visionnaire, un miracle d'imagination qui provoque à la fois l'enthousiasme et l'étonnement. Son rêve, ce fut de donner à sa couleur l'éclat du soleil et pour y mieux parvenir il se composa une technique que personne n'avait employée avant lui et que personne ne put répéter après lui.

> Toutes les magies, toutes les subtilités, toutes les splendeurs du rayonnement, a dit Ernest Chesneau, il les a abordées, tentées et réussies. Depuis les pâles lueurs du crépuscule, les blancheurs laiteuses de l'aube se levant à l'horizon des terres brunes jusqu'aux éblouissements du soleil couchant incendiant de ses immobiles rayons les flots et leur agitation perpétuelle, c'est une série, une suite non interrompue de prodiges : rues de Venise, côtes anglaises, cathédrales, châteaux, forêts, montagnes, lacs paisibles, océans en furie, vaisseaux en détresse, combats maritimes, escadres flottantes, plages à marée basse, intérieurs, salons, études d'anatomie et d'ornithologie, animaux, architectures réelles et architectures fantastiques, herbes, insectes et fleurs ; c'est tout un monde, c'est le monde de la réalité éblouissante et celui de l'imagination passionnée, confondus et mêlés, fourmillant de vie et d'éclat. Tel fut le domaine dans lequel il a évolué avec une aisance, une facilité, une virtuosité sans pareille[171].

Ruskin a proclamé Turner le « maître incomparable[172] ». En effet, malgré ses défaillances, il n'y a personne que l'on puisse lui opposer. Non seulement il a été le plus grand peintre anglais ; il a été de plus, en ce dix-neuvième siècle si passionnément amoureux de la nature, celui qui plus que tous ses émules a su élever son art à la hauteur de son rêve.

Et cependant, en dépit du passage dans le ciel de l'art anglais de ces deux météores, il faut reconnaître que l'école anglaise s'appliquait à réaliser la prophétie de Constable : elle se mourait d'inanition ; sous la férule de l'Académie et la servitude de principes généraux, excellents en soi, mais

---

170. Robert de la Sizeranne, *La peinture anglaise contemporaine*, Paris, Librairie Hachette, 1895, 11. Le mot *invité* dans la phrase de Lagacé se lit *imité* chez de la Sizeranne.

171. Ernest Chesneau, *La peinture anglaise*, Paris, Librairies-imprimeries réunies L. Martinet, s. d., 160. Après *les splendeurs du rayonnement*, Lagacé a supprimé *l'une après l'autre*, puis désigné l'artiste par le pronom *il* (Chesneau écrivait *Turner*) ; il a également transformé *vues de Venise* en *rues de Venise*, et ajouté lui-même la dernière phrase de la citation.

172. Ruskin consacre à Turner la moitié de son livre, John Ruskin, *Les peintres modernes : le paysage*, traduit de l'anglais et annoté par E. Cammaerts, Paris, Librairie Renouard, H. Laurens éditeur, 1914.

mal compris et paresseusement appliqués, elle se perdait et s'égarait dans les souvenirs de moins en moins lucides qu'elle avait gardés des beaux jours de Reynolds et de Gainsborough.

C'est à ce moment que parut un groupe de jeunes gens qui, dégoûtés des mensonges et des recettes académiques, entreprirent de régénérer l'art en lui assignant un rôle social et d'en faire un pain nourricier, [au lieu]* de la "sucrerie" qui avait été jusque là réservée·à la seule table des riches et des snobs. Cette révolution esthétique qui est connue dans l'histoire de l'art sous le nom de "mouvement préraphaélite" est le grand événement du XIXe siècle anglais.

En 1848, quatre jeunes rapins, William Holman Hunt, John Everett Millais, Dante Gabriel Ros[s]etti* et Thomas Woolner, sculpteur, auxquels vinrent s'adjoindre quelques écrivains et plus tard des maîtres, tels Watts et Bume-Jones, fondèrent la Confrérie des Frères Préraphaélites, signant leurs œuvres des trois lettres P.R.B. [*Pre-Raphaelite Brotherhood*]. Leur but n'était autre que d'opposer[,] au traditio[n]alisme des écoles officielles, la liberté qu'avaient connue les primitifs florentins, pas encore asservis à ce que j'appellerai la royauté absolue des grands génies du XVIe siècle et notamment Raphaël qu'ils tenaient responsables de tous les maux du classicisme. Aussi se mirent-ils à peindre avec la minutieuse exactitude, la tendre et gauche sincérité des Memmi, des Lippi, des Fra Angelico et des Botticelli.

Dès leur apparition aux expositions ils firent scandale. Attaqués par la presse, l'Académie et tous ceux que les nouveautés dérangent dans leurs habitudes, ils auraient assurément succombé sous le nombre des assaillants si Ruskin[,] surnommé à juste titre le « grand-prêtre de la beauté », ne s'était jeté dans la mêlée avec l'ardeur, la fougue et l'enthousiasme de son âme passionnée[173]. De sa plume qui vibrait comme une corde de lyre, le grand esthéticien définit le rôle véritable de l'art qui[…] consiste – ce en quoi il avait raison – non à répéter des formules apprises à l'école, mais [à] exprimer[,] librement et sans artifices ni mensonges, la vérité d'une sensibilité émue aux spectacles de la vie de l'univers. Pour Ruskin, comme pour un Ros[s]etti*, un Watts et un Bume-Jones, les primitifs avaient connu l'âge

---

173. Dans son introduction à *Ruskin et la religion de la beauté* (Paris, Librairie Hachette et Cie, 1897, 1-10), Robert de la Sizeranne raconte comment, lors d'une séance de travail au Chiostro Verde de Florence, il entend parler pour la première fois de Ruskin, le « prêtre de cette religion de la Beauté ». Les travaux de Ruskin ont été largement diffusés en France au début du XXe siècle, notamment grâce aux traductions de Marcel Proust. Voir Antoine Compagnon, « À hue et à dia », dans John Ruskin, *Sésame et les lys*, trad. et notes de Marcel Proust, précédé de *Sur la lecture* de Marcel Proust, Paris, Éditions Complexe, 1987, 9-24, c1904 pour la traduction française, c1865. Sur l'importance de Robert de la Sizeranne en tant que « médiateur de la culture », homme de lettres et critique d'art français pris de passion pour l'art anglais du XIXe siècle, passion dont Lagacé se trouvera à son tour contaminé, voir les deux articles de Stephan Bann (notre note 153 supra).

d'or de la simplicité et de la sincérité; car pour eux la reproduction d'une simple fleur des champs avait autant de prix et exigeait d'eux autant de soin qu'un sourire au bord des lèvres d'une femme. Forts de cette découverte, ils se mirent à l'école de la nature, chassant de leur esprit toutes les leçons, tous les souvenirs des grands maîtres. Ils s'ingénièrent ainsi à se donner des âmes de primitifs, Botticelli [étant?] devenu leur dieu. En somme, ils ne faisaient que changer de servitude; car la manière, les par[t]is*[ ]pris, les procédés, tout cela n'est que des moyens: l'art est ailleurs. Trésor enclos en une âme d'élite, il ne « se délivre en »° lumière ou en harmonie que sous l'action de l'inspiration qui est en quelque sorte l'appel d'un Dieu [un appel de Dieu]*.

Le mouvement préraphaélite, tout comme le mouvement naturaliste en France, n'a eu d'autre résultat que d'arracher les artistes à la séduction naturelle, mais desséchante de l'imitation et de la virtuosité. Il eut une autre conséquence pour les Préraphaélites, ce fut, comme l'avait déjà enseigné Diderot, de donner une moralité à l'art et d'en faire une école de vertu. En effet, pour Ruskin et ses disciples, l'art n'avait pas pour but unique la beauté et le plaisir esthétique qui en découle; il fallait que cette beauté[,] cessant d'être une jouissance purement égoïste, devienne une source de pensée et de poésie, une invitation à l'homme de transformer sa vie pour en faire à son tour une œuvre d'art. L'art est rédemption. C'est dans ce but qu'ils s'efforcèrent, par le livre à bon marché, la revue et le journal, par l'artisanat remis en honneur et l'établissement d'écoles populaires, à rendre l'art accessible aux déshérités de la fortune ou du savoir[174]. En démocratisant ainsi l'art, ils aspiraient à en rendre les joies réconfortantes et ennoblissantes à la portée de tous, aux petits comme aux grands. C'était, il faut le reconnaître, un beau rêve et une généreuse ambition, mais qui ne donnèrent pas ce qu'en espérait William Morris, c'est-à-dire de constituer un trésor de joies spirituelles « pour le peuple et par le peuple, pour celui qui le produit, comme pour celui qui s'en sert[175] ». Pour salutaire qu'ait été le

---

174. On ne peut s'empêcher de penser à Lagacé lui-même, dont l'idéal, les aspirations et les réalisations ressemblent aux qualités et aux performances qu'il attribue ici à Ruskin, qui aura sans doute été pour lui un modèle d'inspiration.

175. Lagacé s'inspire peut-être de *Contre l'art d'élite*, un ouvrage qui réunit les textes des conférences présentées par William Morris entre 1877 et 1894, mais la citation un peu courte ne permet pas de le confirmer; voir l'éd. avec postf. et trad. de Jean-Pierre Richard, av.-pr. de Jean Gattegno, suivi d'extraits de *La nature du gothique* de John Ruskin, Paris, Hermann, 1985. William Morris (1834-1896), peintre, poète et décorateur, membre de la Pre-Raphaelite Brotherhood et favorable à un renouvellement politique et social qualifié dans Garzanti, 701, de « socialisme utopique anglais », de même qu'à un retour au travail artisanal visant à dépasser l'aliénation de l'art par l'industrie, s'inscrit dans la lignée des artistes et historiens de l'art français et britanniques du XIX[e] siècle, tels Eugène-Emmanuel Viollet-le-Duc, ou John Ruskin (nos notes 58, 60 et 23), qui ont tenté de réhabiliter l'art et l'architecture du Moyen Âge.

"mouvement préraphaélite", il était voué fatalement à un échec, parce qu'il contraria[i]t* trop d'intérêts et de préjugés chez les artistes et les marchands de tableaux. Au reste, on ne change pas ainsi du tout au tout les habitudes d'une collectivité que guide l'instinct, indifférente à tout ce qui ne répond pas à la conception qu'il se fait de la vie. Il advint donc du "Préraphaélisme" ce qu'il devait advenir du "Nationalisme" [sic] inauguré à Barbizon, il fut submergé par la vague du réalisme qui envahit toutes les écoles; et c'en fut fini du séduisant mirage que le verbe magique de Ruskin avait fait se lever au bord de la pensée anglaise.

Bibliographie

Bibliographie sélective des auteurs cités dans l'introduction et les chapitres 1 à 3

excluant les articles de journaux (voir chapitre 3)
et les articles de périodiques (voir le chapitre 2 et l'annexe 1)

Anonyme, « Architectural Education in the States », *The Canadian Architect and Builder*, vol. 1/8, 1888, 6.

Anonyme, *McGill Schools of Architecture and Urban Planning*, Prospectus, Montréal, 1987 (McGill Archives, dossier « School of Architecture »).

Anonyme, « Napoléon Bourassa. Sa vie, son œuvre », *Revue Canadienne: Religioni, Patriae, Artibus*, 1916, 289-313.

Anonyme, « Nécrologie. Le Rev. M. Desmazures, P. S. S. », *Le Monde illustré*, 17 octobre 1891, 387 et 391.

Anonyme, « St. Jean Baptiste Evening Classes », *The Canadian Architect and Builder*, vol. 8/11, 1895, 131.

L'abbé ***, « L'esthétique dans l'enseignement », *Revue Canadienne*, janvier 1899, 47-51 et février 1899, 97-101.

Allard, Michel et Soraya Bassil, « Jos. Venne (1858-1925) », dans *Joseph Venne 1858-1925*, ARQ, *La Revue d'architecture*, n° 116, août 2001, 12-17.

L'Annaliste, « Monsieur l'abbé Bourassa. L'un des hommes les plus en vue dans l'enseignement », *Album universel*, vol. 19, n° 29, 15 novembre 1902, 678.

Aronberg Lavin, Marylin, *The Eye of the Tiger: The Founding and Development of the Department of Art and Archaeology, Princeton University, 1883-1923*, Centennial Publication, Princeton, Princeton University, 1983, Mudd Library Archives.

Auclair, Élie-Joseph, « Impressions de voyage. Les lettres de Monsieur J.-B. Lagacé », *Revue Canadienne*, 1901, n° 1, 92-110.

Auclair, Élie-Joseph, « M. l'abbé Gustave Bourassa (1860-1904) », dans *Figures canadiennes*, première série, Montréal, Albert Lévesque, 1933, 168-175.

Auclair, Élie-Joseph, « M. Napoléon Bourassa », *Revue Canadienne*, 1916, 193-195.

Auclair, Élie-Joseph, « L'Union Catholique », *Revue Canadienne*, 1908, n° 2, 403-409.

Audet, Louis-Philippe, *Histoire de l'enseignement au Québec*, tome 2, *1840-1971*, Montréal, Holt, Rinehart et Wilson, 1971.

Auer, Michel, *150 ans d'appareils photographiques à travers la collection Michel Auer*, Hermance, Suisse, Camera obscura, 1989.

Bakos, Jan, *Stryri trasy metodologie dejin unmenia*, Bratislava, Veda Vydavatel'stvo Slovenskej akadémie Vied, 2000.

Baldwin-Smith, Earl, *The Study of the History of Art in the Colleges and Universities of the United States*, Princeton, Princeton University Press, 1912.

« Banquet Lagacé » (jeudi, 8 mai 1924), « Réponse de M. Lagacé », *Annuaire de la faculté des Lettres*, 1925-1926, 61-66.

Bassil, Soraya (voir Allard, Michel)

Bazin, Germain, *Histoire de l'histoire de l'art, de Vasari à nos jours*, Paris, Albin Michel, 1986.

Bédard, Rodrigue, *Napoléon Bourassa et l'enseignement des arts au xixe siècle*, mémoire de maîtrise, UdeM, 1980.

Bélanger, Réal, « Le projet indépendantiste de Jules-Paul Tardivel », *Cap-aux-Diamants*, 53, printemps 1998.

Bertrand, Louis, « 164. M. Desmazures (1818-1891) », *Bibliothèque sulpicienne ou Histoire littéraire de la Compagnie de Saint-Sulpice*, vol. II (le xixe siècle), 1900, 471-473.

Bien, Linda, « Canadian Copyright Law and Visual Resources Collections », *Positive*, vol. XIV, n°s 2 et 3, July 1990, 1-12.

Bizier, Hélène-Andrée, *L'Université de Montréal. La quête du savoir*, Canada, Libre Expression, 1993.

Bland, John, *The Growth of the McGill University School of Architecture*, Acc. n°1082, s.d. (avant 1971).

Bourassa, Gustave, « Chez les travailleurs intellectuels. À l'Université Laval », *La Vérité*, samedi 2 novembre 1901, 1-2.

Bourassa, Gustave, *Conférences et discours*, Montréal, Beauchemin, 1899.

Bourassa, Napoléon, « Causerie artistique sur l'exposition de l'"Art Association", etc », *Revue Canadienne*, 1865, 170-179.

Bourassa, Napoléon, « Le carnaval à Rome (souvenirs de voyage) », *Revue Canadienne : Religioni, Patriae, Artibus*, 1864, 47-54.

Bourassa, Napoléon, *Lettres d'un artiste canadien : N. Bourassa*, Bruges et Paris, Desclée de Brouwer, 1929.

Bourassa, Napoléon, « Quelques réflexions critiques à propos de l'"Art Association de Montréal" », la *Revue Canadienne*, 1864, 170-182.

Bourassa, Napoléon, « L'Union Catholique », *L'Écho du Cabinet de lecture paroissial*, vol. 11, 1er juin 1863, 164-170.

Brush, Kathryn, *The Shaping of Art History. Wilhelm Vöge, Adolph Goldsmidt, and the Study of Medieval Art*, Cambridge, Cambridge University Press, 1996.

Capper, Stewart Henbest, « Architectural Training for Canadian Students », *The Canadian Architect and Builder*, vol. 14/1, 1901, 6-8.

Capper, Stewart Henbest, « Architecture in the University », *The Canadian Architect and Builder*, vol. 9/11, 1896, 179-182.

[Capper, Stewart Henbest], « Lecture by Prof. Capper on "Ancient Rome" », *The Canadian Architect and Builder*, vol. 11/6, 1898, 105.

[Capper, Stewart Henbest], « University Lecture Delivered by Professor Capper Yesterday Afternoon : The Position Which Architecture Occupies in the Universities Pointed Out by the Occupant of the New Chair at McGill », *Montreal Daily Star*, vendredi 6 novembre 1896, 4.

Capper, Stewart Henbest, « University Training in Architecture », *The Canadian Architect and Builder*, vol. 15/1, 1902, 9-12.

Chabert, Joseph, *Discours de M. L'abbé Chabert, Fondateur et Directeur de L'Institution Nationale des Beaux-Arts, Appliqués à l'Industrie, À Son Excellence Le Très Honorable Sir John Young, P. C., G. A., G. C. M. G., Etc., Etc., Gouverneur Général De la Puissance du Canada, Prince de la Terre de Rupert, Etc., Etc., Etc., Suivi de L'Adresse à Son Excellence Lady Young, Lors de Leur Visite à l'Institution Nationale des Beaux-Arts, le 2 Juillet, 1869* (conférence sur l'art du Dessin présentée en 1866 à l'Institut Canadien-Français), Ottawa, Imprimerie du Courrier d'Outaouais, 34 rue Spares, 2 de 3 pages.

Chabert, Joseph, *Programme de l'Institution nationale, école spéciale des beaux-arts: sciences, arts et métiers et industrie, 75 rue St. Jacques, Montréal. Fondée et dirigée par M. l'abbé Chabert*, Montréal, Imprimerie du National, 1874, 16 pages.

Charland, Jean-Pierre, *Histoire de l'enseignement technique et professionnel: l'enseignement spécialisé au Québec 1867-1982*, Québec, IQRC, 1982.

Charland, Jean-Pierre et Nicole Thivierge, avec la collab. de Claire Côté et Jacques Saint-Pierre, *Bibliographie de l'enseignement professionnel, 1850-1980*, Québec, IQRC, 1982.

Comeau, André, *Institutions artistiques du Québec de l'entre-deux-guerres (1919-1939)*, thèse de doctorat dirigée par Marc LeBot, Paris I, 1983.

Cousin, Victor, *Du vrai, du beau et du bien*, 28e éd., Paris, Perrin, 1898, c1853.

Desmazures, Gustave, *Basilique de St. Pierre de Rome*, Montréal, Institut des artisans, 1870.

Desmazures, Gustave, *Le Canada en 1868*, Paris, Eugène Belin libraire, 1868.

Desmazures, Gustave, *Cours d'archéologie. Université Laval de Montréal: les Indes, l'Égypte, l'Assyrie, la Palestine*, Montréal, Réjean Olivier, Ex-Libris, 1890.

Desmazures, Gustave, *Église de St. François d'Assise*, Montréal, Institut des artisans, 1870.

Desmazures, Gustave, *Entretien sur les arts industriels*, Montréal, Institut des artisans, 1870.

Desmazures, Gustave, *Explication des peintures de la chapelle Nazareth*, Montréal, Eusèbe Senécal, imprimeur-éditeur, 1872?.

Desmazures, Gustave, *M. Faillon, Prêtre de St-Sulpice; Sa Vie et ses œuvres*, publié par la Bibliothèque paroissiale à Montréal en 1879 (paru dans *L'Écho du Cabinet de lecture paroissial*, 1871).

Desmazures, Gustave, *M. Flavien Martineau, prêtre de St. Sulpice: esquisse biographique*, Montréal, Imprimerie de John Lovell et fils, 1889.

Desmazures, Gustave, *Histoire du chevalier d'Iberville, 1663-1706*, Montréal, J. M. Valois, libraire-éditeur, 1890.

Desmazures, Gustave, *Souvenirs de la persévérance de Montréal*, Montréal, s. n., 1872.

Desrosiers, Adélard, *Les écoles normales primaires de la Province de Québec et leurs œuvres complémentaires: récit des fêtes jubilaires de l'École Normale Jacques-Cartier 1857-1907*, Montréal, Arbour et Dupont, 1909.

Didi-Huberman, Georges, *Devant l'image: question posée aux fins d'une histoire de l'art*, Paris, Minuit, 1990.

Dilly, Heinrich, *Kunstgeschichte als Institution: Studien zur Geschichte einer Disziplin*, Frankfurt, Suhrkamp, 1979.

Doran, William Edward, « Truth in Architecture », *CAB*, vol. 9/5, 1896, 68, et vol. 9/6, 1896, 86-87.

Dufour, Andrée, *Histoire de l'éducation au Québec*, Montréal, Boréal express, 1997.

Dyonnet, Edmond, *Mémoires d'un artiste canadien*, préface de Jean Ménard, Ottawa, Éditions de l'Université d'Ottawa, Cahier du Centre de recherches en littérature canadienne-française, 1968.

Eisler, Collin, « Kunstgeschichte American Style: A Study in Migration », in Donald Fleming and Bernard Bailin (ed.) *The Intellectual Migration: Europe and America*, Cambridge Mass., Harvard University Press, 1969.

Ethier, J. U. (Urgèle?), « L'art chrétien de l'Occident à partir de sa naissance dans les catacombes », *La Patrie*, édition du soir, samedi 2 novembre 1889.

Fabre, Hector, « Écrivains canadiens – Napoléon Bourassa », la *Revue Canadienne*, III, 1866, 727-750.

Fahmi Eid, Nadia, *Le clergé et le pouvoir politique au Québec: une analyse de l'idéologie ultramontaine au milieu du XIXe siècle*, LaSalle, Québec, Hurtubise HMH, 1978.

Fournier, Marcel, *Les générations d'artistes*, Québec, IQRC, 1986.

Gagnon, Robert, *Histoire de l'École Polytechnique. La montée des ingénieurs francophones de Montréal, 1873-1990*, Montréal, Boréal, 1991.

Gauthier, Raymonde, « Les membres fondateurs de l'AAPQ, le centenaire de la Corporation professionnelle des architectes du Québec », *ARQ, Architecture Québec*, n° 56, août 1990, 36.

Gibson-Wood, Carol, « George Turnbull and Art History at Scottish Universities in the Eighteenth Century », *RACAR*, vol. XXVII, 2001-2003, 7-18.

Gingras, Yves, *Pour l'avancement des sciences. Histoire de l'ACFAS 1923-1993*, Québec, Boréal, 1994.

Girard, Mathieu, *Jules-Paul Tardivel, rédacteur en chef et propriétaire de la Vérité*, mémoire de maîtrise, Université de Montréal, 1960.

Hall, Henry Foss, *The Georgian Spirit: The Story of Sir George Williams University*, Montréal, George Mikan & Son, 1966.

Harvey, Fernand, « La politique culturelle d'Athanase David, 1919-1936 », *Les Cahiers des Dix*, vol. 57, 2003, 31-83.

Hazan, Olga (dir.), *Construire l'histoire de l'art aux XIXe et XXe siècles : entre l'université et le musée, Visio, revue internationale de sémiotique visuelle*, vol. 4/3, automne 1999-hiver 2000.

Hazan, Olga, *Le mythe du progrès artistique : étude critique d'un concept fondateur du discours sur l'art depuis la Renaissance*, préface de Nicole Dubreuil, Montréal, Les Presses de l'Université de Montréal, 1999.

Heap, Ruby, « Un chapitre dans l'histoire de l'éducation des adultes au Québec : les écoles du soir », *Revue d'histoire de l'Amérique française*, vol. 34, n° 4, mars 1981, 597-625.

Hersant, Yves, *Italies, anthologie des voyageurs français aux XVIIIe et XIXe siècles*, Paris, Robert Laffont, 1988.

Hibbard, Howard, *Michelangelo*, Cambridge, Harper & Row, 1974.

Holly, Michael-Ann, *Panofsky and the Foundations of Art History*, Ithaca, Cornell University Press, 1984.

Hutchison, Alexander Crowper, « Architectural Training », *The Canadian Architect and Builder*, vol. 4/11, 97-99.

Irvine, Betty Jo, with the Assistance of Eileen Fry, *Slide libraries: A Guide for Academic Institutions and Museums*, Colorado, Libraries Unlimited Littleton, 1974.

Jolicœur, Louis-Philippe, « Les Mechanics' Institutes, ancêtres de nos bibliothèques publiques », *Bulletin de l'Association canadienne des bibliothèques de langue française*, X, 1, mars 1964, 5-9.

Karel, David, *Dictionnaire des artistes de langue française en Amérique du Nord : peintres, sculpteurs, dessinateurs, graveurs, photographes et orfèvres*, Québec, Musée du Québec et Presses de l'Université Laval, 1992.

Kultermann, Udo, *The History of Art History*, USA, Abaris Books, 1993.

Lagacé, Jean-Baptiste, « Ce que furent les débuts de l'art au pays. M. J.-B. Lagacé évoque les figures de deux précurseurs : Napoléon Bourassa et Philippe Hébert : détails oubliés », *La Patrie*, 28 mars 1921, 8 (retranscription partielle d'une conférence de Lagacé).

Lagacé, Jean-Baptiste (voir aussi le chapitre 3 et l'annexe 1)

Lajeunesse, Marcel, *Les Sulpiciens et la vie culturelle à Montréal au XIXe siècle*, Montréal, Fides, 1982.

Lamonde, Yvan, *Histoire sociale des idées au Québec*, 2 vol., Montréal, Fides, 2000.

Larivière-Derome, Céline, « Un professeur d'art au Canada au XIXe siècle : l'abbé Joseph Chabert », *Revue d'histoire de l'Amérique française*, 28, n° 3, déc. 1974, 347-366.

Larrue, Jean-Marc, *Le monument inattendu. Le Monument-National 1893-1993*, Cahiers du Québec, LaSalle (Québec), Éditions Hurtubise, HMH, 1993.

Lassonde, Jean-René, *La Bibliothèque Saint-Sulpice, 1910-1931*, 3e éd., Montréal, BNQ, 2001, c1986.

Lefebvre, Gustave, membre de l'Académie, « Notice sur la vie et les travaux de M. Pierre de Labriolle, membre de l'Académie », *Comptes-rendus des séances de l'Académie des inscriptions et belles-lettres*, année 1951, vol. 95, n° 2, 138-157.

Leglaneur, A., « Histoire de l'art », *RC*, 1899, n° 2.

Lerner, Loren and Mary Williamson, *Art and Architecture in Canada : A Bibliography and Guide to the Literature to 1981*, 2 vol., Toronto, Buffalo, London, University of Toronto Press, 1991.

Lévesque, Adolphe, « Essai sur l'architecture ch[r]étienne », *L'Écho du Cabinet de lecture paroissial*, III, n° 26, 6 juillet 1861, 212-214.

Link, Anne-Marie, « Art, History and Discipline in the Eighteenth-Century German University », *Revue d'art canadienne / Canadian Art Review*, vol. XXVIII, 2001-2003, 19-28.

Loiselle, Armand, Membre Actif, A. J. C. F., « La Nouvelle Chaire », la *Revue Canadienne : Religioni, Patriae, Artibus*, janvier 1905, 83-84.

Malchelosse, Gérard, « Les Juifs dans l'histoire canadienne », *Les Cahiers des Dix*, vol. 4, 1939, 167-195.

Mannoni, Laurent, *Trois siècles de cinéma : de la lanterne magique au cinématographe*, Paris, La Réunion des musées nationaux, 1995.

Mansfield, Elizabeth (ed.), *Art History and its Institutions : Foundations of a Discipline*, London, Routledge, 2002.

Marchand, Jacques (voir annexe 1)

Maurault, Olivier, *L'enseignement supérieur à Montréal*, extrait de la *Revue trimestrielle canadienne* lu devant le Women Canadian's Club, juin 1936, Montréal, imprimé au *Devoir*, 1936, 16 pages.

Maurault, Olivier, « M. Étienne-Michel Faillon (1800-1870) », *Les Cahiers des Dix*, vol. 24, 1959, 151-165.

Maurault, Olivier, *Marges d'histoire*, 1. *L'art au Canada*, Montréal, Librairie d'Action canadienne-française, 1929.

Maurault, Olivier, « L'Œuvre des bons livres », la *Revue trimestrielle canadienne*, 1926, 152-177.

Maurault, Olivier, *Propos et portraits*, Montréal, Valiquette, 1941, c1940 (textes de 1936 à 1939).

Maurault, Olivier, « Vingt ans à l'Université de Montréal », *Les Cahiers des Dix*, vol. 17, 1952, 11-54.

Mayrand, Pierre, « L. J. Rivet : un pionnier de l'industrie touristique du Québec », *Téoros*, vol. 14, n° 2, été 1995, 26-29.

Mayrand, Pierre (dir.) et Anne-Marie Faugère (recherche), *Un pionnier du voyage : Louis Joseph Rivet ou l'information et la publicité touristique au début du siècle, la revue « Le Tourisme » 1907*, Documents, Patrimoine arts anciens du Québec, septembre 1978.

Morin, Victor, « L'odyssée d'une société historique », *Les Cahiers des Dix*, vol. 8, 1943, 13-55.

Morin, Victor, *Trois docteurs : E. Z. Massicotte, Aegidius Fauteux, J.-B. Lagacé*, Montréal, édition intime, 1936.

Moxey, Keith, *The Practice of Theory : Poststructuralism, Cultural Politics, and Art History*, Ithaca and London, Cornell University Press, 1994.

Moura Sobral, Luis de, *Pratiques*, exposition d'œuvres d'artistes-enseignants du Département d'histoire de l'art de l'Université de Montréal, à la Maison de la culture de Côte-des-Neiges, Vivre Montréal, 1990.

Mulaire, Bernard, « Chabert, Joseph », *Dictionnaire biographique du Canada en ligne*, Bibliothèque et Archives Canada, vol. XII, 1891-1900.

Nadeau, Jean-Marie, « Discours de Me Jean-Marie Nadeau. Inauguration – 15 janvier 1944 », 9 de 12 pages, Fonds de la BSS, n° 1, 125, ANQM.

Ouimet, Raphaël, *Biographies canadiennes-françaises* (1920-1970), 6e année, Montréal, s. n., 1926.

Ouimet, Raphaël, *Biographies canadiennes-françaises*, 8e année, Montréal, Société historique de Montréal, 1929.

Panofsky, Erwin, « Three decades of Art History in the United States : Impressions of Transplanted European », in *Meaning in the Visual Arts*, USA, University of Chicago Press, 1982, c1955 (c1953 pour l'article), 321-346.

Panofsky, Erwin, *Gothic Architecture and Scholasticism*, New York, Meridian, 1951 (Wimmer Lecture, c1948).

« Pensée illustrée par Jean-Baptiste Lagacé (Michel-Ange contemplant son Moïse) », la *Revue Canadienne*, n° 31, 1895, avec un commentaire d'Alphonse Leclaire, 686-687.

Perrot, Georges, « L'histoire de l'art dans l'enseignement secondaire », *La Revue des Deux Mondes*, 15 juillet 1899, 285-319.

Politiciens et Juifs. Les Cahiers du Jeune-Canada, discours prononcés le 20 avril 1933 par Pierre Dansereau, Gilbert Manseau, Pierre Dagenais, René Monette et André Laurendeau, Montréal, 1933.

Preziosi, Donald, « Constru(ct)ing the Origins of Art History », *Art Journal*, 1982, 320-325.

Preziosi, Donald, « The Question of Art History », *Critical Inquiry*, Winter 1992, 363-386.

Preziosi, Donald, *Rethinking Art History. Meditation on a Coy Science*, New Haven et London, Yale University Press, 1989.

Quenneville, Pierre, *Guillaume Couture (1851-1915), animateur de la vie musicale montréalaise (d'après le Fonds Guillaume-Couture)*, mémoire de maîtrise, Université de Montréal, 1980.

Quenneville, Pierre, *Guillaume Couture (1851-1915): l'éducateur, le directeur artistique et le musicien d'église*, thèse de Ph.D., Université de Montréal 1988.

« Rapport des travaux de la faculté des Arts pour l'année 1904-1905. Lu à la séance de clôture de cette faculté », *Annuaire général*, Université Laval à Montréal, 1905-1906, 159-175.

Répertoire des cadres de l'Université de Montréal (1877-1986), publication n° 78, Université de Montréal, Service des archives, Division des archives historiques, 1987.

Roberts, Helene E. (ed.), *Art History throught the Camera Lens*, London, Gordon and Breach, 1995.

Rome, David, Judith Nefsky et Paule Obermeir, *Les Juifs du Québec: bibliographie annotée*, Québec, Institut québécois de recherche sur la culture, 1981.

Rome, David et Jacques Langlais, *Juifs et Québécois français: 200 ans de vie commune*, Montréal, Fides, 1986.

Rousseau, Louis, « Quiblier, Joseph-Vincent », dans le *Dictionnaire biographique du Canada*, vol. 8 (1851 à 1860), Québec, Les Presses de l'Université Laval, 1985, 807-811.

Roy, Fernande, *Histoire des idéologies au Québec aux XIXe et XXe siècles*, Montréal, Boréal Express, 1993.

Roy, Fernande, «"Rien n'est plus beau que le vrai": l'histoire aux débuts de la Société historique de Montréal », dans *Montréal au XIXe siècle. Des gens, des idées, des arts, une ville*, Actes du colloque organisé par la Société historique de Montréal, textes colligés par Jean-Rémi Brault, Montréal, Leméac, 1990, 99-108.

Sabourin, Hélène, *La Chambre des arts et manufactures. Les quinze premières années, 1857-1872*, mémoire de maîtrise en histoire, UQAM, 1989.

Savard, Pierre, « L'italia nella cultura franco-canadese dell'Ottocento », dans *Canadiana: problemi di storia canadese*, a cura di Luca Codignola, Venezia, Marsilio, 1983, 91-106.

Savard, Pierre, *Jules-Paul Tardivel: la France et les États-Unis 1851-1905*, Québec, Les Presses de l'Université Laval, 1967.

Schlosser, Julius von, *La littérature artistique*, Paris, Flammarion, 1984, c1924.

Schoenauer, Norbert, *Stewart Henbest Capper, First Macdonald Professor of Architecture*, McGill University, 1996.

Smyth, Craig Hugh and Peter M. Lukehart (ed.), *The Early Years of Art History in the United States*, Princeton, Princeton University Press, 1993.

Société Saint-Jean-Baptiste, *Processions de la Saint-Jean-Baptiste en 1924 et 1925. « Ce que l'Amérique doit à la race française » et « Visions du passé », accompagnées de biographies et portraits des présidents généraux de la Société Saint-Jean-Baptiste de Montréal depuis sa fondation (1834-1926)*, Montréal, Librairie Beauchemin limitée, 1926.

Soussloff, Catherine (ed.), *Jewish Identity in Modern Art History*, Berkeley, University of California Press, 1999.

Taylor, Andrew, « The Harmony and Functions of Colour in Art », *The Canadian Architect and Builder*, vol. 7/4, 1894, 56 et 7/5, 1894, 68-69.

Taylor, Andrew, « Some Notes on the Relation and Application of the Sister Arts, Painting and sculpture », *The Canadian Architect and Builder*, vol. 5/11, 1892, 112-113.

Taylor, Andrew, « The Story of an Illustrous Abbey », *CAB*, vol. 10/5, 1897, 95-98.

Taylor, Andrew, « The Functions of Truth in Art », *The Canadian Architect and Builder*, vol. 5/12, 1892, 120-121.

Teboul, Victor, *Mythe et images du Juif au Québec*, Ottawa, Éditions de Lagrave, 1977.

Therrien, Lyne, *L'histoire de l'art en France : genèse d'une discipline universitaire*, préface de Gérard Monnier, Paris, Éditions de CTHS, 1998.

Trudel, Jean, « Aux origines du Musée des beaux-arts de Montréal », *The Journal of Canadian Art History / Annales d'histoire de l'art canadien*, vol. XV, n° 1, 1992, 31-55.

Trudel, Jean, « The Montreal Society of Artists », *The Journal of Canadian Art History / Annales d'histoire de l'art canadien*, vol. XIII, n° 1, 1990, 61-87.

Vaugeois, Denis, *Les Juifs et la Nouvelle-France*, Trois-Rivières, Boréal Express, 1968.

Venne, Joseph, « Esthetic Value of Moulding and Profile », *The Canadian Architect and Builder*, vol. 10/11, 1897, 207.

Verbist, P. J., *Projet d'organisation d'une académie des Beaux-Arts à Montréal*, présenté le 5 février 1873 sous le patronage de l'Institut des Artisans-Canadiens par l'abbé P. J. Verbist, Curé de Ste. Pétronille de Beaulieu à l'île d'Orléans, Montréal, La Minerve, 1873.

Vézina, Raymond, *Napoléon Bourassa (1827-1916). Introduction à l'étude de son art*, Montréal, Éditions Élysée, 1976.

Wölfflin, Heinrich, *Principles of Art History, The Problem of the Development of Style in Later Art*, trad. M. D. Hottinger, New York, Dover Publications, 1950, c1915.

Zimmermann, Michael (ed.), *The Art Historian : National Traditions and Institutional Practices*, Clark Studies in the Visual Arts, New Haven and London, Yale University Press, 2003.

Bibliographie sélective additionnelle
des auteurs cités au chapitre 5

Anonyme, *Nos écoles laïques, 1846-1946*, publié par les principaux et directrices de langue française de Montréal, 1947.

Allard, Michel et Bernard Lefebvre (dir.), *Les programmes d'études catholiques francophones du Québec. Des origines à aujourd'hui*, Montréal, Les Éditions Logiques, 1998.

Bourassa, André-G. et Gilles Lapointe (dir.), *Paul-Émile Borduas, Refus global et autres écrits*, Montréal, L'Hexagone, 1990 (c1948 pour le *Refus global*).

Bourassa, André-G., Jean Fisette et Gilles Lapointe, *Paul-Émile Borduas. Écrits I*, édition critique, Montréal, Les Presses de l'Université de Montréal, 1987.

Brassard, Michèle et Jean Hamelin, « Ouimet, Gédéon », *Dictionnaire biographique du Canada en ligne*, Bibliothèque et Archives Canada, vol. XIII, 1901-1910.

Collectif Clio (Micheline Dumont, Michèle Jean, Marie Lavigne, Jennifer Stoddart), *L'histoire des femmes au Québec depuis quatre siècles*, Montréal, Les Quinze, 1982.

Dumont, Micheline et Louise Toupin, *La pensée féministe au Québec. Anthologie 1900-1985*, Montréal, Les Éditions du remue-ménage, 2003.

Duquesne-Brière, Monique, *L'image de l'art*, boîtier de 27 reproductions accompagné d'un livre du maître, Montréal, Les Éditions L'Image de l'art, 1983.

Duquesne-Brière, Monique, Yolande Dupuis-Leblanc et Bruno Joyal, *Art 1. Recueil d'images et livre du maître*, Montréal, Les Éditions Guérin, 1971.

École Polytechnique de Montréal, 1873-1948, Album-souvenir à l'occasion du 75e anniversaire de fondation, Montréal, Corporation de l'École Polytechnique de Montréal, 1948.

Gagnon, François-Marc, « Borduas, Paul-Émile », *Dictionnaire biographique du Canada en ligne*, Bibliothèque et Archives Canada, vol. XVIII, 1951-1960.

Gagnon, Robert, « Les discours sur l'enseignement pratique au Canada français, 1850-1900 », dans Marcel Fournier, Yves Gingras et Othmar Keel (dir.), *Sciences et médecine au Québec - perspectives sociohistoriques*, Québec, IQRC, 1987, 19-41.

Gagnon, Robert, *Histoire de la Commission des écoles catholiques de Montréal. Le développement d'un réseau d'écoles publiques en milieu urbain*, Montréal, Boréal, 1996.

Lefèvre, Ch[arle]s-A., *Le dessin à l'école publique, rapport présenté à l'honorable secrétaire de la province*, Québec, Charles François Langlois, imprimeur de sa très excellente majesté la reine, 1892.

Lemerise, Suzanne, « La carrière d'Irène Senécal », *Senécal, Vision 19*, n° 19, été 1975, 10-21.

Lemerise, Suzanne, « Théories du développement graphique : de la naissance à l'épuisement d'un modèle », dans Francine Gagnon-Bourget et France Joyal (dir.), *L'enseignement des arts plastiques : recherches, théories et pratiques*, London, Canadian Society for Education through Art, 2000, 11-23.

Lemerise, Suzanne et Leah Sherman, « Bref historique de l'enseignement du dessin et des arts plastiques au Québec ; A Short History of Art Education in Quebec », dans Jacques-Albert Wallot (dir.), *Apprendre l'image / Discovering the Image*, Montréal, Les Éditions L'image de l'art, 1993, 13-28.

Lepage, Françoise, *Histoire de la littérature pour la jeunesse (Québec et francophonies du Canada) suivie d'un Dictionnaire des auteurs et des illustrateurs*, Orléans, Les Éditions David, 2000.

Morisset, Gérard, *L'architecture en Nouvelle-France*, Québec, s. n., 1949.

Morisset, Gérard, *Coup d'œil sur les arts en Nouvelle-France*, Québec, s. n., 1941.

Morisset, Gérard, *Peintres et tableaux*, Québec, Éditions du Chevalet, Coll. « Arts au Canada français », 1936.

Morisset, Gérard, *Rapport de l'inventaire des œuvres d'art*, Québec, ministère des Affaires municipales, de l'Industrie et du Commerce, 1940.

Parent, Mgr Alphonse-Marie, *Rapport Parent. Commission royale d'enquête sur l'enseignement*, Québec, Gouvernement du Québec, 5 volumes, c1963-1966.

Quénioux, Gaston, *Manuel de dessin à l'usage de l'enseignement primaire*, Paris, Hachette, 1912.

Van Moé, C. et V. Laforest, *Le dessin à l'école primaire : Guide du maître à l'usage du cours préparatoire, Guide du maître à l'usage du cours moyen* et *Guide du maître à l'usage du cours élémentaire*, Lille, Imprimerie Société d'édition du Nord, s.d. (vers 1909 ?).

Bibliographie générale additionnelle

Montréal

Bastien, Hermas, « L'Institut scientifique franco-canadien », *L'Action Universitaire. Revue des diplômés de l'Université de Montréal*, avril 1940, 5-9 et 20.

Boivin, L. I., «Arts et manufactures dans la province de Québec», *Revue nationale*, vol. 1, février-juillet 1895, 333-346.

Bruchési, Jean, «L'enseignement des Beaux-Arts», *Technique*, XIV, février 1939, 4ᵉ couverture.

Brunel, Jean, «S. E. Mᵍʳ Paul Bruchesi», *L'Action Universitaire. Revue des diplômés de l'Université de Montréal*, octobre 1939, 5 et 11.

Charland, Jean-Pierre, *L'enseignement spécialisé au Québec: 1861 à 1982*, Québec, IQRC, 1982.

Chartrand, Luc, Raymond Duchesne et Yves Gingras, *Histoire des sciences au Québec*, Montréal, Boréal, 1987.

Chénier, Jacques, *Répertoire numérique détaillé du Fonds de l'Institut scientifique franco-canadien*, P12, Université de Montréal, Service des archives, 1980, Division des archives historiques.

Côté, André, *Les lettres et les arts dans la formation des enseignants* (avec les observations complémentaires de Marcel Aubert et Lucien Morin), Québec, CEFAN, janvier 1991.

Couture, Francine, Bruno Joyal, Lise Landry, Suzanne Lemerise, Claire Lussier et Albert Wallot, *L'enseignement des arts au Québec*, UQAM, 1980.

Demers, Aline, *The École des Beaux-Arts of Montreal and its Influence through the Province of Quebec*, Masters of Art, Notre Dame, Indiana, 1977.

Derome, Robert (dir.), *À la découverte du patrimoine avec Gérard Morisset*, exposition présentée au Musée du Québec, 1981, Québec, ministère des Affaires culturelles, 1981.

Desjardins, Paul, *Le Collège Sainte-Marie de Montréal*, 2 vol., Montréal, Collège Sainte-Marie, 1941 et 1945.

Desrosiers, l'abbé Adélard et Camille Bertrand, *Histoire du Canada*, Montréal, Librairie Beauchemin ltée, 1919 et 1923; réédité par Granger frères en 1925 et 1933.

Desrosiers, Adélard, «Nos premières écoles normales au Canada», la *Revue Canadienne*, 1908, n° 2, 531-549.

Duchesne, Raymond, *La science et le pouvoir au Québec (1920-1965)*, Québec, Éditeur officiel du Québec, 1978.

Falardeau, Émile, *Artistes et artisans du Canada*, Montréal, Ducharme, 1940.

Fontaine, Mario, *Tout sur les p-tits journaux z-artristiques: ou comment dormir avec le cœur qui palpite*, Préface de Marcel Rioux, Québec, Quinze, 1978.

Fournier, Marcel, «Le conflit de disciplines: philosophie et sciences sociales au Québec, 1920-1960», dans *Philosophie au Québec*, sous la direction de Claude Panaccio et Paul-André Quintin, Montréal, Bellarmin, 1976, 207-236.

Fournier, Marcel, *Les générations d'artistes*, Québec, IQRC, 1986.

Gagnon, François-Marc, « Arts visuels », dans *Guide d'histoire du Québec, du Régime français à nos jours. Bibliographie commentée*. Sous la direction de Jacques Rouillard, Laval, Méridien, 1993, 299-305.

Gagnon, François-Marc, « Cosgrove et la critique d'art officielle », *Vie des arts*, 60, aut.-hiv. 1970-1971, 12-17. Réponse de Jean-René Ostiguy, 65-66 et 75.

Gagnon, Maurice, « Artisans du Québec », *L'Action Universitaire. Revue des diplômés de l'Université de Montréal*, mars 1940, 11-22.

Gagnon, Maurice, « La peinture moderne », *Technique*, XV, 1940, 249-255.

Gagnon, Maurice, « Peinture moderne : l'impressionnisme », *Technique*, XV, février 1939, 141-145 et 148.

Gagnon, Robert, *Histoire de l'École Polytechnique. La montée des ingénieurs francophones de Montréal, 1873-1990*, Montmagny, Boréal, 1991.

Galarneau, Claude, *Les collèges classiques au Canada français, 1620-1970*, Montréal, Fides, 1978.

Gauthier, Georges (Mgr), « Notre enseignement », *L'Action française*, 1918, 193-209.

Gauvreau, Jean-Marie, « 1930-1935 », *Technique*, X, novembre 1935, 447-455.

Gauvreau, Jean-Marie, « L'École du meuble », *Technique*, XVIII, avril 1943, 268-277.

Gauvreau, Jean-Marie, « M. André Fréchet à Montréal », *Technique*, X, octobre 1935, 380.

Gingras, Yves, « Institutionnalisation de la recherche en milieu universitaire et ses effets », *Sociologie et société*, 1991, 41-53.

Gingras, Yves, *Pour l'avancement des sciences. Histoire de l'ACFAS 1923-1993*, Québec, Boréal, 1994.

Grignon, Marc, « Le précis d'architecture de Jérôme Demers : une théorie déchirée », *The Journal of Canadian Art History*, XI, 1 et 2, 1988, 1-19.

Groulx, Patrice, *Pièges de la mémoire : Dollard des Ormeaux, les Amérindiens et nous*, Hull, Québec, Vents d'Ouest, 1998.

Guenette, René, « Le nouveau surintendant de l'Instruction Publique [Victor Doré] », *L'Action Universitaire. Revue des diplômés de l'Université de Montréal*, février 1940, 5.

Hamelin, Jean, et Jean Provencher, *Brève histoire du Québec*, Montréal, Boréal, 1987.

Hamelin, Jean, *Histoire de l'Université Laval. Les péripéties d'une idée*, Québec, Les Presses de l'Université Laval, 1995.

Hourticq, Louis-Edmond-Joseph, *L'art et la littérature*, Paris, Flammarion, c1946.

Hourticq, Louis Edmond-Joseph et autres, *Encyclopédie des Beaux-Arts. Architecture – Sculpture – Peinture – Arts décoratifs*, Paris, Librairie Hachette, 1925.

Hourticq, Louis, *La vie des images*, Paris, Hachette, c1927.

Hourticq, Louis, *Histoire générale de l'art français*, Paris, Hachette, 1911.

Hourticq, Louis, *Le musée du Louvre. Peinture, sculpture, objets d'art. Histoire - guide de l'art*, Paris, Hachette, édition revue et augmentée, c1921.

Hourticq, Louis, et Gabriel Jaray, *De Québec à Vancouver : à travers le Canada aujourd'hui*, Paris, Hachette, c1924.

Jones, Hugh G., en collaboration avec Edmond Dyonnet, *History of the Royal Canadian Academy of Arts*, Montréal, T. A. Dickson, 1934.

Lacroix, Laurier, et René Garneau, « Gérard Morisset, esquisse d'un portrait », *Vie des Arts*, 26, n° 103, été 1981, 20-22.

Lacroix, Laurier, « La collection comme temps de la Nation. Les premières acquisitions du Musée de la province de Québec en 1920 », *Les Cahiers des Dix*, n° 62, 2008, 123-151.

Lacroix, Laurier, « Gérard Morisset et l'histoire de l'art au Québec » [causeries à la radio], *À la découverte du patrimoine avec Gérard Morisset*. Exposition présentée au Musée du Québec, 1981, Québec, ministère des Affaires culturelles, 1981, 131-149.

Lacroix, Laurier (dir.), *Peindre à Montréal, 1915-1930. Les peintres de la Montée Saint-Michel et leurs contemporains*, Montréal, Galerie de l'UQAM et Musée du Québec, 1996.

Lajeunesse, Marcel (dir.), *L'éducation au Québec, 19e-20e siècles*, Montréal, Boréal Express, 1971.

Laliberté, Alfred, *Les artistes de mon temps*, Odette Legendre (éd.), Montréal, Boréal, 1986.

Laliberté, Alfred, *Mes souvenirs*, Odette Legendre (éd.), Montréal, Boréal express, 1978.

Lamonde, Yvan, *Histoire sociale des idées au Québec*, 2 vol., Montréal, Fides, 2000.

Laurendeau, Jean-Guy, « L'Université de Montréal et la coopération européenne », *Forum*, 14, 18, 14 janvier 1980, 4-5.

Leduc, Pierre, *Les origines et le développement de l'Art Association de Montréal, 1860-1912*, mémoire de maîtrise, Département d'histoire, Université de Montréal, 1963.

Legendre, Odette, *Alfred Laliberté sculpteur*, Montréal, Boréal, 1989.

Lemerise, Suzanne, « L'art - l'artiste - l'école », dans Francine Couture, *Les arts visuels au Québec dans les années soixante : la reconnaissance de la modernité*, Montréal, VLB, Essais critiques, 1993, 279-330.

Lemerise, Suzanne, et Leah Sherman, « La place du dessin dans les politiques scolaires catholiques et protestantes du Québec », *Historical Studies in*

Education / Revue d'histoire de l'éducation, vol. 8, n° 1, printemps 1996, 1-14.

Lesser, Gloria, *École du meuble 1930-1950. La décoration intérieure et les arts décoratifs à Montréal*, Montréal, Château Dufresne, Musée des arts décoratifs de Montréal, 1989.

« L'Institut scientifique franco-canadien », *La Revue trimestrielle canadienne. Revue de l'École polytechnique*, vol. 13, mars 1927, 196-211, et vol. 16, 1930, 86-87.

Linteau, Paul-André, *Brève histoire de Montréal*, Montréal, Boréal, 1992.

Linteau, Paul-André, René Durocher, Jean-Claude Robert, *Histoire du Québec contemporain*, vol. I, *De la Confédération à la crise (1867-1929)*, édition révisée, Montréal, Boréal, 1989 (sections sur les arts rédigées par François-Marc Gagnon).

Linteau, Paul-André, René Durocher, Jean-Claude Robert et François Ricard, *Le Québec depuis 1930*, vol. II, Montréal, Boréal, 1986 (sections sur les arts rédigées par François-Marc Gagnon).

Maheux, Georges, « L'Université et l'ACFAS », *L'Action Universitaire. Revue des diplômés de l'Université de Montréal*, juin 1945, 111-118.

Maillard, Charles, « Les beaux-arts dans la Province de Québec depuis treize ans », *Technique*, X, n° 9, novembre 1935, 411-415.

Maillard, Charles, *Les anciens des Beaux-Arts de Montréal : premier grand salon*, Montréal, École des Beaux-arts, 1935, 31 pages.

McMann, Evelyn de R., *Royal Canadian Academy of Arts / Académie royale des arts du Canada. Exhibitions and Members 1880-1970*, Toronto, University of Toronto Press, 1981.

Magnan, Charles Joseph, *À travers les beaux-arts. Architecture, sculpture, peinture, musique, littérature. Simples notions*, Québec, Demers et frère, 1898.

Massicotte, Édouard-Zotique, Conservateur des archives judiciaires de Montréal, *Dollard des Ormeaux et ses compagnons : notes et documents*, avec une introduction par Aegidius Fauteux, bibliothécaire de Saint-Sulpice, Montréal, Le Comité du Monument Dollard des Ormeaux, 1920.

Maurault, Olivier, *Brièvetés*, Montréal, Mercure, 1928.

Maurault, Olivier, *Marges d'histoire*, 3 vol., Montréal, Librairie d'Action canadienne-française, 1929.

Maurault, Olivier, « Les vitraux de Notre-Dame », dans *Nos Messieurs*, Montréal, Éditions du zodiaque, 1936.

Maurault, Olivier, « L'Université de Montréal (1934-1954) », *Les Cahiers des Dix*, vol. 18, 1953, 171-199.

Maurault, Olivier, « Vingt ans à l'Université de Montréal », *Les Cahiers des Dix*, vol. 17, 1952, 11-54.

Martinus, frère (voir annexe 1, Lagacé, 1916 et 1924)

Montpetit, Édouard, « Responsabilités intellectuelles », *L'Action Universitaire. Revue des diplômés de l'Université de Montréal*, mars 1940, 3-5.

Morin, Victor, LL.D., Vice président de la Commission du IIIe centenaire, *Le vieux Montréal : fondation – développement – visite*, Montréal, les Éditions des Dix, 1942.

Morisset, Gérard, « Vers une histoire de l'art au Canada français », Galerie nationale du Canada, *Bulletin*, n° 2, déc. 1963, 15-17.

Ouimet, Raphaël, *Biographies canadiennes françaises*, 1920-1970, 22 volumes, Montréal, Société historique de Montréal.

Pañaccio, Claude, et Paul-André Quintin (dir.), *Philosophie au Québec*, Montréal, Bellarmin, 1976 (colloque tenu à Trois-Rivières en mars 1975).

Pelletier-Baillargeon, Hélène, *Olivar Asselin et son temps*, Montréal, Fides, 1996.

Percival, Walter P., *Across the Years. A Century of Education in the Province of Québec*, Montréal, Gazette Printing Company, 1946.

Rouest, Georges, « Le salut de l'École Boulle », *Technique*, X, novembre 1935, 416-420.

Rousseau, Louis, et Frank William Remiggi (dir.), en collaboration avec Jean-Guy Landry et autres, *Atlas historique des pratiques religieuses : le Sud-Ouest du Québec au XIXe siècle*, Collection « Religions et croyances », Ottawa, Les Presses de l'Université d'Ottawa, 1998.

Savary, Claude (dir.), *Les rapports culturels entre le Québec et les États-Unis*, Québec, IQRC, 1984.

Sénécal, Irène, Louise Letocha et Suzanne Lemerise, *L'éducation artistique*, Montréal, Musée d'art contemporain, 1976.

Sideleau, Arthur, « Notre Faculté des Lettres (Sa mission, ses méthodes) », I, II et III, *L'Action Universitaire. Revue des diplômés de l'Université de Montréal*, mars 1945, 16-20 ; avril 1945, 23-27 et mai 1945, 4-9.

Société Saint-Jean-Baptiste, *Programme souvenir. Aux grands noms du passé. Hommage de la Société Saint-Jean-Baptiste de Montréal à l'occasion de son centième anniversaire*, Montréal, 24 juin 1934.

Sœurs des saints noms de Jésus et Marie, *Histoire des Beaux-Arts. Notions*, Outremont, Montréal, Sœurs des saints noms de Jésus et de Marie, 1937.

Trois siècles de cinéma. De la lanterne magique au cinématographe, Paris, Collections de la cinémathèque française, Éditions de la Réunion des musées nationaux, 1995.

Turnel, André, « Universitaires et intellectuels », *Recherches sociographiques*, XXIII, 3, 1982, 387-404.

Verdier, Philippe et autres, *Studies in the History of Art*, vol. 24, Washington DC, National Gallery of Art, 1990.

Walker, Doreen, «"Instruction pour establir les manufactures": A Key Document in the Art History of New France», *Journal of Canadian Art History*, 2, n° 1, Summer 1975, 1-18.

Contexte international
Émergence des sciences humaines ; histoire des universités

Aigrain, René, *Histoire des universités*, Paris, PUF, coll. «Que sais-je?», 1949.

Baldwin, John W., et Richard Goldthwaite (ed.), *Universities in Politics. Case Studies from the Late Middle Ages and Early Modern Period*, Baltimore and London, John Hopkins University Press, 1972.

Brazier, Paul, *Art History in Education. An Annotated Bibliography and History*, London, Portmouth, 1985.

Breisach, Ernst, *Historiography, Ancient, Medieval & Modern*, Chicago and London, University of Chicago Press, 1983.

Clark, Nichols, *Prophets and Patrons: The French University and the Emergence of the Social Science*, Cambridge, Mass., Harvard UP, 1973.

Fournier, Marcel, *Marcel Mauss*, Paris, Fayard, 1994.

Lamm, Robert, *The Humanities in Western Culture. A Search for Human Values*, USA, Brawn & Bench Mark, 1993, c1985.

Laplantine, François, *L'anthropologie*, Paris, Petite Bibliothèque Payot, 1995, c1987.

Readings, Bill, *The University in Ruins*, Cambridge, Harvard Universitry Press, 1996.

Ridder-Symoens, Hilde de (ed.), *A History of the University in Europe*, 4 vol., Cambridge, Cambridge UP: vol. 1, *Universities in the Middle Ages*, 1992; vol. 2, *Universities in Early Modern Europe (1500-1800)*, 1996; vol. 3 (Walter Rüegg, ed.), *Universities in the Nineteenth and Early Twentieth Centuries (1800-1945)*, 2003.

Ross, Dorothy, *The Origins of American Social Sciences*, Cambridge, Cambridge UP, 1991.

Histoire de l'art (quelques titres)

Arntzen, Etta, et Robert Rainwater, *Guide to the Literature of Art History*, Chicago, American Library Association, London, Art book company, 1980.

Carrier, David, «Why Art History has a History», *Journal of Aesthetics and Art Criticism*, 1993, 51, n° 3, 299-312.

Didi-Huberman, Georges, *Devant le temps. Histoire de l'art et anachronisme des images*, Paris, Minuit, 2000.

Didi-Huberman, Georges, *L'image survivante. Histoire de l'art et temps des fantômes selon Aby Warburg,* Paris, Minuit, 2002.

Dilly, Heinrich, *Kunstgeschichte als Institution. Studien zur Geschichte einer Disziplin,* Frankfurt am Main, Suhrkamp, 1979.

Gibson-Wood, Carol, *Studies in the Theory of Connoisseurship from Vasari to Morelli,* Ph.D. Dissertation, Warburg Institute, 1982, New York, Garland, 1988.

Ginzburg, Carlo, *Mythes, emblèmes, traces, Morphologie et histoire,* trad. M. Aymard, C. Paolini, E. Bonan et M. Sancini Vignet, Paris, Flammarion, 1989 (miti, emblemi, spie, Turin, Einaudi, 1986).

Locher, Hubert, *Kunstgeschichte als historische Theorie der Kunst,* München, Wilhelm Fink Verlag, 2001.

Podro, Michael, *The Critical Historians of Art,* New Haven and London, Yale University Press, 1983, c 1982.

Rees, A. L., et F. Borzello (ed.), *The New Art History,* Atlantic Highlands, NJ, Humanities Press International, 1988.

Schlosser, Julius von, *La littérature artistique,* Paris, Flammarion, 1984, c1924.

Smith, Annabelle, *The Theoretical Foundations of Curricula in Art History,* Ph.D. thesis, 1980, University of Toronto.

Soussloff, Catherine, *The Absolute Artist: The Historiography of a Concept,* Minneapolis, University of Minnesota Press, 1997.

Colloques sur le développement de la discipline de l'histoire de l'art présentés au College Art Association

Irvin Lavin, et Craig Hugh Smyth, « Glimpses of Some Early Departments of the History of Art in the United States », Boston, 1987.

Henry Millon, « Three Decades of Art History in the United States (1910-1940) », CAA, Houston, 1988.

Donald Preziosi, « Institutionalizing Art History: The Early Discipline in the United States », San Francisco, 1989.

Histoire de la discipline, quelques repères géographiques

Grande-Bretagne

Coombes, A. E., « Museums and the Formation of National and Cultural Identities », *Oxford Art Journal,* 11, 1988, 57-68.

Jollet, Étienne, « Enquête sur l'histoire de l'art en Grande-Bretagne », dans *L'écritvoir. Revue d'histoire des arts,* 7, Publications de la Sorbonne, 1985-1986, 119-127 (textes de A. Potts, E, Gombrich, F. Haskell, L. Nead et A. Rifkin).

Autriche, Allemagne

Bogner, D., « Empirisme et spéculation. Aloïs Riegl et l'École viennoise d'histoire de l'art », *Cahiers du Musée national d'art moderne, Vienne. Fin de siècle et modernité*, 14, 1984, 44-55.

Brush, Kathryn, *The Shaping of Art History. Wilhelm Vöge, Adolph Goldsmidt, and the Study of Medieval Art*, Cambridge, Cambridge UP, 1996.

Dilly, Heinrich, *Die Geschichte des Kunstgeschichtlichen Institutes der Goethe-Univesität Frankfurt 1915-1995*, Frankfurt am Main, Johann Wolfgang Goethe-Universität, 2002.

Dilly, Heinrich, *Deutsche Kunsthistoriker 1933-1945*, München/Berlin, Deutscher Kunstverlag, 1988.

Gaehtgens, Thomas W., « Les rapports de l'histoire de l'art et de l'art contemporain en Allemagne à l'époque de Wölfflin et de Meier-Graefe », *Revue de l'art*, 1990, 31-38.

Gröning, M., et J. L. Korzilius, « L'histoire de l'art en Autriche », *L'écrit*, 9, 1986-1987, 103-114.

Sitt, M., « Die Werkstatt des Interpreten. Studische Initiativen fragen nach ihrem Handwerkszeug », *Kunstchronik*, 39, n° 8, 1986, 307-310.

Waetzoldt, Wilhelm, *Deutsche Kunstihistoriker*, 2 vol., Leipzig, Seemann, 1921-1924.

France

Chastel, André, *La création d'un Institut National d'Histoire de l'Art : Rapport au Premier ministre*, Paris, La Documentation française, 1984 (paru aussi dans la *Revue de l'art*, 63, 1984, 5-16 sous le titre : « Pour un Institut National d'Histoire de l'Art » (Rapport adressé au Premier ministre).

Monnier, Gérard, *L'art et ses institutions en France. De la Révolution à nos jours*, Paris, Flammarion, Folio histoire, 1995.

Monnier, Alain et Gérard, « Les enseignants d'histoire de l'art : étude démographique », *Histoire de l'art*, 13-14, 1991, 110-114 (étude portant sur les 107 enseignants des universités françaises, 1900-2000).

« Où est l'histoire de l'art en France ? », *Le Débat,* 65, 1991, 182-233 (textes de L. P. Bouillon, F. Cachin, P. Dagen, H. Damisch, P. Georgel, S. Guégan, E. Lebovici, F. Loyer, A. Mérot, P. Rosenberg, A. Schnapper et P. Vaisse).

Therrien, Lyne, *L'histoire de l'art en France, genèse d'une discipline universitaire*, préface de Gérard Monnier, Paris, Éditions de CTHS, 1998.

Italie, Suisse, Espagne

Adolfo Venturi e l'insegnamento della storia dell'arte, catalogue d'exposition, décembre 1992-février 1993, Roma, Università degli studi di Roma La Sapienza, Museo laboratorio di arte contemporanea, 1992.

Gamboni, Dario, « Esquisse pour une géographie de l'histoire de l'art en Suisse », *Unsere Kunstdenkmäler*, 38, n° 3, 1987, 399-413.

Lodovici, Sergio Samek, *Storici, teorici et critici delle arti figurative (1800-1940)*, Roma, EBBI, Istituto editoriale italiano B. C. Tosi, 1942.

Ramirez, J. A., « La historia del arte entre las ciencias sociales : estatuto epistemológico y sugerencias didácticas para la enseñanza media », *Bolet'n de Arte. Departamento de Historia del Arte. Universitad de Málaga, Málaga*, 4-5, 1984, 37-50.

États-Unis

Baldwin-Smith, Earl, *The Study of the History of Art in the Colleges and Universities of the United States*, Princeton, Princeton University Press, NJ, 1912.

Eisler, Colin, « Kunstgeschichte American Style : A Study in Migration », in Donald Fleming and Bernard Bailin (ed.), *The Intellectual Migration : Europe and America*, Cambridge, Mass., Harvard UP, 1969.

Smyth, Craig Hugh, et Peter M. Lukehart (ed.), *The Early Years of Art History in the United States*, Princeton, Princeton UP, 1993.

Europe de l'Est

Bakos, Ján, *Stryri trasy metodologie dejin unmenia*, Bratislava, Veda Vydavatel'stvo Slovenskej akadémie Vied, 2000.

Srp, K., « Neznámy rukopis Václava nebeského (un texte inédit de Váklav Nebesky) », *Umen'*, 35, n° 5, 1987, 460-467.

Turowski, Andrzej, « L'histoire de l'art en Europe de l'Est », *Revue de l'Art*, 75, 1987, 5-8.

Pékin

Yongnian, Xue, et Wang Shao, « Fondation développement exploration : trente années d'existence du département d'histoire de l'art », *L'Écrit-voir, Revue d'histoire des arts*, 12, *La peinture chinoise contemporaine 1989-1990*, 1988, 93-98.

Liste des illustrations

Annexe 1

Les sources

Les principales sources d'archives consultées

Journaux

Le Monde illustré	1884-1888, systématique (IJ)
Le Monde illustré	1890 à 1895, quelques articles (BN)
La Patrie	1er juillet 1889-décembre 1892 systématique (GSi)
La Patrie	oct. 1896-1915, systématique (OH/Grafics)
La Presse	1890 à 1899, non systématique (BN)
La Presse	déc. 1895-mars 1916, systématique (OH/Grafics)
Montreal Daily Star	janv. 1895-mars 1905, systématique (OH/Grafics)
Le Canada	1903 au 23 déc. 1909, systématique (MC) [du 4 août 1907 au 28 août 1909 exclu]
Le Devoir	1910-1914, systématique (MC)
L'Action catholique	1915-1938, regardé rapidement (BN)
Le Devoir, La Presse, Le Canada, Le Nationaliste, La Patrie, Le Quartier latin	1915-1930, quelques articles (OH/LL)
The Canadian Architect and Builder	1888-1907, recherche thématique (OH)

Fonds d'archives

Archives de l'Université de Montréal (ULàM et UdeM), systématique, OH

- Fonds Victor Morin - P56
- Fonds du Département d'histoire de l'art - D35
- Fonds du Comité France-Amérique - P76
- *Annuaire général,* ULàM et UdeM : de 1887 à 1996
- *Annuaire de la Faculté des lettres,* de 1920 à 1971
- *Annuaire de l'Institut d'études médiévales,* à partir de 1944
- *Annuaire de la Faculté des arts et sciences,* 1972 à 1996
- *Annuaire de la Faculté des études supérieures,* 1972 à 1996

Concordia University Archives, OH

- rapports annuels de la Faculty of Fine Arts (divers, à partir de 1974)
- procès-verbaux de la FFA (divers, à partir de 1974)
- bilans et brochures de la FFA (divers, à partir de 1974)
- horaires des cours (de 1978-1979 à 1992-1993)
- calendriers annuels et descriptifs des programmes (de 1982 à 1989)

Archives de l'UQAM

- Fonds de l'ÉBAM, bibliothèque des arts (IJ)
- Fonds de l'ÉBAM, archives de l'UQAM (IJ)
- Fonds du Collège Sainte-Marie (IJ)
- Fonds du CAM, divers (SL)
- Archives du Département d'histoire de l'art (de 1969-1970 à 1995-1996)
  - annuaires de l'Université (descriptifs de programmes et grilles horaires)
  - procès-verbaux
  - *Rapport Vallerand,* 1973
  - dossiers ponctuels de présentation du département : *Synopsis,* 1975

Bibliothèques et Archives nationales du Québec

- Fonds de la BSS (IJ)
- Fonds de la Rosse qui dételle (IJ)
- Fonds Alfred Laliberté (IJ)
- Fonds de la SSJB (SC et OH)
- Fonds de la CECM (SL et BN)
- Fonds du CAM (GSa)

McGill University Archives, divers (OH)

- Documents concernant l'histoire de la School of Architecture de McGill
- Documents concernant la chaire d'architecture attribuée à Stewart Henbest Capper

Mudd Library Archives, Princeton University, divers (OH)

- Documents concernant le Department of Art et Archeology de Princeton University, 1882-1968
- Documents concernant le professeur Erwin Panofsky

Archives privées

- Divers documents concernant Jean-Baptiste Lagacé (OH)

N. B. Les personnes (identifiées ci-dessus par des initiales) qui ont collaboré à la recherche des sources premières sont Maxime Coulombe, Sylvie Courchesne, Olga Hazan, Isabelle Jameson, Suzanne Lemerise, Brigitte Nadeau, Guillaume Savard et Guillaume Sirois. Germain Lacasse et Laurier Lacroix ont mis à contribution leurs dossiers d'archives, dont les dossiers du Grafics de Germain Lacasse, qui ont été consultés avec le concours de Louis Pelletier, à l'Université de Montréal et à la Cinémathèque québécoise.

Quelques textes consacrés entièrement ou partiellement à Jean-Baptiste Lagacé

(voir aussi la 2ᵉ section du chapitre 3 sur les articles de journaux)

- Loiselle, Armand, « Une nouvelle chaire », *Revue Canadienne*, janvier 1905, 83-84.
- Raphaël Ouimet (dir.), *Biographies canadiennes-françaises*, 7ᵉ année, Montréal, [s.n.], 1927.
- Marchand, Jacques, *Programme souvenir: dîner causerie des étudiants en chirurgie dentaire offert au Cercle universitaire par les élèves de deuxième année, le lundi 23 mars 1936*. Conférencier: Professeur J. B. Lagacé, de la faculté des lettres, « Les pierres aussi sont un témoignage », 1ʳᵉ de 5 pages, AP.

- Maurault, Olivier, « Jean-Baptiste Lagacé (1936) » [doctorats], dans *Propos et portraits*, Montréal, Valiquette, 1941, 253-254, c1940.
- G[uénette], R[ené], « Chronique : M. J.-B. Lagacé », *L'école canadienne*, septembre 1936, 8.
- Maurice Lebel, « Monsieur J.-B. Lagacé », *L'école canadienne*, novembre 1942, 136. [Ms de la main de Lagacé : « "L'École Canadienne", nov. 42. » Selon Gamelin, serait paru en 1943.]
- Maurice Lebel, « Jean-Baptiste Lagacé », *L'école canadienne*, février 1947, 375-377.
- Maurice Lebel, « Le dessin », *Nos écoles laïques, 1846-1946. Album-souvenir : un siècle d'apostolat*, Montréal, s. é., 1947, 309-311.
- Gamelin, Lucienne, *Bio-bibliographie de M. Jean-Baptiste Lagacé, Professeur de l'histoire de l'art, Docteur de l'Université de Montréal*, préface de Me Victor Morin, N. P., LL. D., de la Société Royale du Canada, Montréal, École des bibliothécaires, 1947.
- Alfred Laliberté, *Les artistes de mon temps*, Odette Legendre (éd.), Montréal, Boréal, 1986, rédigé au cours des années 1940.

De Jean-Baptiste Lagacé : publications parues dans des revues et des monographies

1900

- Lettres de voyage, *La Vérité :*
  1. samedi 7 juillet 1900, 6-7,
  2. samedi 14 juillet 1900, 6-7,
  3. samedi 28 juillet 1900, 2-3,
  4. samedi 11 août 1900, 6-7,
  5. samedi 18 août 1900, 5-7,
  6. samedi 29 septembre 1900, 4-6,
  7. samedi 27 octobre 1900, 4-6,
  8. samedi 3 novembre 1900, 4-5.

1901

- « Louis-Philppe Hébert et son œuvre », *RC* 1901/1, 7-68.
- « Le Grand-Prix de Rome à l'École des Beaux-arts », *RC*, 1901/2, 97-112.

1902

- « Causerie artistique : des études esthétiques », *La Nouvelle-France*, vol. 1, juin 1902, 282-287.

La *Revue Canadienne*
- «Ary Scheffer», *RC*, 1902/1, 7-11.
- «Dante et Beatrix», *RC*, 1902/1, 83-85.
- «Paul Delaroche», *RC*, 1902/1, 163-165.
- «Le Salon de peinture», *RC*, 1902/1, 323-329.
- «*La martyre chrétienne* par Paul Delaroche», *RC*, 1902/1, 343-344.
- «Jeanne-d'Arc dans les arts», *RC*, 1902/1, 418-422.
- «Les enfants», *RC*, 1902/2, 7-10.
- «Vieux péché», *RC*, 1902/2, 523-542 (commenté en 1903 par l'abbé Élie-J. Auclair, «Question d'actualité au point de vue moral», *RC*, 1903/1, 159-175).

1903
- «Le jubilé de Dante», *RC*, 1903/3, 43-47.

1904
- «Jean-François Millet», *RC*, 1904/1, 5-14.
- «Henri Regnault», *RC*, 1904/1, 225-231.

1908
- «Le Monument de Mgr de Laval à Québec», *RC*, 1908/1, 15-22.
- «Henri Julien», *RC*, 1908/2, 371-380.

1915
- «L'esthétique des batailles», *RC*, 1915/15, 422-440; en note: «dernière conférence du cours sur l'*Histoire de l'art français au XIXe siècle*, prononcée le 3 mars 1915, à l'Université Laval (Montréal).»

1916
- «Bibliographie. *L'art ornemental* [par le Frère Alfred Martinus, 1916], par les Frères des Écoles Chrétiennes, 44, rue Côté, Montréal», *Le Petit Canadien* (Montréal, 1904-1918), vol. 13, mars 1916, 48.

1920
- «Allocution», signée Jean-Baptiste Lagacé, M. A., en réponse à une conférence de Pierre-J. Dupuy intitulée «L'art et la jeunesse», toutes deux prononcées en date du 24 février 1919 à la salle Saint-Sulpice, dans *Ce que dit la jeunesse… Conférences prononcées sous les auspices de l'Association des Étudiants de l'École des HEC*, préface de l'honorable M. Athanase David, Montréal, La Société des Conférences, éditeurs, 1920, 25-56 et 57-65 pour Lagacé.

1924

- Frère [Alfred] Martinus des Écoles Chrétiennes, *Essai d'esthétique, La connaissance pratique du Beau*, Préface de Jean-Baptiste Lagacé, Montréal, Les Frères des Écoles chrétiennes, 1924.
- Discours prononcé à l'Université, commenté au chapitre 1 et inclus intégralement dans l'annexe 2: «Banquet Lagacé, jeudi, 8 mai 1924», *Annuaire de la FL*, 1925-1926, 60-66.

1928

- Discours prononcé à l'Université, retranscrit dans le chapitre 3 et accessible en version audio sur le cédérom: «Allocution du Professeur J.-B. Lagacé. Ouverture des cours (14 octobre 1928)», *Annuaire de la Faculté des lettres*, 1929-1930, 58-63.
- «Préface», *Cours pratique de dessin d'observation*, Saint-Laurent, Les Sœurs de Sainte-Croix, 1928, v-vii.

1931

- «Le dessin», *L'école canadienne*, vol. 6, janvier 1931, 214-217.
- «Du dessin», *L'école canadienne*, vol. 6, juin 1931, 428-430.

1932

- «Les deux tombeaux», *La Revue Nationale*, vol. 14, février 1932, 32-36 (conférence donnée à la radio, poste CKAC, le 28 novembre 1931).

1933

- «Nos expositions de dessin», *L'école canadienne*, vol. 9, décembre 1933, 186-187.
- Congrégation Notre-Dame, *La coupe des vêtements à l'école primaire, livre de la maîtresse*, 1940, édition refondue, approuvée par le Comité catholique du Conseil de l'Instruction publique, préfacé par Lagacé en 1933.

1934

- «Une heure près de Pharaon», *Opinions*, vol. 5, janvier-février-mars 1934, 38-44 (en note: «M. J.-B. lagacé donnait récemment à l'Institut Pédagogique[,] sous les auspices de la "Société d'études et de conférences", une causerie dont il a bien voulu nous communiquer un résumé».

1936

- Morin, Victor, *Trois docteurs, É.-Z. Massicotte, Aegidius Fauteux, J.-Baptiste Lagacé*, Montréal, Édition intime, 1936.

1937
- « L'enseignement du dessin », *L'école canadienne*, décembre 1937, 68-69.

1940
- Congrégation Notre-Dame, *La coupe des vêtements à l'école primaire, livre de la maîtresse*, 1940, édition refondue, approuvée par le Comité catholique du Conseil de l'Instruction publique, préfacé par Lagacé de 1933.

1943
- « Bruges la vivante », *L'école canadienne*, vol. 19, décembre 1943, 152.
- « Forgeons d'abord l'outil », *L'école canadienne*, vol. 18, juin 1943, 438-439. [cité dans Gamelin, pas trouvé].

Non daté
- Association des anciens du collège Sainte-Marie, « Rien que 800 mots », entre 1937 et 1943 ?, 14-19, AP.

2000
- Lepage, Françoise, *Histoire de la littérature pour la jeunesse. Québec et francophonies du Canada.* Suivie d'un *Dictionnaire des auteurs et des illustrateurs.* Orléans (?), Les Éditions David, 2000, 649.

Discours inédits de Lagacé

1905
- « Le Beau dans l'Univers », série de trois conférences présentée à l'Union Catholique dont la troisième date du 23 avril 1905, reprise en 1905 ou 1906, manuscrite, avec couverture illustrée par Lagacé, 32 pages (3 pages introductives sans numéros, suivies de 29 pages numérotées jusqu'à 24, incluant, après la page 20, les numéros 20a à 20e).

1933
- « Allocution prononcée à l'occasion du [?] anniversaire de la fondation de l'École du Plateau », École du Plateau (nouvel édifice), 23 avril 1933, 7 pages non numérotées.

1936

- « La procession de la St Jean-Baptiste du 24 juin », « Section Duvernay, Club Canadien, 18 juin 1936, mais remanié pour être lu au cercle "Petit théâtre", 8 février 1939 », 19 pages non numérotées.

1938

- « Allocution prononcée au dîner qui me fut offert par les professeurs de dessin à l'occasion du 70ᵉ anniversaire de ma naissance », « café "Martin", 5 Novembre 1938 », 6 pages non numérotées.

Non daté

- « Napoléon Bourassa (1827-1916) », discours prononcé dans l'atelier de Bourassa, pages 3 à 30, plus une page intitulée 24 B ; la dernière page ne comprend qu'une liste d'illustrations.

Non daté (1921 ?)

- Sur Napoléon Bourassa, extrait sans doute de son cahier de notes de cours, 778-798. La fin (probablement une page) manque. Ce texte reprend le précédent.

Annexe 2

Chronologies

Périodes des principales activités de Lagacé

1882?	fin de ses études primaires à l'école St-Laurent
1882-1883 à 1885	il commence son cours classique en interne au Collège de Montréal
1885-1891	cours classique au Collège Sainte-Marie en humanités et philosophie; diplôme de bachelier ès arts
1894-1895	à l'École des arts et manufactures, il étudie le dessin avec Edmond Dyonnet au Monument national et gagne le 2e prix (6 \$, en avril 1895)
1895-1899	il étudie le dessin pendant quelques années à l'Art Association sous la direction de W. Brymner
1895-1915	il publie des dessins et rédige des articles pour la *Revue Canadienne*; selon Lagacé (1924), il en aurait rédigé 13 (nous en avons repéré 16)
1897	conférences à l'Union Catholique (selon Lagacé en 1892 ou vers 1890)
1897-1898	Lagacé et Victor Morin vice-présidents du Cercle littéraire Ville-Marie; Jean Décarie est président; Lagacé est élu vice-président en nov. 1897
1898-1899	au Cercle Ville-Marie, Lagacé est délégué à la section des arts (les deux autres sections sont le droit et la médecine)

1899-1900	Lagacé est président du Cercle Ville-Marie; il est élu en oct. 1899
1899?	il est à la recherche d'un mécène pour étudier l'art à Paris
avant 1901	il est vice-président de l'Union Catholique
1902	il est président de l'Union Catholique (en février)
1903	il préside une séance à l'Union Catholique, le 18 oct. 1903
avant 1904	il est conférencier à Ottawa, Québec, Trois Rivières (collèges et couvents)
1904	ouverture de l'école dentaire, où Lagacé donnera des cours
dates inconnues	membre de la Société historique
dates inconnues	membre fondateur du Cercle universitaire
dates inconnues	président des Anciens élèves du Collège Sainte-Marie
avant 1904?	Lagacé est professeur d'art à l'Union Catholique, au Cercle Ville-Marie et à travers la province
1904-1919	il est rattaché à l'ULàM
1907	création de l'École de dessin
1908 à c. 1928	il est professeur de dessin à l'école normale
1908-	il est professeur d'histoire de l'art dans les écoles affiliées à la Faculté des arts
1910?	il est professeur de dessin à la Commission Scolaire de Montréal
1910	Lagacé s'associe à Marcel Dugas, fondateur du cercle littéraire « Le Soc »
de 1910 ou avant à 1918 ou après	il est président du Comité du Monument à Dollard des Ormeaux (Carillon et parc La Fontaine)
1911-1928	il est professeur de dessin au Plateau (ex-Académie commerciale)

1912	Lagacé donne un cours [de dessin] au Monument national, engagé par le CAM
de 1912 à 1944?	SSJB, conférencier dominical d'histoire de l'art au Monument national (salle du Gésù)
1915-1924	secrétaire général ou vice-président de la SSJB
1920-1944	il est rattaché à l'UdeM
1923-1935	professeur d'histoire de l'art à l'ÉBAM, remplacé en 1936 par René Chicoine
1924-1944-1946	production des aquarelles pour les chars allégoriques de la SSJB
22 oct. 1922-1932	membre de la Rosse qui dételle
dates inconnues, entre 1908 et 1928	professeur à l'École Polytechnique
1922 (depuis 1920?) à au moins 1936	professeur de morphologie à l'École de Chirurgie dentaire, UdeM
dates inconnues	professeur d'histoire de l'art au collège de Rigaud
dates inconnues	professeur d'histoire de l'art à McGill (cours d'été)
dates inconnues	professeur d'histoire de l'art de St-Laurent
1928-1942	il œuvre à la CECM en tant qu'inspecteur des cours de dessin

Adresses domiciliaires

- Enfant : sur le territoire de la *Paroisse*, dans les dépendances de Notre-Dame
- Notamment en 1902 : 162, St-Élisabeth
- En 1922, son fils Alphonse habite le 836, rue St-Hubert
- Notamment en 1927 : 3738, rue St-Hubert, Montréal
- Notamment en 1929 et 1932 : 59 West End, Outremont, Atlantic 0352
- Notamment en 1935 : 59, avenue de Vimy, Atlantic 0352
- Il y est encore en 1938 (la rue a changé de nom après 1932)
- Jusqu'en 1946 : 6150 Deacon Road
- Enterré le 21 décembre 1946, au cimetière de Côte-des-Neiges

Son parcours dans la ville

(les numéros correspondent aux paroisses dans
la carte de 1937 ; voir le cédérom)

- **Le Collège Sainte-Marie**, angle Dorchester et De Bleury ; Lagacé y fait son cours classique de 1885 à 1891 (n° 6)
- **Le Monument national**, 1182, boulevard Saint-Laurent à l'angle de Dorchester ; il y étudie le dessin à l'École des arts et manufactures en 1894-1895, il y organise des soirées culturelles pour le Cercle Ville-Marie en 1899-1900 et y enseigne l'histoire de l'art de 1912 à 1944 (n° 6)
- **L'Art Association**, Phillips Square (1879-1912) ; il y étudie le dessin avec William Brymner de 1895 à 1899 (n° 2)
- **La *Revue Canadienne*, 4, rue Saint-Vincent ; il y publie de nombreuses illustrations entre 1895 et 1904, et seize articles entre 1901 et 1915 (n° 6)
- Au **Collège Sainte-Marie** ont aussi lieu les réunions de l'Union Catholique, où Lagacé prononce ses premières conférences en 1897 (n° 6)
- **Le Cabinet de lecture paroissial** (1857-1910), 1860, rue Notre-Dame à l'angle de Saint-François-Xavier : lieu de réunion du Cercle Ville-Marie (voir Monument national ci-dessus) et premier local de la Faculté des arts de l'Université Laval de Montréal, 1897 (n° 6)
- **L'Université Laval de Montréal**, puis **Université de Montréal**, rue Saint-Denis : bâtiment inauguré en 1895 et partiellement détruit par un incendie en 1919 puis 1922. Lagacé y enseigne l'histoire de l'art à partir de 1904 (n° 43)
- **L'École dentaire**, rue Saint-Hubert et rue de Montigny (actuel boulevard De Maisonneuve) ; Lagacé y donne un cours de morphologie, possiblement entre 1908 et 1928 (n° 43)
- **L'École Polytechnique**, 228, rue Saint-Denis (emplacement actuel du 1430, rue Saint-Denis), 1905-1958 pour le bâtiment ; Lagacé y enseigne le dessin quelque part entre 1908 et 1928 (n° 43)
- **L'École des beaux-arts de Montréal**, 3450, rue Saint-Urbain ; Lagacé y enseigne l'histoire de l'art de 1924 à 1936 (n° 6)
- **L'école normale Jacques-Cartier**, parc La Fontaine, rue Sherbrooke, bâtiment inauguré en 1879 et détruit par un incendie en 1948 ; Lagacé y enseigne le dessin de 1908 à c. 1928 (n° 5)
- **Le parc La Fontaine** : point de départ des défilés de la Saint-Jean-Baptiste de 1924 à 1944/46 (n° 5)
- **L'Université de Montréal**, les locaux « sur la montagne » sont inaugurés en 1943 (n° 39)

• **Le Bureau de l'inspecteur de dessin** (de 1928 à 1942) pour la Commission des écoles catholiques de Montréal, en 1931 : école du Plateau, 117, rue Sainte-Catherine Ouest (à l'emplacement actuel de la Place des Arts) ; Lagacé y enseignait aussi le dessin à partir de 1908 (n° 6)

Quelques dates importantes pour Lagacé : événements et obtention de titres

1868, 3 nov.	naissance de Jean-Baptiste Lagacé à Montréal
1886	il expose un dessin de paysage à la Section St-Joseph
1894	mention honorable, prix de la 1re exposition de la Société des arts du Canada
1894	24 juin, ouverture du Monument National Philippe Hébert, sculpteur, y donne un cours d'Initiation à l'histoire de l'art
1895	2e prix (6 $) au cours de dessin à main levée d'E. Dyonnet au Monument national
1895, printemps	il expose au salon de l'Art Association of Montreal
1900	1er voyage en Europe
1902 (au plus tard)	il commence à présenter des conférences dans les écoles
1904, 8 sept.	il épouse Églantine Castonguay
1904	il est agrégé de cours à l'ULàM
1904-1905	il est professeur agrégé à l'ULàM
1905 ?	naissance de son fils Alphonse
1906-1907	il est professeur titulaire à l'ULàM
1917	il est maître ès arts à l'Université Laval de Québec
1911 1928	il enseigne le dessin au Plateau (ex-Académie commerciale)
1919	il expose quelque 200 pastels et aquarelles à la Bibliothèque Saint-Sulpice

1922	il est nommé lauréat ès arts (licence en lettres) à l'Université de Montréal
1922	il reçoit Louis Hourticq
1922	2ᵉ voyage en Europe, avec Vaillancourt, Morin et Laliberté ; au retour ils fondent La rosse qui dételle
1923	il est nommé professeur à l'ÉBAM
1924	il est nommé officier d'académie par le ministère français de l'Instruction Publique et des Beaux-Arts et reçoit les palmes académiques
1924	première procession de la SSJB
1925	1ᵉʳ diplôme *honoris causa* de guide touristique pour Montréal et ses environs
1925-	la rosse qui dételle, statuts adoptés le 13 avril 1925
1928	il est directeur de l'enseignement du dessin à la CSM
Depuis 1929 ? à au moins 1938	Membre de La fourchette joyeuse
1929 ?	il produit les dessins pour les vitraux de la basilique Notre-Dame
1936	2ᵉ doctorat *honoris causa*, nommé docteur avec Fauteux, Massicotte et d'autres
1936	il reçoit le titre de doyen par l'âge de l'UdeM
1944	il est nommé professeur émérite par la Faculté des lettres
1945	le Conseil de l'Instruction publique le nomme membre de l'Ordre du Mérite Scolaire (3ᵉ degré)
1944 ? 1945 ?	il est nommé professeur émérite de la Faculté des lettres
1946, 18 déc.	décès de Jean-Baptiste Lagacé à Montréal, à l'âge de 78 ans
1961 ?	décès de son épouse Églantine

Index des principaux noms propres
dans l'introduction, les chapitres 1 à 5
et les notes des chapitres 6 et 7

(excluant le chapitre 4)

N.B., les chiffres en gras renvoient aux illustrations

Index des noms propres
mentionnés par Lagacé dans les *Lettres de voyage*

Index des auteurs mentionnés
par Lagacé dans l'*Initiation*

Table des matières

CET OUVRAGE EST COMPOSÉ EN MINION CORPS 10,5
SELON UNE MAQUETTE RÉALISÉE PAR PIERRE-LOUIS CAUCHON
ET ACHEVÉ D'IMPRIMER EN AOÛT 2010
SUR LES PRESSES DE L'IMPRIMERIE MARQUIS
À CAP-SAINT-IGNACE, QUÉBEC
POUR LE COMPTE DE GILLES HERMAN
ÉDITEUR À L'ENSEIGNE DU SEPTENTRION

CET OUVRAGE EST COMPOSÉ EN MINION CORPS 10,5
SELON UNE MAQUETTE RÉALISÉE PAR PIERRE-LOUIS CAUCHON
ET ACHEVÉ D'IMPRIMER EN AOÛT 2010
SUR LES PRESSES DE L'IMPRIMERIE MARQUIS
À CAP-SAINT-IGNACE, QUÉBEC
POUR LE COMPTE DE GILLES HERMAN
ÉDITEUR À L'ENSEIGNE DU SEPTENTRION